km
10 km = 6.2 miles

h

	A Coruña (E)	Badajoz (E)	Barcelona (E)	Bilbao (E)	Cádiz (E)	Coimbra (P)	Faro (P)	Granada (E)	Lisboa (P)	Madrid (E)	Murcia (E)	Porto (P)	Sevilla (E)	València (E)	Zaragoza (E)
A Coruña (E)		654 / 6:30	1084 / 9:30	544 / 5:10	1039 / 9:20	417 / 3:50	850 / 7:20	1009 / 8:55	607 / 5:25	591 / 5:20	992 / 8:40	302 / 2:50	920 / 8:15	945 / 8:30	781 / 6:50
Badajoz (E)	654 / 6:30		1017 / 9:10	691 / 6:20	330 / 4:15	259 / 3:20	383 / 3:20	460 / 4:40	226 / 2:10	400 / 3:40	666 / 6:30	357 / 3:55	211 / 2:15	657 / 6:35	714 / 6:25
Barcelona (E)	1084 / 9:30	1017 / 9:10		610 / 5:20	1118 / 10:10	1159 / 10:25	1196 / 10:50	888 / 7:55	1248 / 11:00	624 / 5:40	588 / 5:25	1159 / 10:00	996 / 8:55	351 / 3:15	318 / 2:50
Bilbao (E)	544 / 5:10	691 / 6:20	610 / 5:20		980 / 8:40	711 / 6:35	1049 / 9:15	811 / 7:20	864 / 7:40	398 / 3:40	783 / 6:50	711 / 6:10	861 / 7:35	611 / 5:25	304 / 2:40
Cádiz (E)	1039 / 9:20	330 / 4:15	1118 / 10:10	980 / 8:40		587 / 6:05	320 / 3:10	294 / 3:25	584 / 5:15	651 / 5:50	569 / 5:45	707 / 7:05	125 / 1:20	767 / 7:05	966 / 8:40
Coimbra (P)	417 / 3:50	259 / 3:20	1159 / 10:25	711 / 6:35	587 / 6:05		447 / 3:50	707 / 7:20	206 / 1:55	528 / 5:05	931 / 8:25	120 / 1:10	600 / 4:55	885 / 8:15	856 / 7:45
Faro (P)	850 / 7:20	383 / 3:20	1196 / 10:50	1049 / 9:15	320 / 3:10	447 / 3:50		452 / 4:25	276 / 2:30	719 / 6:25	726 / 6:45	549 / 4:40	199 / 2:00	854 / 7:50	1035 / 9:10
Granada (E)	1009 / 8:55	460 / 4:40	888 / 7:55	811 / 7:20	294 / 3:25	707 / 7:20	452 / 4:25		695 / 6:35	417 / 3:55	276 / 2:40	832 / 8:20	248 / 2:30	498 / 4:45	721 / 6:35
Lisboa (P)	607 / 5:25	226 / 2:10	1248 / 11:00	864 / 7:40	584 / 5:15	206 / 1:55	276 / 2:30	695 / 6:35		625 / 5:30	891 / 8:25	312 / 2:45	447 / 4:05	882 / 8:25	939 / 8:15
Madrid (E)	591 / 5:20	400 / 3:40	624 / 5:40	398 / 3:40	651 / 5:50	528 / 5:05	719 / 6:25	417 / 3:55	625 / 5:30		398 / 3:30	561 / 5:15	535 / 4:45	357 / 3:15	314 / 3:00
Murcia (E)	992 / 8:40	666 / 6:30	588 / 5:25	783 / 6:50	569 / 5:45	931 / 8:25	726 / 6:45	276 / 2:40	891 / 8:25	398 / 3:30		965 / 8:30	523 / 4:50	229 / 2:15	546 / 5:05
Porto (P)	302 / 2:50	357 / 3:55	1159 / 10:00	711 / 6:10	707 / 7:05	120 / 1:10	549 / 4:40	832 / 8:20	312 / 2:45	561 / 5:15	965 / 8:30		581 / 5:55	919 / 8:25	850 / 7:20
Sevilla (E)	920 / 8:15	211 / 2:15	996 / 8:55	861 / 7:35	125 / 1:20	600 / 4:55	199 / 2:00	248 / 2:30	447 / 4:05	535 / 4:45	523 / 4:50	581 / 5:55		656 / 6:00	847 / 7:35
València (E)	945 / 8:30	657 / 6:35	351 / 3:15	611 / 5:25	767 / 7:05	885 / 8:15	854 / 7:50	498 / 4:45	882 / 8:25	357 / 3:15	229 / 2:15	919 / 8:25	656 / 6:00		309 / 2:55
Zaragoza (E)	781 / 6:50	714 / 6:25	318 / 2:50	304 / 2:40	966 / 8:40	856 / 7:45	1035 / 9:10	721 / 6:35	939 / 8:15	314 / 3:00	546 / 5:05	850 / 7:20	847 / 7:35	309 / 2:55	

ROAD ATLAS
SPAIN
& PORTUGAL

Scale 1:300,000
or 4.7 miles to 1 inch

12th edition June 2025

© AA Media Limited 2025

© 2025 KOMPASS-Karten GmbH, Karl-Kapferer-Straße 5,
A-6020 Innsbruck using map data:
© MairDumont, D-73760 Ostfildern
support@kompass.at

A05915

Published by AA Media Limited, whose registered office is
Level 3, Plant, Basing View, Basingstoke, Hampshire RG21 4HG, UK.
Registered number 06112600

ISBN: 978 0 7495 8439 9

A CIP catalogue record for this book is available from
The British Library.

Disclaimer: The contents of this atlas are believed to be correct
at the time of the latest revision, it will not contain any subsequent
amended, new or temporary information including diversions and
traffic control or enforcement systems. The publishers cannot be held
responsible or liable for any loss or damage occasioned to any person
acting or refraining from action as a result of any use or reliance on
material in this atlas, nor for any errors, omissions or changes in such
material. This does not affect your statutory rights.

The publishers would welcome information to correct any errors or
omissions and to keep this atlas up to date. Please write to the Atlas
Editor, AA Media Limited, Grove House, Lutyens Close, Basingstoke,
Hampshire RG24 8AG, UK.
E-mail: roadatlasfeedback@aamediagroup.co.uk

Printed and bound in Shanghai, China by KS Printing.

MIX
Paper from
responsible sources
FSC® C151298

Contents

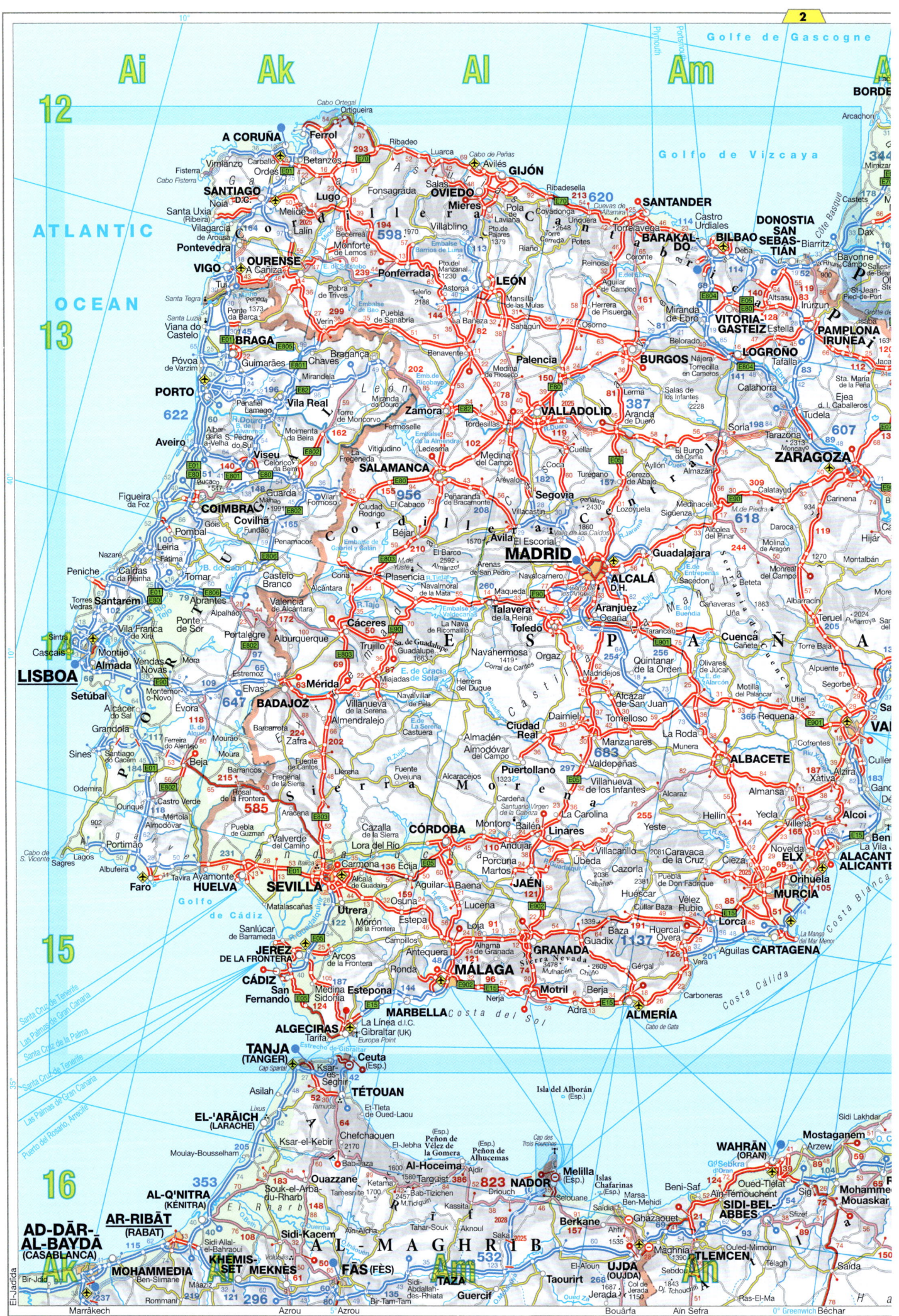

MAPA ÍNDICE	ÍNDICE DE MAPA	BLATTÜBERSICHT	KEY MAP
QUADRO D'UNIONE	CARTE D'ASSEMBLAGE	OVERZICHTSKAART	SKOROWIDZ ARKUSZY
KLAD MAPOVÝCH LISTU	KLAD MAPOVÝCH LISTOV	OVERSIGTSKORT	PREGLED LIST

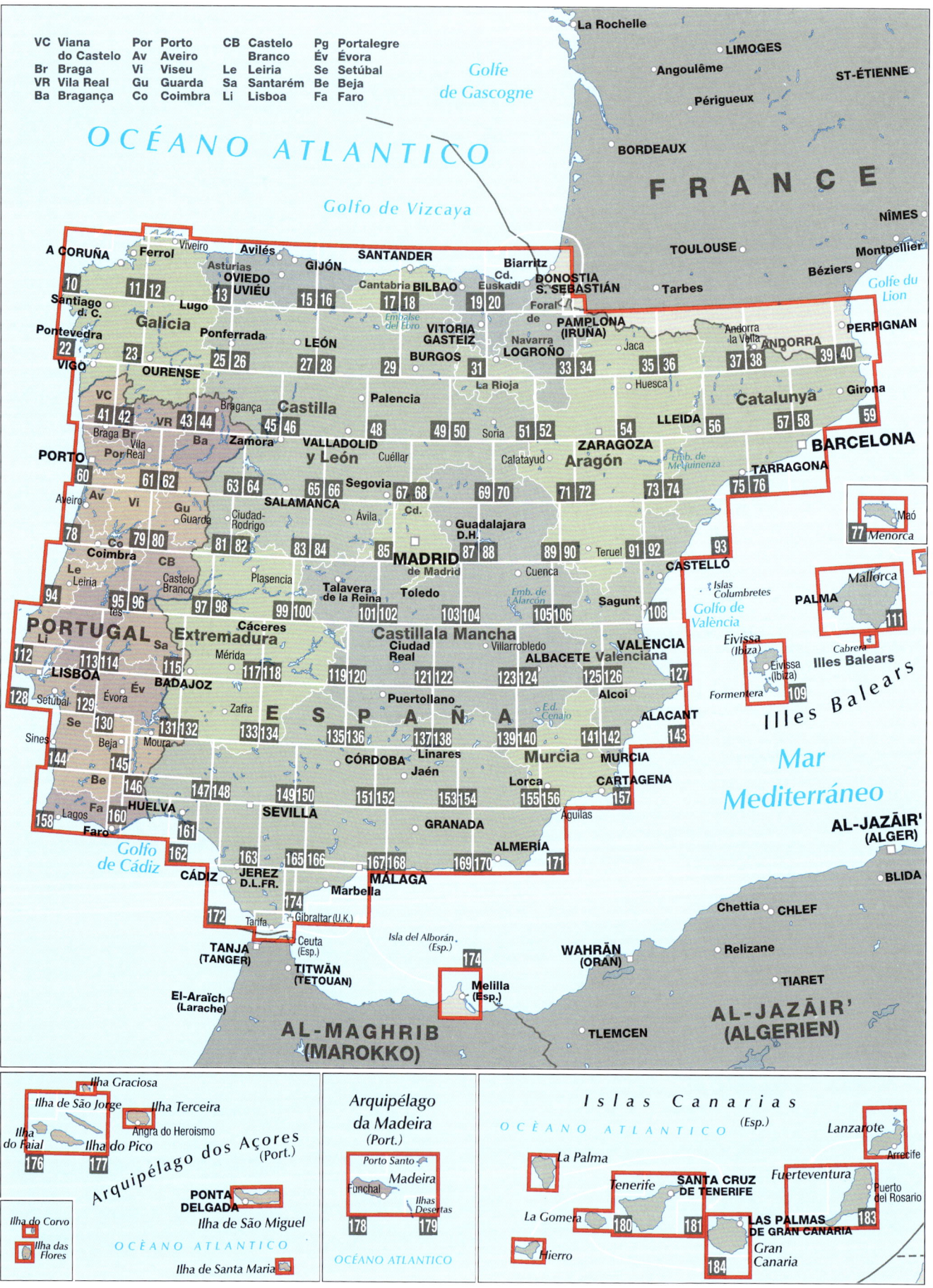

1 : 300 000

Signos convencionales
Sinais convencionais

Zeichenerklärung
Legend

TRÁFICO (E)
TRÂNSITO (P)

(D) VERKEHR
(UK) TRAFFIC

Autopista con acceso · Número de acceso · Peaje Auto-estrada com ramal de acesso · Número de acesso · Portagem	Autobahn mit Anschlussstelle · Anschlussnummer · Gebührenstelle Motorway with junction · Junction number · Toll station
Hotel, motel · Restaurante · Bar · Aparcamiento con retrete · Truck seguridad parking Hotel, motel · Restaurante · Snack-bar · Parque de estacionamento com retrete · Truck Parqueamento Segurança	Rasthaus mit Übernachtung · Raststätte · Kleinraststätte · Parkplatz mit WC · LKW-Sicherheitsparkplatz Hotel, motel · Restaurant · Snackbar · Parking area with WC · Truck secure parking
Estación de servicio · GNC · Área de servicio y descanso · GNC Posto de abastecimento · GNC · Área de serviço para camiãos · GNC	Tankstelle · mit Erdgas CNG · Autohof · mit Erdgas CNG Filling-station · CNG · Truckstop · CNG
Autopista en construcción con fecha de apertura al tráfico · Autopista en proyecto Auto-estrada em construção com data de conclusão · Auto-estrada projectada	Autobahn in Bau mit voraussichtlichem Fertigstellungsdatum · Autobahn in Planung Motorway under construction with expected date of opening · Motorway projected
Autovía en construcción · en proyecto Vía rápida de faixas separadas · em construção · projectada	Autobahnähnliche Schnellstraße · in Bau · in Planung Dual carriageway with motorway characteristics · under construction · projected
Carretera de tránsito · con acceso Itinerário principal · com ramal de acesso	Fernverkehrsstraße · mit Anschlussstelle Trunk road · with junction
Carretera principal importante · Carretera principal Estrada de ligação principal · Estrada regional	Wichtige Hauptstraße · Hauptstraße Important main road · Main road
Carreteras en construcción · en proyecto Estradas em construção · projectadas	Straßen in Bau · geplant Roads under construction · projected
Carretera secundaria · Camino Estrada secundária · Caminho	Nebenstraße · Fahrweg Secondary road · Carriageway
Camino, tránsito restringido · Sendas Caminho a trânsito limitado · Trilho	Fahrweg, nur bedingt befahrbar · Fußwege Carriageway, use restricted · Footpaths
Túneles de carreteras Túnels de estrada	Straßentunnel Road tunnels
Número de carretera europea · Número de autopista · Número de carretera Número de estrada europeia · Número de auto-estrada · Número de estrada	Europastraßennummer · Autobahnnummer · Straßennummer European road number · Motorway number · Road number
Pendiente · Puerto · Cerrado en invierno Subida · Passagem · Estrada fechada ao trânsito no inverno	Steigung · Pass · Wintersperre Gradient · Pass · Closure in winter
Carretera no recomendada · Cerrada para caravanas Estrada não aconselhável · interdita a autocaravanas	Straße für Wohnanhänger nicht empfehlenswert · gesperrt Road not recommended · closed for caravans
Carretera de peaje · Carretera cerrada para automóviles Estrada com portagem · Estrada fechada ao trânsito	Gebührenpflichtige Straße · Straße für Kfz gesperrt Toll road · Road closed for motor vehicles
Ruta pintoresca · Ruta turística Itinerário pitoresco · Rota turística	Landschaftlich schöne Strecke · Touristenstraße Route with beautiful scenery · Tourist route
Transbordador para automóviles · Paso de automóviles en barca · Línea marítima Barca para viaturas · Bateláos para viaturas nos rios · Linha de navegação	Autofähre · Autofähre an Flüssen · Schifffahrtslinie Car ferry · Car ferry on river · Shipping route
Línea principal de ferrocarril con estación · Línea secundaria con apeadero Linha ferroviária principal com estação · Linha secundária com apeadeiro	Hauptbahn mit Bahnhof · Nebenbahn mit Haltepunkt Main line railway with station · Secondary line railway with stop
Terminal autoexpreso · Tren turístico Estação com carregação de viaturas · Comboio turístico	AutoZug-Terminal · Museumseisenbahn Car-loading terminal · Tourist train
Ferrocarril de cremallera, funicular · Teleférico · Telesilla Via férrea de cremalheira, funicular · Teleférico · Telecadeira	Zahnradbahn, Standseilbahn · Kabinenseilbahn · Sessellift Rack-railway, funicular · Aerial cableway · Chair-lift
Aeropuerto · Aeropuerto regional · Aeródromo · Campo de aviación sin motor Aeroporto · Aeroporto regional · Aeródromo · Aeródromo para planadores	Verkehrsflughafen · Regionalflughafen · Flugplatz · Segelflugplatz Airport · Regional airport · Airfield · Gliding site
Distancias en km en la autopista Distâncias em quilómetros na auto-estrada	Entfernungen in km an Autobahnen Distances in km along the motorway
Distancias en km en carreteras Distâncias em quilómetros na estrada	Entfernungen in km an Straßen Distances in km along the other roads

PUNTOS DE INTERÉS
PONTOS DE INTERESSE

SEHENSWÜRDIGKEITEN
PLACES OF INTEREST

Español / Português	Símbolo	Deutsch / English
Capital · Capital · Ciudad · Cidade	**MADRID** · SINES	Hauptstadt · Capital · Stadt · Town
Monumento cultural de interés especial · Monumento cultural de mucho interés Monumento cultural de interesse especial · Monumento cultural de muito interesse	Alhambra · Catedral	Besonders sehenswertes kulturelles Objekt · Sehr sehenswertes kulturelles Objekt Cultural monument of particular interest · Very interesting cultural monument
Curiosidad natural de interés · Curiosidad natural Monumento natural de interesse especial · Monumento natural de muito interesse	Cueva · Cascada	Besondere Natursehenswürdigkeit · Natursehenswürdigkeit Natural object of particular interest · Very interesting natural monument
Otras curiosidades Outros pontos de interesse	★ Dolmen	Sonstige Sehenswürdigkeiten Other objects of interest
Jardín botánico, parque de interés · Jardín zoológico Jardim botánico, parque interessante · Jardim zoológico		Botanischer Garten, sehenswerter Park · Zoologischer Garten Botanical gardens, interesting park · Zoological gardens
Parque nacional, parque natural · Vista pintoresca Parque nacional, parque natural · Vista panorâmica		Nationalpark, Naturpark · Aussichtspunkt National park, nature park · Scenic view
Iglesia · Ermita · Iglesia en ruinas · Monasterio · Ruina de monasterio Igreja · Capela · Ruina de igreja · Mosteiro · Ruína de mosteiro		Kirche · Kapelle · Kirchenruine · Kloster · Klosterruine Church · Chapel · Church ruin · Monastery · Monastery ruin
Palacio, castillo · Ruina de castillo · Monumento · Molino de viento · Cueva Palácio, castelo · Ruínas castelo · Monumento · Moinho de vento · Gruta		Schloss, Burg · Burgruine · Denkmal · Windmühle · Höhle Palace, castle · Castle ruin · Monument · Windmill · Cave

OTROS DATOS
DIVERSOS

SONSTIGES
OTHER INFORMATION

Camping todo el año · estacionales · Albergue juvenil · Hotel, motel, restaurante, refugio, aldea de vacaciones Parque de campismo durante todo o ano · sazonal · Pousada da juventude · Hotel, motel, restaurante, abrigo de montanha, aldeia turística	Campingplatz ganzjährig · saisonal · Jugendherberge · Hotel, Motel, Gasthaus, Berghütte, Feriendorf Camping site permanent · seasonal · Youth hostel · Hotel, motel, inn, refuge, tourist colony
Campo de golf · Puerto deportivo · Cascada Área de golfe · Porto de abrigo · Cascata	Golfplatz · Jachthafen · Wasserfall Golf-course · Marina · Waterfall
Piscina · Baño medicinal · Playa recomendable Piscina · Termas · Praia recomendável	Schwimmbad · Heilbad · Empfehlenswerter Badestrand Swimming pool · Spa · Recommended beach
Torre · Torre de radio o televisión · Faro · Edificio aislado Torre · Torre de telecomunicação · Farol · Edifício isolado	Turm · Funk-, Fernsehturm · Leuchtturm · Einzelgebäude Tower · Radio or TV tower · Lighthouse · Isolated building
Mezquita · Antigua mezquita · Iglesia rusa-ortodoxa · Cementerio militar Mesquita · Mesquita antiga · Igreja russa ortodoxa · Cemitério militar	Moschee · Ehemalige Moschee · Russisch-orthodoxe Kirche · Soldatenfriedhof Mosque · Former mosque · Russian orthodox church · Military cemetery
Frontera nacional · Control internacional · Control con restricciones Fronteira nacional · Posto de controlo internacional · Posto de controlo com restrição	Staatsgrenze · Internationale Grenzkontrollstelle · Grenzkontrollstelle mit Beschränkung National boundary · International check-point · Check-point with restrictions
Zona prohibida Área proibida	Sperrgebiet Prohibited area
Arena y dunas · Aguas bajas Areia e dunas · Baixio	Sand und Dünen · Wattenmeer Sand and dunes · Tidal flat

1 : 300 000

COMUNICAZIONI (I) · CIRCULATION (F) · (NL) VERKEER · (PL) KOMUNIKACJA

Italiano / Français	Nederlands / Polski
Autostrada con svincolo · Svincolo numerato · Barriera / Autoroute avec point de jonction · Numéro de point de jonction · Gare de péage	Autosnelweg met aansluiting · Aansluiting met nummer · Tolkantoor / Autostrada z węzłem · Węzeł z numerem · Płatna rogatka
Hotel, motel · Ristorante · Bar · Parcheggio con WC · Truck parcheggio di sicurezza / Hôtel, motel · Restaurant · Snack-bar · Parc avec WC · Parking sécurisé poids lourds	Motel · Restaurant · Snackbar · Parkeerplaats met WC · Beveiligde parkeerplaats voor vrachtwagens / Motel · Restauracja · Bufet · Parking i WC · Bezpieczeństwo parkowanie ciężarówka
Area di servizio · GNC · Parco automobilistico · GNC / Poste d'essence · GNC · Relais routier · GNC	Tankstation · CNG · Truckstop · CNG / Stacja benzynowa · CNG · Postój ciężarówek i noclegi dla kierowców · CNG
Autostrada in costruzione con data d'apertura prevista · Autostrada in progetto / Autoroute en construction avec date prévue de mise en service · Autoroute en projet	Autosnelweg in aanleg met geplande openingsdatum · Autosnelweg in ontwerp / Autostrada w budowie z datą oddania do użytku · Autostrada projektowana
Doppia carreggiata di tipo autostradale · in costruzione · in progetto / Double chaussée de type autoroutier · en construction · en projet	Autoweg met gescheiden rijbanen · in aanleg · in ontwerp / Droga szybkiego ruchu · w budowie · projektowana
Strada di grande comunicazione · con svincolo / Route de grand trafic · avec point de jonction	Weg voor doorgaand verkeer · met aansluiting / Droga przelotowa · z węzłem
Strada principale importante · Strada principale / Route principale importante · Route principale	Belangrijke hoofdweg · Hoofdweg / Ważna droga główna · Droga główna
Strade in costruzione · in progetto / Routes en construction · en projet	Wegen in aanleg · in ontwerp / Drogi w budowie · Drogi projektowane
Strada secondaria · Sentiero carrabile / Route secondaire · Chemin carrossable	Secundaire weg · Rijweg / Droga drugorzędna · Droga bita
Sentiero carrabile, traffico ristretto · Sentieri / Chemin carrossable, praticabilité non assurée · Sentiers	Rijweg, beperkt berijdbaar · Voetpaden / Droga bita (o ograniczonej przejezdności) · Drogi dla pieszych
Gallerie stradali / Tunnels routiers	Wegtunnels / Tunele drogowe
Numero di strada europea · Numero di autostrada · Numero di strada / Numéro de route européenne · Numéro d'autoroute · Numéro de route	Europees wegnummer · Nummer van autosnelweg · Wegnummer / Numer drogi europejskiej · Numer autostrady · Numer drogi
Pendenza · Passo · Chiusura invernale / Montée · Col · Fermeture en hiver	Stijging · Bergpas · Winterafsluiting / Stromy podjazd · Przełęcz · Zamknięte zimą
Strada non consigliata · vietata al transito di caravan / Route non recommandée · interdite aux caravanes	Voor caravans niet aan te bevelen · verboden / Wjazd z przyczepą kempingową niezalecany · zakazany
Strada a pedaggio · Strada vietata ai veicoli a motore / Route à péage · Route interdite aux véhicules à moteur	Tolweg · Gesloten voor motorvoertuigen / Droga płatna · Droga zamknięta dla ruchu samochodowego
Percorso pittoresco · Strada turistica / Parcours pittoresque · Route touristique	Landschappelijk mooie route · Toeristische route / Piękna droga widokowa · Droga turystyczna
Traghetto auto · Trasporto auto fluviale · Linea di navigazione / Bac pour automobiles · Bac fluvial pour automobiles · Ligne de navigation	Autoveer · Autoveer over rivieren · Scheepvaartroute / Prom samochodowy · Prom rzeczny samochodowy · Linia okrętowa
Ferrovia principale con stazione · Ferrovia secondaria con fermata / Chemin de fer principal avec gare · Chemin de fer secondaire avec halte	Hoofdspoorlijn met station · Spoorlijn met halte / Kolej główna z dworcem · Kolej drugorzędna z przystankiem
Terminal auto al seguito · Treno turistico / Gare auto-train · Chemin de fer touristique	Autotrein-terminal · Toeristische stoomtrein / Stacja przeładunkowa dla samochodu · Kolej zabytkowa
Ferrovia a cremagliera, funicolare · Funivia · Seggiovia / Chemin de fer à crémaillère, funiculaire · Téléphérique · Télésiège	Tandradbaan, kabelspoorweg · Kabelbaan · Stoeltjeslift / Kolej zębata, kolej linowa szynowa · Kolej linowa napowietrzna · Wyciąg krzesełkowy
Aeroporto · Aeroporto regionale · Aerodromo · Campo per alianti / Aéroport · Aéroport régional · Aérodrome · Terrain de vol à voile	Luchthaven · Regionaal vliegveld · Vliegveld · Zweefvliegveld / Port lotniczy · Lotnisko regionalne · Lotnisko · Teren dla szybowców
Distanze autostradali in km / Distances en km sur autoroutes	Afstanden in km aan autosnelwegen / Odległości w kilometrach na autostradach
Distanze stradali in km / Distances en km sur routes	Afstanden in km aan wegen / Odległości w kilometrach na innych drogach

Symbols shown: Ayamonte · 16 · La Plana · E45 · A49 · 437 · 1410 · 1410 · 358 · 10-15% · >15% · (1328) · IX-II · Ruta de al-Idrisi · 75 · 35

INTERESSE TURISTICO · CURIOSITÉS · BEZIENSWAARDIGHEDEN · INTERESUJĄCE OBIEKTY

Italiano / Français	Nederlands / Polski
Capitale di stato / Capitale	Hoofdstad / Stolica
MADRID	
Città / Ville	Stad / Miasto
SINES	
Monumento di particolare interesse · Monumento molto interessante / Monument culturel particulièrement intéressant · Monument culturel très recommandé	Bijzonder bezienswaardig cultuurmonument · Zeer bezienswaardig cultuurmonument / Szczególnie interesujący zabytek · Bardzo interesujący zabytek
Monumento naturale di particolare interesse · Monumento naturale molto interessante / Monument naturel particulièrement intéressant · Monument naturel très recommandé	Bijzonder bezienswaardig natuurmonument · Zeer bezienswaardig natuurmonument / Szczególnie interesujący pomnik przyrody · Bardzo interesujący pomnik przyrody
Altre curiosità / Autres curiosités	Overige bezienswaardigheden / Inne interesujące obiekty
Giardino botanico, parco interessante · Giardino zoologico / Jardin botanique, parc intéressant · Jardin zoologique	Botanische tuin, bezienswaardig park · Dierentuin / Ogród botaniczny, interesujący park · Ogród zoologiczny
Parco nazionale, parco naturale · Punto panoramico / Parc national, parc naturel · Point de vue	Nationaal park, natuurpark · Mooi uitzicht / Park narodowy, park krajobrazowy · Punkt widokowy
Chiesa · Cappella · Rovine di chiesa · Monastero · Rovine di monastero / Église · Chapelle · Église en ruines · Monastère · Monastère en ruines	Kerk · Kapel · Kerkruïne · Klooster · Kloosterruïne / Kościół · Kaplica · Ruiny kościoła · Klasztor · Ruiny klasztoru
Castello, fortezza · Rovine di fortezza · Monumento · Mulino a vento · Grotta / Château, château fort · Château fort en ruines · Monument · Moulin à vent · Grotte	Kasteel, burcht · Burchtruïne · Monument · Windmolen · Grot / Pałac, zamek · Ruiny zamku · Pomnik · Wiatrak · Jaskinia

Symbols: Alhambra · Catedral · Cueva · Cascada · ★ Dolmen

ALTRI SEGNI · AUTRES INDICATIONS · OVERIGE INFORMATIE · INNE INFORMACJE

Italiano / Français	Nederlands / Polski
Campeggio tutto l'anno · stagionale · Ostello della gioventù · Hotel, motel, albergo, rifugio, villaggio turistico / Terrain de camping permanent · saisonniers · Auberge de jeunesse · Hôtel, motel, auberge, refuge, village touristique	Kampeerterrein het gehele jaar · seizoensgebonden · Jeugdherberg · Hotel, motel, restaurant, berghut, vakantiekolonie / Kemping przez cały rok · sezonowy · Schronisko młodzieżowe · Hotel, motel, restauracja, schronisko górskie, wieś letniskowa
Campo da golf · Porto turistico · Cascata / Terrain de golf · Marina · Cascade	Golfterrein · Jachthaven · Waterval / Pole golfowe · Port jachtowy · Wodospad
Piscina · Terme · Spiaggia raccomandabile / Piscine · Station balnéaire · Plage recommandée	Zwembad · Badplaats · Mooi badstrand / Pływalnia · Uzdrowisko · Plaża rekomendowana
Torre · Torre radio o televisiva · Faro · Edificio isolato / Tour · Tour radio, tour de télévision · Phare · Bâtiment isolé	Toren · Radio of T.V. mast · Vuurtoren · Geïsoleerd gebouw / Wieża · Wieża stacji radiowej, telewizyjnej · Latarnia morska · Budynek odosobniony
Moschea · Antica moschea · Chiesa ortodossa russa · Cimitero militare / Mosquée · Ancienne mosquée · Église russe orthodoxe · Cimetière militaire	Moskee · Voormalig moskee · Russisch orthodox kerk · Militaire begraafplaats / Meczet · Dawny meczet · Cerkiew prawosławna · Cmentarz wojskowy
Confine di Stato · Punto di controllo internazionale · Punto di controllo con restrizioni / Frontière d'État · Point de contrôle international · Point de contrôle avec restrictions	Rijksgrens · Internationaal grenspost · Grenspost met restrictie / Granica państwa · Międzynarodowe przejście graniczne · z ograniczeniami
Zona vietata / Zone interdite	Afgesloten gebied / Obszar zamknięty
Sabbia e dune · Barena / Sable et dunes · Mer recouvrant les hauts-fonds	Zand en duinen · Bij eb droogvallende gronden / Piasek i wydmy · Watty

Vysvětlivky
Legenda

Tegnforklaring
Tumač znakova

DOPRAVA (CZ)
DOPRAVA (SK)
(DK) TRAFIK
(HR) PROMETNICE

Dálnice s připojkou · Připojka s číslem · Místo výběru poplatků
Diaľnica s pripojkami · Pripojkami · Miesto výberu poplatkov
Motorvej med tilslutning · Tilslutning med nummer · Afgift
Autocesta sa prilazom · Izlaz-broj · Pristojba

Motel · Motorest · Občerstveni · Parkoviště s WC · Truck parkování bezpečnosti
Motel · Raststätte · Občerstvenie · Parkovisko s WC · Truck Parkovisko zabezpečenia
Rasteplads med overnatning · Rasteplads · Cafeteria · Parkeringsplads med WC · Lastbilparkering sikkerhed
Odmorište s prenočištem · Restoran · Bife · Parkiralište sa WC-om · Kamion parking sigurnost

Čerpací stanice · CNG · Parkoviště pro TIR · CNG
Čerpacia stanica · CNG · Parkovisko pre nákladné autá · CNG
Tankanlæg · CNG · Motorvejsstation · CNG
Benzinska crpka · SPP · Benzinska crpka, restoran za kamione · SPP

Dálnice ve stavbě s termínem uvedení do provozu · Dálnice plánovaná
Diaľnica vo výstavbe s termínom uvedenia do prevádzky · Diaľnica plánovaná
Motorvej under opførelse med dato for indvielse · Motorvej under planlægning
Autocesta u gradnji sa datumom otvaranja · Autocesta u planu

Dvouproudá silnice dálnicového typu se čtyřmi jízdními pruhy ve stavbě · plánovaná
Štvorprúdová cesta pre motorové vozidlá · vo výstavbe · plánovaná
Motortrafikvej med to vejbaner · under opførelse · under planlægning
Četverotračna brza cesta · u gradnji · u planu

Dálková silnice · s připojkou
Hlavná diaľková cesta · s pripojkou
Fjerntrafikvej
Glavna tranzitna cesta · sa prilazom

Důležitá hlavní silnice · Hlavní silnice
Dôležité hlavné cesty · Hlavné cesty
Vigtig hovedvej · Hovedvej
Regionalna cesta · Glavna cesta

Silnice ve stavbě · plánované
Cesty vo výstavbe · plánovaná
Veje under opførelse · under planlægning
Ceste u gradnji · u planu

Vedlejší silnice · Zpevněná cesta
Vedľajšia cesta · Spevnená cesta
Biveje
Lokalna cesta · Provozni put

Zpevněná cesta, sjízdná podmíněně · Stezky
Spevnená cesta, zjazdné podmienené · Chodníky
Mindre vej · Gangsti
Provozni put, uslovno prohodan · Staze

Silniční tunely
Cestný tunel
Vejtunneler
Ulični tuneli

Číslo evropské silnice · Číslo dálnice · Číslo silnice
Číslo európskej cesty · Číslom diaľnica · Číslo cesty
Europavejnummer · Motorvejnummer · Vejnummer
Broj europske ceste · Broj autoceste · Broj ceste

Stoupání · Průsmyk · Silnice uzavřená v zimě
Stúpanie · Pries · Terén pre vetrone
Stigninger · Pas · Vinterlukning
Uspon · Prijevoj · Zabrana prometa zimi

Silnice nedoporučena · uzavřená pro přívěsy
Cesta uzavretá pre karavany · neodporúčaná
Vej ikke anbefalet · forbudt for campingvogne
Ne preporuča se za kamp prikolice · zabranjeno

Silnice s placením mýtného · Silnice uzavřená pro motorová vozidla
Cesta s povinným poplatkom · Cesta uzavretá pre motorové vozidlá
Afgiftsrute · Vej spærret for motortrafik
Cesta s plačanjem pristojbe · Cesta zabranjena

Úsek silnice s pěknou scenérii · Turistická silnice
Cesta s malebnou krajinou · Turistická cesta
Landskabelig smuk vejstrækning · Turistrute
Cesta u lijepom krajoliku · Turistička cesta

Prám pro auta · Říční přívoz pro auta · Trasa lodní dopravy
Trajekt pre automobily · Riečny prievoz pre automobily · Lodná linka
Bilfærge · Bilfærge på flod · Skibsrute
Trajekt za automobile · Riječna trajektna pruga · Brodska pruga

Hlavní železniční trať se stanici · Místní železniční trať se zastávkou
Hlavná železnica so stanicou · Vedľajšia železnica so zastávkou
Hovedbane med station · Sidebane med trinbræt
Glavna željeznička pruga sa kolodvorom · Lokalna željeznička pruga s postajom

Terminál autovlaků · Historická železnice
Železničný terminál · Historická železnica
Autotog-terminal · Veteranjernbane
Utovar automobila na vlak · Istorijska željeznica

Ozubnicová lanovka, kabinová lanovka · Kabinová visutá lanovka · Sedačková lanovka
Ozubnicová dráha, Prozemní lanovka · Kabinková visutá lanovka · Sedačková lanovka
Tandhjulsbane, tovbane · Svævebane med kabine · Stolelift
Zupčana željeznica, žičara bez sjedišta · Žičara · Uspinjača

Dopravní letiště · Regionální letiště · Přistávací plocha · Terén pro vetroně
Dopravné letisko · Regionálne letisko · Pristavácia plocha · Terén pre vetrone
Lufthavn · Regional lufthavn · Flyveplads · Svæveflyveplads
Zračna luka · Regionalna zračna luka · Uzletište · Povrsina za jedriličarenje

Vzdálenosti v kilometrech na dálnici
Vzdialenosti na diaľniciach v kilometroch
Afstænder i km på motorvej
Udaljenosti u kilometrima na autocesti

Vzdálenosti v kilometrech na silnici
Vzdialenosti na cestách v kilometroch
Afstænder i km på andre vejen
Udaljenosti u kilometrima na cestama

ZAJÍMAVOSTI
ZAUJÍMAVOST
SEVÆRDIGHEDER
ZANIMLJIVOSTI

Hlavní město
Hlavné mesto
Hovedstad
Glavni grad

MADRID

Město
Mesto
By
Grad

SINES

Turistická pozoruhodná kulturní památka · Velmi zajímavý kulturní památka
Mimoriadne pozoruhodné kultúra objekt · Veľmi pozoruhodnév kultúra objekt
Særlig seværdig kulturmindesmærke · Meget Seværdig kulturmindesmærke
Vrlo zanimljiva građevina · Zanimljiva građevina

Turistická pozoruhodná přírodní památka · Velmi zajímavý přírodní památka
Mimoriadna prírodná zaujímavosť' · Zaujímavosť'
Særlig seværdig naturmindesmærke · Meget seværdig naturmindesmærke
Posebna prirodna znamenitost · Prirodna znamenitost

Jiné zajímavosti
Iná pozoruhodnosťí
Andre seværdigheder
Ostale znamenitosti

Alhambra   Catedral
Cueva   Cascada
★ Dolmen

Botanická zahrada, pozoruhodný park · Zoologická zahrada
Botanická záhrada, Pozoruhodná park · Zoologická záhrada
Botanisk have, seværdig park · Zoologisk have
Botanički vrt, znamenit perivoj · Zoološki vrt

Národní park, přírodní park · Krásný výhled
Národný park, Prírodný park · Vyhliadka
Nationalpark, naturpark · Udsigtspunkt
Nacionalni park, prirodni park · Vidikovac

Kostel · Kaple · Zřicenina kostela · Klášter · Zřicenina kláštera
Kostol · Kaplnka·Zrúcanina kostola · Kláštor · Zrúcanina kláštora
Kirke · Kapel · Kirkeruin · Kloster · Klosterruin
Crkva · Kapela · Crkvena ruševina · Samostan · Samostanska ruševina

Zámek, hrad · Zřicenina hradu · Pomník · Větrný mlýn · Jeskyně
Zámok, Hrad · Zrúcanina hradu · Pomník · Veterný mlýn · Jaskyna
Slot, borg · Borgruin · Mindesmærke · Vejrmølle · Hule
Utvrda, grad · Gradina · Spomenik · Vjetrenjača · Spilja

JINÉ ZNAČKY
INÉ ZNAČKY
ANDET
OSTALE OZNAKE

Kempink s celoročním provozem · sezónní · Ubytovna mládeže · Hotel, motel, hostinec, horská bouda, rekreační středisko
Kemping celoročný · sezónne · Mládežnická ubytovna · Hotel, motel, hostinec, horská chata, rekreačné stredisko
Campingplads hele året · sæsonbestemte · Vandrerhjem · Hotel, motel, restaurant, bjerghytte, ferieby
Kamp cijele godine · sezonski · Omladinski hotel · Hotel, motel, gostionica, planinarska kuća, ferijalna kolonija

Golfové hřiště · Jachtařský přístav · Vodopád
Golfové ihrisko · Prístav pre plachetnice · Vodopád
Golfbane · Lystbådehavn · Vandfald
Igralište golfa · Marina · Vodopad

Plovárna · Lázně · Doporučená pláž
Kúpalisko · Kúpele · Pláž vhodna na kúpanie
Svømmebad · Kurbad · God badestrand
Bazen · Toplice · Obala pogodna za kupanje

Věž · Rozhlasová, televizní věž · Maják · Jednotlivá budova
Veža · Rozhlasový, televízny stožiar · Maják · Osamote stojacá budova
Tårn · Telemast · Fyrtårn · Isoleret bygning
Toranj · Radio-, televizijski toranj · Svjetionik · Pojedinačna zgrada

Mešita · Dřivější mešita · Ruský ortodoxní kostel · Vojenský hřbitov
Mešita · Ehemalige Moschee · Ruský ortodoxný kostol · Vojenský cintorín
Moské · Fordums moské · Russisk ortodoks kirke · Militærisk kirkegård
Džamija · Prijasnja džamija · Rusko-ortodoksna crkva · vojnivojničko groblje

Státní hranice · Hraniční přechod · Hraniční přechod se zvláštními předpisy
Štátna hranica · Medzinárodný hraničný priechod · Hraničný priechod s obmedzenim
Rigsgrænse · International grænsekontrol · Grænsekontrol med indskrænkning
Državna granica · Međunarodni granični prijelaz · Međudržavni granični prijelaz

Zakázaný prostor
Zakázaná oblasť
Spærret område
Zabranjeno područje

Písek a duny · Mělké moře
Piesok a duny · Plytčina
Sand og klitter · Vadehav
Pijesak i prudi · Plitko more

Golfo
da
Masma

C o s t a   V e r d e

Area Longa

Prala de Sarrido

Ría de Foz
Ermidade de San Gonzalo
Foz
San Cosme (Barreiros)
Praia de Arealonga
Praia de Moledo
Rinlo
Benquerencia
Piñeira
Playa de Peñarronda
Playa del Sarello
Playa de la Paloma
Tapia de Casariego
Viavélez
Playa de Ortiguera
Ortiguera
Soirana
Playa de la Vega
Vigo
Vilaronte
Espiñeira
Santagadea
La Caridad (El Franco)
Lozá
Andés
Piñera
Puerto de Vega
634

San Miguel de Reinante
Carretera
A Devesa
Parador Cova Titol Bustillo
Ribadeo
Figueras
Villadún
Tol
El Franco
Jarrio
Navia
Villanclán
Otur
524
16
Noceda
508 506
A8 504
501
495
488
483
477 E70 474 A8
42
Avilés

Ermida de Santo Estevo de Lermo
Insua
Mondigo 569
Vilela
Castropol
La Roda
Sueiro
Godella
Poblado Céltico
450
Coaña
Sante
Boronas

Vilamar
Arante
Vidal
Currada
Porto de Abaixo
642
640
Vilaosende
Seares
14
Jarias
Acevedo
Llosoiro
Lebredo
Poblado Céltico
Trelles
25
Villártorey
842 Ordobaga
Brañuas

Vilanova (Lourenzá)
132
A Fórnea
Abaira
Trabada
511
Ermida de San Fernando
Vilafernando
Porzún
Piantón
Santa Colomba
643
La Braña
Lagar
24
Serandinas
Miñagón
Villayón
Embalse de Arbón
12
La Montaña
Herías
986

Val de Lourenzá
xó
Santadrao
Val de Lourenzá
Vegadeo
21
11
Ría de Abres
Fuente de Louteiro
Meredo
Samagán
Balmonte
Rozadas
Boal
732
22
Villanueva
Illaso
Prelo
Castrillón
Parlero
99 Coldobrero
Rellanos

Vilaformán
Chao Grande 770
El Llano
Guiar
Folqueiras
Espina
Leirio
Villarín
Villar de San Pedro
Doiras
Trabada

Aguaxosa
Saldoira
Arredondas
715
Ouría
26
Freije
21
Bres
Taramundi
La Garganta (905)
1101
Sierra de la Bobia
1202
Brañavara
Froseira
Gío
Pojos
Embalse de Doiras
Castanedo
Bustantigo

As Rodrigas (Riotorto)
Rececende
Bouloso
Conforto
A Pontenova
1032
Puerto La Garganta
Morlongo
6%
Cimadevilla
Illano
Lantero
Ermita de San Juan
El Rebollo
Sierra de Rañadoiro
1291
Porciles
219

Ermida
Lamacide
Ferreiravella
Xudán
Vilargondurfe
Aldeguer
Vilarxuane
Teixedáis
Vilaboa
210
Villanueva
Villanueva de Oscos
Labiarón
763
San Esteban
12
Navedo
Bendón
Sierra de Muriellos
La Reigada
Puerto del Palo (1146)
14
Pola de Allande (Allande)

640
Porto de de Marco (575)
Galegos
Alvare 732
Vilarmide
Cancelas
902
Logares
210
Santa Eulalia de Oscos
13
San Martín de Oscos
Pelorde
Corondeño
Buslavín
8%
Lago
Berducedo
Prada

76
Louseira
Acebo
Peña de Cabras
A Veiga de Logares
Vilardiaz
A Trapa
816
San Pelayo
Sanzo
Pesoz
14
La Figuerina
1210
El Valle

Vilaxuso
Seixosmil
Piquín
Carballido
Vilaframil 910
Vilarchao
Grandas (Grandàs de Salime)
Padraira
1120
Cornollo
Orrua 1366
Sierra Cazarnosa
Besullo

Vilar de Mouros
Penamazada
Lúa
O Chao de Pousadoiro
Os Vaos
Vilamaior
O Trobo
Penide
A Allonca
Sierra de Los Lagos
Sierra de Oro
Cangas de Narcea

Rixoán
Milleirós
Moleiras
Silvachá
Vilarmeán
Frontal
Peñafuente
San Salvador
1262
San Pedro de las Montañas

Muiña
710
O Real
Outariz
San Pedro
Barbeitos
Alto de Acebo (1030)
Negueira de Muñiz
Barcela
Braña de Carbaldetoso
1290
Sierra de Uría
1482
Agüera del Coto
29

A Braña
Barangón
Pacios
A Proba de Burón
9%
A Fonsagrada
Fonfría
Monteseiro
Ouviaño
1200
Brana del Candal
Vega de Hórreo
Parque Natural de
las Fuéntes del
62

Fonteo
Bruicedo
Piñeira
Vilardongo
1108
Alto de Cerredo (960)
10%
Aldomán
Suarna
Vilabol de Suarna
Marentes
Valvaler
29
Dou
210
Monasterio del Coto
Sierra de Peña Ventana o de Bergueda
Ventanueva
211

A Braña
Paradavella
Cubilledo
530
Vieiro
Fumaior
Cereixido
Lamas de Moreira
Seoane
Castañedo
Coca
Folgoso
San Antolín de Ibias (Ibias)
29
Loma de Argasada
(1315) Puerto de Connio
Moncó
15
Pico de las Varas 1468
211

Sierra do Mirador
Oegolada
A Lastra
(930) Alto da Fontaneira
A Fontaneira (Baleira)
Valdeferreiro
Liñares
Mosteiro
A Ribeira
Cecos
Centenales
Sierra de Rañadoiro
Narcea,
Gedrez Puerto del Rañadoiro
10%
(1181)

Barcias
O Cádavo (Baleira)
Vilar dos Adros
Río
Queizán
1013 Restelo
Paradela
Barcia
Muñis
Larxentes
Santa.Comba
Cadanosa 1680
Degaña e

Riomol
Furis
A Quintá
Albaredo
Córneas
Puebla (Navia de Suarna)
1181
Rao
Sistema
Fondos de Vegas

Verde
Sierra do Puñago
942
Pedrafita de Camporredondo
Trucende
Penamil
Río Navia
Río Rao
Peliceira
Tormaleo
212
Ibias

Guimarei

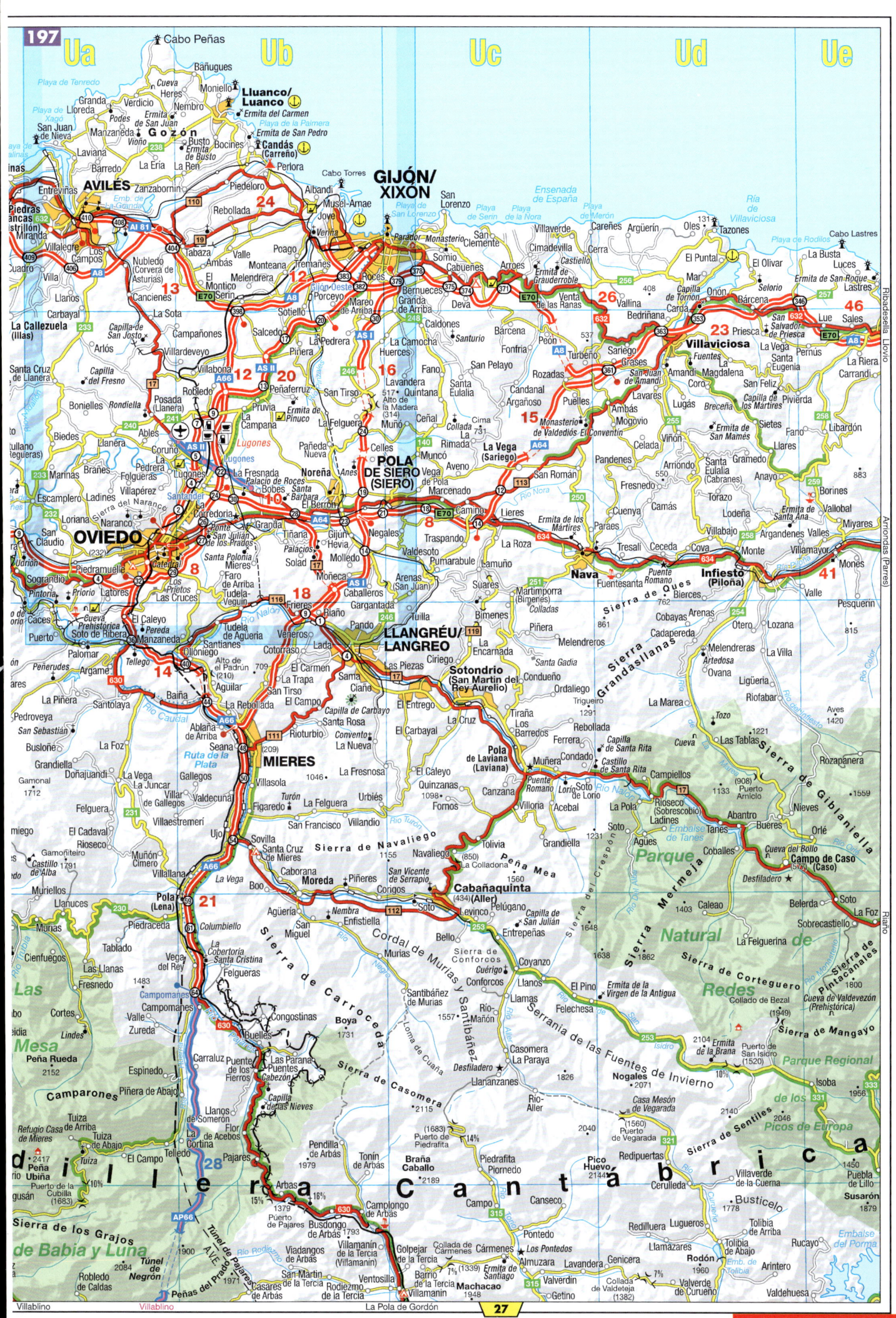

M a r

Cabo Lastres
La Busta
Luces
Ermita de San Roque
Lastres
Playa de Lastres
46
Villaviciosa
257
Lue
Sales   **Colunga**   La Isla
E70   A8   637   632   **38**   La   Playa de Vega   Berbes   Tereñes   Playa de Ribadesella   Playa de Villanueva
Pernús   La Riera   632   Vega   San   **Ribadesella**   San Antonio   Playa de Cuevas del Mar
Carrandi   Gobiendes   330   Pedro   Ermita de la Virgen   Garaña   Monasterio de
258   Santiago   326   Leces   de la Guia   Hontoria   Santa Eulalia   San Salvador
Fano   de Gobiendes   539   Ucio   Cueva de Tito   Llames   Villanueva   A8   San   Playa de Barro   Niembro   Playa de Celorio
Libardón   260   Mirador   Bustillo   Llovio   312   **17**   Antolín   305   Cué   **Llanes**
Sierra del Sueve   del Fito   **27**   Junco   319   Tonello   **Nueva**   **25**   de Bedón   Celorio   Poo   Playas de Llanes
883   Sueve   1159   Linares   634   Santianes   Ermita de   303   Balmori   Cué
88   Cofiño   La Vita   Calabrez   E70   de San Agustín   Los   Posada   300   294   Andrín
259   Villar   Fios   Tresmonte   El Llano   Mofrecho   Carriles   Cueva   Porrúa   Parres   La Pendu
Borines   Robledo   Collia   Margolles   Peruyes   900   Rienseda   Rales   de Lledias   Rioseco   La Pereda   Puertas   Vidiago   Pendu
Valiobal   Cuadroveña   Triongo   El Llano   Igena   Mestas   (Pinturas Rupestres)   Acebal   Purón   Santa Eulali
Valles   Miyares   Cereceda   **Arriondas**   Cueva del Buxu   Zardón   Los Callejos   Mediavilla   Caldueño   El Mazuco   Borbolla
41   Mones   Sorribas   (Parres)   625   (Pinturas   Tresano   Ardisana   Cueva del Fresno   Menhir Peña Tú   Santa Eulali
Sevares   Villar   Parres   Rupestres)   Llenín   Hibeo   Peña Blanca   **SIERRA DE CUERA**   Lino   de Cu
Priede   de Huergo   Caldevilla   **Cangas**   Cardes   Labra   Corao   867   Pedroso   1177   Desfiladero   Turbina   1315   **Alles**   de
Pesquerín   Viabaño   **de Onis**   Con   Bernia de Onís   Robellada   Escobal   (Peñamellera Alta)   Llonín   Tobes
Villarcazo   Montes   Puente Romano   Nieda   San   Grazanes   (Onis)   Ermita Salce   Puertas   Asiego   Ruenes   Cuñaba
815   de Sebares   El Pico   Ruinas   La Riera   Roque   Mestas de Con   Avín   de Castro   Carreña   Arangas   Rozagás   Trescares   Mier   Rod
Lago   Ibéricas   Llerices   Llano   Canales   Puente   Oceño   Para
Tornín   Santuario   de Con   Bobia   Inguanzo   Las Arenas   Romano   114
Puente Romano   Caño   Cueva   de Covadonga   Demués   de Abajo   San Esteban
Pervis   La Riera   La Molina   Calzada   1318
89   Santillan   SIERRA DE COVADONGA   Covadonga   Peña Crimienda   Romana de Caoro   Desfiladero Rio del   Horcadura del Canto
Aves   1102   Sames   262   Mirador   1343   Cabeza   Balcón de Pilatos
1420   Garganta   (Amieva)   de la Reina   de Lloroso   Peña de Main   Tielve   La Herm
Ambingue   Cazo   261   Pen   Enol   1792   Camarmeña   Bulnes   Tresviso
Priesca   Carbes   Restaurante   Peña   1609   Sotres
Rozapanera   Sebarga   Mían   Casa Municipal   Parque   Naranjo de Bulnes   Invernales   Be
Valle   Villaverde   San Román   de Pastores   El Murallón   2519   de Cabao   Contés   2370
del Moro   Gargantas   Argolibio   Cien   Lago   Nacional   de Amuesa   1609   Tabla de   Peña
Parque   Carangas   Amieva   de la Ercina   Naranjo de Bulnes   Refugio   Lechugales   Bermeja
Sotos   Refugio Vega Redonda   Caín de   Garganta   de Vega Urriello   Viñón
Parque   1559   Balneario   Sierra de Beza   Valdeón   Macizo de Bulnes o Central   Ermita de la Virgen   Argüebanes   San
Natural   de Mestas   Cándamo   1733   El Chorco   Peña   2617   de las Nieves   Torre   Infantad
Taranes   Cadenaba   Cueva   de los Lobos   Corona   Vieja   Llambrión   2618   Macizo de Andara   Turieno   Camaleño
Sierra de Gibianjella   Abiegos   de la Peña   Santa Peña   2393   Verónica   u Oriental   San Pelayo
1838   Viego   (Pinturas   Desfiladero de los   2596   Peña Vieja   Mirador   Santo Toribio
1961   Beleño   Rupestres)   Beyos   1744   del Cable   de Liébana
Soto   1841   Sobrefoz   Viboli   1501   Picos de   Posada   Cordiñanes   Mieses
Belerda   La Foz   Yano   Alto   Europa   Sajambre   de Valdeón   Refugio   Fuente Dé   Bárcena
Sobrecastiello   La Foz   Tolivia   **60**   Ribota   Soto   de Aliva   Pembes   Sierra Collah
Pendones   1505   de Sajambre   Oseja de   Prada   Parador   Espinama   1446   Campollo
1800   Monte de Peloño   1733   Ermita de San Pedro   Sajambre   de Valdeón   Las   Enterrías
17   Cordal de Ponga   Mirador   Mirador del   Caldevilla   Santa   Arenas   621
Tarna   Caserío   La Vegadona   Pío   Piedrafitas   de Valdeón   Marina   Ilces   Cosgaya   Vej
Cueva de Valdevezón   de Ventaniella   2140   de Sajambre   Soto   de Valdeón   7%   Pido   Enterr
(Prehistórica)   1593   Puerto de   (1311)   Sierra Cebolleda   1562   Mirador de Llesba   Vada
90   Sierra de Mangayo   del Pontón   Caserío   2035   Coriscao   Barrio
1889   Puerto de Tarna   del Pontón   7%   Puerto de   2235   Vejo
(1490)   635   La Uña   2078   Pandetrave   Ledantes   Dobres
7%   (1625)   Retuerto   Cuénabres   Peña Corrolla   Cucayo
1956   Puerto de   La Una   2048   Llánaves   **55**   1630
333   Las Señales   El   Casasuertes   de la Reina   Peña Prieta
2000   Cristo   El Butrero   Portilla   (1609)   2107   Peña
331   Cofiñal   Maraña   de la Reina   Puerto de   243   Sierra de Orpiñas   Bistruey
1450   Mampodre   Acebedo   1947   **621**   Pandetrave   Sierra Mediana   2538   Las La
Puebla   2192   Lario   Polvoredo   1833   Laguna de
de Lillo   Liegos   Grullas   2012   Fuentes Carrionas   1900
Susarón   Solle   1857   (Candamo)   Los Espejos   Pico Murcia   de Fuentes   2525
1879   San Cibrián   **625**   de la Reina   2341   Cardaño   Sierra de Alba
91   Redipollos   Lois   1979   Barniedo   La Rasa   de Arriba   Carrionas
1450   Camposolillo   Pico Yordas   de la Reina   Alto Prieto   Las La
Rucayo   Orones   Pallide   2090   Villafrea   Sierra   2017   Peña del Tejo   Vidriero
Pallide   Ciguera   1989   **Riaño**   de la Reina   del Águila
Embalse   Reyero   Salamón   Horcadas   Embalse   Boca   Pico   Espiguete
del Porma   **331**   Viego   Las Salas   de Riaño   de Huérgano   Murcia   2450
Peñaruelo   Las Salas Huelde   215
Cistierna

C a n t á b r i c o

Punta de
Somocueva

Parque Natural
de las Dunas
de Liencres

Isla de
Conejera

Liencres
Mortera

Playa de
Mogró

Cuchia

Boo

Miengo   240

Faro de Suances

Punta Bailota   195
Playa de   Mogro   193   Santander
Santa Justa   Cudón   Arce
Playa   Tagle   23   191   Puente
de   Ubiarco   Arroyo   Viadan   Bárcena   Oruña   Arcé
Buelna   La Pimiango   La Revilla   Treceño   Trasvia   Toñanes   Parador   de Cudón   Rumoroso   Barcenilla
Playa de   Franca   El Bustio   Santillán   Liandres   Trasierra   Novales   Santillana   Puente-   Hinojedo   A67   611   Requejada   233
la Franca   Cueva del Pindal   Pesués   La   Casasola   Cóbreces   Avios   del Mar   Campango   Viveda   Quijano
Buelna   (Pinturas   Ría de   Santillán   131   San   Cerrazo   Colegiata   Barreda   Vioño
21   Rupestres)   277   Unquera   Val de San Vicente   La Iglesia   Roque   de Altamira   187   TORRELAVEGA
Tresgrandas   272   269   634   Abaño   Riotúrbio   (Ruiloba)   305   (Pinturas   230   Zurita   623
Las   San Vicente   San   Rudaguera   Rupestres)   Palacio de Viveda   Renedo
39   Colombres   Molleda   264   de la Barquera   Cueva   Ruiseñada   135   Pumalverde   Quijas   234   180   225   de Piélagos
Boquerizo   (Ribadedeva)   Estrada   Cáviedes   Canales   San   238   Veguilla   Cartes   223   Colegiata
Noriega   Villanueva   621   Helgueras   El   250   Esteban   Reocín   Las Presillas   de Castañeda
antoje   Narganes   181   Muñorrodero   Barcenal   Roiz   Caviedes   Duña   Casar   13   Mercadal   178   La Montaña   Vargas   220
Alevia   Siejo   Buelles   Abanillas   (Valdáliga)   28   La Ayuela   249   Casar   Santa María   176   Riocorvo   Cueva
Abándames   El   Cabanzón   E70   Treceño   Villanueva   Sierra   283   de Yermo   Las Caldas   de La Pasiega   Villa-
Panes   Mazo   Camijanes   634   de la Peña   de Ibio   San   de Besaya   Puente   ibáñez
Merodio   Casamaría   Bielba   Labarces   Ontoria   Ibio   Miguel   172   Sopeñilla   Viesgo   240
Suarias   (Herrerías)   798   Yermo   Barros   Hijas   Aés   Iruz
La Loja   Cades   La Florida   Cabezón   Mazcuerras   Herrera   Cóo   Rivero   170   Corvera
Ermita   de la Sal   Carrejo   Santa   de Ibio   521   Mata   623
Triguero   del Carmen   Arenas   Santa Lucía   Águeda   Estela   Tarriba   Villasevil
Linares   San Antonio   Celis   Santibáñez   Romana   San   Horno de la Peña   Prases
Desfiladero   1225   Trespeñas   926   656   Montes de Ucieda   Mateo   (Pinturas Rupestres)
de La Hermida   Gamonal   Gándara   Lobado   Los Corrales   Santiurde de Toranzo   966
Piñeres   282   Sobrelapeña   Puentenansa   180   Ruente   Pico de Mozagro   168   540   de Buelna   Quintana
Cicera   (Rionansa)   860   Ucieda   869   Somahoz   de Toranzo   San
Santa María   Obeso   Carmona   Barcenilla   Collado   Villasuso   816   Pedroso   San Vicente
1349   de Lebeña   182   Palacio   Sopeña   Parque   Villasuso   Santa Martín   de Toranzo
Cabañes   Lebeña   de Mier   San Fructuoso   726   Villayuso   de Iguña   Cotillo   (Corvera de Toranzo)
Castro   1049   Cosio   Valle de   (Cieza)   48   Santa   (Anievas)
ciscco   281   Rozadio   Cabuérniga   Terán   Alto de la Piedra   Los   Cruz   966
Guadalupe   Pumareña   San Sebastián   (Cabuérniga)   fiesta   Nogaleda   Ermita   Llares   San Mauro
Tama   San Miguel   de Garabandal   Sarceda   Selores   879   del Moral   San Vicente   Las Fraguas   159
e   (Cillórigo de Liébana)   San Tirso   Renedo   Pico Tordías   de León   Arenas   157   A67
del   Cachecho   Fresneda   965   de Iguña   45
Potes   Losiecú   Aniezo   Viaña   Natural   Santa   Silio
Frama   Cambarco   Correpoco   947   Olea   Cobejo   Molledo   Sierra de Escudo
Cabezón   Torices   El Tojo   Colsa   Los   Bárcena   Pujayo   Bárcena   1288
de Liébana   Buyezo   Santotis   Saja   Tojos   Mayor   de Pie de Concha
Santa María   Peña Sagra   (Tudanca)   Obios   611
Piasca   2046   Tudanca   1223   Montabliz
Ermita de   Perrozo   Castillo   La Lastra   Campucas   Ermita   Rioseco   Emb. de
San Roque   Lamedo   de La Casona   280   Molina de la   1272   del Carmen   Pesquera   Medinío
Lerones   Belmonte   Puente-   Mina de Lápiz   Ventorrillo
Los Cos   1512   Pumar   Santurde   Santa Olalla
1449   Loméña   Santa   Lombraña   Cueto de   Cascada   Valle de Cabuérniga   de Reinosa   de Aguayo
Baseda   Eulalia   (Polaciones)   la Concilla   Soto   144   San Miguel
Pesaguero   184   Tresabuela   Uznayo   1900   (942)   Puerto de   Somballe   de Aguayo   Lancharas
Láparte   Salceda   Cueto de   Tajahierro   Ropero   1250   Embalse
Vendejo   Valdeprado   la Horcada   Venta   1491   Argüeso   Aradillos   La Costana   de Torina
Bárago   Mirador   Cornón   (1260)   Soto   Camino   Villapaderne   (Campoo de Yuso)   (Alsa)
Ermita de   de la Fuente   2085   Puerto de   10%   Proaño   Fontibre   La
San Roque   Sierra del Cordel   Tres Mares   Palombera   (Hermandad de Campoo de Suso)   Villar   Fresno   Monegro   La Riva   24
2000   Caloca   Puerto de   Piedras-   2175   Refugio   del Río   Cañeda   Arija
Casavegas   Piedrasluengas   luengas   Brañavieja   Estación invernal   Refugio C.A.   Paracuelles   Orzales   171   Bustamante   (Fábrica)
2206   1635   (1329)   Cotamaniños   183   Alto de Campoo   Tresmares   de Abiada   Barrio   Nacimiento   136   Bólmir   La Aguilera   Arija
Parque Natural   Lores   Los Llazos   2175   8%   Abiada   Villar   del Río Ebro   Reinosa   Retortillo   Las Rozas   (Llano)
Horca de Lores   Areños   Santa María   1735   La Lomba   Espinilla   Naveda   Villacantid   133   Juliobriga   de Valdearroyo   Santa Gadea
y Fuente   El Campo   2012   de Rodondo   Mazandrero   280   (Ruinas Romanas)   Arroyo   1062   (Alfonz de Santa Gadea)
gunillas   Lebanza   Tremaya   Valdecebollas   Suano   Matamorosa   611   Villaescusa   Cervatos   Bustasur
Palentina   San Salvador   2136   Labra   (Enmedio)   126
de la Cantamuda   627   Verdena   Izara   Cervatos   Celada-Marlantes   Fombellida
Polentinos   Celada de   Salcedillo   Mata   Olea   284   Santa Gadea
Cobre-Montaña   Roblecedo   Brañosera   de Hoz   1548

Punta das Pardas
Denle
Cabo da la Nave
Veladoiro • 234
Praia do Mar de Fóra

Sardiñeiro
Sardiñeiro de Abaixo
Corcubión
Cée
445 Praia de Langosteira
Fisterra
Illa Lobeira Grande
Illa Lobeira Chica
Cabo Fisterra

Carballo-O.
Carboal
552 Ézaro
Praia de Ézaro
O Pindo
Monte do Pindo 629
Quilmas
Caldebarcos
Punta de Caldebarcos
Pedrafigueira
Praia de Carnota
Mallou
Carnota
Punta dos Remedios
Lira
550 Lariño
Serres
Muros
Louro
Praia de Lariño
Punta da Insua
Punta de Lens
Lagoa das Xa fas
Praia de San Francisco
Praia de Louro
Punta Queixal

A Ameixenda
Arcos
Castrelo
Montes da Ruña
Río Beba
Beba
Asenso
Coiro 400
Chacín
Xinzo
Adraño
Valadares
Lantarou
Loios
Outes
Torea
Silvosa
San Xulián
Tremuzo 531
Abelleira
Solleiros
Tal de Arriba
Praia do Testal
A Barquina
Boa
Illa da Creba
Faro de Rebordiño
Miñortos
Goiáns
Portosín
Camboño
Punta Caaveiro
Tállara
Brasal
Jestoso
Castelo 556
A Picota (Mazaricos)
Eirón
Cuíña
Campolongo
Pino de Val
Sta Leocadia
Cabanamoura
Xallas
A Serra de Outes (Outes)
Ponte Nafonso
Ponte Nafonso
Serantes
Roo
550 Toxosoutos
543
Mosteiro de Toxosoutos
Ermedelo
Aguasantas
Noia
Cruceiro
Argalo
Portobravo (Lousame)
Portobravo (Lousame)
Vilacova
Chave
Aldaris
Minas de San Fix
Fruíme
Mallón
Landeiras
Ourille
Moimenta
Macenda
Beluso

Berdoias
Corneira 546
Ordoeste
A Pena
Aro
Gonte
Linaio
Onsi
Santa Marina (A Baña)
San Vicenzo (A Baña)
Vilar de Suso
San Cibrán de Bárcala
Lens
Tapia
57
Negreira
Ponte-Maceira
Augapesada 544
Pedrouzos (Brión)
Os Ánxeles
Urdilde 15
31
CG1.5
Monte Freito 674
Monte de Oleros 497
Os Dices
Buxán
O Araño
Taragoña
305
Asados
Pazo
Raño
19 17
AG11
Torre
Vilariño
Boiro
24 23
41
34
Mosquete

Troitosende
Portomouro
Vilar de Suso
Ameixenda
Reborido
SANTIAGO DE COMPOST
Roxos
Bertamiráns (Ames)
Bugallido
San Salvador de Bastavales
Bastavales
Casalonga
Picaraña de Arriba
19 E01
A Escravitude
Lampai
Os Dices (Rois)
40
Padrón
Laíño
Tallós (Dodro)
Ponte
Infesta (Pontecesures)
550
Valga
Vilar
Bexo
Burés
Magariños
Catoira
Tarrio
Coaxe
Carracedo
104
Cesar

R I A S
91
92
93
94
95

Porto do Son
Noal
Nebra
Castro de Baroña
Baroña
Calvelle
Praia de Castro
Pouscarro
Praia de Queiroga
Tarrio
Praia Xudernil
Ermida da Madalena
Xufres
Caamaño
Praia de Basoñas
Xuño
Os Forcados 620
Cabo Teira
Seráns
Punta Gorgo
Estalluns
Teira
Praia Portiñas
Porto Corrubedo
Cabo Corrubedo
Dolmen de Axeitos
Oleiros
Bretal
Capela de Móldes
Gándara
Aldeavella
31
305
A Pobra do Caramiñal
Praia de Barraña
Palmeira
Punta de Cabío
Punta Cabalo
Pesqueira
Rebórdelo
Escarabote
Abanqueiro
ILLA de Cortegada
Rianxo
Casal
Carril
4.7
Castro Agudín
Caldas de Reis
Valga/Catoira/Ribeira
Monte Xiabre 642
Currás (Portas)
Briallos
226
Rebón
Coruto
San Antoniño (Barro)
37
Acibi

Serra do Barbanza
Val de Quintáns
Río Te
Río Sar
Río Ulla
Cespón
Illa de Cortegada
Carril
110
640
Vilaxoán
VILAGARCÍA (VILAGARCIA DE AROUSA)
Vilanova de Arousa
Corón
András
Mirador de Lobeira
Vilanoviña
Pereiras
Saínes
Pineiro
550

Praia de Conchia
Praia de Riasón
Ría de Arousa
Illa de Arousa
Torre San Sadurniño
CAMBADOS
Parador
Illa da Toxa
Sisán
Ribadumia
San Salvador de Meis
San Martiño de Meis
Curro
Reiris
Alba
Lérez
3
1
113
Sanxenxo

O Grove
Praia de Menchluera
Carreiro
Ardia
Bálea 163
316
Fianteira
San Vicente do Grove
Areal da Lanzada
Na. Sa. da Lanzada
Mourelos
Punta Faxilda
Punta Abelleira
Dena
Gondar
Meaño
Simes
Xil
Couto de Abaixo
Mosteiro
Armenteira
San Francisco
O Convento (Poio)
Padrenda
AG41
Escusa 613
Combarro
Pontevedra Norte
308
Lourizán
A Laxe
P011
PONTE VEDRA
129
Parador
132
A Carballa
2025
AP9
Tomeza

Ría de Arousa
Illa de Sálvora
Illas de Sagres
Punta San Vicenzo
Praia do Couso
Aguiño
Castiñeiras
Vixán
Praia Ladeira
Praia do Castro
Praia da Lagoa
SANTA UXÍA DE RIBEIRA (RIBEIRA)
Ermida de San Alberto
Parque Natural Complexo Dunar de Corrubedo e Lagoas de Carregal e Vixán
Punta Falcoeiro

Illa de Sálvora
Punta Abelleira
Neailla
4.1
504
Aiós
Adina
21
308
449
Nantes de Reis
Bordóns
Illa de Tambo
MARÍN
Mogor
A Laxe
Baiteiro
Canicou
137
Pou
San
19

B A I X A S

Illa de Ons
Illa de Onza
Cabo de Udra
Praia de Loira
Seixo
Fixón
Piñeiro
Miñán
Praia de Lapamán
Sabarigo
Mirador de Cotorredondo
554
Redondela
O Toural (Vilaboa)
E01

R I A S

Parque Nacional das Islas Atlánticas de Galicia
Punta Couso
Vilanova
Beluso
624
Menduíña
Aldán
A Portela
Cela
Fraga
Bueu
San Simón
San Simón
Illa de S.Simón
Santa Cristina de Cobres
Cobres
12 35
6
9
AG46
Domain
Palmás
148
Rande

Cabo Home
Illa de Monteagudo ou do Norte
Punta Subrido
Donón
Hío 315
Nerga
Balea
Praia Liméns
Punta Liméns
CANGAS
Aldán
Moaña
551
4.5
Redondela
Chapela
Teis/Chapela
VIGO
Buenos Aires
Illas Cíes
555
A9
8
552
Vigo Vigo
Puxeiros
Peinador
Negros
R

B a i x a s

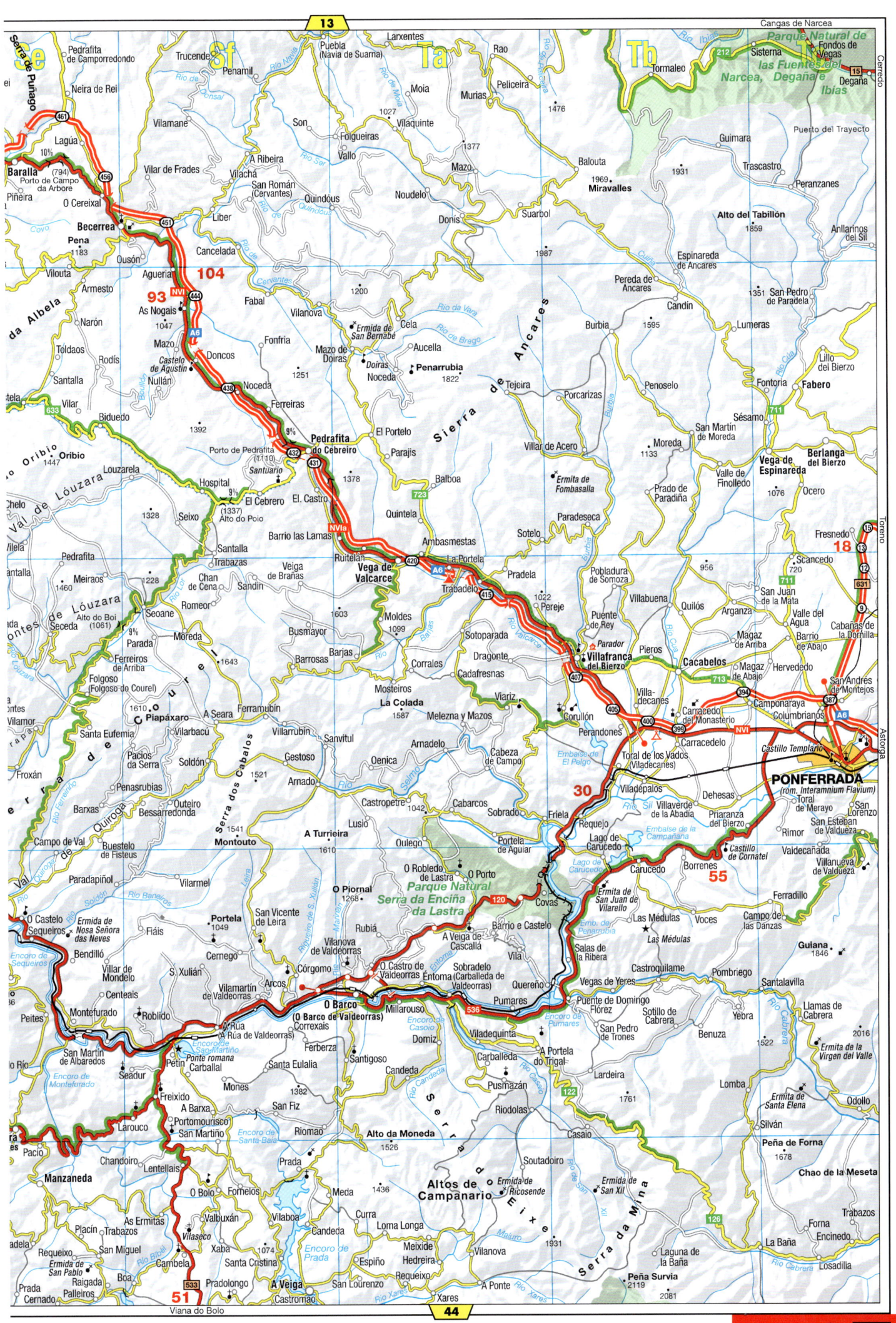

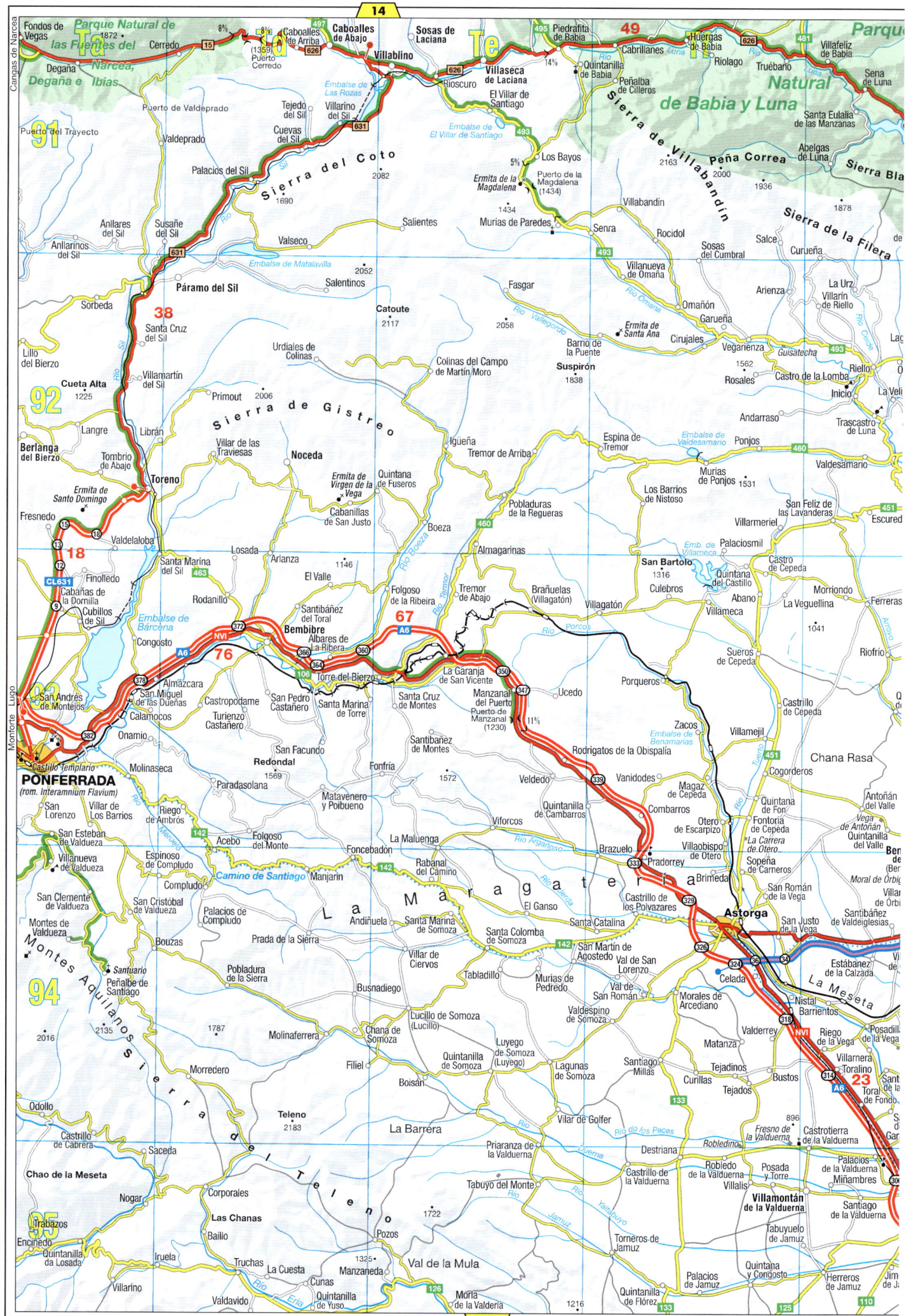

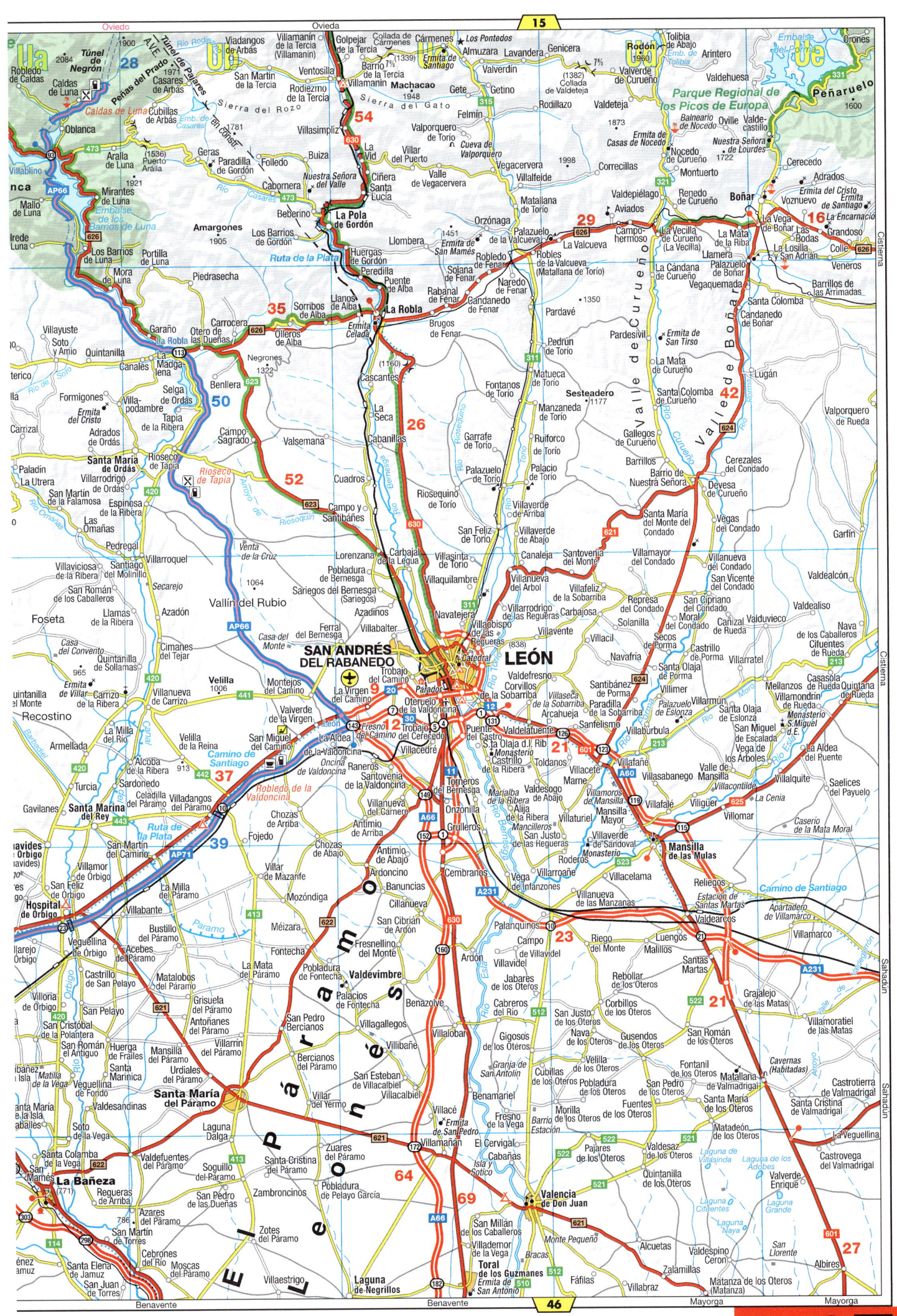

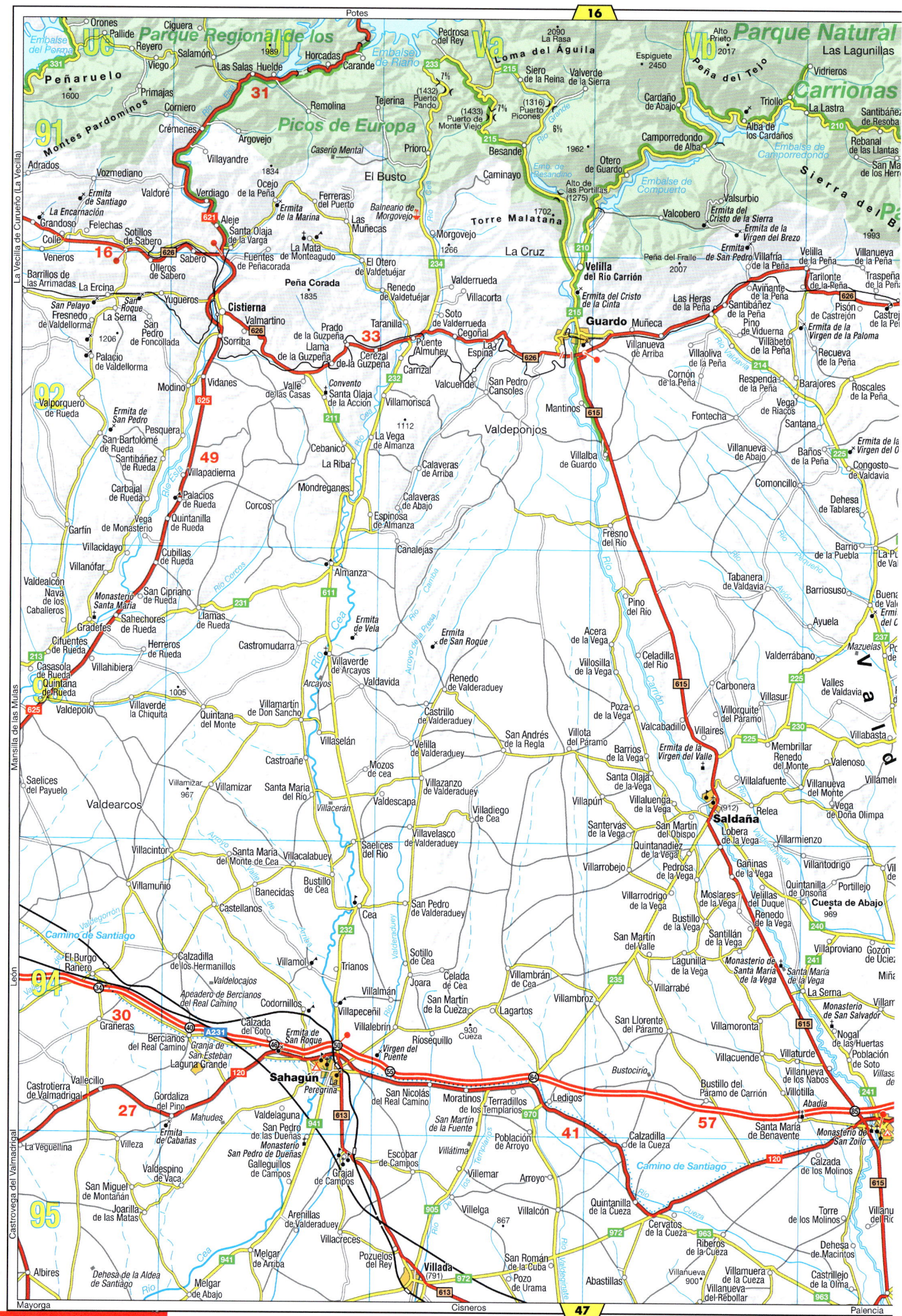

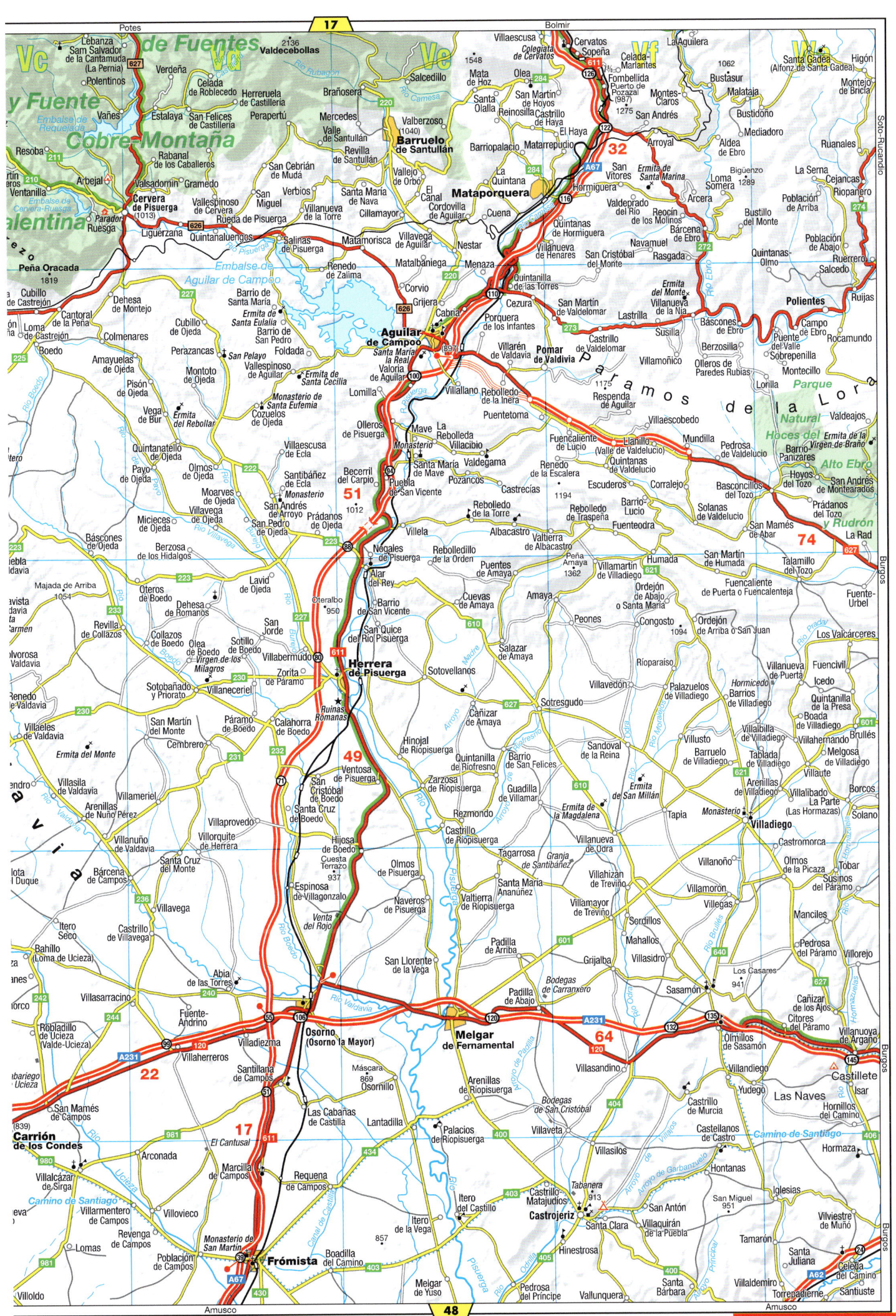

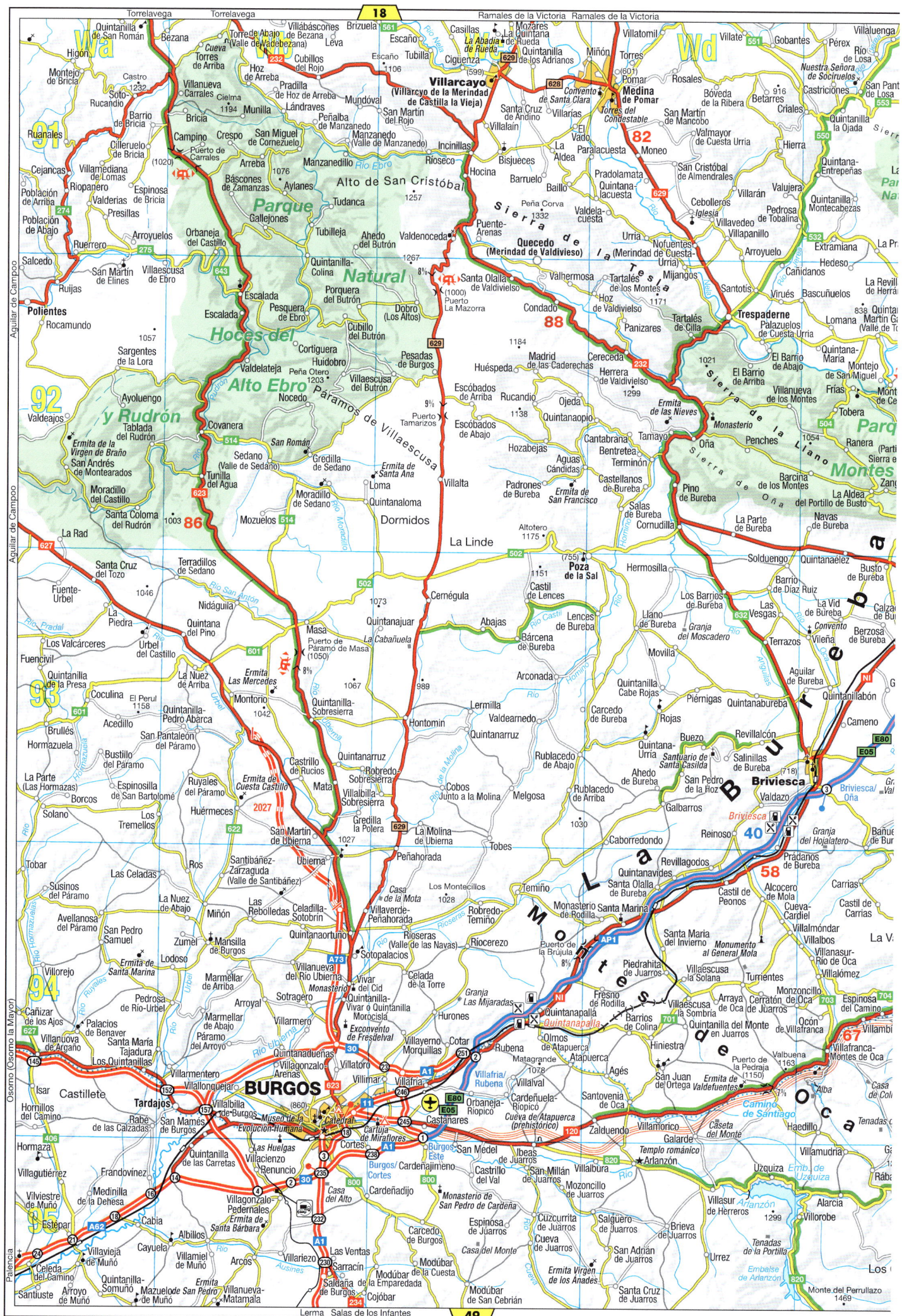

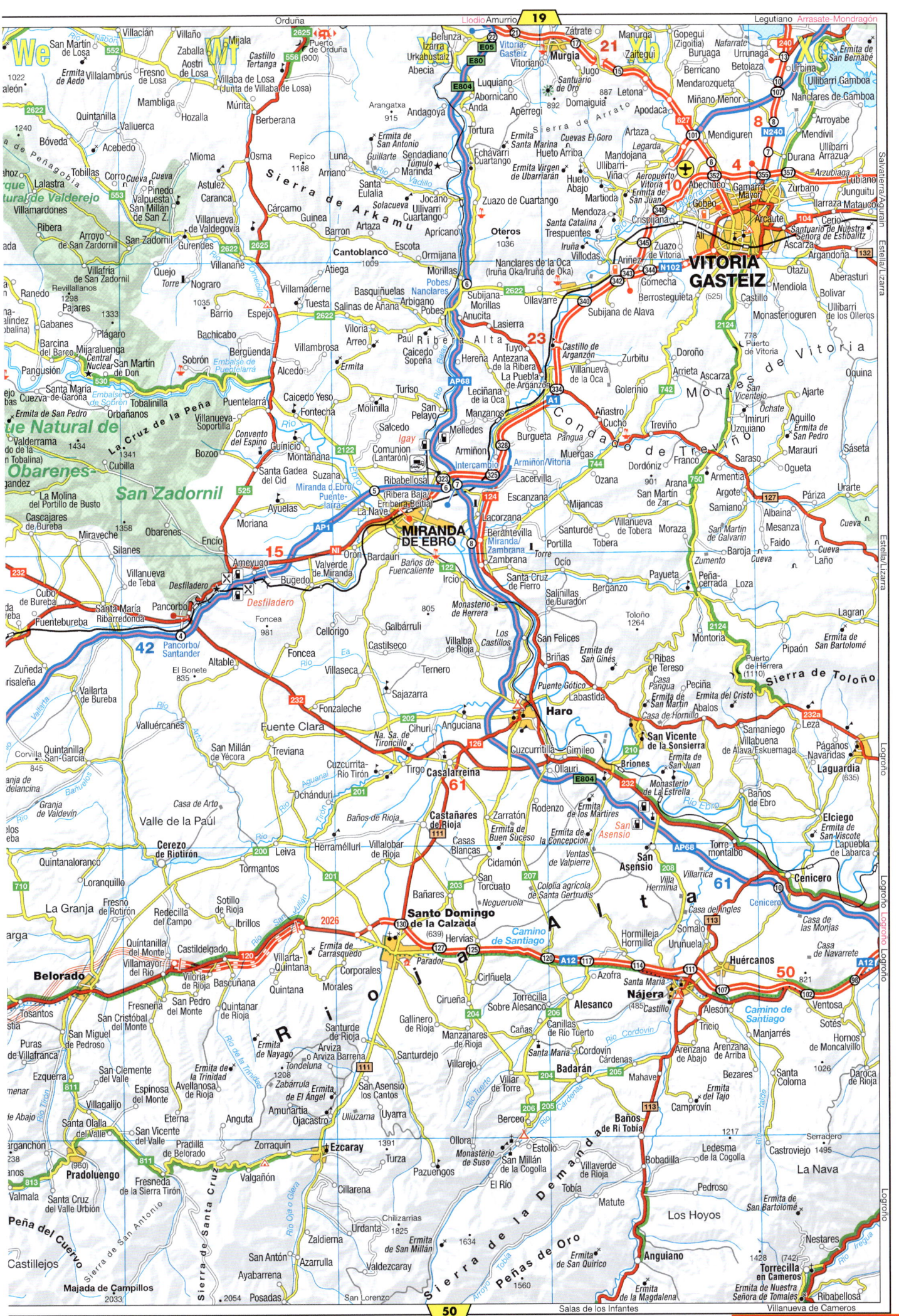

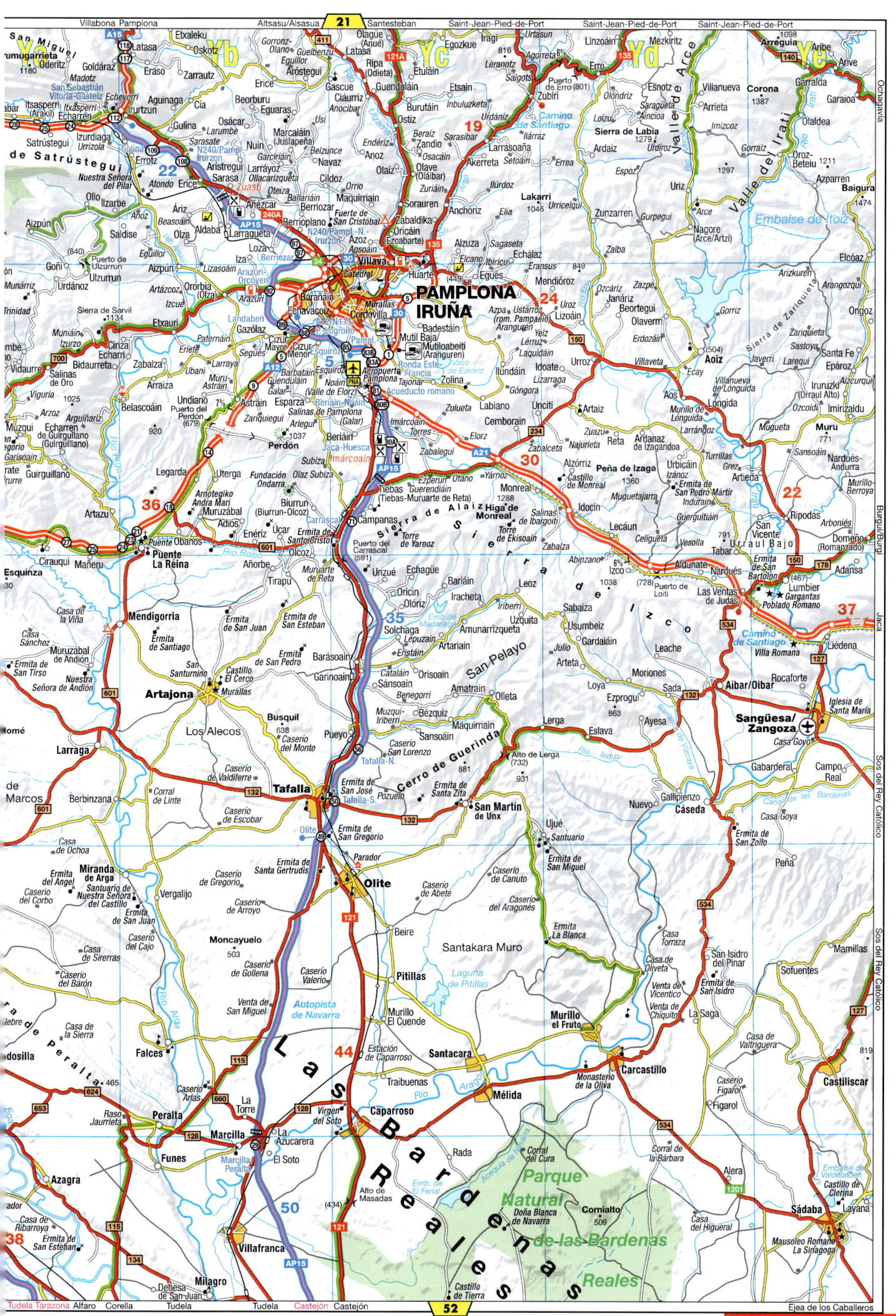

PAMPLONA
IRUÑA

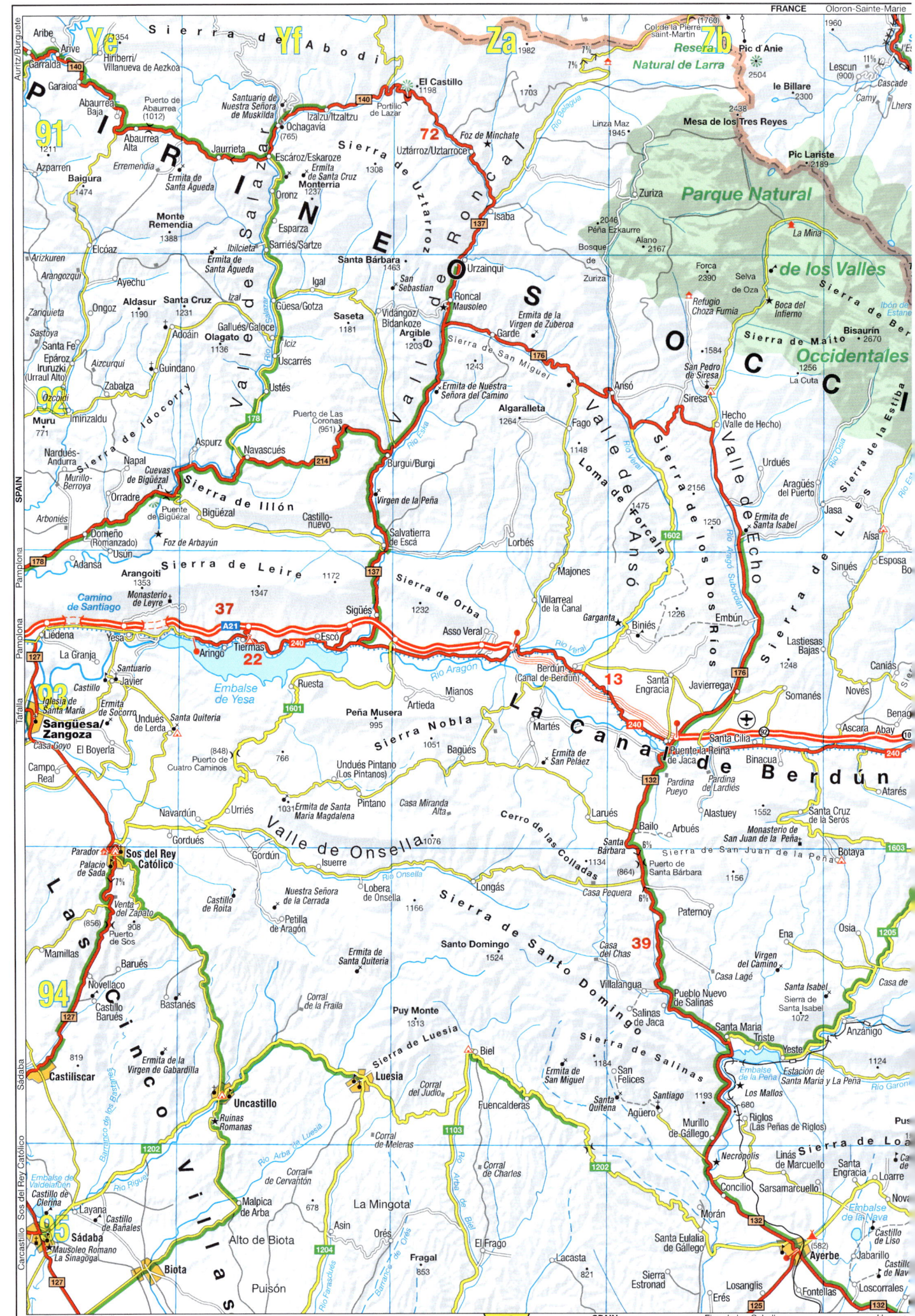

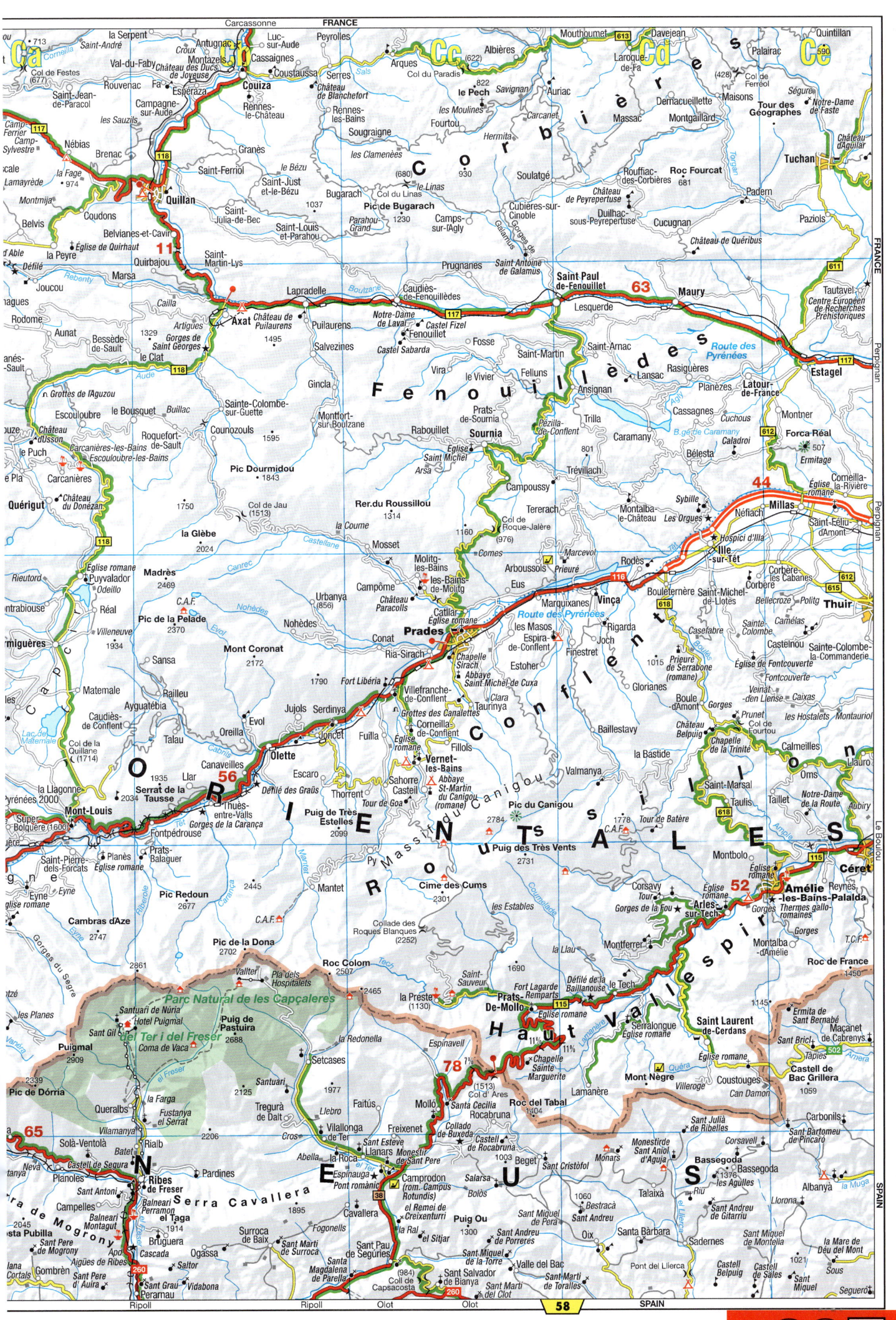

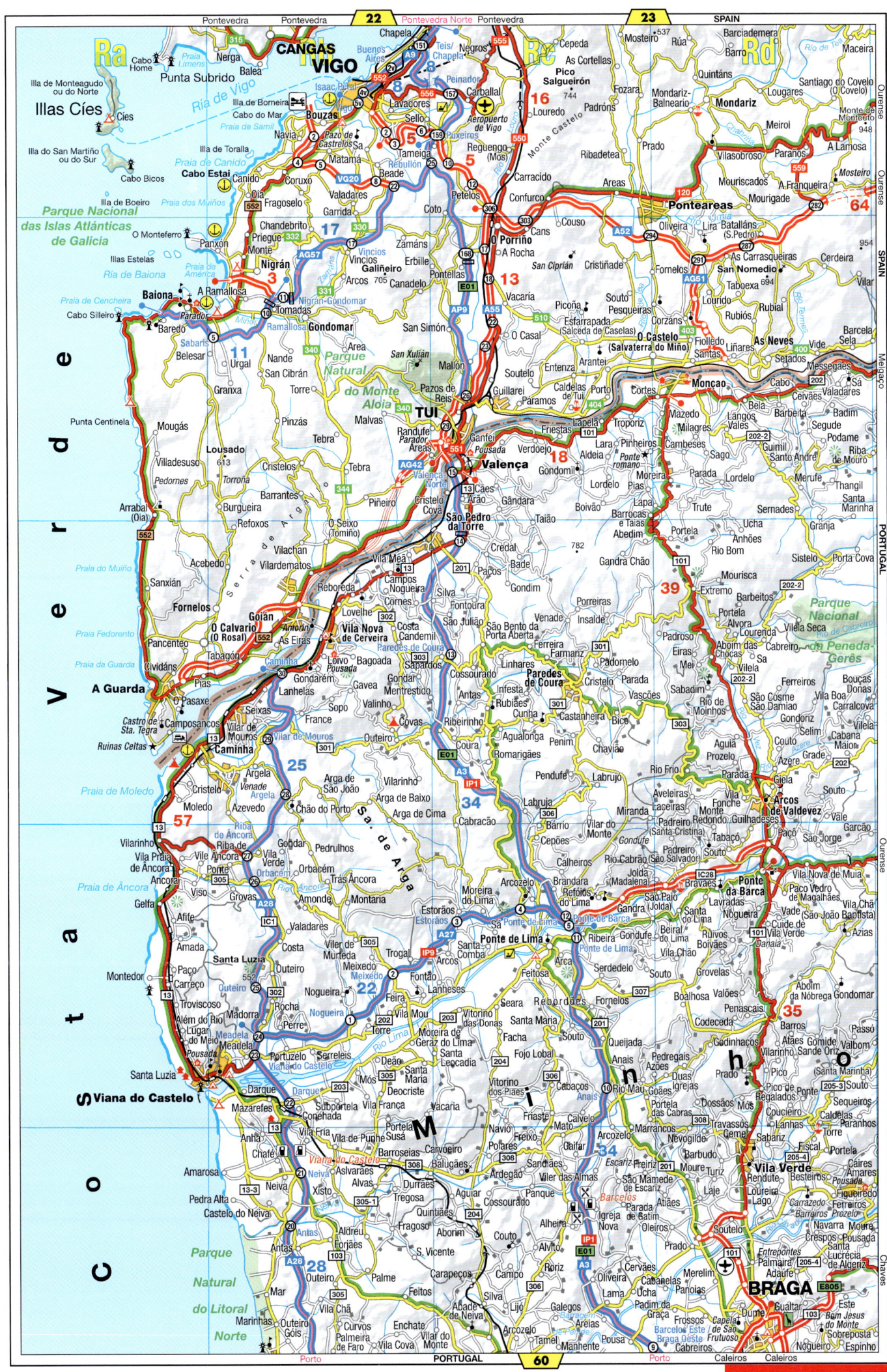

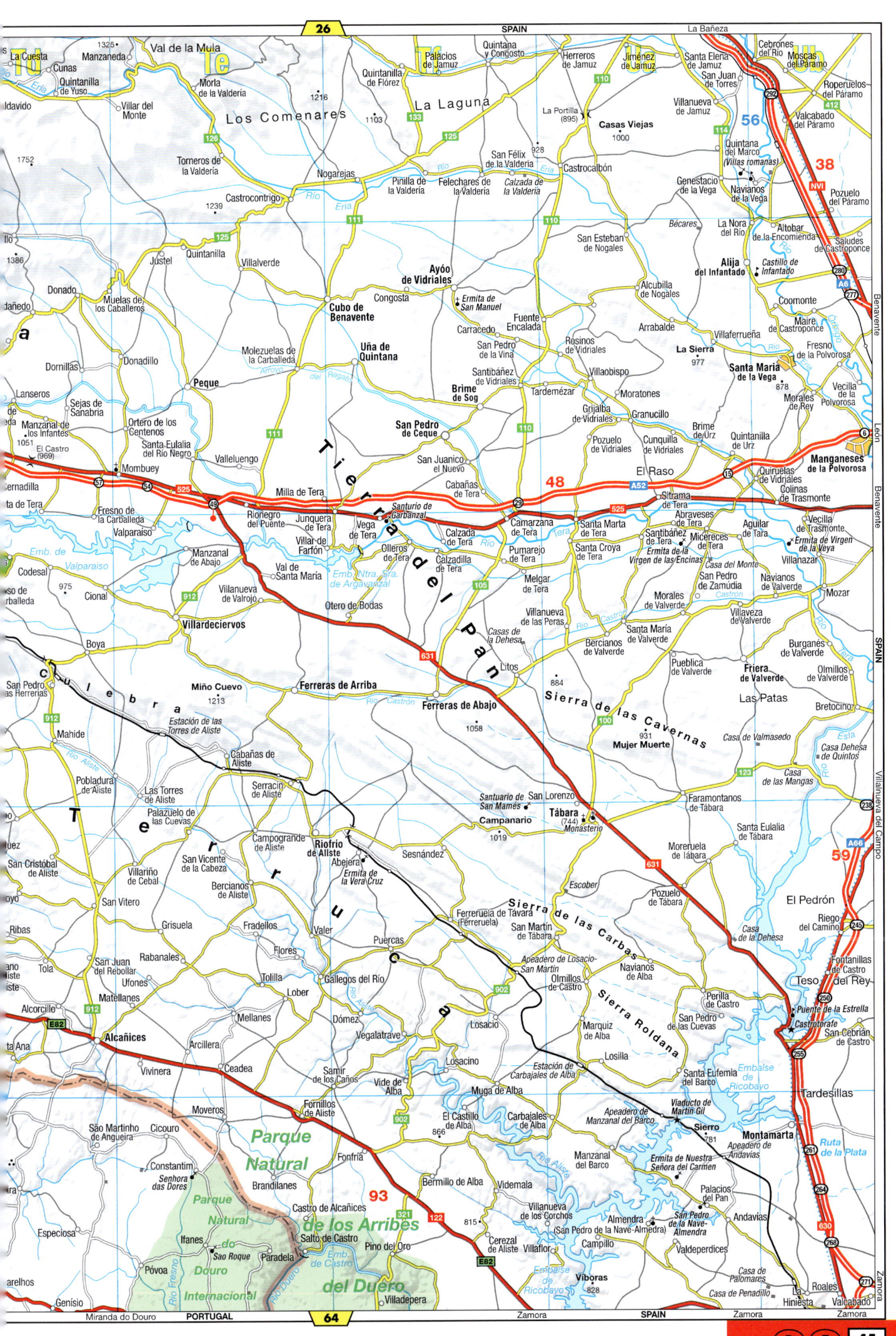

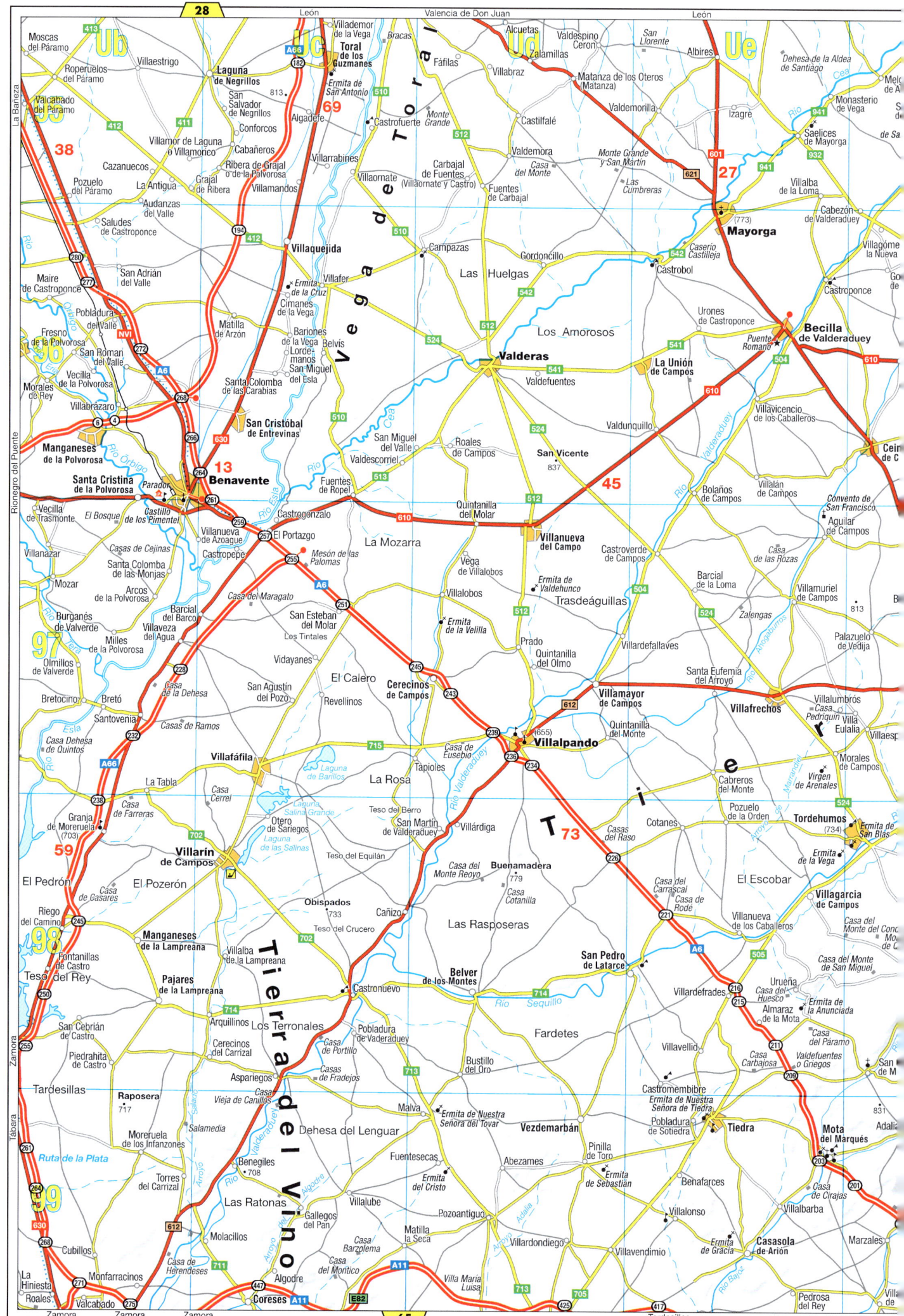

León   Valencia de Don Juan   León

Ub   Uc   Ud   Ue

Moscas
del Páramo
Roperuelos
del Páramo
Valcabado
del Páramo
38
Cazanuecos
Pozuelo
del Páramo
Saludes
de Castroponce
Maire
de Castroponce
Fresno
de la Polvorosa
96
Morales
de Rey
Villabrázaro
Manganeses
de la Polvorosa
Santa Cristina
de la Polvorosa
Vecilla
de Trasmonte
Villanazar
97
Mozar
Burganes
de Valverde
Olmillos
de Valverde
Bretocino
Santovenia
59
El Pedrón
Riego
del Camino
98
Fontanillas
de Castro
Teso del Rey
San Cebrián
de Castro
Piedrahita
de Castro
Tardesillas
99

Villaestrigo
Villademor
de la Vega
Toral
de los
Guzmanes
Laguna
de Negrillos
San Salvador
de Negrillos
San Salvador
de Negrillos
Conforcos
Villamor de Laguna
o Villamorico
Cabañeros
Ribera de Grajal
o de la Polvorosa
La Antigua
Grajal de Ribera
Audanzas
del Valle
Villamandos
Ermita de
San Antonio
Castrofuerte
Villaquejida
San Adrián
del Valle
Villafer
Villafer
Ermita
de la Cruz
Cimanes
de la Vega
Pobladura
del Valle
Matilla
de Arzón
Bariones
de la Vega
Belvis
Lorde-
manos
San Miguel
del Esla
Santa Colomba
de las Carabias
San Cristóbal
de Entrevinas
13
Benavente
Castillo
de los Pimentel
Villanueva
de Azoague
Castropepe
Barcial
del Barco
Villaveza
del Agua
Milles
de la Polvorosa
Arcos
de la Polvorosa
Santa Colomba
de las Monjas
San Esteban
del Molar
Los Tintales
Vidayanes
San Agustín
del Pozo
Revellinos
Bretó
Casas de Ramos
Villafáfila
La Tabla
Granja
de Moreruela
Otero
de Sariegos
Villarín
de Campos
El Pozerón
Manganeses
de la Lampreana
Villalba
de la Lampreana
Pajares
de la Lampreana
Arquillinos
Cerecinos
del Carrizal
Aspariegos
Raposera
Moreruela
de los Infanzones
Torres
del Carrizal
Monfarracinos
Cubillos
La Hiniesta
Roales
Valcabado

Valencia de Don Juan
Fáfilas
Villabraz
Castilfalé
Valdemora
Carbajal
de Fuentes
(Villaornate y Castro)
Fuentes
de Carbajal
Campazas
Las Huelgas
Gordoncillo
Valderas
Valdefuentes
San Miguel
del Valle
Valdescorriel
Fuentes
de Ropel
Quintanilla
del Molar
La Mozarra
Castrogonzalo
El Portazgo
Mesón de las
Palomas
Casa del Maragato
Ermita
de la Velilla
El Calero
Cerecinos
de Campos
Casa de
Eusebio
Tapioles
La Rosa
Laguna
de Barillos
Teso del Berro
San Martín
de Valderaduey
Villárdiga
Buenamadera
Casa del
Monte Reoyo
Casa
Cotanilla
Obispados
Cañizo
Las Rasposeras
Teso del Crucero
Villalba
de la Lampreana
Castronuevo
Pobladura
de Vaderaduey
Los Terronales
Casa
de Portillo
Belver
de los Montes
Bustillo
del Oro
Fardetes
Malva
Ermita de Nuestra
Señora del Tovar
Fuentesecas
Abezames
Vezdemarbán
Pinilla
de Toro
Ermita
del Cristo
Ermita de
Sebastián
Villalube
Pozoantiguo
Gallegos
del Pan
Molacillos
Matilla
la Seca
Villardondiego
Algodre
Coreses

Alcuetas
Valdespino
Ceron
Zalamillas
Albires
San
Llorente
Valdemorilla
Matanza de los Oteros
(Matanza)
Izagre
Valdemora
Monte Grande
Casa del Monte
Monte Grande
y San Martín
Las Cumbreras
Urones
de Castroponce
Los Amorosos
La Unión
de Campos
Valdunquillo
San Vicente
Roales
de Campos
Bolaños
de Campos
Villalán
de Campos
Castroverde
de Campos
Vega
de Villalobos
Ermita de
Valdehunco
Villalobos
Barcial
de la Loma
Trasdeáguillas
Prado
Quintanilla
del Olmo
Villardefalláves
Villanueva
del Campo
Quintanilla
del Monte
Villamayor
de Campos
Santa Eufemia
del Arroyo
Villafrechos
Cabreros
del Monte
Pozuelo
de la Orden
Cotanes
Casas
del Raso
El Escobar
San Pedro
de Latarce
Villardefrades
Villavellid
Castromembibre
Pobladura
de Sotiedra
Benafarces
Villalonso

Valdespino
Ceron
San Lorente
Dehesa de la Aldea
de Santiago
Monasterio
de Vega
Saelices
de Mayorga
Mayorga
Villalba
de la Loma
Cabezón
de Valderaduey
Castroponce
Becilla
de Valderaduey
Puente
Romano
Villavicencio
de los Caballeros
27
Ceir
de C
Villalumbrós
Casa
Pedriquin
Villa
Eulalia
Villaesp
Aguilar
de Campos
Convento de
San Francisco
Casa
de las Rozas
Villamuriel
de Campos
Palazuelo
de Vedija
Zalengas
Virgen
de Arenales
Morales
de Campos
Tordehumos
Ermita
de San Blás
Ermita
de la Vega
Villagarcía
de Campos
Villanueva
de los Caballeros
Casa del
Monte del Conc
Mo
de C
Urueña
Casa del
Huesco
Casa del Monte
de San Miguel
Almaraz
de la Mota
Ermita de
la Anunciada
Casa
del Páramo
Valdefuentes
o Griegos
Tiedra
Ermita de Nuestra
Señora de Tiedra
Mota
del Marqués
Adali
Casa
de Cirajas
Villalbarba
Casasola
de Arión
Marzales
Pedrosa
del Rey

A66   A6   A11   E82   NVI

45   73   T   e   i

Ruta de la Plata

Tierra del vino

Zamora   Zamora   Zamora   Tordesillas

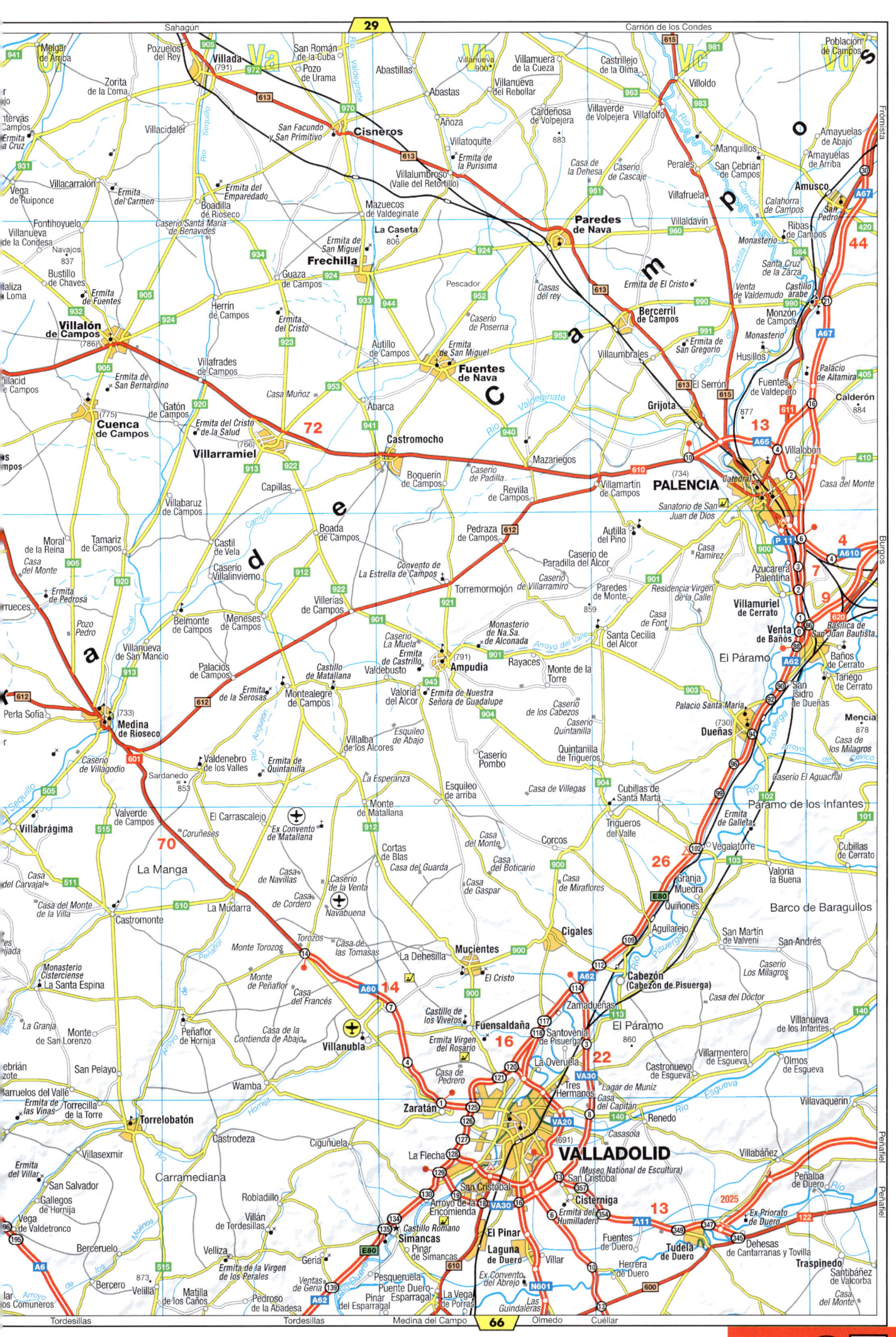

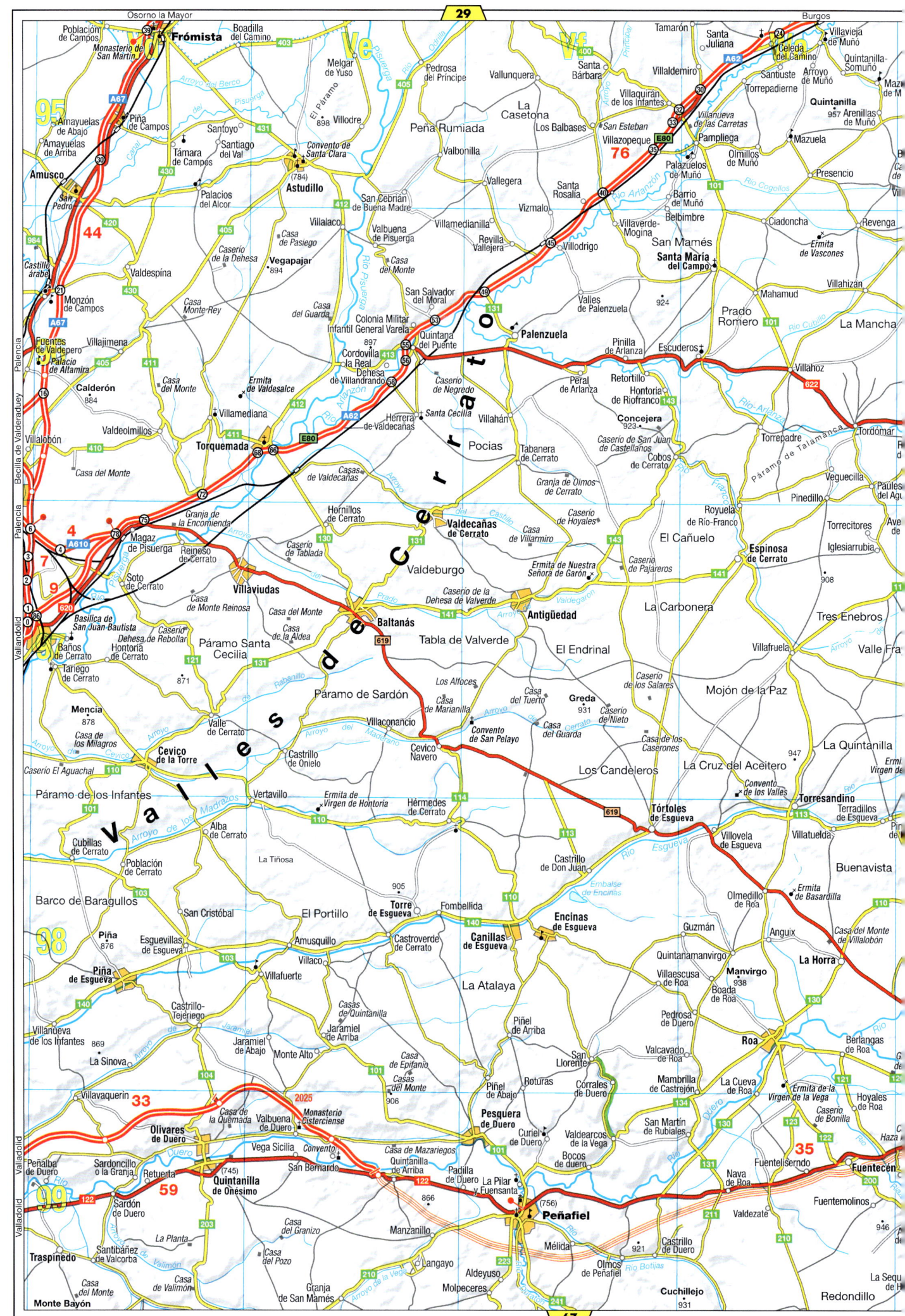

Osorno la Mayor
Población de Campos
Monasterio de San Martín
Frómista
Boadilla del Camino
403

Tamarón
Santa Juliana
Burgos
Villavieja de Muñó
Celada del Camino
24
Quintanilla-Somuño
Maz

95
Amayuelas de Abajo
Piña de Campos
Amayuelas de Arriba
Melgar de Yuso
Villodre
El Páramo
898
Pedrosa del Príncipe
Vallunquera
405
Villaldemiro
Villaquirán de los Infantes
30
32
Santiuste
Torrepadierne
Arroyo de Muñó
Quintanilla
957
Arenillas de Muñó

Amusco
430
Támara de Campos
Santoyo
Santiago del Val
431
La Casetona
Los Balbases
San Esteban
400
Villaquirán de los Infantes
33
Villanueva de las Carretas
Pampliega
Olmillos de Muñó
Mazuela

San Pedro
44
420
Villalaco
Convento de Santa Clara
784
Astudillo
San Cebrián de Buena Madre
Valbonilla
76
Villazopeque
35
E80
Palazuelos de Muño
Presencio

984
Castillo árabe
21
Monzón de Campos
Valdespína
A67
430
Palacios del Alcor
412
Villalaco
Valbuena de Pisuerga
Revilla Vallejera
Santa Rosalía
40
Rio Arlanzón
Barrio de Muñó
Belbimbre
101
Villaverde-Mogina
Ciadoncha
Revenga

Valdeolmillos
Villajimena
411
Casa del Guarda
894
Vegapajar
Casa de Pasiego
San Salvador del Moral
Vizmalo
Villamedianilla
45
Villodrigo
San Mamés
Santa María del Campo
Villahizán
Ermita de Vascones

Fuentes de Valdepero
Palacio de Altamira
405
Casa Monte Rey
Casa del Monte
Colonia Militar Infantil General Varela
897
Quintana del Puente
53
131
Palenzuela
Pinilla de Arlanza
Escuderos
Mahamud
924
Prado Romero
101
La Mancha

Calderón
884
Villamediana
Ermita de Valdesalce
Cordovilla la Real
413
55
56
58
Herrera de Valdecañas
Santa Cecilia
Villahán
Peral de Arlanza
Retortillo
Hontoria de Riofranco
143
Villahoz
622

16
Villalobón
410
412
Casa del Monte
Torquemada
68
66
E80
A62
Pocias
Tabanera de Cerrato
Concejera
923
Caserío de San Juan de Castellaños
Cobos de Cerrato
Torrepadre
Páramo de Talamanca
Tordómar

72
75
Granja de la Encomienda
Hornillos de Cerrato
130
Casas de Valdecañas
Dehesa
Granja de Olmos de Cerrato
Vegvecilla
Páules del Agu

6
4
78
Magaz de Pisuerga
Reinoso de Cerrato
Caserío de Tablada
131
Valdecañas de Cerrato
Casa de Villarmiro
Caserío de Hoyales
Royuela de Río-Franco
El Cañuelo
143
Pinedillo
Torricitores

3
7
9
620
Soto de Cerrato
Villaviudas
Casa de Monte Reinosa
Casa del Monte
Casa de la Aldea
Valdeburgo
Ermita de Nuestra Señora de Garón
Caserío de Pajareros
141
Espinosa de Cerrato
908
Iglesiarrubia
11

Basílica de San Juan Bautista
Dehesa de Rebollar
Caserío de Rebollar
Baltanás
619
141
Caserío de la Dehesa de Valverde
Antigüedad
La Carbonera
Villafruela
Tres Enebros
Valle Fra

Baños de Cerrato
Hontoria de Cerrato
121
Páramo Santa Cecilia
871
131
Tabla de Valverde
El Endrinal
Casa del Tuerto
Greda
931
Caserío del Nieto
Mojón de la Paz
La Quintanilla
947
Ermi Virgen de

Tariego de Cerrato
Mencía
878
Casa de los Milagros
Valle de Cerrato
Castrillo de Onielo
Los Alfoces
Casa de Marianilla
Convento de San Pelayo
Casa del Guarda
Casa de los Caserones
Los Candeleros
La Cruz del Aceitero
Convento de los Valles

Caserío El Aguachal
Cevico de la Torre
110
Vertavillo
Ermita de Virgen de Hontoria
Cevico Navero
Tórtoles de Esgueva
619
113
Terradillos de Esgueva
Torresandino
113
Pir de

Páramo de los Infantes
101
Alba de Cerrato
110
Hérmedes de Cerrato
114
Castrillo de Don Juan
Embalse de Encinas
Villovela de Esgueva
Olmedillo de Roa
Villatuelda
Ermita de Basardilla
Buenavista
110

Cubillas de Cerrato
103
San Cristóbal
La Tiñosa
905
Torre de Esgueva
Fombellida
110
Encinas de Esgueva
Guzmán
Anguix
Casa del Monte de Villalobón

Barco de Baragullos
98
Piña
876
El Portillo
Amusquillo
Castroverde de Cerrato
140
Canillas de Esgueva
Quintanamanvirgo
Villaescusa de Roa
Manvirgo
938
La Horra

Piña de Esgueva
140
Esguevillas de Esgueva
103
Villaco
Villafuerte
La Atalaya
Boada de Roa
130

Villanueva de los Infantes
869
Castrillo-Tejeriego
Jaramiel de Arriba
Casas de Quintanilla
Piñel de Arriba
Pedrosa de Duero
Valcavado de Roa
Roa
Berlangas de Roa
121

La Sinova
104
Jaramiel de Abajo
Monte Alto
101
Casa de Epifanio
Casas del Monte
906
San Llorente
Rotúras
Piñel de Abajo
Córrales de Duero
La Cueva de Roa
Mambrilla de Castrejón
134
130
Hoyales de Roa
Caserío de Bonilla
126

Villavaquerín
33
Casa de la Quemada
Valbuena de Duero
Monasterio Cisterciense
2025
Pesquera de Duero
Curiel de Duero
Valdearcos de la Vega
San Martín de Rubiales
123
35
Fuentelisendo
Fuentecén

Peñalba de Duero
Sardoncillo o la Granja
Retuerta
Olivares de Duero
Vega Sicilia
Convento
745
San Bernardo
Casa de Mazariegos
Quintanilla de Arriba
101
Bocos de duero
131
Nava de Roa
Valdezate
211
Fuentemolinos
200

99
122
Sardón de Duero
Quintanilla de Onésimo
59
203
Manzanillo
122
Padilla de Duero
La Pilar y Fuensanta
866
756
Peñafiel
Castrillo de Duero
921
210
946

Traspinedo
Santibáñez de Valcorba
La Planta
Casa del Granizo
Casa del Pozo
Langayo
Aldeyuso
Molpeceres
223
Mélida
Olmos de Peñafiel
Cuchillejo
931
La Sequ

Monte Bayón
Casa del Monte
Casa de Valimón
Valimón
Granja de San Mamés
210
Redondilo

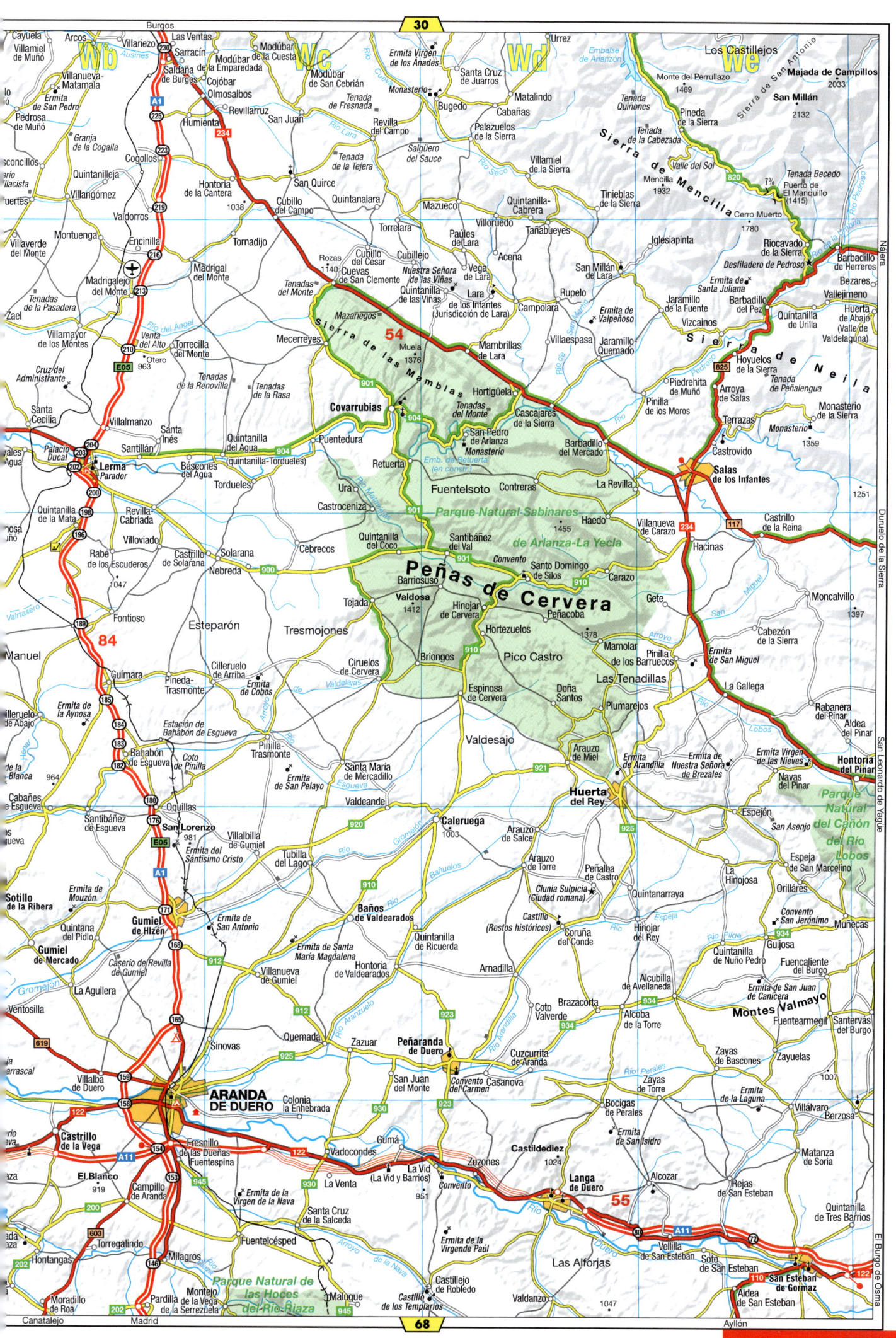

Nájera   Logroño

W e   **W f**   **X a**   **X b**   **X c**

Peña del Cuero
2033
Majada de Campillos
San Millán
2132
95
Tenada Becedo

San Antón
Azarrulla
Ayabarrena
Posadas
Altuzarra
2054
Valdezcaray
San Lorenzo
2072
Puerto de la Demanda
2025
Collado del Gitano

Sierra de San Lorenzo
Peñas de Oro
1560

Sierra de Camero Nuevo
1428
Nestares
(742)
Torrecilla en Cameros
Ribabellosa
245
Ermita de Nuestra Señora de Tomales
Nieva de Cameros
1467
Almarza de Cameros

Ermita de San Millán de San Quirico
Anguiano
113
Ermita de la Magdalena
Monasterio de Valvanera
Hospital del Duque

Sierra de Camero
Ermita de San Julián
San Cristóbal
1738
El Rasillo de Cameros
253
Ortigosa de Cameros
Puerto Hiriçado (1412)
232

Pinillos

Tierra de Cameros

Riocavado de la Sierra
Barbadillo de Herreros
Desfiladero de Pedroso
Bezares
Vallejimeno

Monterrubio de Demanda
Canales de la Sierra
113
Villavelayo

Mansilla de la Sierra
Embalse de Mansilla
Viniegra de Abajo
Ventrosa

Sierra de Castejón
1788
Brieva de Cameros
Peñaloscintos
Villanueva de Cameros

Mojón Alto
1766
Ermita Lollano
Aldeanueva de Cameros
111
Villoslada de Cameros

1581
Ermita de Santo Domingo
Collado Sancho (1391)
El Horcajo

96
Quintanilla de Urrila
Huerta de Abajo (Valle de Valdelaguna)
Tolbaños de Abajo
Tolbaños de Arriba

Huerta de Arriba
Ermita de San Juan
Ermita de Nuestra Señora de la Vega

Puente Esoba
Las Gabias
Peña Tejada
1863
1997

1776
Viniegra de Arriba
Ermita de San Millán
Montenegro de Cameros
832

250
Lumbreras
San Andrés
Laguna La Navá
Pajares
Ermita de Piqueras
1918
Tejadillo

Sierra de Neila
Parque Natural Lagunas
Laguna Larga
Glaciares de Neila
Campiña
2050
Neila
Puerto El Collado (1400)
822
Las Tabladas

Santa María
Puerto de Santa Inés (1753)
831
Sierra de las Hormazas
Sierra de Fragina
Parque Natural de Sierra Cebollera
Ermita de la Virgen de Lomos de Orios
Puerto de Piqueras (1710)

Monasterio de la Sierra
1359
Monasterio

Puerto Rico
1251
2074
Sierra de la Umbria
2228
Santa Inés
Fuentes del Duero
Sierra del Portillo de Pinochos
Callahornos
2086
2061
La Mesa
2164
Castillejo

97
Quintanar de la Sierra
Necrópolis
Dehesilla

Palacios de la Sierra
1397
Moncalvillo
(1261)
1447
Vilviestre del Pinar
Canicosa de la Sierra

Regumiel de la Sierra
Ermita de Revenga
Duruelo de la Sierra
Covaleda
1543

Sierra de Duruelo
1824
Quintanar o El Quintanarejo
1825
830

Cebollera
2142
Sierra Cebollera
Neg
Glacia
Molinos de Razón
Valdeavellano de Tera
821

Sotillo del Rincón
Aldehuela del Rincón
820
Villar del Ala
Azapie

Rabanera del Pinar
Aldea del Pinar
1321
(1350)
1475
Saldueró
117
Molinos de Duero
Los Rincones
821
Ermita San Pedro
Vinuesa (Ib. Viscontium)
Ermita Nuestra Señora del Castillo
Murallas
Puente Romano
Casa del Rincón

El Royo
Derroñadas
Langosto
Sierra La
Santerva de la Sie
Dombe

Hontoria del Pinar
Casa del Guarda Montes
Caserio del Amogable
234
Navaleno
Casa del Guarda Montes

Embalse de la Cuerda del Pozo
Vilviestre de los Nabos
Hinojosa de la Sierra
Palacio renacentista

Parque
Arganza
San Leonardo de Yagüe
(1200)
Puerto Mojón Pardo
6%
960
Casarejos
Vadillo

Pinar Grande
117
Herreros
234
Abejar

Caserio Mallumembre
810
Oteruelos
Cidones
Pedrajas
Villaverde del Monte
Ocenilla
800
Toledillo

Natural
del Cañón
del Río
Lobos
Santa María de las Hoyas
Ardal
1215
Muñecas
934

Talveila
Herrera de Soria
Muriel Viejo
1346
Cabrejas del Pinar
1320
Sierra de Cabrejas

1432
1380
Sierra Llana
Fuentetoba
Go

El Estopar
Villaciervos
910
Los Casares
La Cuenca
Altos de Villaciervos (1200)
2%
Villaciervitos
Ca de

98
Fuencaliente del Burgo
Montes Valmayo
Fuentearmegil
Santervás del Burgo

Ermita de San Bartolomé
Aylagas
Cubilla
Cubilla

Muriel de la Fuente
Aldehuela de Calatañazor
Santa Aná
122
A11
82
La Mallona
Villabuena
Camparañón
Ermita de Santa Eulalia
Sierra d
Ermita de San Miguel

Nafría de Ucero
Rejas de Ucero
Ucero
920

Fuentecantales
1129
Valdeavellano de Ucero

Abioncillo
Calatañazor
27
Nódalo
110
Ermita de San Lorenzo
Nafría la Llana
Majadas de la Cuesta
Ermita de Hinodejo
Las Fraguas
Izana
Las Cuevas de Soria

99
San Esteban de Gormaz
Valdecastilla
1029
Quintanilla de Tres Barrios

Valdealbín
1007
Berzosa
Valdegrulla
Sotos del Burgo
Valdelubiel
Barcebal
Barcebalejo

El Monte
Blacos
Torreblacos
La Mercadera
Valdealvillo

Hinodejo
1375
Monasterio
Revilla de Calatañazor
La Barbolla
Ventosa de Fuentepinilla

Quintana Redonda
Los Llamosos
La Quebrada
1134

Matanza de Soria
1044
Valdemaluque

Ermita de San Roque
Velasco
46
Santiuste
Torralba del Burgo
Rioseco de Soria
Fuentelaldea
Fuentelárbol
Osonilla
Tardelcuende
115

El Burgo de Osma (Burgo de Osma-Ciudad de Osma)
Catedral
A11
Ermita de San Julián
Osma
1025
Ermita de la Magdalena
Uxama Argelae (Ruinas romanas)
160
Alcubilla del Marqués
Pedraja de San Esteban
122
La Rasa
La Olmeda
La Olmeda de Osma
Lodares de Osma

Valdenarros
Valdenebro
Boós
Escobosa de Calatañazor
Ermita de Almácedo
Puerta románica
Torreandaluz
Valderrodilla
Valverde de los Ajos
Bayubas de Arriba
Fuentepinilla
El Santero

Ermita de San María
La Muela
Fuentepinilla
Osona
Cascajosa

116
Almazan
69
Almaz

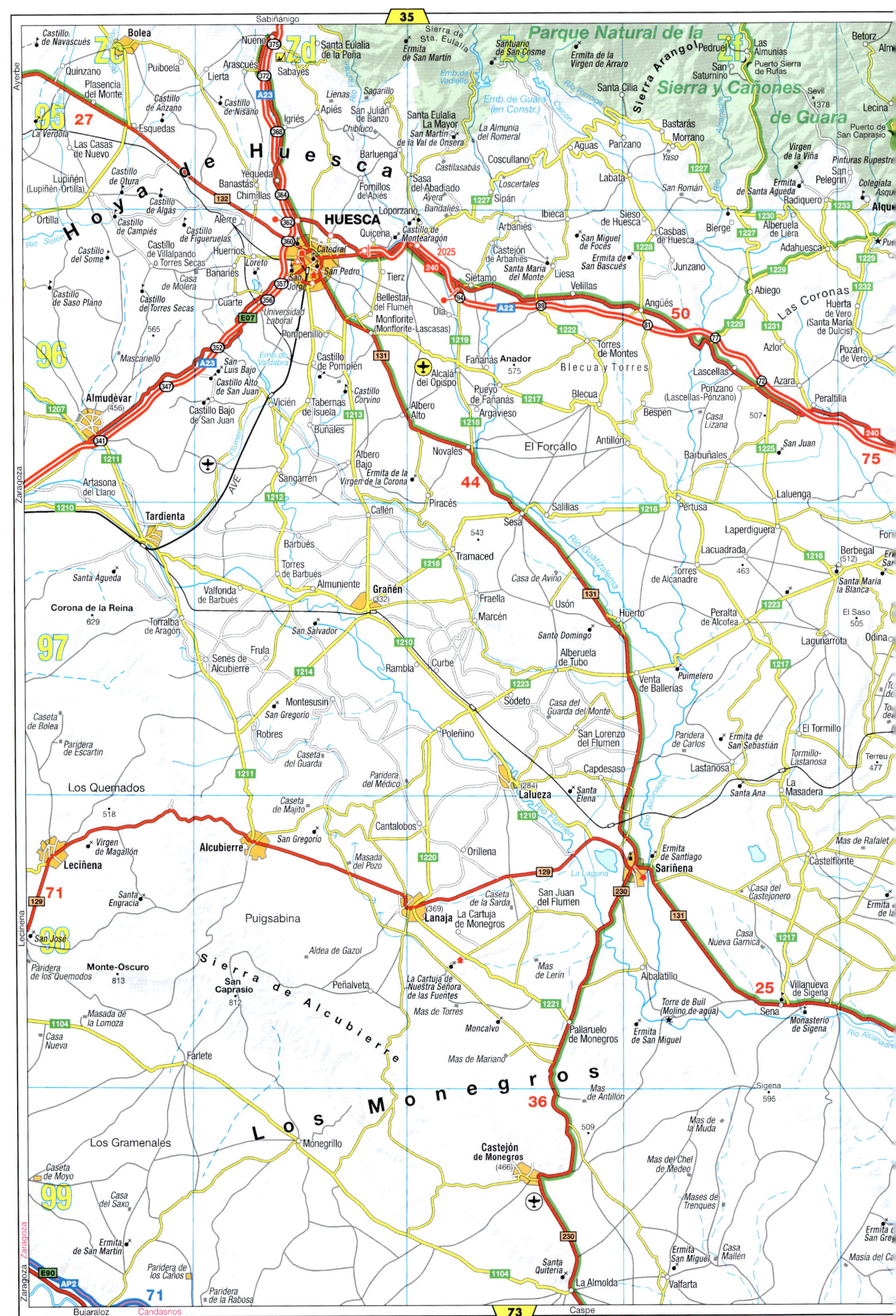

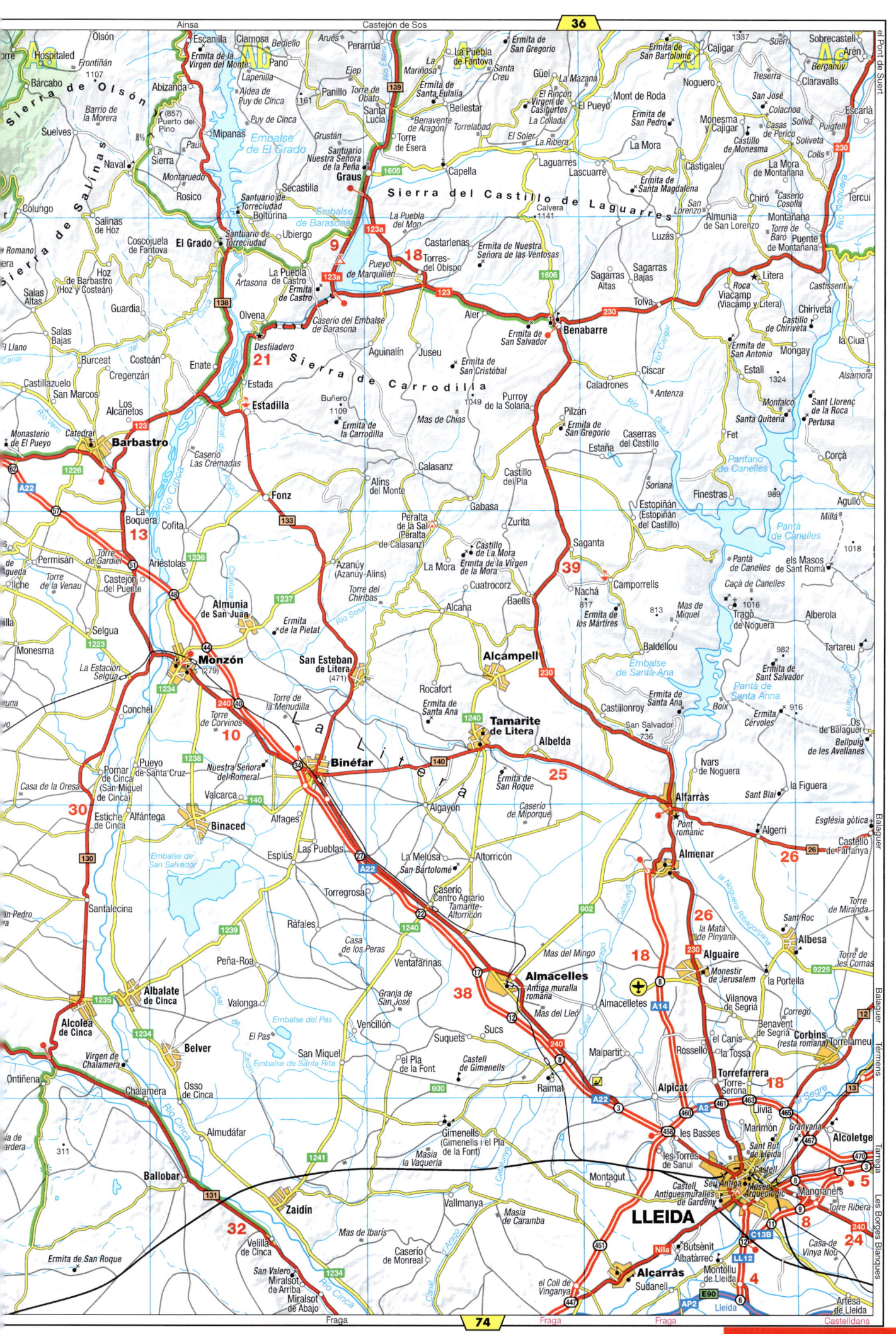

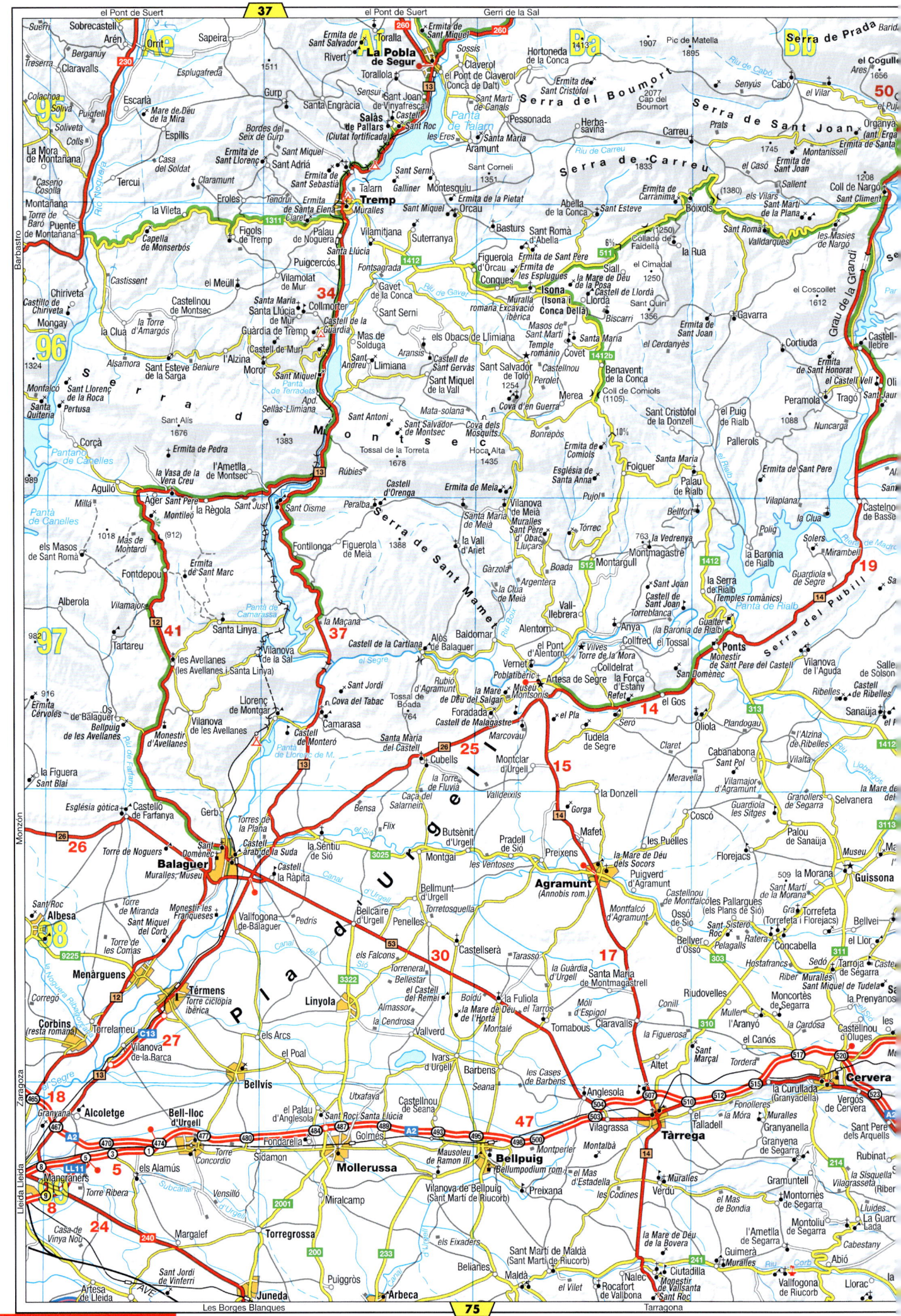

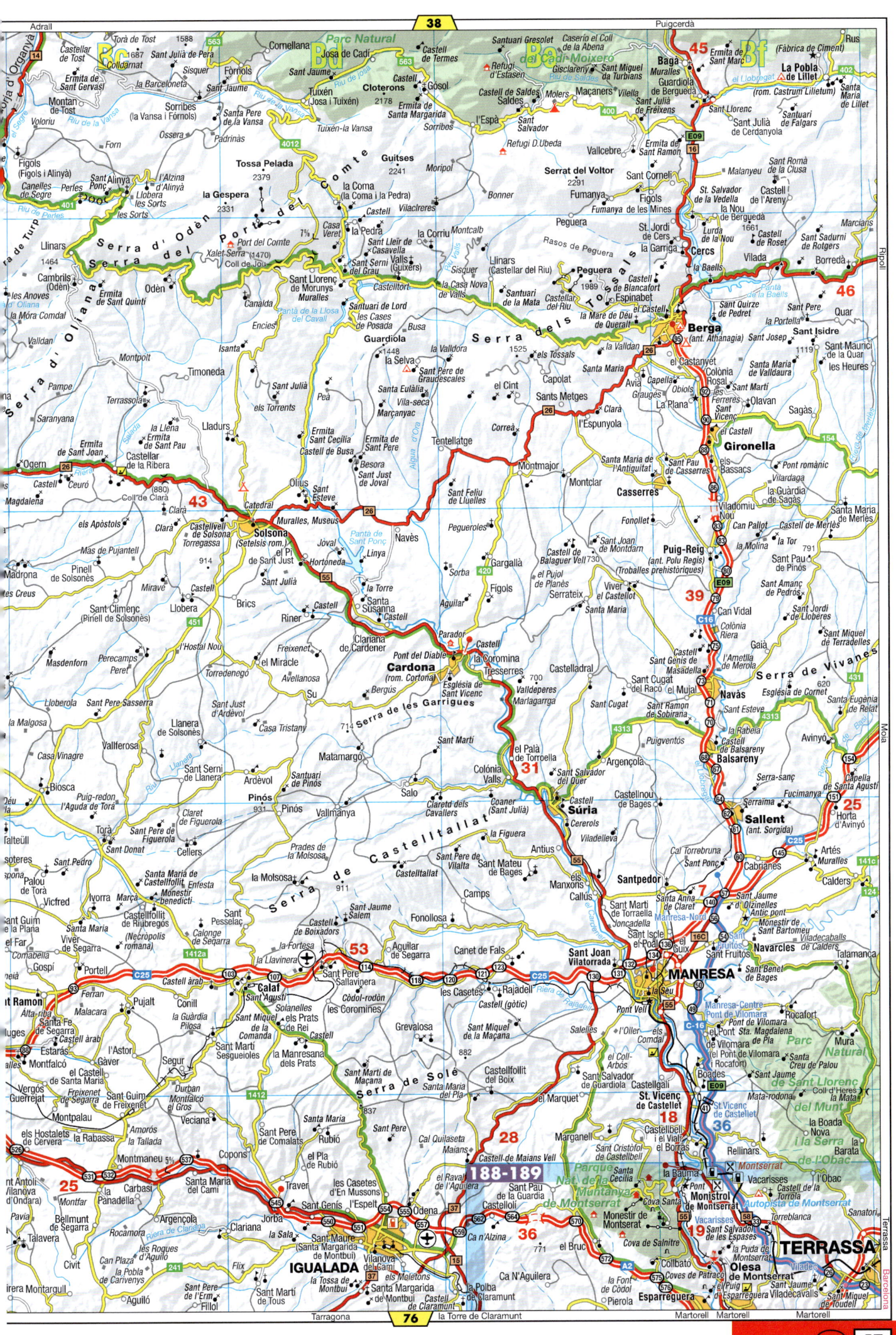

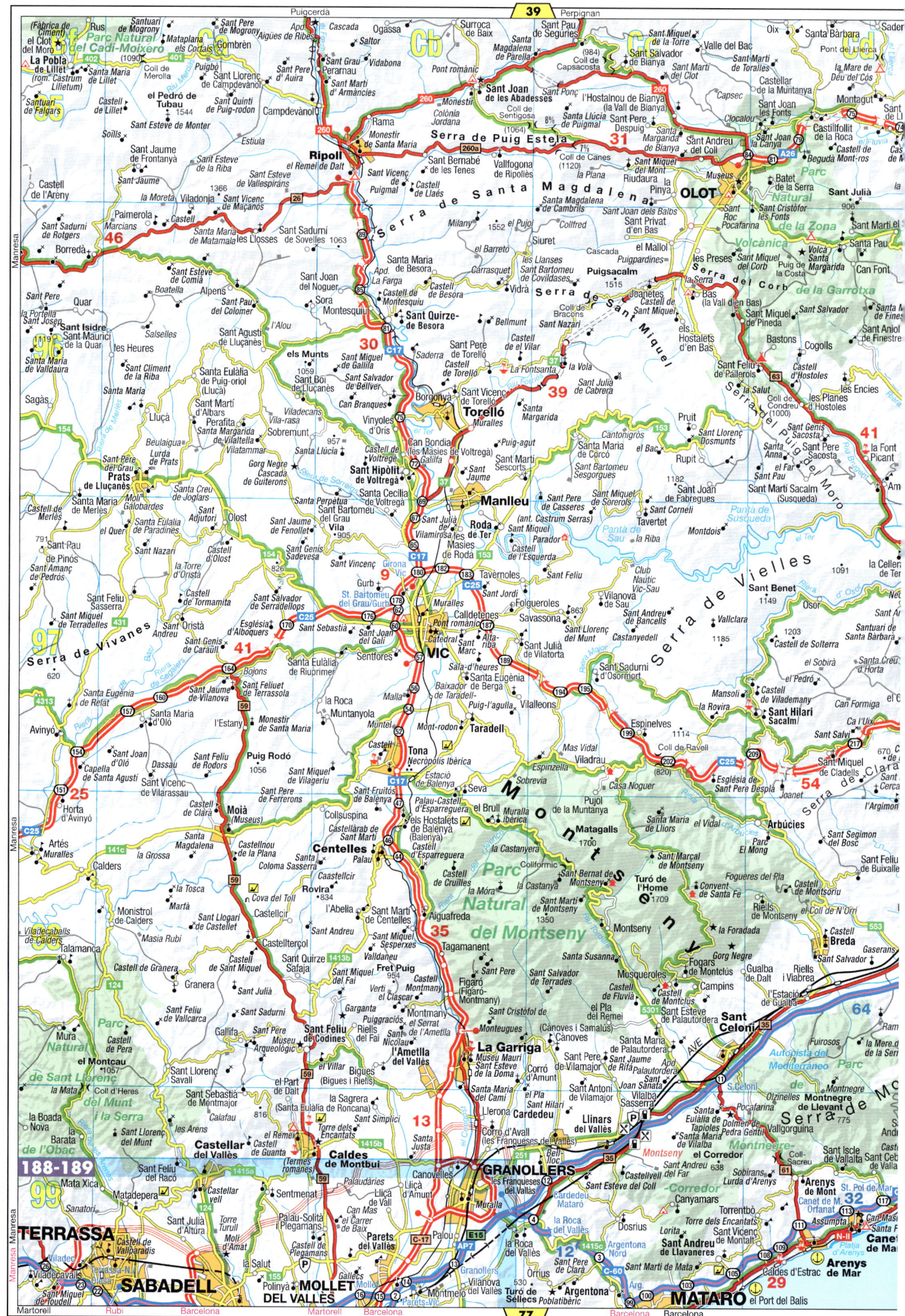

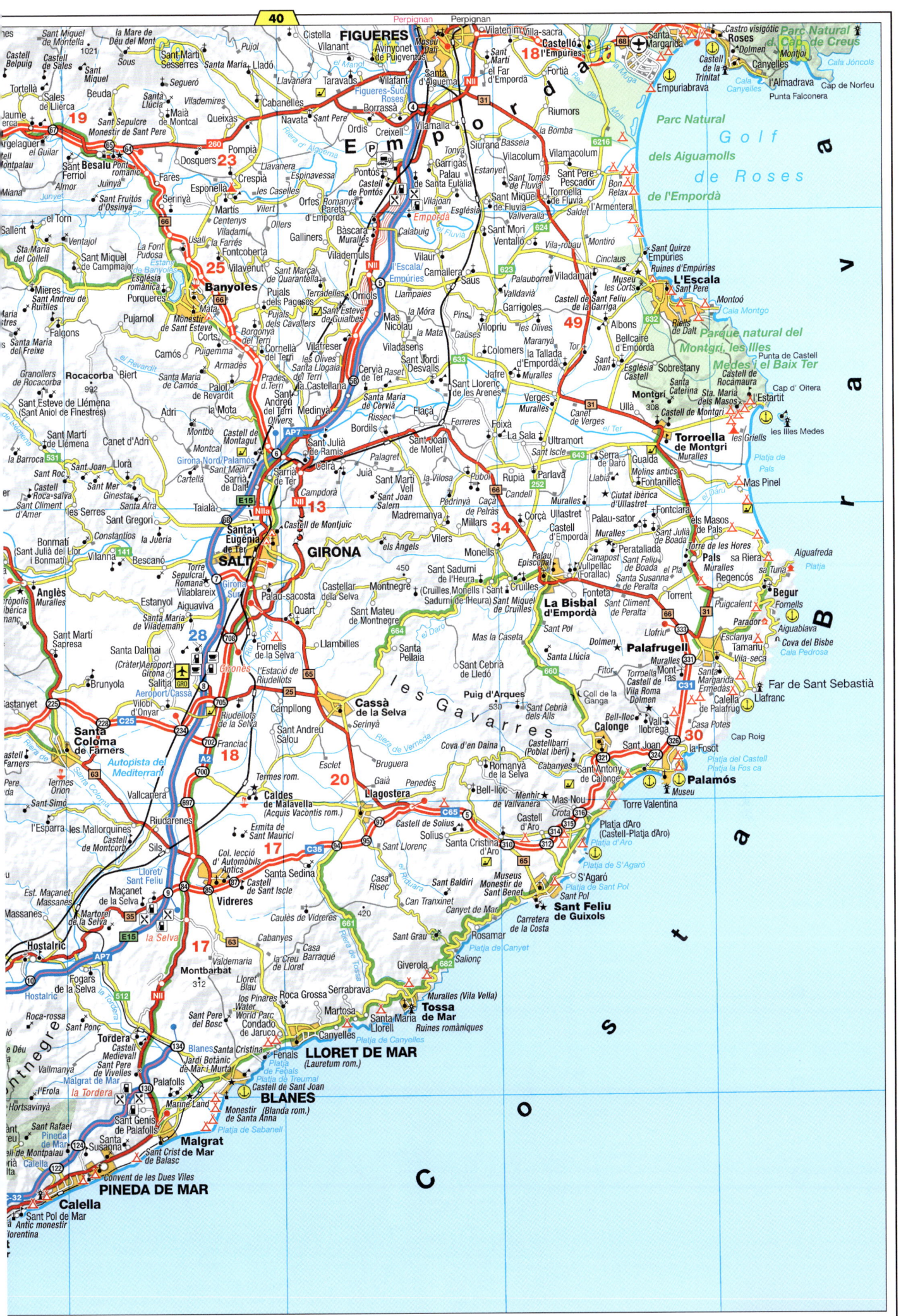

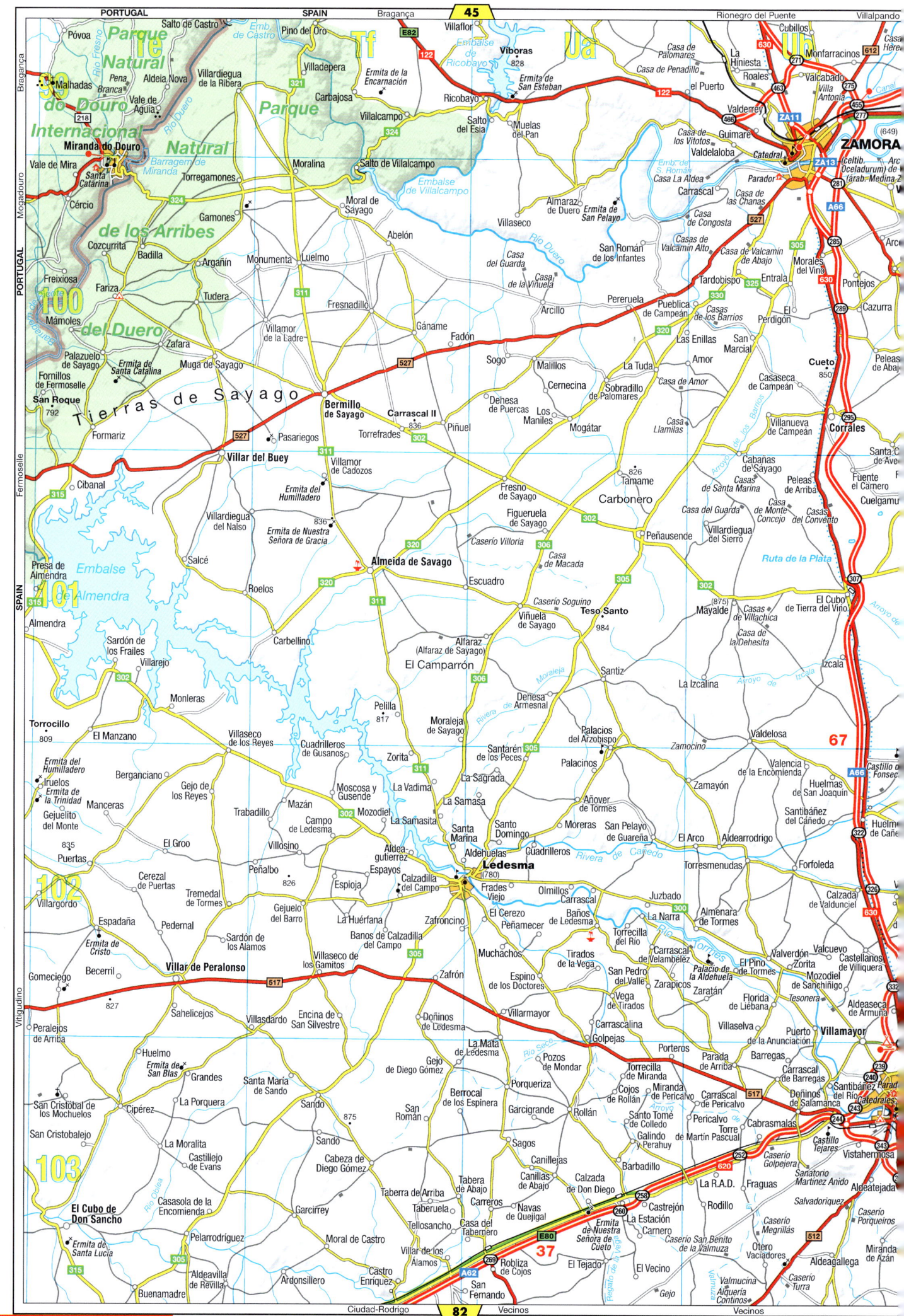

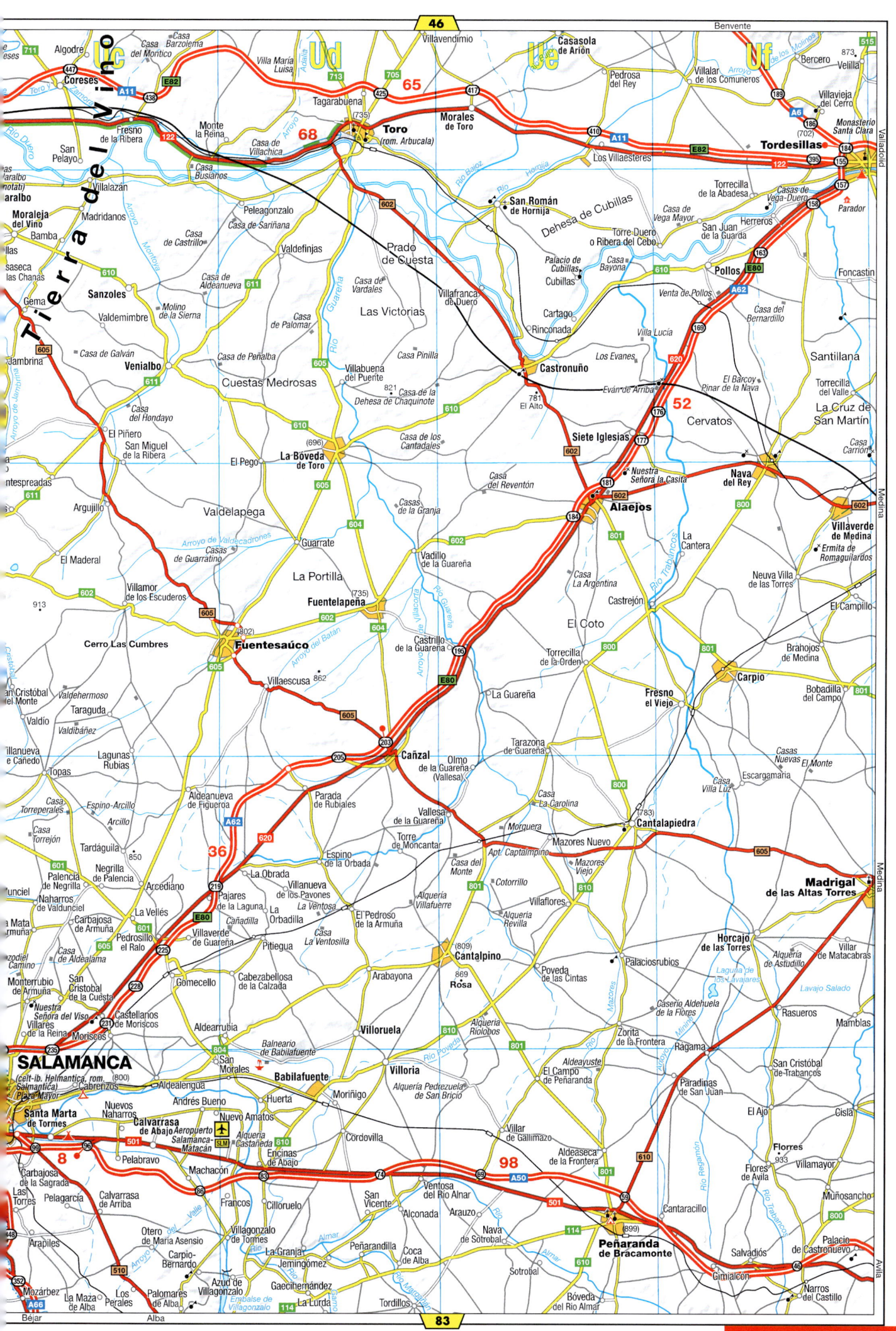

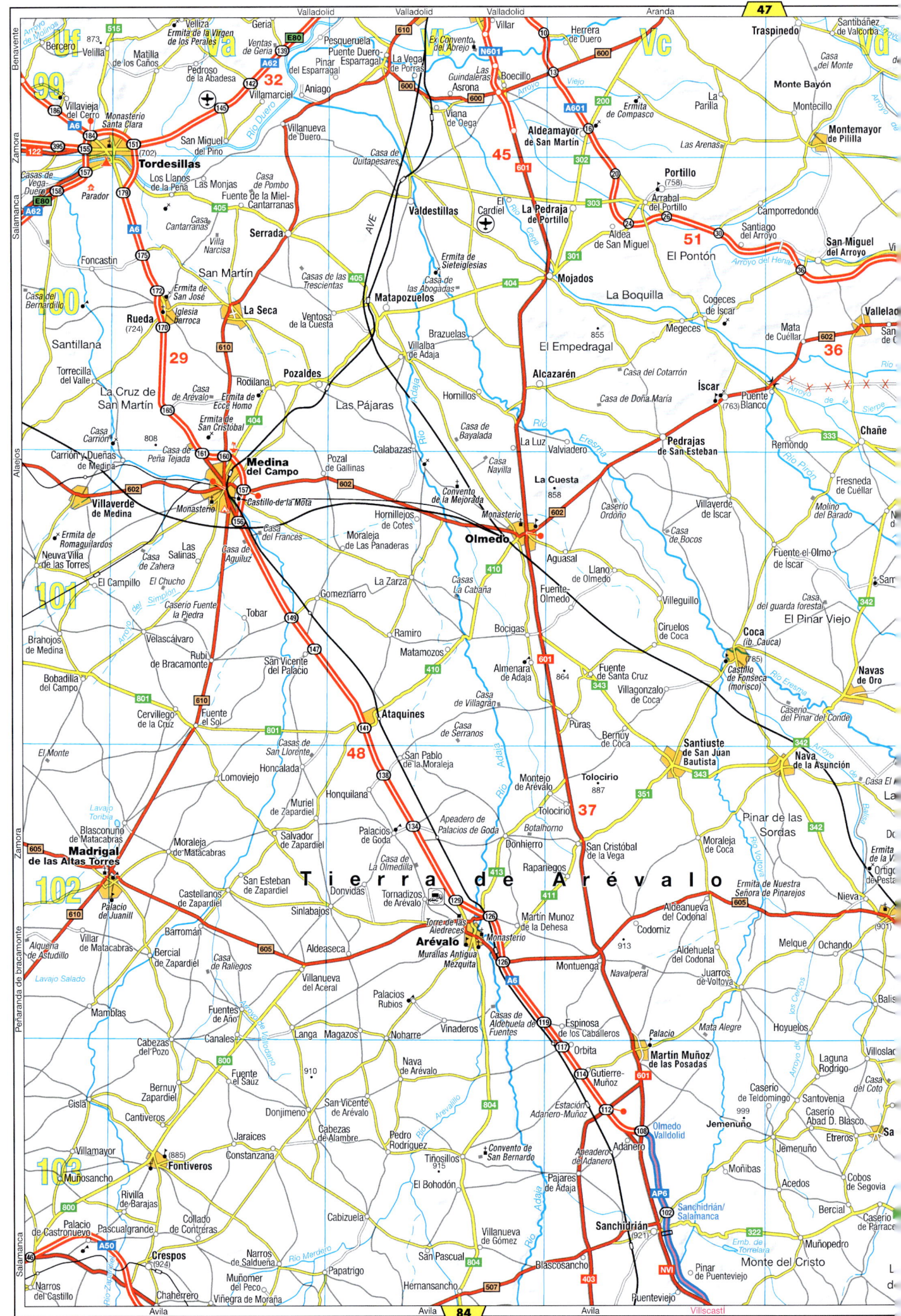

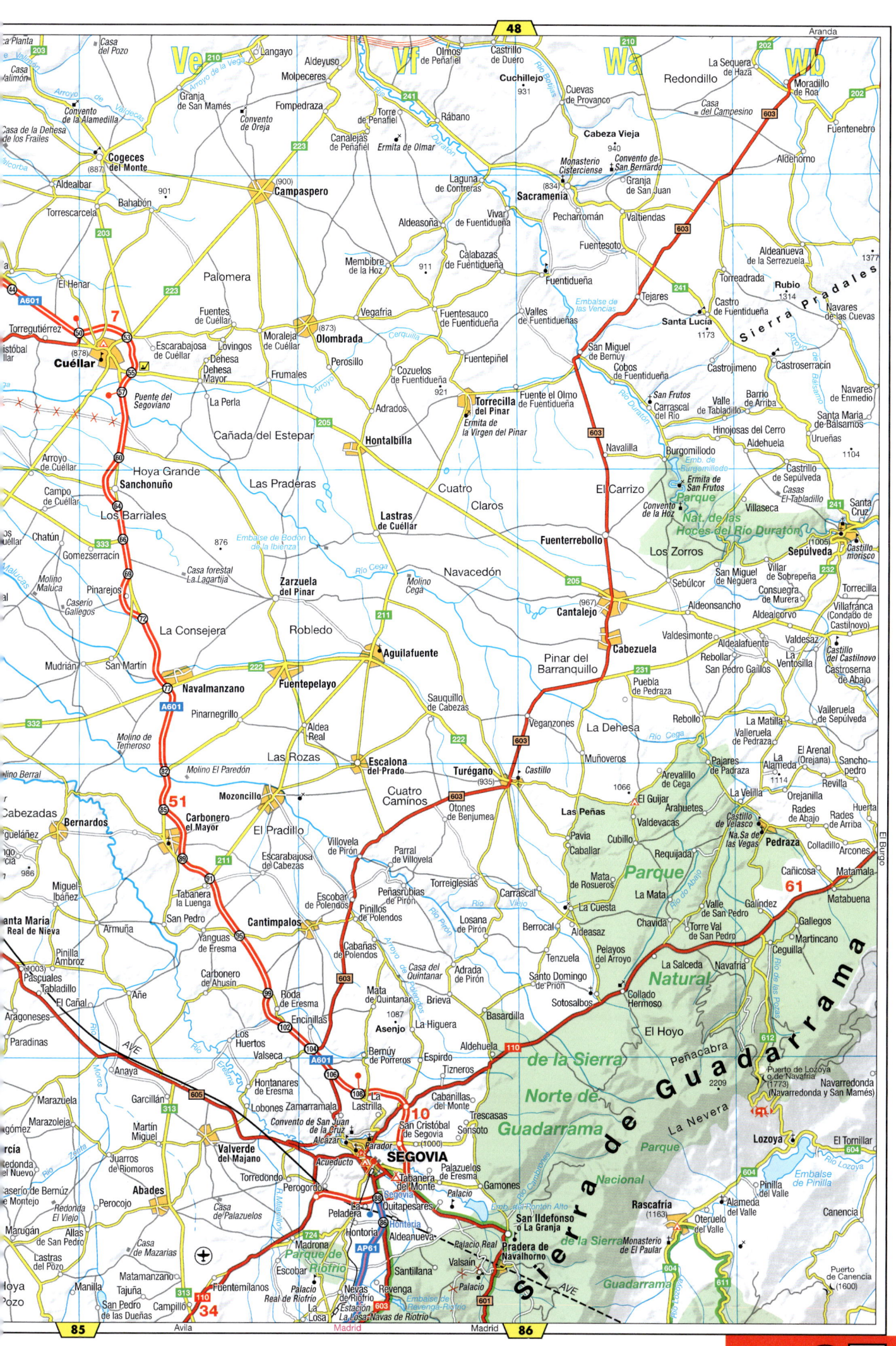

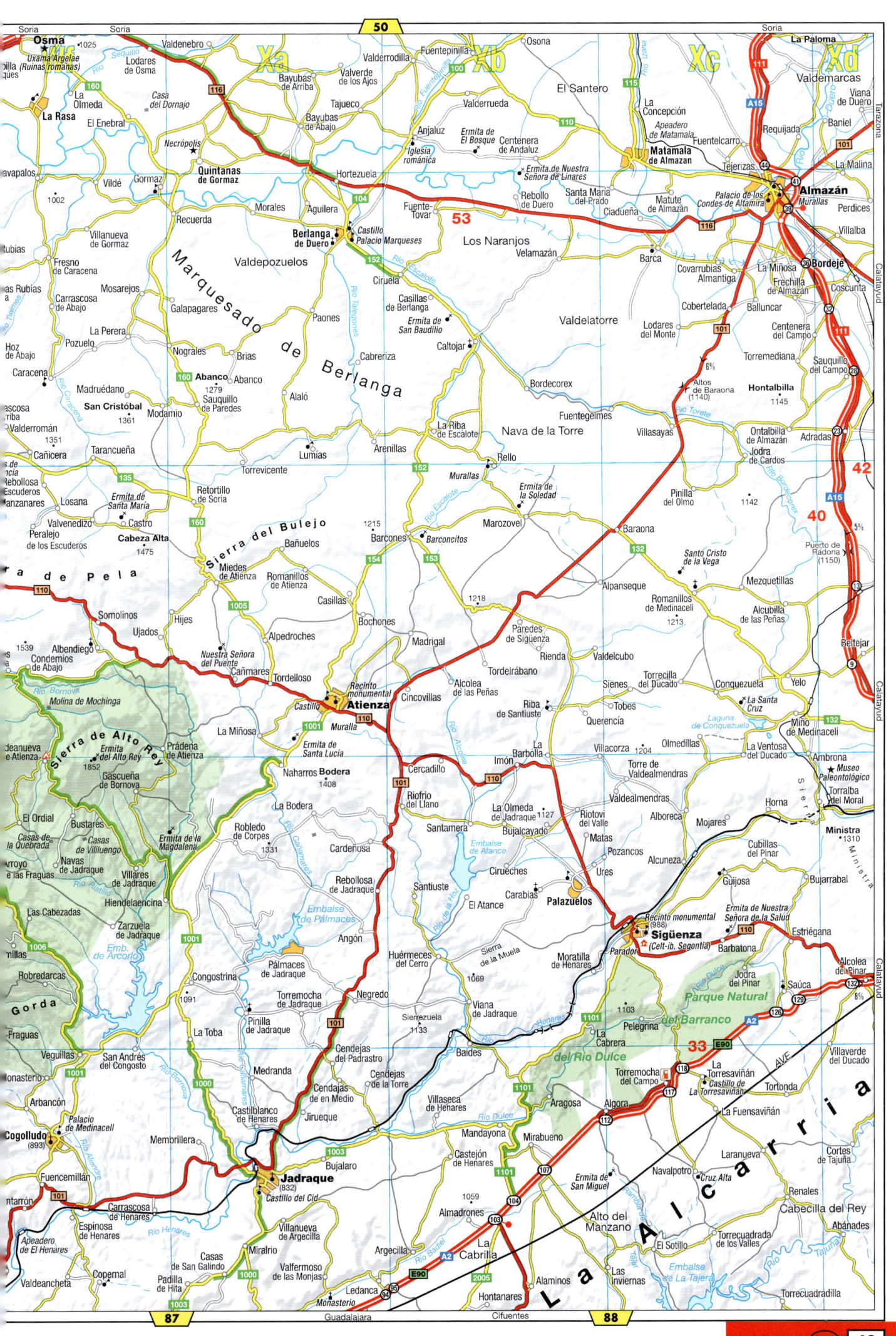

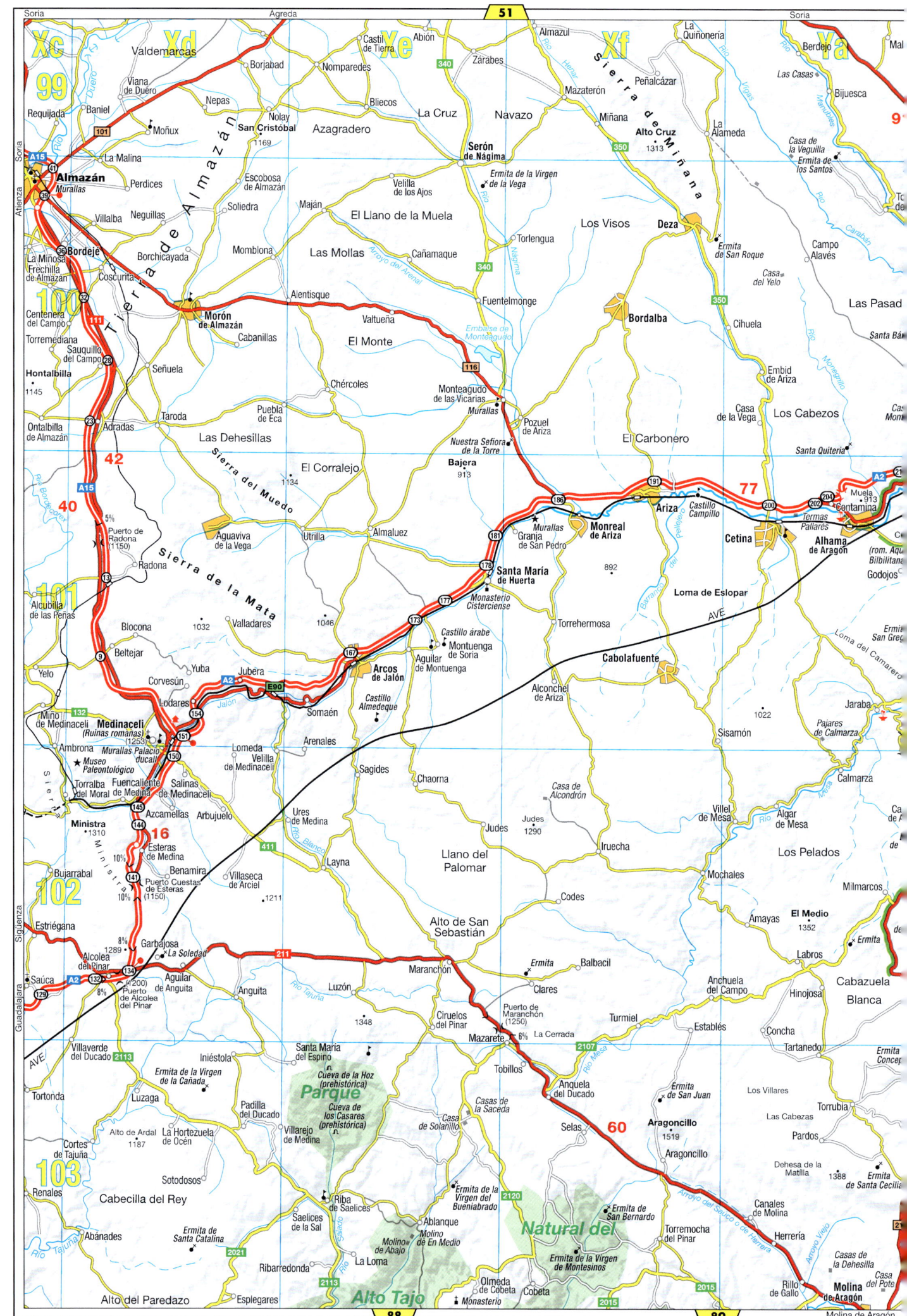

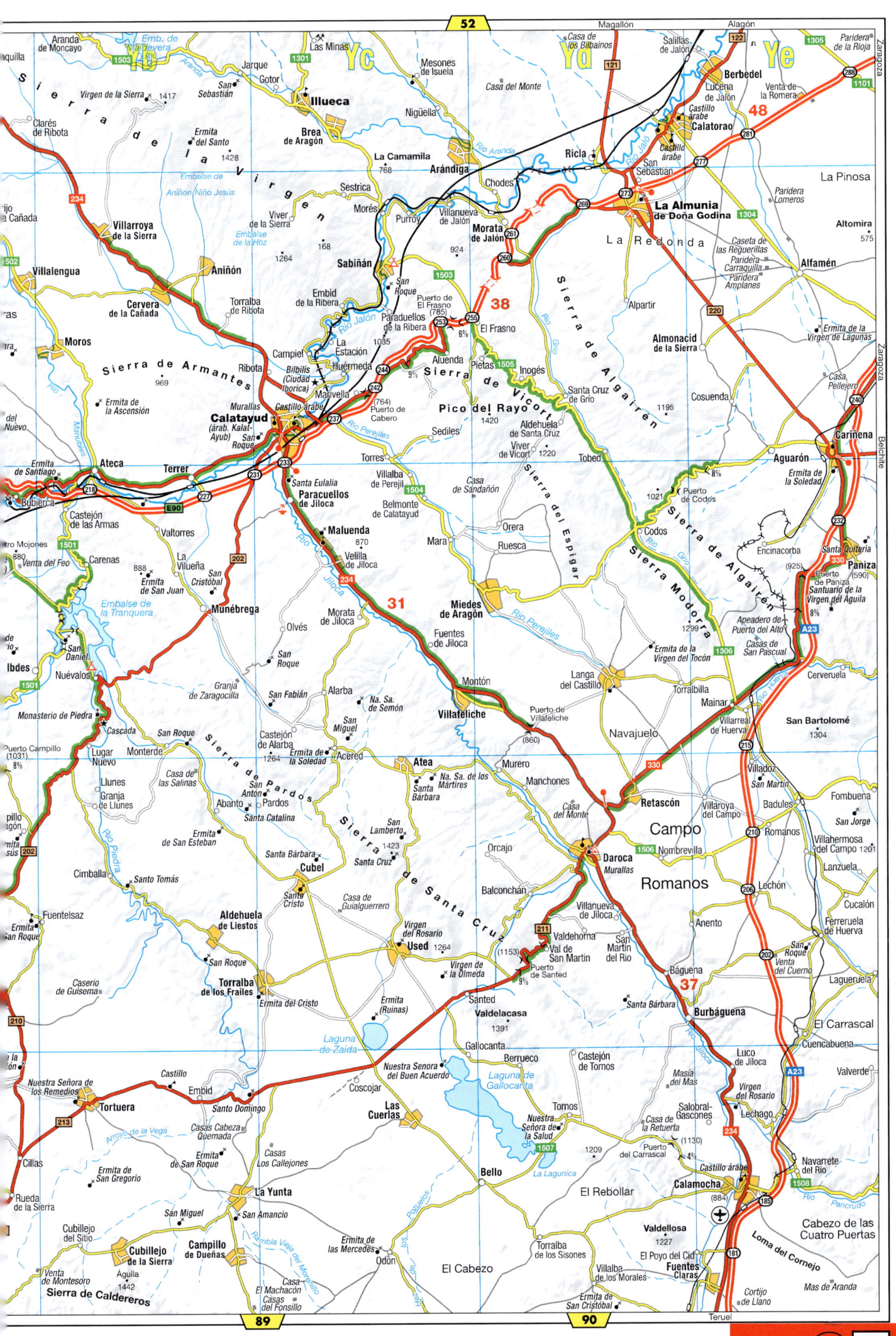

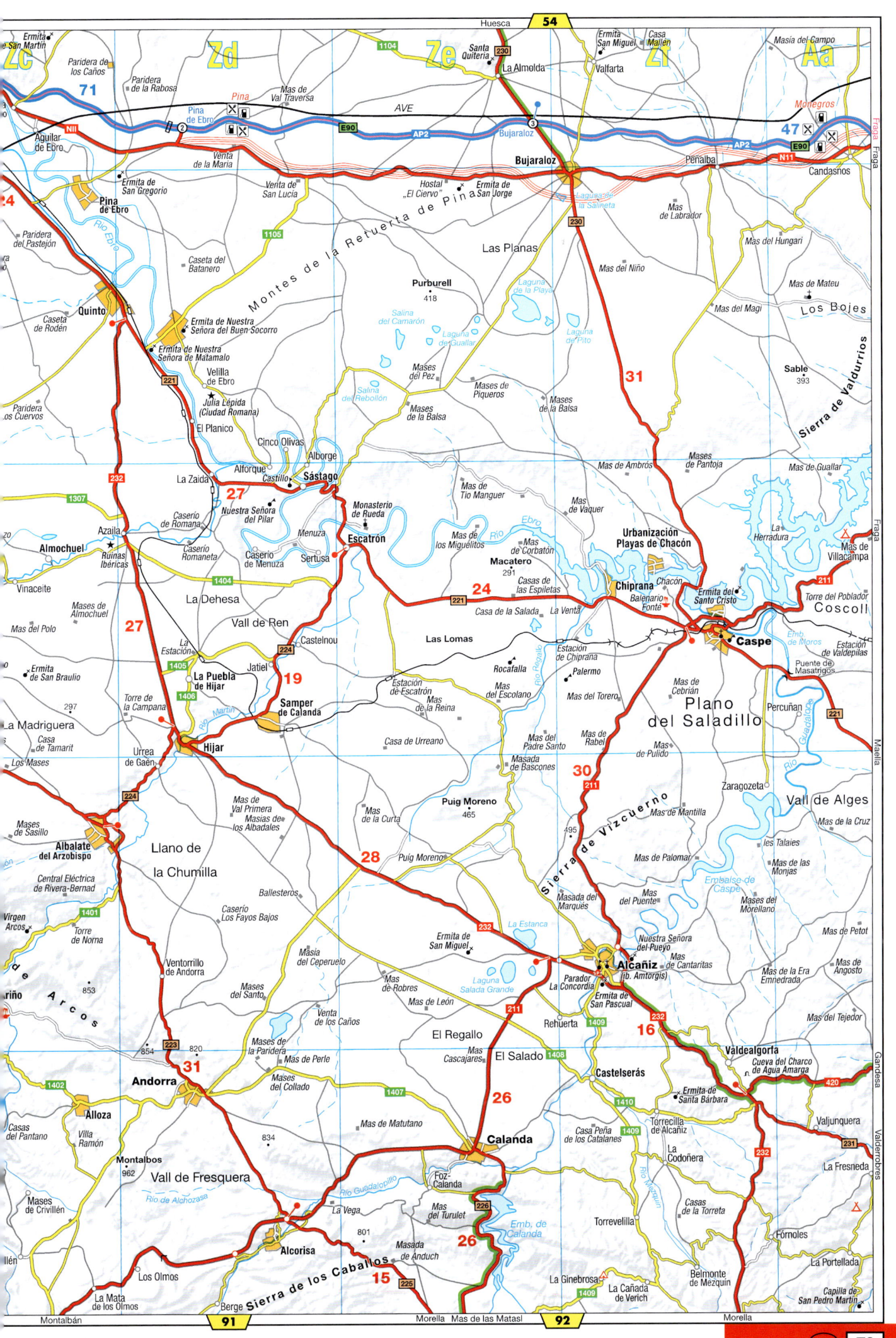

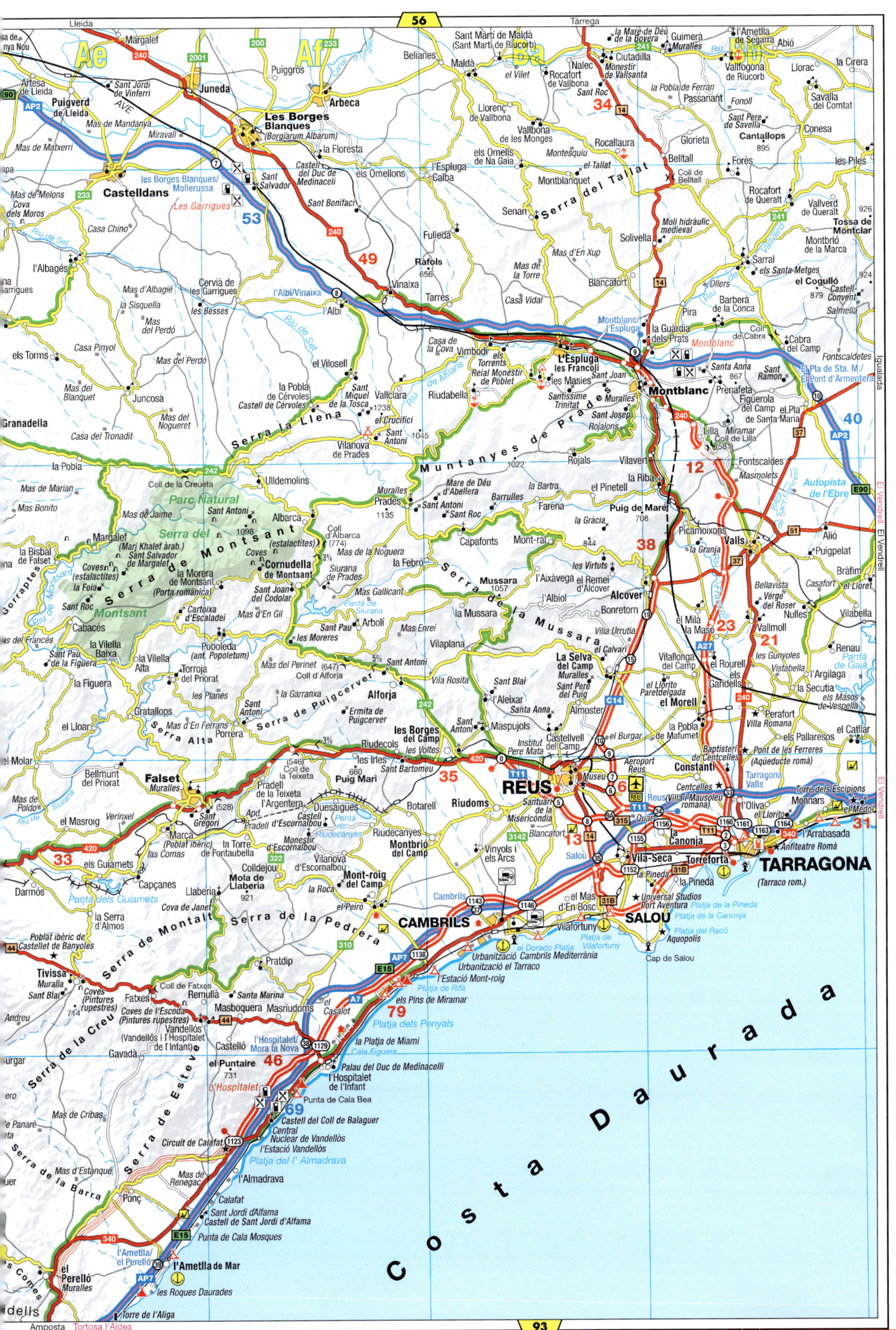

Lleida
Margalef
Mas de Mandanya
Af
240
200
233
Puiggros
Sant Martí de Maldà
(Sant Martí de Riucorb)
la Maré de Déu
de la Bovera
Guimerà
Muralles
l'Ametlla
de Segarra
Abió
AE
2001
Belianes
Nalec
Ciutadilla
Monestir
de Vallsanta
Vallfogona
de Riucorb
Llorac
Sant Jordi
de Vinferri
Juneda
Maldà
el Vilet
Rocafort
de Vallbona
Sant Roc
la Pobla de Ferran
Passanant
la Cirera
Puigverd
de Lleida
AP2
90
Arbeca
Llorenç
de Vallbona
Vallbona
de les Monges
Rocallaura
Savalla
del Comtat
240
Artesa
de Lleida
Les Borges
Blanques
(Borgiarum Albarum)
els Omells
de Na Gaia
34
14
Glorieta
Sant Pere
de Savella
Conesa
spa
Mas de Matxerri
Miravall
la Floresta
Montesquiu
Montblanquet
Belltall
Fores
les Piles
Castell
del Duc de
Medinaceli
els Omellons
l'Espluga
Calba
Coll de
Belltall
Rocafort
de Queralt
Vallverd
de Queralt
926
Mas de Melons
Cova
dels Moros
233
Castelldans
Sant
Salvador
Senan
Moli hidràulic
medieval
Solivella
Belltall
Tossa de
Montclar
211
53
Les Garrigues
Sant Bonifaci
49
Fulleda
Mas d'En Xup
Sarral
els Santa-Metges
Montbrió
de la Marca
924
l'Albagès
240
Ràfols
Mas de
la Torre
Blancafort
14
Pira
Barberà
de la Conca
el Cogulló
879
Castell-
Conveni
Salmella
arrigues
Cervià de
les Garrigues
Mas d'Albagié
les Besses
Vinaixa
Tarrés
Casa Vidal
Montblanc
l'Espluga
els
Torrents
Reial Monestir
de Poblet
Santa Anna
867
Sant
Ramon
el Pla de Sta. M./
el Pont d'Armentera
la Sisquella
l'Albi/Vinaixa
8
l'Albi
Casa de
la Cova
Vimbodí
L'Espluga
les Francolí
Prenafeta
Figuerola
del Camp
el Pla
de Santa Maria
10
40
AP2
na
arrigues
Casa Pinyol
Mas
del Perdó
el Vilosell
la Pobla
de Cérvoles
els Masies
les Masies
Sant Joan
Santíssima
Trinitat
Muralles
Montblanc
Lilla
Coll de Lilla
(58)
37
12
Granadella
Mas del
Blanquet
Juncosa
Castell de Cérvoles
1238
Sant Miquel
de la Tosca
Vallclara
Riudabella
Muntanyes
de Prad
Sant Josep
Rojalons
Vilavert
la Riba
el Pinetell
Fontscaldes
Masmolets
Autopista
de l'Ebre
E90
Mas del
Noguéret
el Crucifici
1045
Vilanova
de Prades
Sant
Antoni
Muralles
Prades
Sant Antoni
Sant Roc
Rojals
1022
Puig de Maré
708
Picamoixons
51
Alió
Puigpelat
Mas de Marian
Mas Bonito
242
Coll de la Creueta
Serra la Llena
Ulldemolins
Mare de Déu
d'Abellera
Barrulles
Farena
la Bartra
la Gràcia
844
Valls
37
Bràfim
el Lloret

TERRASSA   Manresa   Terrassa Norte   Caldes de Montbui   La Garriga   Girona   Granollers   Pineda de Mar

SABADELL

MOLLET DEL VALLÈS

Argentona Nord
Sant Andreu de Llavaneres
el Port del Balis

MATARÓ
(rom. Iluro)

BARBERÀ DEL VALLÈS

RUBÍ   RIPOLLET

MONTCADA I REIXAC

Vilassar de Dalt

Premià de Dalt

Vilassar de Mar

PREMIÀ DE MAR

CERDANYOLA DEL VALLÈS

SANT CUGAT DEL VALLÈS

El Masnou
Museus

Tibidabo

SANTA COLOMA DE GRAMENET

BADALONA
(ibèr. Baitla) Termes romanes

SANT VICENÇ DELS HORTS

Molins de Rei

ESPLUGUES DE LLOBREGAT

SANT ADRIÀ DE BESÒS
St. Adrià de Besòs
Platja de la Mar Bella (Barcino rom.)

SANT FELIU DE LLOBREGAT

SANT JOAN DESPÍ

BARCELONA

L'HOSPITALET DE LLOBREGAT

SANT BOI DE LLOBREGAT

CORNELLÀ DE LLOBREGAT

Castell de Montjuïc
Zona Franca

VILADECANS

ELPRAT DE LLOBREGAT

GAVÀ

Aeroport Barcelona
Estany de la Ricarda
Estany del Remolar

Platja Llarga   Platja de Castelldefels

188-189

Civitavecchia

Porto Torres

Maó (Menorca)

De   Df   Ea   Eb

Illa des Porros
Cap de Cavalleria

108

Cala Morell
Cap Gros
Falconera

Fornells
Cala Tirant

CIUTADELLA DE MENORCA

Cala En Blanes
Es Delfins

Santandria
Cala Blanca

Ferreries

Es Mercadal

El Toro

Port d'Addaia

Parque Natural de s'Albufera
des Grau

Es Migjorn
Gran S. Cristóbal

Alaior

109
Tamarinda
Cap d'Artrutx

Cala Santa Galdana

Sant Tomàs

Llucmaçanes

MAÓ
MAHÓN

Cala En Porter

Sant Elói

Sant Climent

Aeroport Menorca

Sant Lluís

Menorca

110

S'Algar
Cala d'Alcaufar

Binibèquer Vell

Biniancolla

Punta Prima

Illa de l'Aire

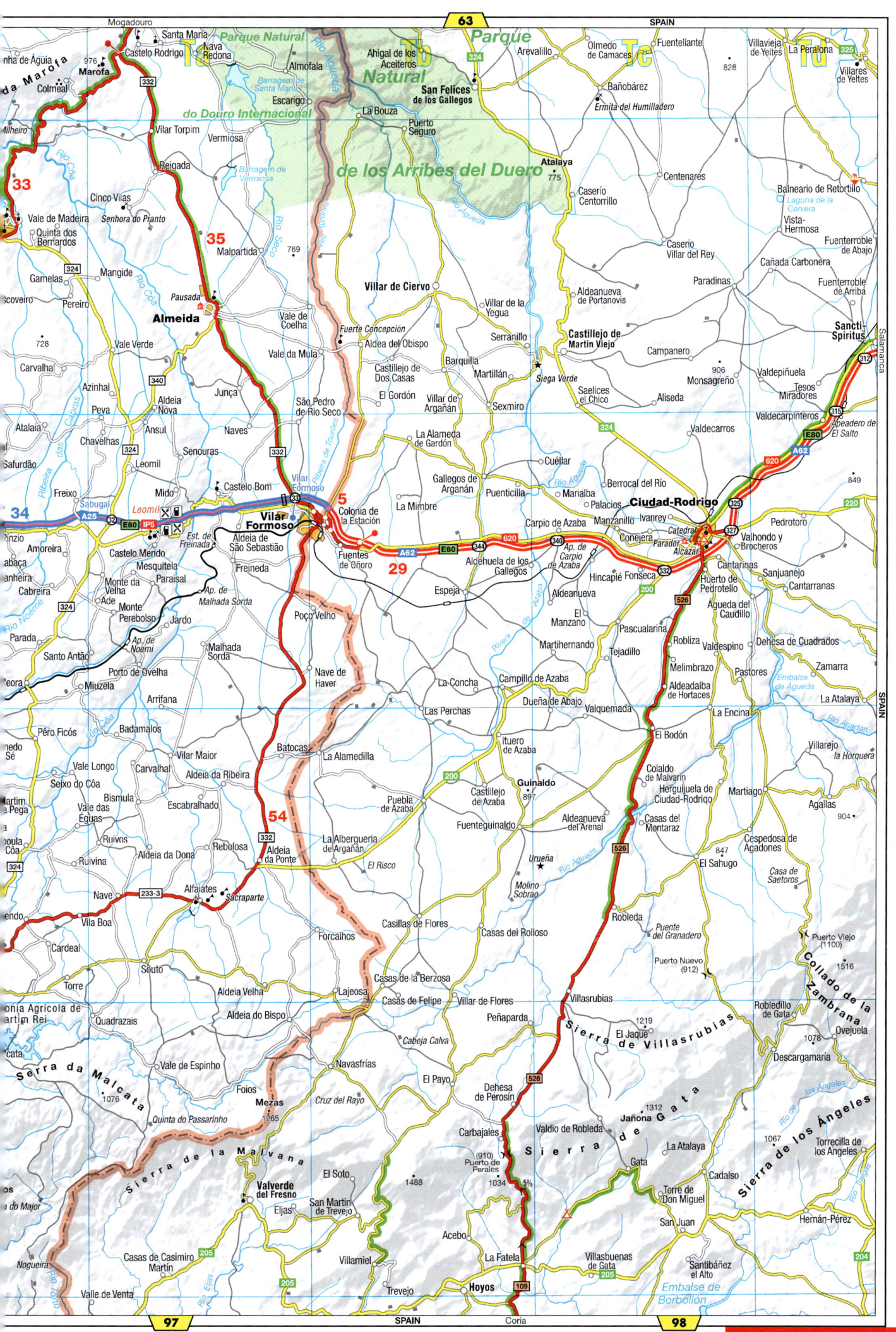

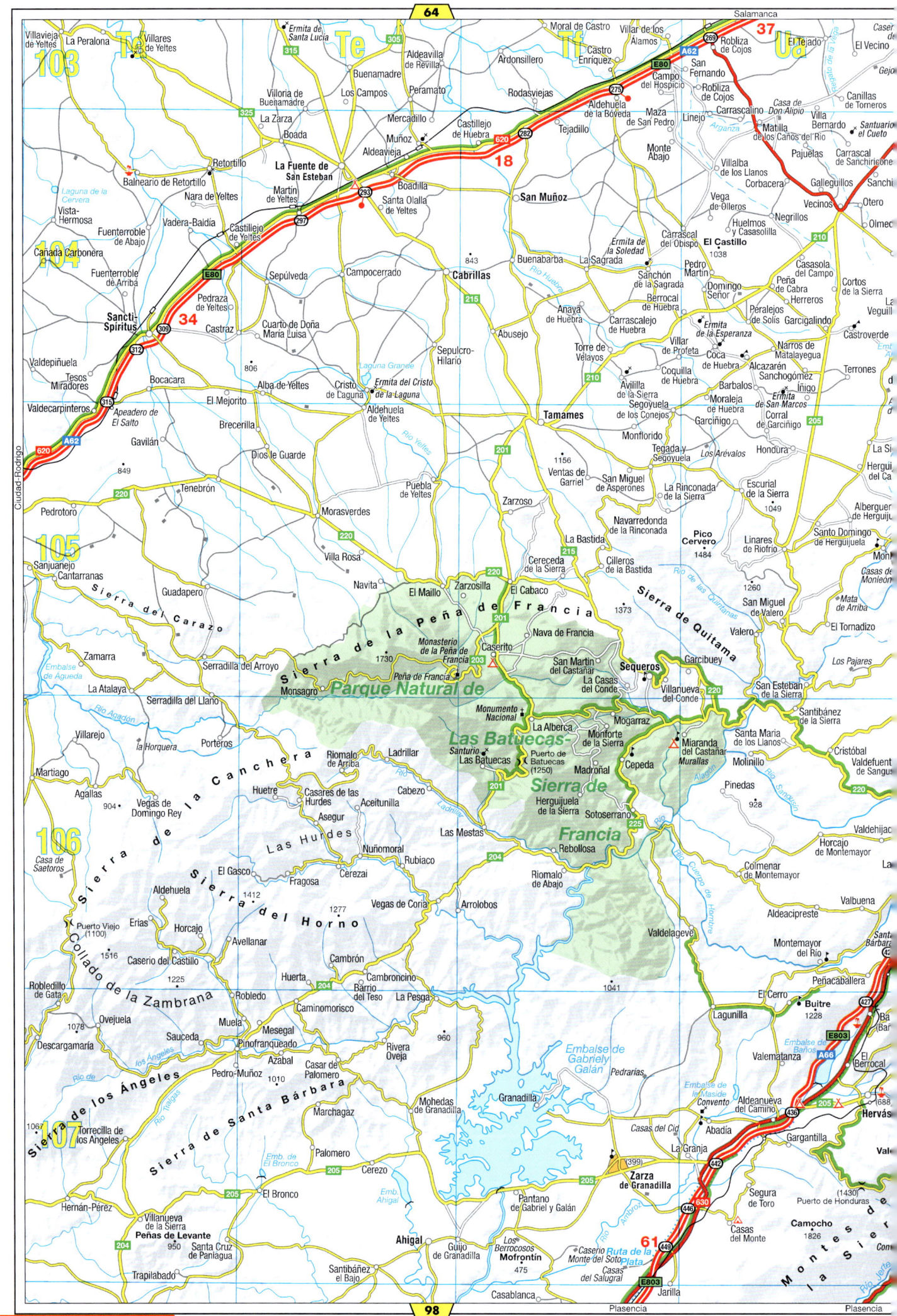

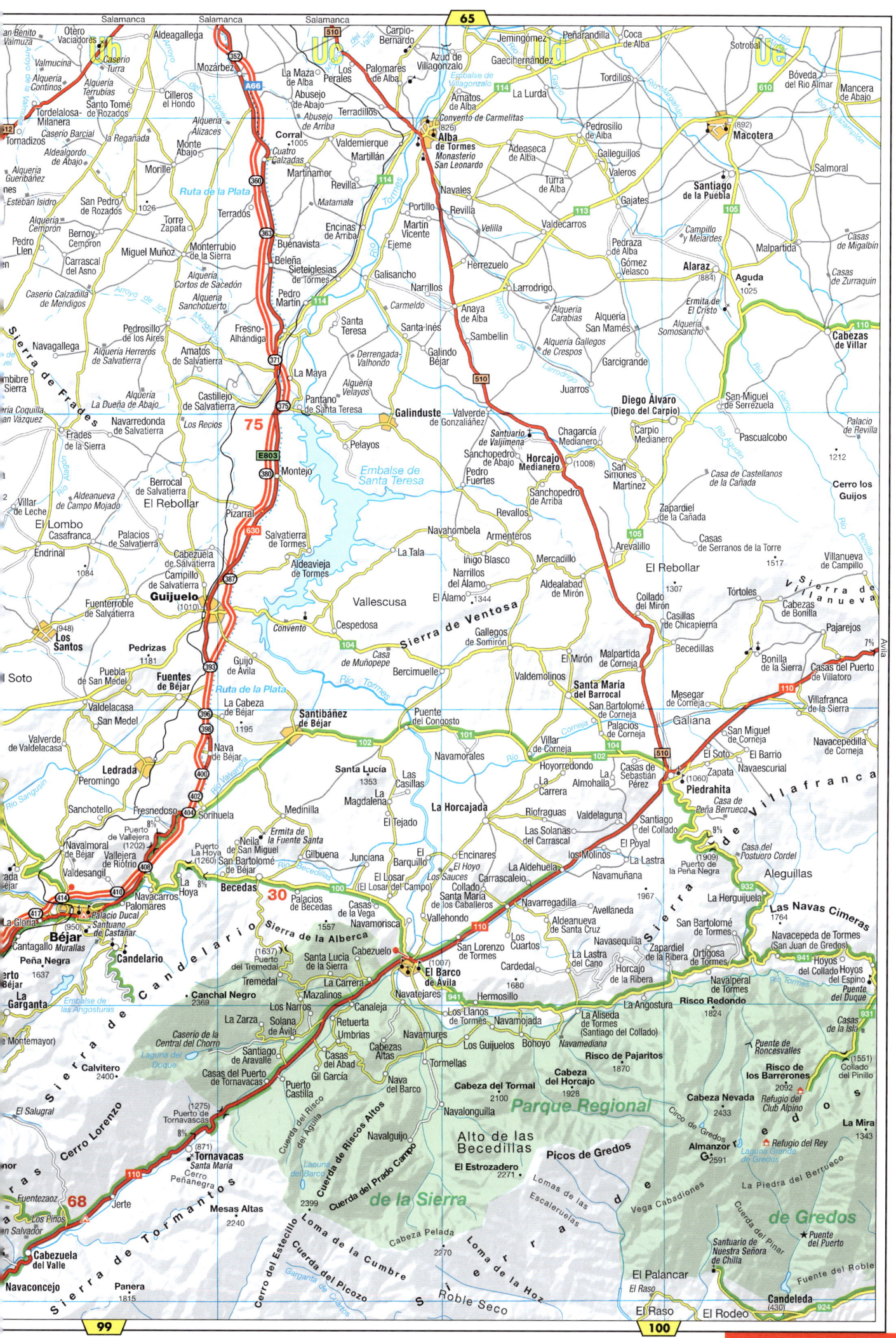

Jadraque Medinaceli Medinaceli

Matarrubia Laguna Grande Robledillo de Mohernando Casas de Bubilla Cerezo de Moherando Valdeancheta Copernal Casas de San Galindo Padilla de Hita Argecilla Alaminos

We Wf Xd X0

La Enebrada Casa del Guarda Alarilla 961 Valfermoso de las Monjas Ledanca Hontanares Cogollor

1001 1004 1003 Utande Monasterio 2005 Yela

Casa Cazadora Villaseca de Uceda Malaguilla Ermita de Nuestra Señora de Valdelagua 850 Humanes Taragudo Hita (876) Gajanejos Muduex 204

1000 Recinto monumental

Fuentelahiguera de Albatages Málaga del Fresno Mohernando Convento de Sopetrán Valdearenas 41 Casa de Arriba Civica Valderrebollo

101 Palacio de Heras Palacio de Don Luis 2008 Palacio de Ibarra 1050 Barriopedro

Yunquera de Henares (693) Torre del Burgo Heras Trijueque (997) 78 Castillo de la Peña Villaviciosa de Tajuña Olmeda del Extremo

El Fresno Casa Monte Fontanar Casa del Cura Cañizar Rebollosa de Hita 73 2011 Brihuega Murallas (897) Malacuera

Usanos Ermita de la Virgen Ciruelas 71 Torija (964) Fuentes de la Alcarria Pajares Henche

872 Fontanar Castillo de los Templarios Valdesaz Santa Clara Castilmimbre Picazo

Casas de la Puebla de Mendoza Tórtola de Henares 972 Valdegrudas 997 Colonia Caserío Monte Redondo

1002 Casa El Cañal 1003 65 Valdenoches Caspueñas Archilla 988 Romancos Valdelagua

ápagos e Castillas Casa del Monte 101 64 Aldeanueva de Guadalajara 2005

R2 Guadalajara JN. 54 Atanzón Valdeavellano Tomellosa Yélamos de Arriba El Olivar

17 Marchamalo Taracena 61 Centenera Balconete Yélamos de Abajo San Andrés del Rey Budia Durón 204

Torrejón del Rey Valdeaveruelo Cabanillas del Campo 59 Iriepel Lupiana Casa la Pinilla Valfermoso de Tajuña Irueste 2013 Ermita de la Esperanza

Valdeavero 9100 58 Guadalajara (mor. Quad-al-Nadschara) (rom. Arriaca) Villaflores Monasterio de San Bartolomé Río San Andrés Berninches 1039 El Olivar Parela

44 320 55 320 Peñalver Berninches Virgen del Collado

Quer Cabanillas 50 53 Sanatorio de Alchoete Romanones Convento de la Salceda 1009 Alocén Embalse de Entrepeñas Cifuentes

Camarma del Caño Villanueva de la Torre 320 Albolleque Chiloeches 2004 Horche Tendilla 320 Alhóndiga Ermita Peñalagos 204

AZUQUECA DE HENARES Alovera Casa Rueda Armuña de Tajuña 35 Ermita de San Agustín Fuentelencina Aunón 19 Las Brisas

Meco 45 44 Casa Romerosa 922 Yebes 236 Fuentelviejo 940 Moratilla de los Meleros 2006 2007 Sacedón

33 El Encin Mula Hermosa Valdarachas Renera 200 1001 Ermita del Socorro 2000

Los Santos de la Humosa La Canaleja Caserío de Piedras Menares 2027 Pozo de Guadalajara Aranzueque Ermita de la Virgen de los Llanos Hueva Valdeconcha Anguix Mar de Castilla

31 34 Virgen del Val Ermita de la Virgen de La Soledad Casa Mingo Lozano 890 Hontoba Casas Monte Chaparral Casa del Manco Castillo de Anguix Sierra de San Cristóbal

ALCALÁ DE HENARES (rom. Complutum) (árab. al-Kala-an-Nahr) Virgen de la Oliva 227 2004 200 Loranca de Tajuña 2006 Pantano de Buendía

213 Virgen de Hortales Santorcaz Pioz Casa de la Olmedilla Iglesia Gótica Castillo morisco Pastrana 935 2009 Buendía

Los Hueros Anchuelo 237 Ventorro del Cojo Escariche Escopete Palacio Ducal Sayatón Embalse de Bolarque Embalse de Buendía

204 Valdeláguila Casa de Monte de las Escaleras Convento del Carmen 2003 Casa del Tío Genaro 2001 Casa de la Pangia Salto de Bolarque

Valverde de Alcalá Corpa 874 Casa de los Socios Fuentenovilla Caserío del Monte Nuevo 868 Casa del Saco Central Nuclear Ermita de Nuestra Señora de los Desamparados

Torres de la Alameda Monte Acebedo Olmeda de la Fuentes Sierra de Santa Barbara Yebra Casa del Marqués del Saco Iglesia Romanica Castillo Ermita de San Antón

Pozuelo del Rey Nuevo Baztán 877 Pozo de Almoguera Zorita de los Canes Almonacid de Zorita Nueva Sierra de Madrid

San Juan (ruinas) 209 Villar del Olmo 215 San Antonio Ermita del Cristo Ermita de Aradóñiga 404 Jabalera Ermita de Santiago

Piedra Ambite Mondéjar 219 Albares 219 Ermita de Santa Cruz (Ruinas) Albalate de Zorita 200

El Monte de Orusco 829 Río Tajo Embalse de Almoguera 911

Valdilecha Orusco 404 Ermita de Santa Bárbara Almoguera Barca de Almoguera Casa de la Vega 89 El Moralejo Cerros de la Mudarra

Tielmes Carabaña Ermita de Santa Bárbara Monte Robledal Mazuecos Central de Almoguera Casa de los Velascos Casa de la Canaleja Casa de las Cofrades Garcinarro (Puebla de Don Francisco)

204 Ermita de Santa Lucia Casas de Valdeolmeña Casa del Cerro Casa del Monte Ermita de San Isidro Casas de San Isidro 2000 Cuevas de Santiago

41 Ermita de los Mártires Ermita de San Isidro 404 Driebes Ermita de Vállega Puente de la Higuerilla

Valdaracete 222 Brea de Tajo Casa de la Puebla 767 Ermita de Altomira 1183 2025 Mazarulleque

nicación Corral de Manuel Mondéjar 778 Casa de Cumbre Hermosa Casa de Jaraices 2000

103 Tarancón 104 Tarancón Villarejo de Salvanés Algarga Leganiel 9202 Saceda-Trasierra

A3 222 404 50 51 812

E 87

Medinaceli Medinaceli

Guadalajara

A2
E90

103
Xb

Hontanares
Cogollor
2005
204
Yela
Masegoso
de Tajuña
Moranchel
2011
Civica
Valderrebollo
1050
Barriopedro
Río Tajuña

Alaminos

Las Invernas

El Sotillo

Torrecuadradilla

Alto del Paredazo

Ribarredonda
Esplegares
Sacecorbo

Ermita de
Santa Catalina

La Loma

Xe

Parque

2021

Monasterio

Olmeda
de Cobeta
Co

2113
Huertahernando
1261
Villar
de Cobeta

Canales
del Ducado
Molino de Canales
del Ducado

La Buenafuente
de Sistal

Casas
del Campillo

Sierra de Megorrón
Pinoso
1249
Val
de San García

Castillo de Don
Juan Manuel
(898)
Cifuentes

Cerro de Valderrebollo
1068

Convento de
Santo Domingo

Gárgoles
de Arriba
Rugilla
Gárgoles
de Abajo
2115
Sotoca
de Tajo
Trillo
Instituto
Leprológico
Caserío
Santa María
de Ovila
Azañón
Morillejo

Cerro de Val
de Almazán
1219
Ocentejo
Oter

Canredondo

Huetos

Carrascosa
de Tajo

Río Tajo

Sierra Pinosa

Llano de
la Muela

Meseta
del Chaparral

Huertapelayo

Zaorejas

Peña de Castillo

Escarbadero
1253

Armallones

Corral de Garra

Ho
Bot

104
Olmeda del Extremo
Solanillos
del Extremo

Henche
Picazo
Castilmimbre

Caserío
Monte Redondo
Valdelagua
Gualda

Barranco Grande
Río Tajuña

69

Emb. de
La Ermita
(en constr.)

Ermita de Virgen
de Montealejo

Viana
de Mondéjar
1145

Sierra de Umbría Negra

1178

Arbeteta
(994)

Loma de los Estepares

Alto Cuatro Villas

1312

2015
Villanueva
de Alcorón

2101

Casa La Cañadilla

105
Berninches
Alocén

Guadalajara

19
Auñón
Ermita

204

Budia
2013
El Olivar

Durón
Ermita de la
Esperanza

Calas Verdes
Chillarón
del Rey

Mantiel
Cereceda

La Puerta

2115
Peralveche

Villaescusa
de Palositos

El Recuenco

El Pozuelo

Ermita de
Nuestra Señora
de la Bienvenida

2108

Río Vindel

Vindel

Herrería de
Santa Cristina

Carras

Altos del Mongorrón

Embalse de
Entrepeñas

Hontanillas

Alique

Torronteras

Escamilla

Llano de la Sierra

Castilforte

Machorro

Alcantud

Central Eléctrica
Los Toriles

Central Eléctrica
del Infiernillo

Embalse
del Molino
de Chincha

Cañizares

210

Fábrica de Resinas
1292

P
de

Las Anclas

Pareja

Salmerón

1012
Ermita
San Quirico

1034

Puerto de Monsaete
(1156)

Boca
del Infierno

Fuertescusa

Peñalagos
Tabladillo

Casasana

Salmeroncillos
de Arriba

Vadeolivas

Arandilla
del Arroyo

Convento de
Monjas El Rosal

Convento de
San Miguel de las
Victorias

Sacedón

2009

Ermita del
Socorro
2000
Castillo
de Anguix

Las Brisas

Córcoles

Monasterio de
Sta. María
de Monsalud

Ermita de Nuestra
Señora de la
Fuensanta

Millana

Salmeroncillos
de Abajo
(Salmeroncillos)

El Chorrillo

Albendea

2015

2023

Cañamares

35
320
Alcocer

Los Cabezuelos

Mar de Castilla

Sierra de San Cristóbal

Villar
del Infantado

Monte de
los Cabezos

Priego
(854)

2023

Puente del Estrecho

Tinadas del
Collado

Poste
1429

Tinadas
Fuente c

Río Guadiela

San Pedro
Palmiches

Casa de Monte
Cesma

Rocho de Tío Marco

1220

2108

106
Pantano
de Buendía

Embalse
de Buendía

Buendía

Las Pilillas

Casas del Monte
de los Cabezos

Alcohujate

1037

Cañaveruelas

La Envia

Peñas del Toril

Ermita de
la Envia

Mojon   Blanco

951

Villaconejos
de Trabaque

Barrio
El Otro Lado

310

14

La Frontera

Albalate
de las Nogueras

Ermita de
Santa Quiteria

El Pozuelo

Castillejo
Sierra
El Larán

Convento
San Panta

Ribatajada

Rib

Villalba
del Rey
Ermita de
Santa Bárbara
2017

Dehesilla
1049

Canalejas
del Arroyo

Castejón

Ermita de
San Mames

Buciegas

310

Cañaveras
(855)

Ermita de la
Virgen del Pinar

16

Río Mierdanchel

El Redero

15
1163

Villaseca

Pajares

Rib

Ermita del
Campillo

Tinajas

Olmeda
de la Cuesta

Ermita
de Perales

Olmedilla
de Éliz

Arrancacepas

Río Albalate

Torralba

210

Sierra de Bascuña

Torrecilla

Casa la Serratil

Jabalera

Ermita
de Santiago

Gascueña

1049

Ermita de Santa
Quiteria (Ruinas)

Castillo-Albaráñez
902

1050

Cerro del Capote

Villar de
Domingo García

Corral de
Domingo Ramos

Collados

Zarzue

El Morálejo

911
2002

Casa de
Palomarejos

Portalrubio
de Guadamajud

Villarejo
del Espartal

Fuentesbuenas

Bólliga

Cabeza Albillas

Valdecañas

320

Bascuñana
de San Pedro

Losares
1389

El Castillo

Sotos
(Sotor

Garcinarro
(Puebla de Don Francisco)

Cerros de la Mudarra

Río Mayor

Moncalvillo
del Huete

Valdemoro
del Rey

La Peraleja

Santa María

Culebras

Sacedoncillo

Noheda

Ermita
San Isidro

2000

Cuevas
de Santiago
2025

Ermita de
San Bartolomé

310

Saceda
del Río

Ermita
del Monte

50

Villanueva
de Guadamajud

Río Guadamajud

La Ventosa
(Villas de la Ventosa)

Ermita de
la Caridad

Ermita de la
Virgen del Val

1118
Sotoca

Fuentesclaras
del Chillarón

Tondos

Ermita de
San Isidro

Mariana

Mazarulleque

Puente
de la Higuerilla

Carrascosilla

Bonilla

1006

El Charco
1091

Ermita
(Ruinas)

Río Peñahora

Río Bórnova

Huete

Cuenca

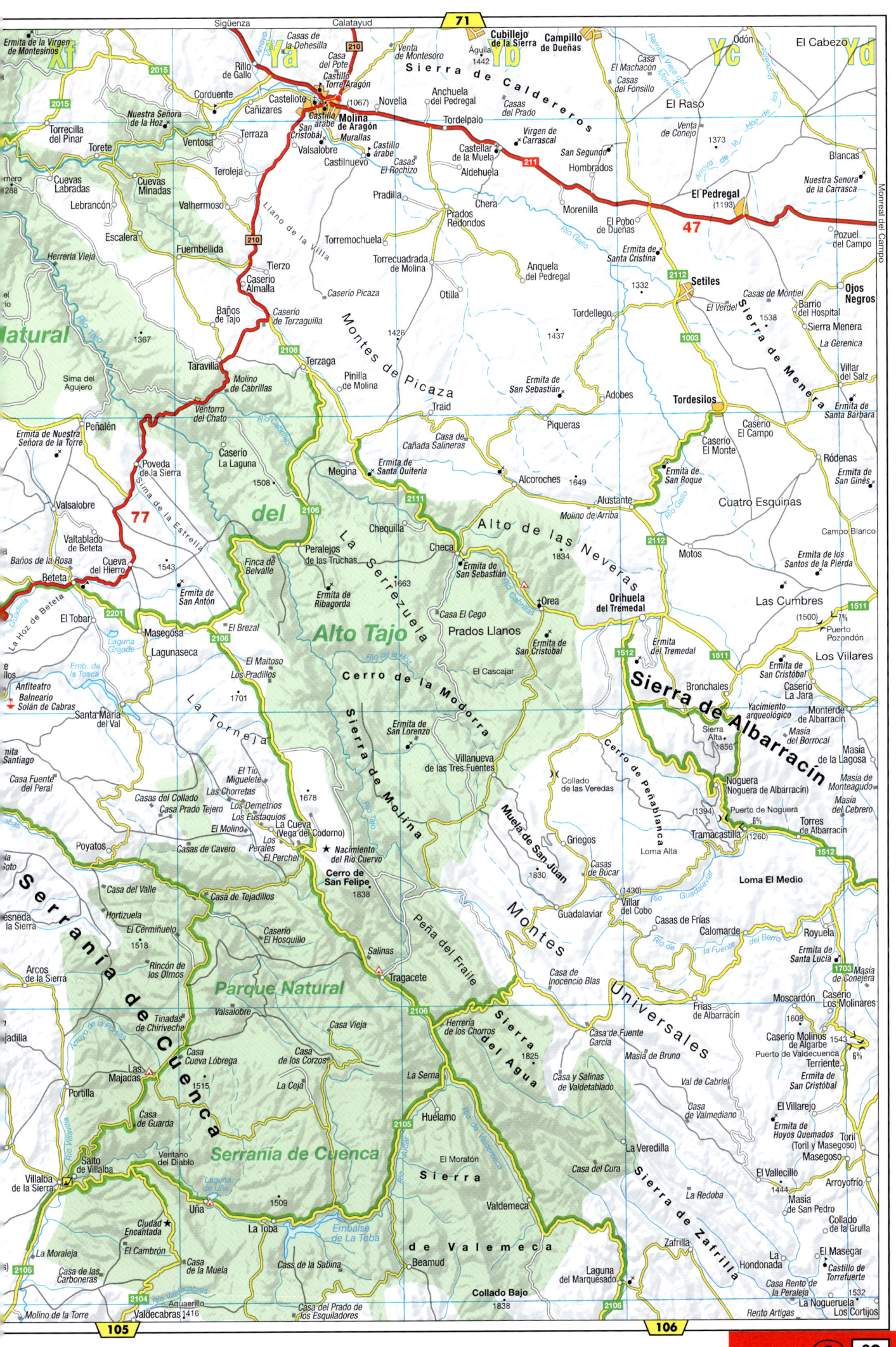

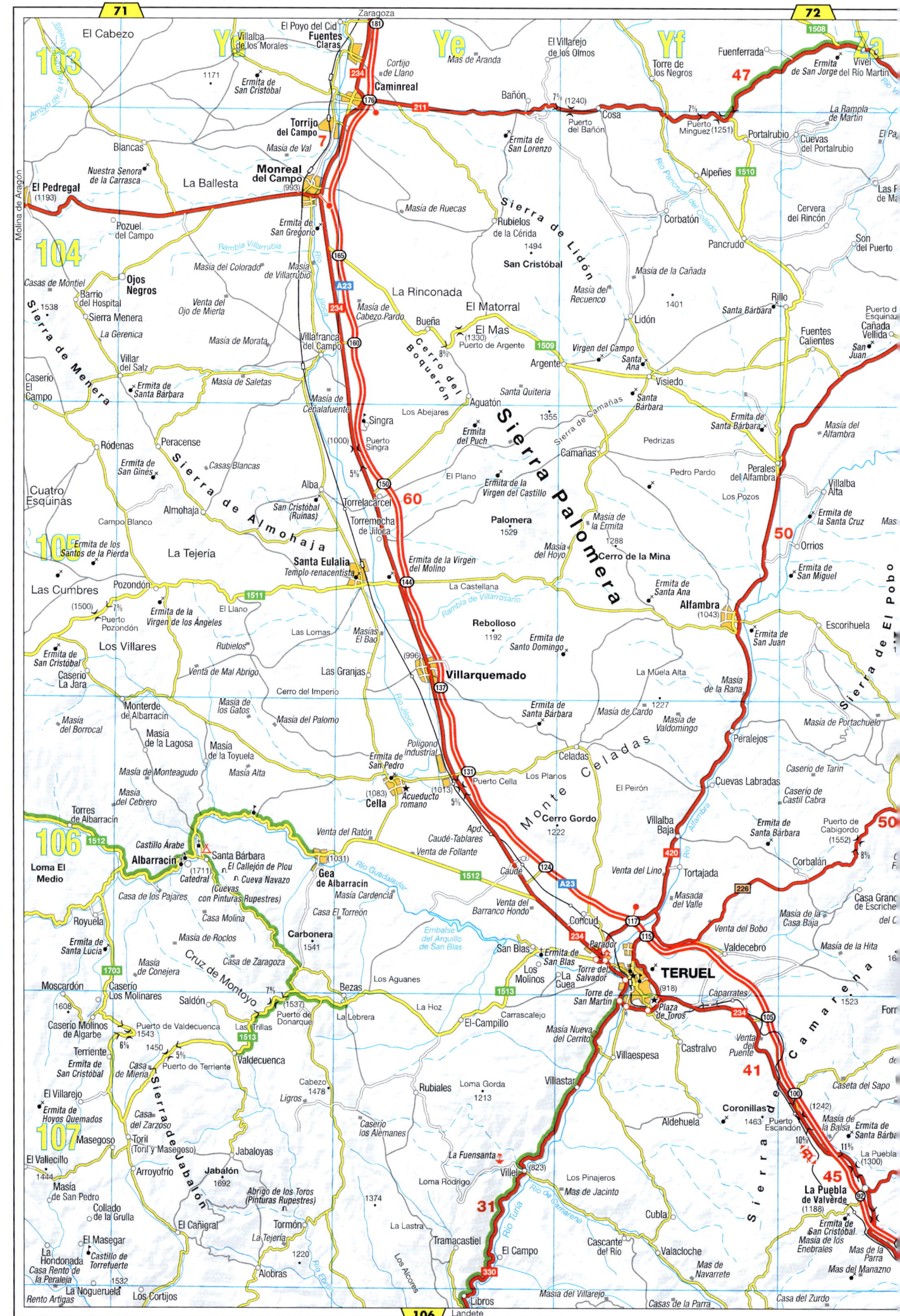

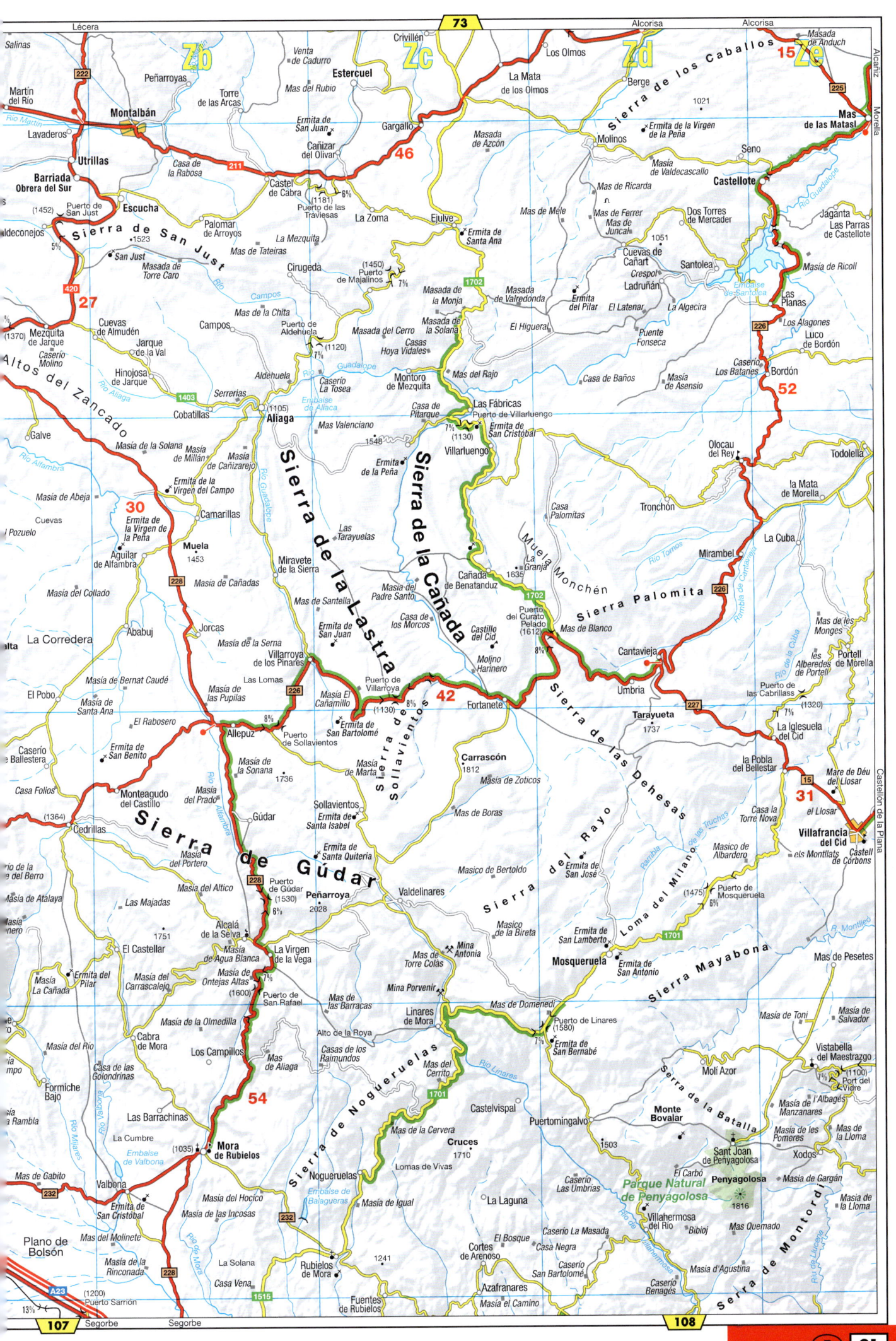

Gandesa
Tarragona
Tarragona

l'Espina
Alfara de Carles
Aldover
la Calle
l'Ametlla/ el Perelló
el Perelló
Muralles
l'Ametlla de Mar
les Roques Daurades
†181
Ac
Església de Papel
Ad
Bítem
17
Colomers
Garidells
Ae
Af
Sant Julià
Santa Llúcia
Mas del Ganxo
Castell de Carles
Casa Alta
els Reguers
340
Torre de l'Aliga
Magdalena
12
la Providència
Casa d'Alberedes
Platja de l'Arena
e Natural
la Bassa dels Gànduls
el Raval de Jesús
Mitan Camí
l'Ampolla
39A
Platja de l'Avellana
Cap Roig
Golf de
Roquetes
Catedral
l'Ampolla
Platja de l'Ampolla
les Parrellades
el Raval de Crist
TORTOSA
(Hibera ib.)
Masia de Vinaixarop
Bassa de les Olles
Far del Fangar
Sant Jordi
Ports
Sant Antoni dels Ermitans
Castell de la Suda
(Dertosa Julia Augusta rom.)
Bassa de les Olles
Parque Natural
Casa de Cabosa
Mare de Déu dels Angels
AP7
Baix Ebre
Port del Fangar
Platja de la Gola
l'Àguila
Mare de Déu del Carmen
Vinallop
42
Camarles
Bassa de l'Estella
Far de l'Ebre
17
Campredó
40
l'Aldea
el Lligallo del Gànguil
Deltebre
Riumar
39
Cap de Tortosa
Mas de Barberans
el Castell de Mianes
12
l'Hostal dels Alls
Jesús i Maria
Delta
del Delta
Santa Bàrbara
Masdenverge
41
Amposta/ St. Carles
Balada
Sant Jaume d'Enveja
Mare de Déu de la Cinta
Casa de Buda
el Calaix de la Mar
Illa de Buda
Mas Bages
Amposta
Mas Pin
Casa del Francès
de l'Ebre
els Muntells
la Galera
els Masets
l'Oriola
Montsianell
Mas Pinyol
Freginals
Casa de la Cuxota
Venta del Polit
Godall
Estació de Freginals
l'Encanyissada
l'Encanyissada
la Platja dels Eucaliptus
Mas de Favaró
Venta de la Punta
Mas de Merades
les Ventalles
Mata-redona
Casa de Miralles
Torre de Sant Joan
la Miliana
La Pietat (Pintures Rupestres)
El Poblenou del Delta
els Valentins
48
Montsià 765
340
Sant Carles de la Ràpita
Casablanca
el Castell
Muralles
Cala de la Llanda
Platja del Trabucador
de l'Ebre
el Pas
Ulldecona
el Loreto
Cova Bonica
Port dels Alfacs
Rafael del Rio
Castell d'Ulldecona (origen àrab)
el Caluati (Poblet ibèric)
Salines de la Ràita
11
Apeadero Planas Altas
31
el Port de Cementos del Mar
Reserva de Fauna de la Punta de la Banya
de l'Ebre
ral Vell
Pont Nou
42
Santuari de la Mare de Déu del Remei
Platja d'Alcanaar
Costa
Vinaròs/ Ulldecona
Alcanar
les Cases d'Alcanar
Far de la Banya
21
Torre Sol de Riu (origen àrab)
de Fora
232
238
Apartadero
Los Almendros
Ermita de Sant Sebastià
Los Olivos
de
340
Platja del Riu
VINARÒS
de Déu Socors
Platja de Vinaròs
Càlig
Colonia Europa
l'
Autopista del Mediterráneo
Benicarló
12
Mar
Benicarló
Benicarló
BENICARLÓ
aixador de Peñíscola
43
Parador
Peñíscola/ Benicarló
les Talaies
Platja de Peñíscola
del
Castell del Papa Luna
Finca del Moro
Peñíscola
Il de Pulpis
el Port Blau
Torreó de Badún
e Natural
l'Irta

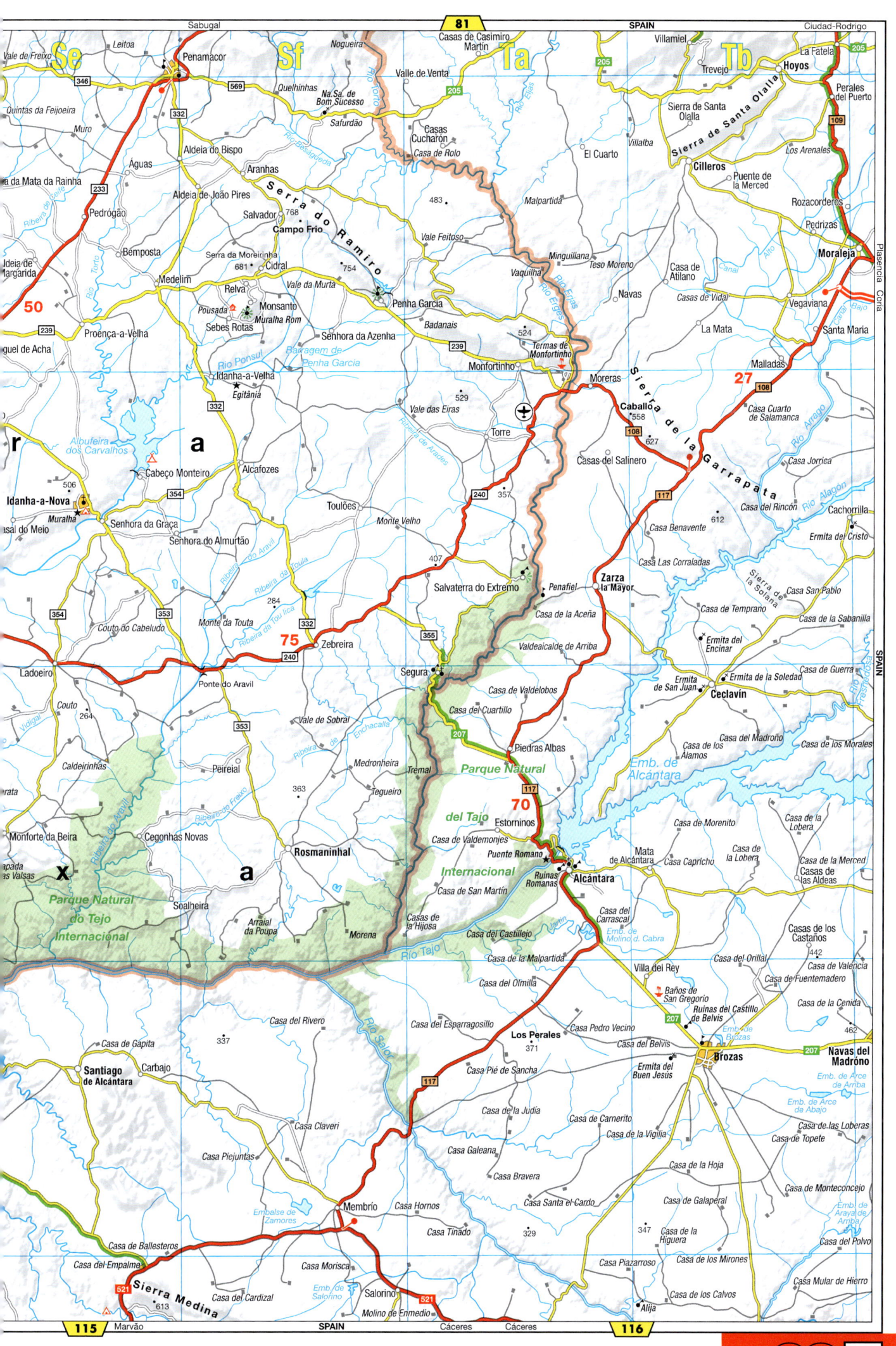

Se
Sf
Ta
Tb

Sabugal
Leitoa
Penamacor
Nogueira
Valle de Venta
Casas de Casimiro Martín
Villamiel
Trevejo
Villalba
Sierra de Santa Olalla
La Fatela
Hoyos
Ciudad-Rodrigo
205

346
569
Quelhinhas
Na.Sa. de Bom Sucesso
205
El Cuarto
Sierra de Santa Oialla
Perales del Puerto

332
Safurdão
Casas Cucharón
Casa de Rolo
Villalba
Cilleros
Puente de la Merced
109

233
Quintas da Feijoeira
Muro
Águas
Aldeia do Bispo
Aranhas
483
Malpartida
Rozacorderos
Pedrizas

Ideia da Mata da Rainha
Pedrógão
Bémposta
Aldeia de João Pires
Salvador
768
Campo Frio
Serra da Moreirinha
Cidral
754
Vale Feitoso
Minguillana
Teso Moreno
Casa de Atilano
Moraleja
205

50
239
Medelim
Relva
Monsanto
Muralha Rom
754
Penha Garcia
Badanais
Vaquilha
Navas
Casas de Vidal
La Mata
Vegaviana
Santa Maria

Proença-a-Velha
Pousada
Sebes Rotas
Idanha-a-Velha
Egitânia
Senhora da Azenha
239
524
Termes de Monfortinho
Malladas
27
108

iguel de Acha
332
332
Albufeira dos Carvalhos
Cabeço Monteiro
Alcafozes
529
Monfortinho
Moreras
Caballo de la Garrapata
558
Casa Cuarto de Salamanca

r
a
506
Idanha-a-Nova
Muralha
354
Senhora da Graça
Senhora do Almurtão
Toulões
Monte Velho
Torre
108
627
Casas del Salinero
117
Casa del Rincón
Cachorrilla

354
353
Monte da Touta
332
407
Salvaterra do Extremo
Penafiel
Zarza la Mayor
Casa Benavente
612
Ermita del Cristo

75
Zebreira
240
355
Casa de la Aceña
Valdeaicalde de Arriba
Casa Las Corraladas
Casa de Temprano
Ermita del Encinar
Casa de la Sabanilla

Ladoeiro
Ponte do Aravil
353
Segura
Casa del Cuartillo
207
Casa de Valdelobos
Ermita de San Juan
Ermita de la Soledad
Ceclavín
Casa de Guerra

Couto
264
Vale de Sobral
Medronheira
Tremal
Piedras Albas
Emb. de Alcántara
Casa del Madroño
Casa de los Alamos
Casa de los Morales

Caldeirinhas
363
Tegueiro
Parque Natural
117
70
Estorninos
Casa de Morenito
Casa de la Lobera

Monforte da Beira
Cegonhas Novas
Rosmaninhal
del Tajo
Puente Romano
Ruinas Romanas
Alcántara
Mata de Alcántara
Casa Capricho
Casa de la Lobera
Casa de la Merced
Casas de las Aldeas

x
a
Soalheira
Internacional
Casa de San Martín
Casa del Carrascal
Emb. de Molino d. Cabra
Casas de los Castaños
442

Parque Natural do Tejo Internacional
Arraial da Poupa
Morena
Casas de la Hijosa
Casa del Castillejo
Rio Tajo
Casa de la Malpartida
Casa del Orillal
Casa de Valencia
462

Casa del Rivero
Casa del Olmilla
Villa del Rey
Baños de San Gregorio
Ruinas del Castillo de Belvis
Casa de Fuentemadero
Casa de la Cenida

337
Casa de Gápita
Carbajo
Casa del Esparragosillo
Los Perales
371
Casa Pedro Vecino
207
Casa del Belvis
Brozas
Navas del Madróno
207

Santiago de Alcántara
Casa Piejuntas
117
Casa Pié de Sancha
Ermita del Buen Jesús
Casa de Carnerito
Casa de la Vigilia
Emb. de Arce de Arriba

Casa Claveri
Casa de la Judía
Casa Galeana
Casa de la Hoja
Emb. de Arce de Abajo
Casa de las Loberas
Casa de Topete

Casa de Ballesteros
Membrío
Casa Hornos
Casa Bravera
Casa Santa el-Cardo
Casa de Galaperal
Casa de Monteconcejo

Casa del Empalme
Casa Morisca
Casa Tinado
329
347
Casa de la Higuera
Casa de los Mirones
Emb. de Araya de Arriba

521
Sierra Medina
Casa del Cardizal
Emb. de Salorino
Salorino
521
Casa Piazarroso
Casa Mular de Hierro

613
Molino de Enmedio
Alija
Casa de los Calvos
Casa del Polvo

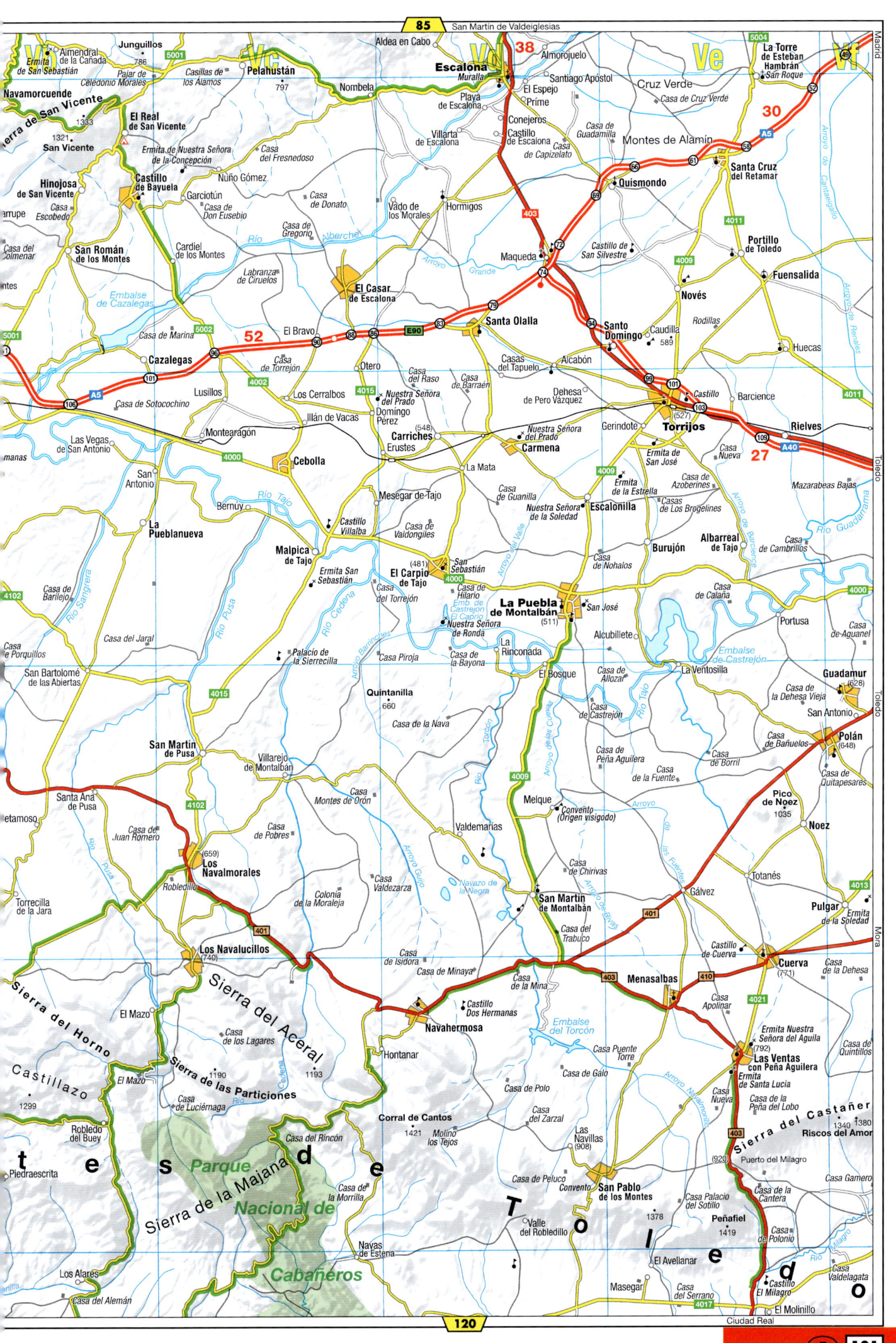

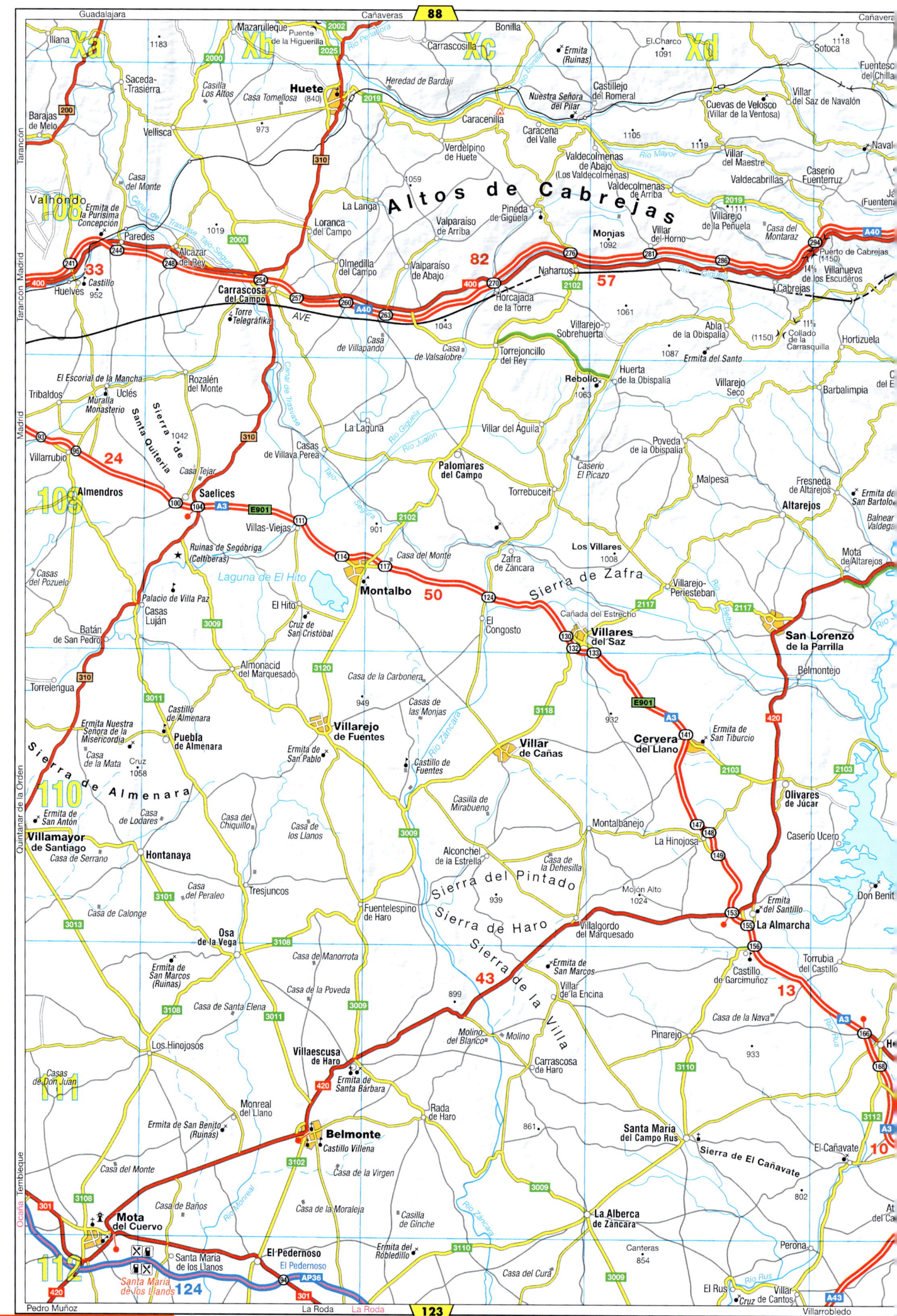

Ba   Bb   Bc   Bd   Be

113

114

115

116

117

Eivissa
(Ibiza)

Barcelona

Dénia

Dénia

Dénia

València

Palma de Mallorca

Barcelona

Punta des
Moscarter
Portinatx
Cala d'en Sardina
S'Escullet
Cap
Blanc
Punta
Mares
Can Joan
des Murtar
Can Joan
d'es Pla
Cova d'es Cuilleram
Punta de
Sa Creu
Na Xemena
Es Port
Sant Joan
de Labritja
Cova d'es Cuilleram
Es Port
Sant Vicenç
de sa Cala
Cala de St. Vicenç
Platja des
Figueral
Illa
Tagomago
Cap des
Mossons
Cala d'en Sardina
Can
Josepetes
Can Form
de Calç
Can
Salvador
Serra de la
Mala Costa
Es Figueral
Can Blai
Can Miquel
des Recó
Ses
Casetes
Can Ros
Can Vicenç
des Racó
Sant Miquel
de Balansat
Can Toni
Yuca
Sant Carles
de Peralta
Es Gorch
Rocas
Torre d'en
Valls
Es Castellar
Cabo Nonó
Ca's
Mart
San
Patricio
Santa Agnès
de Corona
Sant
Mateu
d'Aubarca
Ca Na
Marqueta
Sant
Llorenç
Balafi
Can Negret
Can Miquel
d'es Pouet
Jordi
Cabo Roig
Cova de les
Fontanelles
Can Vicenç
des Cocons
Can
Francoli
Forneu
*347
Can Llay
Ses Cases
Velles
Can
Pep Marí
La
Joya
Cala
Nova
Club Cala Llenya
Cala Llenya
Punta
Galera
Can
Joan
Can
Reconada
Can Pep
d'es Cucons
Santa Gertrudis
de Fruitera
Can Canto
Cala
Pada
Es Canyar
S'Argamassa
Cap Cavall
Illa de
Sa Conillera
Badia de
Portmany
Cap Negret
Cala Gracio
Cap Negret
Ca'n
Malacosta
Es
Llinigol
SANTA EULÀRIA
DES RIU
I. de Sta. Eulària
Islas
Bledas
Illa de
S'Espartar
Sant Antoni
de Portmany
Sant Antoni
S'Olivera
Can
Senyora
Lluc
Sant Rafel
Can
Salvos
Cala Blanca
Cala Bassa
Can
Portes
Ses
Paisses
Es
Puig
Putxet
d'En Puig
Can Fornet
Cala Llonga
Cala Corral
Port
d'es Torrent
Can Serra
Sa Roca Llisa
Cala Tarida
St-Agustí
des Vedrà
Puig d'es
Furnat
400
Serra de
Murta
Puig
d'En
Valls
Jesús
731
Platja Talamanca
Cala Tarida
Cala Moli
Sant Josep
de sa Talaia
Can
Berrinola
Puig de Can
Damià
Punta de Sa Cals
Cala
Vadella
Sa Talaissa
475*
Reserva Natural
de Cala d'Hort
Cala Vadella
Ses Cases
Noves
Cala
Carbó
Cova Santa
Can Bonnet
Can Visent
Font
8
Sant Jordi
Illa Grossa
EIVISSA
Cala
d'Hort
Es Cubells
Vista
Alegre
Sa
Caleta
Platja
d'en Bossa
Es Vedrà
Pahisa
d'en Font
Porroig
Es
Codolar
Aeroport
d'Eivissa
IBZ
St. Francesc
de ses Salines
Es Vedranell
Punta de
Porroig
Platja
des Codolar
Sa Canal
Cap Llentrica
Punta de
sa Rama
Punta de
ses Portes

Parque Natural de
Ses Salines d'Eivissa
i Formentera

I. de Penjats
Far d'en Pou
I. des Porcs
S'Espardell
S'Espalmador
I. S'Espalmador
Racó de
Ses Ampollas
Port de sa Savina
Platja des
Pujols
Punta de sa Pedrera
Sa Savina
Punta Prima
Torre Gavina
Estany
Pudent
Es Pujols
Punta Gavina
Sant Francesc
de Formentera

Formentera

Can
Rampuixa
Punta de
sa Palmera
Can
Micalet
Cala Sahona
Can
Ferrera
Mestre
La Xindri
Punta Rosa
Torre des Pi
des Català
Mariland
Sa
Mola
El Pilar
de la Mola
Punta de
sa Ruda
Can Plate
Recodel Alga
S'Estufador
Cap de Berberia
Andravel

16

31

733

E 109

MAR MEDITERRÀNIA

Morro
de sa Vaca
Cala Codolar
Morro de sa Corda
Cala de Sa Calobra   Pu
Torrent de Pareis
Sa Calobra
Casas
de Sa Calobra
Raco de sa Taleca
Punta Cala Rotja   Cala Tuent
Esc
S'Illeta
Cals Reis
Monestir
Bàlitx
de Baix
Puig Major
1445   Gorg Blau
Cap Gros   **Costa
de la
Talaia**   Monnàber   749
**Port
de Sóller**   10
Son Muleta   **Fornalutx**
u

Mallorca

Punta de Deià   Mont
Reals   **Biniaraix**   Punta de
Cúber
Llucalcari   **Sóller**   Clot
d'Almedrà   Man
Punta de sa Foradada   Deià   11
Museo
Arqueológico   Comasema   Solleric   Manc
de la V
Mirador de R. Llull   Casa d'es
Teix   Orient
Veyá   Casetes del
Rei Santo   Son
Perot   **Castell d'Alaró**   Binian
Llose
867   Museo
Balear   **Valldemossa**   Coll
de-Sóller
(496)   **Alaró**
110   Port de
Valldemossa   Son Oleza   Jardins
Son
Grau
Puig de
N'Aymerich   Son
Oliver
Port de
Canonge   **La Cartuja**   **36**   Nova
Valldemossa   Son
Puing   666   **Binissalem**
Cala de Son Bunola   Son
Ferrandell
Coll de Claret
(545)   Raixa   **Santa Maria
del Camí**   **17**   **Consell**   **13**
Coll de Sa Bastida
(295)   Son Morp   Museo   13A   Gonsell
Binissalem
Banyalbufar   Nova
Valldemossa   Son Muntaner   15   Centre de Conserva
Eix Central
Sa Punta d'es Verger   Mirador de
ses Ànimes   **Esporles**   Son Antich   **Palmanyola**   Es Pont
d'Inca   12
Punta de Son Serralta   a   Son
Esgleieta   Marratxi   **Santa
Eugènia**   Son Matzir
Son Balagner   882   Ermita
de Maristella   Son
Bauza   Ses
Rotgetes de
Canet   Son
Sardina   Can   8   5   **Santa
María**   Portòl   Ses
Olleries   Ses
Àlque
Estellencs   **Puntals**   Son
Noguera   Sa
Garriga   Farineta   San Marcial   **10**   **SA CABANETA**
Mirador de Ricardo Roca   Son Forteza   **Es Verger**   11   S.Indioterias   (169)   6
Punta Foradada
de Torre Nova   **Puigpunyent**   Victoria   13   Sa Inoioteria   Puntiró   Pla de Na Tosa   Son Matzi
64   Esclop
926   **Establiments**   Son
Berda
(1776)   4   10   Son Gual
Fondal
de Basses   Galatzó   **Son
Serralta**   Son Roca   5   6   **Son Ferriol**   15   **46**
Coll de Sa
Gran Mola
(343)   10   Galilea   Son-Vida   **PALMA**   20   9   Sa Casa
Blanca   Sant Jordi   So N'Oliveret   Son
I. Sa
Dragonera   Morro
Ratjada   **Es Llamp**   Son Bosc   Vileta   Coll d'en R   PMI   Aeroport
Palma de Mallorca   Caseta
Blanca   19A
Cap d'es
Llebetx   **Sant Elm**   318   **Andratx**   Coma
Major   Castell de Bellver   La Seu   5   7   8   Cala Estancia   Pl. de Palma/Ca'n Pastilla/Manacor   Garcies de
S'Aljub
111   **S'Arraco**   Puig
d'En Ric   Torre de
Son Boisa   Sant Joan   **Génova**   **El Terreno**   El Molinar   **Can Pastilla**   **14**   Son Perd
Parque
Natural
Sa Dragonera   Punta
Galinda   1   **10**   Son
Pieras   **Sant Agustí**   **Cala Major**   **Es Coll
d'en Rabassa**   Aeroport/Ca'n Pastilla   Platja de Palma/Es Pillari   **Ses Meravelles**   20   22
Cala d'Egos   Pequerac   Coll
d'es
Cucons   20   Castell de Bendidat   Platjas de Mallorca   **S'Arenal**   18
Port d'Andratx   Golden Team
Tennis Center   (150)   13   1   Portals Nous   **13**   Son Delebau
Nou
Es Cap
de Sa Mola   Urban.
Bihiorella   Camp
de
Mar   Ses Barragues   Palma Nova   Portals Vells   **Palma Nova**   **Magaluf**   15
Cap
des Llamp   Cap   Fornelis   **Costa de Sa
Calma**   **Badia de Palma**
Andritxol   Torre   Coll
de Sa Batalla   Cap Aulet   Son Texiq
Ensenada
de
Santa Ponça   **Santa
Ponça**   **Costa
d'en Blanes**   Cala Bella Dona   Cala Blava   Puig de
Ros de Dalt
Porrasa   Sol de Mallorca   **Cala Blava**
**El
Toro**   Badia de Palma   Portals Vells   **Cap
Enderrocat**   Fuerte   Ses
Palmeres   La
Moreria
112   Illa del Toro   **Cap de
Cala Figuera**   Can Roca   Sa Torre
Badia Gran   Can Roca
Cap de
Regana   S'Aguila
Vella   Ca
Fortin   Son Mo
Caporocorb
Vell   Cala P
Sa Casa de
Guarda   Passessió
des Cap Blanc   Cala P
Cap Blanc
Capo Corb

Barcelona
València
Dénia
Eivissa

**Parque Nacional
de l'Archipiélago
de Cabrera**

Colònia de Saint Jordi

S'Illot Foradat

I. de Cabrera   **I. Conillera**
Cap de Llebeig   Cala Gandurf
Cova Blava
Cap Ventós
114   Punta de
Picamosques   Es Port   Cap de sa
Carabassa
Punta d'Ensiola   Cap Falcó

Parqu

113

Cap de Formentor
Les Fonts Salades
Cap de Catalunya
Punta de la Galera
Punta de la Nau
Fumat 334
Cala Solleric
Punta Beca
Cala Sant Vicenç
Mirador
Coll de Vela
Hôtel Formentor
Formentor
Cases de Cala Murta
Rafal d' Ariant
S'Horta
La Cella
Es Vilar
Port de Pollença
Badia de Pollença
Cap des Pinar
Pi
Pollença
La Gola
Can Escandell
Can Cullerossa
10
Sas Pasteras
Albergo Crucero Baleares
Ca'n Ribas
Sa Talaia d'Alcúdia
Cap de Menorca
Ciutadella de Menorca

61
Montaña Puig Tomir 1102
Binifaldo
El Rafalet
Ermita N.S. del Puig
Can Roig
Can Melia
Can Burgués
10
Manresa Muralles
Bon Aire 444
Sa Bassa Blanca
Alcúdia
Teatro rom.

525
Manut
Coll de sa Bataia
(579)
Ancanella
El Rafal
Can Guilló
Rafal de Casellas
13
Ca-Na Siona
Aucanada

Binibona
Coves de Campanet
Campanet
40
37
Hort de Biniatro
Fangar Crestaix
Es Murtera
Can Pol
Port d'Alcúdia
Platja d'Alcúdia
Las Gaviotas
Platjes de Mallorca

aimari
35
Moscari
Búger
Biniseti Nou
Sa Pobla
Pobla
Can Serra
12
Parque Natural de S'Albufera de Mallorca
Badia d'Alcúdia
Es Cap de Ferrutx

INCA
30
Selva
Inca-Sineu
21
Foro de Mallorca des Bovo
Hostal Torre de Joseta
25
Llubi
Muro
Vin Roma
Son San Marti
Son Pàrera
Son Mórro
Can Picafort
36
Monument Megalític
Son Serra Nou
Son Serra de Marina
Parque Natural de la Peninsula de Llevant
Es Pla d'es Caló
Cap del Freu
Sa Cova
Sa Mesquida
Punta de Capdepera

Caserio Biniagual
Canyamel
Costitx
Son Rossinyol
Maria de la Salut
Ariany
Son Guillot
Sta Margalida
Sa Cabaneta
Illa Ravena
Sa Teulada
Corall Serra
Son Mari
Sa Devesa
Sa Canova de Morell
Ermita de Betlem
Son Morei Vell
Coll de Sant Joan
Castell de Capdepera
Capdepera
15
Son Besso
Cala Rajada
Sa Font de la Cala
Es Carregador
Coves d'Artà
Cap Vermell

Sencelles
Ses Salines
Son Palou Nou
Ruberts
E S   P l a
Sa Torre
Montblanch
Can Refila
Bellver
Can Canyella
Can Refila
Ses Cabanells Vell
Pou Colomer Vell
Sa Jordana
Es Rafalet
22
Can Sopa
Torre de Canyamel (Restaurante)
Costa des Pinos
Canyamel
Costa de Canyamel
Cap d'es Pinar

Lloret de Vistalegre
Son Xotano
Pina
Peixeri
Petra
Sa Valleta
Son Mesquida Vell
Son Negre
Son Servera
Es Rafalet Drac
S'Hort d'en Oleza
St. Llorenç des Cardassar
Sa Punta
Cala Bona
Cala Millor

Son Llubi
Can Xiu
Sant Joan
Son Calicant
Santuari de la Consolacion
Ermita de Bonany
Vilafranca de Bonany
Hort d'En Mosson
MANACOR
Can Bulla
Son Negre
Son Carrio
Sa Gruta
Son Moro
Es Cubells
Castell de sa Coma
Platja de sa Coma
S'Illot
Cala Morlanda

Son Mesquida
Algaida
19
20
22
Montuïri
27
36
15
38
40
Tejar de sa Moleta
Son Pou Nou
41
45
Dolores de N.S.
Santa Ponça
Son Amoixa
Son Campanario
Santa Sirga
Can Coca
Coves dels Hams
Portocristo
Coves del Drac
Portocristo Novo

Son Coll Vell
Polo
Santuari de Cura
Banyeres
Ermita de Sant Miquel CanPolit
Es Pagos
Ca S'Hostal
Sa Franquesa
S. Ermita
Es Rafalot
Es Rafael Pudent
Cala Estany
S'Estany d'En Mas

S'Estacar
Randa
Santuari de N.S. de Gracia
Son Valls de Satre
Son Valent
M. de D. de la Consolacio
Valls de Pac
14
Son Joan Jaume
So N'Amer
Can Veny
Son Gall Vell
Son Macia
Cala Magraner
Cala Magrana

Caldent
Son Sampoli
Miner
Porreres
Son Sastre
Santuari de Montission
Bellviure
Son Gornals
Pon Nou dels Frares
33
Es Realeng
S'Espinegar Vell
Cala Magrana
Cales de Mallorca
Cala Antena
Cala Romaguera

LLUCMAJOR
26
22
Can Gabriela
Es Campot
Ses Puntes
Son Mesquida
La Mola
Felanitx
Cas Porrerenc
509
Santuari de Sant Salvador
Castell de Santueri
Cala Murada
Ses Penas Mortes

Son Garauet
Son Sart
Can Gabriela
So's Besons
Son Nicolan
Ca's Concos
14
Ca Na Curta
Santuari de Sant Salvador
Can Gelat
Can N'Alou Vell
El Carritxo
Portocolom
Sa Punta

Son Mesquida
Son Marranet
S'Alqueria Rotja
Campos
Son Xorc
Son N'Elegant
Es Rosells
Can Espina
S'Horta Nova
Ca N'Esteve
Cala Marçal

Es Llobets
Can Barret
Sa Vinyoleta
Son Bielo
Son Pau
Son Busqueret
Son Toni Amer
So N'Alegre
15
19
Sa Galera Nova
Son Moro
S'Alqueria Blanca
Calonge
Calla sa Nau
Cala Ferrera

llgornera
Sa Ràpita
Marina
Ca N'Escriva
So N'Danuset
Son Jordi
Can Sabater
Cala d'Or
Marina de Cala d'Or
Cap de Sa Torre

Punta Plana
S'Estanyol de Migjorn
Ses Covetes
Platja del Trenc
Banys de Sant Joan
Ses Salines
Els Xabarlinar St. Andreu Apostol
10
Santanyí
Portopetro
Son Sestri
Cala Mondrago
Cala Mondragó

tural Maritimo terrestre es Trenc-Salobrar de Campos
Botanicactus
Son Corne Pons
Parque Natural de Mondragó
Cap d'es Moro

Colònia de Sant Jordi
Es Antigors
Es Rafal des Porcs
Torre de s'Almonia
Cala Santanyí
Cala Figuera
Torre d'En Bèu
Cala Liombarts
Cala de S'Almonia

Platja de ses Roquetes
Can Bassa
Sa Vall
Sa Vallet
Cala Marmols
Cala En Tugores
Can Curt
Cap de ses Salines
Parque Nacional de l'Archipiélago de Cabrera

Isola di Cabrera

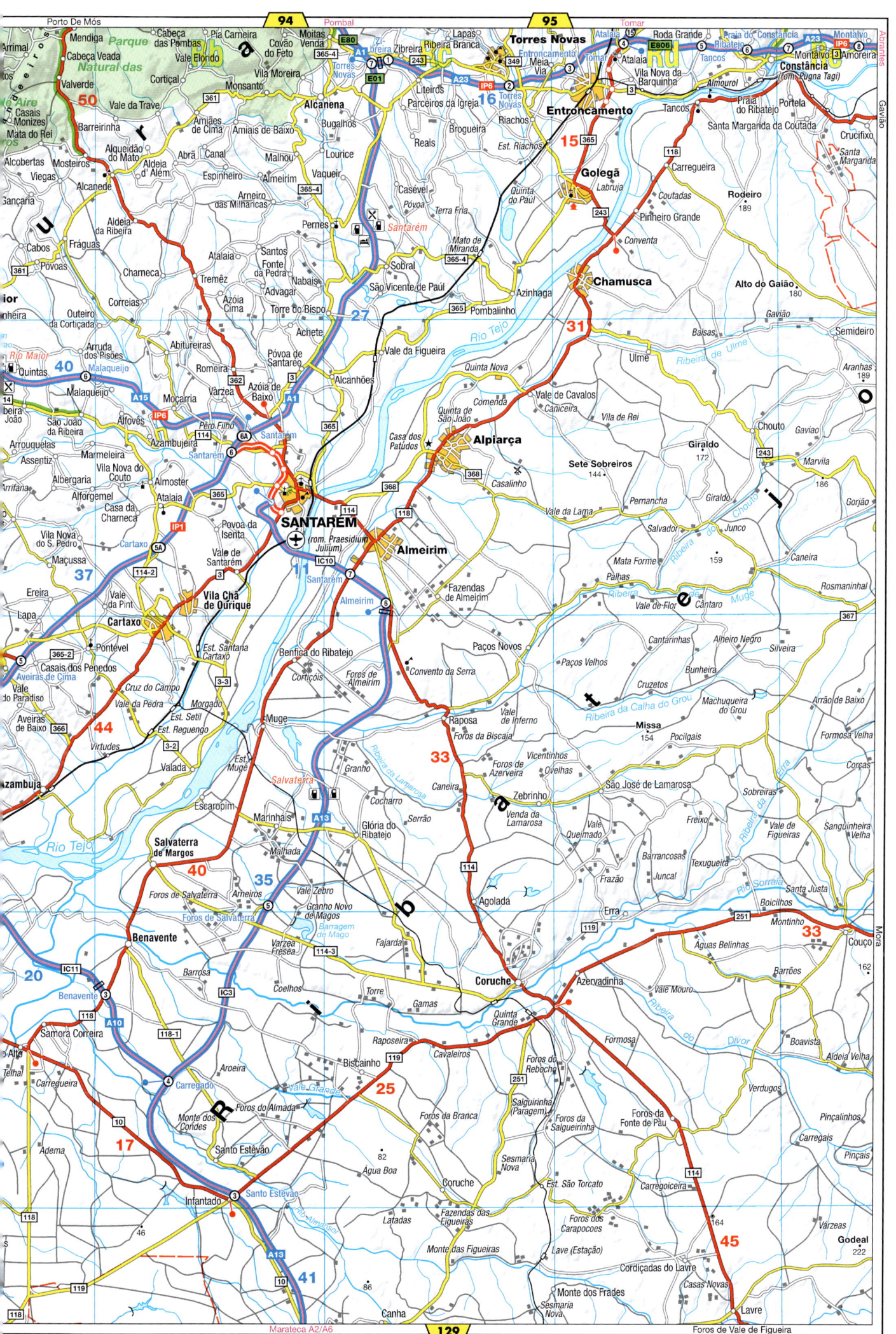

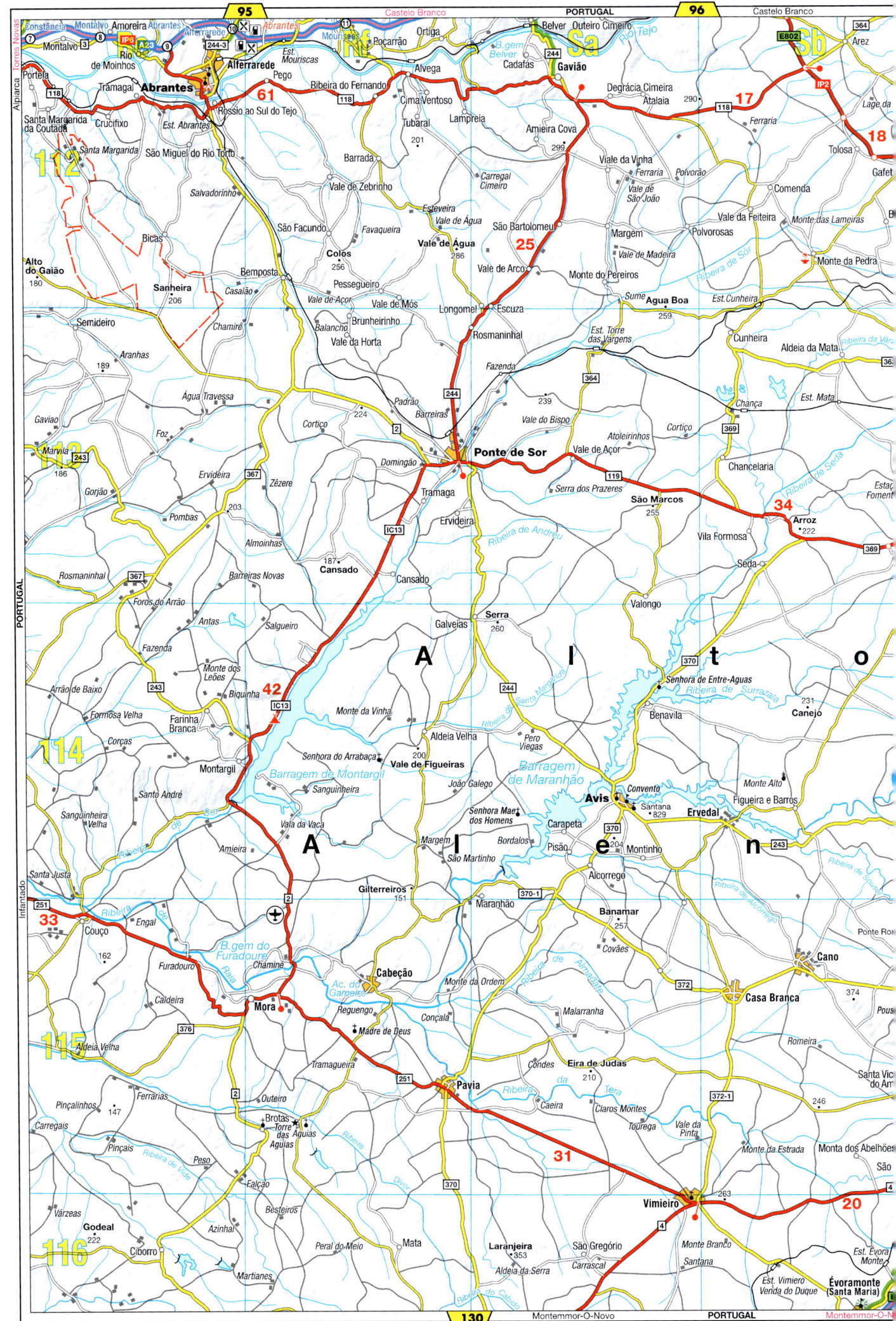

Sc   Sd   Se   Sf

Cáceres

Barragem do Pólo

Assis
329

São Sebastiao
Alpalhão
IP2
18
246
23
245
Vale de Peso
st. A'
16
21
Pousada
IC13
17
8
46

Vale do Peso
245
Monte do Gamito
Mártires
119
Monte da Velha
Pisão
rato

Alter do Chão
Alter Pedroso
413
Montes Novos

Cabeço de Vide
Coutos (Parágem)
393

Santo Antonio das Paredes
Torre de Palma
384
Capela

Est. Ribeiro de Freixo
Portalegre

Penha de Evora
391

Assumar
369
371
Salvador
Vaiamonte

Est. Castelo de Vide
Cabeça
401
Monte da Meada

Castelo de Vide
Escusa
Marvão
Medobrigal
Carreiras
Carvalhal
Ribeirinha
Antiqueira
Mata Carvalhal das Vinhas
Boavista
Baldio
Fortios
E802
246
359
14
Penha de S. Tome
Muralha Catedral
Reguengo
Sete
1027
São Mamede
Revelhas

Portalegre
Telheiros
Carvalhal
Caia Santiago
Outeiro do Alho
Urra
246

Quinta
Azinhal

Venda
Barulho

Coutada
354

Moreiros
Casas Novas
Est. Arronches
Amendoeirinha
328

Monte dos Francos
Monforte
E802
243
54

Pereiro
359-4
Beirã
Barretos
Ranginha
Santo António das Areias
Relva
Seiçal
São Salvador da Aramenha
Rasa
Braçais
Porto da Espada
Reveladas
Alagoinha
Montinho
São Julião
Parque Natural da Serra de São Mamede
Carvalhal
867
777 Cima Rabaça
Alegrete
Monterecos
Besteiros de Cima
Azenha Nova
Pombal
Parra
Perna Chã
Nave Fria
Esperança
Pintura do rochedo
Tapada
Martim Tavares
Figueira
Arronches
371
Safra
337
Senhora do Rosario
Revelhos
Valada
São Bartalomeu
Granja
Furadas
Reguengo
Baldio
Senhora da Carmo
246

Puente Internacional
Est. Marvao-Beira
Forte do Santo
Ponte Velha
La Fontánera
Galégos
San Pedro
IC13
Las Casiñas
El Pino
Virgen de la Cabeza
662
Jiniebro
Alcorneo
Jola
Molino de los Piernos
La Codosera
Silvestre
Benavente
Hortas de Cima
Hortas de Baixo
Cortijo del Cabila
Cortijo de la Barrosa

Casa del Empalme
613
36
Casa de los Barreros
521
Valencia de Alcántara
Julia Contrasta
Caserio de la Vega
Barrio de la Est.

Casa del Cardizal
Casa Morisca
Emb. de Salorino
Casa del Millarón
599
Ermita de San Anton
San Vicente de Alcántara
Casa de la Mula
Casa de la Torre
110
Casas de Salines
Castillo de Mayorga
Casas y Ermita de Mayorga
Sierra del Maranjal
Sierra de la Caraba
Molino del Morro

Ermita de Carrión

Albufeira do Abrilongo
Ribeiro de Abrilongo
Rio Gévora

Sousel
312
Cardiais (Paragem)
São Amaro
Santo Amaro
São Bento do Cortiço
Santo Estêvão
245
Aldeia de Vale de Maçeiras
Est. S. Amaro-Veiros
Silveirona
IP2
Granja

Veiros
Valeja
São Bento de Ana Loura
402
São Lourenço de Mamporção
383
São Domingos de Ana Loura
Espinheiro
Orada
Ameixial
18
IP7
Estremoz
Pousada
3
Arcos
Est. Arcos
Estremoz
7
Glória
Aldeia de Mourinhos
Borba
8
Borba
255
Aldeia da Nora
Rio de Moinhos
Convento Pousada
Vila Viçosa

Nossa Senhora dos Prázeres
Godinhos
243
Azeiteiros
Fontalva
243-1
Barbacena
Serra de Aires
Torre de Frade
Vila Fernando
372
Chaminé
372
Buinhas
469
243-1
40
A6
E90
Terrugem
4
São Vicente e Ventosa
Alentisca
São Lourenço
Calçdinha
Varche
Vila Boim
373
Rego
383
Cilidas
Ciladas
Serra da Ajuda

Casa Branca
270
246
Est. Paragem
Santa Eulália
243
Atalaia da Contenda
337
Tinoca
Nossa Senhora da Graça dos Degolados
Campo Maior
Muralha
285
373

Caiale São Pedro
Freixo
371
Caia

Perdigão
321
Elvas
10
Campo Maior
274
IP7
Forte da Graça
Aqueducto da Amoreira
Est. Elvas
11
12
1a
Elvas-Este
13
Elvas
Pousada
Gramicha
Posto Fiscal do Caia
Botafogo
Caia

Assunção, Ajuda,
Salvador e
Santo Ildefonso
Santo Ildefonso
Albalá
107
Caserio de la Castellana
Cortijo del Rincon
Caserio de la Encomienda
Caserio de los Frailes de Arrib

PORTUGAL
Badajoz
SPAIN   Olivenza

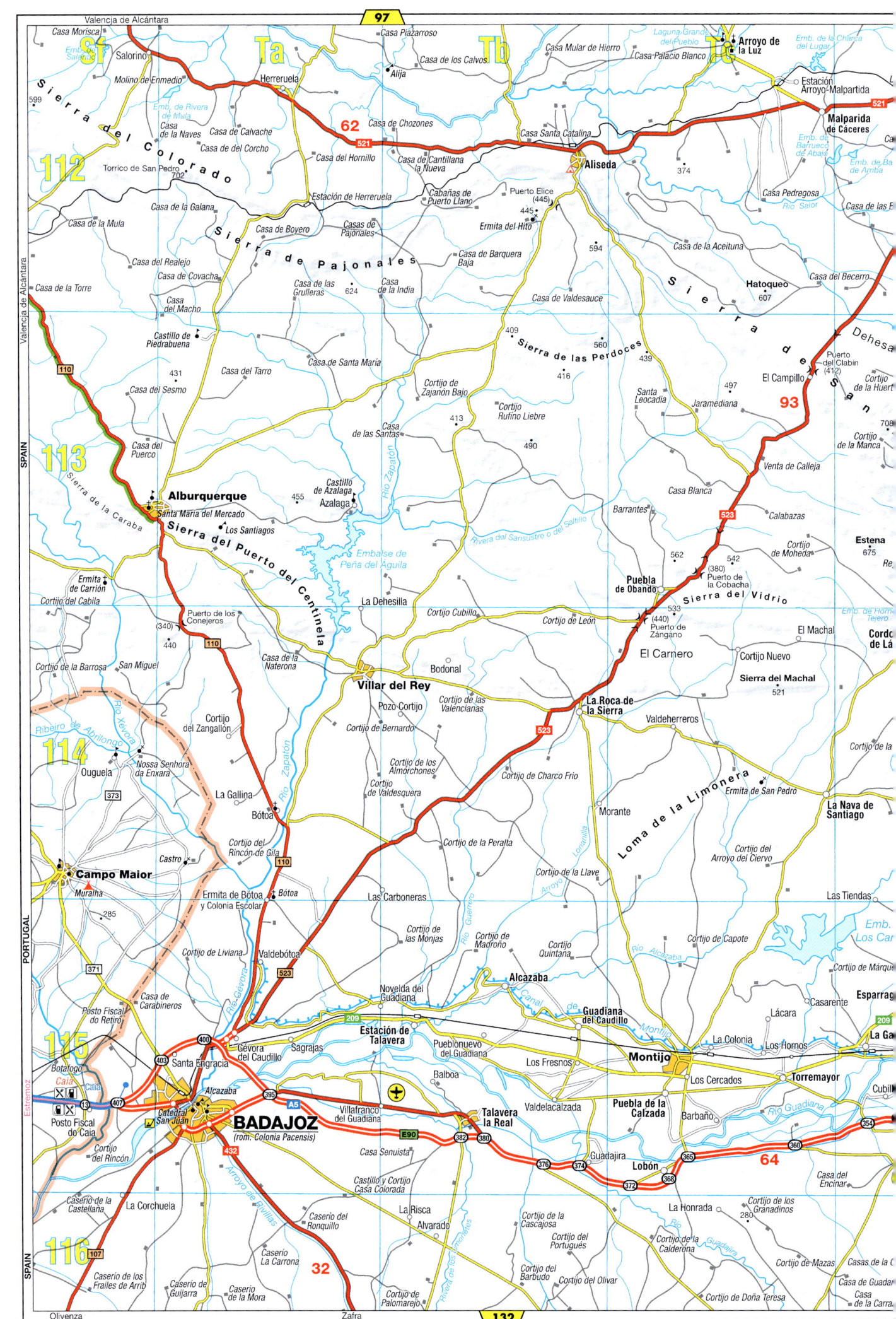

Valencia de Alcántara

Casa Morisca

Sf

Salorino

Molino de Enmedio

Herreruela

Ta

Casa Piazarroso

Casa de los Calvos

Alija

Casa Mular de Hierro

Casa-Palacio Blanco

Tb

Laguna Grande del Pueblo

Emb. de la Charca del Lugar

Arroyo de la Luz

Tc

Emb. de la

Estación Arroyo-Malpartida

Sierra del Colorado

Emb. de Rivera de Mula

112

599

Casa de la Naves

Casa de Calvache

Casa del Corcho

702

Torrico de San Pedro

Casa de la Galana

Casa de la Mula

Casa del Hornillo

Estación de Herreruela

62

521

Casa de Chozones

Casa Santa Catalina

Aliseda

374

Malparida de Cáceres

521

Casa Pedregosa

Sierra de Pajonales

Casas de Pajonales

Cabañas de Puerto Llano

Casa de Cantillana la Nueva

Puerto Elice (445)

445

Ermita del Hito

Casa de Barquera Baja

Casa de Boyero

Casa del Realejo

Casa de Covacha

Casa del Macho

Casa de las Grulleras

624

Casa de la India

Casa de Santa María

594

Casa de Valdesauce

Sierra

Hatoqueo

607

Casa del Becerro

113

Valencia de Alcántara

SPAIN

110

Casa de la Torre

Castillo de Piedrabuena

431

Casa del Tarro

Casa del Sesmo

409

Sierra de las Perdoces

560

416

439

497

El Campillo

Puerto del Clabin (412)

93

de San

Cortijo de la Huert

708

Cortijo de la Manca

Sierra de la Caraba

Casa del Puerco

Casa de las Santas

Cortijo de Zajanón Bajo

Cortijo Rufino Liebre

413

490

Santa Leocadia

Jaramediana

523

Casa Blanca

Barrantes

Calabazas

Estena

675

Re

Cortijo de Moheda

Alburquerque

Santa María del Mercado

Los Santiagos

Castillo de Azalaga

455

Azalaga

Rivera del Sansustre o del Saltillo

562

542

(380)

Puebla de Obando

Puerto de la Cobacha

533

Sierra del Vidrio

Cord de Lá

Sierra del Puerto del Centinela

Embalse de Peña del Águila

(440)

Puerto de Zángano

El Machal

Ermita de Carrión

Cortijo del Cabila

Puerto de los Conejeros (340)

110

440

La Dehesilla

Cortijo Cubillo

Cortijo de León

El Carnero

Cortijo Nuevo

Sierra del Machal

521

114

Cortijo de la Barrosa

San Miguel

Casa de la Naterona

Bodonal

Villar del Rey

Pozo Cortijo

Cortijo de las Valéncianas

Cortijo de Bernardo

La Roca de la Sierra

Valdeherreros

Cortijo de la

Ribeiro de Abrilongo

Río Xévora

373

Ouguela

Nossa Senhora da Enxara

La Gallina

Cortijo del Zangallón

523

Cortijo de los Almórchones

Cortijo de Valdesquera

Cortijo de Charco Frio

Ermita de San Pedro

La Nava de Santiago

Loma de la Limonera

Castro

Bótoa

Cortijo del Rincón de Gila

110

Cortijo de la Peralta

Morante

Cortijo del Arroyo del Ciervo

Campo Maior

Muralha

285

Ermita de Bótoa y Colonia Escolar

Bótoa

Las Carboneras

Cortijo de la Llave

Las Tiendas

371

Cortijo de Liviana

Valdebótoa

523

Cortijo de las Monjas

Cortijo de Madroño

Cortijo Quintana

Cortijo de Capote

Cortijo de Márque

Emb. Los Car

Posto Fiscal do Retiro

Casa de Carabineros

Novelda del Guadiana

Alcazaba

209

Guadiana del Caudillo

Los Hornos

209

La Ga

Esparrag

Casarente

Lácara

115

Botafogo

Caia

13

400

403

Santa Engracia

Gévora del Caudillo

Sagrajas

Estación de Talavera

Pueblonuevo del Guadiana

Balboa

Los Fresnos

Guadiana del Caudillo

La Colonia

Montijo

Los Cercados

Torremayor

Cubil

Estremoz

407

Alcazaba

395

A5

BADAJOZ

Catedral San Juan

Villafranco del Guadiana

Talavera la Real

Valdelacalzada

Puebla de la Calzada

Barbaño

354

Posto Fiscal do Caia

E90

382

380

Casa Senuista

376

374

Guadijara

Lobón

365

64

360

432

Castillo y Cortijo Casa Colorada

372

368

Río Guadiana

Cortijo del Rincón

116

107

Caserío de la Castellana

La Corchuela

Caserío del Ronquillo

La Risca

Alvarado

La Honrada

Cortijo de los Granadinos

280

Casa del Encinar

Olivenza

Caserío de los Frailes de Arrib

Caserío de Guijarra

Caserío La Carrona

Caserío de la Mora

32

Cortijo de Palomarejo

Zafra

Cortijo de la Cascajosa

Cortijo del Portugués

Cortijo del Barbudo

Cortijo del Olivar

Cortijo de la Calderona

Cortijo de Mazas

Casas de la

Casa de Guadar

132

Cortijo de Doña Teresa

Casa de la Carra

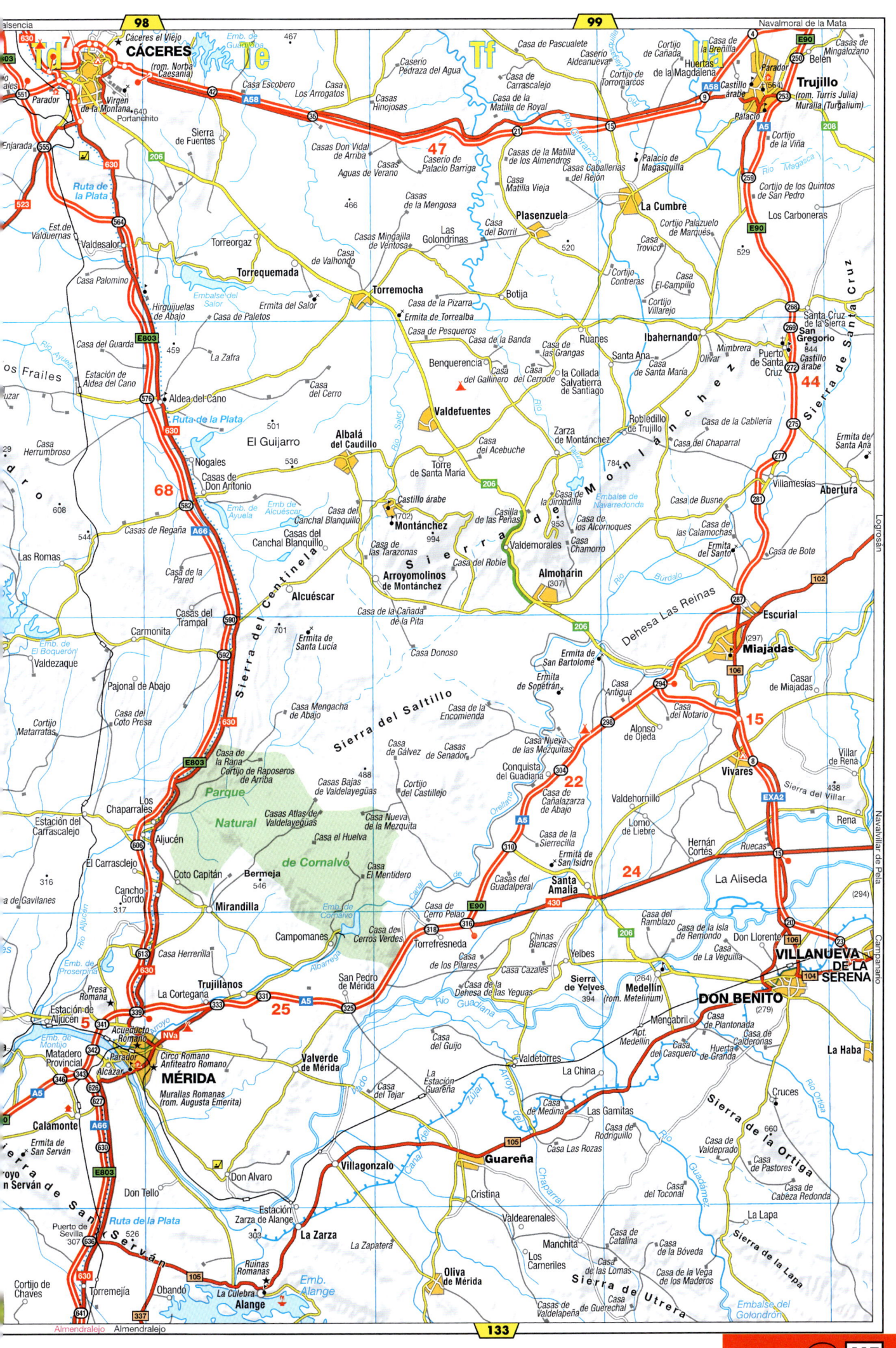

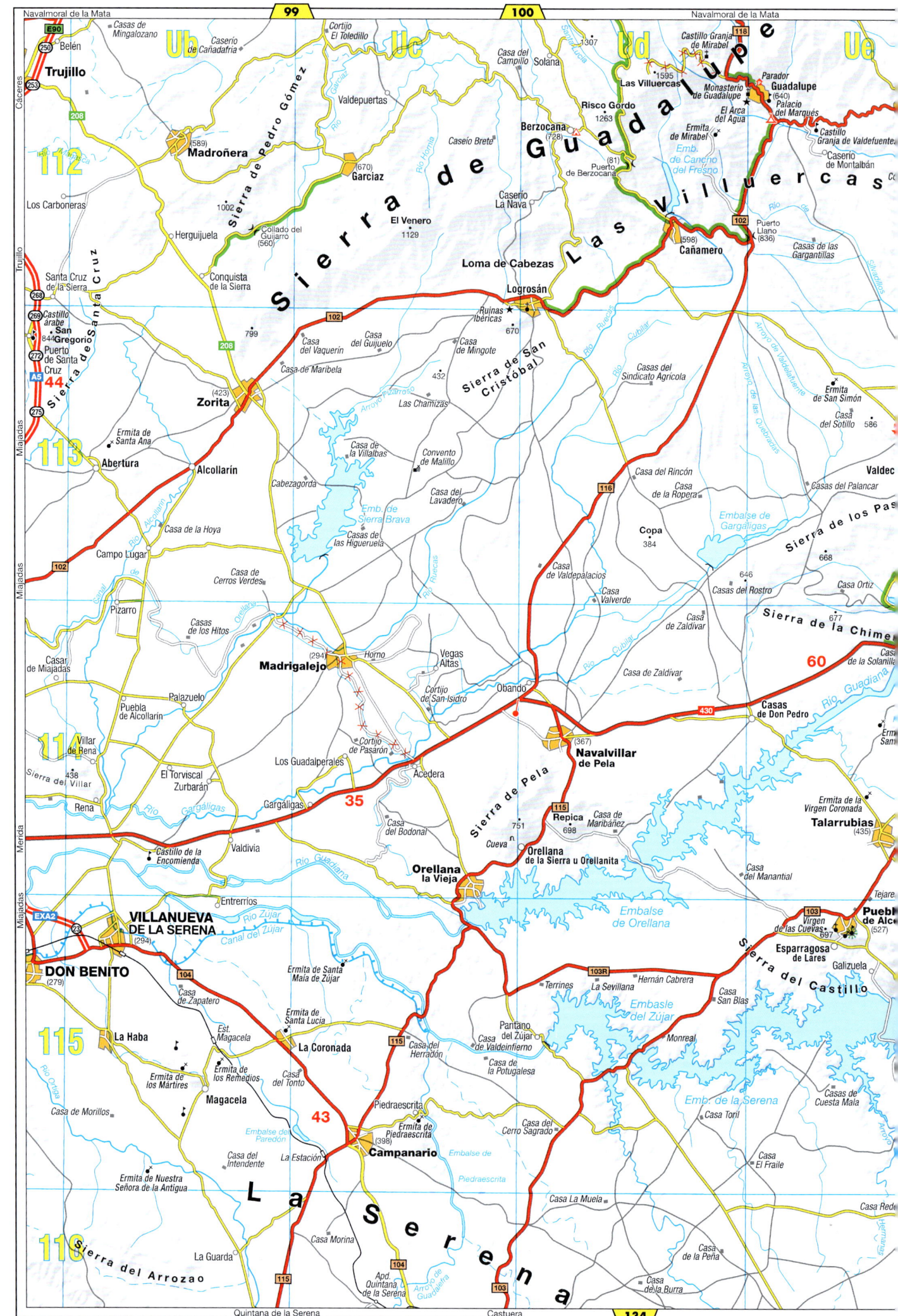

Casas de Mingalozano

Cortijo El Toledillo

E90

250 Belén

Trujillo

253

Caserío de Cañadafria

Casa del Campillo

Solana

1307

Castillo Granja de Mirabel

118

1595

Las Villuercas

Parador

Monasterio de Guadalupe

Guadalupe

(640)

Palacio del Marqués

208

Madroñera

(589)

Valdepuertas

Río Garciaz

670

Garciaz

Caseío Breté

Risco Gordo

1263

Berzocana

(728)

El Arca del Agua

Ermita de Mirabel

Castillo Granja de Valdefuentes

112

Sierra de Pedro Gómez

Los Carboneras

Río Homia

Caserío La Nava

81

Puerto de Berzocana

Emb. de Cancho del Fresno

Caserío de Montalbán

Las Villuercas

268

Santa Cruz de la Sierra

Herguijuela

1002

Collado del Guijarro (560)

El Venero 1129

Loma de Cabezas

598

Cañamero

102

Puerto Llano (836)

Casas de las Gargantillas

Sierra de Santa Cruz

269

Castillo árabe

San

844 Gregorio

277 Puerto de Santa Cruz

A5

44

275

Conquista de la Sierra

208

799

102

Casa del Vaquerin

Casa del Guijuelo

Logrosán

Ruinas ★ Ibéricas

670

Casa de Mingote

Sierra de San Cristóbal

Casas del Sindicato Agrícola

Ermita de San Simón

Casa del Sotillo 586

113

Ermita de Santa Ana

Abertura

Zorita

(423)

Casa de Maribela

432

Las Chamizas

Alcollarín

Cabezagorda

Casa de la Villalbas

Convento de Malillo

Casa del Lavadero

116

Casa del Rincón

Casa de la Ropera

Copa

384

Embalse de Gargáligas

Valdec

Casas del Palancar

Sierra de los Pas

Casa de la Hoya

Emb. de Sierra Brava

Casas de las Higueruela

Casa de Valdepalacios

Casa Valverde

646

Casas del Rostro

668

Campo Lugar

102

Casa de Cerros Verdes

Casa de Zaldívar

677

Sierra de la Chime

Pizarro

Casar de Miajadas

Casas de los Hitos

Horno

Madrigalejo

(294)

Vegas Altas

Obando

Casa de Zaldívar

60

Sierra de la Solanilla

Río Guadiana

Palazuelo

Puebla de Alcollarín

Cortijo de San-Isidro

Casa de Zaldívar

430

Casas de Don Pedro

Erm. San

114

Villar de Rena

Sierra del Villar

438

Rena

El Torviscal Zurbarán

Los Guadalperales

Cortijo de Pasarón

Acedera

Gargáligas

35

Navalvillar de Pela

(367)

Sierra de Pela

Ermita de la Virgen Coronada

Talarrubias

(435)

Casa del Bodonal

751

Repica 698

Casa de Maribáñez

Cueva

115

Casa del Manantial

Valdivia

Castillo de la Encomienda

Río Guadiana

Orellana la Vieja

Orellana de la Sierra u Orellanita

Embalse de Orellana

Tejare

103

Virgen de las Cuevas 697

Pueb de Alc

(527)

Entrerríos

EXA2

23

VILLANUEVA DE LA SERENA

(294)

Río Zújar

Canal del Zújar

103R

Terrines

La Sevillana

Hernán Cabrera

Casa San Blas

Esparragosa de Lares

Galizuela

Sierra del Castillo

104

DON BENITO

(279)

Casa de Zapatero

Ermita de Santa Maía de Zújar

Pantano del Zújar

Casa de Valdeinfierno

Embalse del Zújar

Monreal

115

La Haba

Est. Magacela

Ermita de Santa Lucía

La Coronada

115

Casa del Herradón

Casa de la Potugalesa

Casa del Tonto

Casas de Cuesta Mala

Casa Toril

Ermita de los Mártires

Ermita de los Remedios

Casa del Intendente

Magacela

Piedraescrita

Ermita de Piedraescrita (398)

Embalse del Paredón

La Estación

43

Campanario

Embalse de Piedraescrita

Emb. de la Serena

Casas de

Casa El Fraile

Casa de Morillos

Ermita de Nuestra Señora de la Antigua

La Serena

Casa del Cerro Sagrado

Casa La Muela

Casa de la Peña

116

Sierra del Arrozao

La Guarda

Casa Morina

104

Apd. Quintana de la Serena

Arroyo de Guadalefra

103

Casa de la Burra

Casa Rede

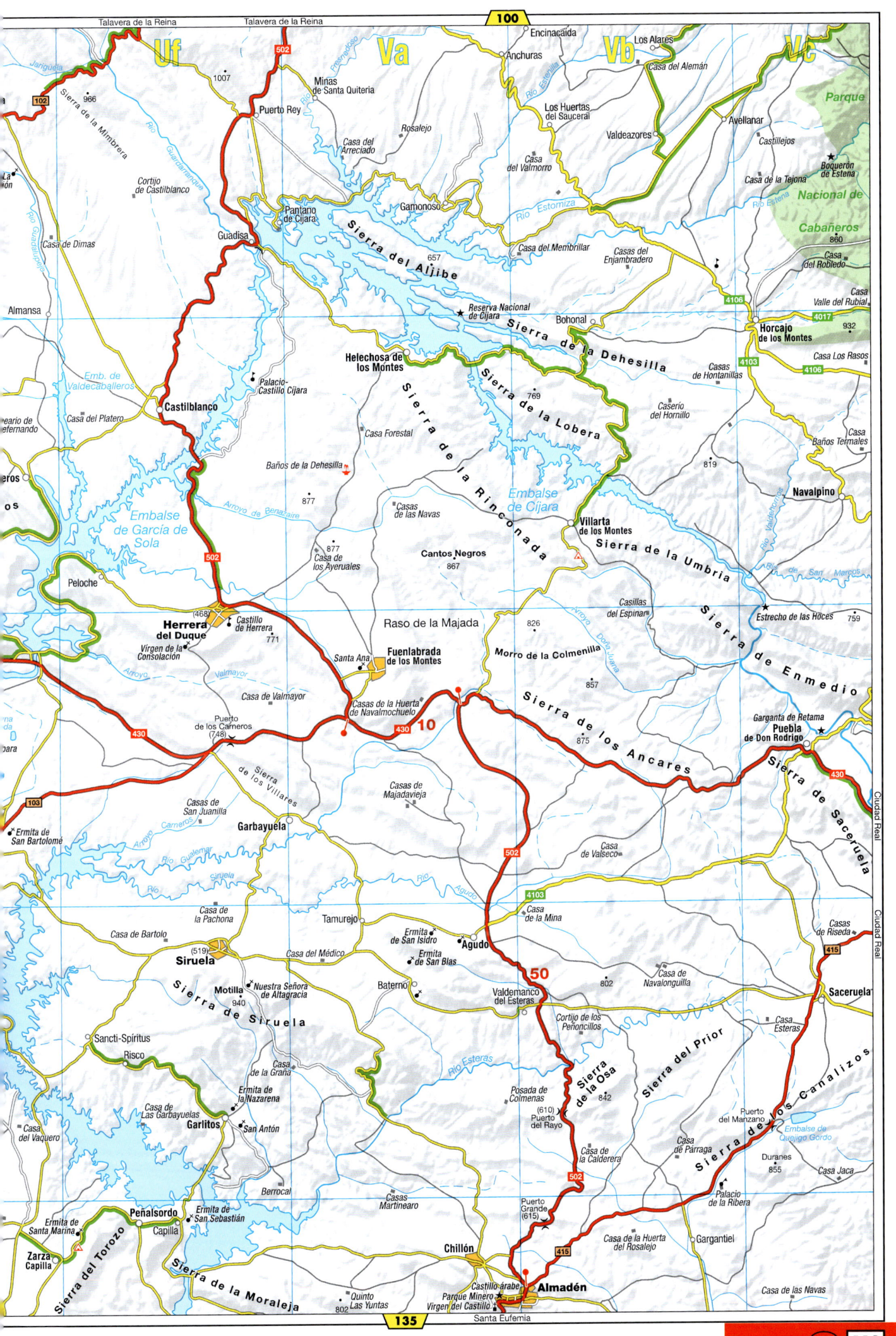

Vc Vd Ve Vf Sierra de los Tor

Navas de Estena
El Avellanar
Las ventas con peña Aguilera
Casa del Chorrito
1261
Palo
403
Casa Valdelagata
Castillo El Milagro
Masegar
Retuerta del Bullaque (732)
Casa de Valderuelo
4017
Casa del Serrano
El Molinillo
Becerra 1309
1235
112
Casa del Garbanzuelo
Embalse del Arroyo Camizal
Casa del Quinto
Caserío Navalices
Casa de Orgaz
Casa del Quinto
Embalse del Huerto de los Monjes
Río Bullaque
Río de las Navas
Montes de Mora
Casa de Mora
1130
981
Embalse de El Sueño
403
Casa de la Salceda
Parque
Casa de Valderuelo
1021
Embalse de Torre de Abraham
Boquerón de Estena
Río Estena
1043
Nacional de
Sierra del Chorito
Torre de Abraham
Sierra de la Higuera
1072
Sierra del Pocito
La Parra
Casa de las Navas
860
Casa de Cabañeros
Casa del Robledo
1010
Machero
Casas del Camino
Valdelagua 1056
Caracuel
Casa Valle del Rubial
4017
Casa de Canaleas
Cabañeros
1064
Cortijos de Abajo
Cas los
Sierra de la Celada o del Gavilán
Casa del Rostro
Casa Madroñal
Pueblonuevo del Bullaque
Sierra del Gallego
949
Cortijos de Arriba (Los Cortijos)
Caserío Boca del Cortijo
Sierra de la
932
Casa Los Rasos
Casa del Goro
Casas de la Toledana
El Cepero 979
Sierra de Cubas
Las Povedillas
4106
Casa Baños Termales
Casas de Povedas
Santa Quiteria
El Bonal
Piedralá
113
Alcoba
887
Las Tablillas
El Torno
403
961
Valdehierro
Sierra de la
Navalpino
Casas de Navajarra
Navalrincón
Río Bullaque
Fuentes de Piedralá
Sierra del Trincheto
Fontanarejo
El Alcornocal
Casa de Aniceto
El Trincheto 988
Cristo del Espíritu Santo
10
Castillo
Casa del Castillejo
El Robledo
Las Islas
Las Rabinadas
Fuencalie
Solanazo 969
Caserío de las Cabezadas
4106
El Citolero
4103
759
Casa Martín
Casa de la Huerta
Las Tiñosillas
Las Peralosas
411
El Sotill
Arroba de los Montes
Casa de Saceruela
Collado de los Farraldos
Las Casas del Río
El Río
Porzuna
Sierra de la
Sierra de los Guindos
Las Arripas
Casa del Casarejo
Sierra de las Tierras Buenas
Cruz de Mayo
Peralosilla 894
Sierra del Sotillo
Río Frío
Casa de la Golondrina
Casas El Gargantón 885
Puerto de los Majales (729)
Castillejo
Casas de Pinos Altos
Puebla de Don Rodrigo
Garganta de Retama
Sierra de Río Frío
Casas de Valcorchete
(760)
Puerto de Quejigares
412
Sierra de Cas
Herrera del Duque
Sierra Larga
El Gargantón
Río Bullaque
795
Casa de los Medranos
Picón
Embalse de Santa María
Casa de Santa María
Hornias Bajas
Castillo de Miraflores
403
Casa de Santa María
Casa de Sedano
430
Castilnegro
103
Lagunillas
Valronquillo 922
Castillo de Mortara
Piedrabuena (598)
4109
Casa de los Viveros
El Chiquero
Sierra de los Canalizos
Casas del Chozo Chavo
Ermita de San Antón
Laguna de la Camache
Casas del Jara
Castillo de Benavente
Caserío de Sancho Rey
Casas de Rómeral
Casa de Retama
430
Luciana
Sierra de la Cruz
760
Casas de Riseda
415
Río Guadiana
Sierra de las Majadas
Alcolea de Calatrava
Valverde
Saceruela
Cortijo de Santa Clara
Sierra de los Santiagos
Sierra de Valpérez
869
Laguna de Alcolea
Laguna de Fuentillejo
Castillo de Ojalora
Laguna de Michos
Casas Castillejo
Casa del Chaparal
829
Molino de Alarcos
Pobl
12
115
Sierra de los Canalizos
Casa de Doña Inés
Casa de los Santiagos
Casa de Navalmoro
Central eléctrica de El Martinete
Casas de San Benito
178
4110
Casa de la Patuda
Casas de los Charos
Casa de la Morena
Castillo de Calabazas
Castillo de Herrera
Torrecilla
Casa Metalloso
Abenójar
Los Pozuelos de Calatrava
(580)
Coto
180
Corral de Calatrava
Cañada de Calatra
Casa Jaca
Navalmedio de Morales
4110
Cabezarados
4112
Caracuel de Calatrava
Embalse de Quejigo Gordo
Casa de los Pilones
San Quintín
35
116
Navacerrada
Mina Victoria
Río Tirteafuera
4110
Lag. de Caracuel
420
Villamayor de Calatrava
848
Aljib
Casa Blanca
Tirteafuera
4115
Laguna de los Almeros
189
Casa del Hoyo
C
a

Puertollano

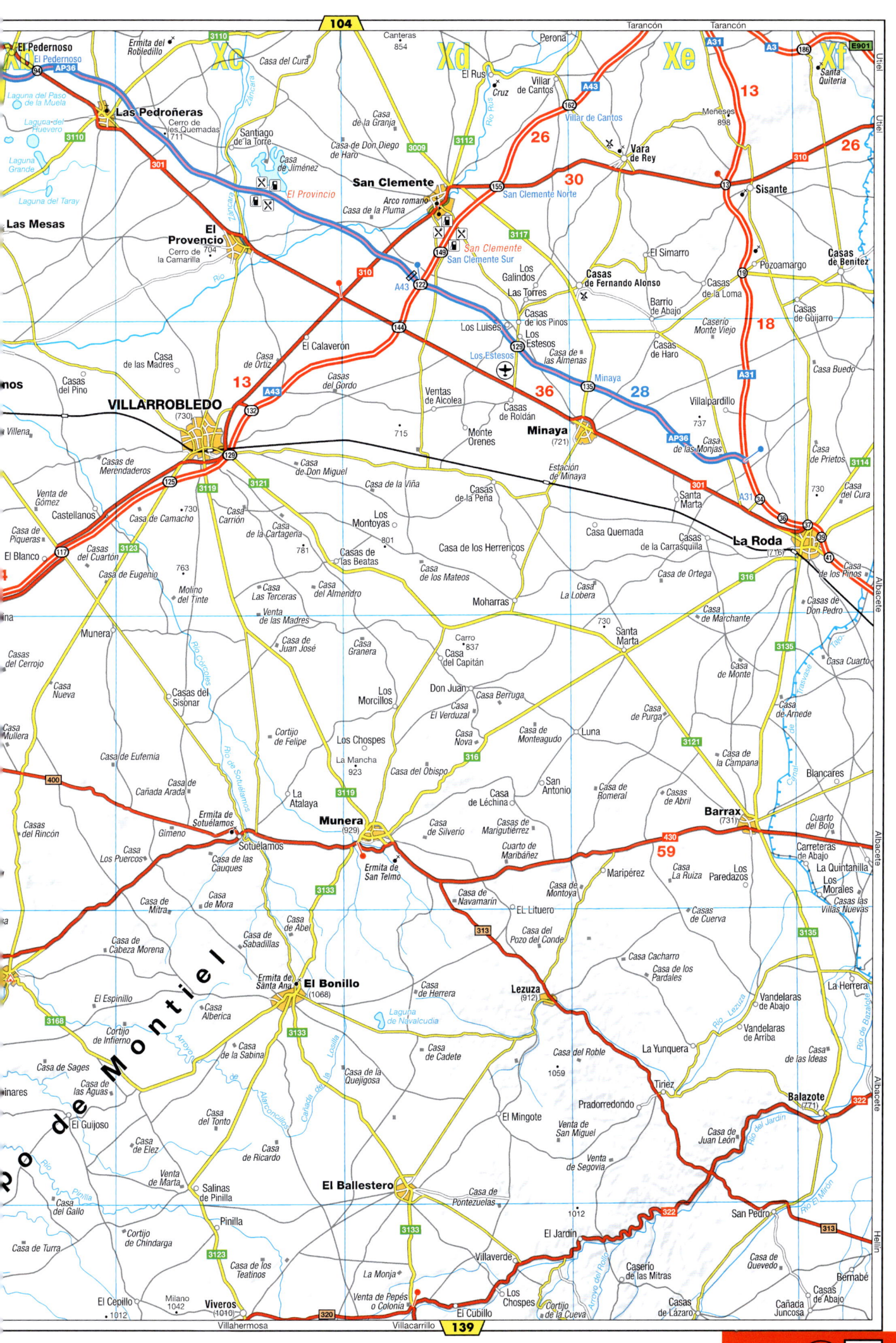

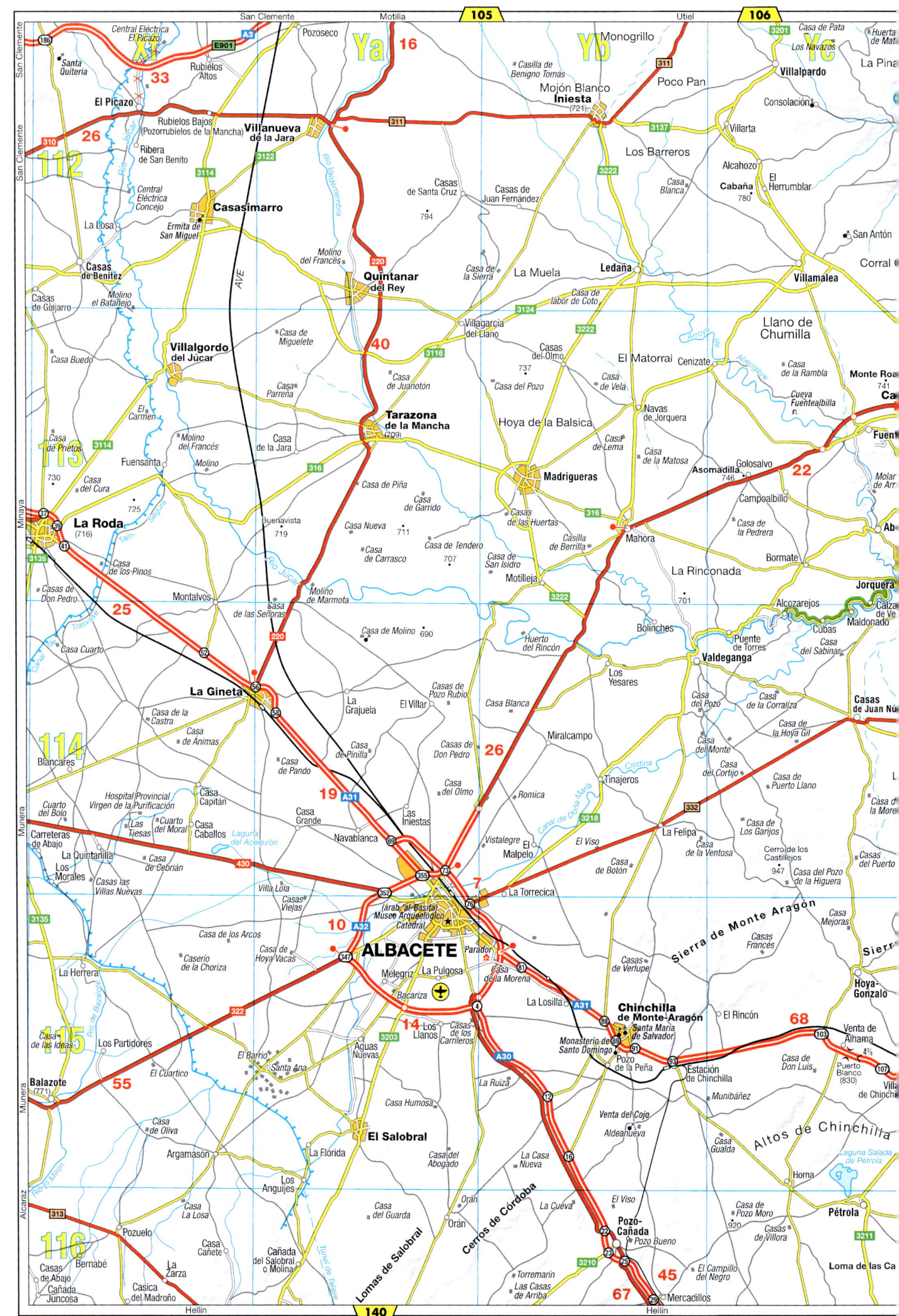

Ze Zf Aa Ab

Palma

Palma de la Devesa

Platja del Recatí

Porta del Sol

el Perelló

Platja de les Palmeres

les Palmeres

Platja de Mareny
el Mareny de les Barraquetes
la Bega del Mar
el Mareny
Sant Lorenç
el Mareny Blau
el Mareny de Vilxes

Golf de
València

Bassa de
Sant Lorenç

ECA

Ermita

Far de Cullera
la Torre del Cap

CULLERA

Favara

el Brosquil
la Goleta

Platja de Tavernes

ifairó
a Valldigna
sterio
Simat

La Safor

Casa
del Alcalde

Platja de Xeraco

Platja de Xeresa

Xeraco

Tavernes/Xeresa

Mondúber
841

45
Xeresa
Castell
de Bayren

Platja de el Grau de Gandia

Cova del
Parpalló

Castell
de Sant Joan

Colonia Ducal

el Grau de Gandia

la Marxuquera

Beniopa

Daimús

Platja de Venècia

Autopista del
Mediterráneo

GANDÍA
Miramar

Sant Jeroni
de Cotalba

Almoines

Bellreguard
Piles

la Platja de la Torre de Piles

60

Beniarjó

Alqueria de la Condesa
(l'Alqueria de la
Comtessa)

Platja d'Oliva

Castell dels Ducs de
Gandia

Rótova

**Palma
de Gandía**

Rafelcofer

la Platja d'Oliva

CV60

Alfauir

Ador

Potries

**la Font
d'En Carròs**

Oliva

OLIVA

Castell del
Reboller

AP7
E15

12

Castellonet
de la Conquesta

Riu d'Alcoi o Serp

Villalonga
436

Elca

Casa Vídal

Los Llanos
la Posada de
Sant Jaume

Palma de Mallorca

Sant Antoni de Portmany

**Sant
Pere**

Molinell

Platja de
Vergel

Punta dels Molíns
les Bovetes

Eivissa

Sa.Savina

Serra d'
Santa Azafor

Forna

Serra de l'Almirall

359

Serra de Mustalla

86

**Parque Natural
de la Marjal
de Pego-Oliva**

Safari

El Rincón

El Poblets

Miraflor

Vergel

DÉNIA

la Safor
628

Castell
de Gallinera

Adsubia

Pego

Ermita de
Sant Sebastià

Setla

725

les Rotes

Coves

Parque Natural
El Montgó

Benialí
(Vall de Gallinera)

Castell
d'Almisera

Benirrama

Cova del Rull

Benimeli

Beniarbeig

Serra de Segària

la Xara

Poblat
ibèric

Ermita de
Sant Joan

752

Cap de Sant Antoni
la Duana

Alpatro
ssili

Bennissivà

Benitaia

Sagra

Ráfol de
Sanet y
Negrals

Ondara

62

Jesús
Pobre

**JÁVEA
XÁBIA**

Castell de Benissili
rgarida

Alcalá de la Jovada
(la Vall d'Alcalà)

Vall
de Ebo

901

Panta
d'Isbert

Tormos

Ondara/
Denia/
Xàbia

332

Parador

Platja de l' Arena

Beniaia

(Vall de Laguar)

Benidoleig

Campell

Orba

Castell
d'Orba

Cova de
les Calaveres

Pedreguer

la Llosa
de Camatxo

Vall-de-Ros

**Gata
de Gorgos**

Cala Blanca

Benímaurell

Fontilles

San
Antonio

Benidorm

Benidorm

Rio Tejo

Alpiarca
Alpiarca
Santarém

Salvaterra de Margos
40
35
A13

Foros de Salvaterra
Arneiros
Malhada
Vale Zebro
Granho Novo de Magos

Barrancosas
Texugueira
Rio Sorraia
Santa Justa

Frazão
Juncal
Boicilhos

Benavente
Foros de Salvaterra
Varzea Fresea
Fajarda
Barragem de Mago
114-3

Agolada
Erra
251
Montinho
33
Couço

162

20
IC11
118
A10

Barrosa
Coelhos
Torre
Gamas

Aguas Belinhas
Barrões

Benavente
IC3

Coruche
Quinta Grande
119

Azervadinha

Vale Mouro
Aldeia Velha
376

Samora Correira
118
118-1

Raposeira
Cavaleiros

Foros do Reboche
251
Formosa
Ribeira do Divor
Boavista

Alto
Telhal
4
Carregado

Biscainho
119

Foros da Branca
Salguirinha (Paragem)
Foros da Salgueirinha
Foros da Fonte de Pàu
114
Verdugos
Pincalinhos

Carregueira
Aroeira
Foros do Almada

25

Vale Grande

Est. São Torcato
Carregoiceira
Carregais

Monte dos Condes
10

Santo Estêvão

82
Agua Boa

Sesmaria Nova
Foros dos Carapocoes

164
45
Pinçais

17
Adema

Infantado
3
Santo Estêvão
Rio Almansor

Latadas
Fazendas das Figueiras

Foros dos Carapocoes
Lave (Estação)
Várzeas
Godeal
222

118
46

A13

Monte das Figueiras
Sesmaria Nova

Monte dos Frades
Cordiçadas do Lavre
Casas Novas

119
C3

Canha
Carrapatal

Est. Canha
251-1
Canafecheira

Pitamariça de Baixo
Lavre
Pedrógão

41

Taipadas
251
10

Pontal
111

Abegoaria
380
Foros de Vale de Figueira
114

Foros do Trapo
Montijo

San Isidro de Pegões
IC11

Est. Bomel
Vendas Novas
Silveiras
4

118
Paúl da Amieira

Santo Isidro de Pegões
4
2

Est. Pegões de Cima
Est. S. João das Craveiras
Rádio Marconi

Cuncos

Rio Frio
Lagou do Calvo
Amieira

Monte das Piçarras
Ajuda Velha
Vendas Novas
2
E90

19
Est. Lagoa da Palha
Forninho
Est. Fonte Fernando Pó

Espira-de Baixo
10
Vendas Novas
A6
IP7
38
Vendas Novas
Est. Cabrela
Safira

NOVO
Poceirão

X
Vale de Ancho
Cabrela
Grou
227
Torre da Gadanha

Palhota
Lau
Arraiados
Est. Valdera

Maroteca
6
7
A2/A6
Nicolau
Retorta
São Romão

IP1
21
A2
53
Algeruz

Landeira
Quinta do Sousa
102
253

4
5
Algeruz
Brejo

Maroteca
Moinhola

Vale de Asna

Palmela
5
Est. Mourisca-Sado
Mocho
21
10
Est. Aguas de Moura
Aguas de Moura
Zambujal
IC1
A2
Charneca
Casebres

Serra Alta
255
Azambujeira
Mina de Jungeis

252
A12
Montinho
Gambia
IP1
E01
26
Fangarrifam
Gorgolim
Sesmarias das Correias
Colos
Foros de Amendonça
São Cristóvão

AL
1
Betúbal
Est. Praixa-Sado
Brejo de Canes

X
Alcácer
Palma
Monte da Volta

Cachofarra
Praias do Sado
Est. Praça do Quebedo
Bairro de Sapec

Berlonguinho
Santa Susana
Caeirinha
Foros do Pinheiro

10-4
Santa Catarina

31
Pinheiro
Pinheiro

Barragem do Pego do Altar
Freixial

Ponta do Adoche
Tróia
Cetóbriga (Ruina Romana)

Monte Novo

Rio Sado
Est. Monte Novo-Palma
Ouvidor
Monte da Pedra
Estalagem
Alberge
Pego do Altar

Costa da Galé
253-1

Moitinha
Murta

8
Alcácer do Sal
253
Santa Catarina
Sesmarias dos Pretos
Canelas

a Figuerinha

261

Comporta
253
Montevil
Batalha
253
Pousada
Barrosinha
Alfebrinho
Alfebre do Mato
110

Torre
Cachopos
74

Alcácer do Sal
A2
IP1
E01
IC1

Sines
Costa da Galé

Maceira
5

Re
Rf
Sa
Sb

116
A l e n t o

A
l
e
n
t
e
j o

118

119

120
B a i x o

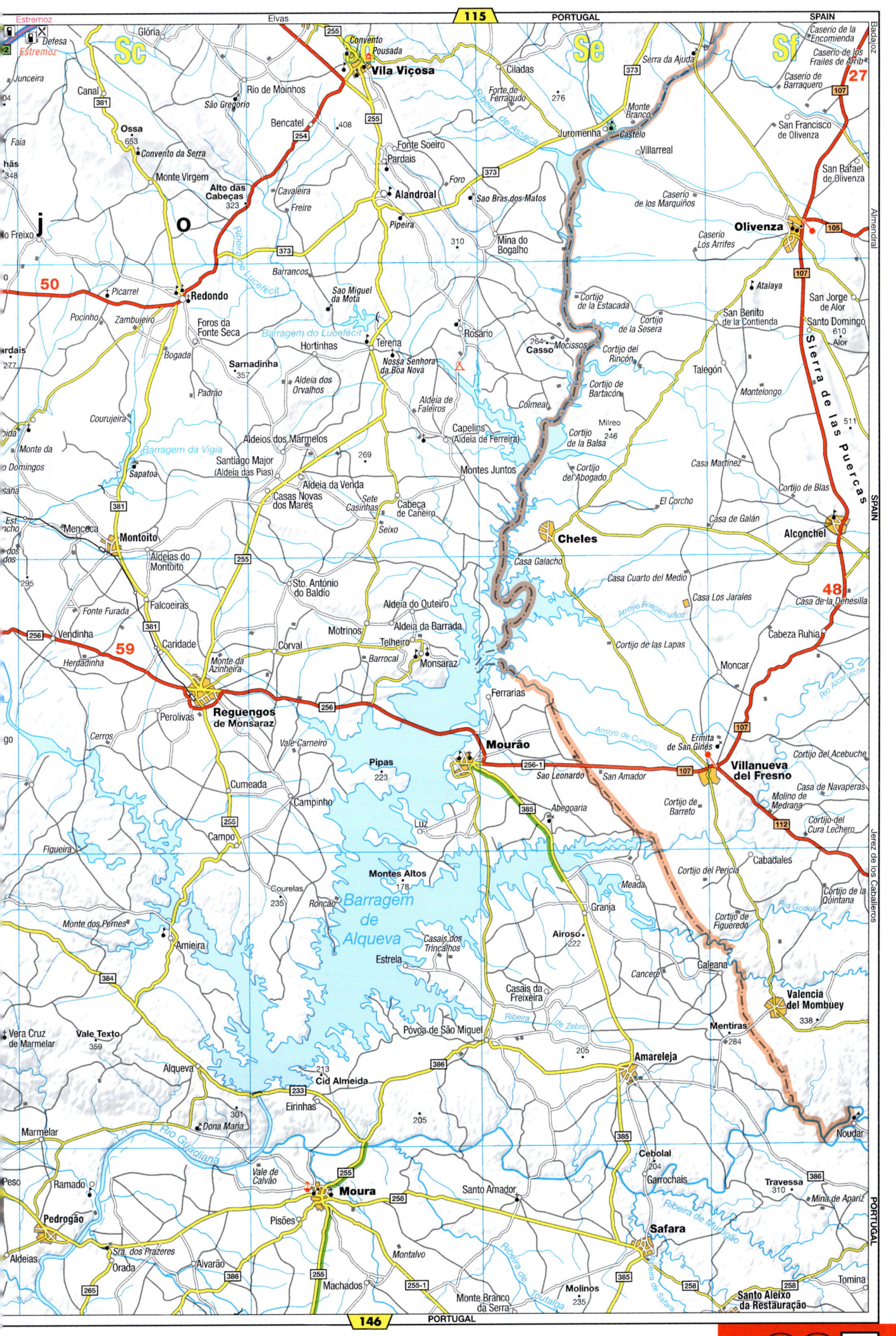

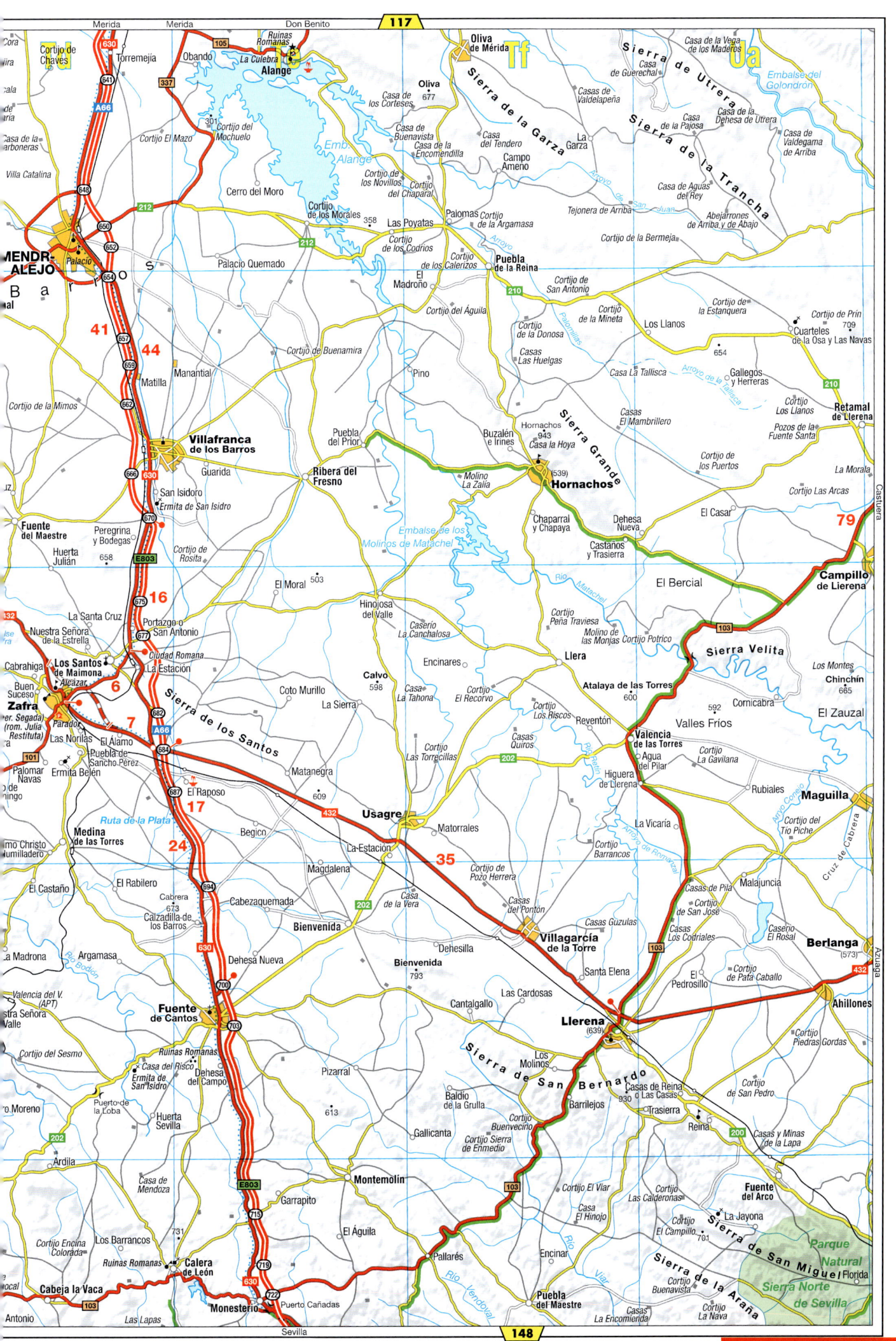

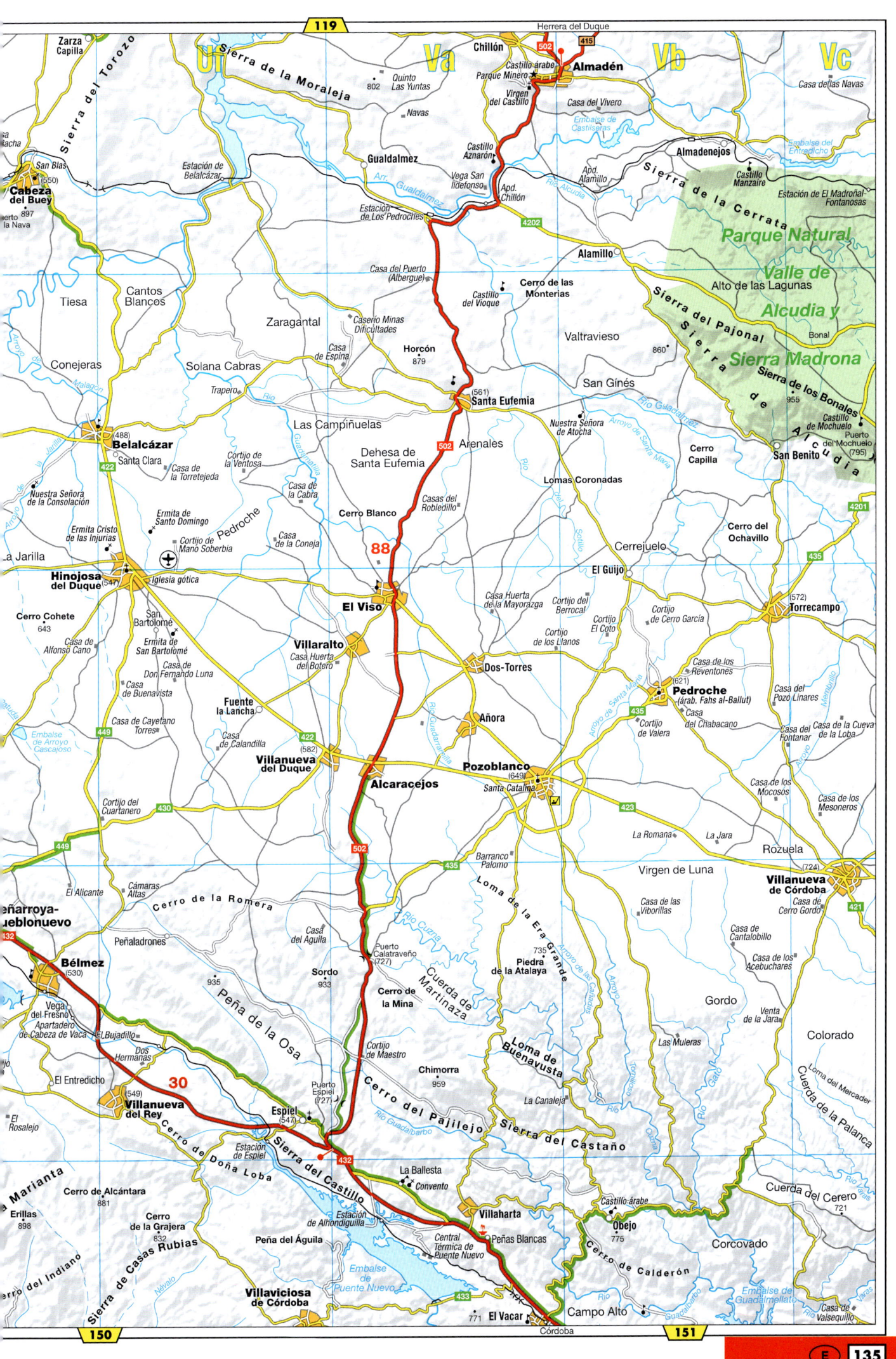

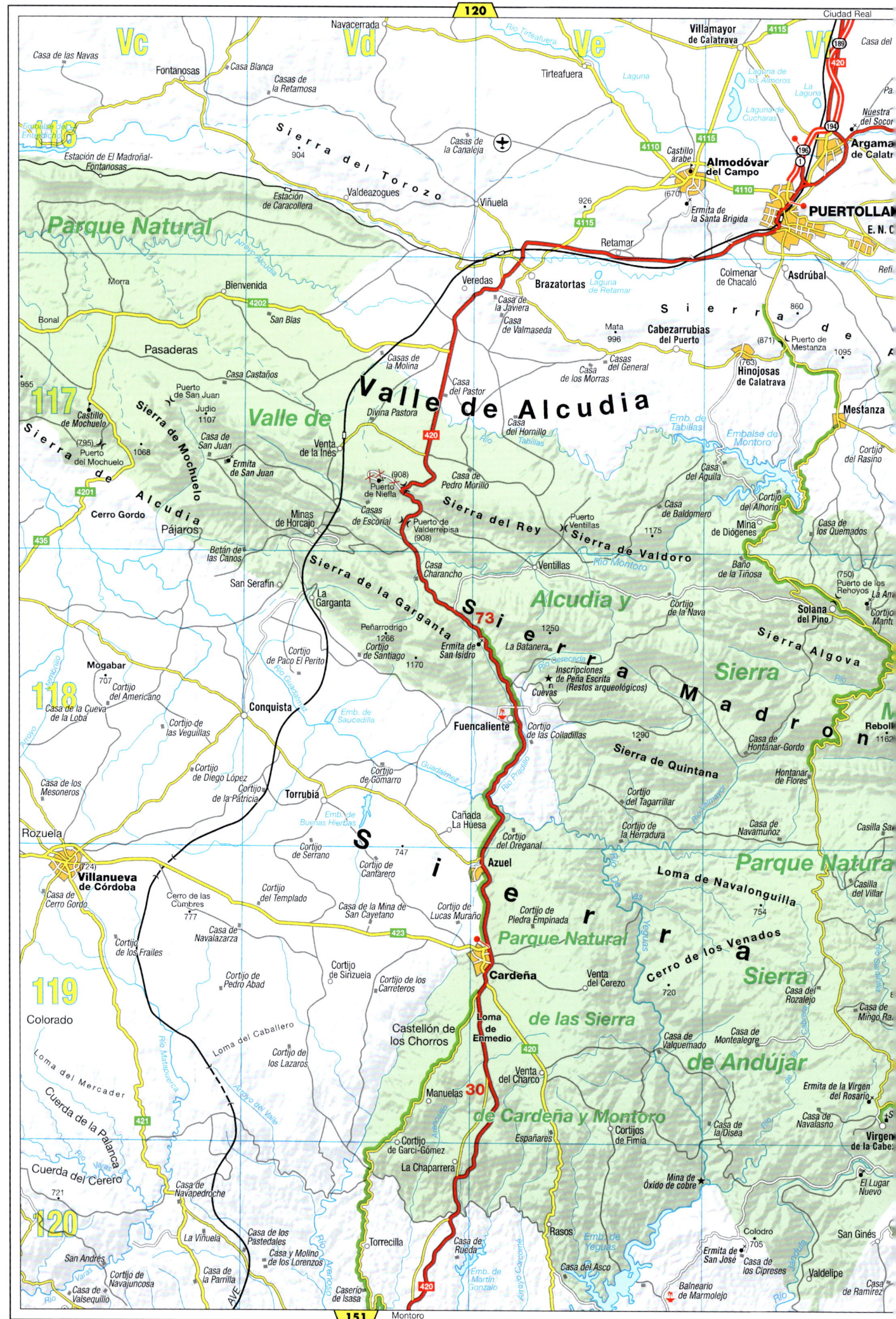

Vc

Casa de las Navas

Fontanosas

Casa Blanca

Casas de la Retamosa

Navacerrada

Vd

Tirteafuera

Río Tirteafuera

Ve

Villamayor de Calatrava

4115

Ciudad Real

Vf

189

Casa del

420

Embalse de Entredicho

116

Estación de El Madroñal-Fontanosas

Morra

Bonal

Bienvenida

4202

San Blas

Valdeazogues

Estación de Caracollera

Sierra del Torozo
904

Casas de la Canaleja

Viñuela

926

Laguna de los Almeros

La Laguna

194

196

1

Nuestra del Socor

Pa

Argama
de Calatr

Almodóvar del Campo

4110

4115

Castillo árabe

(670)

Ermita de la Santa Brigida

4110

PUERTOLLA

E.N.C

Pasaderas

Casa Castaños

Puerto de San Juan

Judío
1107

955

117

Castillo de Mochuelo

(795)

Puerto del Mochuelo

Sierra de Mochuelo

1068

Casa de San Juan

Ermita de San Juan

Valle de

Venta de la Inés

Divina Pastora

Valle de Alcudia

420

Casas de la Molina

Casa del Pastor

Veredas

Brazatortas

Casa de la Javiera

Casa de Valmaseda

Laguna de Retamar

Retamar

Mata
996

Casas del General

Casa de los Morras

Cabezarrubias del Puerto

Sierra

(871)

Puerto de Mestanza

1095

Colmenar de Chacaló

860

Asdrúbal

de

Hinojosas de Calatrava

(763)

Mestanza

Refi

Sierra

de

Mochuelo

435

Cerro Gordo

Pájaros

4201

Minas de Horcajo

Casas de Escorial

Puerto de Niefla

(908)

Casa de Pedro Morillo

Casa del Hornillo

Río

Emb. de Tabillas

Casa del Aguila

Embalse de Montoro

Cortijo del Rasino

Betán de las Canos

San Serafín

Sierra de la Garganta

La Garganta

Puerto de Valderrepisa
(908)

Casa Charancho

Sierra del Rey

Puerto Ventillas

Ventillas

Río Montoro

Sierra de Valdoro

1175

Casa de Baldomero

Cortijo del Alhorin

Casa de los Quemados

Baño de la Tiñosa

(750)

Puerto de los Rehoyos

La Ani

Cortijo Mant

Mogabar

118

707

Casa de la Cueva de la Loba

Cortijo del Americano

Conquista

Cortijo de Paco El Perito

Peñarrodrigo
1266

Cortijo de Santiago

1170

Ermita de San Isidro

Alcudia y

73

1250

La Batanera

Sierra

Inscripciones de Peña Escrita (Restos arqueológicos)

Cuevas

Cortijo de la Nava

1290

Solana del Pino

Sierra Algova

Sierra

Madron

M

Rebol

1162

Cortijo de Diego López

Cortijo de la Pátricia

Torrubia

Emb. de Saucedilla

Cortijo de Gómarro

Guadalmez

Fuencaliente

Cortijo de las Colladillas

Sierra de Quintana

Casa de Hontánar-Gordo

Hontanar de Flores

Casa de los Mesoneros

Cortijo de Serrano

747

Cortijo de Cantarero

Cañada La Huesa

Río Pradillo

Cortijo del Tagarrillar

Cortijo de la Herradura

Casa de Navamuñoz

Casilla Sa

Rozuela

S

i

Villanueva de Córdoba

(724)

Cerro de las Cumbres
777

Cortijo del Templado

Casa de la Mina de San Cayetano

Cortijo del Oreganal

Azuel

423

Cortijo de Lucas Muraño

Cortijo de Piedra Empinada

e

r

Loma de Navalonguilla

754

Parque Natura

Casilla del Villar

Casa de Cerro Gordo

Cortijo de Navalazarza

Castellón de los Chorros

Cortijo de los Lazaros

Parque Natural

Cardeña

Venta del Cerezo

720

Cerro de los Venados

r

a

Sierra

Casa del Rozalejo

Casa de Mingo Ra

119

Colorado

Cortijo de los Frailes

Loma del Caballero

Cortijo de Pedro Abad

Cortijo de Sirizuela

Cortijo de los Carreteros

Loma de Enmedio

420

de las Sierra

Casa de Valquemado

Casa de Montealegre

de Andújar

Ermita de la Virgen del Rosario

Loma del Mercader

Cuerda de la Palanca

421

Río Matapuerca

Arroyo del Valle

Manuelas

30

Venta del Charco

Cortijo de Garci-Gómez

La Chaparrera

Españares

Cortijos de Fimia

Casa de la Disea

Casa de Navalasno

Virger de la Cabez

S

Cuerda del Cerero

721

120

San Andrés

La Viñuela

Casa de Navapedroche

Casa de Navajuncosa

Casa de la Parrilla

Casa de los Pastedales

Casa y Molino de los Lorenzos

Torrecilla

Caserío de Isasa

AVE

Río

420

Casa de Rueda

Emb. de Martín Gonzalo

Arroyo Corcomé

Emb. de Yeguas

Casa del Asco

Rasos

Mina de Óxido de cobre

Balneario de Marmolejo

Ermita de San José

Colodro
705

Casa de los Cipreses

El Lugar Nuevo

San Ginés

Valdelipe

Casa de Ramírez

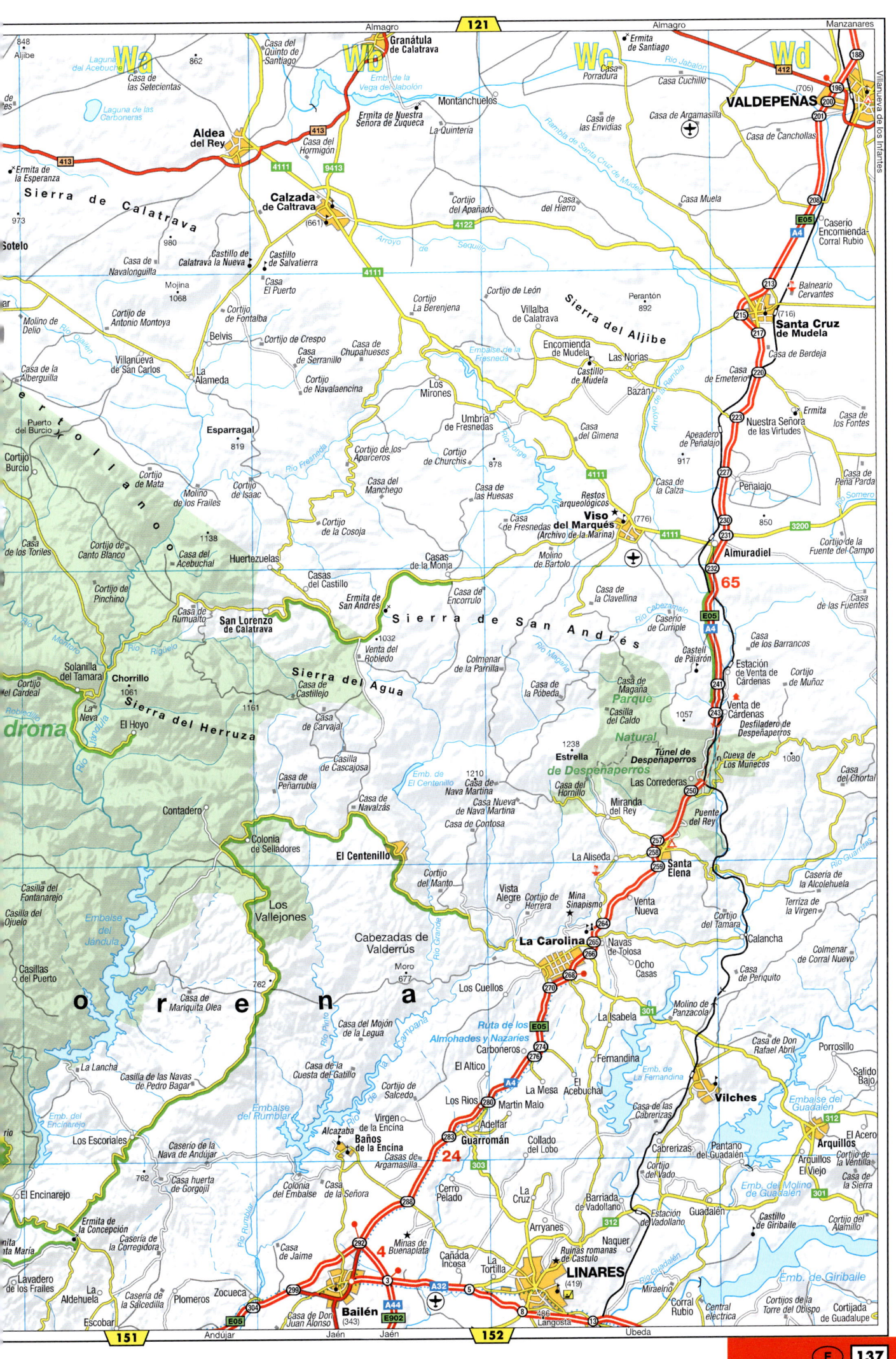

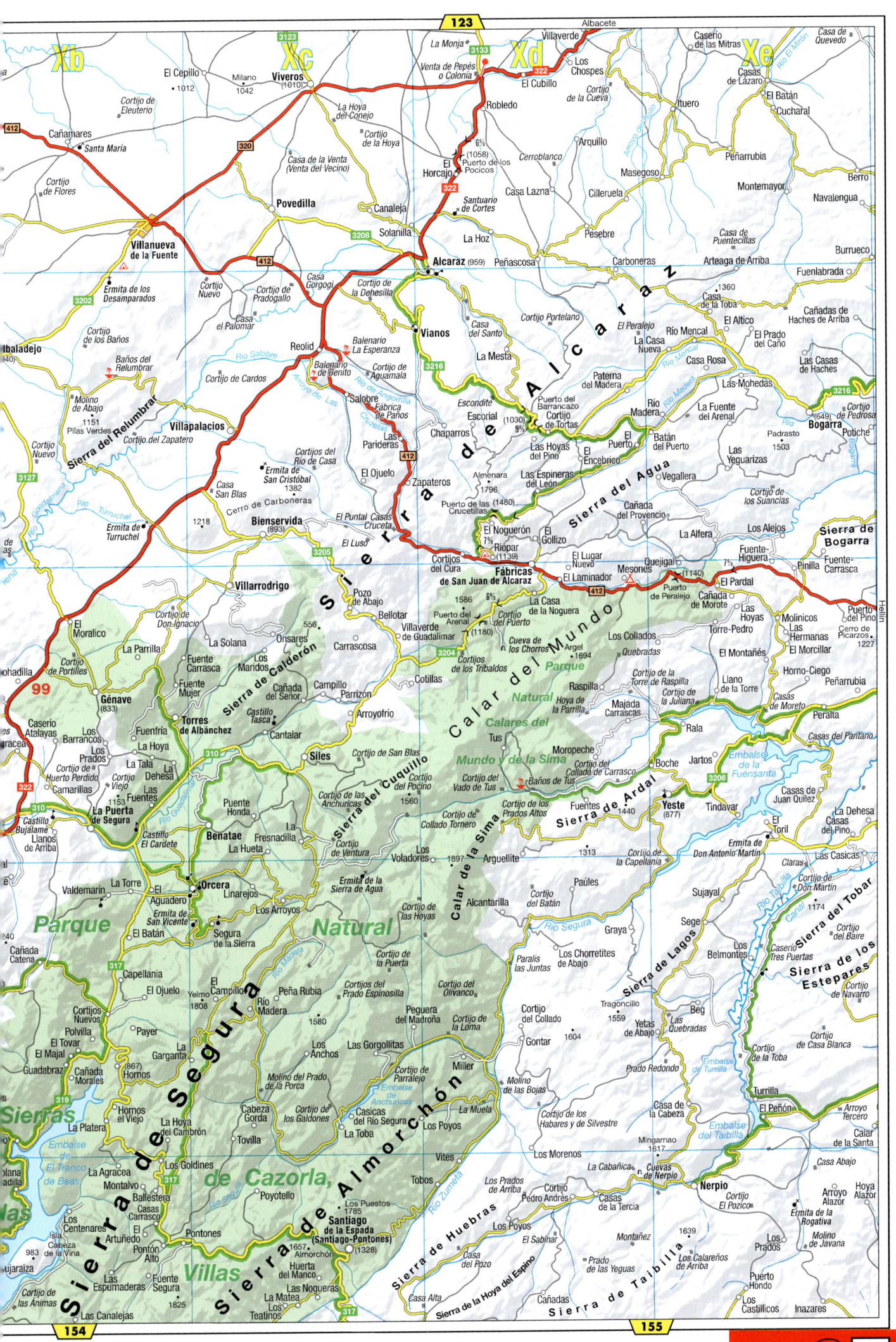

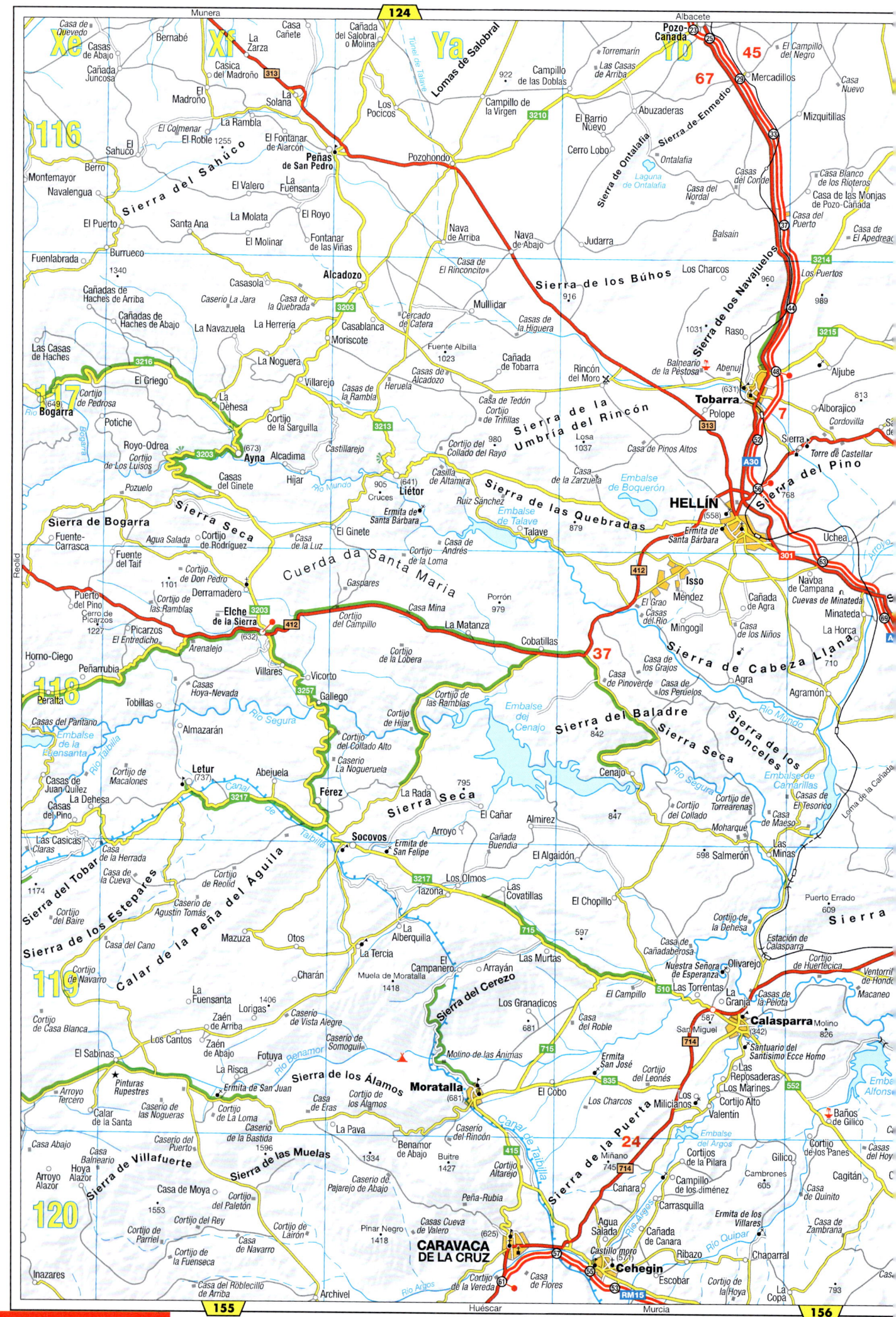

Munera
Albacete

Casa de Quevedo
Casas de Abajo
Bernabé
La Zarza
Casa Cañete
Cañada del Salobral o Molina
Lomas de Salobral
Ya
Pozo-Cañada
1D
45
67

Xe
Xf

Cañada Juncosa
Casica del Madroño
313
La Solana
922
Campillo de las Doblas
Torremarín
El Campillo del Negro
Casa Nuevo

El Madroño
Los Pocicos
Campillo de la Virgen
3210
Las Casas de Arriba
Abuzaderas
Mercadillos
Mizquitillas

116
El Colmenar
La Rambla
El Roble 1255
El Fontanar de Alarcón
Pozohondo
El Barrio Nuevo
Sierra de Enmedio
Casa Blanco de los Rioteros
Casa de las Monjas de Pozo-Cañada

Berro
El Sahúco
Peñas de San Pedro
Cerro Lobo
Sierra de Ontalafía
Ontalafia
Casa del Nordal
Casa del Puerto

Montemayor
Navalengua
El Valero
La Fuensanta
Nava de Arriba
Judarra
Casa del Conde
Balsaín
Casa de El Apedrea

El Puerto
Santa Ana
La Molata
El Royo
Fontanar de las Viñas
Nava de Abajo
37

Fuenlabrada
Burrueco
1340
Casasola
Alcadozo
Sierra de los Búhos
Los Charcos
3214
Los Puertos

Cañadas de Haches de Arriba
Caserio La Jara
Casa de la Quebrada
3203
Cercado de Catera
916
960
989

Cañadas de Haches de Abajo
La Navazuela
La Herrería
Casablanca
Moriscote
Fuente Albilla 1023
Cañada de Tobarra
1031
Raso
3215

Las Casas de Haches
3216
La Noguera
Villarejo
Casas de la Rambla
Heruela
Casas de Alcadozo
Balneario de la Pestosa
Abenuj
48

117
El Griego
La Dehesa
Casa de Tedón
Cortijo de Trifillas
Sierra de la Umbría del Rincón
631
7

Bogarra
649
Cortijo de Pedrosa
Cortijo de la Sarguilla
3213
Losa 1037
Polope
313
Alborajico
Cordovilla
813

Potiche
Royo-Odrea
3203
Ayna
Alcadima
Castillarejo
Cortijo del Collado del Rayo 980
Casa de Pinos Altos
52
Sierra

Pozuelo
Casas del Ginete
Hijar
905
Cruces
641
Liétor
Casilla de Altamira
Casa de la Zarzuela
Embalse de Boquerón
Torre de Castellar
768

Sierra de Bogarra
Sierra Seca
Río Mundo
Ruiz Sánchez
Embalse de Talave
Sierra de las Quebradas
879
HELLÍN
Sierra del Pino

Fuente-Carrasca
Agua Salada
Ermita de Santa Bárbara
El Ginete
Casa de la Luz
Casa de Andrés
Talave
558
Ermita de Santa Bárbara
301

Fuente del Taif
Cortijo de Rodríguez
Casa de la Loma
Cuerda da Santa Maria
Uchea
63

Puerto del Pino
Cerro de Picarzos 1227
Cortijo de Don Pedro 1101
Derramadero
Gaspares
Porrón 979
412
Isso
Navba de Campana
Cuevas de Minateda

Picarzos
El Entredicho
Cortijo de las Ramblas
Elche de la Sierra
3203
412
632
Cortijo del Campillo
La Matanza
Cobatillas
37
Méndez
Cañada de Agra
Minateda
69

Horno-Ciego
Peñarrubia
Arenalejo
Villares
Vicorto
Cortijo de la Lobera
Casa de Pinoverde
Agra
La Horca
A

118
Peralta
Tobillas
Casas Hoya-Nevada
Gallego
3257
Cortijo de Hijar
Embalse del Cenajo
Casa de los Grajos
Casa de los Peruelos
Agramón
Sierra de Cabeza Llana
710

Casas del Pantano
Almazarán
Cortijo del Collado Alto
Sierra del Baladre
842
Sierra Seca
Sierra de los Donceles
Embalse de Camarillas

Embalse de la Fuensanta
Río Taibilla
Letur 737
Abejuela
Caserio La Nogueruela
795
Cenajo
Cortijo de Torrearenas
Casas de El Tesorico

Casas de Juan Quílez
La Dehesa
Cortijo de Macalones
Férez
3217
La Rada
Sierra Seca
El Cañar
847
Cortijo del Collado
Moharque
Casa de Maeso

Casas del Pino
Almirez
598
Salmerón
Las Minas

Las Casicas Claras
Casa de la Herrada
Socovos
Ermita de San Felipe
Arroyo
Cañada Buendia
El Algaidón
Puerto Errado 609
Sierra

Sierra del Tobar
Cortijo del Baire
Casa de la Cueva
Cortijo de Reolid
Los Olmos
Tazona
3217
Las Covatillas
El Chopillo
Cortijo de la Dehesa
Estación de Calasparra
Cortijo de Huertécica

1174
Casería de Agustín Tomás
715
597
Casa de Cañadaberosa
Ventorrí de Honde

119
Cortijo de Navarro
Casa del Cano
Mazuza
Otos
La Alberquilla
Las Murtas
510
Nuestra Señora de Esperanza
Olivarejo
Macaneo

La Fuensanta
Loriguas
1406
Charán
La Tercia
El Campanero
Arrayán
Los Granadicos
681
Casa del Roble
714
587
San Miguel
Calasparra 342
Molino 826

Cortijo de Casa Blanca
Zaén de Arriba
Caserío de Vista Alegre
Muela de Moratalla 1418
Sierra del Cerezo
715
El Campillo
Santuario del Santísimo Ecce Homo

El Sabinas
Los Cantos
Zaén de Abajo
Fotuya
Caserío de Somoguil
Molino de las Ánimas
835
Ermita San José
Cortijo del Leonés
Las Reposaderas
Los Marines
552

Arroyo Tercero
La Risca
Ermita de San Juan
Sierra de los Álamos
Moratalla 681
El Cobo
Los Charcos
Los Milicianos
Valentín
Cortijo Alto
Baños de Gilico

Pinturas Rupestres
Caserío de las Nogueras
Cortijo de la Loma
Casa de Eras
Cortijo de los Álamos
La Pava
Caserío del Rincón
24
Miñano 745
714
Cortijo de la Pilara
Gilico
Cortijo de los Panes
Casa del Hoy

Casa Abajo
Casa Balneario
Hoya Alazor
Sierra de Villafuerte
Sierra de las Muelas
1334
Caserío de Pajarejo de Abajo
Buitre 1427
Casas Cueva de Valero
Canara
Agua Salada de Canara
Campillo de los Jiménez 605
Ermita de los Villares
Casa de Quinito

120
Arroyo Alazor
Casa de Moya
Cortijo del Paletón
1553
Peña-Rubia
625
Casas Cueva de Valero
Carrasquilla
Cambrones
Casa de Zambrana

Inazares
Cortijo de Parriel
Cortijo del Rey
Cortijo de Laírón
Pinar Negro 1418
Cortijo Altarejo
Castillo moro
57
Ribazo
Cortijo de la Hoya
793

CARAVACA DE LA CRUZ
55
Cehegín
Escobar
La Copa

Cortijo del Roblecillo
Archivel
61
Cortijo de la Fuensca
Cortijo de la Vereda
Casa de Flores
53
RM15

Huéscar
Murcia

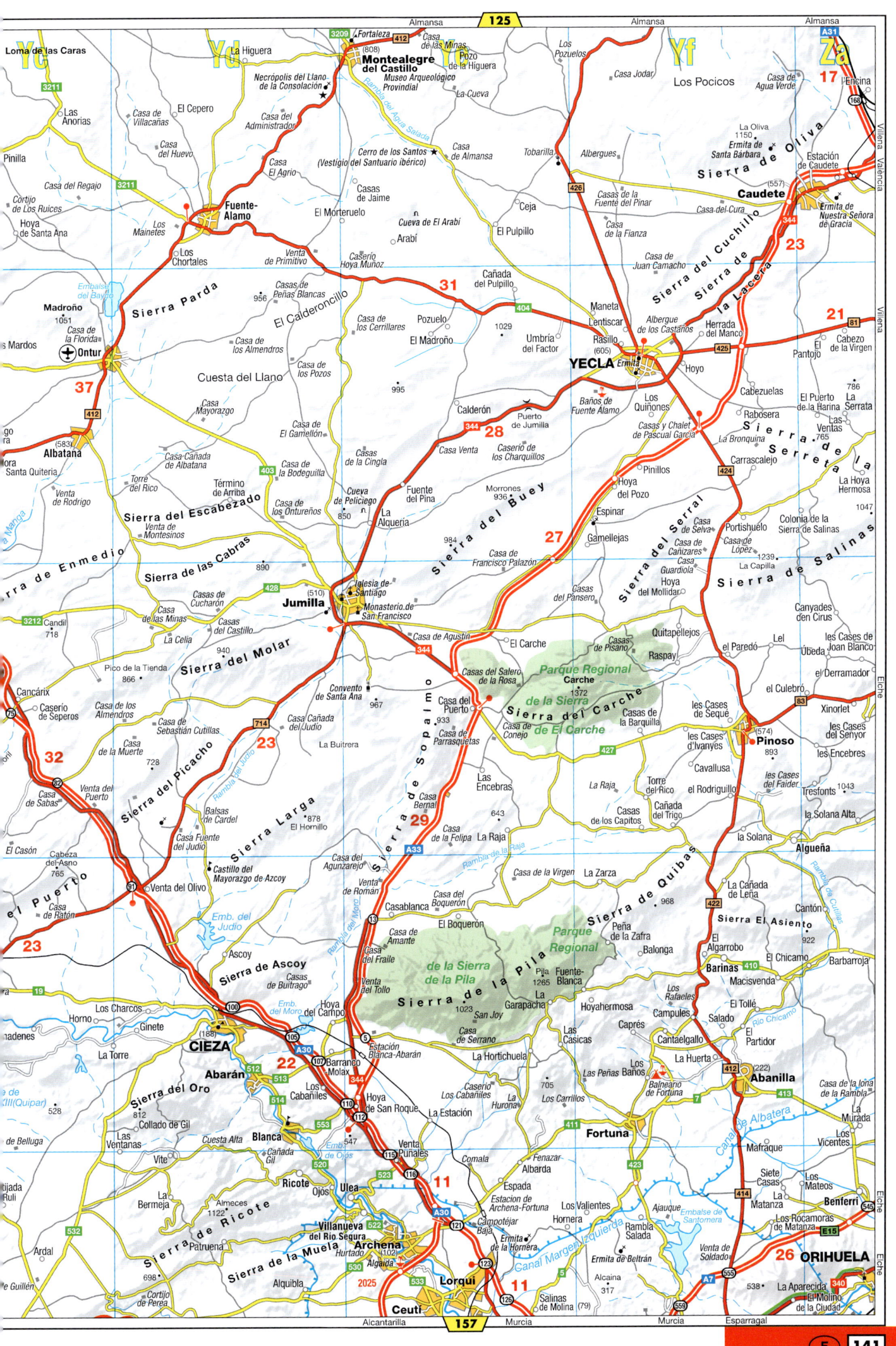

València Cullera

Margarida
Catamarruc
na Benialfaquí
Benialfaqué
Tollos
ita del Benimassot
els Socors
ones

Alcalá de la Jovada
(la Vall d'Alcalà)
Beniaia
Benimaurell

Serra d'Alfaro

Serra del Carrascar de Parcent

901
Fleix
Fontilles
Murla
Benigembla
Benimaurell

Pantà
d'Isbert
Campell
Castell
d'Orba
Alcalalí

Cova de
les Calaveres
Benidoleig
Orba
Jalón
Xaló
Llíber

Tormos
Pedreguer
la Llosa
de Camatxo

San
Antonio

Jesús
Pobre
Vall-de-Ros

JÁVEA
XÀBIA

Parque Natural
El Montgó
Parador

Cala Blanca
Cap de Sant Martí

Benimassot
Facheca
Famorca

1166

Castells

Coll de
Rates
(780)

Parcent
12%

Senija

Canor

Gata
de Gorgos
La Gorja
30
Berdica

Benissa
Catedral
de la Marina
San Antonio

Teulada
Paratella

435

445

Costa Nova
Cova dels
Orguens
Cap de la Nau

Platja de l' Arena

Quatretondeta 1379
rga Serra de Serrella
Benasau
70
12%
Ares
del Bosc
1122 Confrides
Alcolecha
Palau d'Alcoleja

Castell
de Castells
Castell de Bolulla

Serra del Ferrer

Benissa

Moraira

Punta de Morara

Platja de Portet

Abdet
Port
d' Ares
Beniardà
Benifato

Serra d' Aitana

Tárbena

Castell dela
Moros

725

Marnes
Pinos

Bernia
Bernia
1129

Ermita
del Vicari

Pedramala
la Cometa

Bonavista

Platja del Castell

Platja de Llevant

Serra del Xortà

Castell de Guadalest
Guadalest

Callosa
d'En Sarrià

Bolulla

Sierra de Bernia
Ermita de
Sant Llorenç

AP7
E15

Altea
la Vella

CALPE
(CALP)

Ruïnes de Calpea
(Penyal d'Ifac)

Parque Natural
del Penyal d'Ifac/
Peñón de Ifac

Ermita
de Seguró
Aitana
1558
Port
del Tudons
13%
Seguró
(1000)

Xirles
Polop

Llano
del Castillo

Altea
64

la
Canula
Mascarat

Platja del Port

Cases de l'Arc

Casa
Palanquetas
cas
caseriu
querete
e
a

Sella
Casa Charquer

Casa
Margoch

Masia
del Oficial

la Nucia

els Captivadors
Carbonera

Montaud

l'Olla

Altea
332

Parque Natural de la
Serra Gelada i el seu
entorn litoral

Serra d' Orxeta

1406
Puig Campana

E15

Mushara

lAlfàs
del Pi

Relleu

Pantà
de Relleu

559

678
Orxeta
Benimantell
Benifato
la Casa
del Coll

Finestrat

Benisso
Benidorm
(Llevante)/
Terra Mítica

AP7
65

Benidorm (Poniente)/
Terra Mítica

La Marina

Almarrà

Panorama
Ermita
de Sanz
Ruïnes

Punta Bombarda
Far d' Altea

Casa Cortes

Pantà
de Sella

Sant
Antoni
Mediases

Villajoyosa
l'Ermita

s de Busot

Casas
Salomóns
32

Torres
Ruïnes romanes

Platja
de Ponent
La Cala
Platja de la Cala

la Foiamanera
el Racó
de l'Oix

Punta de l'Escaleta

BENIDORM

VILLAJOYOSA
(LA VILA JOIOSA)

Illot de Benidorm

Platja de Llevant

65A

Platja del Paradís

Venta Lanuza
61

PELLO

Coveta Fumada

an

B l a n c a

C o s t a

Al-Jazà'ir (Alger)

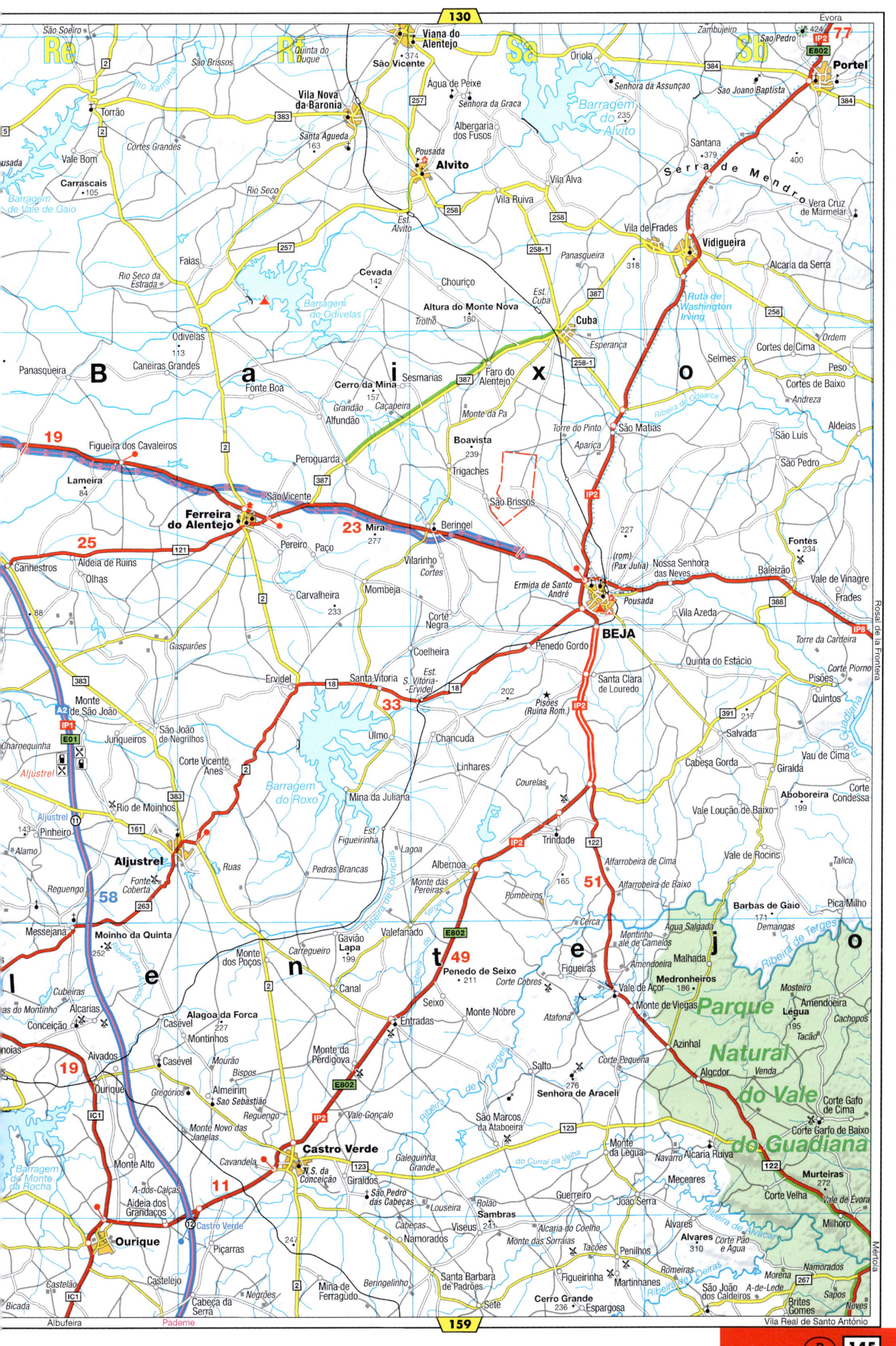

Sf | Ta | Tb | TC | 41

Tomina

Parque Natural

Sierra de las Contiendas

de la Sierra

Sierra del Alamo

Sierra del Viento

de Aracena y

Sierra Hinojoles

M o r e n a

Picos de Aroche

Sierra   de   Aracena

Sierra Pelada

Sierra Grijona

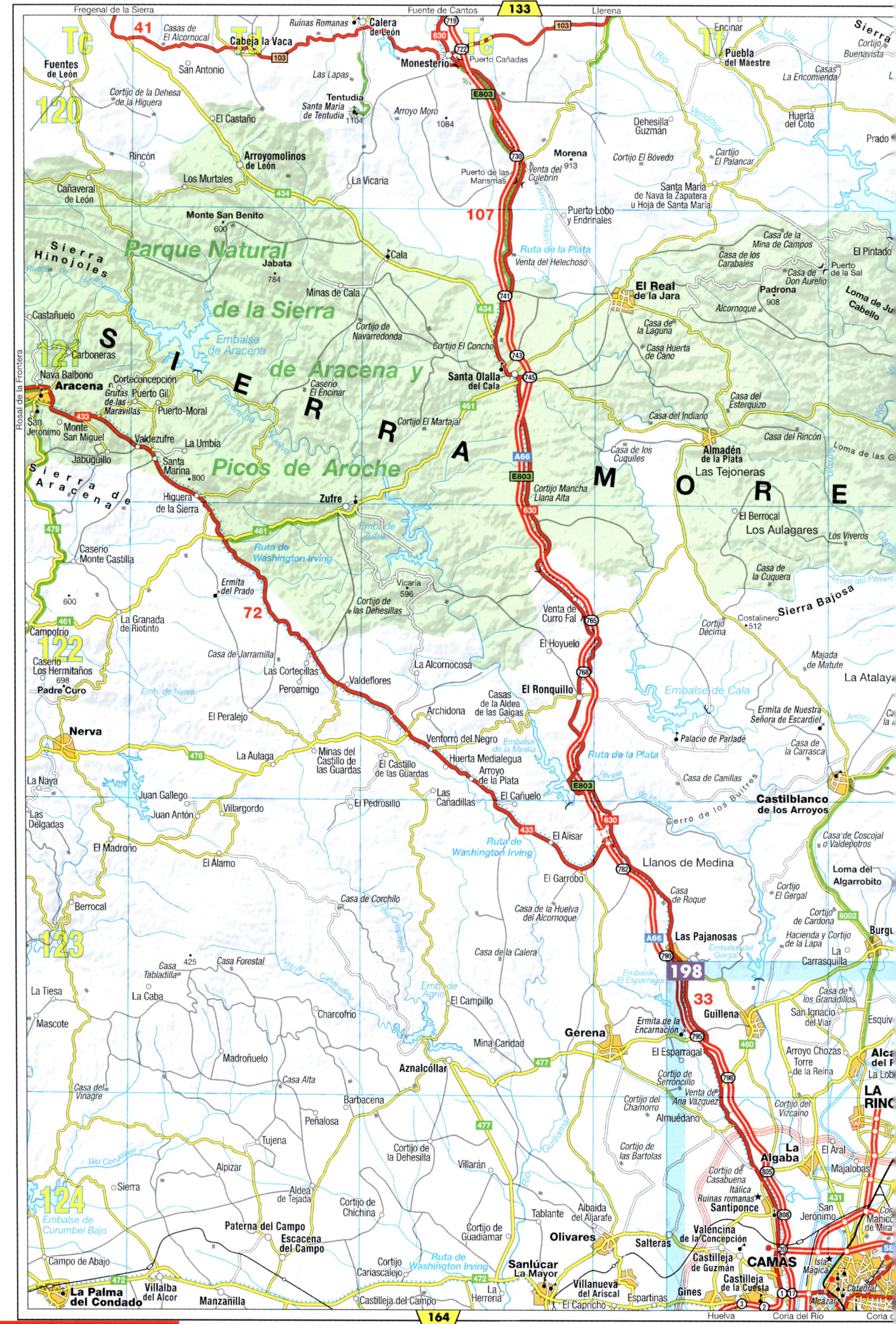

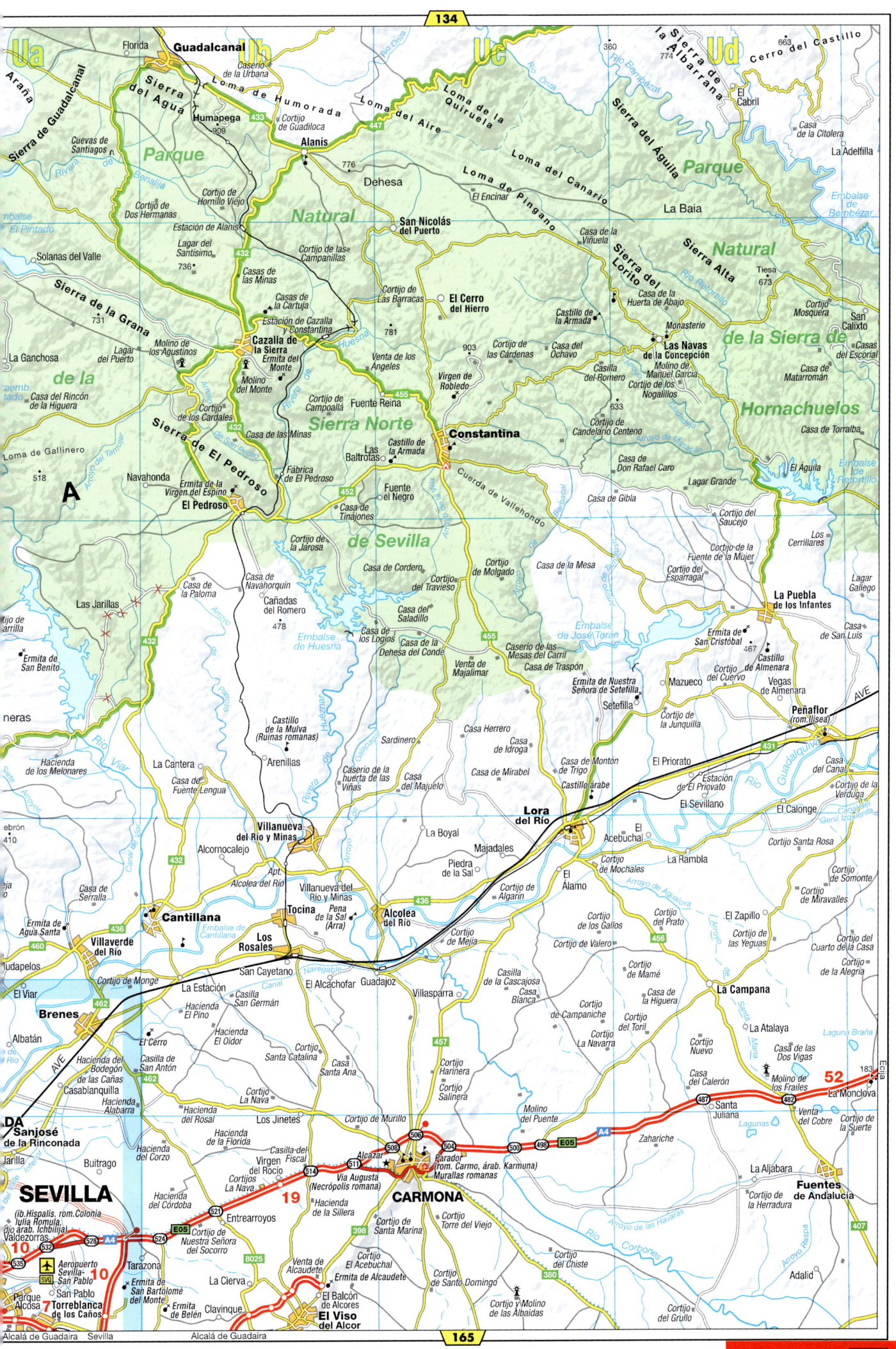

Ua Ub Uc Ud

Florida
Guadalcanal
Caserío de la Urbana
Araña
Sierra de Guadalcanal
Sierra del Agua
Humapega
909
Cuevas de Santiagos
Cortijo de Dos Hermanas
Cortijo de Guadiloca
Alanís
Loma de Humorada
Loma del Aire
447
Loma de la Quiruela
Loma del Canario
Loma de Pingano
Cerro del Castillo
663
774
El Cabril
Casa de la Citolera
La Adelfilla

Sierra de la Grana
731
La Ganchosa
Solanas del Valle
432
Dehesa
776
El Encinar
San Nicolás del Puerto
La Baia
Sierra del Aguila
Embalse de Bembézar
Parque Natural
360

El Pintado
Estación de Alanís
Lagar del Santísimo
736
Casas de las Minas
Cortijo de las Campanillas
Cortijo de Las Barracas
El Cerro del Hierro
903
Castillo de la Armada
Casa de la Viñuela
Sierra del Lorito
Casa de la Huerta de Abajo
Monasterio
Sierra Alta
Tiesa 673
Cortijo Mosquera
San Calixto
Parque Natural

de la
Casa del Rincón de la Higuera
Casas de la Cartuja
Estación de Cazalla y Constantina
Cazalla de la Sierra
Ermita del Monte
Molino del Monte
Molino de los Agustinos
Lagar del Puerto
781
Venta de los Angeles
Virgen de Robledo
Cortijo de las Cárdenas
Casa del Ochavo
633
Cortijo de los Nogalillos
Molino de Manuel García
Las Navas de la Concepción
Casilla del Romero
de la Sierra de
Casa de Matarromán
Casa del Escorial
Casas del Escorial

Loma de Gallinero
518
Navahonda
Cortijo de los Cardales
Casa de las Minas
432
Sierra de El Pedroso
Ermita de la Virgen del Espino
El Pedroso
452
Fábrica de El Pedroso
Fuente Reina
Cortijo de Campoallá
455
Las Baltrotas
Castillo de la Armada
Constantina
Cuerda de Vallehondo
Cortijo de Candelario Centeno
Casa de Don Rafael Caro
El Aguila
Embalse de Retortillo
Lagar Grande
Hornachuelos
Casa de Torralba

A
Las Jarillas
Ermita de San Benito
Casa de la Paloma
Casa de Navahorquín
Cañadas del Romero
478
Cortijo de la Jarosa
Casa de Tinajones
Fuente el Negro
Casa de Cordero
Cortijo del Travieso
Cortijo de Molgado
Casa de la Mesa
Casa de Gibla
Cortijo del Saucejo
Cortijo de la Fuente de la Mujer
Los Cerrillares
Lagar Gallego
La Puebla de los Infantes
Casa de San Luis

neras
arrilla
tijo de
Embalse de Huesna
Casa de los Logios
Casa del Saladillo
Casa de la Dehesa del Conde
455
Caserío de las Mesas del Carril
Casa de Traspón
Ermita de San Cristóbal
467
Castillo de Almenara
Cortijo del Cuervo
Vegas de Almenara
Peñaflor (rom. Ilisea)
AVE

ebrón
410
Castillo de la Mulva (Ruinas romanas)
Arenillas
Sardinero
Venta de Majalimar
Casa Herrero
Ermita de Nuestra Señora de Setefilla
Setefilla
Casa de Idroga
Cortijo de la Junquilla
Mazueco
Cortijo de la Verduga
Casa del Canal
Río Guadalquivir

La Cantera
Casa de Fuente Lengua
Caserío de la huerta de las Viñas
Casa del Majuelo
Casa de Mirabel
Castillo árabe
Casa de Montón de Trigo
El Priorato
El Sevillano
El Calonge
Estación de El Priovato
431
Cortijo Santa Rosa
Cortijo de Somonte
Cortijo de Miravalles

Hacienda de los Melonares
Villanueva del Río y Minas
432
Alcornocalejo
La Boyal
Majadales
Piedra de la Sal
El Acebuchal
Lora del Río
El Alamo
Cortijo de Mochales
La Rambla
El Zapillo
Cortijo del Cuarto de la Casa
Cortijo de la Alegría

Casa de Serralla
Apt. Alcolea del Río
Villanueva del Río y Minas
Tocina
Pena de la Sal (Arra)
Alcolea del Río
436
Cortijo de Álgarin
Cortijo de Mejía
Cortijo de los Gallos
Cortijo de Valero
Cortijo del Prato
456
Cortijo de las Yeguas

Ermita de Agua Santa
436
Cantillana
Embalse de Cantillana
Los Rosales
San Cayetano
El Alcachofar
Guadajoz
Villasparra
Casilla de la Cascajosa
Casa Blanca
Cortijo de Mamé
Casa de la Higuera
La Campana
La Atalaya
Laguna Braña

Villaverde del Río
460
Casa de Monge
Cortijo de Monge
Casilla San Germán
Cortijo Harinera
Cortijo Salinera
Cortijo de Campaniche
Cortijo La Navarra
Cortijo Nuevo
Cortijo del Toril
Casa de las Dos Vigas

udapelos
El Viar
Brenes
462
Albatán
La Estación
Hacienda El Pino
Casilla San Antón
El Cerro
El Oidor
Cortijo Santa Catalina
Casa Santa Ana
Cortijo La Nava
Los Jinetes
Cortijo de Murillo
Molino del Puente
Casa del Calerón
Molino de los Frailes
52
183
Ecija
La Monclova

DA
Sanjosé de la Rinconada
Jarilla
Buitrago
Hacienda del Bodegón de las Cañas
Casablanquilla
Hacienda Alabarra
Hacienda del Corzo
Hacienda del Rosal
Hacienda de la Florida
Cortijo del Córdoba
506
508
511
Alcázar
Parador (rom. Carmo, árab. Karmuna)
Murallas romanas
504
500
498
E05
A4
487
Santa Juliana
Venta del Cobre
Zaharíche
482
Cortijo de la Suerte

SEVILLA
(ib. Hispalis, rom. Colonia Iulia Romula ó árab. Ichbilija)
Valdezorras
535
532
528
524
521
19
Entrearroyos
Cortijo de Nuestra Señora del Socorro
Hacienda de la Sillera
CARMONA
Vía Augusta (Necrópolis romana)
Cortijo de Santa Marina
Cortijo Torre del Viejo
Cortijo de la Herradura
Fuentes de Andalucía
407

10
532
E05 A4
524
Aeropuerto Sevilla-San Pablo
SVQ
San Pablo
Tarazona
Ermita de San Bartolomé del Monte
Ermita de Belén
La Cierva
Clavinque
8025
398
Venta de Alcaudete
Ermita de Alcaudete
Cortijo El Acebuchal
Cortijo de Santo Domingo
380
Cortijo del Chiste
Adalid

Parque Alcosa
Torreblanca de los Caños
7
10
El Viso del Alcor
El Balcón de Alcores
Cortijo y Molino de las Albaidas
Cortijo del Grullo

Alcalá de Guadaira   Sevilla   Alcalá de Guadaira

Peñarroya-Pueblonuevo

Cerro del Castillo
663
Loma de la Vaquera
734
Ue
Cerro del Indiano
Uf
Villaviciosa
de Córdoba
Sierra de las Tonadas
Embalse de
Puente Nuevo
Va
433
771
Campo Alto
El Vacar
Cerro de

12
Casa de la Citolera
La Adelfilla
Cerro de Don Felipe
Sierra de Casas Rubias
Puerto de Peñas Rubias
Castillo de Névalo
Sierra del Esparragal
Puerto del Aire (740)
Cruces
889 Cerro de la Calera
Loma del Caballón de Valfrío
44
Ronquí
Estación de Obejo
Embals

Parque
Tiesa 673
Cortijo Mosquera
San Calixto
Casas del Escorial
Natural
Loma del Tabaco
Casa de Tiemble
Caserío del Pajarón
Casas de la Campana
Casa Colmenar
Casa de José Cantador
Casa del Molino
Casas del Palomar
620
Ermita Nuestra Señora del Pilar
Casa Los Borres
Las Jaras
Embalse de Encantada
Santuario de Santo Domingo

121
Casa de Matarromán
de la Sierra de
Loma del Vellón
Caseta de Fuente Vieja
Castaño 647
Casa de Navamuelas
Caserío El Puerto
El Rosal
Santa María de Trasierra
Santuario Las Ermitas

El Águila
Casa Luchena
Dehesa de Santa María
Embalse de Bembézar
Casa del Rincón
Las Aljabaras
Casa de Mojón Blanco
Casa de Casarejos
Mesas Altas
Casa del Prado
Casas de Villalobillos
Real Monasterio de San Jerónimo
Castillo de la Albaida
Parador
CÓRDOBA

Casa de Torralba
Hornachuelos
La Sevillana
Casa de San Bernardo
Casa Nueva de la Plata
Los Ortegas
Casa de la Plata
Cabeza Pedro
Medina Azahara (Ruinas históricas)
(123)
Me Cd

Embalse de Retortillo
Convento de las Ángeles
Torilejo Bajo
Calamón Alto
Embalse de la Breña
Alamiria (Ruinas históricas)
Cobatillas
Cuevas Bajas
El Higuerón
58
Villarrubia
437
Alcázar
Puente romano
Alameda del Obispo
403

Los Cerrillares
Hornachuelos
Mesas de Guadaiora
Las Cruces
Serrezuela de Posadas 308
Lagar Alto
Lagar Los Hermanos
Emparedada
Alvarizas
Almodóvar del Río
Castillo
Fuenreal
Veredón
431
Majaneque
Casa de los Frailes
Cortijo de la Reina
Valchillón
Alaminya (Almanzor)
411
Me

La Puebla de los Infantes
Lagar Gallego
La Almarja
Las Escalonias
Montealto
Moratalla
431
(85)
Rivero de Posadas
Posadas
Casa de Mingaobez
Cortijo de los Trances
Los Mochos
El Temple
Los Estepas
Redondo Bajo
9
E05
El Chapar

Casa de San Luis
Céspedes
Estación de Hornachuelos
Ochavillo del Río
Cortijo de la Parrilla
Cortijo de Villaseca
445
Ermita de Villafranquilla
Cortijo de la Haza de la Caridad
418

122
Vegas de Almenara
Peñaflor (rom.Ilisea)
AVE
Casa de la Higuera
Río
Cortijuelo del Remolino
Los Sesmos
Villalón
La Herrería
Peñalosa
AVE
Guadalcázar
420
Santa Rosa
331
Cortijo Sierre

431
Palma del Río
440
Cortijada Molino Bajo
Cortijo del Bramadero Bajo
La Ventilla
440
Reinilla y Ladrillos
La Fuencubierta
445
Las Pinedas
La Chica Cariota
424
Aldea Quintana
Torre de Don Lucas
Caserío Las Higueruelas

Casa del Canal
Pedro Díaz
Arriel
La Barqueta
Sililllos
Fuente Palmera
Molino de Pareja
El Garabato
432
Arrecife
Monte Alto
La Calleja
La Victoria
Mirasivienes
San Sebastián de los Ballesteros
Caserío de los Alamillos

Cortijo de la Verduga
El Calónge
La Graja
Aldea de Fuente Carretero
Cañada del Rabadán
Molino del Notario
Molino del Cordobés
El Rinconcillo
434
La Carlota
379
437
La Paz
Monte Alto
Casa del Cero
Molino Dos Vigas
Cortijo de la Foncubierta

Cortijo Santa Rosa
Cortijo de Somonte
Cortijo del Cuarto de la Casa
Cortijo de la Suerte
Casa de Laguna
Cortijo de la Suerte
Villar
Molino del Cordobés
Molino del Corregidor
38
Los Algarbes
Molina de Valderrama
La Guijarrosa
El Toril

Cortijo de Miravalles
Cortijo de las Yeguas
Cortijo de la Alegría
Cortijo de la Picadilla
Cañada Rosal
453
Cortijo del Mochalejo
Cortijo de la Estrella
Cortijo del Cucarón
Cortijo del Segador
441
Cerro Perea
Cortijo de Turullote
Cortijo de Culebrilla
Cortijo de las Ventas
386
Casa del Pozo del Villar

123
Cortijo de Marifernández
Cortijo de la Dehesa Nueva
La Platosa (Cortijo de la Palmosa)
Cortijo Prensa Vega
Quinta de Nuestra Señora de las Mercedes
443
A4
E05
Santaella
Montal de Córd
El Fontanar
Las Casilla

Casa de las Dos Vigas
Laguna Braña
El Campillo
Autovía del Sur
La Luisiana
471
468
ÉCIJA (rom.Astigi) Murallas
Villanueva del Rey
450
Cortijo de Reina
Cortijo de la Saladilla
El Polretal
El Fontanar
Cortijo del Montecillo
379
Cortijo del Acebuchal

52
La Monclova
183
461
457
455
San Antón
Pernía
Casa del Soto del Moro
Cortijo del Prado
Bocas del Salado
La Montiela
Cortijo de la Mohedana
Molino de la Cañada
Cortijo de las Uvadas

Venta del Cobre
Lagunas
Molino de Valdecañas
Molino de la Suerte
Molino de la Sargenta
Cortijo de Alcorrín
Cortijo de Casasalbillas
Cortijo de Cabezos del Obispo
Fuente de los Santos
Cortijo del Caleron Bajo
Cortijo del Serrano

Fuentes de Andalucía
388
351
Cortijo de Casablanca
Cortijo del Borreguero
La Aceñuela
Isla Redonda
Huertas del Ingeniero
Tiscar

124
407
354
Palomarejo 309
Los Arenales
Molino de Pavia
Cortijo de Montero
Cortijo Los Algarbes
Cortijo de Santo Siervo
Castillo de Aljonoz
Aljonoz
Pata de Mulo
El Rabanal
El Remolino
Puerto Alegre

Adalid
La Platosa 180
La Platosa
407
Cortijo del Villar
El Término
Laguna La Ballestera
Cortijo de la Turquilla
Cortijo de la Nava
Carrizosa
Río
AVE
Ribera Baja
Huertas Nuevas
318
Pa

Sevilla
482

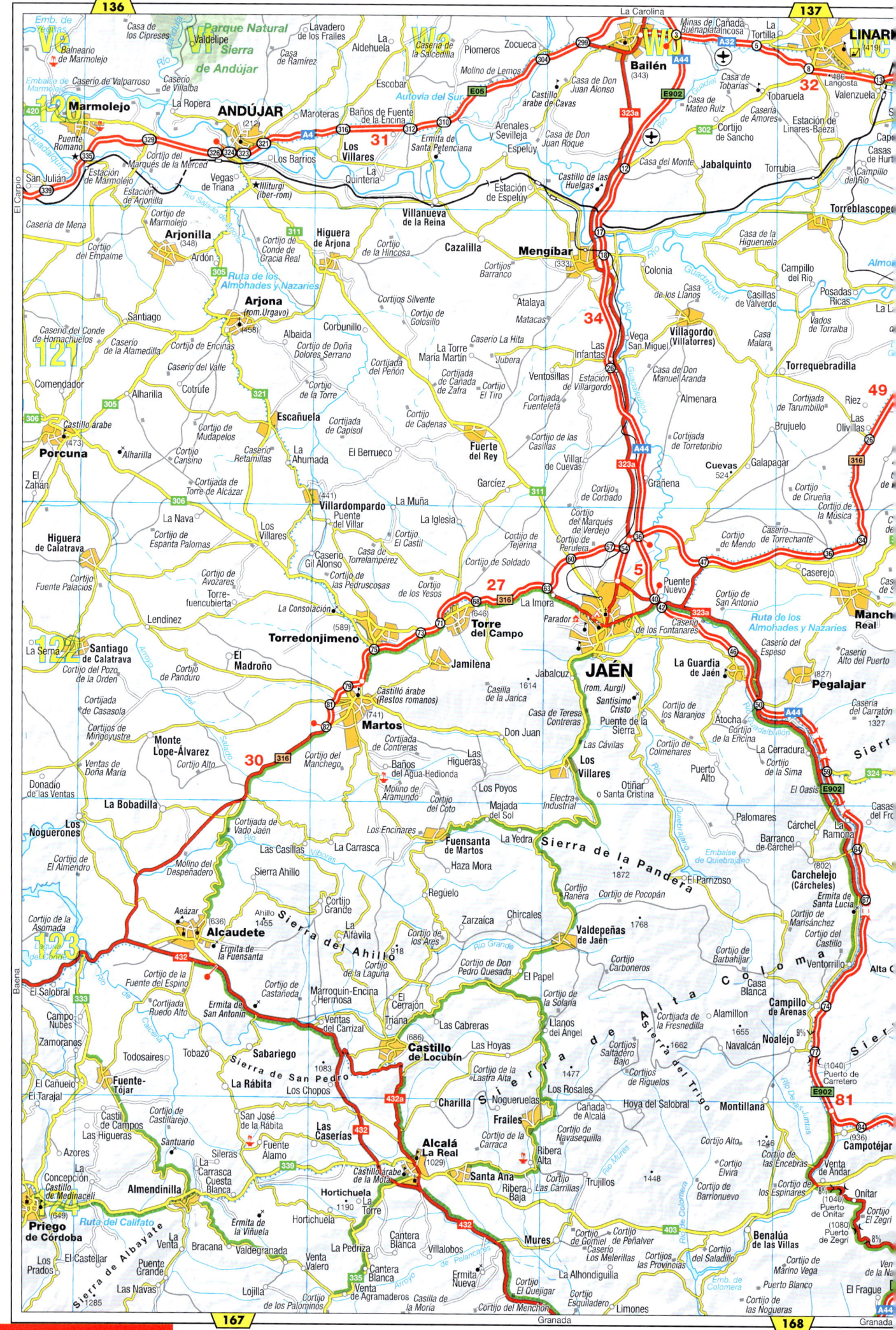

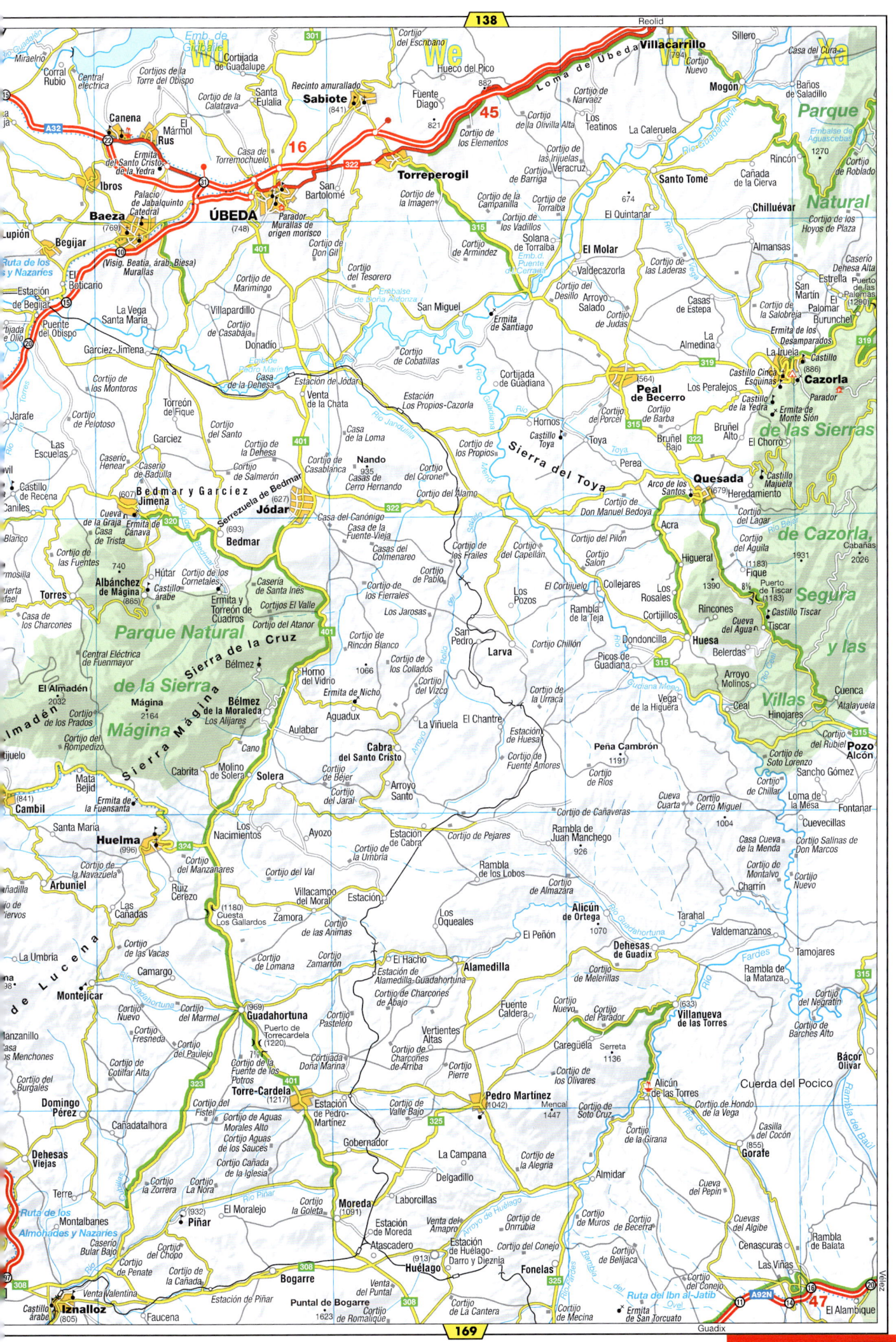

Qf   Ra   Parque   Rb   RC

123   Natural

do Sudoeste

124

Alentejano

e Costa   43   19   27

125

Vicentina

126   22   9

127

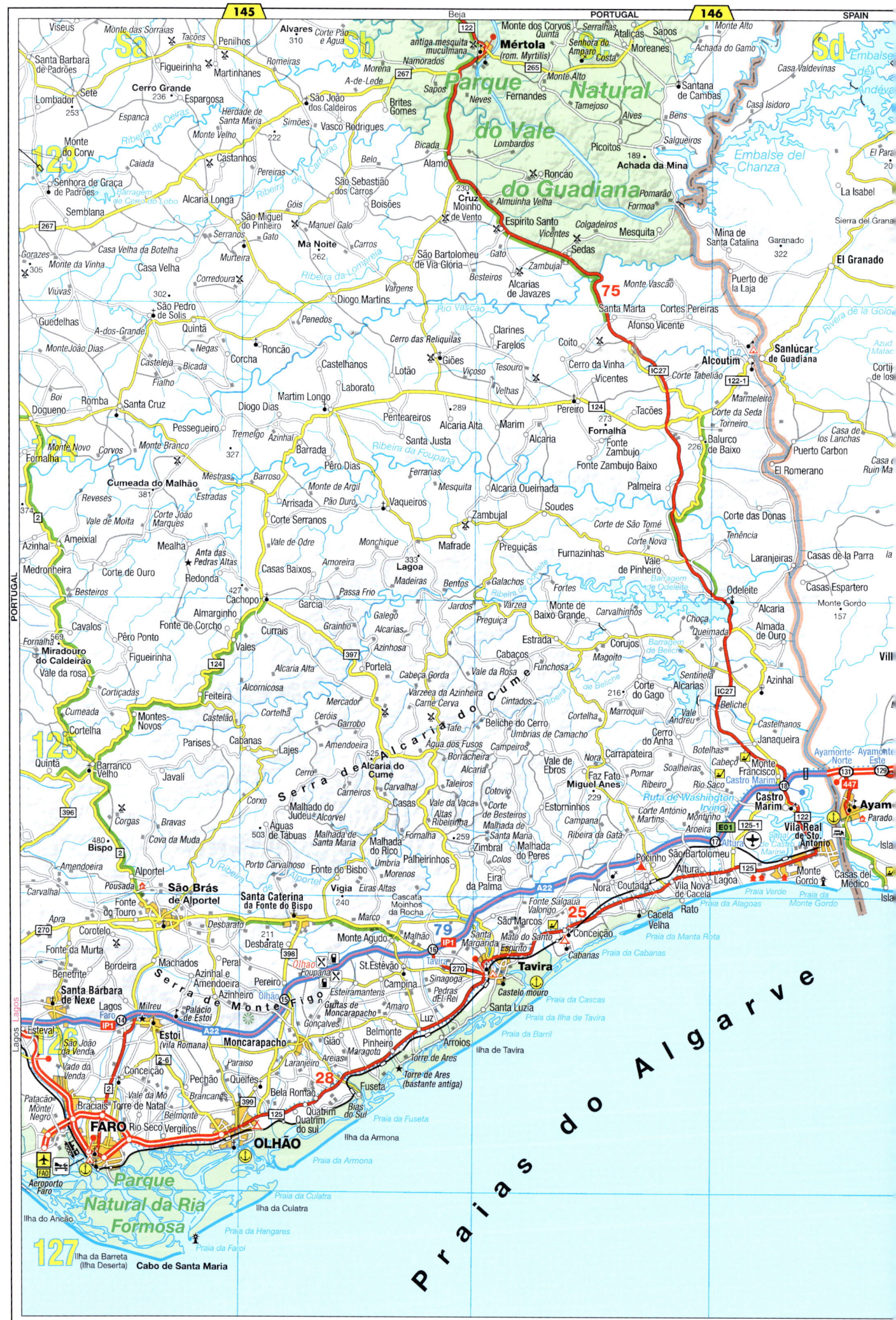

Sa

Sb

Sd

Viseus
Monte das Sorraias
Tacões
Penilhos
Alvares
310
Corte Pão e Agua
antiga mesquita muculmana
122
Monte dos Corvos
Quintã
Serralhas
Sapos
Monte Alto

Santa Barbara de Padrões
Figueirinha
Martinhanes
Romeiras
Brites Gomes
267
Namorados
Mértola
(rom. Myrtilis)
265
Senhora do Amparo
Costa
Moreanes
Achada do Gamo

Sete
Lombador
253
Cerro Grande
236
Espargosa
São João dos Caldeiros
A-de-Lede
Morena
Neves
Fernandes
Monte Alto
Parque
Santana de Cambas
Casa Valdevinas

123
Monte do Corw
Espanca
Herdade de Santa Maria
Simões
Vasco Rodrigues
222
Sapos
Natural
Tamejoso
Alves
Bens
Salgueiros
Casa Isidoro

Santa Barbara
de Padrões
Monte Velho
Bicada
Belo
Lombardos
do Vale
Picoitos
189
Embalse del Chanza

Senhora de Graça de Padrões
Semblana
267
Alcaria Longa
São Sebastião dos Carros
Boisões
Alamo
Cruz
Moinho de Vento
230
Almuinha Velha
do Guadiana
Achada da Mina
Mina de Santa Catalina
Garanado
322
El Granado

Gorazes
São Miguel do Pinheiro
Manuel Galo
Gato
Espirito Santo Vicentes
Colgadeiros
Formoa
Pomarão
Puerto de la Laja
La Isabel
Sierra del Grana

Viuvas
305
Serranos
Murteira
Carros
Ma Noite
262
Sedas
Mesquita

123

124

125

126

127

75

79

25

28

Se
Sf
Ta
Tb

umbres de la Laguna

Casas de Juan Chacón

Casas de
Dios Chico

Las Herrerías

Cabezas
del Pasto

Puebla
de Guzmán

406

Santuario de
la Peña

Emb. de
Laguinazo

Pueblo
Nuevo

Tharsis

Villanueva de
las Cruces

475

Santuario de
San Benito

495

495

Calañas

Casa de
Domingo
Medén

478

El Buitrón

Casa de los
Collados

435

Valverde
del Camino

493

Huerta Grande

499

Casa de Don
Ramón

ierra Madroñera

320

Casa de
los Almendreros

Casa La Corte

El Almendro

Villanueva
de Los Castillejos

490

Alosno

Cortijo del
Matiloso

Casa
de la Mata

Apeadero La
Encarnación

Casa Los Calamorros

Apeadero
El Cobujon

Sierra Grijona

Est. de
los Milanos

La Torerera

496

Sotiel Coronada

33

Campanario

Los Pinos

Venta de Eligio

Navahermosa

Embalse
de Beas

La Cumbre

Alcornocosa
190

Beas

435

435

Candón

Zalamea la Real

SPAIN

Sevilla

499

San Silvestre
de Guzmán

Emb.
de
Piedras

Caserío Los Pajosos

Cortijo del
Cuco

Miramundo
170

Casas Huertos
de la Fuente

Casa de García
Alonso

Casa de las
Barajonas

Tariquejos

Casa del Cebollar
de Santa Ana

San Bartolomé
de la Torre

495

El Campillo

Los Pocitos

Casas de las Mesas

Cebollar
187

Las Pilitas

Pasada
del Palo

Los Marcos
de Alcolea

Mesas de en Medio

Fuente de
la Corcha

Apeadero
de Belmonte

Emb. de
El Sancho

Río Odiel

Gibraleón

431

El Puente

Cortijo
Valdepalma

Huelva
Norte

Triguueros

Cortijo
La Torre

El Judío

Ermita del
Conde de Barbate

11

A49

Ruta de
Washington Irving

Dehesa
de Abajo

472

San Silvestre

Emb. de
Los-Machos

Río Rieras

Centenil

Casa de Don Felipe

105

46

Motel Ferreira

94

E01

99

Pasada de
los Bayos

La Moyaga

492

6

431

6

12

H30

Valcasao

81

La Alquería
y Valcasao

80

77

75

Triguueros

486

San Juan
del Puerto

494

Hacienda
de la Luz

A49

113

Cartaya

444

Casa
Colombo

117

445

Casa de Elías

52

Villa
Matías

122

125

446

431

El Empalme

LEPE

Casas
del Terrón

Pozo del
Camino

Isla
Cristina

La Redondela

Playa del Hoyo

Punta del Caimán

Caserío La Barra

Playa Canala

oral

Playa de Isla Cristina

La Antilla

Nueva
Umbría

Playa de la
Antilla

El Rompido

5058

Casa de
Manita Chica

497

5

Casa de Damaso

Aljaraque

17

7

9

Cortijo
de la Bota

10

El Portil

Playa de
Nueva
Umbría

Playa
del Portil

El Portil

15

Punta
Umbría

Playa
de Punta
Umbría

Corrales

Salinas
de Bacuta

Cardeñas

La
Soledad

Ventanas

H31

84

8
9

11

12

15

9

HUELVA

442

Río Tinto

Monumento
a Colón

La Rábida
Monasterio
de la Rábida

Refinería

Ruinas Romanas

Palos de
la Frontera

Caserío Los Llanos

Marina Dávila

Convento
de Santa
Clara

Moguer

494

Casa Tres Rayas

Parque Natural
de Doñana

Faro El Picacho de la Barra

Playa de
Mazagón

Mazagón

Parador

494

Playa de Castilla

Las Palmas de Gran Canaria, Santa Cruz de Tenerife

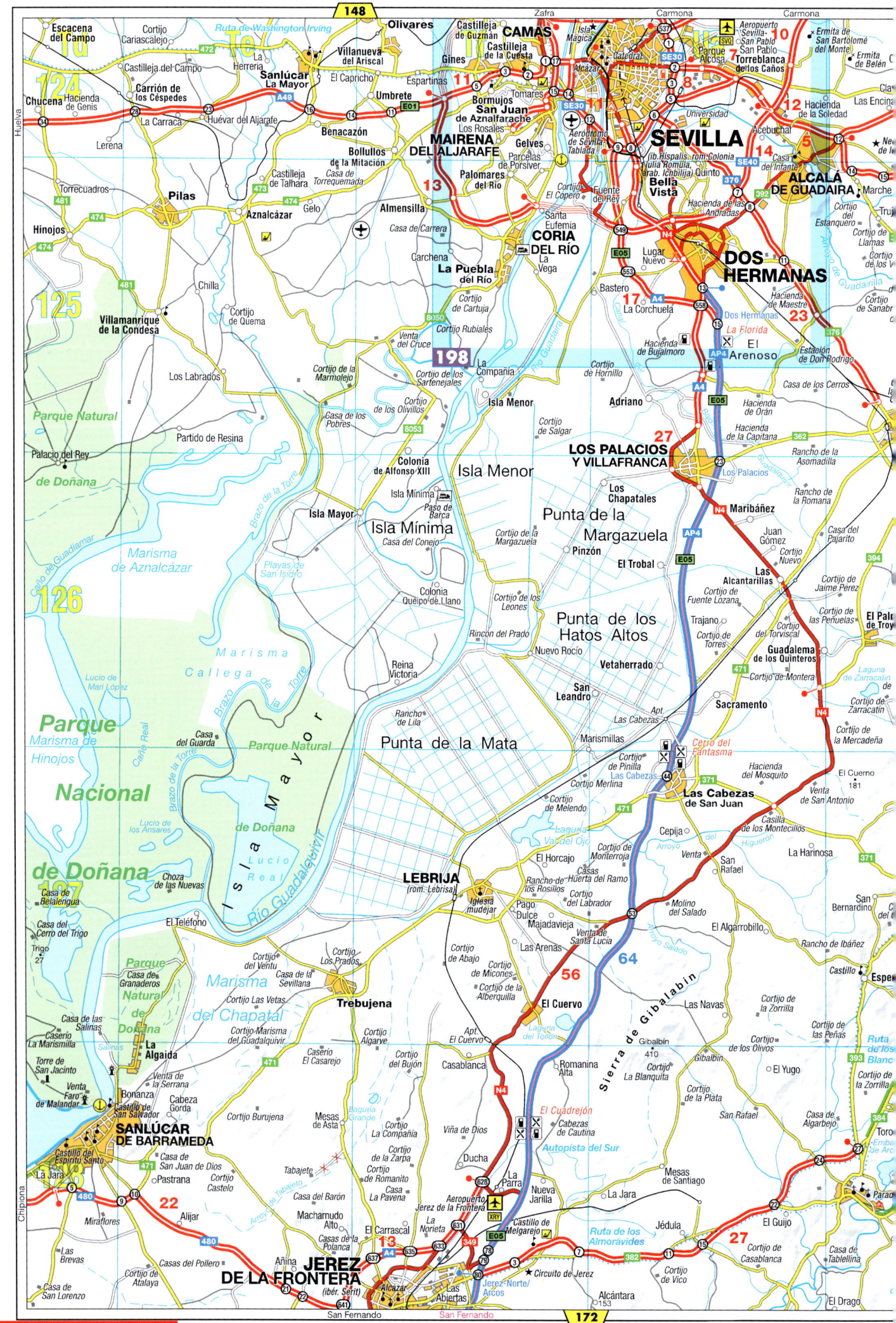

Venta de Alcaudete · 398 · Ermita de Alcaudete
El Balcón de Alcores
El Viso del Alcor
Cortijo de Santo Domingo
380
Ud
Uc y Molino de las Albaidas
Adalid
La Platosa · 180
La Platosa
407 · 354
Ue
Cortijo del Villar

Mairena del Alcor
Fuente uz
Bencarrón

Cortijo de Torroj
Caserío Montillas
Cortijo de Montenegro
Cortijo del Grullo
Santa Iglesia
Los Olivos
Los Palmares
Molino de Recacha
Laguna la Ballestera
Laguna Verde de Sal
La Lantejuela
407

A92
23
Rancho de Manuel Girardo
Cortijo de Torrelengua
Cortijo de Cuatro Casas
Cortijo Los Corrales
Cortijo de Santa Paula
El Palomar
Las Dueñas
Cortijo de Malajuncia
Convento de San Agustín
Cortijo del Tortolero
Los Ojuelos
Caseríos Los Veneros
Cantalejos
Cortijo de la Saladilla
Casablanca

27
39
Castillo del Cincho
Cortijo del Caracolillo
Cortijo de Menjillán
El Arahal (177)
37 40 41 43
Paradas
364
46 49
Cortijo del Soto
Palacio Ducal (Recinto amurallado almohade)
Marchena (140)
Cortijo de Santa Eulalia
380
Cortijo del Angel
Montemolín
Cortijo del Morisco
Cortijo del Charco
Cortijo de la Romera
Maestre · 236
Rancho de Gamarra

Cortijo de Matallana
Cortijo de Venamalillo
Cabeza del Sordo
Cortijo de Torre Abad
Cortijo de Cabeza de Lobo
El Calvario
Las Monjas
361
Rancho Cazolita
Rancho de Vargas
Arroyo
Río Corbones
Ruta de Washington Irving
Arenoso
65 65
A92
Osuna

Cortijo amorón
Cortijo de Rafael Chacón
de la ión
394
Cortijo de la Montera
Arroyo de La Alameda
Hacienda de la Mata
Hacienda de los Locos
Bilbao
La Puebla de Cazalla (174)
Cortijo la Adelfa
Cortijo de la Dueña Alta
Rancho de San Antonio

UTRERA (rom.Utricola) (árab. Gatrera)
360
Cortijo de Martinazo
Casa de la Grulla
Cortijo de Perafrán
La Trinidad
Estación de Empalme de Morón
Casa del Redondón
Cortijo Maria Sala
Cortijo del Ojuelo
Las Matas
Cortijo de Castellar
Cortijo de la Rana
Cortijo Nuevo
Cortijo de Obra Pia
Cortijo de Corchuelos
Cortijo de Castillejo

Los Molares
Hacienda de Pajarero
ienda Angel
Cortijo de Fuentes
Cortijo Pardales
Cortijo de la Casa de Coria
Casa Bermeja
Casilla del Portillo
Cortijo del Barro
Hacienda de la Alcoba
Casa de la California
Rancho de Malagón
Cortijo Morcillo
San Antonio del Fontanar
Rancho de Pozo Santo

El Casar · 169
375
Cortijo de Valcargado
Rancho de Valcargado ío Ventosilla
Rancho de las Mulas
La Gironda
Cortijo de Nava Grande
Río Guadaíra
Casa La Dehesa
Castillo árabe
Castillo árabe
MORÓN DE LA FRONTERA (306)
Casa de la Huerta
Cortijo de Pozo del Rosal
Cortijo de la Gita
El Madroñal
Cortijo de Chaparrete
Puerto de la Encina
Ratera Nueva
Rancho de Terrones

Pantano a Torre del Águila
Cortijo de Majalquivir
Cortijo del Corcovado
Castillo de Aguzadera
Aguzaderas
Rancho de la Ballestera
Pilares
361
El Coronil
Esparteros
Montegil · 586
Caserío de la Cuerva
Rancho de la Reina
406
Rancho de Coto Ruiz
Cortijo del Alcornoquillo
Ermita de la Encarnación
406
Las Rosas
Las Encarnaciones
Los Gramadales
Albina
Las Monjas
La Verbena
Villanueva de San Juan
Rancho de las Salinas

375
534
El Bosque
La Romera
Castillo de Cote
Galindo
Cortijo la Sucilla Alta
Cortijo la Alcabala Alta
Cortijo de Roceros
Cortijo del Risquillo
Ermita de San Juan · 530
Sierra de San Juan
Rancho la Rosa Alta
Caserío de la Morena
833
Sierra del
Terril · 1128
Tablón

La ncinilla
El Rubio
Cortijo Higuerejo
Hacienda de Morejón
Hacienda de las Cañas
La Muela
Montellano
Cortijo de la Carrascosa
Cortijo de la Chirigota
Cortijo de las Jaretas
Casa de Coria
Coripe
Zamarra
El Alcornoquillo
Balneario de Pozo Amargo
Cortijo de Zaframagón
Guadamanil
Cortijo de la Catalana
798
Sierra de las Harinas
Río Guadalete
Río Guadamanil
363
Rancho del Navazo
Valle Hermoso Alto
Pruna
Valle Hermoso Bajo

De los iles Altos
Arroyo de Ruchena
El Mármol
375
Puerto Serrano
La Cierva
Ermita de la Gloria
Juncales
La Nava y Lapa
Líjar · 1051
Sierra de la Nava
Sierra de Líjar
Campo-Huerta
363
Olvera (ib.Urso,rom. Gemina Urbanorum) (623)
Castillo árabe
Ruta de los Pueblos Blancos
Cabañas
384
Loma de la Cordillera
Torre-Alháquime
Alcalá del Valle
Cortijo de Munición
Cortijo de los Zapateros
Rancho de Tenorio

371
Cortijo de Puertollano
Cortijo del Novillero
Villamartín (175)
384
Santa Lucia
Casa del Cerillar
Casa de Arenal
Algodonales (368)
Era de Casa la Viña
Villalones
Campiña
Setenil de Las Bodegas
Venta Leches

Cortijo de Carija
Cortijo de la Laguna
Coto de Bornos
Cortijo de Boniches
373
Cortijo de Marcegoso
Cortijo de Alperchite
Molino de Serracín
Ruta de los Pueblos Blancos
Sierra de Santa Lucia
Serrecín · 460
Castillo árabe (511)
Zahara
Emb. de Zahara
El Jaral
El Gastor
La Sierra
Ronda la Vieja · 999
Ruinas de Acinipo (Teatro romano)
Montecorto
Cortijo de Charco Lucero
Sierra de las Salinas

rcos LA FRONTERA
ornos
Castillo árabe (162)
Embalse de Bornos
Alberite
Las Montañas
Ermita de Las Montañas
Prado del Rey
Parque
Ruta de los Pueblos Blancos
Las Lomas
Cerro Prieto · 1175
Zahara
Arroyomolinos
Puerto de las Palomas (1357)
Gaidovar
Acequia de los Frailes

372
Los Barrancos
El Santiscal
Casa de Morla
Ermita de la Fuensanta
Ruta de los Almorávides
Castillejos
Natural
Sierra de Zafalgar
Benamahoma · 1649
Puerto del Boyar (1103)
Mediodía
372 · 374
Los Arenosos
Fuente de la Higuera
Sanguijuela
RONDA (rom.Arunda) (723)
Parador

La Canturrona
La Nava
Cortijo de la Fuensanta
Cortijo de Robledillo
Prado del Rey
El Bosque · 977
Parque Natural de Los
Hortales
Tavizna
El Boyar
Sierra del Endrinal
Hondón
Grazalema (rom.Lacidula)
Campobuche
Sierra del Caíllo
1539
Huerta Nueva-Sancho Jaén
Cueva del Hundidero
Santa María
Cueva del Gato
Tajo de Ronda
Alcazaba

Casa de Canillas
Aznar · 413
Casa de la Perdiz
Abrajanejo
Casa de la Dehesa de Atrera
Cortijo de Vista Hermosa
Pico de Adrián · 922
Fátima-Juncal
Sierra de Grazalema
Castillo de Tavizna
Benaocaz
Montejaque
Benaoján · 1298
Los Riscos
Villaluenga del Rosario
Cortijo de Garapiño
Rosalejo
369

Embalse dalcín
lejas
369

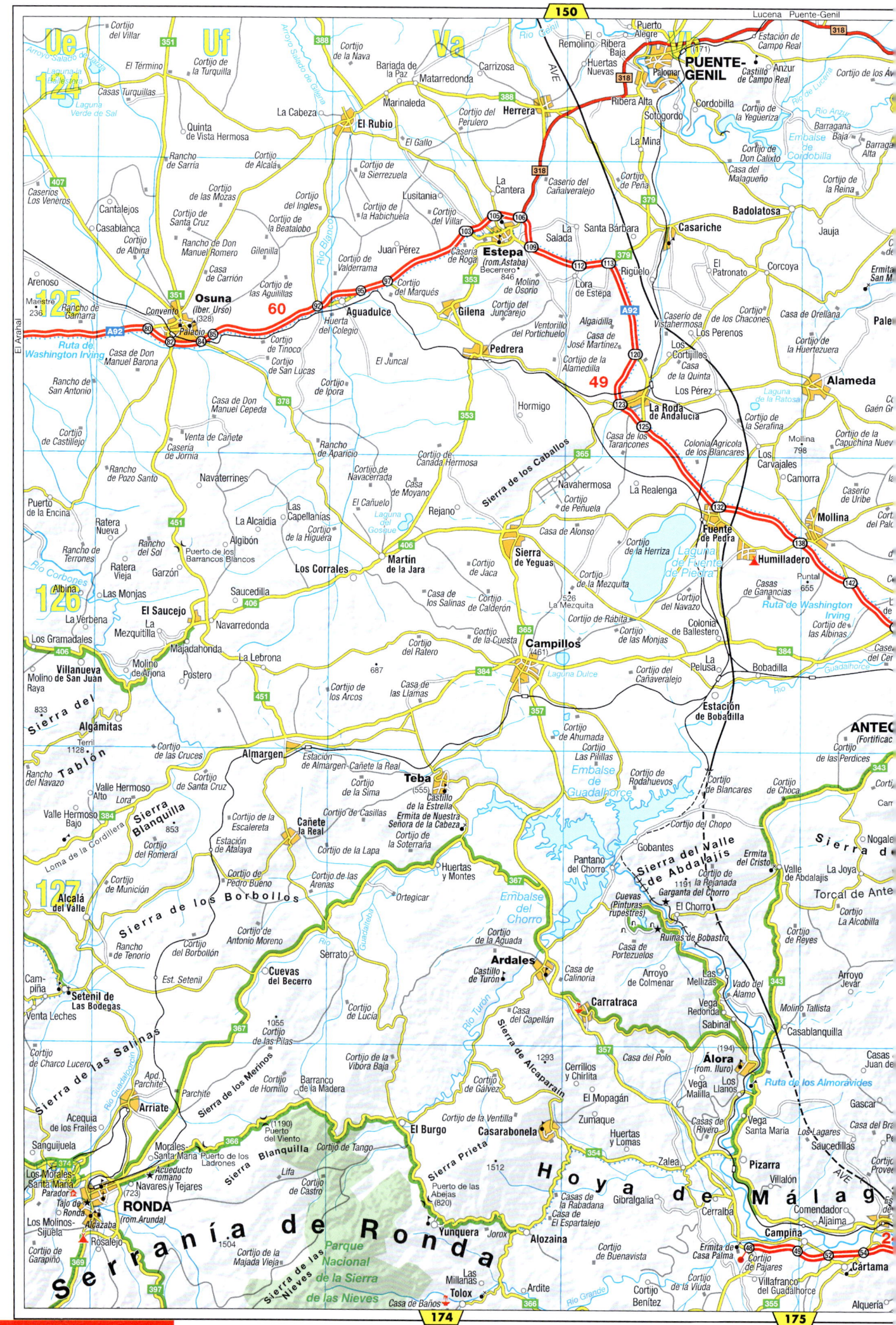

Lucena Puente-Genil

Uf

Ue

124

Va

VI

318

351
Cortijo del Villar

El Término

Cortijo de la Turquilla

Casas Turquillas

Quinta de Vista Hermosa

La Cabeza

Marinaleda

Bariada de la Paz

Carrizosa

Matarredonda

Herrera

El Gallo

El Rubio

388

388

Cortijo del Perulero

La Cantera

318

El Remolino

Ribera Baja

Huertas Nuevas

Puerto Alegre

Ribera Alta

Palomar

Sotogordo

PUENTE-GENIL

(171)

Castillo de Campo Real

Estación de Campo Real

Anzur

318

Cortijo de los Av

407

Cantalejos

Casablanca

Cortijo de las Mozas

Cortijo de Santa Cruz

Cortijo de la Sierrezuela

Lusitania

Cortijo del Ingles

Juan Pérez

Cortijo de la Beatalobo

Cortijo del Villar

103

105

106

La Salada

Santa Bárbara

379

Cordobilla

Casariche

Badolatosa

Cortijo de la Yegueriza

Embalse de Cordobilla

Jauja

Barragana Baja

Barraga Alta

124

Caseríos Los Veneros

Cortijo de Albina

Cortijo de Don Manuel Romero

Gilenilla

Cortijo de Valderrama

Caseria de Roga

Estepa (rom. Astaba) Becerrero 846

109

Molino de Osorio

379

La Mina

Cortijo de la Reina

Casa del Malagueño

Cortijo de Don Calixto

125

Arenoso

Maestre 236

Rancho de Gamarra

351

Convento

Osuna (Iber. Urso) (328)

Palacio

A92

80

82

84

85

95

92

97

60

Cortijo de las Aguililla

Cortijo del Marqués

Aguadulce

353

Gilena

112

113

Lora de Estepa

Rigüelo

El Patronato

Corcoya

Ermita San M

Caserío de Vistahermosa

Cortijo de los Chacones

Los Perenos

Casa de Orellana

Pale

Ruta de Washington Irving

Casa de Don Manuel Barona

Casa de Don Manuel Cepeda

378

Cortijo de Tinoco

Huerta del Colegio

Cortijo de San Lucas

El Juncal

Pedrera

Ventorrillo del Portichuelo

Algaidilla

Casa de José Martínez

Cortijo de la Alamedilla

120

49

Los Cortijillos

Cortijo de la Huertezuera

Casa de la Quinta

Alameda

Cod

Laguna de Gaén Gr

Rancho de San Antonio

Cortijo de Castillejo

Casa de Don Manuel Cepeda

Cortijo de Ipora

353

Hormigo

123

Los Pérez

La Roda de Andalucía

Laguna de la Ratosa

Cortijo de la Capuchina Nuev

Rancho de Pozo Santo

Navaterrines

Venta de Cañete

Caseria de Jornia

Rancho de Aparicio

Cortijo de Navacerrada

Casa de Moyano

El Cañuelo

Laguna del Gosque

Rejano

Cortijo de Cañada Hermosa

Casa de Alonso

Navahermosa

Cortijo de Peñuela

La Realenga

125

Casa de los Tarancones

Colonia Agrícola de los Blancares

Los Carvajales

Mollina 798

Camorra

Caserío de Uribe

Puerto de la Encina

Ratera Nueva

451

Rancho del Sol

Puerto de los Barrancos Blancos

La Alcaidia

Algibón

Cortijo de la Higuera

Las Capellanías

406

Martín de la Jara

Sierra de Yeguas

Casa de la Herriza

Laguna de Fuente de Piedra

132

Fuente de Pedra

138

Mollina

Cortijo del Palo

Ratera Vieja

Garzón

Saucedilla

406

Cortijo de Jaca

526

La Mezquita

Cortijo de la Mezquita

Cortijo del Navazo

Casas de Gancias

Casas de Uribe

142

Puntal 655

Sierra del

126

Albina

Las Monjas

El Saucejo

La Mezquitilla

Navarredonda

La Lebrona

365

Cortijo de Calderón

Casa de los Salinas

365

Campillos (461)

Cortijo de Rábita

Cortijo de las Monjas

Colonia de Ballestero

Ruta de Washington Irving

Cortijo de las Albinas

La Verbena

Los Gramadales

406

Villanueva Molino de San Juan Raya

Molino de Arjona

Postero

687

Cortijo del Ratero

Casa de las Llamas

Laguna Dulce

384

La Pelusa

Bobadilla

384

Guadalhorce

Cortijo del Cer

833

Sierra del Tablón

Algámitas

Terri 1128

Cortijo de las Cruces

Almargen

451

Estación de Almargen-Cañete la Real

Teba (555)

357

Cortijo de Ahumada

Cortijo Las Pililas

Embalse de Guadalhorce

Cortijo de Rodahuevos

Estación de Bobadilla

Cortijo de Blancares

Cortijo de Choca

ANTE (Fortifica

Cortijo de las Perdices

343

Cam

Rancho del Navazo

Valle Hermoso Alto

Lora

Sierra Blanquilla 853

Cortijo de la Escalereta

Cortijo de la Sima

Cortijo de Casillas

Castillo de la Estrella

Ermita de Nuestra Señora de la Cabeza

Cortijo de la Soterraña

Cortijo del Chopo

Gobantes

1191

Sierra del Valle de Abdalajís

la Rejanada Garganta del Chorro

Ermita del Cristo

Valle de Abdalajís

La Joya

Sierra d

Nogale

Valle Hermoso Bajo

384

Loma de la Cordillera

Estación de Atalaya

Cortijo del Romeral

Cañete la Real

Cortijo de la Lapa

Huertas y Montes

367

Pantano del Chorro

Cuevas (Pinturas rupestres)

El Chorro

Ruinas de Bobastro

Torcal de Ante

127

Alcalá del Valle

Cortijo de Munición

Sierra de los Borbollos

Cortijo de Pedro Bueno

Cortijo de las Arenas

Ortegicar

Embalse del Chorro

Casa de Portezuelos

Cortijo de Reyes

Cortijo La Alcobilla

Campiña

Setenil de Las Bodegas

Venta Leches

Cuevas del Becerro

Rancho de Tenorio

Cortijo del Borbollón

Serrato

Cortijo de Antonio Moreno

Cortijo de la Aguada

Ardales

Castillo de Turón

Casa de Calinoria

Arroyo de Colmenar

Carratraca

Las Mellizas

Vado del Álamo

343

Arroyo Jevar

Cortijo de Charco Lucero

Est. Setenil

Cortijo de Lucía

Cortijo de las Pilas

1055

Cortijo de la Vibora Baja

Casa del Capellán

Sierra de Alcaparain

Vega Redonda

Sabinal

Casablanquilla

Molino Tallista

374

Acequia de los Frailes

Apd. Parchite

367

Parchite

Sierra de los Merinos

Cortijo de Hornillo

Barranco de la Madera

1293

357

Cerrillos y Chirlita

Casa del Polo

Álora (rom. Iluro) (194)

Vega Malilla

Los Llanos

Ruta de los Almorávides

Casas Juan de

Casa del Bra

Arriate

Sanguijuela

Morales-Santa María

366

(1190) Puerto del Viento

Puerto de los Ladrones

Sierra Blanquilla

Lifa

Cortijo de Tango

El Burgo

El Mopagán

Casarabonela

Zumaque

Huertas y Lomas

354

Casas de Rivero

Vega Santa María

Los Lagares

Saucedillas

Pe

Los Morales-Santa María

Parador

Tajo de Ronda

Alcazaba

RONDA (rom. Arunda)

Acueducto romano

Navares y Tejares

(723)

Parque Nacional de la Sierra de las Nieves

1512

Zalea

Pizarra

Villalón

H o y a d e M á l a g

Comendador

Campiña

2

Los Molinos-Sijuela

Rosalejo

374

1504

Cortijo de la Majada Vieja

Sierra de las Nieves

397

Yunquera

Alozaina

Jorox

Ardite

Cortijo de Buenavista

Casa de la Rabadana

Casa del Espartalejo

Gibralgalia

Cerralba

Alquería

369

Cortijo de Garapiño

Las Millanas

Tolox

366

Río Grande

Cortijo Benítez

Ermita de Casa Palma

48

Cortijo de Pajares

49

52

54

Cártama

Villafranco del Guadalhorce

355

Cortijo de la Viuda

Gascar

Casas

Es

Alquería

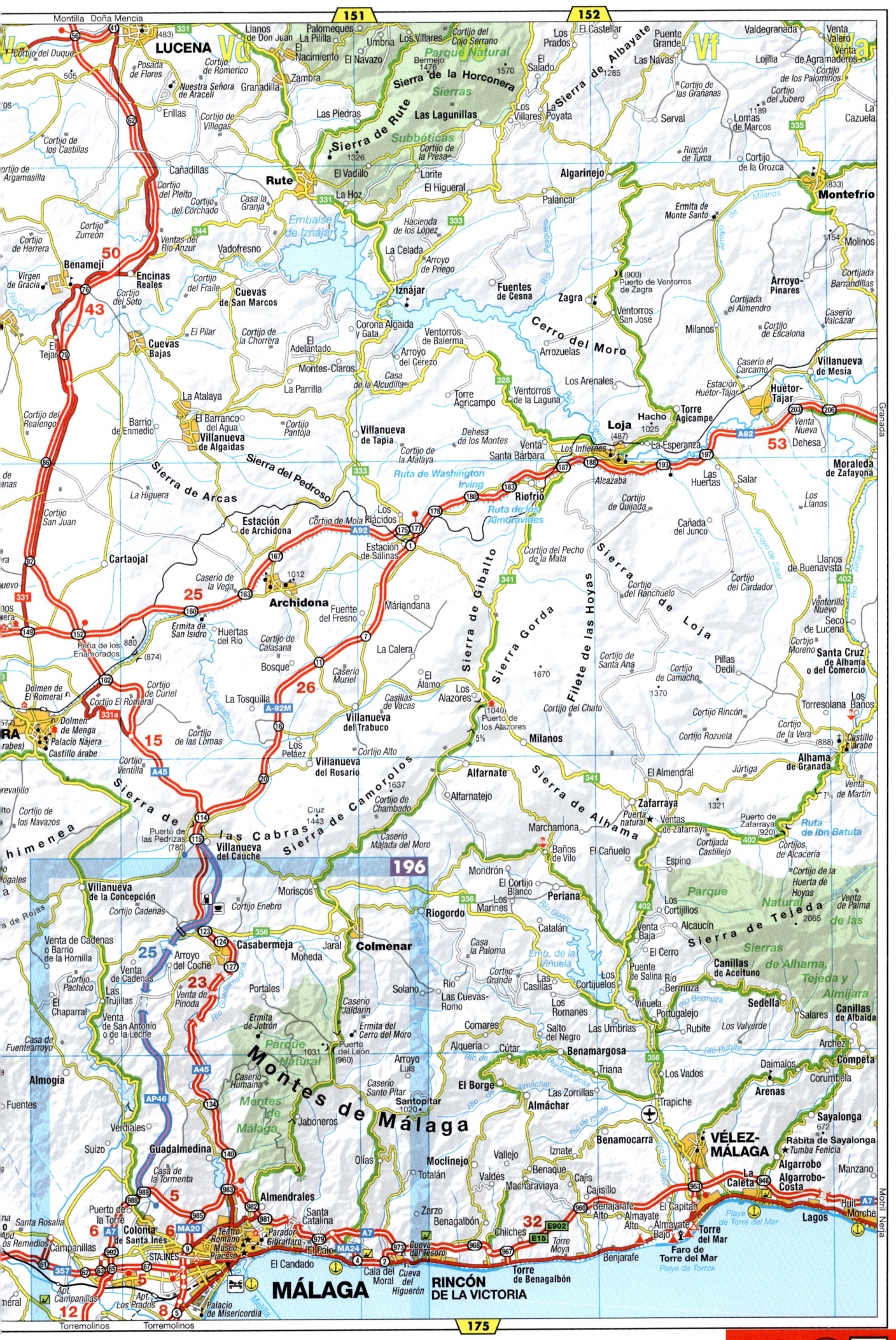

Boduria
Santa Bárbara
2269
Xj
124
Parque Natural
Balsillas
Cortijo de Varea
Las Molineras
Balax
Los
Manzanos
1093
334
El Hijate
Las Zanjas
1206
Lúcar
Cela
Higueral
Los Pérez
Los
Porteros

Cortijada
Pocópán
Los
Máncebos
Rejano
de la Sierra
Cortijo
Nuevo
2296
Los Olmos
Fuencaliente
y Calera
Cortija de la
Polvareda
Los Zoilas
Los
Manolones
Los
Hernández
Serón
Tíjola
Armuna
de Almanzora
Bayarque
Sufli
Macael
1241
Talavera
Urrácal
1106
Partaloa
Xe
El Prado
Cortijo de la

de la Sierra
El Cerrón
Alcóntar
Domenes
Angosto
de Arriba
Pechina
El Valle
Fargali
Alto
Fargali
Bajo
El Chanco
Sierro
Purchena
La Corraliza
349
El Prado
San
Pedro
125
El Cerrón
Amarguilla
El Castellón
Marchal
del Anogado
El Cántaro
Bajo
El Cántaro
Alto
Jórvila
Casas
Las Corinas
Cortijada
El Alami
La
Boquera
Olula
del Río
Fine
Cortijo de
Benajara
Cortijo
Los Mellizos
Tablas
Padilla
2062
San Nicolás
del Moro
Carboneras
Checas
Aldeire
La Loma
Alta
Las
Menas
La Mojonera
El Reul
Alto
Las Huertas
Altas
Chercos
(Chercos Nuevo)
Ermita
de la Cabeza
El S

de Baza
El Cerrón
El Tesoro
1941
Tres
Morales
Blánquez
del Sáuco
Las
Casillas
Los Morillas
de Albánchez
El Cortijuelo
Bacares
Loma de Meneses
Olapra
El Reul Bajo
y Marchalico
Casas de
las Arenas
Benitorafe
Alcudia
Tahal
de Monteagud

Güitamarin
El
Prado
1988
Nijar
Saúco
La Carrasca
de Albánchez
El Barrancón
de Bacares
1936
Tetica
2080
Casas de
las Carmonas
Casas
del Vulgo
1398
Senés
Filab
126
2465
Las
Olivillas
1080
La Fuente
Mendoza
Los Rojas
Gilma
Los
Sanchos
Calar Alto
Observatorio
Astronómico
2168
Casas de
las Hoyas
Casas de
los Pachuecas
Cortijada
de Febeire
Velefique
Zarzales
Noria
(1247)
Collado
García
La Fu
de la Hi
Parque
Natural
Las Adelfas
Escúllar
Aulago
El Almendral
Cortijo de
los Jarales
Portocarrero
El Tallón
Alto
El Tallón
Bajo
Olula
de Castro
Castro
de Filabres
1270
Cocón
del Peral
958

Monasterio
Fiñana
(946)
333
Guadix
Pago de
Escuchagrano
El Camino
Real
Las Terrecillas
336
Las
Juntas
Los
Piletas
Los
Lázaros
La Estación
Gérgal
(758)
352
351
356
360
362
Cortijo
Luis Espinar
Las Aneas
Las
Tablas
1205
Arroyo
de Valdelecho
Cortijo Los Llanos
de Lucas
1079
Espeliz
Marchante
Los
Pichiriches
Los Retacos
Encalr
Las Vega
Turrillas

Ermita
de San Antón
El Pecho
Abla
345
Ocaña
Doña Maria
(Las Tres Villas)
45
La Estación
Las
Alcubillas
364
A92
Venta
de Cañicas
668
Pago Aguilar
Bajo
349
Plataforma
Solar
Los Yesos
Cañada
de Miralles
8

Abrucena
Parque
Romera
Los Monjos
Relleno
Santillana
Nacimiento
Venta
del Almirez
Los
Navarros
La Rambla
Encira
Gebera
Fuente
Santa
Estación
de Fuente Santa
Yesón Alto
660
340
Tabernas
(404)
Sartenilla
Tinadas

Los Canos
Parque Nacional
de Sierra Nevada
Montenegro
1710
933
Ruta de
Münzer
Alboloduy
Santa Cruz
de Marchena
Alsodux
Rambla
de Gérgal
376
Mini
Hollywood
Joluque
Los
Góngoras

de Sierra
2465
2236
Ohanes
Beires
Canjáyar
Las
Ramblas
Nevada
La Solaneta
Santa Fe
de Mondújar
Yacimiento
arqueológico
Sierra de Alham
1041
Colativi
1387

127
Almócita
Padules
348
Rágol
Instinción
Illar
Bentarique
Terque
Alicún
Santa Fe
de Mondújar
382
17
Moscolux
Baños
de Sa. Alhamilla
Cortijo
El Corral
Las
Matanzas

Fondón
Benecid
La Barriada
de Alcora
La Fuente
de los Morales
Huécija
Galáchar
Los Millares
Gádor
(173)
Abriojal
El Chorrillo
Cortijos del
Marchal de Fuentes
Cortijo
de Gíndalba
Las
Cuevas
de los Ubedas

Cortijo
El Boliche
2124
Lomas de la Zarza
Cerro del Albaricoque
1635
Cortijo de
La Chanata
1345
Alhabia
Rioja
El Ruini
387
Marraque
Cortijos de
Los Cecilios
Cuevas de
los Juanorros
Cortijo
Rodríguez

Sierra
de
Gádor
Casas
del Calabrial
2039
Cortijo de
Los Amates
391
Loma de
los Yegüeros
Alhama
de Almería
348
Cortijo
Gatuna
Las Minas
Benahadux
El Chuche
Cortijo
de Ochotorena
Cortijo
del Pocico
Pechina
780
Campamento Álvarez
de Sotomayor
Las Viudas
A92
777
773
15
Cuevas de
los Medinas
Cortijo de
los Andujares
768
Cortijo
del Malté

Cerro de la Atalaya
El Marchal
de Antón López
Enix
1085
Felix
1262
Huércal
de Almería
783
347
Viator
762
11
Venta
de Retamar

Lote de la Sierra
1619
Cortijo de
Los Amates
Carcauz
Aljibe Alto
798
La Cuesta
del Gato
12
786
El Mami
6
AL12
7
El Alquián
Aeropuerto
Almería

528
Campo de Dalías
623
El
Cañuelo
Vícar
Las
Hortichuelas
La Garrota
800
El Parador de
las Hortichuelas
Playa del
Palmer
790
4
La Alcazaba
Catedral
ALMERÍA
La Cañada
de San Urbano
Costacabana
Retamar
Ermita de
Torre Garcia
Mazarulleque

Cortijo de
Peñas Negras
Cortijo
Tajillo Blanco
Casa
Blanca
805
809
1
2
Aguadulce
Playa de Aguadulce
(rom.Portus Magnus)
(árab. Al Mariyya)
El Bobar
Punta del Río
El Cabo
de Gata

La Cueva
Bianca
Santa María
del Águila
814
El Algarrobal
Puebla
de Vicar
La Ribera
de la Algaida
Playa de Roquetas
Urbanización
Roquetas de Mar

358
Aljibillos
Pampanico
Neca
Tarambana
825
823
49
A7
La Mujer
18
Salinas
S.Rafael
ROQUETAS
DE MAR
Playa Serena

Ádra
EL EJIDO
818
820
Galiana
Las Norias
Mojonera
Camponuevo
Ruta de León
el Africano
Cortijos
de Marin
6
El Puerto
8
Las
Marinas
Golfo de

Onayar
Cortijo de
los Cerilos
Matagorda
Cortijo Puesto
de los Pérez
Cortijada
Las Chozas de Redondo
San Agustin
La Loma
del Viento
Las
Salinas
Urbanización
Roquetas de Mar
Playa Serena
Almería

Baños
13
Guardias
Viejas
Almerimar
Urbanización
Oasis de Costa del Sol
Cortijo de
Villalobos
Salinas
de Cerrillos
Playa de Cerrillos
Mar de

Punta Entinas
Punta del Sabinar
Las
Entinas

El Cerrogordo
El Convoy
Pulpí
El Cocón
Matalentisca
Albox
(424)
Locaiba
Fuente
Márquez
Casa de los
Camarotes
Cortijo
de Sánchez
Cortijo
Molina
Pilar
de Jaravia
Los Caparroses
399
La Aljambra
Cerro Limaria
Almajalejo
675
El Saltador
Los Campois
La Fuente
San Juan
de los Terreros
63
La Hojilla
68
El Dirá
Los Higuerales
705
Los
Llanos
A7
(279)
Huércal-Overa
679
Las Canalejas
Pulpí
350
AP7
890
Isla de los Terreros
A334
70
Cantoria
(382)
La Torreta
76
El Cucador
79
El Menas
682
Los Orives
Sierra
de
Almagro
711
Los Guiraos
El Rincón
Los Campois
Grima
901
Pozo
del Esparto
Almanzora
La Casa
Blanca
Arboleas
Los
Menchores
Santa
Bárbara
Castillo
Ermita de San Miguel
Emb. de Cuevas
del Almanzora
El Largo
Los Lobos
332
Cortijo
la Morcilla

67

E   Sierra del Cabo de Gata-Níjar

Parque

Natural

Sierra

de Grazalema

Parque

129

Natural

Los

Alcornocales

131

Serranía de Ronda

RONDA (rom.Arunda)

Parque

Nacional

de-la-Sierra

de las

Nieves

S i e r r a   B e r m e j a

Sierra Real

Sierra Palmitera

Sierra Blanca

MARBEL

San Pedro de Alcántara

ESTEPONA

C o s t a   d e   l

SAN ROQUE

ALGECIRAS

LA LÍNEA DE LA CONCEPCIÓN

Gibraltar (GBZ)
(ib. Calpe, árab. Djebel Al Tarik)

Europa Point

Wf   **Xa**

Cap des
Trois Fourches

Charrana

Medina
Sidonia

Melilla
(Melïlia)

(ESP.)
Beni-Enzar

136

NADOR

Selouane

Mont-Aroui

Zaïo

AL-MAGHIB (MAROC)

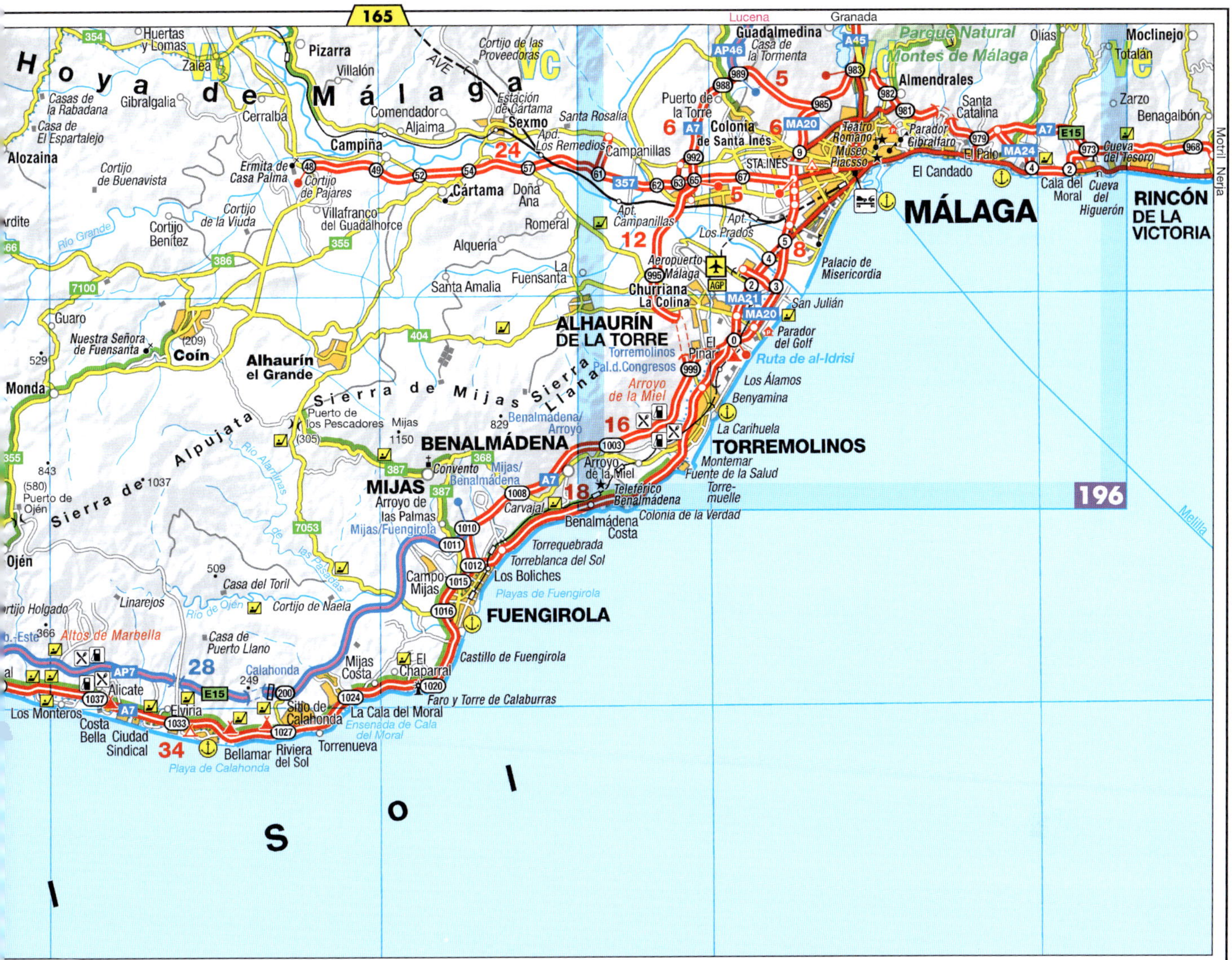

Hoya de Málaga

Huertas y Lomas
Pizarra
Villalón
Cortijo de las Proveedoras
Lucena
Granada
Guadalmedina
Parque Natural
Montes de Málaga
Olías
Moclinejo
Totalán

Casas de la Rabadana
Gibralgalia
Cerralba
Comendador Aljaima
Estación de Cártama
Sexmo
Santa Rosalía
Puerto de la Torre
Colonia de Santa Inés
STA. INÉS
Teatro Romano Museo Picasso
Parador Gibralfaro
Santa Catalina
Zarzo
Benagalbón

Casa de El Espartalejo
Campiña
Apd. Los Remedios
Campanillas
El Palo
Cueva del Tesoro

Alozaina
Ermita de Casa Palma
Cártama
Doña Ana
Romeral
Apt. Campanillas
Los Prados
El Candado
Cala del Moral
RINCÓN DE LA VICTORIA

Cortijo de Buenavista
Cortijo de Pajares
Villafranco del Guadalhorce
Alquería
La Fuensanta
MÁLAGA

Río Grande
Cortijo de la Viuda
Santa Amalia
Aeropuerto de Málaga
Palacio de Misericordia

Cortijo Benítez
Churriana La Colina
San Julián
Parador del Golf

Guaro
Nuestra Señora de Fuensanta
Coín
ALHAURÍN DE LA TORRE
Torremolinos Pal. d. Congresos
Ruta de al-Idrisi

Monda
Alhaurín el Grande
Arroyo de la Miel
Los Álamos
Benyamina

Ojén
Sierra de Mijas
Sierra Llana
Benalmádena / Arroyo
La Carihuela

Puerto de los Pescadores
Mijas
BENALMÁDENA
Arroyo de la Miel
TORREMOLINOS
Montemar
Fuente de la Salud

Sierra de Alpujata
Convento
Mijas / Benalmádena
MIJAS
Teleférico Benalmádena
Colonia de la Verdad
Torremuelle

Puerto de Ojén
Arroyo de las Palmas
Mijas / Fuengirola
Carvajal
Benalmádena Costa

Campo Mijas
Torrequebrada
Torreblanca del Sol
Los Boliches

Cortijo Holgado
Casa del Toril
Cortijo de Naela
FUENGIROLA

Altos de Marbella
Casa de Puerto Llano
Mijas Costa
El Chaparral
Castillo de Fuengirola

Los Monteros
Costa Bella
Alicate
Elvina
Calahonda
Sitio de Calahonda
La Cala del Moral
Faro y Torre de Calaburras

Ciudad Sindical
Bellamar
Riviera del Sol
Torrenueva
Ensenada de Cala del Moral

Playa de Calahonda

COSTA DEL SOL

196

Melilla

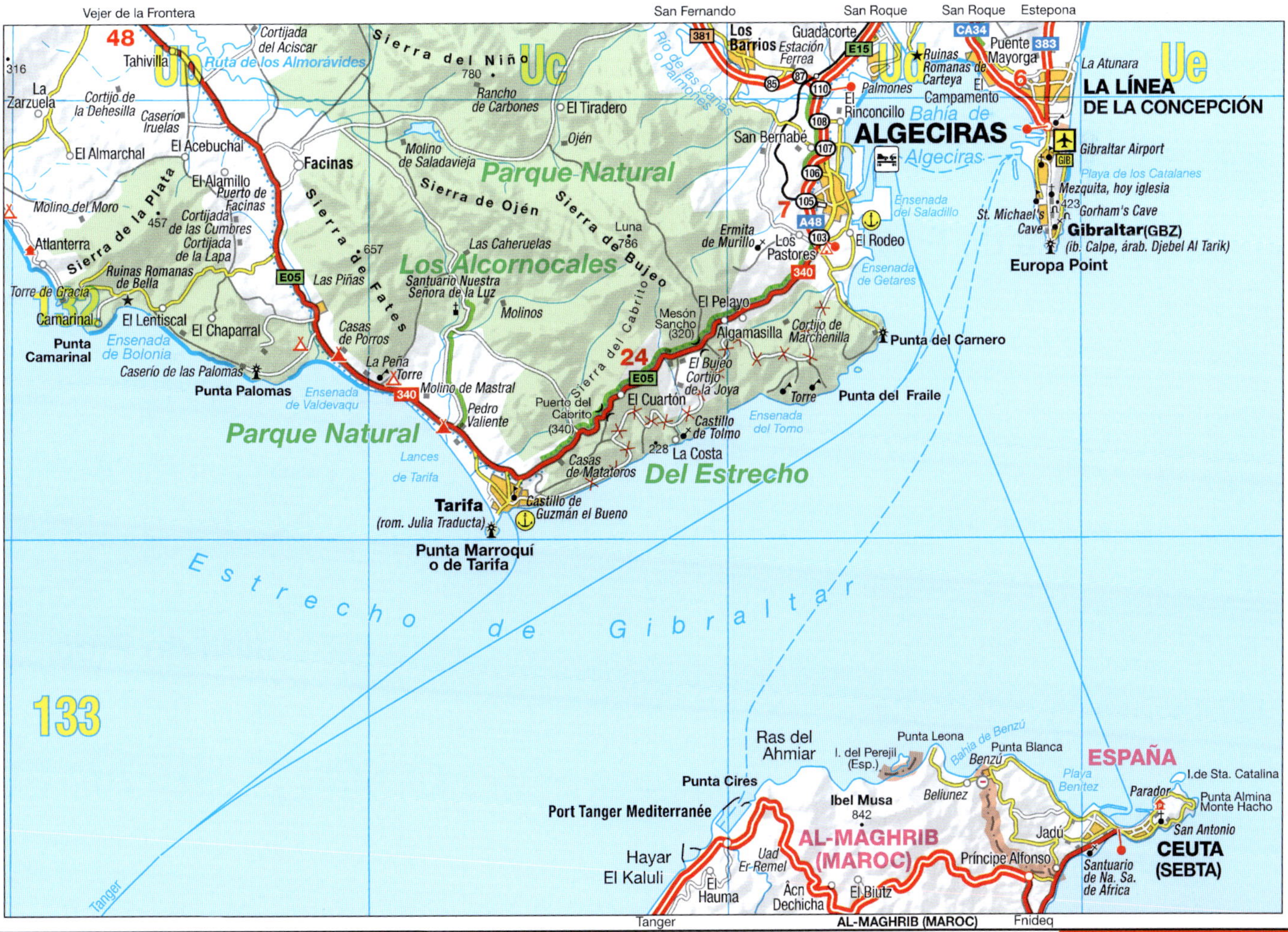

Vejer de la Frontera
San Fernando
San Roque
San Roque
Estepona

Tahivilla
Cortijada del Aciscar
Sierra del Niño
Los Barrios
Guadacorte
Estación Ferrea
Puente Mayorga
La Atunara
LA LÍNEA DE LA CONCEPCIÓN

La Zarzuela
Cortijo de la Dehesilla
Rancho de Carbones
El Tiradero
Ruinas Romanas de Carteya
Campamento

El Almarchal
El Acebuchal
Ojén
Palmones
Rinconcillo

Molino del Moro
Facinas
Molino de Saladavieja
San Bernabé
ALGECIRAS
Gibraltar Airport

El Alamillo
Puerto de Facinas
Sierra de Ojén
Luna
El Rodeo
Playa de los Catalanes

Atlanterra
Cortijada de las Cumbres
Cortijada de la Lapa
Sierra de Fates
Las Caheruelas
Los Pastores
Mezquita, hoy iglesia
Gorham's Cave

Torre de Gracia
Ruinas Romanas de Bella
Las Piñas
Santuario Nuestra Señora de la Luz
Molinos
St. Michael's Cave
Gibraltar (GBZ)

Camarinal
El Lentiscal
El Chaparral
Casas de Porros
Mesón Sancho
Algamasilla
Cortijo de Marchenilla
Europa Point

Punta Camarinal
Ensenada de Bolonia
La Peña
Torre
El Pelayo
Punta del Carnero

Caserío de las Palomas
Molino de Mastral
El Bujeo
Cortijo de la Joya
Punta del Fraile

Punta Palomas
Ensenada de Valdevaqu
Pedro Valiente
Puerto del Cabrito
El Cuartón
Castillo de Tolmo
Ensenada del Tolmo

Parque Natural
Lances de Tarifa
Casas de Matadoros
La Costa
Del Estrecho

Tarifa (rom. Julia Traducta)
Castillo de Guzmán el Bueno

Punta Marroquí o de Tarifa

Estrecho de Gibraltar

133

Ras del Ahmiar
Punta Leona
I. del Perejil (Esp.)
Punta Blanca
Bahía de Benzú
ESPAÑA
I. de Sta. Catalina

Punta Cires
Benzú
Playa Benítez
Parador
Punta Almina Monte Hacho

Port Tanger Mediterranée
Ibel Musa
Beliunez
San Antonio
CEUTA (SEBTA)

Hayar El Kaluli
AL-MAGHRIB (MAROC)
Jadú
Santuario de Na. Sa. de África

Uad Er-Remel
Príncipe Alfonso

Tanger
AL-MAGHRIB (MAROC)
Fnideq

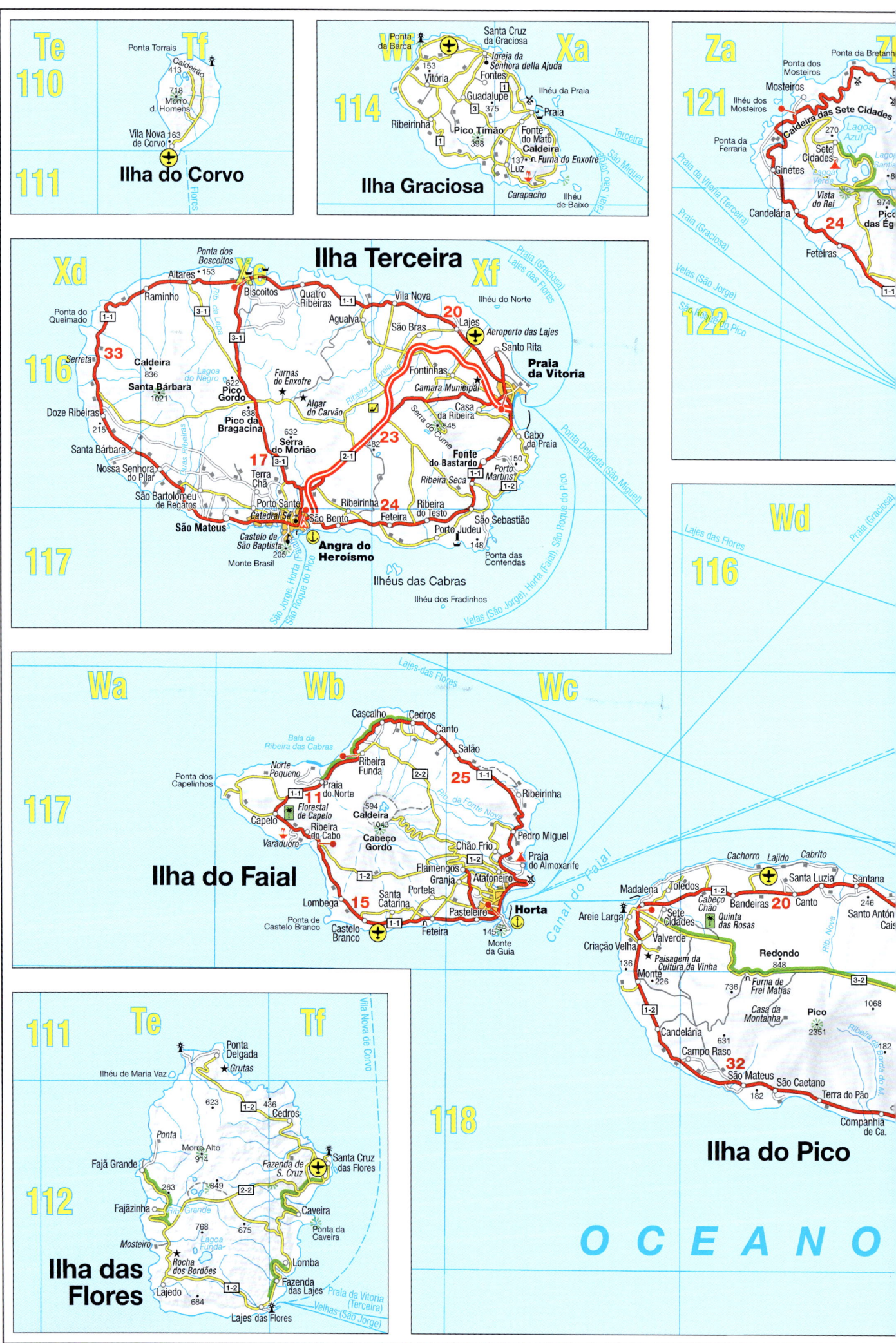

Te 110 **Tf**

Ponta Torrais
Caldeirão 413
718 Morro d. Homens
Vila Nova de Corvo 163

111 **Ilha do Corvo**

Wi 114 **Xa**

Ponta da Barca
Santa Cruz da Graciosa
Igreja da Senhora della Ajuda
Vitória
Fontes
Guadalupe
Ribeirinha
Pico Timão 398
Fonte do Mato
Caldeira 137 Furna do Enxofre
Luz
Carapacho
Ilhéu de Baixo

Ilha Graciosa

Za 121 **Zb**

Ponta dos Mosteiros
Ponta da Bretanha
Mosteiros
Ilhéu dos Mosteiros
Caldeira das Sete Cidades
Lagoa Azul
Ponta da Ferraria
270
Sete Cidades
Ginétes
Lagoa Verde
Candelária
Vista do Rei
974 Pico das Eg
24
Feteiras
1-1

122

Ilha Terceira

Xd **Xe** **Xf**

Ponta dos Boscoitos
Altares 153
Raminho
Biscoitos
Quatro Ribeiras 1-1
Vila Nova
Ilhéu do Norte
Ponta do Queimado 1-1
3-1
Agualva
São Bras
Lajes 20
Aeroporto das Lajes
Santo Rita
Serreta 33
Caldeira 836
Santa Bárbara 1021
Pico Gordo 622
Furnas do Enxofre
Algar do Carvão
Fontinhas
Camara Municipal
Praia da Vitoria
Doze Ribeiras
Pico da Bragacina 638
Casa da Ribeira 545
215
632 Serra do Morião
Serra do Cume
Cabo da Praia
Santa Bárbara
2-1 482 23
Nossa Senhora do Pilar
Terra Chã 3-1
17
Fonte do Bastardo
150
São Bartolomeu de Regatos
Porto Santo
Ribeirinha
Ribeira Seca
Porto Martins 1-2
São Mateus
Catedral Sé
São Bento
Feteira 24
Ribeira do Testo
São Sebastião
Castelo de São Baptista 205
Angra do Heroísmo
Porto Judeu
148
Monte Brasil
Ponta das Contendas
Ilhéus das Cabras
Ilhéu dos Fradinhos

116 117

Wd 116

Wa 117 **Wb** **Wc**

Cascalho
Cedros
Canto
Baia da Ribeira das Cabras
Salão
Norte Pequeno
Ribeira Funda
2-2 25 1-1
Ponta dos Capelinhos
Praia do Norte 1-1
11
Florestal de Capelo
Caldeira 594 1043
Ribeirinha
Capelo
Ribeira do Cabo
Cabeço Gordo
Pedro Miguel
Varaduoro
Chão Frio
Praia do Almoxarife
1-2
Flamengos
Atafoneiro

Ilha do Faial

Lombega 15
Santa Catarina
Granja
Portela
Pasteleiro
Horta
Castelo Branco
Feteira
145
Ponta de Castelo Branco
1-1
Monte da Guia

Canal do Faial

Cachorro
Lajido
Cabrito
Toledos 1-2
Santa Luzia
Santana
Madalena
246
Cabeço Chão
Bandeiras 20
Canto
Santo Antón
Areie Larga
Sete Cidades
Quinta das Rosas
Cais
Criação Velha
Valverde
Redondo 848
136
Paisagem da Cultura da Vinha
Monte 226
Furna de Frei Matias 736
3-2
1068
Casa da Montanha
Pico 2351
Candelária
631
182
Campo Raso
32
São Mateus
São Caetano
182
Terra do Pão
Companhia de Ca.

118

Ilha do Pico

Te 111 **Tf**

Ponta Delgada
Ilhéu de Maria Vaz
Grutas
623
436
Cedros
1-2
Ponta
Morro Alto 914
Fajã Grande
Fazenda de S. Cruz
Santa Cruz das Flores
263
849 2-2
Fajãzinha
Caveira
768 675
Ponta da Caveira
Mosteiro
Rocha dos Bordões
Lomba
Ilha das Flores
Lajedo 684
Fazenda das Lajes
1-1
Lajes das Flores

112

O C E A N O

Ilha de São Miguel

Remédios

Santo António

39
Capelas

Fenais
da Luz

Calhetas

Ribeira Grande

Ribeirinha

Ponta do Cintrão

Porto
Formosa

Maia

Lomba
da Maia

Ponta da Ajuda

Fenais
da Ajuda

Achadinha

Achada

Santana

Salga

Algarvia

Nordestinho

Nordeste

Ponta
do Arnel

São Vicente
Ferreira

Pico
da Pedra

Ribeira
Seca

15

Salto de Cavalo

Pico da Vara
1103

Lomba
da Pedraira

Côvoada

Fajã
de Cima

11
316

Caldeira
Velha ★

Santa Bárbara
374

Caldeiras

Lombadas 889

Pico Queimado

Cabouco

Lomba
da Fazenda

25

Planalto dos
Graminhais

805

Pico Verde
931

28
906

Ponta da
Madrugada

Arrifes

Fajã de
Baixo

947

Serra de Água de Pau

Lagoa
do Fogo

Furnas
572

Nossa Senhora
dos Remedios

Pico do Ferro

Salto de Cavalo

Água Retorta

Faial da Terra

Aeroporto
Delgada-
o Paulo II

Igreja de
S. Sebastião

Livramento

São
Roque

17

Lagoa

Ponta Delgada

Água
de Pau

Ribeira
Cha

Vila Franca
do Campo

Água
do Alto

Ribeira
das Tainhas

Ponta Garça

Ilhéu de
Vila Franca

Ponta Garça

27

Povoação

Ribeira Quente

Ilha de São Jorge

Sete
Fontes
303

Fajã do
João Dias

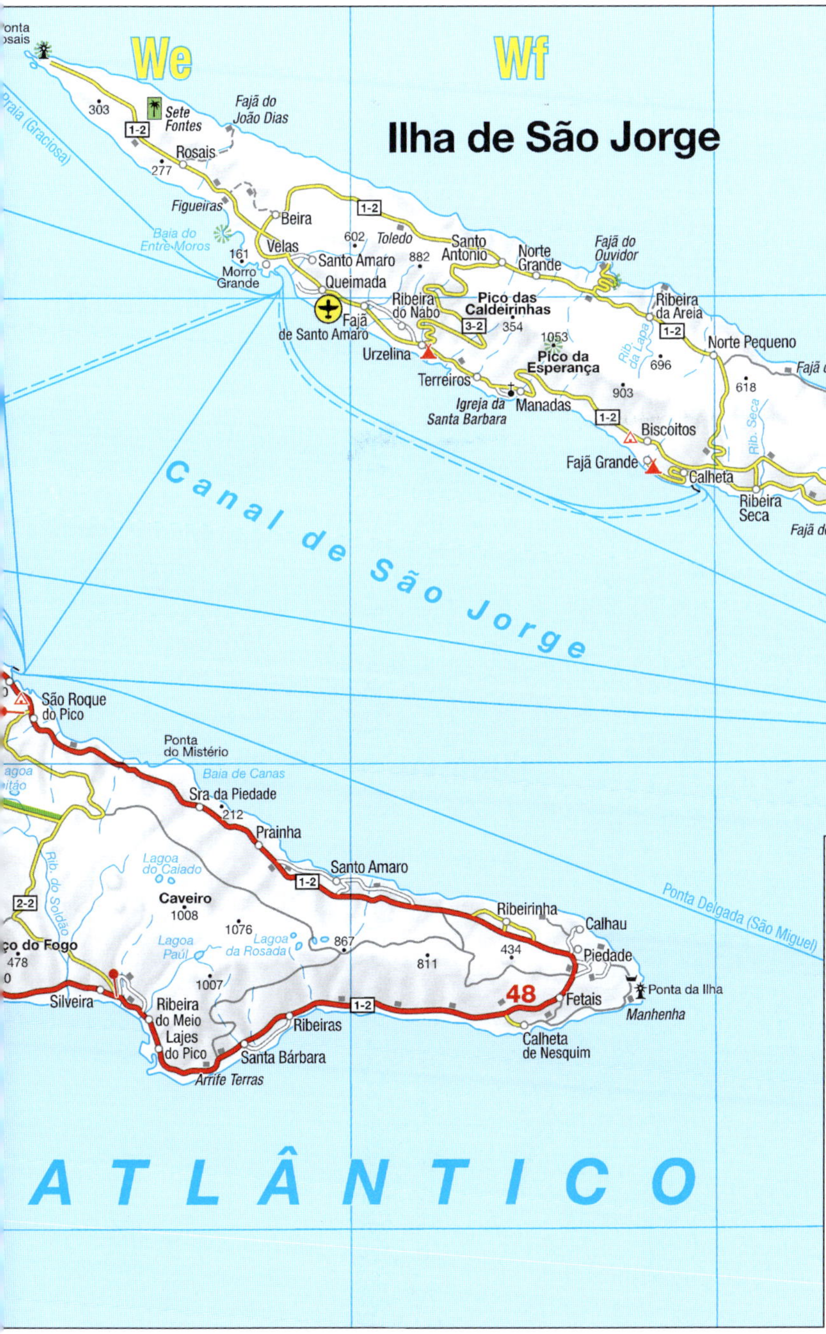

Rosais
277

Figueiras

Baía do
Entre-Moros

Beira

Velas

Santo Amaro
Queimada

Morro
Grande
161

Toledo
602

Santo
António
882

Norte
Grande

Fajã do
Ouvidor

Ribeira
da Areia

Fajã
de Santo Amaro

Ribeira
do Nabo

Pico das
Caldeirinhas
354

1053

Urzelina

Pico da
Esperança

Norte Pequeno
696

Fajã dos Cubres
618

Terreiros

903

Igreja da
Santa Barbara

Manadas

Biscoitos

Fajã Grande

Calheta

Ribeira
Seca

Fajã dos Vimes

Fajã da Caldeira
de Santo Cristo

Fajã Entre
Ribeiras
942

Barreiras
661

Santo
Antão

193

Ilhéu do Topo

Fajã de São João

São Tomé

Topo

Canal de São Jorge

Angra do Heroismo (Terceira)

Praia da Vitoria (Terceira)

Ponta Delgada (São Miguel)

São Roque
do Pico

Ponta
do Mistério

Baía de Canas

Sra. da Piedade
212

Prainha

Lagoa
do Calado

Santo Amaro

Ribeirinha

Calhau

Caveiro
1008

1076

Lagoa
Paúl

867

Lagoa
da Rosada

811

434

Piedade

48

Fetais

Ponta da Ilha

ço do Fogo
478

Silveira

1007

Ribeira
do Meio

Ribeiras

Manhenha

Lajes
do Pico

Santa Bárbara

Arrife Terras

Calheta
de Nesquim

ATLÂNTICO

Ponta Delgada (São Miguel)

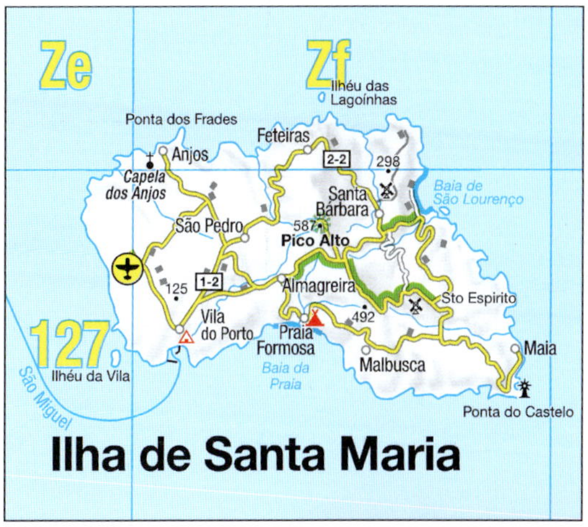

Ilha de Santa Maria

Ponta dos Frades

Anjos

Feteiras

Ilhéu das
Lagoínhas

Capela
dos Anjos

São Pedro

Santa
Bárbara
587

Pico Alto

Baía de
São Lourenço

127

Vila
do Porto

125

Almagreira
492

Sto Espirito

Maia

Ilhéu da Vila

Praia
Formosa

Malbusca

Ponta do Castelo

Baía da
Praia

1 : 5 Mio.

OCEANO ATLÂNTICO

Ilha do Corvo
Corvo
Ilha das Flores
Fajã Grande
Santa Cruz das Flores
Lajes das Flores

Açores
(Port.)

Ilha Graciosa
Santa Cruz d.G.
Luz
Praia (São Mateus)
Ilha de São Jorge
Sto. António
Velas
Sa. do Topo
Cedros
Capelo
Horta
Lombega
Mada-
lena
Ilha do Faial
Sta.
Bárbara
São Roque
do Pico
Piedade
Ilha do Pico
Madalena

Biscoitos
Ilha Terceira
Praia da Vitória
Angra do Heroísmo

Arquipélago dos Açores

Bretanha
Ribeira
Grande
Nordeste
Furnas
Ponta
Delgada
Lagoa
Ilha de São Miguel

Anjos
Feteiras
Maia
Vila do Porto
Ilha de Santa Maria

Baixa do Monís
Ilhéu Mole
Ponta do Tristão
Piscinas naturais
Porto Moniz
Santa
Natação
Baixas do Furado
Lamaceiros
Ilhéus da
Ribeira da Janela
Achadas
da Cruz
Ribeira
da Janela
Fajã das Contreiras
Fajã Nova
Cabo
101
VE2
Cascata
Seixal
36
Lombada Velha
1022
Fonte da Pedra
Pedreira
Ponta Alto
Arco de
Cabano
São Jorge
Ponta de S. Jorge
Serrado
110
Fonte do Barro
1066
Ponta Delgada
da Quinta
São Jorge
Ponta do Pargo
Pico Coentros
1225
Ch. d. Ribeira
São Vicente
101
Lombada
Boa Ventura
37
Ponta de Santana
Falac
Serra do Amparo
Achada
Grande
1320
1193
Achada do Cedro
1511
Ginjas
Lameiros
Falca
de Cima
Ilha
Garnal
219
Santana
Ponta do Clérigo
Lombada dos
Marinheiros
Ramal
Parque Natural
★ 25 Fontes
Achada da
Madeira
107
Laurissilva da M.
218
Faial
Penha
de Águia
Ponta do Pesqueiro
101
Raposeiro
do Logarinho
110
Pico Gordo
1264
Casa do
Caramujo
Bica
da Cana
Rosário
Casa das
Torrinhas
Caldeirão
Verde
Canário ★
Casa das
Queimadas
Eiras
Achada da
Teixeira
1592
Lombo
Galego
590
Porto
da Cruz
Ponta do Espigão
Amarelo
12
Fajã
da Ovelha
223
Malseira
210
Cascata do Risco
Rabaçal
1640
1421
Fonte do Juncal
1595
1620
1007
Caldeirão do Inferno
1862
Pico Ruivo
1851
Achada do
Cedro Gordo
São Roque
103
217
Lamaceiros
108
102
Achadinha
Castanho
589
Boca do
Risco
Ponta
do Bode
VE3
Paul
do Mar
VE3
Prazeres
211
Paúl da Serra
110
Base N.W.
228
Pico das
Torrinhas
1509
1725
Pico das Torres
Ribeiro Frio
202
Jardim
103
Portela
VE1
VR1
27
Nataça
5
Ponta Pequena
Estreito da Calheta
209
Boca da
Encumeada
Pousada dos
Vinháticos
1657
Serra
de Agua
Pinheiro
Pico Grande
Cedro
1759
Pico das Torres
1818
João do Prado
1306
215
202
Santo António
da Serra
238
239
24
25
Caniçal
Ponta do Altar
Fortaleza
Machico
Jardim
do Mar
222
Loreto
Arco
da Calheta
18
Jardim
da Serra
1436
Curral
das Freiras
Chão dos
Terreiros
da Madeira
Esteios
1346
Poiso
1400
Côvelopes
820
Roma
Águas
206
Gaula
Agua
de Pena
23
Aeroporto da Madeira
Cristiano Ronaldo
Ponta da Queimada
Ponta de S. Catarina
Santa Cruz
Madalena
do Mar
Canhas
VE4
Lombo
de S. João
Lombada
Relógio do
Poiso
Choro
107
Pico Alto
1129
Eira do Cruz
203
102
Camacha
201
Vale Paraíso
Mansas
Salão
20
FNC
Ponta da Oliveira
25
Porto Novo
Ponta da Galé
Calheta
34
Tabua
1
Ponta
do Sol
Campanário
14
Estreito
de Câmara
de Lobos
229
Santo
António
107
Monte
São
Roque
Jardim
Botânico
Quinta do
Palheiro
Ferreiro
204
18
17
Tendeira
Reis Magos
Ribeira
Brava
Quinta Grande
2
Cabo Girão
3
4
5
São
Martinho
6
8
9
11
12
Forte
do Pico
13
São
Gonçalo
VR1
16
Atlas
Ponta do Garajau
15
Caniço
Ponta da Oliveira
Câmara
de Lobos
Ponta da Cruz
7
VR1
FUNCHAL
Pico dos Barcelos
10

Madeira

Baixa dos
Barbeiros

Ilhéu das
Cenouras

Fonte
da Areia
Pico do
Facho
517
Serra
de Dentro

Ponta do
Varadouro
Camacha
Capela
da Graça
Pico do
Concelho
Bárbara Gomes
227
Tanque
324

Porto Santo
Eiras
176
Lapeiras
**Vila
Baleira**
Serra
de Fora

Pico de
Ana Ferreira
283
Pedras
Pretas
Ilhéu de Cima

Ilhéu de Ferro
Campo
de Baixo
Ponta

Boqueirão de Baixo

Ilhéu de Baixo
ou da Cal

O C E A N O   A T L Â N T I C O

ourenço
Ilhéu de
Agostinho
a
bra
Ilhéu do Farol
votas

Prego do Mar
98
Ilhéu Chão

I l h a s   D e s e r t a s

479

Deserta Grande

Ilha do Bugio

388

30° 25° 20° 15° 10°

ESPAÑA

OCÉANO   ATLÁNTICO

Porto

40° **PORTUGAL** 40°
280 km

Corvo
Flores
Açores (Port.)
São
Jorge
Graciosa
Terceira
520 km

LISBOA

New York
4100 km
Pico
São Miguel
1400 km

Ponta Delgada
Santa Maria

35°
960 km
980 km
35°

950 km
Porto Santo
AR-RIBĀT

Madeira
(Port.)
Funchal
Ilhas Desertas

AL-MAGRHIB

Ilhas Selvagens
(Madeira, Port.)

30°
Islas
Canarias
(España)
Santa
Cruz
de Tenerife
550 km
30°

AL JAZĀ'IR

Rio de Janeiro
6800 km
Las Palmas
de Gran Canaria

**MAWRĪ-
TĀNIYAH**

30° 25° 20° 15° 10°

El Hierro

Punta Norte
Bahía de
las Calcosas
Casas Pozo
de las Calcosas
Punta de Amacas
Playa de Adentro
Baja del Negro
Echedo
Playa del Salto
Santa Cruz de la Palma

Ermita
San Pedro
Tesbabo
Hoyo del
Barrio
Ermita
de Santiago
Tamaduste
Playa de Agache
Roque Salmor
Erese
Moca-
nal
3
Mirador El Golfo
Guarazoca
Valverde
Playas Largas
Jarales
Los
Montañetas
La Caleta
Playa del Cantadal
Embarcadero
de Punta Grande
Tiñor
Puerto
de la Estaca
Cueva de
la Polvera
Las Puntas
1000
1
Los Cristianos (Tenerife)

Playas del Mulato
5
San
Andrés
1232
Las
Rosas
La Cuesta
Los
Llanos
Playa de
Tijeretas
4·2
Casas
Los Mocanes
Izique
11
Bahía de
los Pozos
Gruta
de Jaya
La Torre
30
Punta de Tijimiraque
Tigaday
Las Playcetas

18
Punta
de Verodal
Bahía de
los Reyes
Santuario de Na Sa
de los Reyes
Punta
de la Sal
Punta Arenas
Blancas
Pozo de
la Salud
Sabinosa
Casas
Las Llanillos
La Frontera
Casas
Las Toscas
Los Palos
Blancos
Tajace
de Abajo
1376 **Malpaso**
1
Tenerife
Bermeja
Punta de Ajones
Monumento
al General
Serrador
50
Mirador
de las Playas
Playa de Fraile
Playa de las Almorranas
Punta
Colorada
897
1216
Venteja
1517
1118
Playa de la Arena
Punta del
Barbudo
Montaña
Quemada 426
Parque Rural de Frontera
45
Las
Casas
Playa de los Cardones

Faro de Orchilla
Playa
de las Coloradas
El Julán
Los Números
Los
Letreros
Hoya del
Morcillo
El Pinar
Parador
Playa de los Calcosas
Playa de Miguel
Montaña
1027
La Empalizada
774
Punta de Miguel
Cueva del
Cuervito
Playa de
Tejeda
Playa de
Linés
Cueva del
Bucáron
24
Playa Brava
Playa del Pozo

El Río
las
Lapillas
303
El Río
4
400
Playa del Cantadal

Roque de Naos
Restinga
197
La Restinga
Punta de la Restinga
Playa
de la
Herradura

Tenerife

Punta del Puerto
La Matanza de Acent
El Caletón
La Victoria
Punta del Sol
Autopista del Norte
TF-5
Santa Úrsula
27
Lomo Román
29
28
La
de
Cuesta I.V.C
Goyuyu
**PUERTO
DE LA CRUZ**
Loro Parque
Punta
Brava
Playa
Santa Úrsula
Punta del Casado
Playa
del Puertito
Playa
de la Caleta
Playa
de las
Aguas
San
Marcos
San Juan
de la Rambla
Las
Aguas
San
Vicente
La
Romántica
Lago Martínez
P.C.
Martíanez
La Corujera
Santa
Úrsula
Punta Negra
**Buenavista
del Norte**
Garachico
La
Caleta
Icod
de los Vinos
Santa
Bárbara
La
Rambla
San
Antonio
32
Mirador Humboldt
LA OROTAVA
La Guancha
39
38
36
33
34
45
La
Concepción
La Orotava/P.d.T.
Las Casas
Punta del Ancón
Mirador
de Don Pompeyo
Los Silos
Tanque
Cruz
Grande
San Juan
del Reparo
Drago Milenario
22
5
Icod
el Alto
Realejos
**LOS
REALEJOS**
Realejo
Alto
Cruz
Santa
La Perdoma
La Hacienda Perdida
El Palmar
Las
Portelas
Montañeta
La
Vega
Ermita de
San Bernabé
El Amparo
El Camino
de Chasna
Brezal
36
21
Los Órganos
Mi
2054
Barranco
del Agua
9%
Erjos
Ruigómez
Hoya
de Redonda
Valle
de
Orotava
Puerto
de Izaña
Teno
El Palmar
Ermita de
San José
82
**Parque Rural
de Teno**
29
Las
Hiedras
Parque Natural
Degollada
del Cedro
Carretera
Dorsal
Observatorio
Meteorológico
de
Puerto de Izaña
2300
2386
Masca
**Santiago
del Teide**
Las
Manchas
La Vista
del Cedro
2179
Abejera Grande
2131
Corral del Niño
2000
Centro de
Visitantes
Abreo
Chiqueros
Abreo
2400
Volcán de Fasnia
2221
Playa del Carrizal
Puntilla Piedra de las Viejas
El Molledo
El Retamar
Los Castillos
Laderas del Teide
Volcán de
la Botija
1939
Cueva
del Hielo
Teide
3715
Montaña
Blanca
2750
Los Huevos del Teide
Baja del Bizcocho
La Canalita
Acantilado de
los Gigantes
Tamaimo
28
38
La Asomada
del Gato
Cueva
del Hievo
Panorama
Pico Viejo
3134
Cuevas
Negras
21
de
Volcán de
Barranco
179
Arguayo
Los Pinos
Altos
Los Hoyas
**Parque
Nacional
del
Teide**
2300
8%
Hoya
Honda
La Za
Los Gigantes
Puerto de Santiago
Chío
Chiguergue
Guía
Parador
Centro de Servicios
del Parque Nacional
**de
Corona**
El Bueno
Playa de la Arena
Chirche
Cañada
de los Azulejos
Boca
de Tauce
2046
Forestal
Sombre
Punta de Alcalá
Alcalá
Virgen de
la Luz
Guía de Isora
El Jaral
Zapato de
la Reina (roca)
Lomo
Oliva
Playa de la Barrera
Playa Rosalía
San Juan
47
Tejina
Vera
de Erque
82
Las
Ánimas
2165
Lomo Largo
La Sabinita
Villa de
24
Tijoce
de Arriba
El Grillo
21
Casas
San Juan
Ab
Tijoco Bajo
Casas
La Concepción
Taucho
Casa
La Quinta
Barranco
del Infierno
27
Ermita de
San Roque
Vilaflor
Carretera
del Sur
Lomo
de Arico
180
Puerto
de los Mozos
Casas
Los Menores
Santa
Úrsula
ADEJE
Escalona
51
**GRANADILLA
DE ABONA**
Las Vegas
El Río
Autopista del Sur
Chimiche
Casas
de Pegueras
Playa Paraíso
El Becerro
El Puertito
Fañabé
79
Las
Palomas
El Desierto
P.I.R.S.)Tajao
46
Santa Cruz de la Palma
Punta de las Gaviotas
La Caleta
78
ARONA
Valle de
San Lorenzo
Charco
del Pino
El Salto
Pie de Granadilla/
Chimiche/
El Río
49
Playa de la Enramada
Toviscas/
Playa Fañabe
S.Eug./Parque
las Águilas
76
El
Roque
San Miguel
Sabinita
Aldea Blanca
del Llano
San
Isidro
52
Casas
el-Guirre
Playa del Bobo
30
La Caldera
Cabo
Blanco
Mirador
de la Centinela
Buzanada
Chuchurum-
bache
San Miguel/
Las Galletas
55/57
Granadilla/
El Médano/
San Isidro
Punta del Tanque del
Playa
Playa de las Américas
Playa de Torviscas
29
28
Arona
72
21
Parque
de la Reina
62/24
Los Abrigos
El Médano
Aeropuerto
Reina Sofía
Aeropuerto
Tenerife Sur
179
Los Cristianos
26
Valle S.Lorenzo
Guaxa/Los Cristianos
TF-1
25
Charco
del Lino
Guaza/Los Cristianos
Cañada Blanca
El
Guincho
TFS
Playa del Médano
San Sebastián de la Gomera
Guaza
Los Abrigos
El Guincho
180
El Palm-Mar
Barriada de
Entre-canales
**Costa
del Silencio**
Urbanización
El Guincho
Punta
Roja
Playa de
la Tejita
Piedra Mena
Punta
Salema
Las
Galletas
Punta del Callao
181

OCÉANO

ATLÁNTICO

Arrecife

Las Palmas de Gran Canaria

Agaete (Gran Canaria)

Morro Jable

Punta del Hidalgo

Bajamar

Parque Rural

Punta del Fraile

Caleta del Arco

Tejina

Valle de Guerra

Tegueste

SAN CRISTÓBAL DE LA LAGUNA (LA LAGUNA)

Pedro Alvarez

Vega de las Mercedes

Catedral El Drago

La Higuerita

Parque Municipal

14

Monumento de los Caídos

Na. Sa. de la Concepción

SANTA CRUZ DE TENERIFE

Aeropuerto Tenerife Norte TFN

El Ortigal

Parque Baldios

La Esperanza

San Bartolomé de Geneto

Barrio de Chamberí

El Rosario

Las Rosas

El Tablero

Barranco Grande

Playa del Muerto

Sta.María d.M./Autopista del Norte

Santa María del Mar

Mirador Pico de la Flores

28

Barranco Hondo

Carretera del Sur

Tabaiba

Barranco Hondo

Autopista del Sur

Playa de la Nea

Igueste

La Caletillas

Playa de las Caletas

Araya

Las Cuevecitas

Las Arenitas

Playa de las Arenas

CANDELARIA

Basílica

Malpaís

Arafo

Playa de Lima

El Socorro

Playa de la Entrada

Güímar

Punta de la Cruz

Valle de Güímar

Güímar

TF-1

Puerto de Güímar

Playa de Arriba o Las Bajas

Mirador de Don Martín

Pájara

26/12

Punta Prieta/La Caleta

La Medida

83

Playa Bco Arriba

Playa de la Margallera

Fasnia

El Tablado/El Escobonal

El Tablado

Fondeadero del Escobonal

Fasnia/Los Roques

30/13

Punta del Abrigo

32/14

Fondeadero de Fasnia

15

Cambio de Sentido

Las Eras

35/16

Punta de Honduras

Cuevas de las Ricas

Playa de las Ceras

Arico/Poris de Abona

39

Punta La Ternera

Poris de Abona

Playa Grande

Sanatorio de Abona

de la Jaca

Sordo

La Palma

Punta de Rabisca

Caleta de la Furna

Punta de Valiero

El Palmar

Don Pedro

El Tablado

Punta Gaviota

Punta del Corcho

Faro de Punta Cumplida

Roque de las Tababas

306

Santo Domingo de Garafía

Santo Domingo

Gallegos

Barlovento

La Cuesta

Punta y Prois de Santo Domingo

Roque de los Tababas

584

Franceses

700

Lago de Barlovento

Los Sauces

La Verada

Caleta Paso de la Soga

Lomada Grande

Llano Negro

Casas de la Mata

Hoya Grande

Verada de las Lomadas

Bermúdez

San Andrés

Punta Gorda

El Castillo

Matos

503

La Tricias

1209

Roque del Faro

Los Tilos

Casa del Salto

San Juan

La Galga

56

Playa de Nogales

Punta del Serradero

Don Pancho

629

Puntagorda

Dragos

Roque de los Muchachos

2426

Pico de la Cruz

2351

Observatorio Astrofísico

Caldera de Taburiente

Parque Natural de las Nieves

Barranco

Cubo de la Galga

El Granel

Puntallana

Punta Salinas Salinas

176

Tinizara

Parque Nacional de la Caldera de Taburiente

Pico de las Nieves

2247

Mirador San Juanito

Santa Lucía

1

Playa de Camariño

Playa de la Veta

Somada Alta

1926

Roque Idafe

Panorama

Lomo de los Gomeros

Los Alamos

Tenagua

45

Tijarafe

El Pinar

Pico del Cedro

2091

Las Toscas

Playa de las Vinagreras

La Capellanía

Arecida

El Jesús

La Caldera

Casas La Viña

Panorama La Cumbrecita

1854

Las Nieves

Miranda

Castillo de Santa Catalina

Playa de Jurado

Las Cabezadas

Pico Bejenado

1854

Lomo de las Choias

1854

Buenavista de Arriba

Santa Cruz de la Palma

Punta de la Corvina

La Punta

Mirador El Time

Los Llanos de Aridane

Nuevo Túnel de La Cumbre

San Pedro de Breña Alta

La Cuesta

Arrecife

Punta del Moro

El Risco

Mirador El Risco

Parador

Las Palmas de Gr. C.

Santa Cruz de T.

Puerto

El Llanito

El Socorro

El Fuerte

Playa de Cancajo

Los Cristianos (Tenerife)

Las Rosas

Cardón

El Paso

Montaña de Enrique

800

San José

26

La Rosa

Monte de Breña

Aeropuerto Santa Cruz de la Palma

SPC

Los Cancajos

San Antonio

Tazacorte

Tajuya

Volcán de Tajogaite

1120 m

1261

1200

Casa Forestal

El Pueblo

San Blas

Lodero

Callejones

La Costa

Lava

Llano del Corazón de Jesús

1808

Ermita del Corazón de Jesús

San Nicolás Blanco

1032

San Simón

Cueva del Belmaco

Casas de la Bombilla

Puerto Naos

Las Manchas

MALPAÍSES

Deseada Nambroque

1949

Refugio de Tigalate

Tigueorte

Playa del Burro

Playa Arenas Blancas

Jedey

Ermita de Santa Cecilia

Casas del Remo

Caldera del Búcaro

Tigalate

Playa del Azufre

Playa de la Barqueta

Bahía de los Roques

177

Punta del Cabestro

Cumbre Vieja

1593

El Charco

Monte de Luna

Fuego

1249

42

Bahía de la Balera

Punta del Poris

Playa Martín

Playa del Río

Playa de los Roquitas

Punta Banco

Playa y Bajas de Zamora

Las Indias

Los Roques de Anaga

Las Caletas

Punta del Hombre

Los Quemados

Los Canarios

Fuencaliente de la Palma

178

Punta Larga

Volcán de Teneguía

439

Caleta del Ancón

Faro de Fuencaliente

Punta de Fuencaliente

O C É A N O

A T L Á N T I C O

Lanzarote

Parque Natural del
**Archipiélago
Chinijo**

Alegranza
Punta Mosegos
Punta Grieta
Caleta de Morro Alto
Punta de los Mosquitos
Faro de Alegranza
La Caldera
52
Alegranza
Punta Delgada
Punta Trabuco
Punta de la Mareta
El Caletón

Roque del Oeste
Montaña Clara 256
Punta de la Camella
Caleta de Gu'zman
Punta Gorda
Punta del Aqua
157
Playa de las Conchas
Baja de las Majapalomas
Playa Lampra
Punta de Pedro Barba
O de la Sonda
La Baja del Ganado
Las Agujas
Pedro Barba
Caleta de Pedro Barba
Graciosa
Punta del Bajo
Caleta de Burro
266
Caletón de las Huertas
Caleta de Árriba
Punta Fariones
Playa de la Canteria
Playa Francesa
La Punta
Orzola
Charca de la Laja
El Río
El Arco
Caletón Blanco
Mirador del Río
Yé
Casas La Breña
C. del Guincho
Caleta del Mojón Blanco
La Bahía
Guinate
Los Molinos
Punta Prieta
La Caleta
1
Casas Las Escamas
Los Lomillos
22
Mágues
Cueva de los Verdes
Punta Escamas
Punta Usaje
Haría
Jameos del Agua
Los Caletones
Punta Guerra
Las Bajas
Faja 451
10
Arrieta
Punta de Mujeres
Playa de la Garita
Bajamar
Playa de Famara
Tabayesco
La Caleta de Famara
Cortijo de Don Juan Feo
Mirador de Haría
Caleta de Campo
Boca del Aljibe
Punta Prieta
Punta del Caballo
Urbanización Famara
Punta de la Pared
La Isleta
la Costa
Casa del Molino
10
Mala
El Roque
La Santa
Sóo 293
Ermita del Valle
Los Valles
Playa del Serfio
Caletòn de las Ánimas
Urbanización Vista Graciosa
El Jable
Las Laderas
Eremita de San Sebastián
Charco del Palo
Piedra Mansa
67
El Cuchillo
Guatiza
Teneza 368
Tinajo
Muñique
Ermita de San Rafael
Teguise
33
Urbanización Los Cocoteros
Playa del Tío Joaquin
Islotes de Punta Gaviota
20
Tiagua
El Mojón
1
Punta Gaviota
Volcán Nuevo
Playa de Chó Gregorio
Mancha Blanca
La Vegueta
Castillo de Guanapay
Ensenada del Banco
Playa de la Madera
Casas del Islote
46
Ermita de los Dolores
Treseguite
Punta del Paletón
Las Cañas 458
30
Tao
Názaret
Urbanización Oasis de Nazaret
El Volcán
Parque Nacional de Timanfaya
56
Mozaga
Monumento al Campesino
10
Urbanización Las Cabreras
Corona 235
Caleta de la Ensenade
Casas de la Florida
San Bartolomé
34
Tahiche
Punta de Tierra Negra
Bonanza Cumplida
Natural
Islote de Hilario
Montaña Negra 510
M. Mina
Fundación César Manrique
321
Tahiche
Ensenada de la Gorrina
Ruta de los volcanes
517
Casa del Rincón
20 444
Argana
11
Las Salinas
Pico Partido
de
Casas de El Golfo
Montaña Blanca
35
Costa Teguise
Playa del Paso
Montañas del Fuego
Conil
Güima
Aeropuerto
Punta de Tope
Punta del Jurado
67
Los Volcanes
La Geria
Vegas de Tegoyo
Tías
Tías
Puerto del Carmen
LZ20
3
Playa Bastián
El Golfo
La Asomada
Tías
LZ-2
Ensenada de las Caletas
Playa de Montaña Bermeja
30
Mácher
23
Castillo de San José
Los Hervideros
Yaiza
Uga
Cortijos Viejos
Casa de los Majones
Urbanización Los Pocillos
ACE
Aeropuerto Lanzarote-Arrecife
Castillo de San Gabriel
Punta del Volcán
2
Las Casitas de Femés
Pico Naos 415
40
Urbanización Playa Honda
Arrecife
Salinas de Janubio
18
Atalaya de Femés 608
Femés
Playa Quemada
Casa de los Majones
Hoyas Hondas
Urbanización San Antonio
Playa de Janubio
Boo de la Higuera
Puerto del Carmen
Caletón del Río
Punta Ginés
Urbanización Atlante del Sol
Casas de Masión
Los Rostros
Hacha Grande 560
La Puntilla
Playa de la Arena
Caleta Piedra Alta
Urbanización Montaña Baja
2
La Capagna
(Ruinas)
Playa Blanca
Bahía de Avila
Punta Pechiguera
Punta Limones
Punta del Águila
Playa Mujeres
Caleta Larga
Punta Gorda
Corralejo
Caleta del Congrio
Punta del Papagayo
Las Palmas de Gran Canaria, Santa Cruz de Tenerife, Santa Cruz de la Palma
Puerto del Rosario (Fuerteventura)
Cádiz

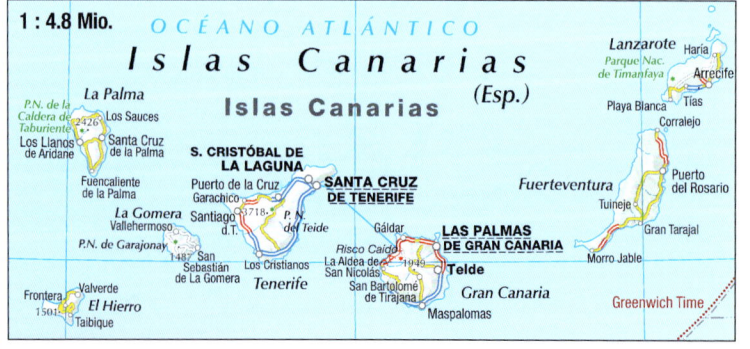

1 : 4.8 Mio.

O C É A N O   A T L Á N T I C O

I s l a s   C a n a r i a s

Islas Canarias
(Esp.)

P.N. de la Caldera de Taburiente
2426
La Palma
Los Sauces
Santa Cruz de la Palma
Los Llanos de Aridane
Fuencaliente de la Palma
La Gomera
Vallehermoso
P.N. de Garajonay
1487
S. CRISTÓBAL DE LA LAGUNA
Puerto de la Cruz
Garachico
1718
Santiago d.T.
SANTA CRUZ DE TENERIFE
P.N. del Teide
San Sebastián de la Gomera
Los Cristianos
Tenerife
Gáldar
Risco Caído
LAS PALMAS DE GRAN CANARIA
Telde
La Aldea de San Nicolás
San Bartolomé de Tirajana
Gran Canaria
Maspalomas
Lanzarote
Haría
Parque Nac. de Timanfaya
Arrecife
Playa Blanca
Corralejo
Fuerteventura
Tuineje
Puerto del Rosario
Gran Tarajal
Morro Jable
Greenwich Time
Frontera 1501
Valverde
El Hierro
Taibique

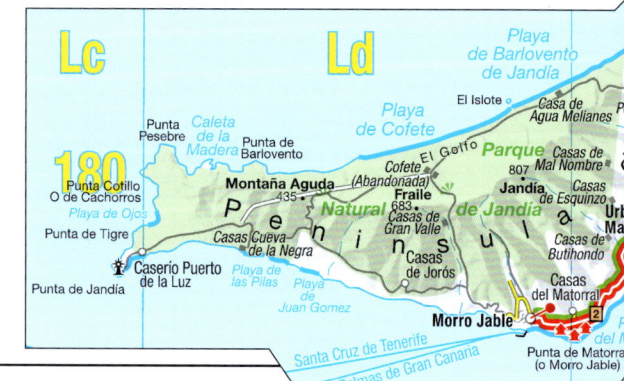

Lc   Ld

180

Playa de Barlovento de Jandía
Playa de Cofete
El Islote
Casa de Agua Melianes
Punta Pesebre
Caleta de la Madera
Punta de Barlovento
Cofete
(Abandonada)
El Golfo
807
Casas de Mal Nombre
Parque
Punta Cotillo O de Cachorros
Montaña Aguda
Fraile 683
Jandía
Casas de Esquinzo
Playa de Ojos
Natural
Casas de Gran Valle
de Jandía
Punta de Tigre
Casas Cueva de la Negra
Urb. Mar
Caserío Puerto de la Luz
Casas de Jorós
Casas de Butihondo
Punta de Jandía
Playa de las Pilas
Playa de Juan Gomez
Casas del Matorral
Morro Jable
Punta de Matorral (o Morro Jable)
Santa Cruz de Tenerife
Las Palmas de Gran Canaria

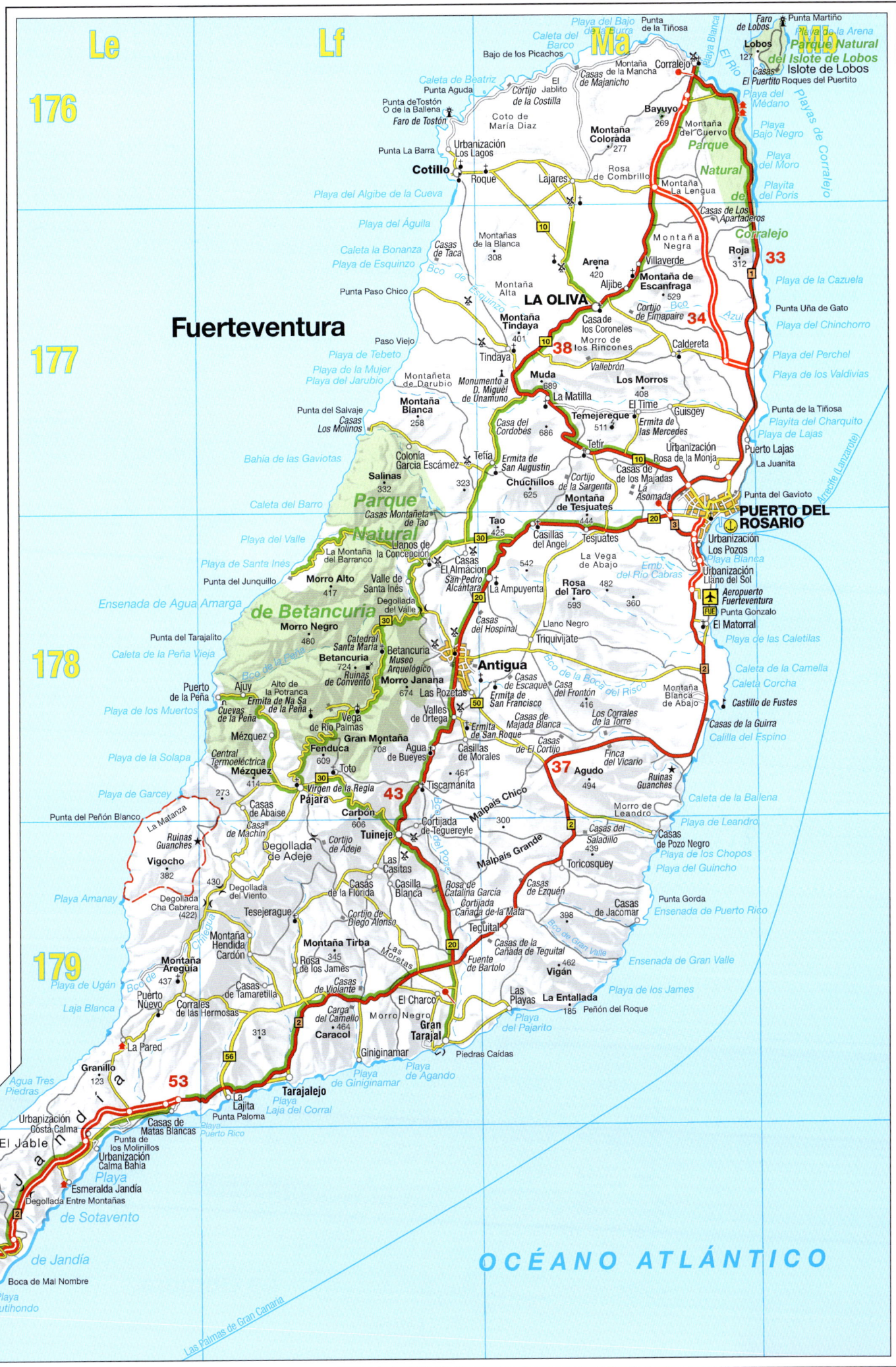

Le
Lf
Ma

176

Faro de Lobos · Punta Martiño
Punta de la Tiñosa
Playa del Bajo de la Burra
Caleta del Barco
Bajo de los Picachos
Casas de la Mancha
El Jablito
Cortijo de la Costilla
Punta Aguda
Caleta de Beatriz
Punta deTostón O de la Ballena
Faro de Tostón
Coto de María Diaz
Montaña Colorada 277
Bayuyo 269
Montaña del Cuervo
Corralejo
Lobos
127
Casas
El Puertito
Roques del Puertito
Islote de Lobos
Parque Natural del Islote de Lobos
Parque
Playa de la Arena
Playa del Médano
Playa Bajo Negro
Playas de Corralejo

Urbanización Los Lagos
Cotillo
Roque
Lajares
Rosa de Combrillo
Montaña La Lengua
Natural
Casas de los Apartaderos
Playa del Moro
Playita del Poris

Punta La Barra
Playa del Algibe de la Cueva
Playa del Águila
10
Montañas de la Blanca 308
Montaña Negra
Villaverde
Montaña de Escanfraga 529
Roja 312
de
33
1
Playa de la Cazuela

177

Fuerteventura

Caleta la Bonanza
Playa de Esquinzo
Casas de Taca
Punta Paso Chico
Montaña Alta
Arena 420
Aljibe
LA OLIVA
Montaña Tindaya 401
Casa de los Coroneles
Cortijo de Fimapaire
34
Corralejo
Azul
Punta Uña de Gato
Playa del Chinchorro
Playa del Perchel
Playa de los Valdivias

Bco de Esquinzo
Paso Viejo
Tindaya
Montañeta de Darubio
Monumento a D. Miguel de Unamuno
38
Morro de los Rincones
Cardeleta
Vallebrón
Muda 689
La Matilla
Los Morros 408
El Time
Guisgey
Punta de la Tiñosa
Playita del Charquito
Playa de Lajas

Playa de Tebeto
Playa de la Mujer
Playa del Jarubio
Punta del Salvaje
Casas Los Molinos
Montaña Blanca 258
Colonia García Escámez
Tefía
Ermita de San Augustin
Chúchillos 625
Temejereque 511
Ermita de las Mercedes
Tetir
Urbanización Rosa de la Monja
10
Puerto Lajas
La Juanita

Bahía de las Gaviotas
Salinas 332
Casas Montañeta de Tao
Casas del Cordobés 686
Cortijo de la Sargenta
La Asomada
Casas de los Majadas
PUERTO DEL ROSARIO
Punta del Gavioto

Caleta del Barro
Parque
La Montaña del Barranco
Casas El Almácion
San Pedro Alcántara
Tao 425
Casillas del Angel
Montaña de Tesjuates 444
Tesjuates
20
3
Urbanización Los Pozos
Playa Blanca

Playa del Valle
Playa de Santa Inés
Natural
Morro Alto 417
Valle de Santa Inés
La Ampuyenta
La Vega de Abajo
Rosa del Taro 593
Emb. del Río Cabras
482
360
Urbanización Llano del Sol
Aeropuerto Fuerteventura
FUE
Punta Gonzalo
El Matorral
Playa de las Caletillas

178

Ensenada de Agua Amarga
de Betancuria
Morro Negro 480
Degollada del Valle
30
Casas del Hospital
Llano Negro
Triquivijate
Montaña Blanca de Abajo
Caleta de la Camella
Caleta Corcha
Castillo de Fustes
Casas de la Guirra

Punta del Tarajalito
Caleta de la Peña Vieja
Catedral Santa María
Betancuria
Museo Arqueológico
724
Ruinas de Convento
Antigua
Casas de Escaque
Ermita de San Francisco
Casa del Frontón 416
Los Corrales de la Torre
Montaña Blanca de Abajo
Calilla del Espino

Puerto de la Peña
Ajuy
Alto de la Potranca
Ermita de Na Sa de la Peña
Cuevas de la Peña
Morro Janana 674
Las Pozetas
Valles de Ortega
50
Ermita de Majada Blanca
Casas de San Roque
Casas de El Cortijo
Finca del Vicario
Ruinas Guanches
Caleta de la Ballena

Playa de los Muertos
Mézquez
Vega de Río Palmas
Gran Montaña
Fenduca 708
Agua de Bueyes
Casillas de Morales
37
Agudo 494
Morro de Leandro
Playa de Leandro

Playa de la Solapa
Central Termoeléctrica
Mézquez 414
609
30
Virgen de la Regla
Toto
461
Tiscamanita
Malpaís Chico
300
2
Casas del Saladillo 439
Casas de Pozo Negro
Playa de los Chopos
Playa del Guincho

Playa de Garcey
273
Casas de Abaise
Casa de Machin
Pájara
Carbón
606
Tuineje
43
Cortijada de-Teguereyele
Malpaís Grande
Toricosquey
Casas de Ezquén
Punta Gorda
Ensenada de Puerto Rico

Punta del Peñón Blanco
La Matanza
Ruinas Guanches
Vigocho 382
430
Degollada de Adeje
Cortijo de Adeje
Las Casitas
Rosa de Catalina García
Cortijada Cañada de la Mata
398
Casas de Jacomar

Playa Amanay
Degollada del Viento
Degollada Cha Cabrera (422)
Tesejerague
Casas de la Florida
Casilla Blanca
Cortijo de Diego Alonso
Teguital
Casas de la Cañada de Teguital

179

Montaña Hendida Cardón
Montaña Tirba
345
Las Moretas
Fuente de Bartolo
Vigán 462
Ensenada de Gran Valle

Montaña Aregüia 437
Rosa de los Jámes
Casas de Violante
20
Las Playas
La Entallada 185
Peñón del Roque
Playa de los Jarnes
Playa del Pajarito

Playa de Ugán
Puerto Nuevo
Corrales de las Hermosas
Casas de Tamaretilla
El Charco
Morro Negro
Gran Tarajal
Piedras Caídas

Laja Blanca
313
2
Carga del Camello 464
Caracol
Giniginamar

Agua Tres Piedras
Granillo 123
56
53
La Lajita
Punta Paloma
Playa Laja del Corral
Playa de Giniginamar
Playa de Agando

El Jable
Urbanización Costa Calma
Casas de Matas Blancas
Punta de los Molinillos
Urbanización Calma Bahía
Playa Puerto Rico

Playa Esmeralda Jandía
Degollada Entre Montañas
2
de Sotavento

Boca de Mal Nombre
Playa de Butihondo
Playa de cal
de Jandía
OCÉANO ATLÁNTICO

E 183

Gran Canaria

La Gomera

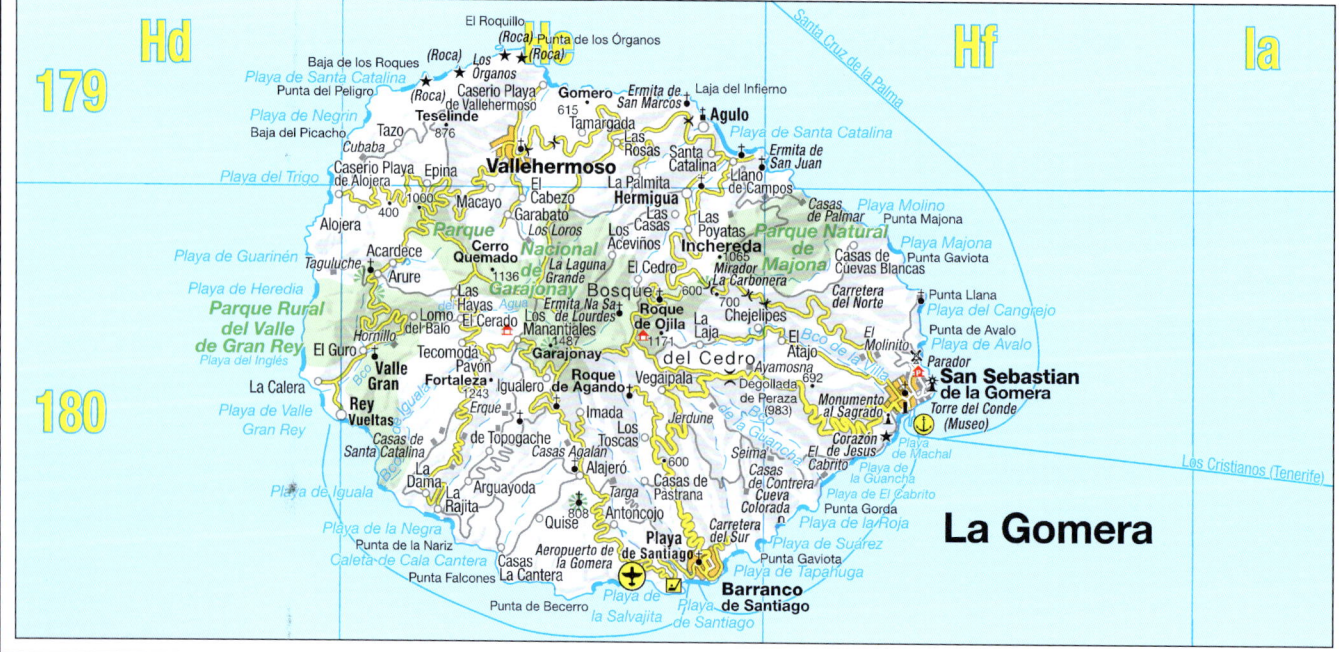

Distancias en kilómetros · Distâncias em kilómetros · Entfernungen in Kilometer · Distances in kilometres
Distanze in chilometri · Distances en kilomètres · Afstanden in kilometer · Odległości w kilometrach
Vzdálenosti v kilometrech · Kilométertávolság · Afstænder i kilometer · Kilometerangivelse

(E) ESPAÑA

	Zaragoza	Zamora	Vitoria	Valladolid	Valencia	Toledo	Teruel	Tarragona	Soria	Sevilla	Segovia	Santander	San Sebastián	Salamanca	Pontevedra	Pamplona	Palencia	Oviedo	Ourense	Murcia	Málaga	Madrid	Lugo	Logroño	Lérida	León	Jaén	Huelva	Guadaljara	Granada	Girona	Cuenca	Córdoba	Ciudad Real	Castellón	Cádiz	Cáceres	Burgos	Bilbao	Barcelona	Badajoz	Ávila	Almería	Alicante	Albacete	A Coruña
A Coruña	781	395	599	438	948	665	895	1014	619	922	527	454	641	460	133	692	440	286	173	994	1119	591	98	614	928	315	921	943	654	1009	1166	759	987	794	1014	1042	662	487	546	1088	654	518	1140	1015	852	
Albacete	391	512	598	449	187	246	220	419	448	503	350	665	692	473	872	569	498	705	759	146	504	253	757	548	473	596	306	596	282	362	603	141	372	200	235	625	506	485	638	510	504	367	356	168		
Alicante	484	679	744	616	166	413	318	432	551	595	517	832	748	639	1027	662	665	871	926	82	472	419	940	654	558	762	407	692	448	351	617	308	555	383	283	642	672	652	787	524	688	534	291			
Almería	756	803	901	739	438	499	591	704	769	413	640	984	996	763	1150	934	789	995	1049	218	206	552	1048	868	758	886	225	509	602	168	889	496	366	390	555	443	676	789	942	796	622	658				
Ávila	424	179	357	119	465	131	414	657	253	498	68	364	452	109	528	450	169	373	427	511	636	108	426	372	657	264	438	580	171	526	809	276	504	251	565	618	238	245	398	731	328					
Badajoz	718	358	650	414	661	367	708	952	632	210	392	657	745	292	558	743	462	607	566	670	421	404	659	665	951	498	376	292	465	464	1104	547	264	310	761	330	92	538	691	1026						
Barcelona	313	825	567	728	351	692	428	100	467	996	663	708	571	845	1109	485	691	896	1057	589	997	624	994	477	170	784	799	1090	564	888	102	541	865	693	282	1118	920	606	610							
Bilbao	302	377	62	280	611	468	475	536	230	861	352	100	101	397	614	155	243	285	609	783	921	402	481	136	450	336	723	943	401	811	688	552	789	596	554	981	601	158								
Burgos	300	225	118	127	589	315	380	533	142	709	200	181	213	244	508	211	90	296	456	631	768	249	410	134	533	183	570	790	248	659	685	399	636	443	552	828	449									
Cáceres	611	268	559	323	629	260	602	845	525	267	302	567	655	201	627	652	372	516	526	651	478	297	569	575	844	408	433	349	358	521	997	440	321	271	729	387										
Cádiz	965	649	940	704	776	614	785	1025	878	124	683	948	1035	582	899	1033	752	897	907	568	236	650	950	956	1151	788	332	213	712	294	1210	686	263	449	876											
Castellón	309	676	569	612	74	433	144	187	376	719	513	710	573	636	1035	487	555	868	922	311	720	419	920	479	241	759	522	812	383	610	372	263	588	416												
Ciudad Real	510	458	555	394	352	117	361	601	423	326	295	639	651	351	817	585	444	650	704	361	344	206	702	523	657	541	170	419	256	259	786	267	195													
Córdoba	700	582	745	584	521	344	530	770	770	613	485	829	841	515	796	775	634	840	841	476	159	397	892	713	847	731	120	234	447	202	955	431														
Cuenca	289	422	510	358	199	179	147	448	270	564	259	578	517	382	781	432	400	614	668	286	565	165	667	369	441	505	367	657	135	455	633															
Girona	390	903	645	805	443	769	520	192	544	1088	740	785	638	922	1247	563	768	974	1134	680	1089	701	1072	555	231	861	891	1181	641	979																
Granada	722	671	768	607	498	366	553	793	636	248	508	852	864	631	1030	798	657	863	917	277	125	419	915	736	870	754	92	344	469																	
Guadaljara	257	313	358	249	333	130	245	490	170	591	150	426	418	273	672	332	248	505	559	426	580	62	557	270	404	396	382	673																		
Huelva	928	611	903	667	749	576	758	998	841	96	646	911	998	545	812	996	715	860	855	621	303	613	912	918	1075	751	348																			
Jaén	636	584	682	520	457	280	466	706	550	250	421	765	777	544	943	712	570	776	830	335	203	333	829	649	783	667																				
León	478	142	296	136	695	411	552	711	316	669	273	270	392	206	409	389	138	125	296	741	865	337	222	312	625																					
Lérida	152	664	406	567	313	531	323	103	306	992	502	547	410	684	1009	324	138	735	896	550	982	463	833	316																						
Logroño	171	351	83	254	479	397	341	404	101	835	326	234	167	371	686	85	530	422	583	717	848	329	520																							
Lugo	688	303	506	345	856	572	802	921	526	830	434	395	602	367	195	599	217	227	95	902	1026	498																								
Madrid	314	254	356	191	357	72	302	547	227	534	92	424	452	214	613	389	348	446	501	400	529																									
Málaga	834	733	880	719	620	478	665	905	748	206	620	964	976	666	947	910	768	975	991	400																										
Murcia	546	658	742	594	228	391	382	495	593	523	495	810	838	618	1017	725	644	850	904																											
Ourense	750	260	568	346	856	573	803	983	550	787	435	542	664	324	117	661	344	327																												
Oviedo	591	251	345	255	804	521	665	824	429	778	383	193	381	316	384	438	250																													
Palencia	385	149	203	51	591	333	419	618	204	633	165	201	299	168	458	296																														
Pamplona	177	430	99	332	486	459	348	411	178	914	405	253	83	449	774																															
Pontevedra	864	374	682	460	970	687	917	1098	664	745	549	550	738	438																																
Salamanca	538	66	356	120	571	237	518	771	323	462	174	363	451																																	
San Sebastián	263	433	101	335	571	523	433	496	263	917	407	196																																		
Santander	401	344	161	247	710	529	572	634	329	828	360																																			
Segovia	358	190	315	116	448	165	395	592	192	559																																				
Sevilla	845	529	820	584	654	477	663	903	759																																					
Soria	159	305	187	208	377	299	239	392																																						
Tarragona	239	751	493	654	259	618	336																																							
Teruel	171	558	431	422	144	326																																								
Toledo	384	321	428	258	373																																									
Valencia	309	612	569	548																																										
Valldolid	420	101	238																																											
Vitoria	261	337																																												
Zamora	519																																													
Zaragoza																																														

km
10 km = 6.2 miles

(P) PORTUGAL

	Viseu	Vilar Formoso	Vila Verde de Raia	V. Verde de Ficalho	Vila R. de S. Antonio	Vila Real	Viana do Castelo	Valença do Minho	Setúbal	Segura	Santarém	São Leonardo	São Gregório	Quintanilha	Porto	Portalegre	Lisboa	Leiria	Guarda	Galegos/Marvão	Fátima	Faro	Évora	Coimbra	Castelo Branco	Caia e São Pedro	Bragança	Braga	Beja	Aveiro
Aveiro																														
Beja																														377
Braga																													498	127
Bragança																												223	541	274
Caia e São Pedro																											423	404	170	294
Castelo Branco																										151	423	309	274	199
Coimbra																									135	228	287	172	339	62
Évora																								300	194	94	462	457	81	346
Faro																							227	444	460	373	335	600	147	490
Fátima																						363	217	89	145	209	368	246	262	136
Galegos/Marvão																					162	402	123	181	103	79	371	352	202	242
Guarda																				196	241	553	289	167	98	244	178	251	367	159
Leiria																			225	183	31	385	239	80	167	230	358	235	284	117
Lisboa																		147	318	238	127	278	132	206	223	219	485	363	177	253
Portalegre																	227	174	189	22	153	382	103	173	94	59	362	344	182	234
Porto																292	312	186	199	300	195	549	403	122	256	348	213	57	448	76
Quintanilha															228	378	500	374	193	386	383	737	479	303	288	434	22	239	557	290
São Gregório														464	340	89	136	243	275	108	223	291	34	219	180	84	448	390	114	280
São Leonardo													99	521	470	146	197	304	332	165	284	249	65	363	237	120	505	520	103	410
Santarém												218	164	436	248	164	81	82	253	173	62	306	160	141	157	247	420	298	205	188
Segura											216	163	201	331	319	114	283	228	142	94	208	520	232	198	60	133	316	369	311	259
Setúbal										320	117	579	102	537	349	194	48	180	354	213	163	244	99	242	258	185	521	399	143	289
Valença do Minho									460	429	357	540	518	306	117	404	424	298	354	412	307	661	515	234	368	460	290	74	560	188
Viana do Castelo								66	421	390	318	534	480	296	74	365	385	259	273	374	268	622	476	195	329	421	280	62	521	149
Vila Real							172	183	415	306	312	791	473	134	98	352	379	253	168	361	262	616	470	182	263	409	118	117	515	162
Vila Real de Santó Antonio						669	671	712	293	473	356	172	230	754	600	299	327	434	605	319	414	63	197	493	509	290	772	650	118	540
Vila Verde de Ficalho					131	571	573	614	195	263	258	54	149	593	502	217	229	337	404	237	316	202	115	395	308	142	577	552	54	442
Vila Verde de Raia				634	733	76	189	180	482	373	379	602	541	133	160	419	446	320	235	428	329	683	537	249	330	476	123	133	582	232
Vilar Formoso			267	436	636	203	304	344	386	147	283	364	307	226	233	221	350	270	42	230	274	587	322	199	132	277	210	282	401	191
Viseu		107	161	477	575	97	199	240	325	213	222	444	346	215	128	260	289	163	75	268	172	526	380	92	169	316	200	178	425	87

1 : 150 000

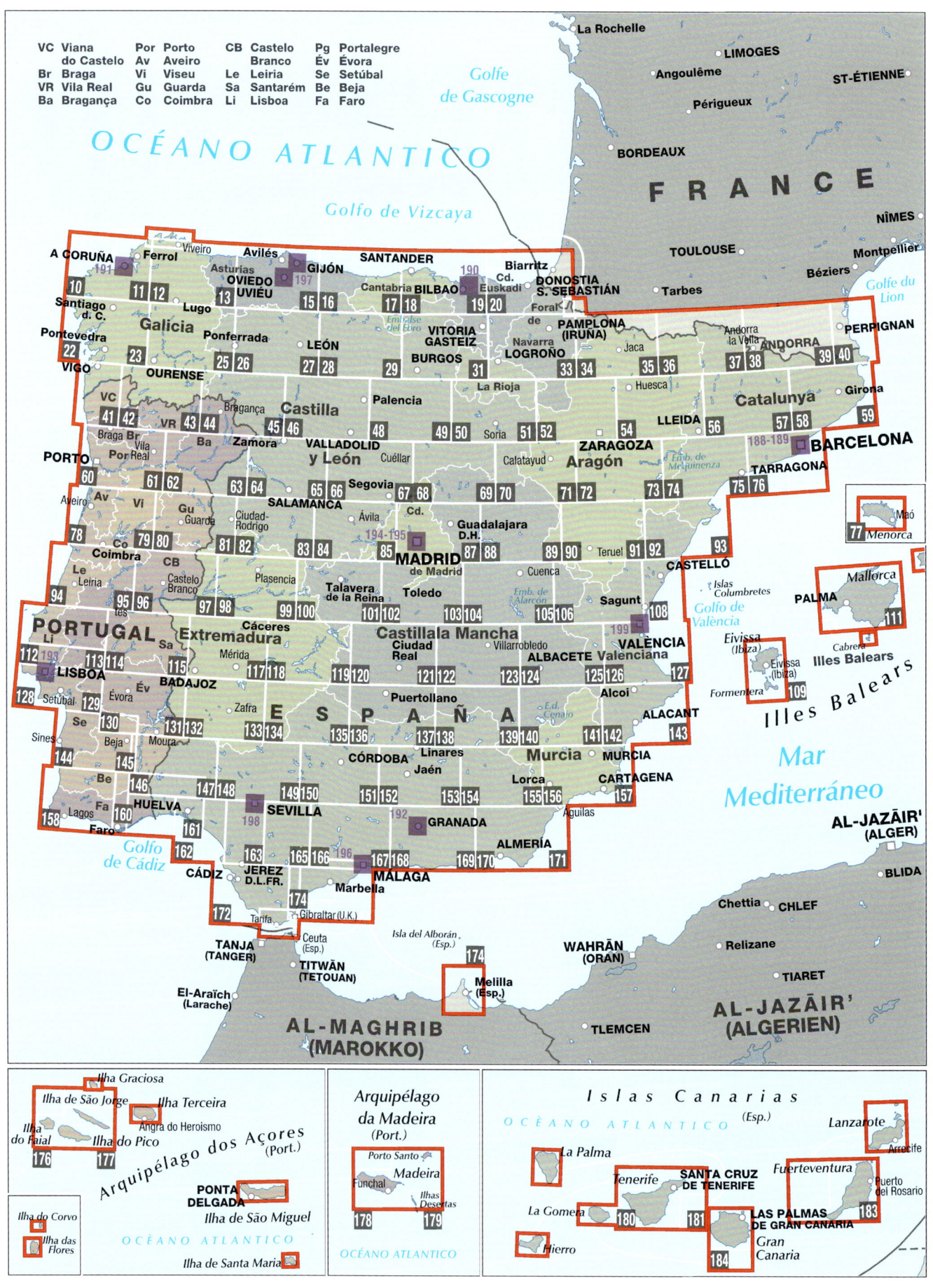

VC	Viana do Castelo	Por	Porto	CB	Castelo Branco	Pg	Portalegre
Br	Braga	Av	Aveiro	Le	Leiria	Év	Évora
VR	Vila Real	Vi	Viseu	Sa	Santarém	Se	Setúbal
Ba	Bragança	Gu	Guarda	Li	Lisboa	Be	Beja
		Co	Coimbra			Fa	Faro

1 : 150 000

Signos convencionales / Legenda (E)	Sinais convencionais / Objaśnienia znaków (P)	Zeichenerklärung / Vysvětlivky (D)	Legend / Legenda (UK)	Segni convenzionali (I)	Légende / Tumač znakova (F)
Autopista con acceso y número de acceso	Auto-estrada com ramal e número de acesso	Autobahn mit Anschlussstelle und Anschlussnummer	Motorway with junction and junction number	Autostrada con svincolo e svincolo numerato	Autoroute avec point de jonction et numéro de point de jonction
Estación de peaje, Carretera de peaje	Portagem, Estrada com portagem	Mautstelle, Gebührenpflichtige Straße	Toll station, Toll road	Stazione a barriera, Strada a pedaggio	Gare de péage, Route à péage
Autopista en construcción, Autopista en proyecto	Auto-estrada em construção, Auto-estrada em projecto	Autobahn in Bau, Autobahn in Planung	Motorway under construction, Motorway projected	Autostrada in costruzione, Autostrada in progetto	Autoroute en construction, Autoroute en projet
Autovía, Autovía en construcción	Via rápida de faixas separadas, Via rápida em construção	Schnellstraße, Schnellstraße in Bau	Dual carriageway, Dual carriageway under construction	Superstrada, Superstrada in costruzione	Chaussée double, Chaussée double en construction
Carretera federal	Estrada federal	Bundesstraße	Federal road	Strada statale	Route nationale
Carretera principal con nombres de calles, Carretera de tránsito con nombres de calles	Estrada principal com os nomes das ruas, Estrada de trânsito com os nomes das ruas	Hauptverbindungsstr. mit Str.-Namen, Durchgangsstr. mit Str.-Namen	Main road with street names, Thoroughfare with street names	Strada principale con i nomi delle strade, Strada di attraversamento con i nomi delle strade	Route principale avec des noms des rues, Route de transit avec des noms des rues
Número de autopista, Número de carretera europea	Número de auto-estrada, Número de estrada europeia	Autobahnnummern, Europastraßennummern	Motorway numbers, European road numbers	Numero di autostrada, Numero di strada europea	Numéro d'autoroute, Organismes européens
Transbordador para automóviles, Transbordador para pasajeros	Balsa para viaturas, Barca de passageiros	Autofähre, Personenfähre	Car ferry, Passenger ferry	Traghetto per auto, Traghetto passeggeri	Bac pour automobiles, Bac pour piétons
Ferrocarril, Tráfico de larga distancia con estación	Linha ferroviária, Tráfego de longa distância com estação	Eisenbahn, Fernverkehr mit Bahnhof	Railway, Long-distance traffic with station	Ferrovia, Traffico a lunga percorrenza con stazione	Chemin de fer, Le trafic grandes lignes avec gare ferroviaire
Área de servicio	Area de serviço	Autobahnraststätte	Service area	Area di servizio	Station service
Estación de servicio	Estação de serviço da estrada	Autobahntankstelle	Service station	Stazione di servizio	Station d'essence d'autoroute
Auto-estrada aparcamiento	Auto-estrada Parque de estacionamento	Autobahnparkplatz	Motorway parking place	Autostrada Parcheggio	Autoroute Parking
Aeropuerto	Aeroporto	Verkehrsflughafen	Airport	Aeroporto	Aéroport
Puntos de interés	Locais de interesse	Sehenswürdigkeiten	Tourist attractions	Interesse turistico	Curiosités
Zona edificada	Área urbana	Bebauung	Built-up area	Caseggiato	Zone bâtie
Aguas	Águas	Gewässer	Waters	Acque	Eaux
Frontera nacional	Fronteira nacional	Staatsgrenze	National boundary	Confine di Stato	Frontière d'État

(NL)	(PL)	(CZ)	(SK)	(DK)	(HR)
Autosnelweg met aansluiting en aansluitingnummer	Autostrada z węzłem i numerem węzła	Dálnice přípojkou a přípojka s cislem	Diaľnica s prípojka s prípojka číslo	Motorvej med tilkørsel og tilkørsel med nummer	Autocesta sa prilazom, a Izlaz-broj
Tolkantoor, Tolweg	Płatna rogatka, Droga płatna	Místo výběru poplatku, Silnice podléhajicí poplatkum	Miesto výběru poplatkov, Cesta s povinným poplatkom	Vejafgiftsstation, Afgiftsrute	Vámház, Dijelleneben használható út
Autosnelweg in aanleg, Autosnelweg in ontwerp	Autostrada w budowie, Autostrada projektowana	Dálnice ve stavbe, Dálnice plánovaná	Diaľnica vo výstavbe, Diaľnica plánovaná	Motorvej under opførelse, under planlægning	Autocesta u izgradnji, Autocesta u planu
Autoweg met gescheiden rijbanen, Autoweg in anleeg	Droga, Droga ekspresowa w budowie	Rychlostní komunikace, Rychlostní komunikace ve stavbe	Diaľnice, Diaľnice vo výstavbe	Motortrafikvej, Motortrafikvej under anlæg	Brza cesta, Brza u izgradnji
Rijksweg	Droga państwowa	Státní silnice	Hlavná diaľková cesta	Primærvej	Glavna tranzitna cesta
Hoofdweg, Weg voor doorgaand verkeer	Droga główna, Droga przelotowa	Hlavní silnice, Průjezdni silnice	Hlavná cesta, Priechodná cesta	Hovedvej med gadenavne Gennemfartsvej med gadenavne	Glavna veza, Glavna cesta
Motorvejnummer, Europees wegnummer	Numer autostrady, Numer drogi europejskiej	Číslo dálnice, Číslo evropské silnice	Číslo diaľnice, Číslo európskej cesty	Motorvejnummer, Europavejnummer	Broj autoceste, Broj europske ceste
Autoveer, Personenveer	Prom samochodowy, Prom pasażerski	Trajekt pro auta, Osobni přívoz	Trajekt pre automobily, Prievoz	Bilfærge, Passagerfærge	Trajekt za automobile, Osobe trajekt
Spoorweg, Langeafstandsverkeer met station	Kolej, ruchu dalekobieżnego z stacją	Dálková dopravní se stanici	Železnica, Draha pre diaľkovú dopravu so stanicou	Jernbanelinie, Fjerntrafik med banegård	Željeznica, Glavna tranzitna s stanica
Verzorgingsplaats	Miejsce obsługi podróżnych	Odpočívka	Motorest	Motorvejsrasteplads	Restoran
Autosnelwegbenzinestation	Stacja benzynowa przy autostradzie	Čerpací stanice na dálnici	Diaľnica benzinová pumpa	Motorvej tankstation	Benzinska crpka
Parkeerplaats	Autostrada parking	Významné zajímavosti	Parkovisko	Motorvej parkeringsplads	Parkiralište
Luchthaven	Port lotniczy	Dopravní letiště	Dobravné letisko	Lufthavn	Zračna luka
Bezienswaardigheden	Interesujące obiekty	Významné zajímavosti	Zaujímavosti	Seværdigheder	Znamenitosti
Bebouwing	Obszar zabudowany	Zastavěna plochna	Zastavená plocha	Bebyggelse	Zgrada
Wateren	Wody	Vodstvo	Vodstvo	Vande	Vode
Rijksgrens	Granica państwa	Státní hranice	Štátna hranica	Statsgrænse	Državna granica

187

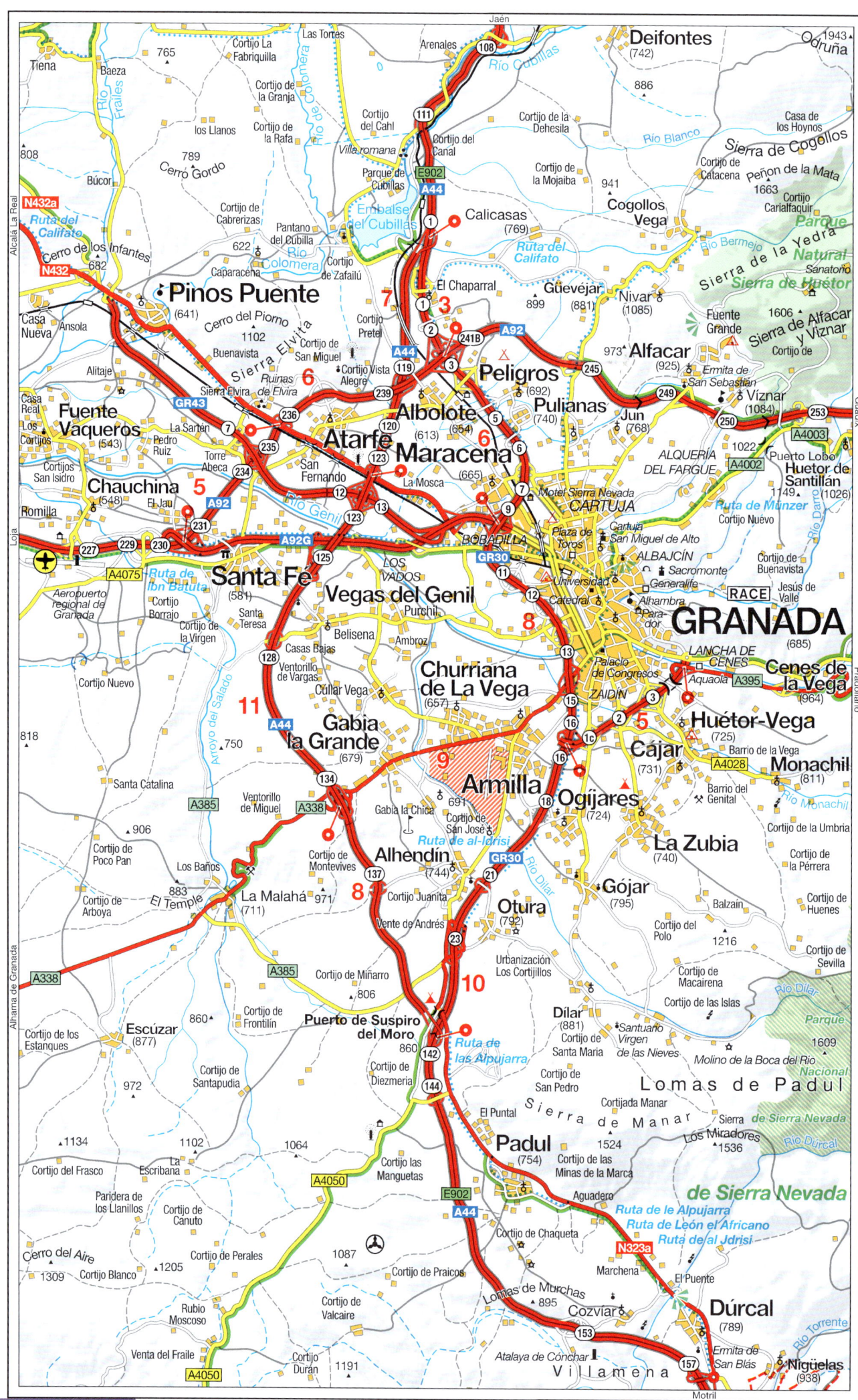

1 : 20 000

MAPA ÍNDICE   ÍNDICE DE MAPA   BLATTÜBERSICHT   KEY MAP
QUADRO D'UNIONE   CARTE D'ASSEMBLAGE   OVERZICHTSKAART   SKOROWIDZ ARKUSZY
KLAD MAPOVÝCH LISTU   KLAD MAPOVÝCH LISTOV   OVERSIGTSKORT   PREGLED LIST

1 : 20 000

Signos convencionales / Legenda (E)	Sinais convencionais / Objaśnienia znaków (P)	Zeichenerklärung / Vysvětlivky (D)	Legend / Legenda (UK)	Segni convenzionali / Tegnforklaring (I)	Légende / Tumač znakova (F)
Autopista	Auto-estrada	Autobahn	Motorway	Autostrada	Autoroute
Carretera de cuatro carriles	Estrada com quatro faixas	Vierspurige Straße	Road with four lanes	Strada a quattro corsie	Route à quatre voies
Carretera de tránsito	Estrada de trânsito	Durchgangsstraße	Thoroughfare	Strada di attraversamento	Route de transit
Carretera principal	Estrada principal	Hauptstraße	Main road	Strada principale	Route principale
Otras carreteras	Outras estradas	Sonstige Straßen	Other roads	Altre strade	Autres routes
Calle de dirección única - Zona peatonal	Rua de sentido único - Zona de peões	Einbahnstraße - Fußgängerzone	One-way street - Pedestrian zone	Via a senso unico - Zona pedonale	Rue à sens unique - Zone piétonne
Información - Aparcamiento	Informação - Parque de estacionamento	Information - Parkplatz	Information - Parking place	Informazioni - Parcheggio	Information - Parking
Ferrocarril principal con estación	Linha principal ferroviária com estação	Hauptbahn mit Bahnhof	Main railway with station	Ferrovia principale con stazione	Chemin de fer principal avec gare
Otro ferrocarril	Linha ramal ferroviária	Sonstige Bahn	Other railway	Altra ferrovia	Autre ligne
Metro	Metro	U-Bahn	Underground	Metropolitana	Métro
Tranvía	Eléctrico	Straßenbahn	Tramway	Tram	Tramway
Autobús al aeropuerto	Autocarro c. serviço aeroporto	Flughafenbus	Airport bus	Autobus per l'aeroporto	Bus d'aéroport
Comisaria de policia - Correos	Esquadra da policia - Correios	Polizeistation - Postamt	Police station - Post office	Posto di polizia - Ufficio postale	Poste de police - Bureau de poste
Hospital - Albergue juvenil	Hospital - Pousada da juventude	Krankenhaus - Jugendherberge	Hospital - Youth hostel	Ospedale - Ostello della gioventù	Hôpital - Auberge de jeunesse
Iglesia - Iglesia de interés	Igreja - Igreja interessante	Kirche - Sehenswerte Kirche	Church - Church of interest	Chiesa - Chiesa interessante	Église - Église remarquable
Sinagoga - Mezquita	Sinagoga - Mesquita	Synagoge - Moschee	Synagogue - Mosque	Sinagoga - Moschea	Synagogue - Mosquée
Monumento - Torre	Monumento - Torre	Denkmal - Turm	Monument - Tower	Monumento - Torre	Monument - Tour
Zona edificada, edificio público	Área urbana, edificio público	Bebaute Fläche, öffentliches Gebäude	Built-up area, public building	Caseggiato, edificio pubblico	Zone bâtie, bâtiment public
Zona industrial	Zona industrial	Industriegelände	Industrial area	Zona industriale	Zone industrielle
Parque, bosque	Parque, floresta	Park, Wald	Park, forest	Parco, bosco	Parc, bois

(NL)	(PL)	(CZ)	(SK)	(DK)	(HR)
Autosnelweg	Autostrada	Dálnice	Diaľnica	Motorvej	Autocesta
Weg met vier rijstroken	Droga o czterech pasach ruchu	Čtyřstopá silnice	Stvorprúdová cesta	Firesporet vej	Cesta sa četiri traka
Weg voor doorgaand verkeer	Droga przelotowa	Průjezdní silnice	Prejazdná cesta	Genemmfartsvej	Tranzitna cesta
Hoofdweg	Droga główna	Hlavní silnice	Hlavná cesta	Hovedvej	Glavna cesta
Overige wegen	Drogi inne	Ostatní silnice	Ostatné cesty	Andre mindre vejen	Ostale ceste
Straat met eenrichtingsverkeer - Voetgangerszone	Ulica jednokierunkowa - Strefa ruchu pieszego	Jednosměrná ulice - Pěší zóna	Jednosmerná cesta - Pešia zóna	Gade med ensrettet kørsel - Gågade	Jednosmjerna ulica - Pješačka zona
Informatie - Parkeerplaats	Informacja - Parking	Informace - Parkoviště	Informácie - Parkovisko	Information - Parkeringplads	Informacije - Parkiralište
Belangrijke spoorweg met station	Kolej główna z dworcami	Hlavní železnice s stanice	Hlavná železnica so stanicou	Hovedjernbanelinie med station	Glavna željeznička pruga sa kolodvorom
Overige spoorweg	Kolej drugorzędna	Ostatní železnice	Ostatné železnice	Anden jernbanelinie	Ostala željeznička traka
Ondergrondse spoorweg	Metro	Metro	Podzemná dráha	Underjordisk bane	Podzemna željeznica
Tram	Linia tramwajowa	Tramvaj	Električka	Sporvej	Tramvaj
Vliegveldbus	Autobus dojazdowy na lotnisko	Letištní autobus	Letiskový autobus	Park+Ride	Autobus zračnog pristaništa
Politiebureau - Postkantoor	Komisariat - Poczta	Policie - Poštovní úřad	Polícia Poštový úrad	Politistation - Posthus	Policijska postaja - Pošta
Ziekenhuis - Jeugdherberg	Szpital - Schronisko młodzieżowe	Nemocnice - Ubytovna mládeže	Nemocnica - Mládežnícka ubytovňa	Sygehus - Vandrerhjem	Bolnica - Omladinski hotel
Kerk - Bezienswaardige kerk	Kościół - Kościół zabytkowy	Kostel - Zajímavý kostel	Kostol - Pozoruhodný kostol	Kirke	Crkva - Znamenita crkva
Synagoge - Moskee	Synagoga - Meczet	Synagoga - Mešita	Synagóga - Mešita	Telemast - Fyrtårn	Sinagoga - Džamija
Monument - Toren	Pomnik - Wieża	Pomník - Věž	Pomník - Veža	Mindesmærke - Tårn	Spomenik - Toranj
Bebouwing, openbaar gebouw	Obszar zabudowany, budynek użytczności publicznej	Zastavěná plocha, veřejná budova	Zastavaná plocha, verejná budova	Bebyggelse, offentlig bygning	Izgradnja, javna zgradna
Industrieterrein	Obszar przemysłowy	Průmyslová plocha	Priemyselná plocha	Industriområde	Industrijska zona
Park, bos	Park, las	Park, les	Park, les	Park, skov	Park, šuma

Alicante (Alacant)

Almería

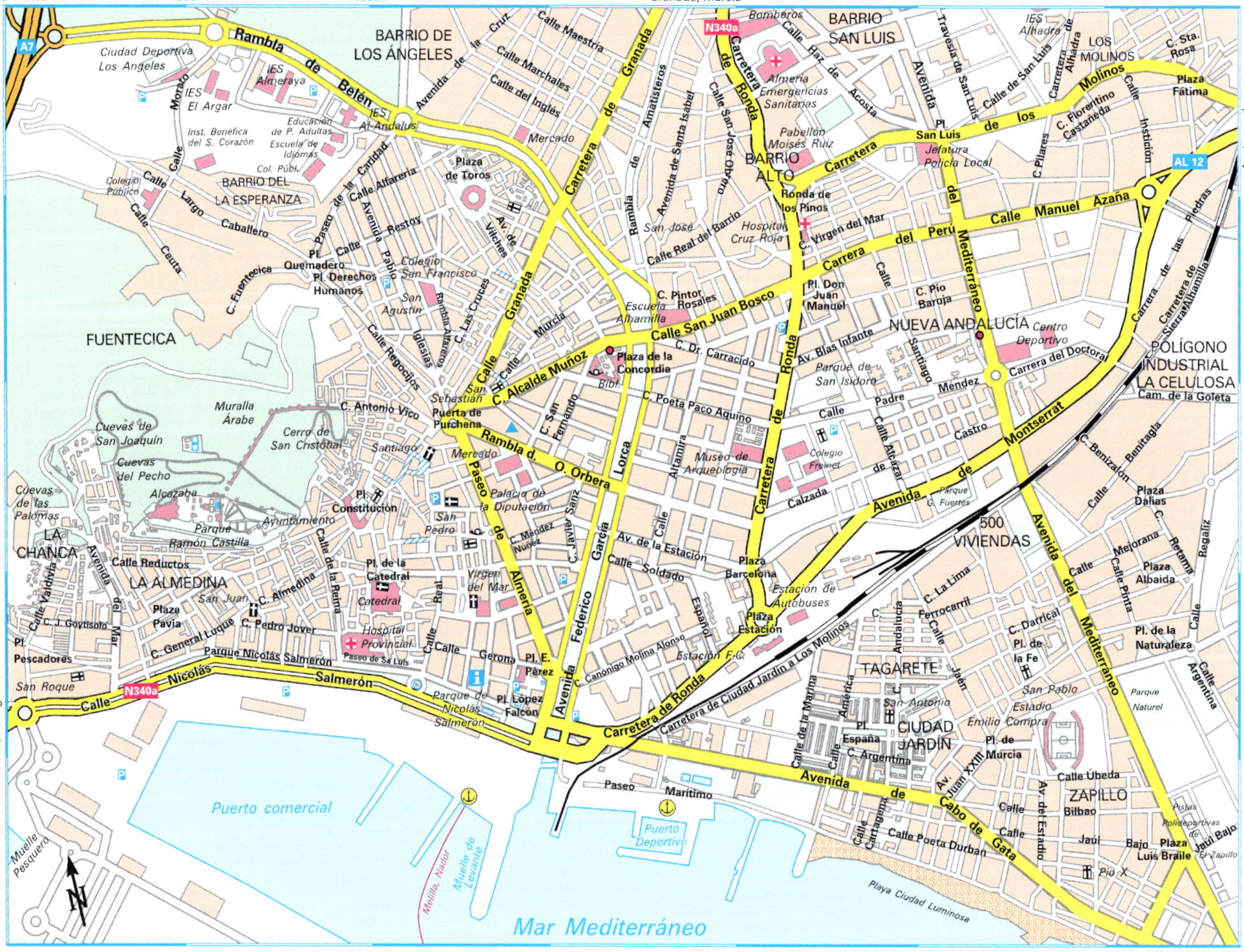

Ávila

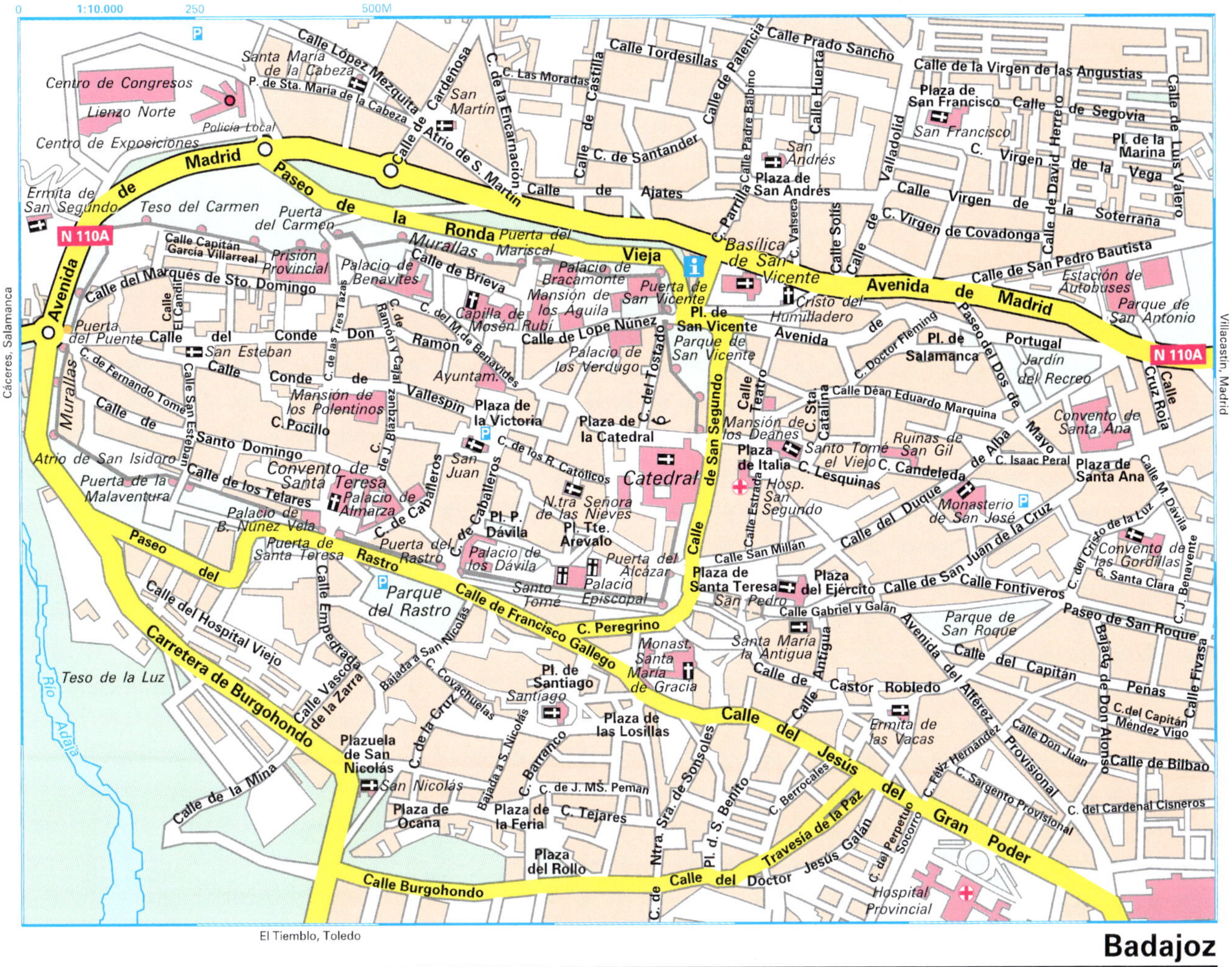

0
1:10.000
250
500M
Centro de Congresos
Lienzo Norte
Centro de Exposiciones
Policía Local
Santa María de la Cabeza
P. de Sta. María de la Cabeza
Calle López Mezquita
Calle de Cardenosa
San Martín
Atrio de S. Martín
C. de la Encarnación
C. Las Moradas
Calle de Castilla
Calle Tordesillas
Calle de Palencia
Calle Prado Sancho
Calle Padre Balbino
Calle Huerta
C. de Santander
Calle de Ajates
San Andrés
Plaza de San Andrés
Valladolid
Calle de la Virgen de las Angustias
Plaza de San Francisco
San Francisco
Calle de Segovia
Pl. de la Marina
Calle de Luis Valero
C. Virgen de la Vega
Calle Virgen de la Soterraña
Calle de David Herrero
C. Virgen de Covadonga
Calle de San Pedro Bautista
Ermita de San Segundo
Teso del Carmen
Puerta del Carmen
Avenida de Madrid
Paseo de la Ronda Vieja
Puerta del Mariscal
Murallas
N 110A
Calle Capitán García Villarreal
Prisión Provincial
Palacio de Benavites
Calle de Brieva
Palacio de Bracamonte
Mansión de los Águila
Puerta de San Vicente
Basílica de San Vicente
Cristo del Humilladero
Avenida de Madrid
Estación de Autobuses
Parque de San Antonio
Calle del Marqués de Sto. Domingo
Calle El Candil
C. de Ramón y Cajal
Capilla de Mosén Rubí
Calle de Lope Núñez
Pl. de San Vicente
Parque de San Vicente
C. Doctor Fleming
Pl. de Salamanca
Paseo del Dos de Mayo
Portugal
Jardín del Recreo
Calle Cruz Roja
Avenida de Madrid
Puerta del Puente
Calle del Conde Don Ramón
C. de los Tres Tazas
C. del M. de Benavides
Palacio de los Verdugo
C. del Tostado
Avenida de Portugal
San Esteban
Calle Conde de Vallespín
Ayuntam.
C. de Fernando Tomé
Calle San Esteban
Mansión de los Polentinos
C. Pocillo
Plaza de la Victoria
Plaza de la Catedral
Calle de San Segundo
Calle Teatro
C. Sta. Catalina
Calle Deán Eduardo Marquina
Convento de Santa Ana
Calle de Santo Domingo
Catedral
Mansión de los Deanes
Plaza de Italia
Santo Tomé el Viejo
Ruinas de San Gil
C. Candeleda
C. Isaac Peral
Plaza de Santa Ana
Atrio de San Isidoro
Puerta de la Malaventura
Convento de Santa Teresa
Calle de los Telares
Palacio de Almarza
C. de Caballeros
San Juan
C. de los R. Católicos
N.tra Señora de las Nieves
C. Lesquinas
Hosp. San Segundo
Monasterio de San José
Calle M. Dávila
Palacio de B. Núñez Vela
Puerta de Santa Teresa
Puerta del Rastro
Pl. P. Dávila
Palacio de los Dávila
Pl. Tte. Arévalo
Calle Estrada
Calle del Duque de Alba
Calle de San Juan de la Cruz
Convento de las Gordillas
C. del Cristo de la Luz
C. Santa Clara
Paseo del Rastro
Parque del Rastro
Santo Tomé
Puerta del Alcázar
Palacio Episcopal
Calle San Millán
Plaza de Santa Teresa
San Pedro
Plaza del Ejército
Calle Fontiveros
Calle Gabriel y Galán
Parque de San Roque
Paseo de San Roque
C. J. Benavente
Calle del Hospital Viejo
Calle Empedrada
Calle de Francisco Gallego
C. Peregrino
Monast. Santa María de Gracia
Santa María la Antigua
Calle Antigua
Calle del Capitán Peñas
Calle Fivasa
Teso de la Luz
Río Adaja
Carretera de Burgohondo
Calle Vasco de la Zarra
Bajada a San Nicolás
C. Covachuelas
Pl. de Santiago
Santiago
Plaza de las Losillas
Calle de Castor Robledo
Avenida del Alférez Provisional
Balada de Don Alonso
C. del Capitán Méndez Vigo
Calle Don Juan
Calle de Bilbao
C. de la Cruz
Plazuela de San Nicolás
San Nicolás
C. Barranco
Bajada a S. Nicolás
Calle de Sonsoles
Calle del Jesús del Gran Poder
Ermita de las Vacas
C. Félix Hernández
C. Sargento Provisional
C. del Cardenal Cisneros
Calle de la Mina
Plaza de Ocaña
Plaza de la Feria
C. de J. Mª. Pemán
C. Tejares
C. Berrocales
Travesía de la Paz
Plaza del Rollo
Ntra. Sra. de Sonsoles
Pl. d. S. Benito
C. del Perpetuo Socorro
Calle Burgohondo
Calle del Doctor Jesús Galán
Hospital Provincial
Cáceres, Salamanca
Villacastín, Madrid
El Tiemblo, Toledo

Badajoz

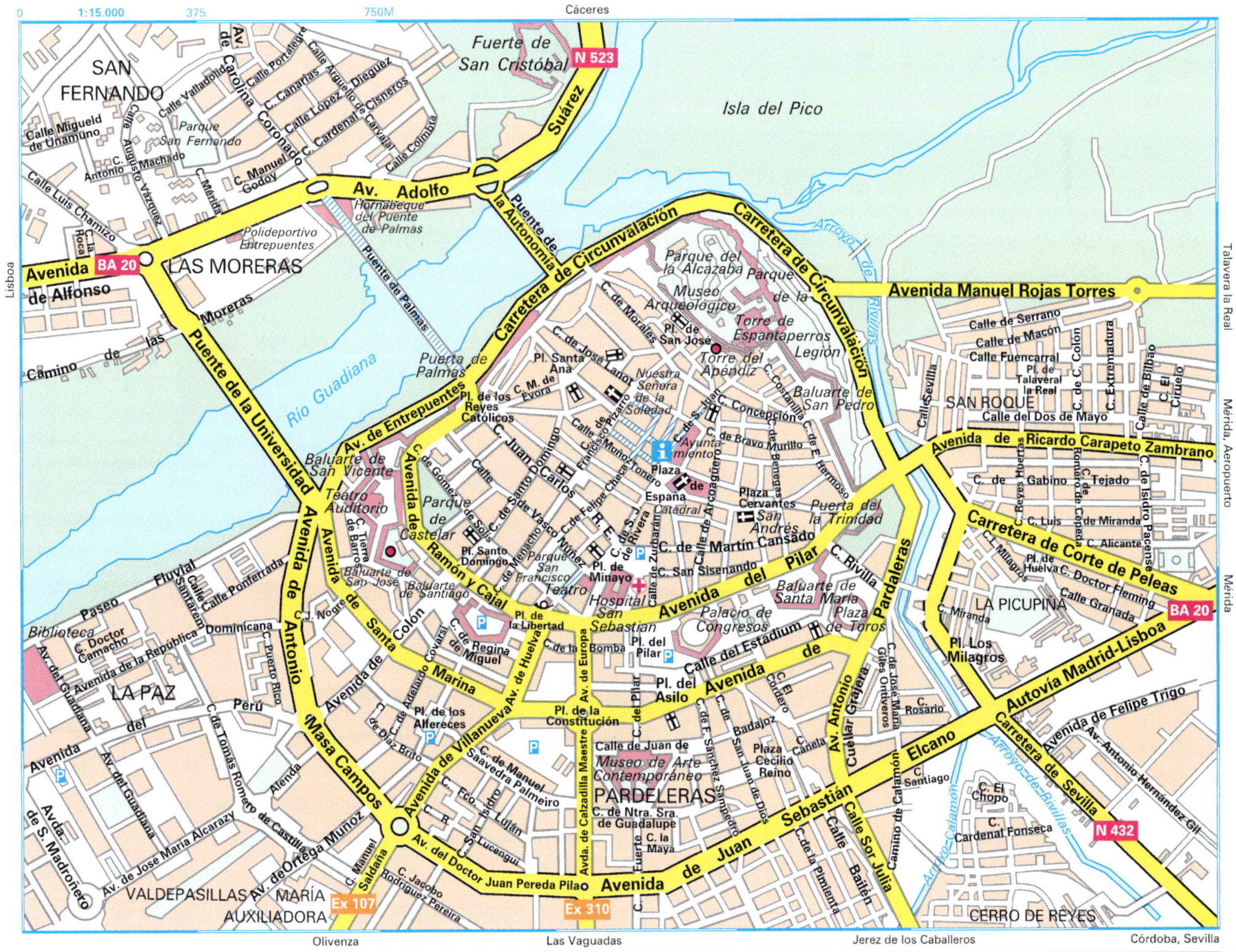

0
1:15.000
375
750M
Cáceres
SAN FERNANDO
Fuerte de San Cristóbal
N 523
Isla del Pico
Av. de Carolina Coronado
Calle Portalegre
Calle Arquitecto Diéguez
Calle Canarias
Calle López Diéguez
C. Cardenal Cisneros
Calle Valladolid
C. de Carvajal
Calle Coimbra
Calle Miguel de Unamuno
Parque San Fernando
C. Antonio Machado
Calle Augusto Vázquez
C. Mérida
C. Manuel Godoy
Av. Adolfo Suárez
Hornabeque del Puente de Palmas
Polideportivo Entrepuentes
Puente de la Autonomía
Calle Luis Chamizo
C. la Rocal
Avenida de Alfonso
BA 20
LAS MORERAS
Puente de Palmas
Carretera de Circunvalación
Parque de la Alcazaba
Museo Arqueológico
Parque de la Legión
Torre de Espantaperros
Pl. de San José
Torre del Apéndiz
Arroyo de Rivillas
Avenida Manuel Rojas Torres
Calle de Serrano
Calle de Macón
Calle Fuencarral
Pl. de Talavera la Real
Calle Sevilla
SAN ROQUE
Calle del Dos de Mayo
C. de C. Colón
C. Extremadura
Calle de Bilbao
C. El Ciruelo
Moreras
Camino de las Moreras
Río Guadiana
Puente de la Universidad
Puerta de Palmas
Pl. Santa Ana
C. de José Lanzas
Nuestra Señora de la Soledad
Pl. de los Reyes Católicos
C. M. de Évora
Baluarte de San Pedro
C. Concepción
Costanilla
C. de Bravo Murillo
Ayuntamiento
Plaza de España
Catedral
Avenida de Ricardo Carapeto Zambrano
C. de Gabino Tejado
C. Reyes Huertas
C. Luis de Miranda
C. Alicante
Av. de Entrepuentes
Baluarte de San Vicente
Teatro Auditorio
Avenida de Ramón y Cajal
Parque de Castelar
C. de Gómez de Soto
C. de Santo Domingo
C. Juan Carlos
C. de Francisco Pizarro
C. de Felipe Checa
Plaza Cervantes
San Andrés
Puerta de la Trinidad
Carretera de Corte de Peleas
C. Milagros
Pl. de Huelva
C. Doctor Fleming
Calle Granada
BA 20
C. de Martín Cansado
C. San Sisenando
Pl. Santo Domingo
Parque San Francisco
Teatro
Pl. de Minayo
Hospital San Sebastián
Avenida del Pilar
C. Rivilla
Baluarte de Santa María
Plaza de Toros
Avenida de Pardaleras
LA PICUPINA
C. Miranda
Pl. Los Milagros
Autovía Madrid-Lisboa
Paseo Fluvial
Calle Santarem
Calle Ponferrada
Biblioteca
C. Doctor Camacho
Avenida de la República Dominicana
Av. del Guadiana
C. Puerto Rico
J. Nogales
Avenida de Antonio Masa Campos
Baluarte de San José
Baluarte de Santiago
Avenida de Santa Marina
Avenida de Colón
Pl. de la Libertad
C. de Regina
San Miguel
C. de la Bomba
Palacio de Congresos
Pl. del Pilar
Calle del Estadium
Avenida de Elvas
C. Cordero
LA PAZ
Perú
C. de Tomás Romero de Castilla
Pl. de los Alféreces
Av. de Villanueva
Av. de Huelva
Av. de Europa
Pl. de la Constitución
C. de Pilar
Pl. del Asilo
C. de Sánchez Sampedro
Calle Badajoz
Plaza Cecilio Reino
Av. Antonio Cuéllar
Calle Grajera
C. de José María Gil Ontiveros
C. Rosario
Avenida
C. de Díaz Brito
C. de Manuel Saavedra Palmeiro
Calle de Juan de Badajoz
Museo de Arte Contemporáneo
PARDALERAS
C. de Ntra. Sra. de Guadalupe
C. la Maya
Avda. de Calzadilla Maestre
Avenida de Juan Sebastián Elcano
C. Santiago
Calle Sor Julia
Calle Bailén
Camino de Calamón
Arroyo Calamón
Arroyo de Rivillas
C. El Chopo
C. Cardenal Fonseca
Avenida de Felipe Trigo
Av. Antonio Hernández Gil
Carretera de Sevilla
N 432
Avda. de S. Madroñero
Av. de José María Alcaraz
Av. de Ortega Muñoz
C. Manuel Saldaña
C. Jacobo Rodríguez Pereira
Av. del Doctor Juan Pereda Pila
Avenida de Juan Sebastián
VALDEPASILLAS
AV. MARÍA AUXILIADORA
Ex 107
Ex 310
CERRO DE REYES
Lisboa
Talavera la Real
Mérida, Aeropuerto
Mérida
Olivenza
Las Vaguadas
Jerez de los Caballeros
Córdoba, Sevilla

Barcelona

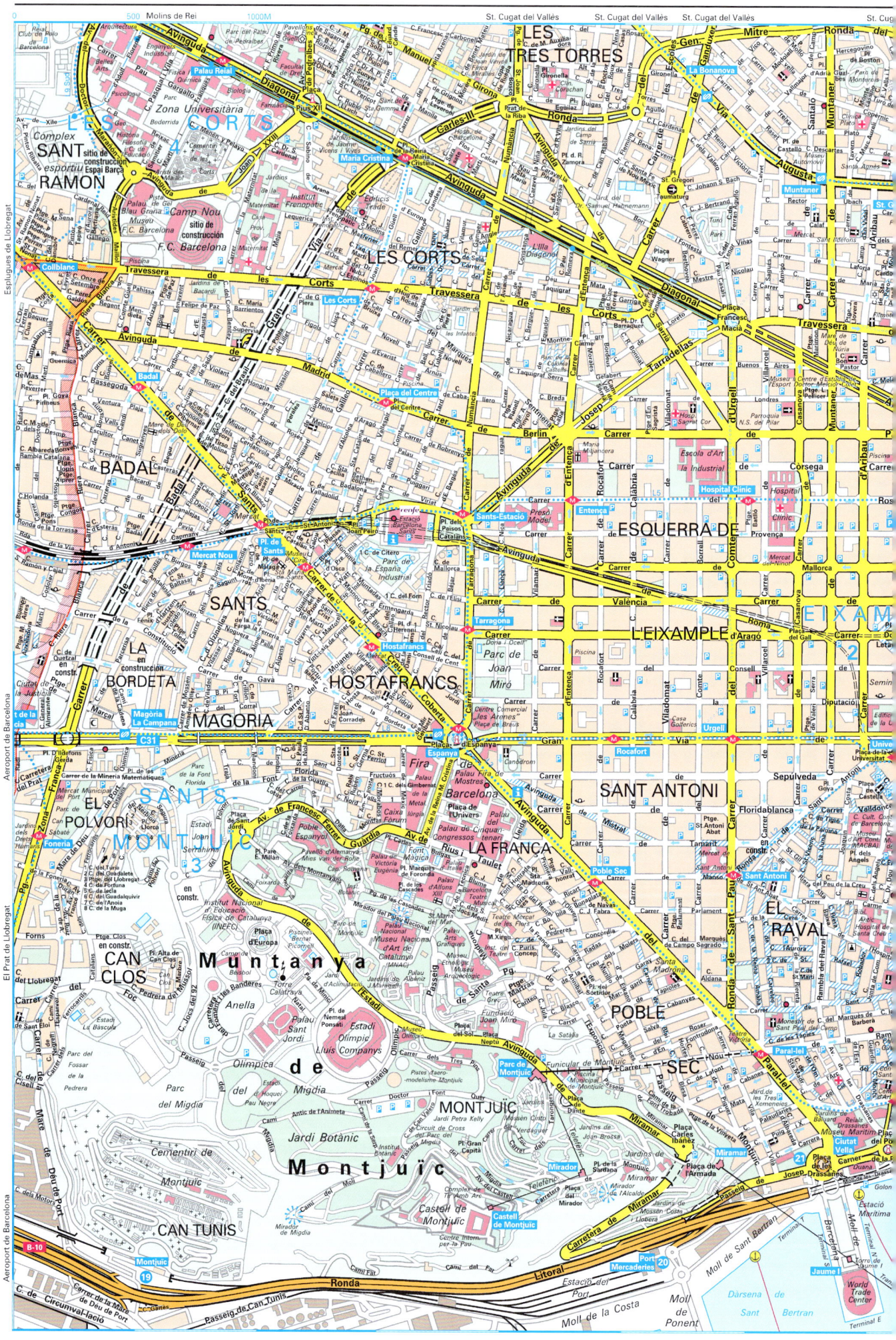

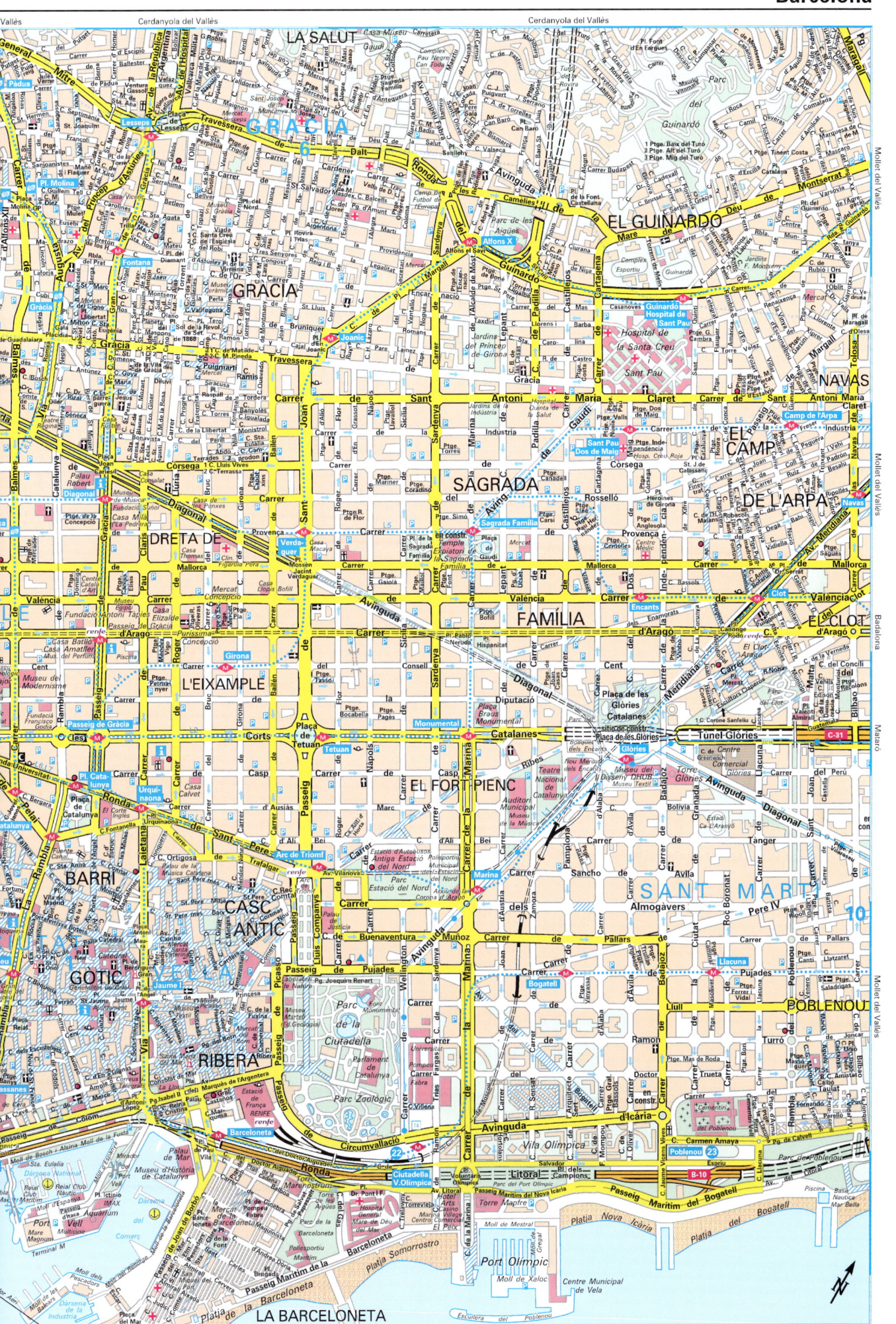

Bilbao

Barakaldo, N-637

Avenida de Madariaga · DEUSTO · Universidad de Deusto · Universidades · Túnel La Salve-Ugasko · Vía Vieja de Lezama

Calle General Eraso · Deusto · Calle Blas de Otero · Avenida · Bilbao · Avenida de Maurice Ravel · Vía Vieja de Lezama

Calle Luis Power · Calle · de · Botica · Vieja · Puente de Deusto · Muelle E. Churruca · Museo Guggenheim · Funicular de Artxanda · Matiko

Ribera · Abandoibarra · Leizaola Kalea · Torre Iberdrola · Abandoibarra · Puente de la Salve · Paseo Campo de Volantin · URIBARRI

Palacio de Congresos y de la Música Euskalduna · Plaza Euskadi · Alameda · Juan · Zubizuri · Muelle de Uribitarte · Uribarri

Museo Marítimo Ría de Bilbao · Puente Euskalduna · Parque de Doña Casilda de Iturrizar · Museo de Bellas Artes · ABANDO · Recalde · Ercilla · Calle Colón de Larreategui · Ayuntamiento · Zumalacarregui · Pl. Músico Guridi

Monumento al Sagrado Corazón · Gran Vía de Don Diego López de Haro · Rodríguez · Plaza Arias Campuzano · Plaza Moyúa · Moyúa · Plaza Venezuela · Puente del Ayuntamiento · Parque Etxebarria

San Mamés Zelaia · Pl. Torres Quevedo · San Mamés · Alameda de Urquijo · Indautxu · Pl. Pedro Eguillor · Palacio Foral · Abando · Estación de Abando · renfe · Estación de la Concordia · renfe · Zurbaranbarri/Casco Viejo · BEGOÑA

Estación de Autobuses · Hospital Civil de Basurto · Calle María Pérez Galdós · Hospital Cruz Roja · Pl. de Indautxu · Albóndiga · Plaza Artiquibar · Alameda · Puente del Arenal · Teatro Arriaga · Plaza Nueva · Museo Vasco · Cementerio de Begoña · Basílica de Begoña · Plaza Juan XXIII

Pl. Aita Donostia · N.S. del Carmen · Pl. de Echániz · Autonomía · Pl. Zabalburu · San Francisco · Catedral de Santiago · CASCO VIEJO · Clínica Virgen Blanca

BASURTO · Pl. General Latorre · Convento de Capuchinos · Pabellón de Deportes · Parque de Ametzola · Estación de Ametzola · renfe · Plaza de Toros · Estación de Zabalburu · renfe · Pl. Corazón de María · Mercado de la Ribera · Pl. Santos Juanes · Calle Zabalbide · Pl. de Haro

Pl. Errekalde · Carretera Errekalde-Larrascoiti · Pl. Ametzola · Calle Andrés Isasi · Pl. Urizar · Santa María Josefa · Mina · Puente de San Antón · Estación de Atxuri · Santutxu

REKALDE · E70 · A8 · Parque de Miribilla · Bilbao Arena · Etorbidea · C. Juan Carlos de Gortazar · Basarrate

Av. Askatasuna · Estación de renfe · Jardines de Miribilla · Dr. Espinosa Oribe · Gernika · Parque Eskurtze

Donostia-San Sebastián, Vitoria-Gasteiz, Zaragoza

Burgos

Aguilar del Campo, Santander

C. la Tuta · C. la Tala · RESIDENCIAL LA REBOLLEDA · Parque del Cerro de San Miguel · Hospital General Yagüe · N 623 · Parque Lord Powell · RÍO VENA

Avenida Alcalde Valentín Niño · Calle Rosa Sensat · C. León XIII · Avenida de Villalón

LAS FUENTECILLAS · Pl. Yecla · C. Gloria Fuertes · Depósito de Agua · Parque del Castillo · Pl. de los Vadillos · LOS VADILLOS · Plaza Bilbao · Colegio MM. Concepcionistas

SAN PEDRO DE LA FUENTE · Calle de León · Camino de las Corazas · Castillo · Arco de San Esteban · San Gil · Avenida de Cantabria · N 1 · N 120

Complejo Deportivo San Amaro · Parque del Parral · Calle Fuentecillas · Calle Serramagna · Parque del Castillo · Arco de San Martín · Catedral · Plaza Mayor · Plaza Fernando III el Santo · Plaza del Rey

N 120 · Av. José Villacián Rebollo · Puente de Malatos · Parque de la Isla · San Nicolás · Ayuntamiento · Teatro · Paseo del Espolón · Plaza de Calle de la Cartuja

Parque del Parral · Paseo de los Comendadores · Hospital San Juan de Dios · Palacio Arzobispal · Plaza San Fernando · Puente de Santa María · Mus. de Burgos · Museo de la Evolución Humana · SANTA

Hospital Militar · C. Espinosa de los Monteros · C. Radolvengo · Av. Monasterio de las Huelgas · Pl. de Castilla · Paseo de Calle · Mercado · CLARA · Avenida de Valencia

LAS HUELGAS · Monasterio de Las Huelgas · Paseo de Media Luna · C. La Merced · Inst. de Bachillerato · Estación de Autobuses · C. Santa Clara · C. Las Cortes

LA CASTELLANA · Calle Castrillo del Val · Calle Calerruega · Antigua Estación Renfe Burgos · Piscina Municipal · Museo Benedicto · C. Cruceros · C. Euro

SAN PEDRO Y SAN FELICES · Avenida de Valencia · Plaza San Agustín · C. La Legión · Polideportivo Pisones · BU-11 · LA SOCIAL

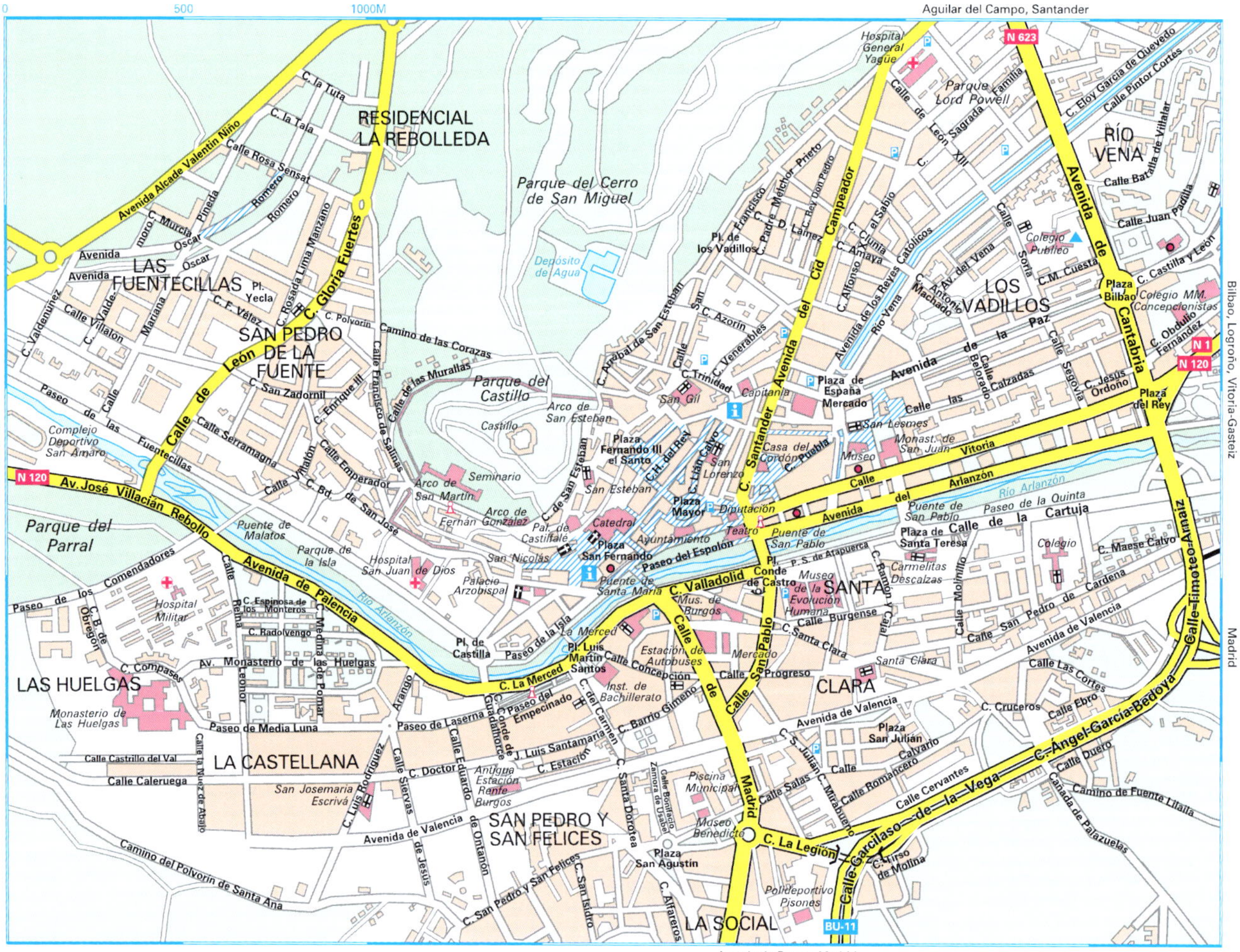

Aranda de Duero, Madrid

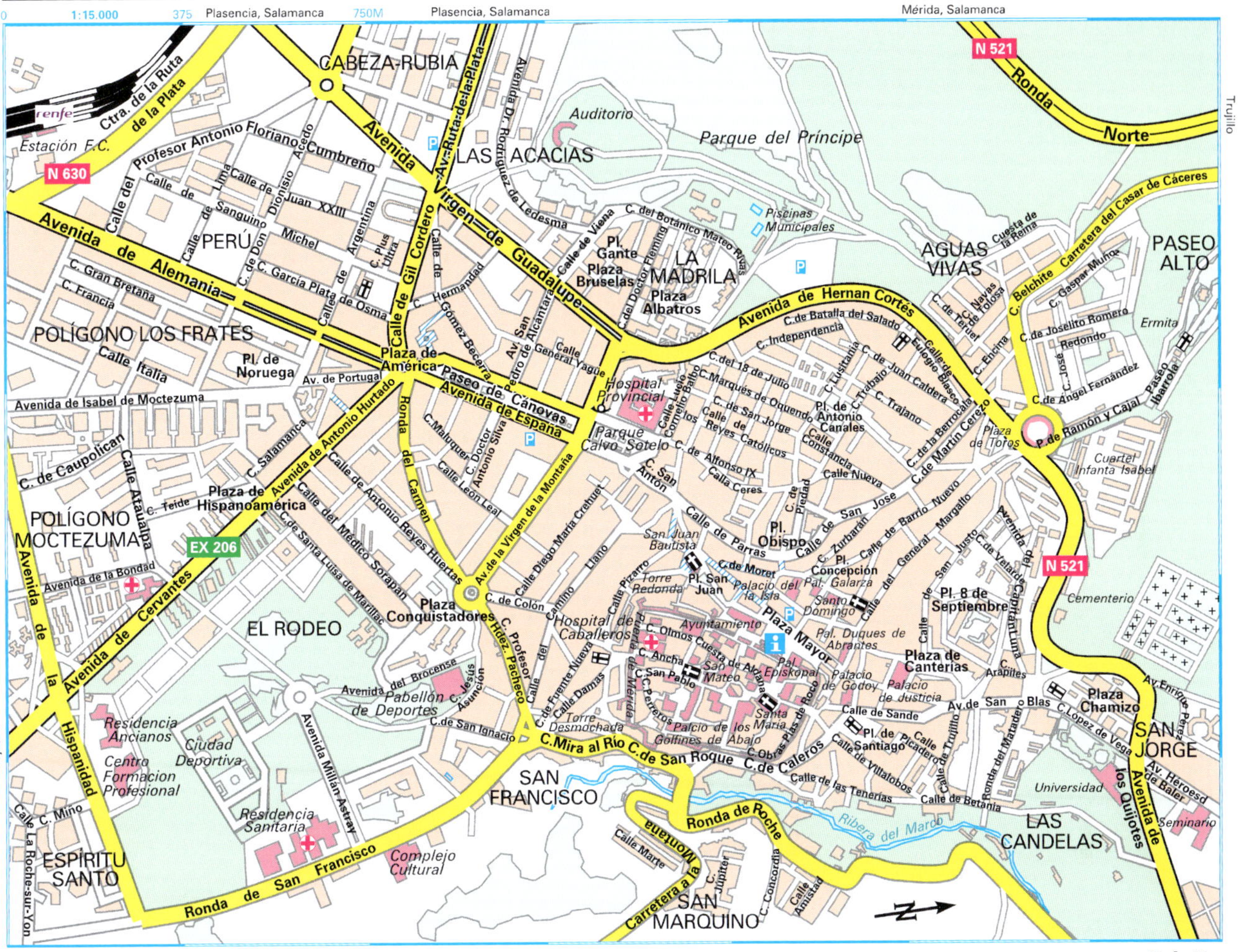

Cáceres

Cádiz

Ceuta

500   1000M

Muelle de Poniente
Ermita de San Antonio
BARRIADA SAN ANTONIO
Parque de San Amaro
Playa de San Amaro
Monte Hacho
Fortaleza del Hacho
Muelle de España
Muelle Cañonero Dato
Estación marítima
Carretera de la Puntilla
Calle Veintiocho
BARRIADA LA PUNTILLA
Jardines de la Hípica
Benzú
N 354
Avenida del Estado Español
Avenida de España
BARRIADA PEDROL LA MATA
Casa de Cultura
Avenida de Barcelona
Otero
Av. San J. de Dios
Av. de Africa
C. Alférez Provisional
BARRIADA ESPAÑA
Avenida de Africa
Doctor Marañon
Avenida Martínez Catena
Playa del Chorrillo
Tetouan (Marruecos)
Hospital Militar
C. de Requiares
C. GRUPO CARVAJAL
BARRIADA O'DONNELL
N 352
Av. de Requiares

Muelle Alfau
Carretera de San Amaro
Puerto Pesquero
Helipuerto
Muelle-Alfau
GRUPOS ALFAU
Baños Arabes
Parque Marítimo del Mediterráneo
Paseo del las Palmeras
Poblado Marinero
Paseo
Muelle de Pescadores
Club Náutico
Pl. de Santiago
Ntra. Sra. de Africa
Murallas Reales
Pl. de Africa
Catedral
Calle Independencia
Ayuntamiento
C. Sánchez Prados
Pl. de la Constitución
C. Alcalde
C. Jaudenes Colón
Pl. Hachuel
C. Millán Astray
Pl. General Yagüe
Museo municipal
Pl. de los Reyes
Teatro
C. Cervantes
Museo de la Legión
Glorieta del Teniente Reinoso
C. Velarde
Calle Santander
Calle
Recinto Sur
Centro de Salud
Playa de la Peña
Playa del la Ribera
Baluartese exteriores

Carretera del Hacho
BARRIADA EL SARCHAL
Playa del Sarchal
Escuelas Prácticas
C. Juan I de Portugal
C.C. Pozo del Rayo
C. Brull
Patio Páramo
Pl. Maestranza
Patio de Don Juan
Patio de la Huerta
Patio del Real
Patio Castillo
Zona Arqueológica
Huerta Rufino
Patio Centenero
Patio Contreras
Carretera del Valle

Mar Mediterráneo

Córdoba

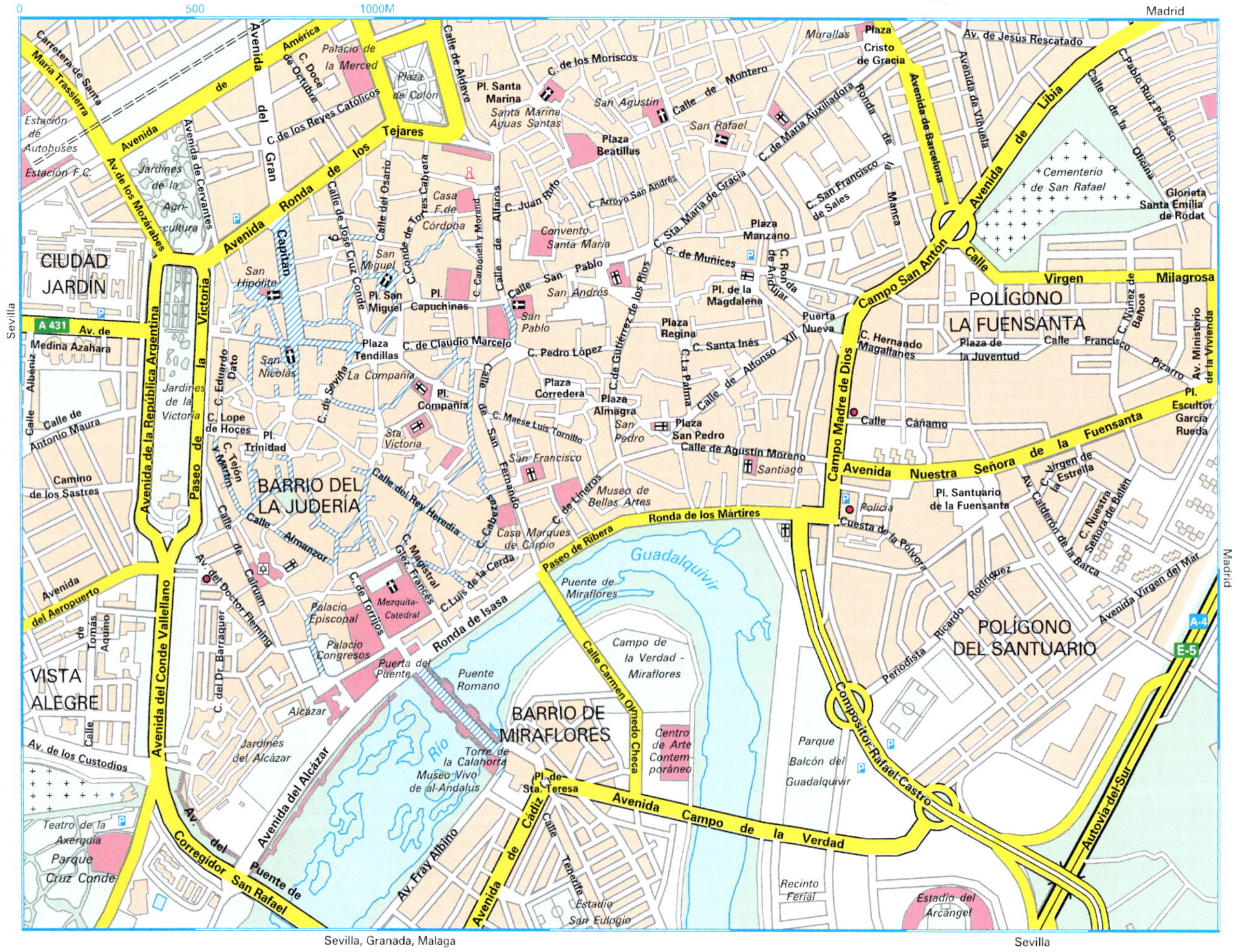

500   1000M

Madrid
Carretera de Santa María Trassierra
Av. de los Mozárabes
Estación de Autobuses
Estación F.C.
CIUDAD JARDÍN
Albéniz
A 431
Av. de Medina Azahara
Jardines de la Agricultura
Calle de Antonio Maura
Camino de los Sastres
VISTA ALEGRE
Av. de los Custodios
Tomás de Aquino
Teatro de la Axerquía
Parque Cruz Conde
Avenida del Aeropuerto
Avenida de la República Argentina
Av. de Conde Vallellano
Paseo de la Victoria
Av. del Corregidor
Puente de San Rafael
Jardines de la Victoria
C. Lope de Hoces
Av. Doctor Fleming
C. del Dr. Barraquer
BARRIO DEL LA JUDERÍA
Palacio Episcopal
Palacio Congresos
Mezquita-Catedral
Alcázar
Jardines del Alcázar
Puerta del Puente
Puente Romano
Torre de la Calahorra
Museo Vivo del Al-Andalus
Río Guadalquivir
BARRIO DE MIRAFLORES
Pl. de Sta. Teresa
Avenida de Cádiz
Av. Fray Albino
Estadio de San Eulogio
Recinto Ferial
Campo de la Verdad

Avenida de América
Palacio de la Merced
Plaza del Colón
Tejeras
Avenida Ronda de los Tejares
C. de los Reyes Católicos
C. de los Moriscos
Murallas
Plaza Cristo de Gracia
Av. de Jesús Rescatado
Pl. Santa Marina
Santa Marina Aguas Santas
C. de Alfaros
San Agustín
San Rafael
Plaza Beatillas
C. de María Auxiliadora
San Hipólito
Capitán
C. Juan Rufo
C. del Osario
Casa F. de Córdoba
Convento Santa María
Pl. San Miguel
San Miguel
San Nicolás
C. Conde de Torres Cabrera
C. de Torres Cabrera
C. Carbonell y Morand
C. Sta. María de Gracia
C. de Munices
Pl. de la Magdalena
Plaza Manzano
San Pablo
C. Ronda de Andújar
Puerta Nueva
Campo San Antón
POLÍGONO LA FUENSANTA
Milagrosa
Cementerio de San Rafael
Glorieta Santa Emilia de Rodat
Avenida de Barcelona
Avenida de Viñuela
Avenida de Libia
Pablo Ruiz Picasso
C. Núñez de Balboa
Virgen
Plaza de la Juventud
C. Hernando Magallanes
Plaza de Colón
C. Cánamo
Escultor García Rueda
Pl. Santuario de la Fuensanta
Policía
Avenida Nuestra Señora de la Fuensanta
Cuesta de la Polvora
Virgen de Estrella
Av. Ministerio de la Vivienda
POLÍGONO DEL SANTUARIO
A-4
E-5
Madrid
Avenida Virgen del Mar
Autovía del Sur
Compositor Rafael Castro
Periodista Ricardo Rodríguez
Campo de la Verdad - Miraflores
Guadalquivir
Puente de Miraflores
Centro de Arte Contemporáneo
Parque Balcón del Guadalquivir
Pl. de Claudio Marcelo
C. Pedro López
Plaza Regina
C. Santa Inés
C. Alfonso XII
Plaza Corredera
Plaza Almagra
San Pedro
Plaza San Pedro
Calle de Agustín Moreno
Santiago
Pl. Compañía
Sta. Victoria
San Francisco
Museo de Bellas Artes
Casa Marqués de la Cerda
Paseo de Ribera
Ronda de los Mártires
Ronda de Isasa
Plaza Tendillas
Pl. San Fernando
Pl. Trinidad
Avenida Campo de la Verdad
Sevilla, Granada, Malaga
Sevilla
Sevilla

1:10.000   250   500M

Mariana

CM 2105

BARRIO SAN ANTÓN

Plaza San Lázaro
Calle San Lázaro

Avenida de los Alfares

Río Júcar

Parroquia de N.S. de la Luz

Bajada a la Fábrica

Puente San Antón
Calle Colón
Av. Virgen de la Luz

Puente de la Trinidad
Paseo del Júcar

Calle San Juan
Calle Palafox

N.S. de las Angustias

San Pedro
Calle Julián Romero
Calle San Pedro

San Miguel
Calle Severo Catalina

Catedral
Plaza Mayor

Casas Colgadas
Museo de Arte Abstracto

CERRILLO SANTIAGO
Hospital de Santiago

Plaza de la Trinidad

C. Mateo C.J. Juan Saiz
Calle Calderón
Calle de la Barca

Parque del Huécar

Calle López Fontana
Calle Fernando Zóbel

Calle Andrés de Cabrera

Palacio de Justicia
Calle Sto. Domingo

Calle Gascas

Plaza de la Constitución
Calle Fray Luis de León
C. Hermanos Valdés
C. Juan Correcher
C. Gregorio Catalán Valero

Ayuntamiento

Museo Arqueológico

Seminario

Plaza de la Merced
Plaza Mangana
Torre Mangana

Museo de la Ciencia

Plaza del Carmen

Plaza San Andrés
El Salvador

Calle González Francés
Calle Palomera Tablas

Plaza del Salvador
Plaza Los carros
Plaza Cardenal Payá
C. Alonso de Ojeda
Calle La Moneda

Calle San Felipe

San Filipe

Calle Marqués Viejo

Plaza de Ronda
BARRIOS SAN MARTÍN

Calle Alfonso VIII
Ronda del Júcar

Río Huécar

Auditorio

Parque Los Moralejos

Calle Virgen del Pilar
Princesa Zaida
C. González Palencia
Casa de Cultura

Calle Sánchez Vera
C. Cardenal Gil de Albornoz

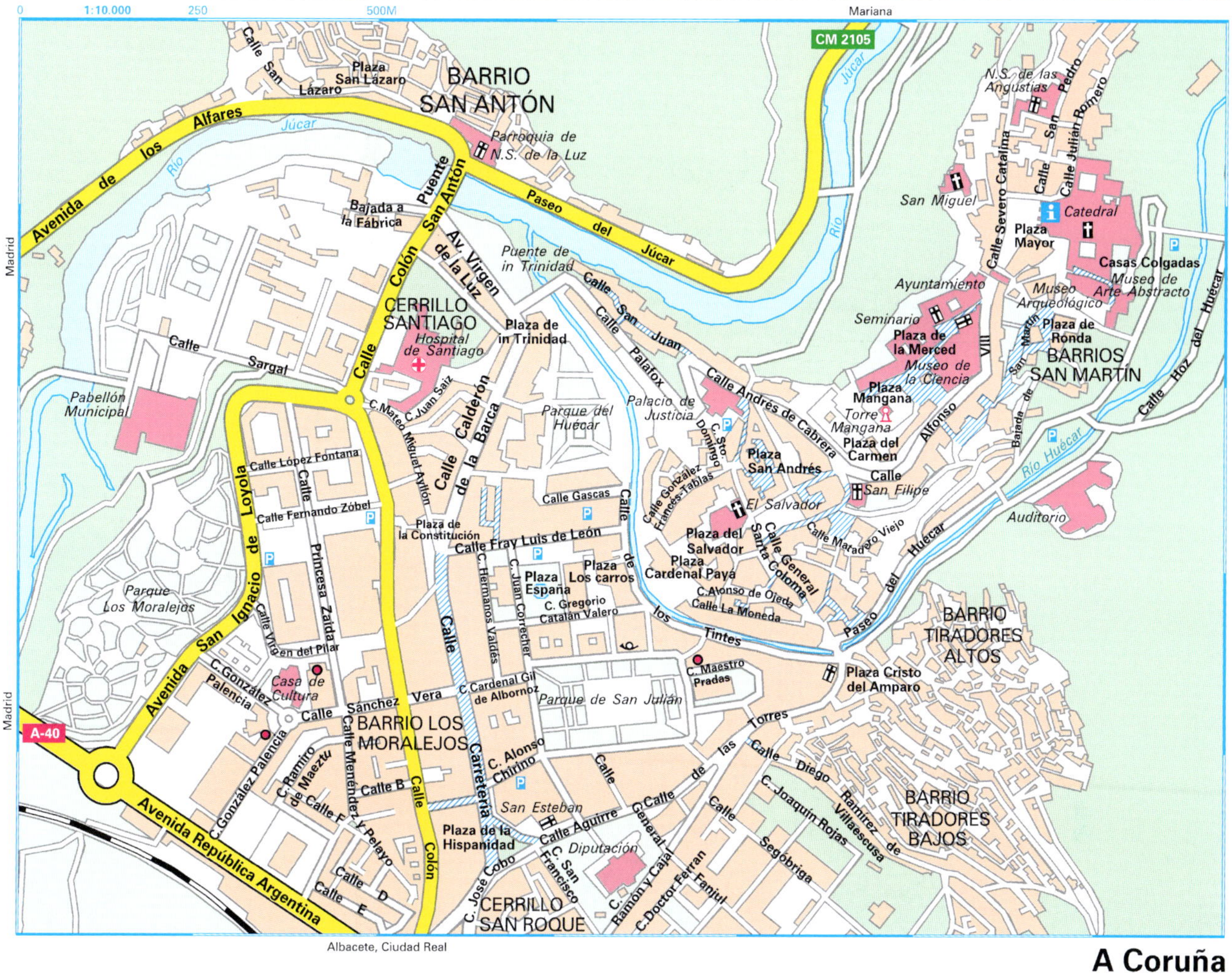

Parque de San Julián

Calle de los Tintes

Paseo del Huécar

BARRIO TIRADORES ALTOS

Avenida San Ignacio de Loyola
C. Ramiro de Maeztu
Calle Menéndez F. Pelayo

Calle B

C. Maestro Prados

Plaza Cristo del Amparo

BARRIO LOS MORALEJOS

Madrid

A-40

C. Alonso Chirino
San Esteban

Plaza de la Hispanidad

Avenida República Argentina

Calle D
Calle E
C. José Cobo

Calle Aguirre
G. Calle San Francisco
Calle Diputación
C. Ramón y Cajal
C.-Doctor Ferrán

Carretera Colón

Calle General
Calle de las Torres

Calle Diego Ramírez de Villasevusa
C. Joaquín Rojas

Segóbriga

BARRIO TIRADORES BAJOS

CERRILLO SAN ROQUE

Albacete, Ciudad Real

Visma   500   1000M

Enseada do Orzán

Punta Liseiro
Praia de Riazor
Praia do Orzán

Pr. Torrente Ballester
R. Archer Milton Huntington

Santiago de Compostela

V-14

Pr. Cangas do Morazo

A BAÑOU

Pr. de Conservatorio
Av. de Pepín Rivero

AGRA DO ORZÁN

Estadio de Riazor
Praza de Portugal Av. de Bos Aires

Ronda de Outeiro

BENS

AC 415

AC 11

OS MALLOS

PESCADERIA

Museo de los Relojes
Pr. María Pita
Praza de España
Praza Millán Astray

Museo de Bellas Artes
San Jorge
Xeneral Alesón
San Agostiño

Concello
Plaza María Pita

San Nicolás
Praza Vista

Porta Real
Santiago

Xardín de S. Carlos
Castelo de San Antón. Museo Arqueológico

Club Náutico
Hospital Militar

Fondeadeiro da Mariña

Palexo
Centro Comercial

Peirao de Trasatlánticos
Terminal de cruceros

Porto de A Coruña

Peirao Calvo Sotelo

Porto Pesquero

Peirao do Centenario

Estación de F.C. San Diego

Avenida do Exército

OS CASTROS

Parque San Diego

CÁSTRILLON

Artexio, Fisterra   Santiago de Compostela   Lugo, Ferrol

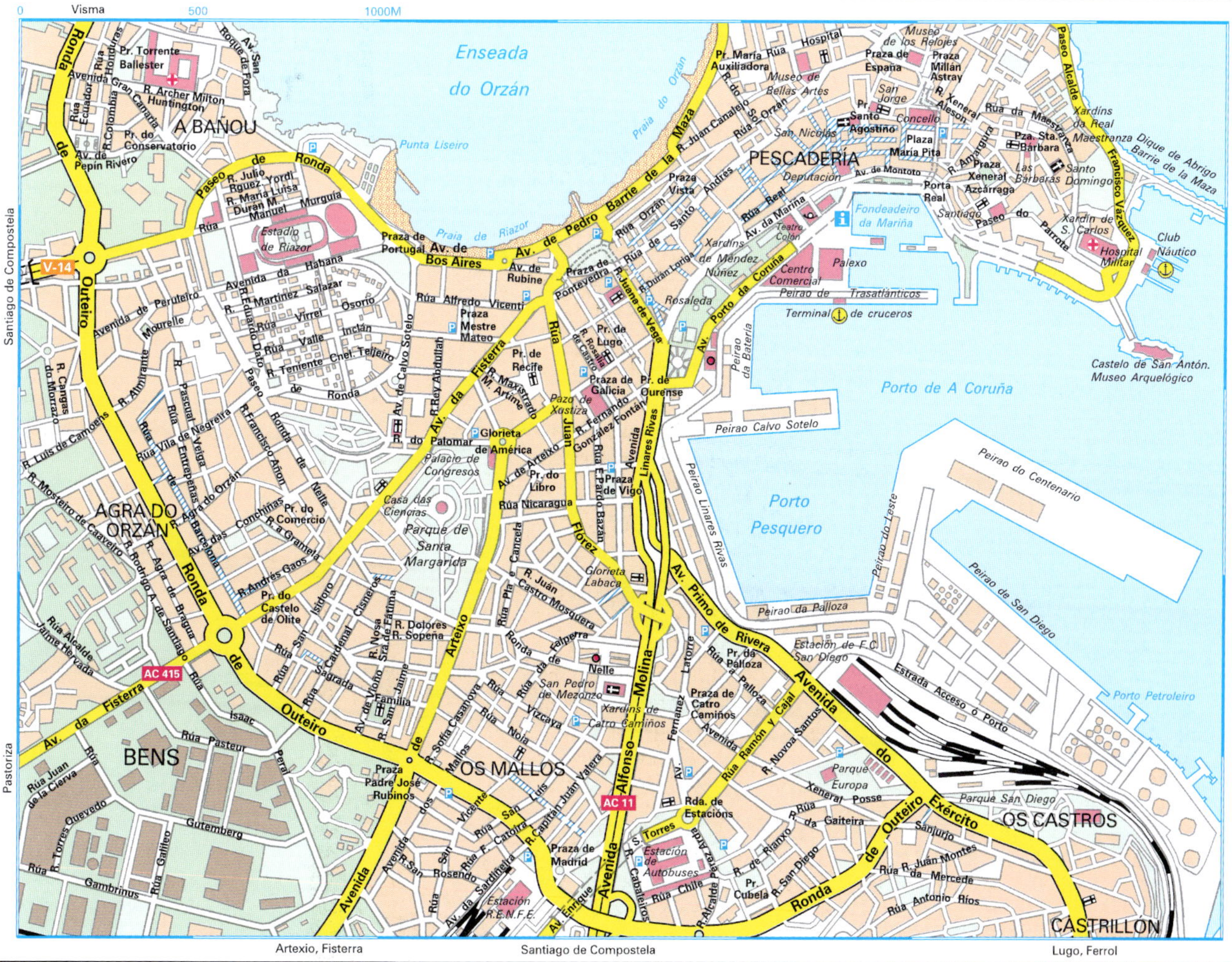

Donostia-San Sebastián

1:10.000   250   500M

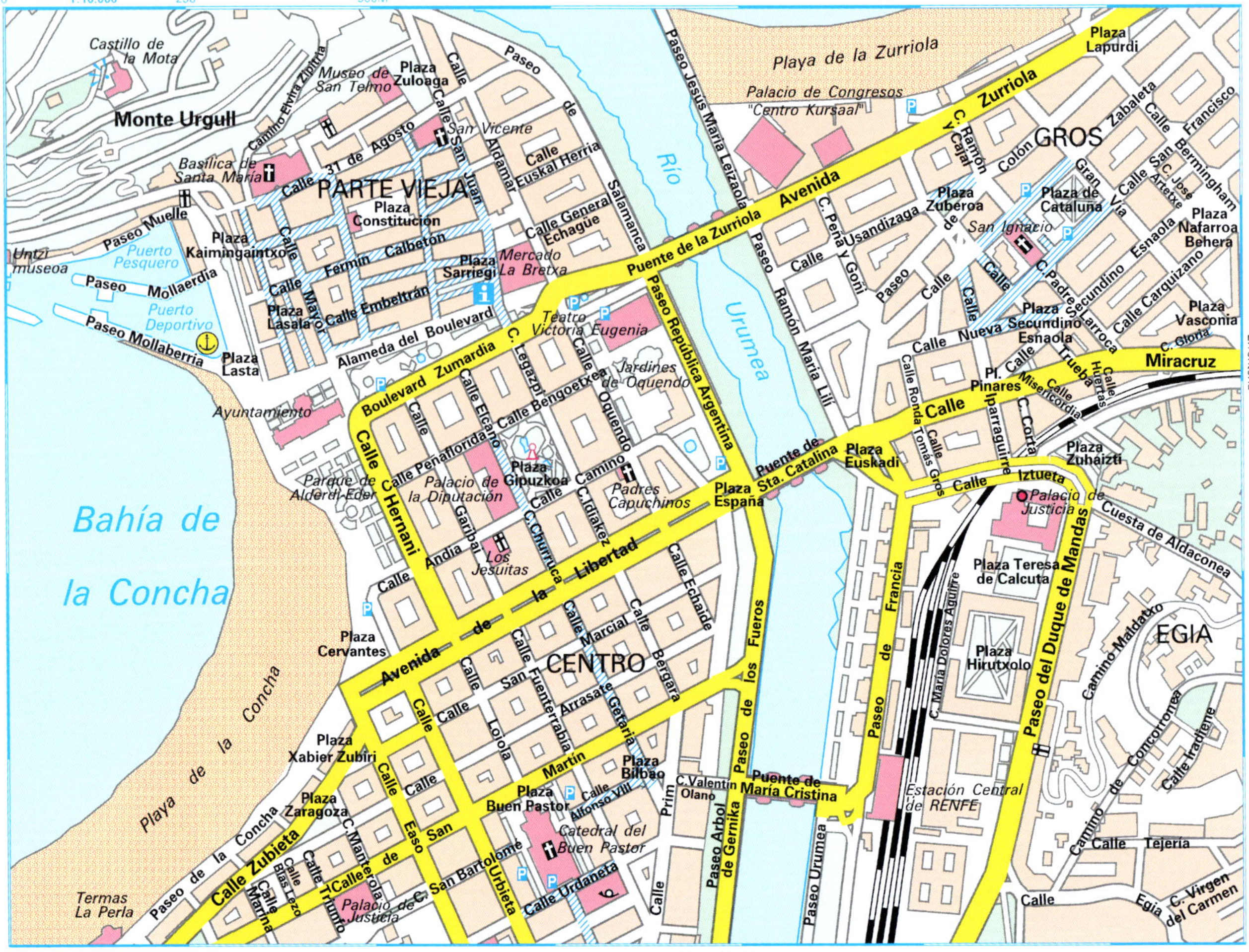

Castillo de la Mota
Monte Urgull
Basílica de Santa María
Museo de San Telmo
Plaza Zuloaga
Calle 31 de Agosto
San Vicente
Calle Euskal Herria
PARTE VIEJA
Plaza Constitución
Calle General Echagüe
Puerto Pesquero
Paseo Muelle
Untzi museoa
Plaza Kaimingaintxo
Calle Mari
Calle Fermín
Calle Calbetón
Mercado La Bretxa
Plaza Sarriegi
Paseo Mollaerdia
Paseo
Puerto Deportivo
Calle Lasala
Calle Embeltrán
Alameda del Boulevard
Teatro Victoria Eugenia
Paseo Mollaberria
Plaza Lasta
Ayuntamiento
Boulevard Zumardia
Calle Peñaflorida
Calle Elcano
Calle Bengoetxea
Calle Oquendo
Jardines de Oquendo
Paseo República Argentina
Río Urumea
Puente de la Zurriola
Avenida
Paseo Jesús María Leizaola
Playa de la Zurriola
Palacio de Congresos "Centro Kursaal"
Plaza Lapurdi
Zurriola
GROS
Calle Zabaleta
Calle San Francisco
Colón
Plaza Zuberoa
Plaza de Cataluña
C. Peña y Goñi
Calle Usandizaga
San Ignacio
Plaza Nafarroa Behera
Calle San Berminghan
Calle Jose
Calle Arete
Calle Secundino Esnaola
Calle Padre Larroca
Plaza Vasconia
Plaza de Gipuzkoa
Palacio de la Diputación
Parque de Alderdi-Eder
Bahía de la Concha
Calle Hernani
Los Jesuitas
Calle Andia
Calle Garibay
Calle Churruca
Calle Idiaquez
Camino
Padres Capuchinos
Puente de Sta. Catalina
Plaza Euskadi
Plaza España
Plaza Sta. Catalina
Calle
Calle Ronda
Calle Tomás Gros
Calle Nueva
Calle Secundino Esnaola
Calle Iparraguirre
Calle Fuenterrabía
Calle Misericordia
Miracruz
Errenteria
C. Gloria
Plaza Pinares
Plaza Zuhaizti
Iztueta
Palacio de Justicia
Cuesta de Aldaconea
Plaza Teresa de Calcuta
EGIA
Calle de la Libertad
Calle Echaide
Calle Bergara
Calle Marcial
Paseo de los Fueros
Avenida de la Libertad
CENTRO
Plaza Cervantes
Calle Fuenterrabía
Calle Getaria
Calle Loiola
Calle San Martín
Plaza Bilbao
Paseo de Francia
Camino Maldatxo
Plaza Hirutxolo
Calle María Dolores Aguirre
Camino de Concortxoe
Calle Iradiene
Plaza Xabier Zubiri
Calle Easo
Calle San
Calle Arrasate
Plaza Buen Pastor
C. Valentín Olano
Puente de María Cristina
Plaza Zaragoza
Catedral del Buen Pastor
Paseo del Duque de Mandas
Estación Central de RENFE
Paseo Árbol de Gernika
Calle Prim
Calle Alfonso VIII
Calle Urdaneta
Paseo de la Concha
Calle Zubieta
Calle Triunfo
Calle Matia
Palacio de Justicia
Calle San Bartolomé
Calle de San
Calle Urbieta
Calle Marina
Calle Blas Lezo
Paseo Urumea
Calle Tejería
Calle Egia
C. Virgen del Carmen
Termas La Perla
Playa de la Concha

Bilbao, Madrid

Gijón

0   500   1000M

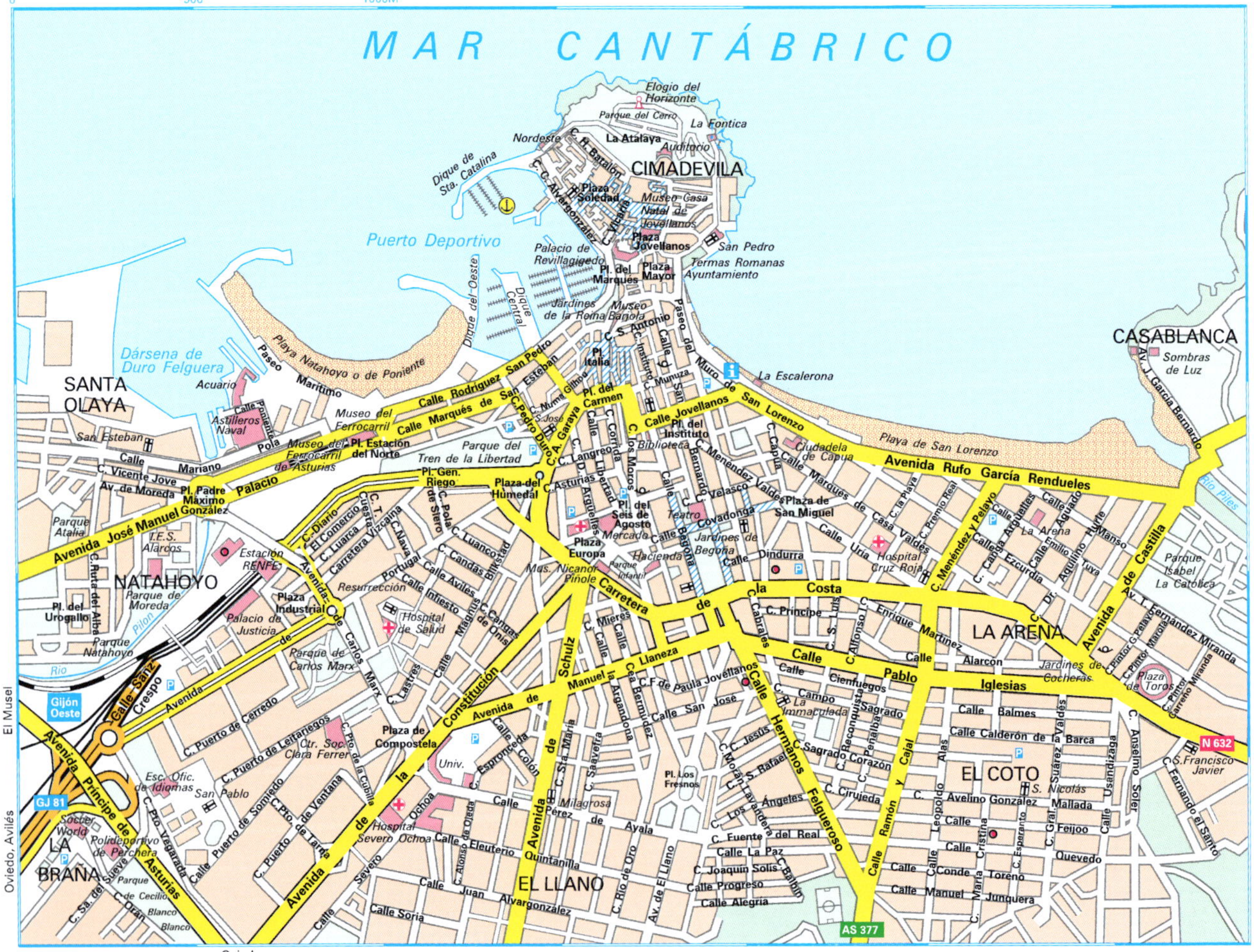

MAR CANTÁBRICO

Elogio del Horizonte
Parque del Cerro
La Fontica
Nordeste
La Atalaya
Auchugo
CIMADEVILA
Dique de Sta. Catalina
Plaza Soledad
Museo Casa Natal de Jovellanos
Plaza Jovellanos
San Pedro
Termas Romanas
Ayuntamiento
Puerto Deportivo
Palacio de Revillagigedo
Pl. del Marqués
Plaza Mayor
Jardines de la Reina Regente
Museo
C. S. Antonio
CASABLANCA
Sombras de Luz
Av. J. García Bernardo
Dársena de Duro Felguera
Acuario
Paseo Marítimo
Playa Natahoyo o de Poniente
Museo del Ferrocarril
Astilleros Naval
Calle Rodríguez San Pedro
Calle Marqués de San
SANTA OLAYA
San Esteban
Museo del Ferrocarril
Pl. Estación del Norte
Parque del Tren de la Libertad
Pl. Italia
Calle Munuza
Pl. del Carmen
Muro de San Lorenzo
La Escalerona
Playa de San Lorenzo
Avenida Rufo García Rendueles
Pola
Calle Marqués de San Esteban
Calle Vicente Jove
Calle Mariano
Av. de Moreda
Pl. Padre Máximo González
Palacio
Estación RENFE
NATAHOYO
Pl. del Urogallo
Parque de Moreda
Palacio de Justicia
Parque Natahoyo
Avenida José Manuel González
T.E.S. Alarcos
Pl. Gen. Riego
Plaza del Humedal
Calle Asturias
Calle Langreo
Biblioteca
Pl. del Instituto
Calle Jovellanos
Ciudadela Calle Marqués de
Plaza Europa
Mercado de Capua
Plaza de San Miguel
Hospital Cruz Roja
Calle Uría
Parque Isabel La Católica
Plaza de Toros
Ría del Piles
Santander
N 632
Carretera
Calle Costa
Calle Príncipe
C. Enrique Martínez
LA ARENA
Plaza de Compostela
Esc. Ofic. de Idiomas
San Pablo
Universidad
Avenida de
Calle Pablo Iglesias
Calle Cienfuegos
Campo Sagrado
Calle Balmes
Calle Calderón de la Barca
EL COTO
C. Francisco Javier
Gijón Oeste
El Musel
GJ 81
Soccer World
LA BRANA
Avenida Príncipe de Asturias
Calle Severo Ochoa
Hospital
EL LLANO
Oviedo
AS 377

Oviedo, Avilés

Girona

0 1:15.000 375 750M

Sant Feliu de Guíxols

Palamós

Figueres, Perpignan

Sarrià de Ter

Barcelona, Aeropuerto

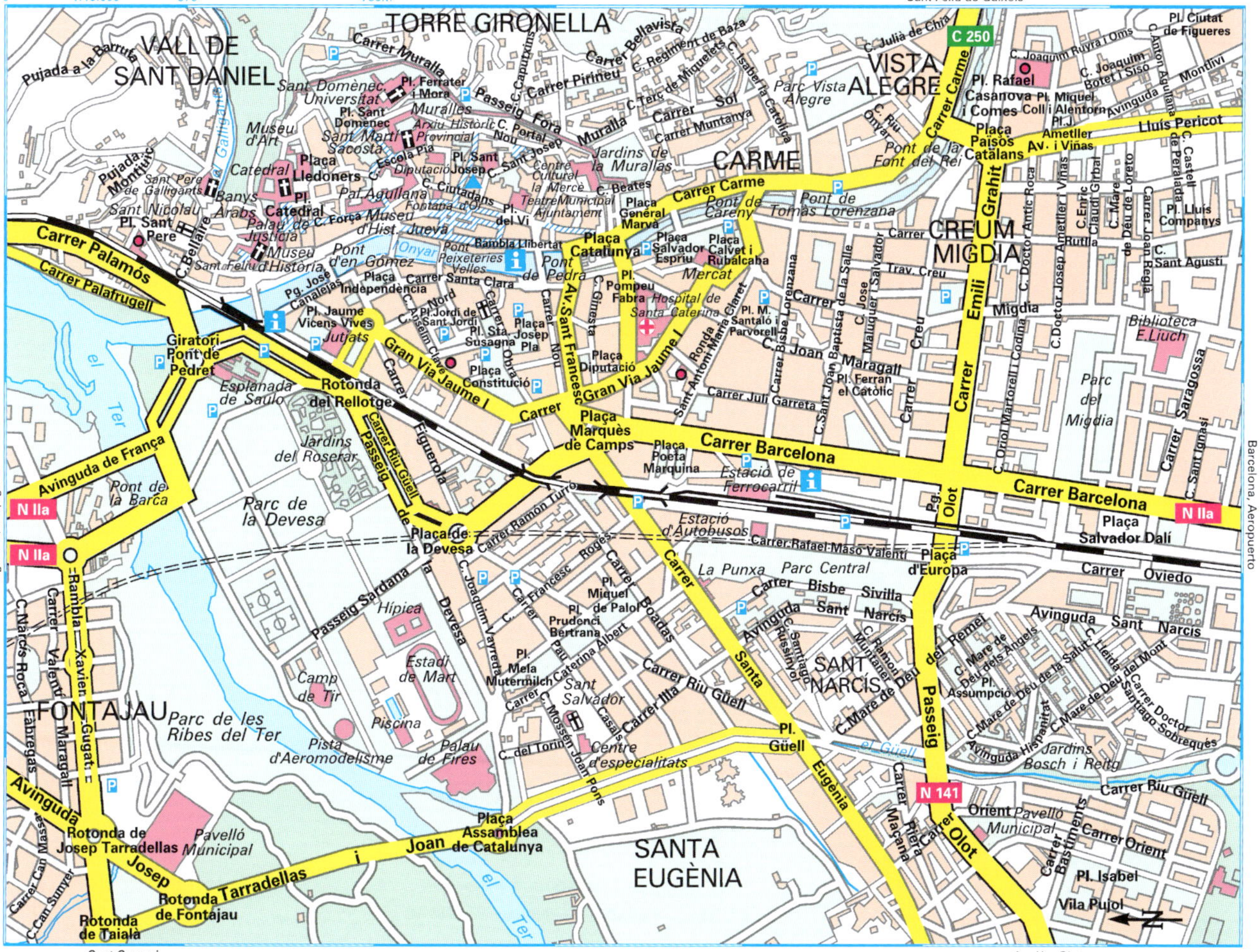

TORRE GIRONELLA
VALL DE SANT DANIEL
VISTA ALEGRE
CARME
CREU MIGDIA
FONTAJAU
SANT NARCÍS
SANTA EUGÈNIA
Carrer Palamós
Carrer Palafrugell
Gran Via Jaume I
Carrer Barcelona
Avinguda de França
Parc de la Devesa
Parc de les Ribes del Ter
Plaça Catalunya
Plaça Marquès de Camps
Plaça de la Devesa
Plaça Assamblea de Catalunya
Rotonda del Rellotge
Estació de Ferrocarril
Estació d'Autobusos
Plaça d'Europa
Pl. Güell
Passeig Olot
Carrer Emili Grahit
Carrer Santa Eugènia
Carrer Riu Güell
Carrer Joan Maragall
Estadi de Mart
Palau de Fires
Pavelló Municipal
Rotonda de Fontajau
Rotonda de Taialà
Pl. Catedral
el Ter
Onyar
N IIa
N 141
C 250

Sant Gregori

Anglès, Olot

Granada

0 Cordoba 500 1000M

Málaga

Jaén

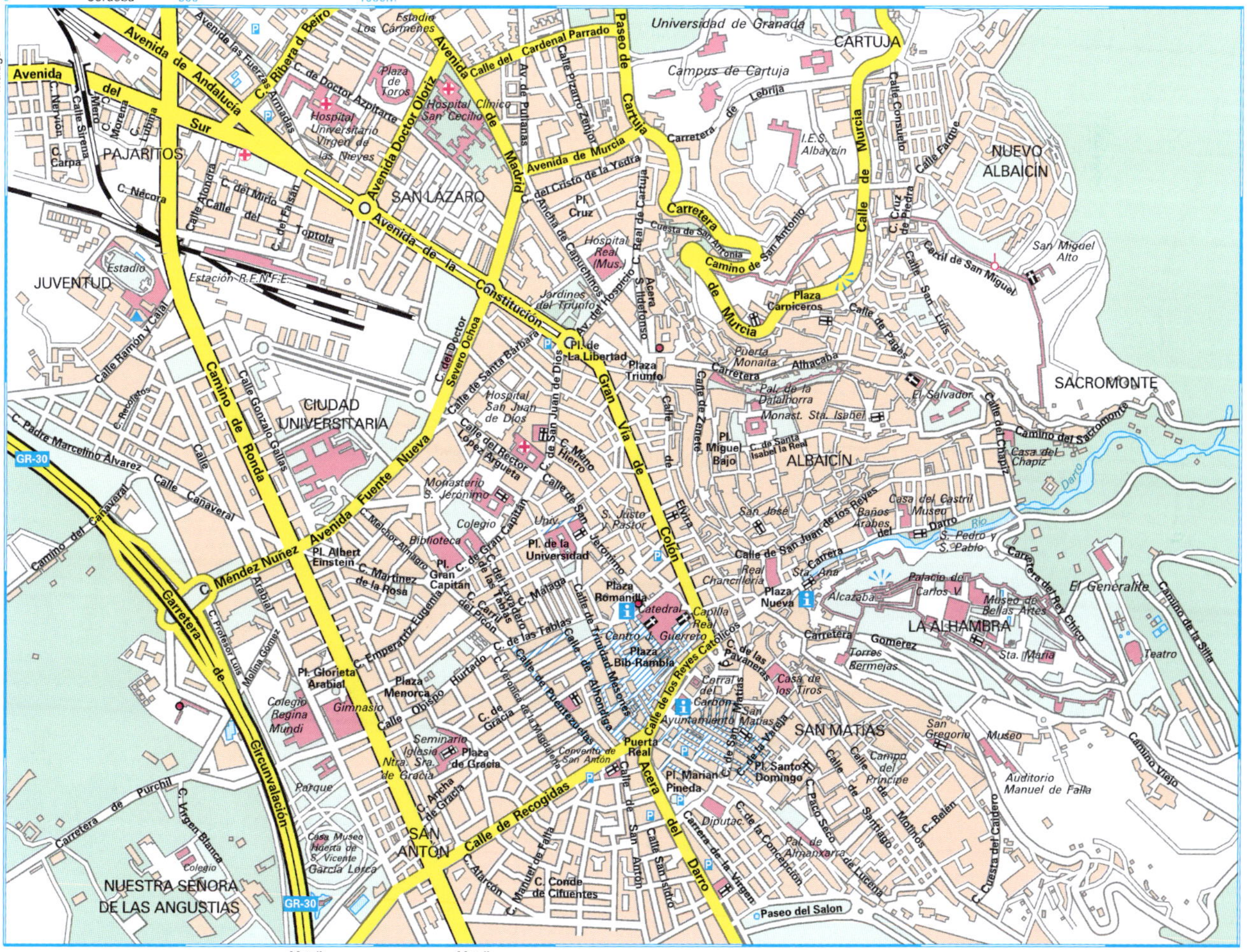

CARTUJA
NUEVO ALBAICÍN
PAJARITOS
SAN LÁZARO
JUVENTUD
CIUDAD UNIVERSITARIA
SACROMONTE
ALBAICÍN
LA ALHAMBRA
SAN MATÍAS
SAN ANTÓN
NUESTRA SEÑORA DE LAS ANGUSTIAS
Universidad de Granada
Campus de Cartuja
Avenida de Andalucía
Avenida del Sur
Avenida de la Constitución
Avenida Doctor Olóriz
Avenida de Madrid
Avenida Fuente Nueva
Camino de Ronda
Gran Vía de Colón
Calle de Recogidas
Carretera de Circunvalación
Camino de San Antonio
Calle de Murcia
Paseo del Salon
Generalife
Palacio de Carlos V
Catedral
Plaza Nueva
Plaza Bib-Rambla
Plaza Triunfo
Puerta Real
Acera del Darro
Río Darro
GR-30

Motril

Motril

León

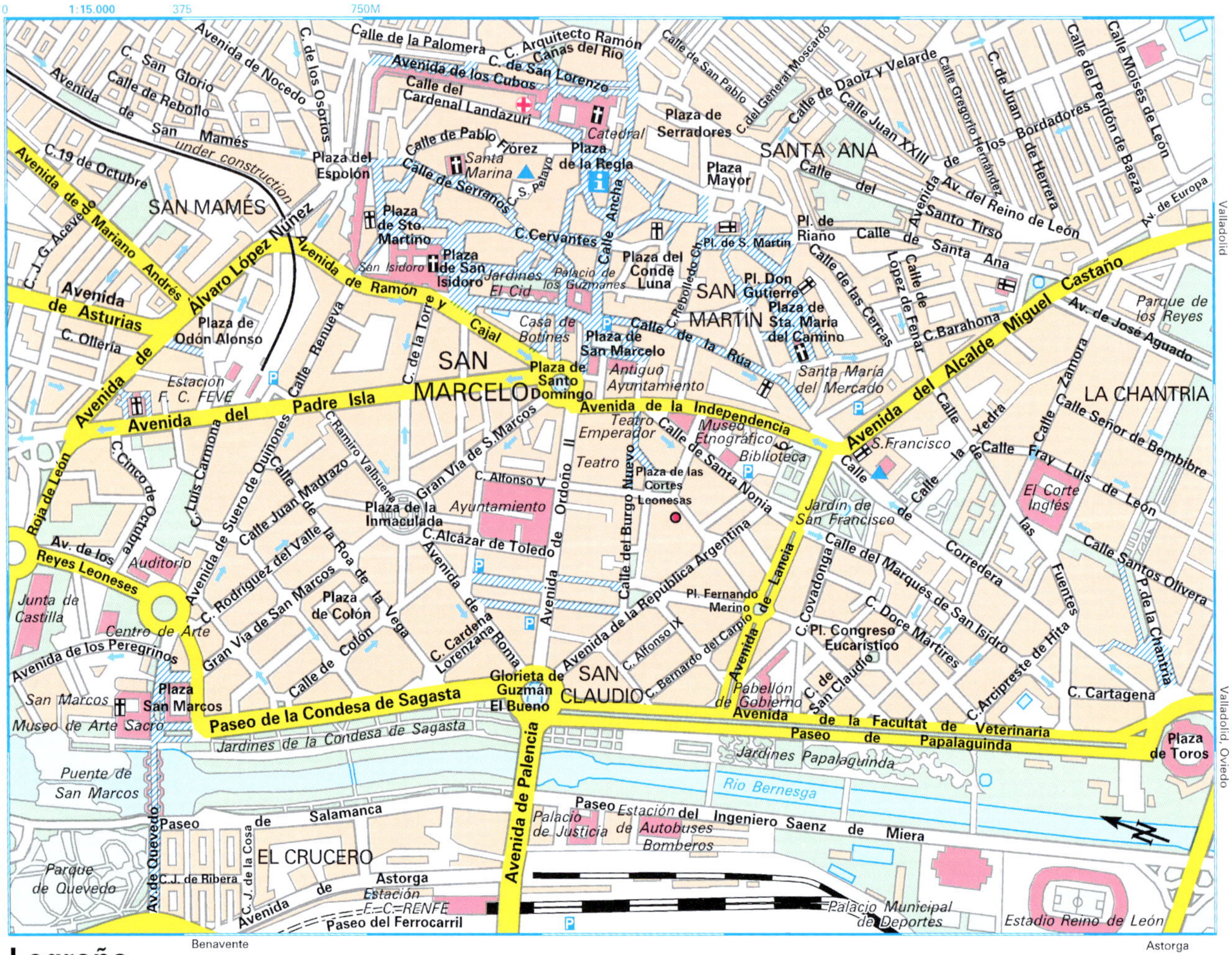

Logroño

Lleida

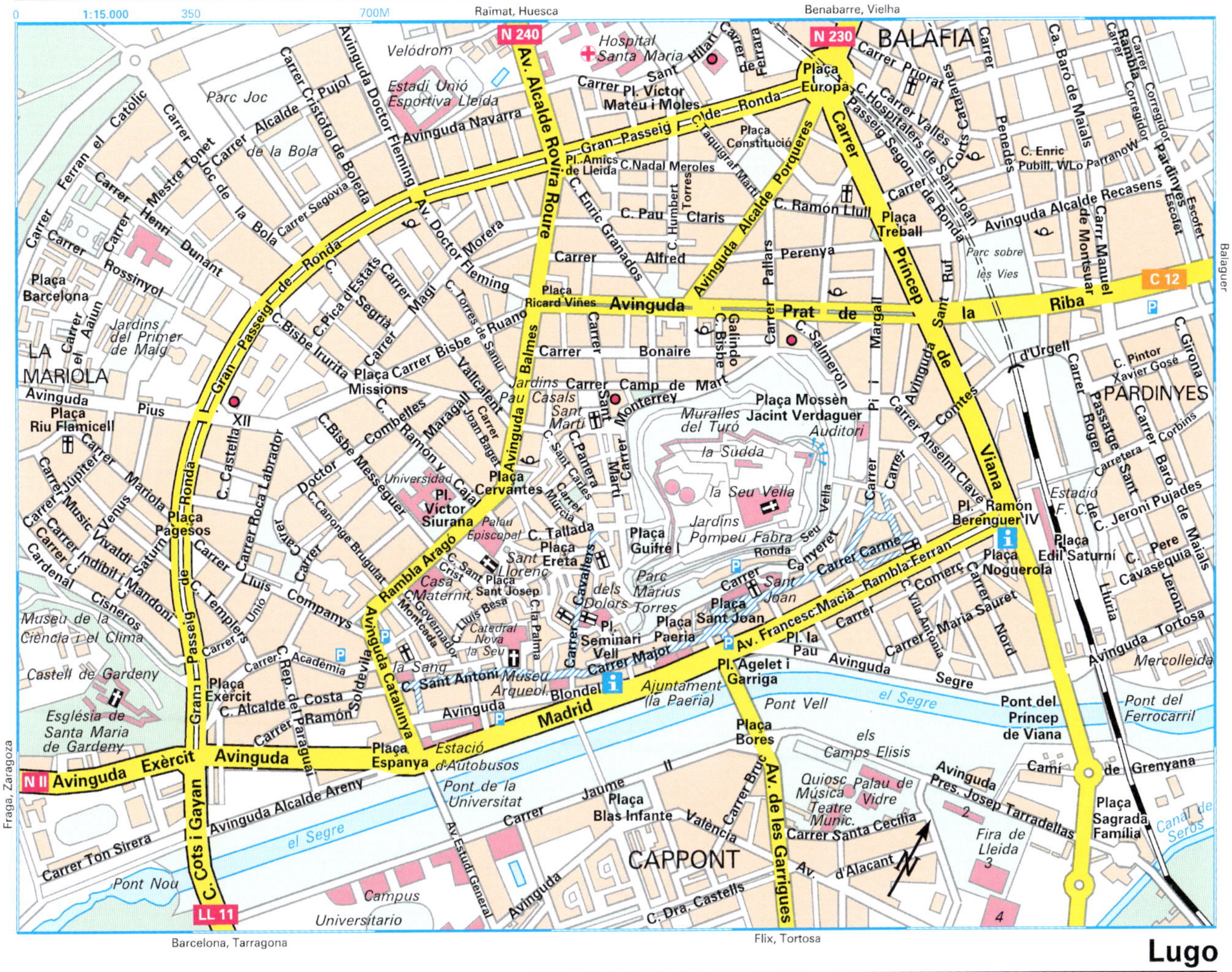

1:15.000 350 700M

BALÀFIA
LA MARIOLA
PARDINYES
CAPPONT

N 240 N 230 C 12 N II LL 11

Raimat, Huesca — Benabarre, Vielha
Baladuer
Fraga, Zaragoza
Barcelona, Tarragona — Flix, Tortosa

Hospital Santa Maria
Velódrom
Parc Joc
Estadi Unió Esportiva Lleida
Avinguda Doctor Fleming
Avinguda Navarra
Plaça Europa
Plaça Constitució
Plaça Treball
Avinguda Alcalde Recasens
Plaça Barcelona
Jardins del Primer de Maig
Plaça Riu Flamicell
Avinguda Prat de la Riba
Plaça Ricard Viñes
Avinguda
Plaça Víctor Siurana
Plaça Cervantes
Murailes del Turó
la Suda
la Seu Vella
Auditori
Plaça Mossèn Jacint Verdaguer
Museu de la Ciència i el Clima
Castell de Gardeny
Església de Santa Maria de Gardeny
Plaça Exèrcit
Plaça Espanya
Estació d'Autobusos
Avinguda Madrid
Ajuntament (la Paeria)
Plaça Bores
Pont Vell
el Segre
Pont del Príncep de Viana
Pont del Ferrocarril
els Camps Elisis
Quiosc Música
Palau de Vidre Teatre Munic.
Fira de Lleida
Avinguda Pres. Josep Tarradellas
Plaça Sagrada Familia
Campus Universitario
Pont Nou

Lugo

1:15.000 350 700M

POLIGONO SAGRADO CORAZÓN
GALEGOS
PORTIÑO
FRÍAS
A CHANCA
O PITEIRO
AGRO DO COTARELO
CATASOL
RATO
XUIZ
SANXILLAO
ABUÍN
A RESIDENCIA
CARME
A CHEDA

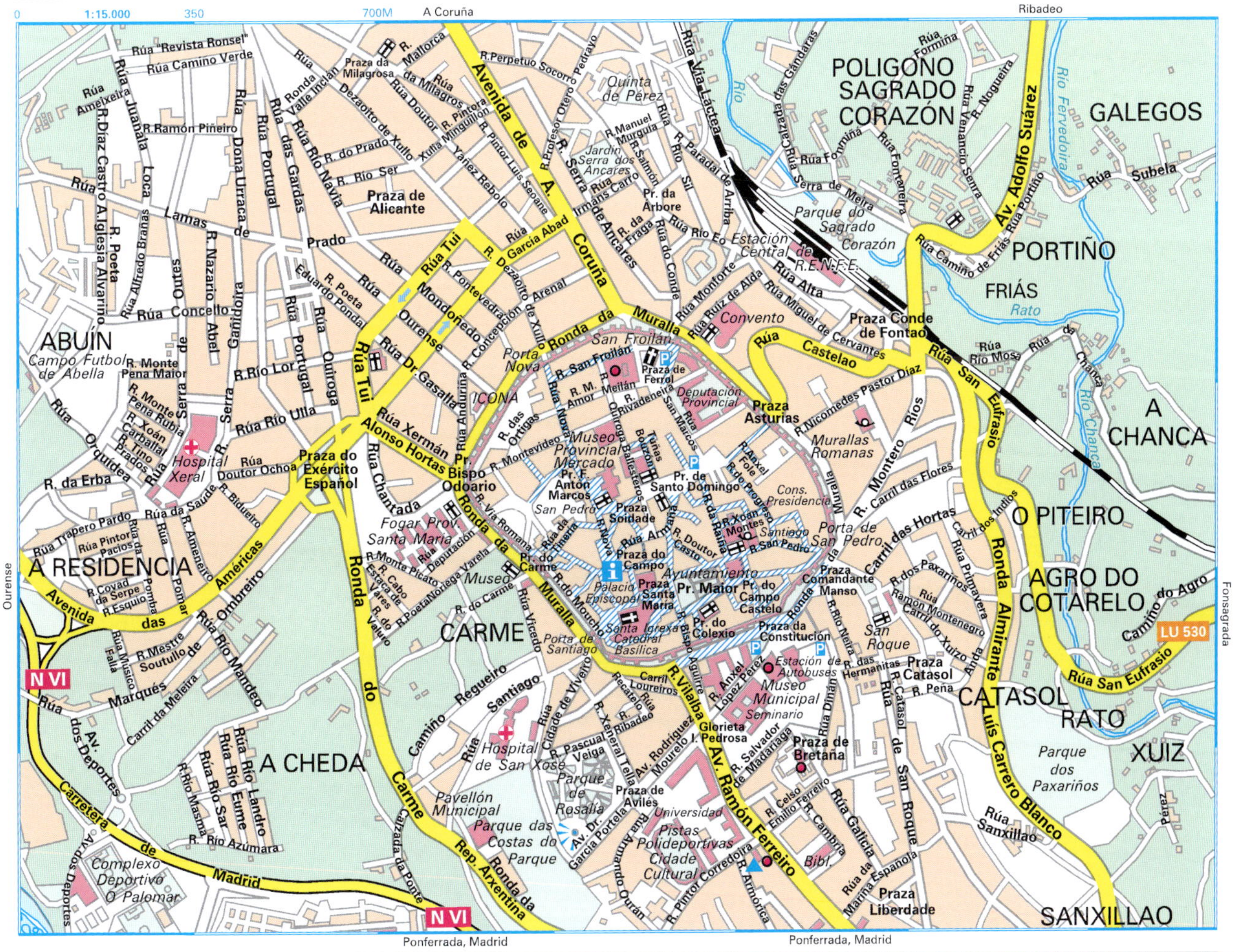

N VI LU 530

A Coruña — Ribadeo
Ourense
Fonsagrada
Ponferrada, Madrid — Ponferrada, Madrid

Quinta de Pérez
Parque do Sagrado Corazón
Estación Central de R.E.N.F.E.
Avenida de A Coruña
Praza de Alicante
Hospital Xeral
Praza do Exército Español
Museo Provincial
Catedral Basílica
Murallas Romanas
Praza Asturias
Praza Conde de Fontao
Ayuntamiento
Pr. Maior
Museo Municipal Seminario
Estación de Autobuses
Praza de Bretaña
Parque dos Paxariños
Pavellón Municipal
Parque das Costas do Parque
Universidade Cidade Cultural
Pistas Polideportivas
Complexo Deportivo O Palomar

E 213

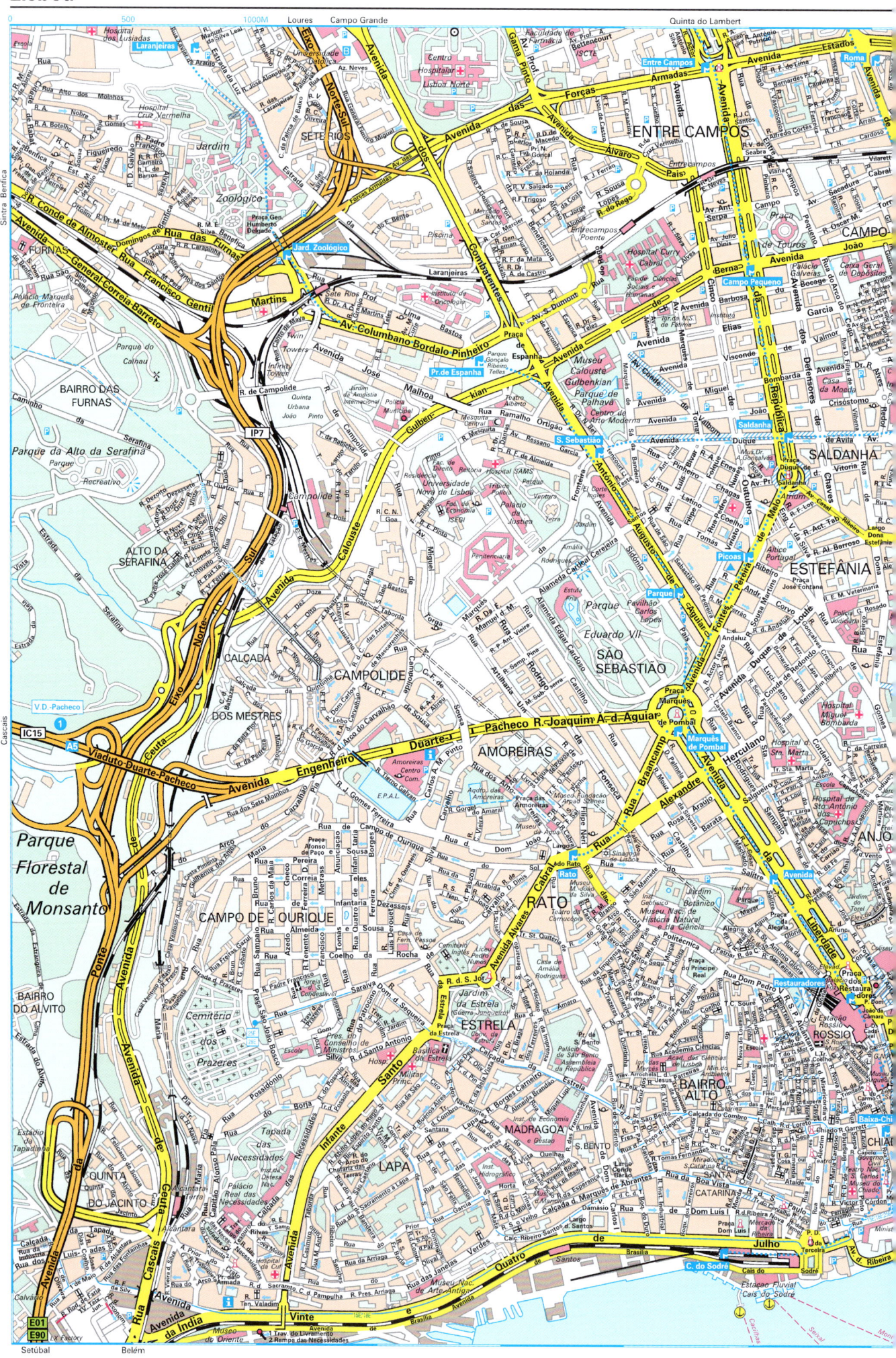

Málaga

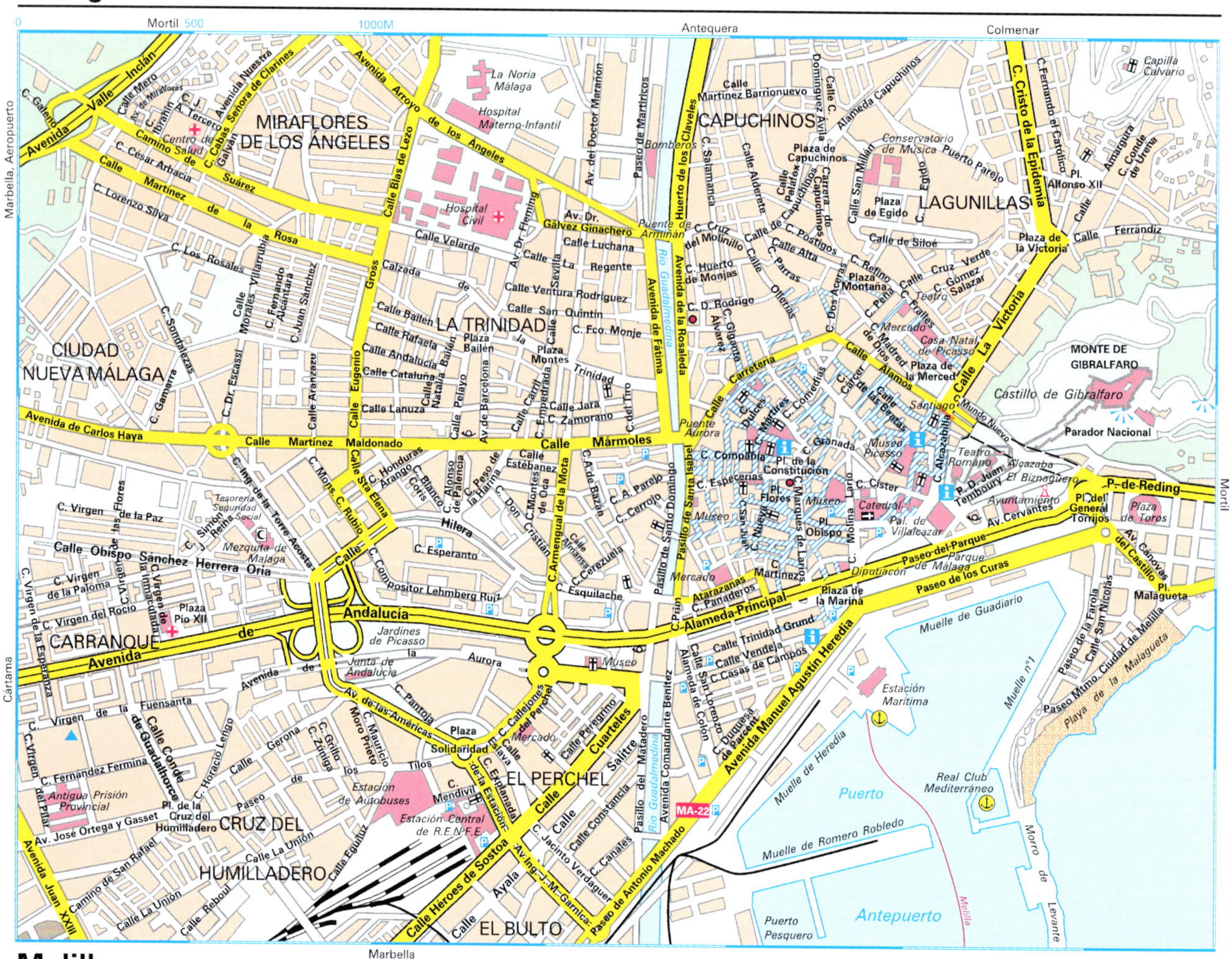

Marbella, Aeropuerto
Cartama

MIRAFLORES DE LOS ÁNGELES

CAPUCHINOS

LAGUNILLAS

La Noria Málaga

Hospital Materno-Infantil

Conservatorio de Música Puerto Parejo

Plaza de Capuchinos

MONTE DE GIBRALFARO

Castillo de Gibralfaro

Parador Nacional

Hospital Civil

CIUDAD NUEVA MÁLAGA

LA TRINIDAD

Plaza Bailen

Plaza Montes

Mezquita de Málaga

Museo Picasso

Plaza de la Merced

Casa Natal de Picasso

Plaza de la Victoria

Avenida de Carlos Haya

Calle Martínez Maldonado

Calle Mármoles

Castillo de Gibralfaro

Catedral

Ayuntamiento

P. de Reding

Mortil

CARRANQUE

Plaza Pío XII

Jardines de Picasso

Junta de Andalucía

Avenida de Andalucía

Plaza de Toros

Malagueta

Playa de la Malagueta

Muelle de Guadiaro

Estación Marítima

EL PERCHEL

Plaza Solidaridad

Estación de Autobuses

Estación Central de R.E.N.F.E.

CRUZ DEL HUMILLADERO

Antigua Prisión Provincial

Muelle n°1

Real Club Mediterráneo

Puerto

Muelle de Heredia

Muelle de Romero Robledo

MA-22

Puerto Pesquero

Antepuerto

Morro de Levante

Melilla

EL BULTO

Marbella

Melilla

Farhana

BATERÍA JOTA

PRÍNCIPE DE ASTURIAS

ATAQUE SECO

Parque Lobera

Auditorium Carvajal

MEDINA SIDONIA

MAR MEDITERRÁNEO

La Purísima Concepción

Mercado Central

Centro Cult.

Carretera a Hidum

Plaza de España

Parque Hernández

Ayuntamiento

Dique del Nordeste

Estación Marítima

Carretera a Farkhana

Campus Universitario

Club Marítimo

Dársena de Santa Bárbara

Muelle Nordeste

Pl. de Velázquez

Palacio Congresos

Plaza de Toros

Dársena embarcaciones Menores

Puerto de Melilla

CALVO SOTELO

VIRGEN DE LA VICTORIA

Hospital Comarcal

Sala Expo

Explanada de San Lorenzo

Playa de San Lorenzo

Estadio Álvarez Claro

INDUSTRIAL

Playa de los Carabos

Hospital Universitario de Melilla

Playa del Hipódromo

Parque Forestal Juan Carlos I Rey

BARRIO DEL REAL

Almería

MEDINA SIDONIA

Carretera de la Alcazaba

Torreón de la Alafía

Baluarte de la Concepción

Cala de los Galápagos

Foso de Los Carneros

Foso de Santiago

La Purísima

Iglesia de la Purísima Concepción

Plaza de Armas

Bbatería de la Muralla Real

Capilla de Santiago

Puerta de Santiago

Museo Municipal

Pl. de la Maestranza

Hospital del Rey

Puerta de los Carros

Pl. de los Carros

Puerta de la Marina

Bateria de San Juan

Plaza de la Parada

Túnel de Florentina

Museo Amazigh

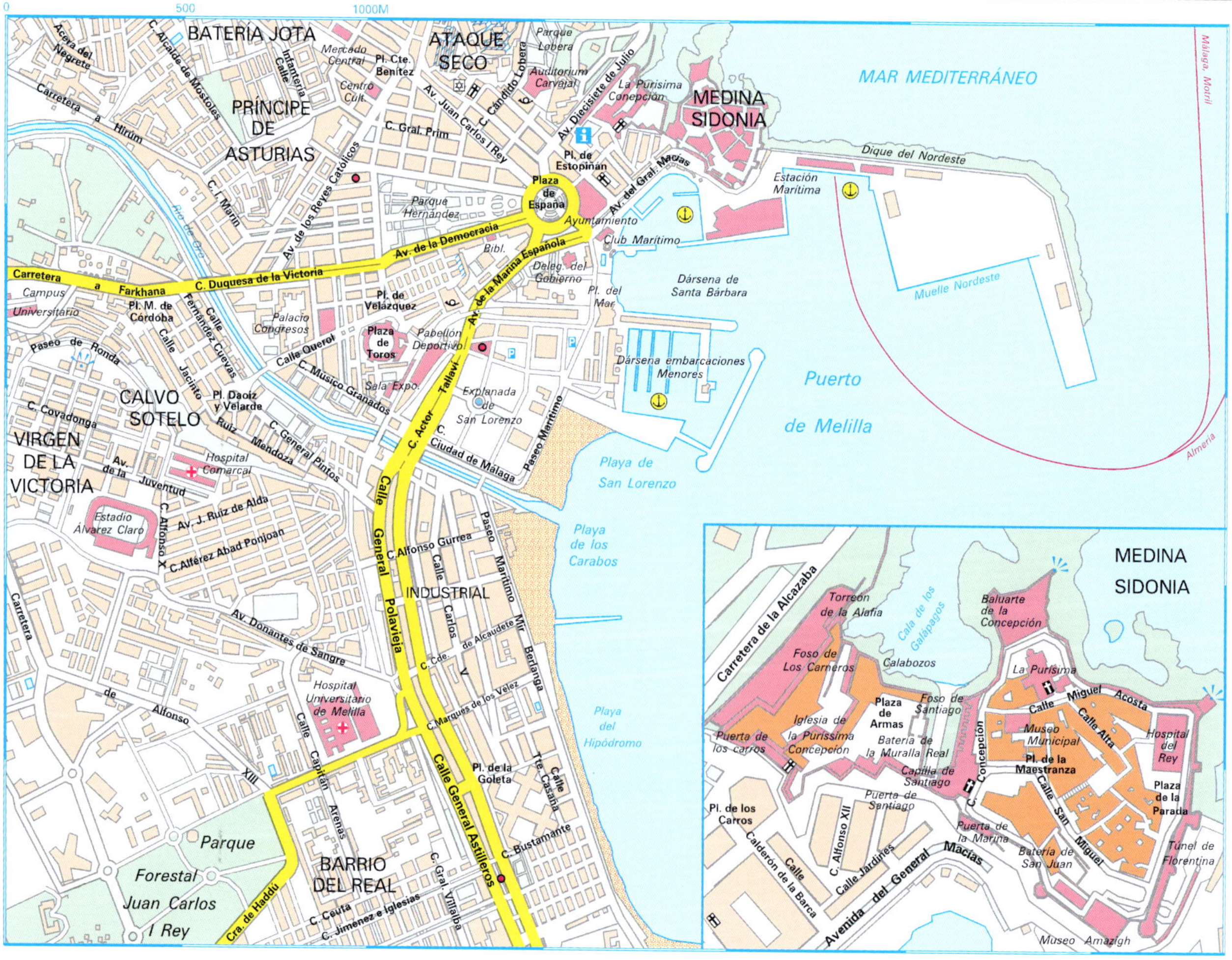

1:15.000

Embalsa de Proserpina

Cáceres

Trujillo, Madrid

N630

SAN BARTOLOMÉ
Avenida de los Milagros
ENRIQUET TIERNO GALVÁN
SANTA ISABEL
Casa de Cultura

Ronda Emeritos · Av. J. Fernández López
Calle del Ferrocarril
C. Marquesa de Pinares
Avenida de Extremadura
SANTA CATALINA
Avenida Juan Carlos I
BARRIADA SINDICAL
Avenida Reina Sofía

Estación F.C.
Basílica Sta. Eulalia
Circo Romano
Jardines del Hipódromo
Colegio

Puente de Lusitania
Almendralejo
Parador Vía de la Plata
Museo Visigodo
Pl. Joan Miró
Casa del Anfiteatro
Museo Nacional de Arte Romano
CAMPSA

Puente Romano
Río Guadiana
Ayuntamiento
Pl. de España
Catedral Sta. María la Mayor
Templo de Diana
Foro Romano
Anfiteatro
Teatro Romano

Alcázaba y Conventual
Pl. Sto. Domingo
REPÚBLICA ARGENTINA
Estadio José Fouto

Plaza de Toros
Casa de Mitra
Columbarios Romano
Pl. de los Escritores
LOS BODEGONES

Puente Nuevo
N630
SAN ANTONIO
Av. de Alange

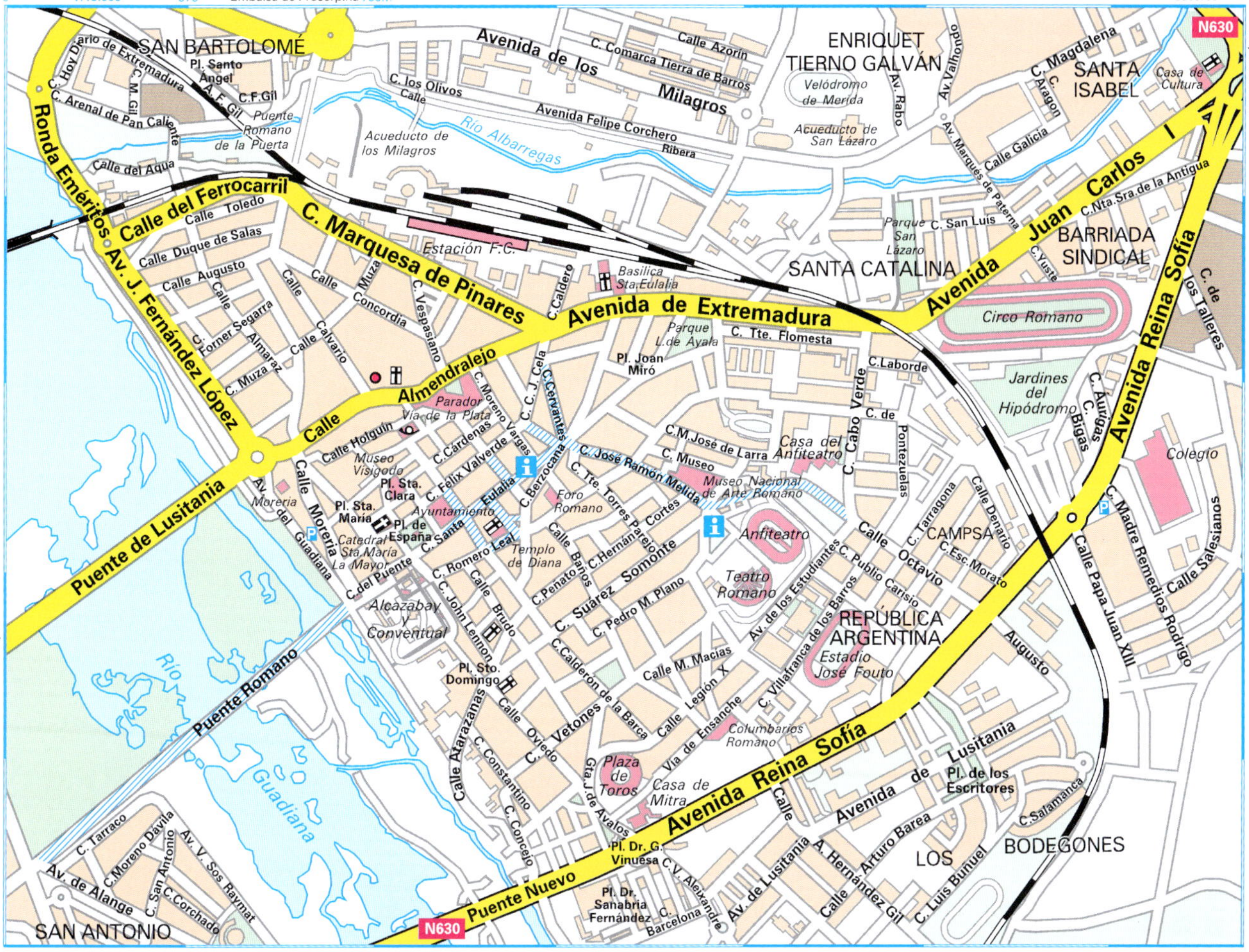

Badajoz, Sevilla

Molina de Segura
Alacant, València
N340

A30
LA LONJA
SAN FRANCISCO DE ASÍS
Ronda Norte
Avenida Juan Carlos I
VISTALEGRE
Plaza Circular
Ronda de Levante
Carretera de Alicante
Palacio Municipal de Deportes

Acceso Autovía
Autovía
Gran Vía
LA FAMA
Avenida de Antonete Gálvez
POL LA PAZ
Avenida de la Fama

SAN ANDRÉS
Estación de Autobuses
Universidad
Catedral
Ayuntam. de Martínez Tornel
Glorieta de España
Palacio Episcopal
SAN JUAN
VISTABELLA
Auditorio

Jardín Botánico
Paseo del Malecón
Río Segura
Avenida del Infante Don Juan Manuel
Puente Vistabella

BARRIOMAR
Avenida Ciudad de Almería
A30
BUENOS AIRES
Calle Floridablanca
Calle Torre del Romo
INFANTE DON JUAN MANUEL
Avenida de Lope-de-Vega

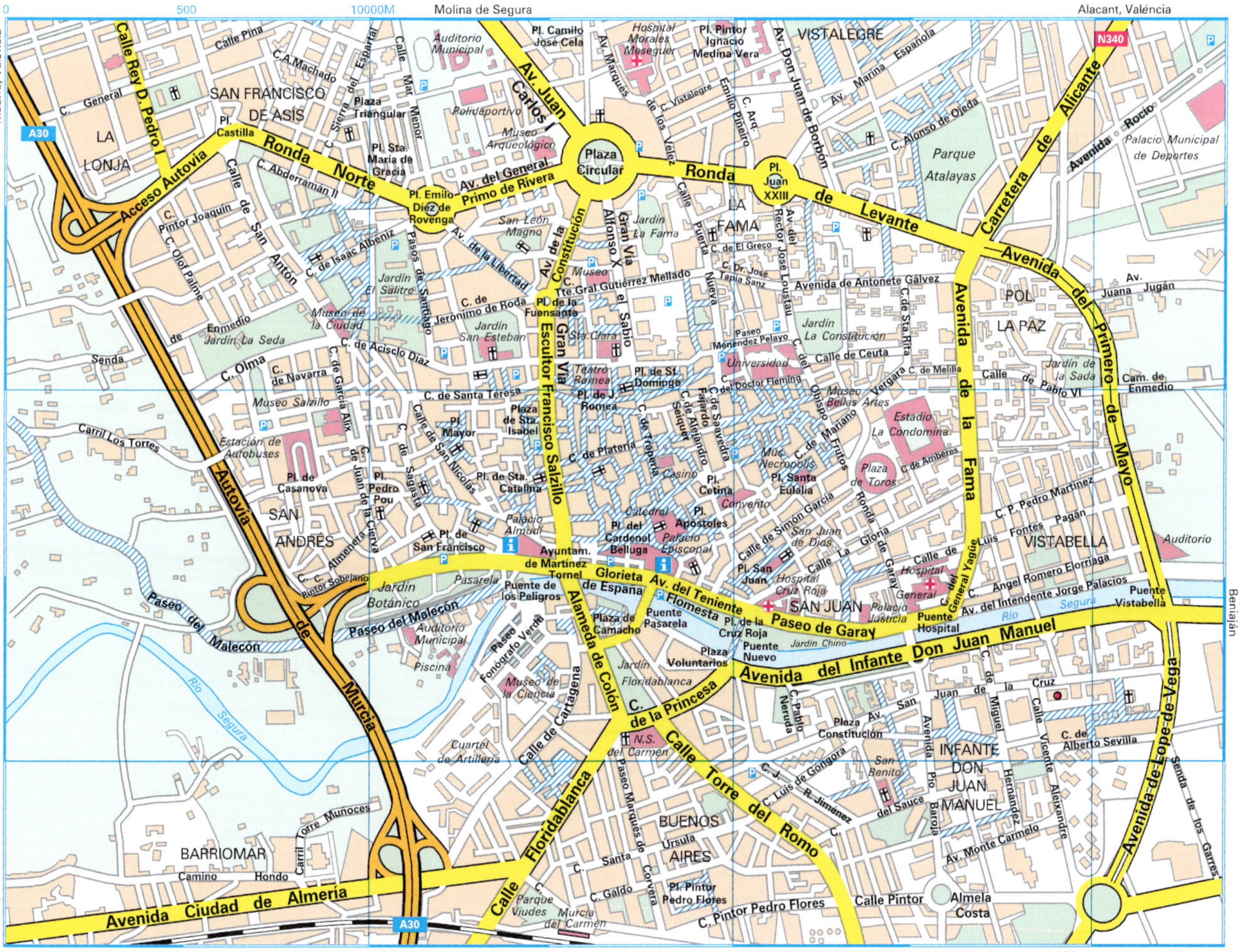

Cartagena
A30
Benijáján

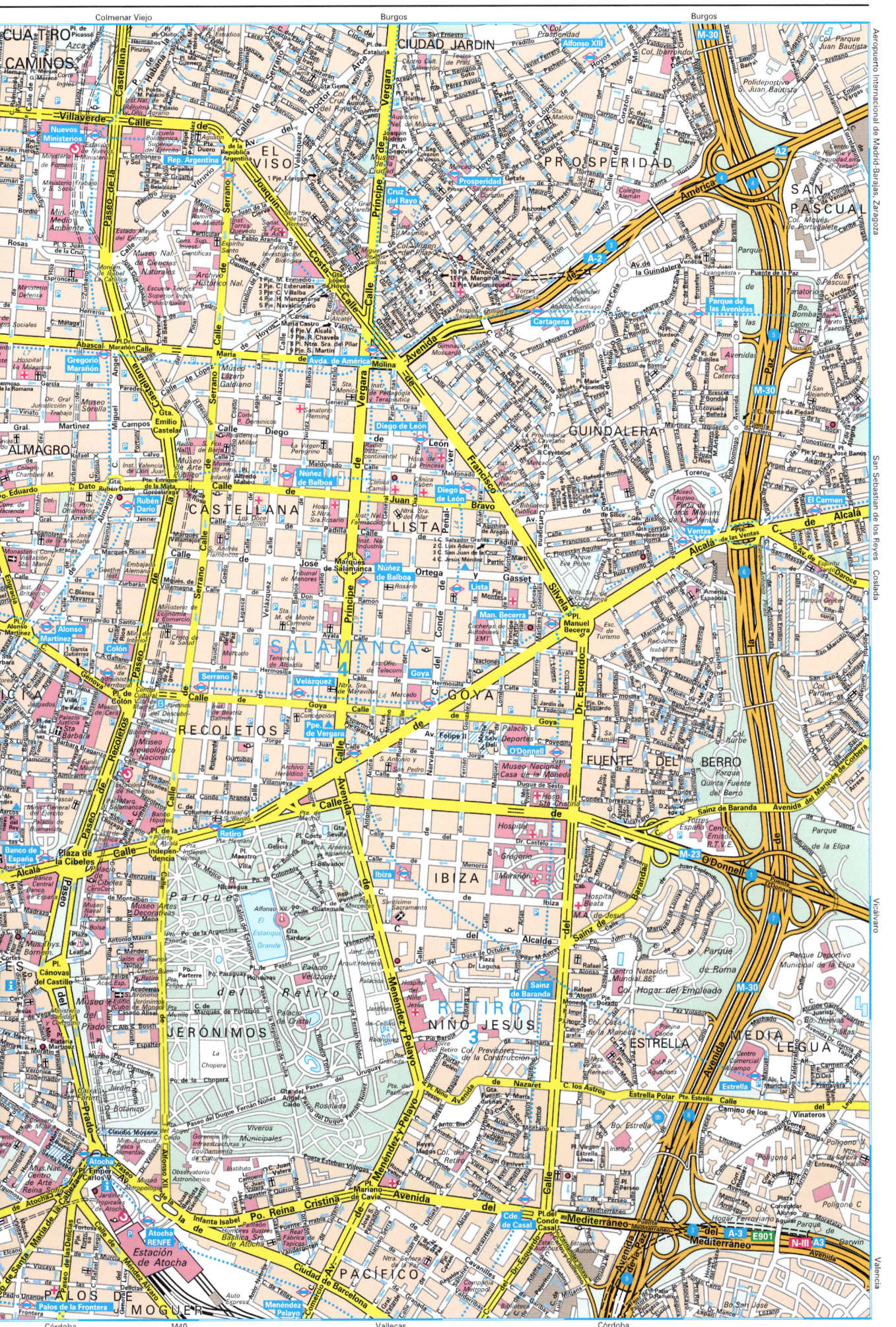

Ourense (Orense)

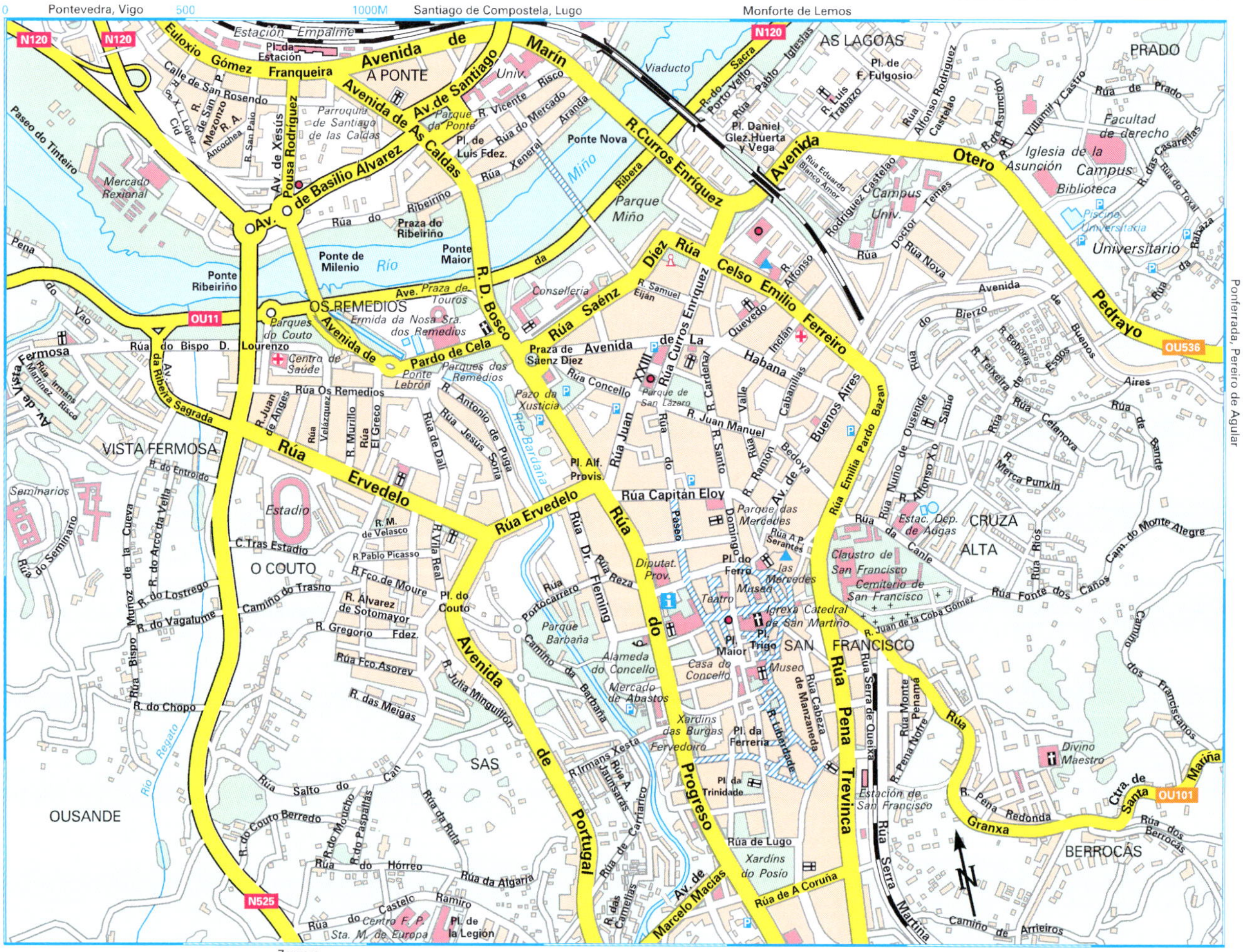

Oviedo

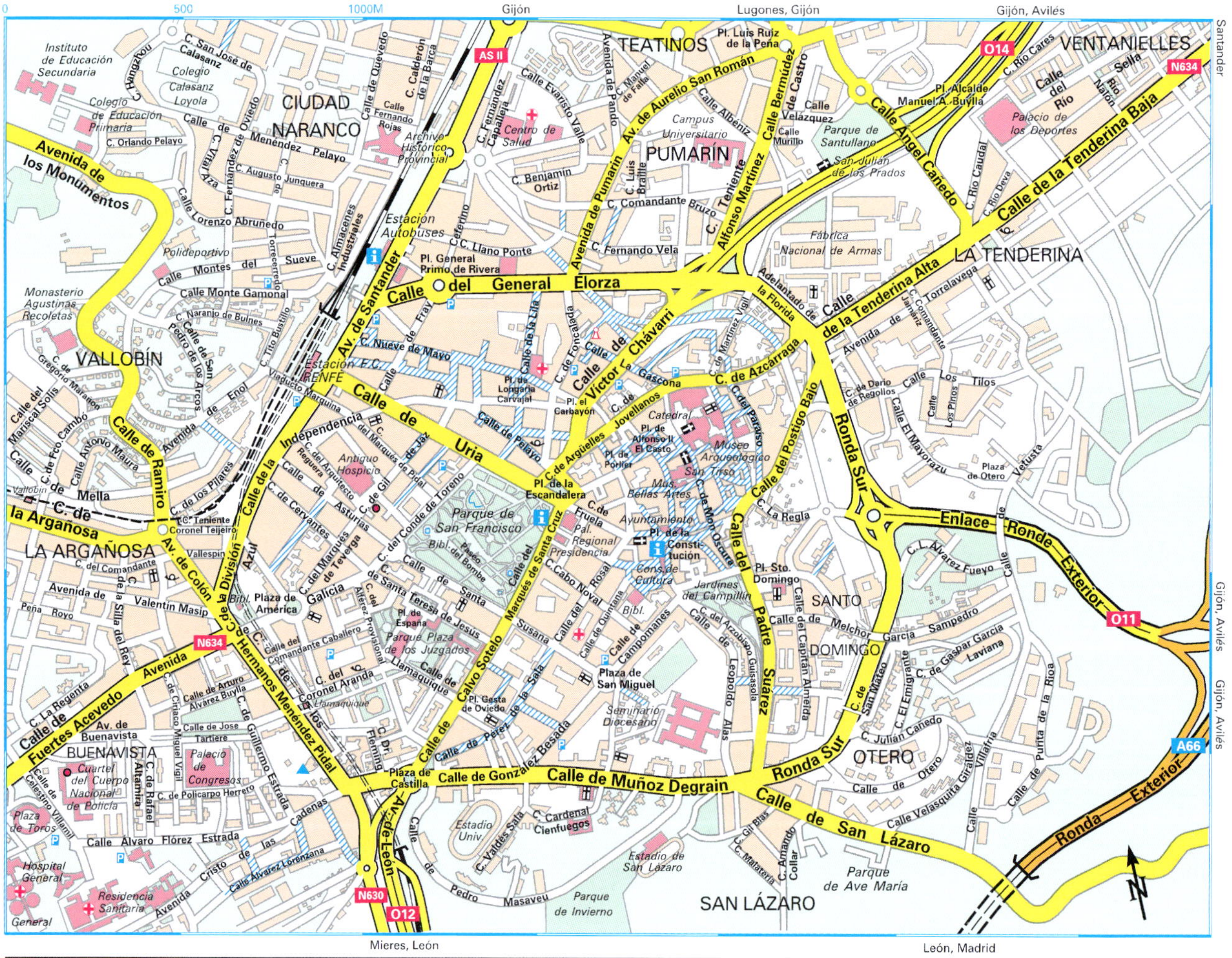

Pamplona (Iruña)

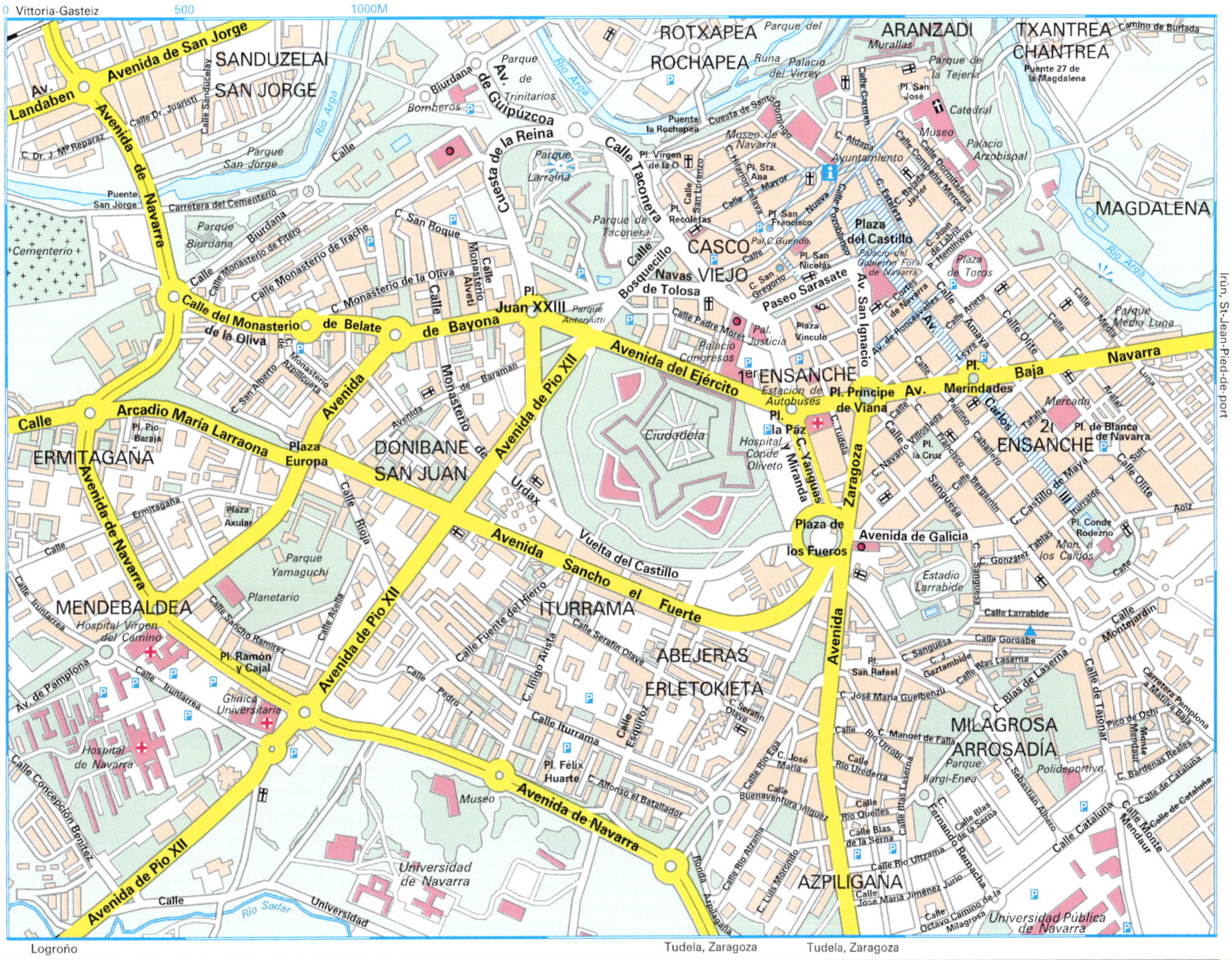

Las Palmas de Gran Canaria

1:15.000 375 750M

Santiago de Compostela   Santiago de Compostela

Pontevedra Norte 128 AP 9

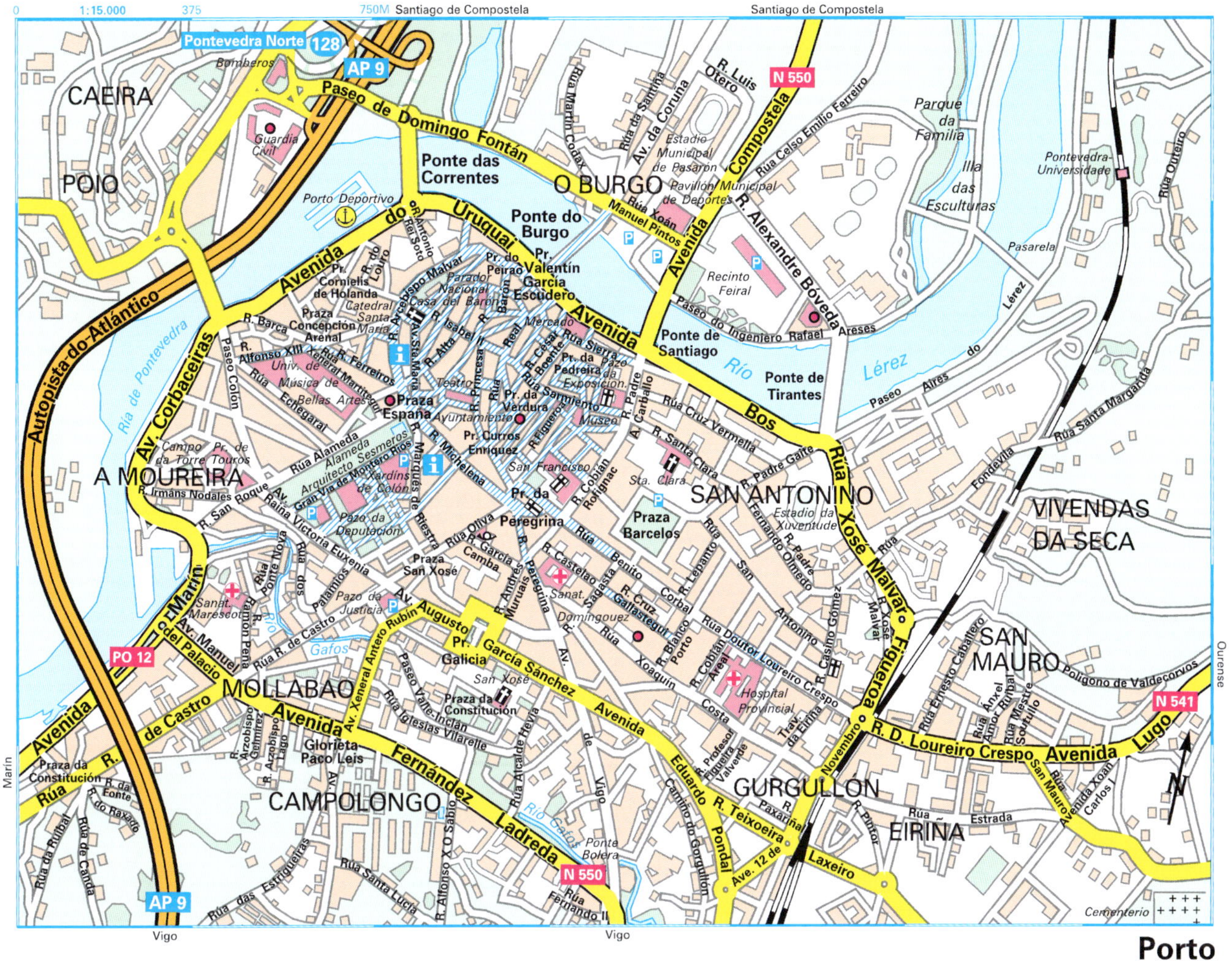

Paseo de Domingo Fontán

CAEIRA

POIO

Bombeiros

Guardia Civil

R. Luis Otero

N 550

R. da Coruña

Av. da Coruña

Estadio Municipal de Pasarón

Pavillón Municipal de Deportes

Parque da Familia

Illa das Esculturas

Pontevedra-Universidade

R. Alexandre Boveda

Ponte das Correntes

O BURGO

Compostela

R. Celso Emilio Ferreiro

Porto Deportivo

Ponte do Burgo

Avenida do Uruguai

Pr. Valentín García Escudero

Avenida de Bos

Ponte de Santiago

Recinto Feiral

Paseo do Ingeniero Rafael

Areses

Rio Lérez

Lérez

Paseo Aires

Pasarela

Avenida do Atlántico

Autopista do Atlántico

Av. de Corbaceiras

Ría de Pontevedra

Catedral

Praza Santa María

Concepción Arenal

Alfonso XIII

Univ. de la Marina

R. Ferreiros

Praza España

Ayuntamiento

Pr. da Verdura

Pr. da Peregrina

Praza Barcelos

San Francisco

Sta. Clara

SAN ANTONINO

Estadio da Xuventude

Ponte de Tirantes

VIVENDAS DA SECA

A MOUREIRA

Irmáns Nodales

Campo da Torre

Gran Vía de Montero Ríos

Pazo da Deputación

Praza San Xosé

Rúa Alameda

Pr. Curros Enríquez

Praza Peregrina

R. Cobián

R. Michelena

SAN MAURO

San Mauro

N 541

Lugo

R. Benito

Hospital Provincial

R. Doutor Loureiro Crespo

R.D. Loureiro Crespo

Avenida

Ourense

MOLLABAO

Av. Manuel del Palacio

Av. de Castro

PO 12

Pr. García Sánchez

Praza Galicia

Av. Xeneral Antero Rubín

Praza da Constitución

Av. Augusto

R. Xoaquín

SAN MAURO

Polígono de Valdecorvos

Marín

Praza da Constitución

Rúa de Castro

Glorieta Paco Leis

Avenida Fernández Ladreda

CAMPOLONGO

Rio Gafos

Ponte Bokera

GURGULLON

R. Teixeeira

Eduardo R. Pondal

Camiño do Gurgullon

EIRIÑA

Rúa Estrada

N

Laxeiro

AP 9

Vigo   Vigo

N 550

Rúa das Estrigueiras

Rúa Santa Lucía

Cemiterio

1:10.000 250 500M

Braga

Rua da Firmeza

SANTO ILDEFONSO

Rua do Breyner

Rua de Miquel Bombarda

Rua da Conceição

Igreja da Trindade

Paços do Concelho

Bolhão

Capela das Almas

Rua de Dom João IV

VITÓRIA

Praça Carlos Alberto

Espaço Art Imagem

Pr. Gen. H. Delgado

Mercado do Bolhão

Rua Formosa

Rua da Alegria

Teatro

Museu da Ordem do Carmo

Praça D. Filipa de Lencastre

Avenida dos Aliados

Rua de Santa Catarina

Rua Passos Manuel

Coliseu do Porto

Lg. do Padrão

Igreja dos Carmelitas

Igreja do Carmo

Praça de D. João I

Praça de Gomes

Hospital de Santo António

Capela do Senhor dos Aflitos

Praça da Liberdade

Igreja dos Congregados

Sé da Bandeira

Praça Povoense

Rua Morgado Mateus

Biblioteca Municipal

R. de D. Manuel II

R. Alberto

Rua da Restauração

Museu de História Natural - Faculdade de Ciência da Universidade do Porto

R. Felipe Nery

R. dos Clérigos

Praça da Batalha

Teatro Nacional

Avenida Rodrigues de Freitas

Igreja da Esperança

Jardim João Chagas

Campo Mártires da Pátria

Tribunal da Relação do Porto

Largo dos Loios

Pr. de Almeida Garrett

Estação de S. Bento

Igreja da Assunção

MIRAGAIA

Horto das Virtudes

Escola Básica

Rua das Flores

Rua Mouzinho da Silveira

Av. D. Afonso Henriques

R. Cativo

FONTAINHAS

Mosteiro de S. Bento da Vitória

Igreja da Misericórdia

SE

R. Saraiva Carvalho

Capela das Alfaiates

Alameda das Fontainhas

Museu dos Transportes e Comunicações

Igreja de Miragaia

Museu de Arte Sacra e Arqueologia

Igreja de Santa Clara

Rua do Duque Loulé

Passeio das Fontainhas

Nova Alfândega

Convento de São João Novo

Palácio da Bolsa

Igreja de Francisco de Henrique

Mus. do Mos. da Ordem de S. Francisco

RIBEIRA

Policia Marítima

Muro dos Bacalhoeiros

Cais da Estiva

Avenida Gustavo Eiffel

Escadas do Codeçal

Cais dos Guindais

Capela Sra. do Além

Rio Douro

Rio Douro

VILA NOVA DE GAIA

Coimbra

Gondomar

Guimarães

E P 223

Salamanca

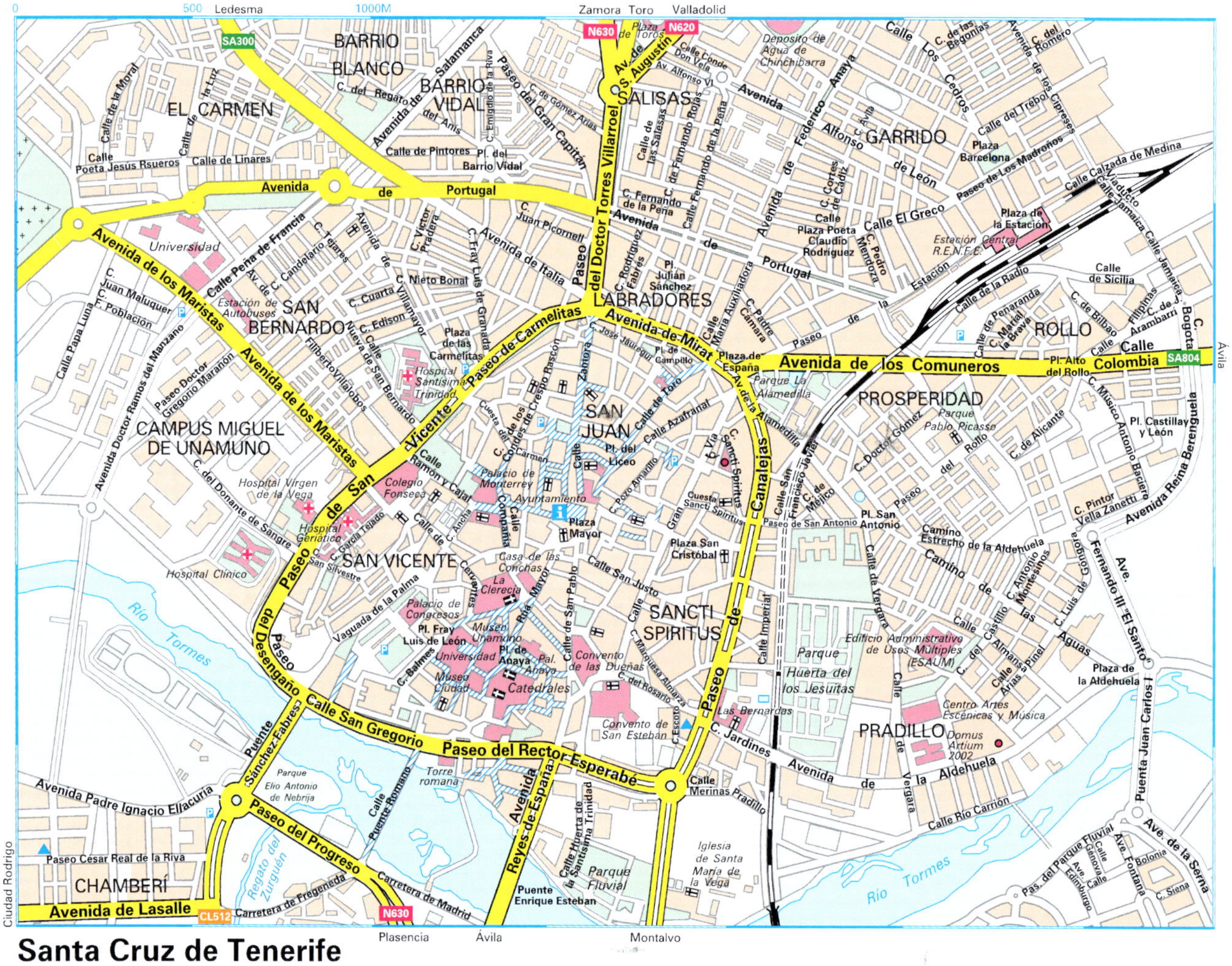

El Carmen · Barrio Blanco · Barrio Vidal · Salisas · Garrido · Rollo · San Bernardo · Campus Miguel de Unamuno · San Vicente · Labradores · San Juan · Prosperidad · Colombia · Sancti Spiritus · Pradillo · Chamberí

Universidad · Estación de Autobuses · Hospital de la Vega · Hospital Geriátrico · Hospital Clínico · Estación Central R.E.N.F.E.

Avenida de Portugal · Avenida de los Maristas · Paseo del Desengaño · Calle San Gregorio · Paseo del Rector Esperabé · Paseo del Progreso · Avenida de Lasalle · Reyes de España · Paseo del Doctor Torres Villarroel · Avenida de Mirat · Avenida de los Comuneros · Paseo de Canalejas

Río Tormes · Puente Sánchez-Fabrés · Puente Romano · Puente Enrique Esteban · Puente Juan Carlos

Plaza Mayor · Catedrales

Ledesma · Zamora · Toro · Valladolid · Ávila · Ciudad Rodrigo · Plasencia · Montalvo

N630 · N620 · SA300 · SA804 · CL512

Santa Cruz de Tenerife

Pino de Oro · Las Acacias · Las Mimosas · Barrio Nuevo · La Salud · El Toscal · Perú · Los Gladiolos · Somosierra · La Salle · Buenos Aires · Los Llanos

Avenida de Anaga · Avenida Marítima · Avenida de Bélgica · Avenida General Mola · Avenida Benito Pérez Armas · Avenida Reyes Católicos · Avenida Tres de Mayo · Avenida de la Constitución · Rambla de Santa Cruz · Calle San Sebastián

Muelle de Ribera · Estación Marítima · Dársena Suroeste · Dársena Sur · Dársena de los Llanos · Dique Nuevo · Dique Muelle Sur

Océano Atlántico

Plaza de España · Plaza de la Candelaria · Parque Municipal García Sanabria · Plaza del Estado de Virginia · Plaza de Toros

San Andrés · La Cuesta, La Laguna · La Laguna, Los Cristianos · Los Cristianos · Sta. Cruz de la Palma · Las Palmas de G.C. Agaete

TF 11 · TF 4 · TF5 · TF1 · TF180

El Sardinero
GRUPO ATECA
COLONIA DEL MAR
GRUPO SAN LUIS
LA TIERRUCA
COLONIA LOS PINARES
COLONIA DE UNIVERSIDAD
VIVIENDAS SAN NICOLÁS
BARRIO DEL CARMELO
GRUPO CANALEJAS

Avenida de la Constitución
Avenida de los Castros
Paseo del General Dávila
Avenida General Camilo Alonso Vega
Calle San Fernando
Avenida Reina Victoria
Calle Castelar
Paseo de Pereda

Bahía de Santander
MAR CANTÁBRICO

Calle de Castilla
Calle Marqués de la Hermida
BARRIO PESQUERO
Dársena de Maliaño
Puerto Pesquero
Muelle de la Margen Norte

Península de la Magdalena
Palacio de la Magdalena
Reales Caballerizas
Avenida Reina Victoria
Paseo de Pérez Galdós
Playa del Camello
Playa de Biquinis
Playa de la Magdalena
Isla de La Torre
Isla Horadada
Bahía de Santander

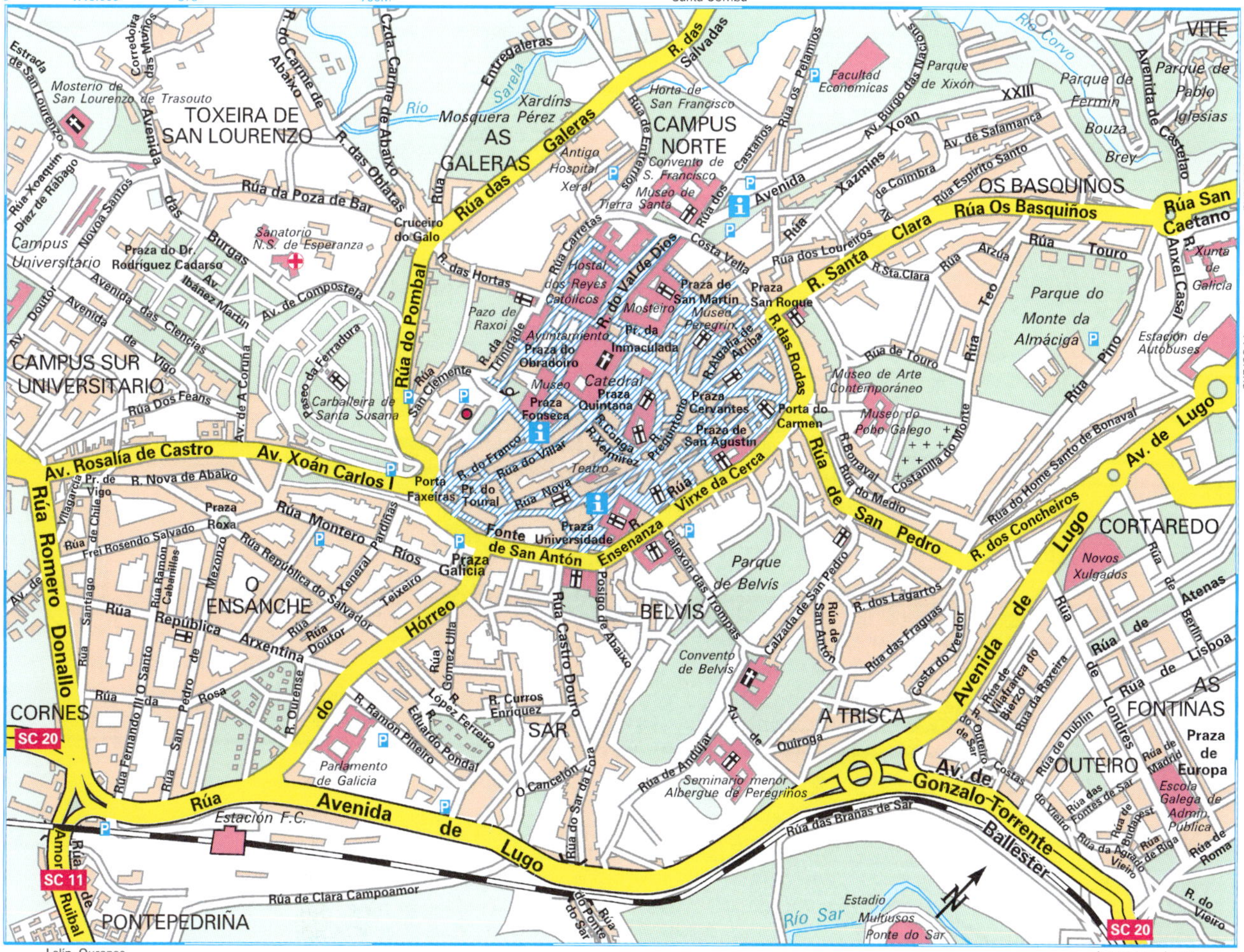

Santiago de Compostela

1:15.000
Santa Comba

TOXEIRA DE SAN LOURENZO
AS GALERAS
CAMPUS NORTE
CAMPUS SUR UNIVERSITARIO
OS BASQUIÑOS
VITE
O ENSANCHE
BELVIS
CORTAREDO
AS FONTIÑAS
OUTEIRO
A TRISCA
CORNES
SAR
PONTEPEDRIÑA

Rúa do Pombal
Rúa das Galeras
Av. Rosalía de Castro
Av. Xoán Carlos
Rúa San Caetano
Rúa Os Basquiños
R. Santa Clara
Avenida de Lugo
Rúa de San Pedro
Avenida de Lugo
Rúa de Gonzalo Torrente Ballester
Avenida de Lugo

Catedral
Praza do Obradoiro
Parque do Monte da Almáciga
Parque de Belvís

Segovia

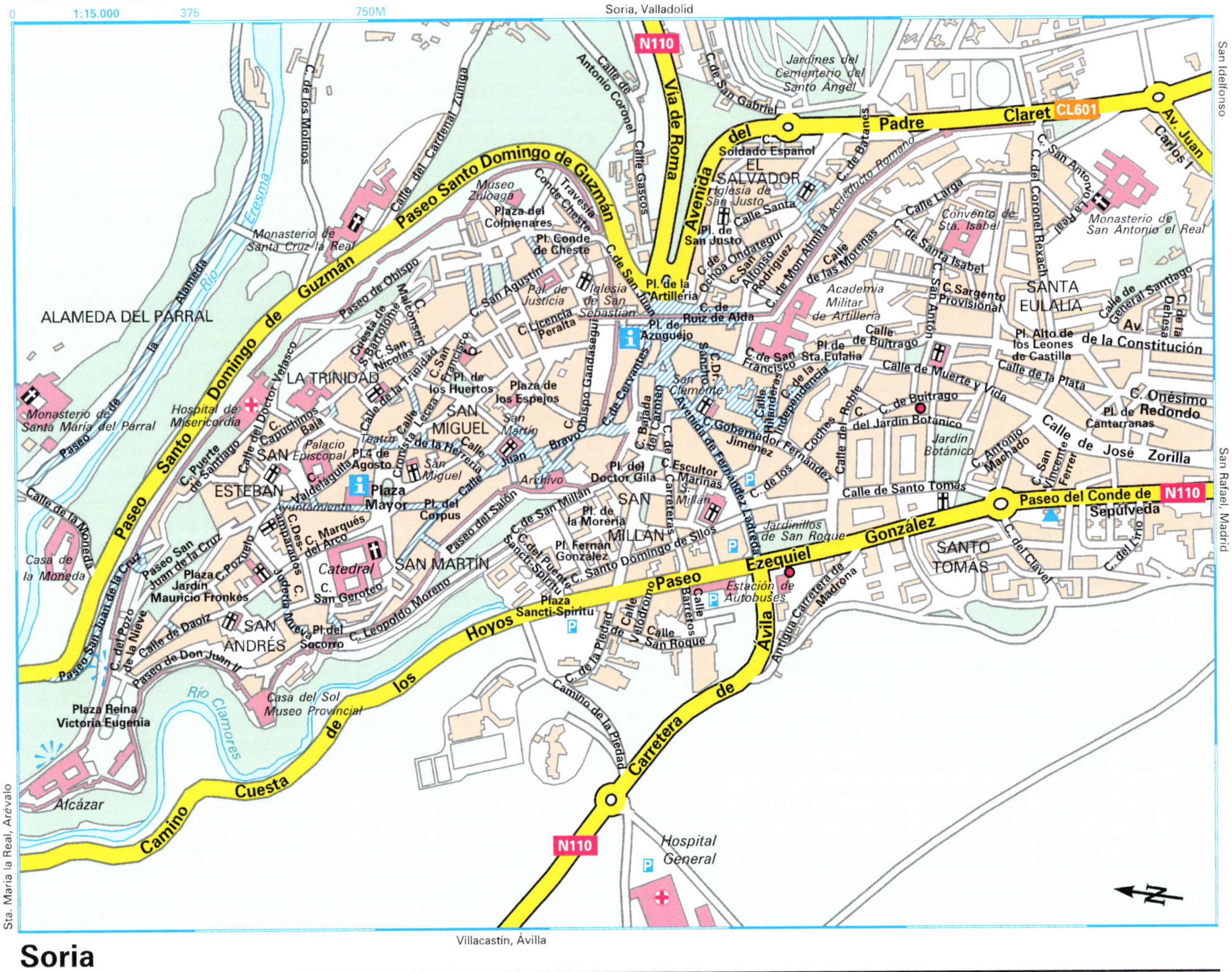

0   375   750M

Soria, Valladolid

N110

Jardines del Cementerio del Santo Angel

Padre Claret CL601

Av. Juan Carlos I

San Ildefonso

EL SALVADOR
Soldado Español
Iglesia de San Justo
Convento de Sta. Isabel
Monasterio de San Antonio el Real

Monasterio de Santa Cruz la Real
Museo Zuloaga
Plaza del Colmenares
Plaza Conde de Cheste

Academia Militar de Artillería

SANTA EULALIA

ALAMEDA DEL PARRAL

Avenida del

Río Eresma

Calle de la Muerte y Vida
Av. de la Constitución

Paseo Santo Domingo de Guzmán

Pl. de la Artillería
Pl. de Azoguejo

LA TRINIDAD
SAN MIGUEL

Alto de los Leones de Castilla
Calle de la Plata

C. Onésimo Redondo
Cantarranas

Monasterio de Santa María del Parral
Hospital de Misericordia

SAN ESTEBAN

Plaza Mayor

Jardín Botánico

Calle de José Zorrilla

San Rafael, Madrid

Casa de la Moneda

SAN MARTÍN

Pl. de Corpus
Catedral

Paseo del Salón

SAN MILLÁN

Jardinillos de San Roque

Paseo del Conde de Sepúlveda N110

SANTO TOMÁS

Jardín Mauricio Fronkés

SAN ANDRÉS
Pl. del Socorro

Paseo Ezequiel González Ávila

Estación de Autobuses

Paseo de los Hoyos

Plaza Sancti-Spiritu

Plaza Reina Victoria Eugenia

Río Clamores

Casa del Sol Museo Provincial

Carretera de

Camino de la Piedad

Alcázar

Cuesta
Camino

N110

Hospital General

N

Sta. María la Real, Arévalo

Villacastín, Ávila

Soria

1:15.000

0   375   750M

Logroño

Residencial Insalud
Hospital General
N111

C. Gerardo Diego
C. Enrique Tiermo Galván

EL MIRÓN

Camino del Carril

Parque Santa Bárbara

Parque Fuente del Rey

Parque El Mirón

YAGÜE

Calle de Zaragoza

Avenida de la Constitución

Paseo de San Mateo

SAN PEDRO

Estación de Autobuses

N234

Avenida de Valladolid

Calle San Benito

Concatedral de San Pedro
Calle San Agustín

C. Obispo Agustín

Carretera de Agreda

Calle Eduardo Saavedra

Parque Alameda de Cervantes

Ayuntamiento

Soto Playa

N234

Museo del Agua

Parque del Castillo

Río Duero

LOS PAJARITOS
N111
Estadio Los Pajaritos

Almazán, Madrid

E

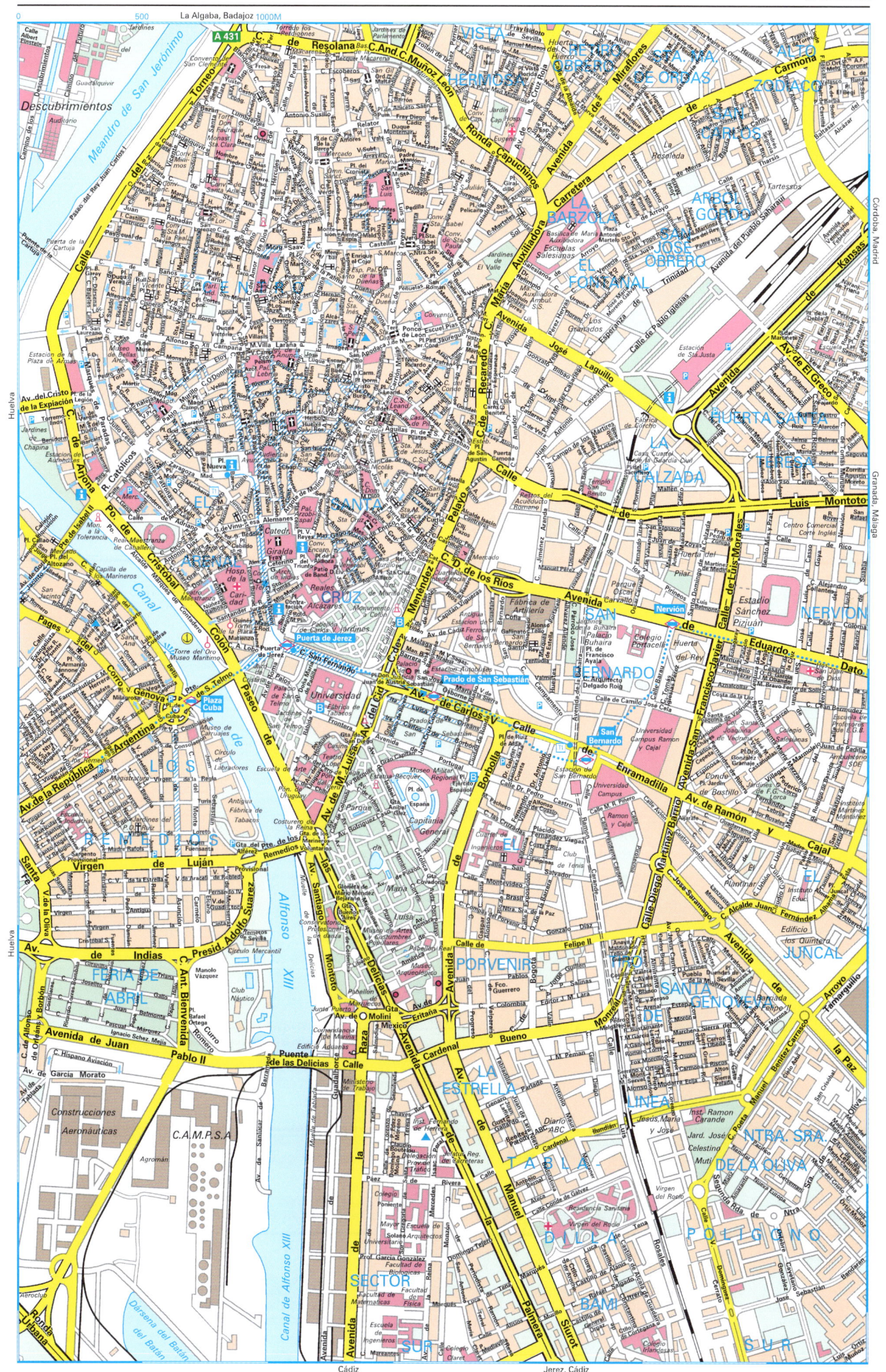

Tarragona

1:15.000 0 375 750M

Valls, Lleida • Amposta, Valencia

Barcelona

N240
N340a
N340a
A7 Autovía-de-Circumval·lació

Valencia
Reus
Barcelona

Av. President Lluís Companys
Avinguda
Andorra
Avinguda
Roma
Avinguda
Ramón
Avinguda de la Independència
Museu i Necròpolis paleocristians
Fàbrica de Tabacs
Parc de la Ciutat
Estació d'Autobussos
Plaça Orleans
Plaça Imperial Tarraco
Plaça Alcalde Lloret
Carrer Enric d'Osso
Carrer Pau Claris
C. Joan Baptista Plana
Cardenal Vidal i Barraquer

Rambla Nova
Carrer Estanislau Figueres
Carrer Martell
Cajal
Pl. Font del Centenari
Ajuntament
Mercat Central
Plaça Corsini
EIXAMPLE
Delegac. de Hacienda
Plaça de Braus
Carrer Lleida
Carrer Soler
Carrer Reding
Carrer roma
Carrer Cervantes
Gasòmetre
C. Doctor Zamenhof
Carrer Apodaca
Teatre romà
Plaça Smith
Plaça dels Infants
Carrer del Mar
Carrer Reial
Carrer Cartagena
PART BAIXA
Palau Firal de Congressos
Pl. de la Pedrera
Estació Central R.E.N.F.E.

Carrer Torres Jordi
Poliesportiu
C. C. Espinach
Pl. Narcís Monturiol
EL SERRALLO
Moll de Pescadors
Terminal Passatgers
Moll de Costa
Moll de Reus
Moll de Lleida
Moll de Llevant
Port Esportiu
Plaça dels Carros
Passeig

Avinguda Maria Clara
Sant Antoni Maria Claret
Avinguda Marou de Montulp
Avinguda Joaquim de Vedruna
Catalunya
Pl. de la Salle
Carrer Pin
Carrer López Peláez
Rovira i Virgili
Carrer Soler
Pl. Anselm Clavé
Imperi Roma
Via Augusta
Parc Saavedra
Carrer Ferrers
Carrer Cavallers
C. C. Nau
PART ALTA
Catedral
St. Llorenç
Museu
Plaça del Rei Museu
Plaça Rovellat
Pl. de la Font
Pl. St. Antoni
Auditori
Camp de Mart
Passeig El Fortí
El Fortí Negre
Fortí de Santa Bàrbara
Cristina
Arqueològic
Pl. Pla de Palau
Sant Pau
Muralla romana
Carrer Johann Sebastian Bach
C. Enric Granados
Cristina Santa Bàrbara
Hospital Casa Blanca
Cami de l'Ermita de la Salut
Passeig Arqueològic
Cami de la Cuixa
Diputació
Carrer Ludwig van Beethoven
Via Augusta
C. Saragossa
ELS COSSIS
Rafael
Forti de Sant Jordi
Carrer Robert d'Aguiló Prínceps de Tarragona
Parc del Miracle
Pl. Cardenal Arce Ochotorena
Anfiteatre romà
Maria del Toro
Jardí de la Reconcil·liació
Circ romà
Baixada del Toro
Vial de l'Amfiteatre
Platja del Miracle
Marítim
Passeig
Forti de la Reina
Cova del Gos
Punta del Miracle

MAR MEDITERRÀNIA

Teruel

1:10.000 0 250 500M Tarragona

Alfambra
N420a
Valencia
Zaragoza
Cuenca
Sagunto, Valencia

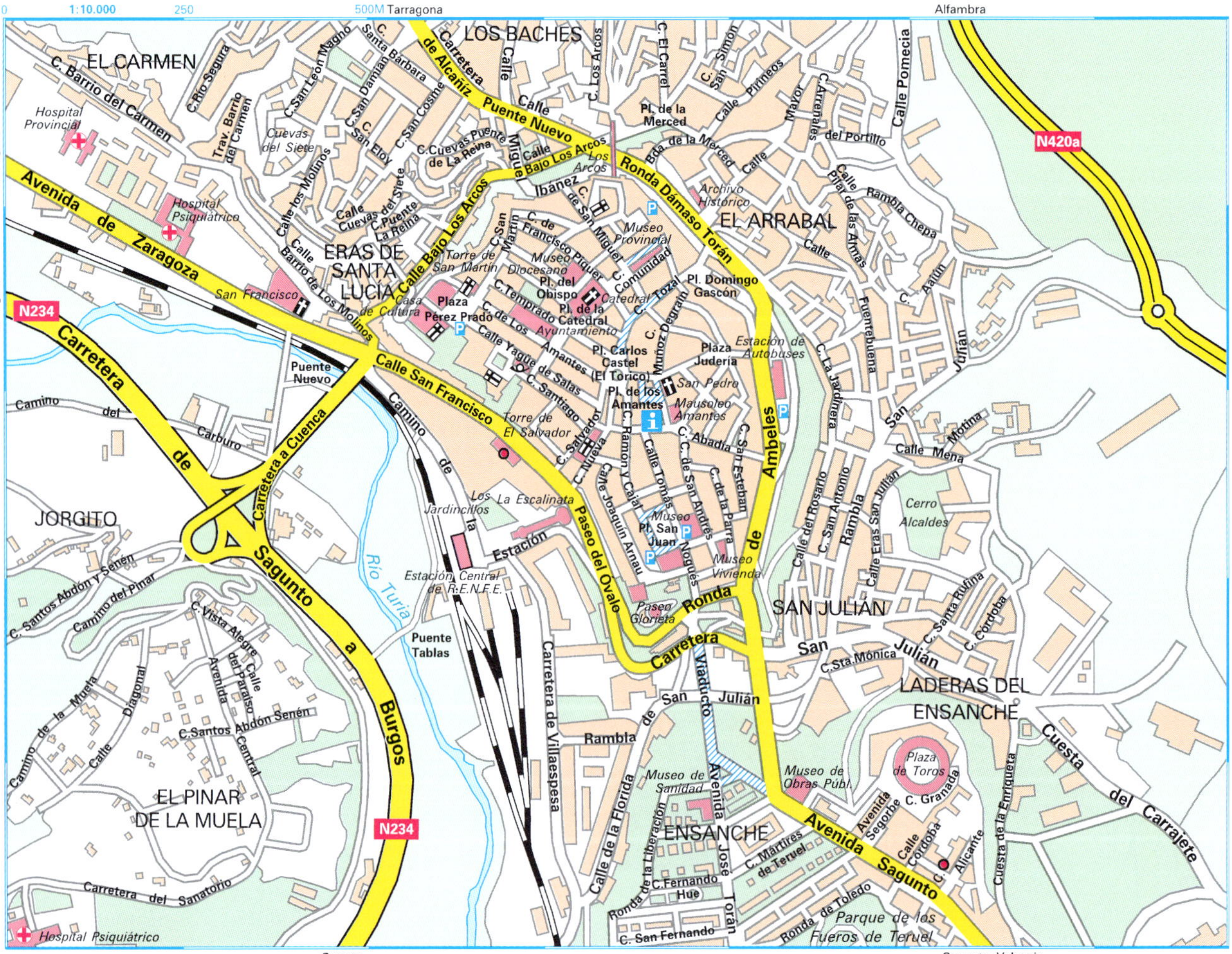

EL CARMEN
C. Barrio del Carmen
Hospital Provincial
Avenida de Zaragoza
Hospital Psiquiátrico
N234
Carretera
JORGITO
Carretera a Cuenca
Carretera de Sagunto
Sagunto a Burgos
N234
EL PINAR DE LA MUELA
Camino de la Muela
C. Santos Abdón y Senén
C. Vista Alegre
Calle del Paraíso
Avenida Central
Carretera del Sanatorio
Hospital Psiquiátrico

LOS BACHES
Carretera de Alcañiz
Puente Nuevo
Calle
de los Arcos
Pl. de la Merced
Ronda Dámaso Torán
EL ARRABAL
Calle del Portillo
Rambla Chepa
Calle de las Armas
Archivo Histórico
ERAS DE SANTA LUCIA
Calle Bajo Los Arcos
Calle de los Molinos
San Francisco
Puente Nuevo
Calle San Francisco
Museo Provincial
Torre de San Martín
Museo Diocesano
Pl. del Obispo
Catedral
Ayuntamiento
Pl. de la Catedral
Plaza Pérez Prado
Pl. Carlos Castel (El Torico)
Plaza Judería
Pl. de los Amantes
Mausoleo Amantes
San Pedro
Torre de El Salvador
Los Jardinchos
La Escalinata
Estación Central de R.E.N.F.E.
Río Turia
Estación
Paseo del Óvalo
Museo San Juan
Museo Vivienda
Paseo Glorieta
Ronda
Carretera de Villaespesa
Puente Tablas
Rambla
San Julián
SAN JULIÁN
Cerro Alcaldes
Calle Rosario
LADERAS DEL ENSANCHE
ENSANCHE
Plaza de Toros
Avenida Sagunto
Museo de Sanidad
Museo de Obras Públ.
Parque de los Fueros de Teruel
Cuesta del Carralete
Estación de Autobuses
Pl. Domingo Gascón
Paseo del Óvalo
C. San Fernando
Ronda de Toledo
Avenida de Teruel
Ramón y Cajal

1:10.000

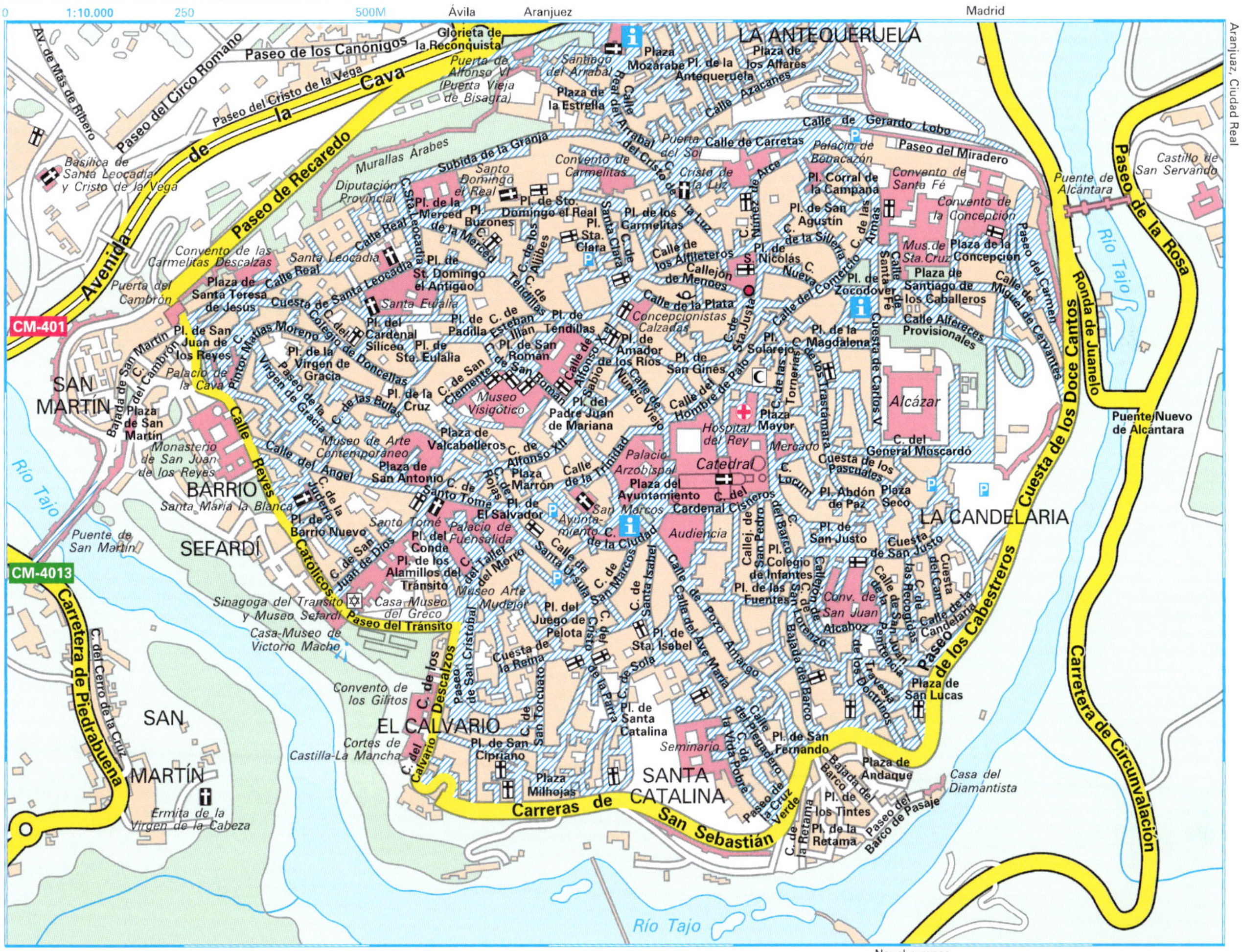

Valladolid

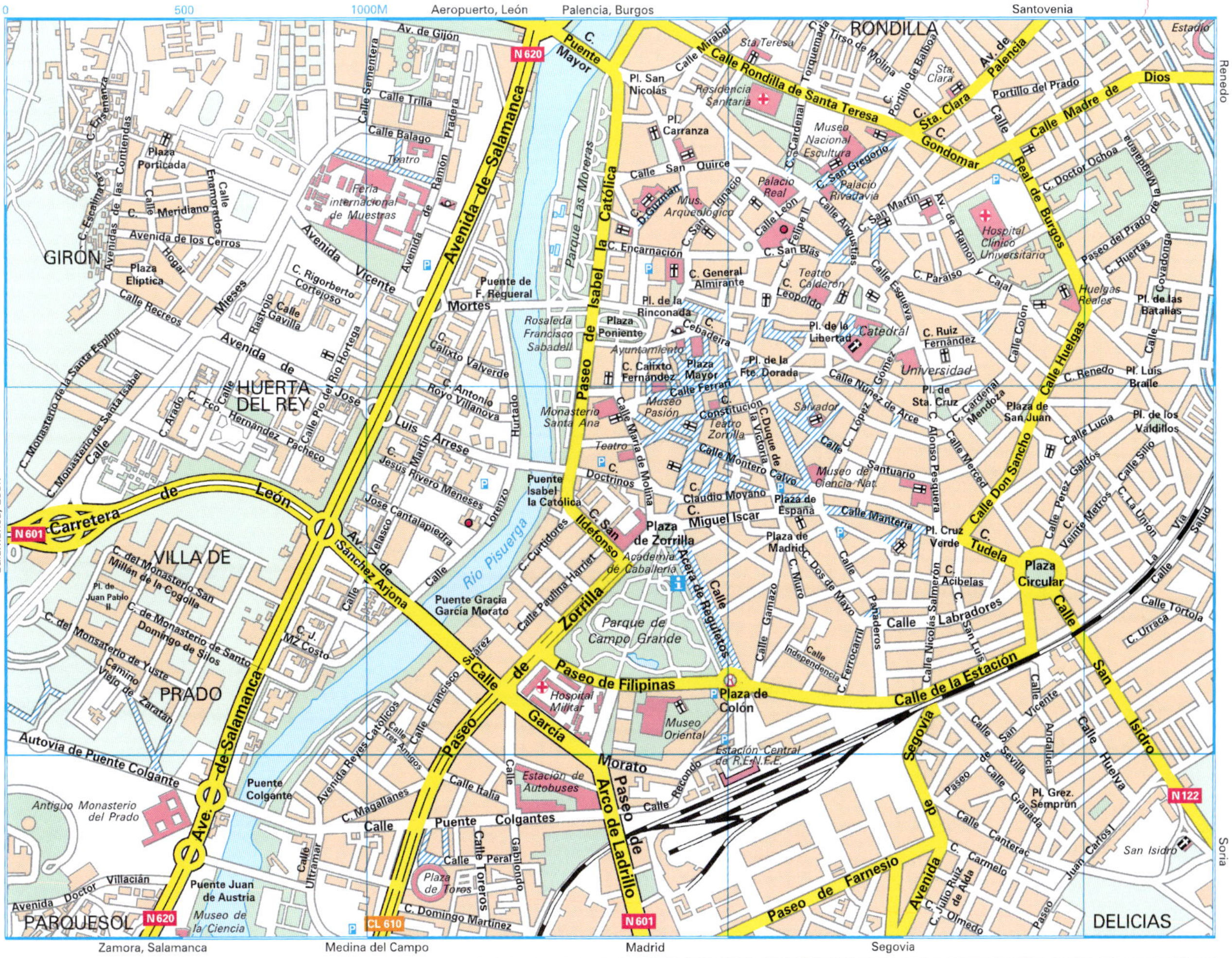

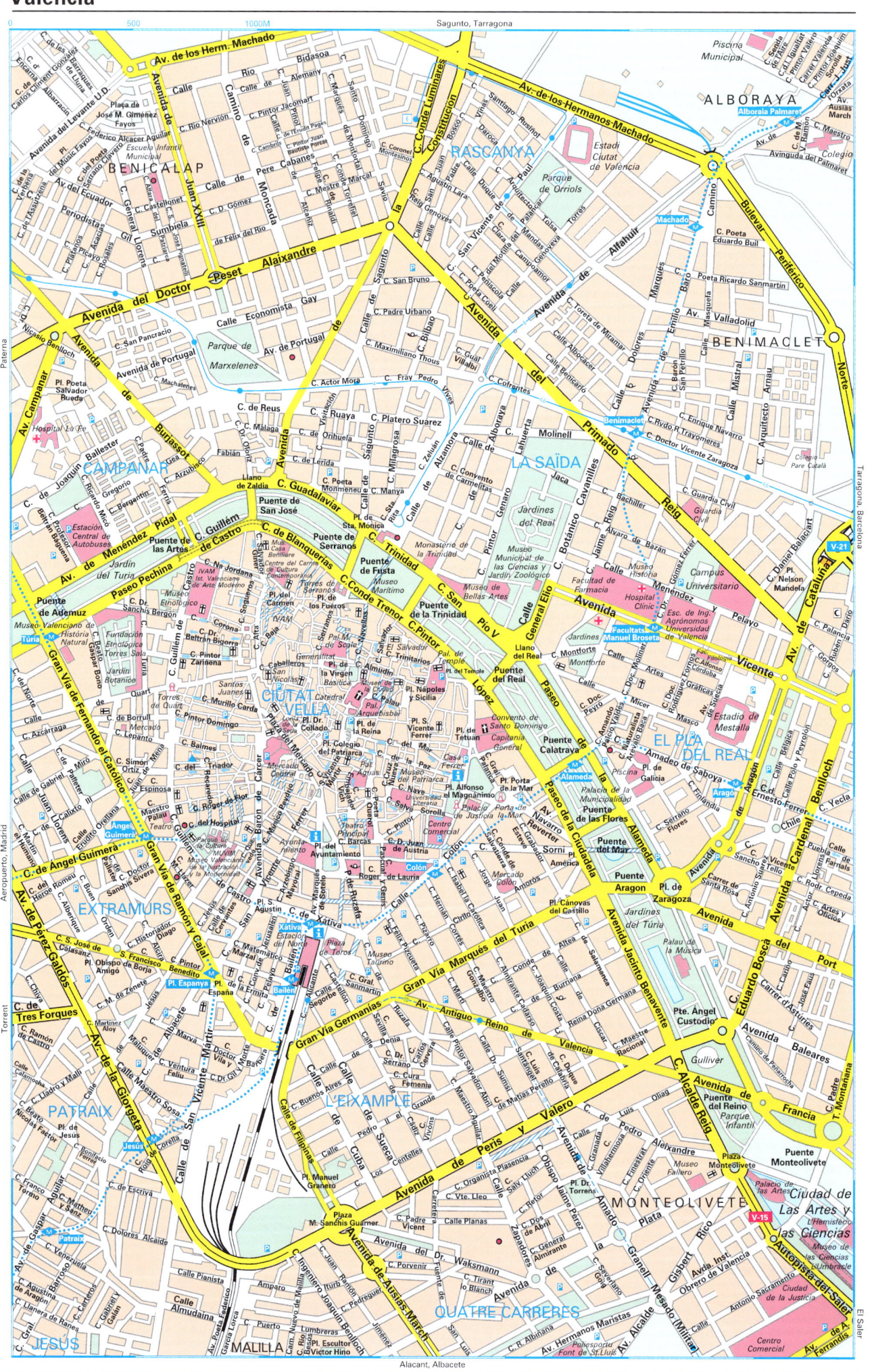

Ría de Vigo

Dársena nº2
Dársena nº3
Dársena nº4

Club Nautico
Porto Deportivo
Peirao do Comercio
Peirao Transversal
Peirao do Areal

Rúa As Avenidas
Rúa Canovas del Castillo
Rúa Montero Ríos
Rúa Luis Taboada
Kardins das Avenidas

Praza da Estrela
Praza Compostela
Victoria

Beiramar
O BERBÉS
Avenida
Paseo Alfonso XII
Ayuntamiento
Praza do Rei

Praza Constitución
Praza Princesa

Rúa Marqués de Valladares
Rúa Policarpo Sanz
Rúa Príncipe

Avenida
Colón
García Barbón

Parque do Castro
Castelo do Castro
Parque Charlie Rivel

Museo Arte Contemporánea
Santiago Mayor
Praza Portugal
Urzaiz
Gran-Vía
Praza Estación
Estación F.C. (under construction)
Vía Norte

AP 9
Pontevedra

El Corte Inglés
Venezuela
Praza Elíptica

Praza España
Rúa Pizarro
Pizarro
Hospital Xeral
Gran-Vía
A de Madrid

Praza Isabel a Católica
R. Santo Domingo
Praza Fernando o Católico
N 556
N 552
Redondela

A 55
Antiguo Policlínico Gies
Praza Santa Rita
SAN ROQUE

Conservatorio de Música
TRAVESAS
Hospital Nicolás Peña

Baiona
Ourense

Bilbao
N622
Parque de San Juan de Arriaga
BETONO
ZARAMAGA

Calle Zaramaga
Calle Juan de Garay
Portal de Foronda
Estación de Autobuses
Gobierno Vasco
LAKUA
Herria
Euskal

América Latina
Pl. de la Constitución
Cofradía de Arriaga
Conservat. de Música

Calle Honduras
Calle Reyes Católicos
Parque de Molinuevo
Portal de Villarreal
ARANBIZCARRA
Parque de Aranbizcarra

TXAGORRITXU
Hospital Txagorritxu
Pablo Neruda

Parque del Norte
Plaza de Bilbao

Seminario de Vitoria-UNED
Calle Tomás de Zumárraga

Calle de Chile
Plaza Zaldiaran
Catedral de Santa María
Calle Badaya

Av. de los Huetos
Bulevar

Madrid
Ave. Juan Carlos I
Clínica Geriátrica
Parroquia San Joaquín
Santa Ana

Calle de Valladolid
SANTIAGO
Hospital de Santiago
Avenida de Santiago
Calle Portal de Elorriaga

Parque de San Martín
SAN MARTÍN
Pl. Gerardo Armesto
Plaza Lovaine
Plaza de la Magdalena
Parlamento Vasco
Catedral de María Inmaculada
Palacio de Justicia

ZABALGANA
Nazio Batuen hiribidea

Plaza de la Virgen Blanca
Plaza de España
Ayuntamiento
Parque de la Florida
Pl. de Santa Bárbara

Benavente
Portal de Castilla
Calle Ramón y Cajal

ARIZNAVARRA
Museo Bellas Artes
Parque de El Prado
Estación Central de R.E.N.F.E.
Paseo de la Universidad
Plaza de Toros
DESAMPARADAS
Calle Florida

Portal de Castilla
Paseo Fray Francisco de Vitoria
Convento de las Salesas
Instalaciones U.P.V.
URITIASOLO

N102
Burgos
EL BATÁN
Clínica Álava
Estadio de Mendizorroza
ADURZA
Militar

Otazu

Zamora

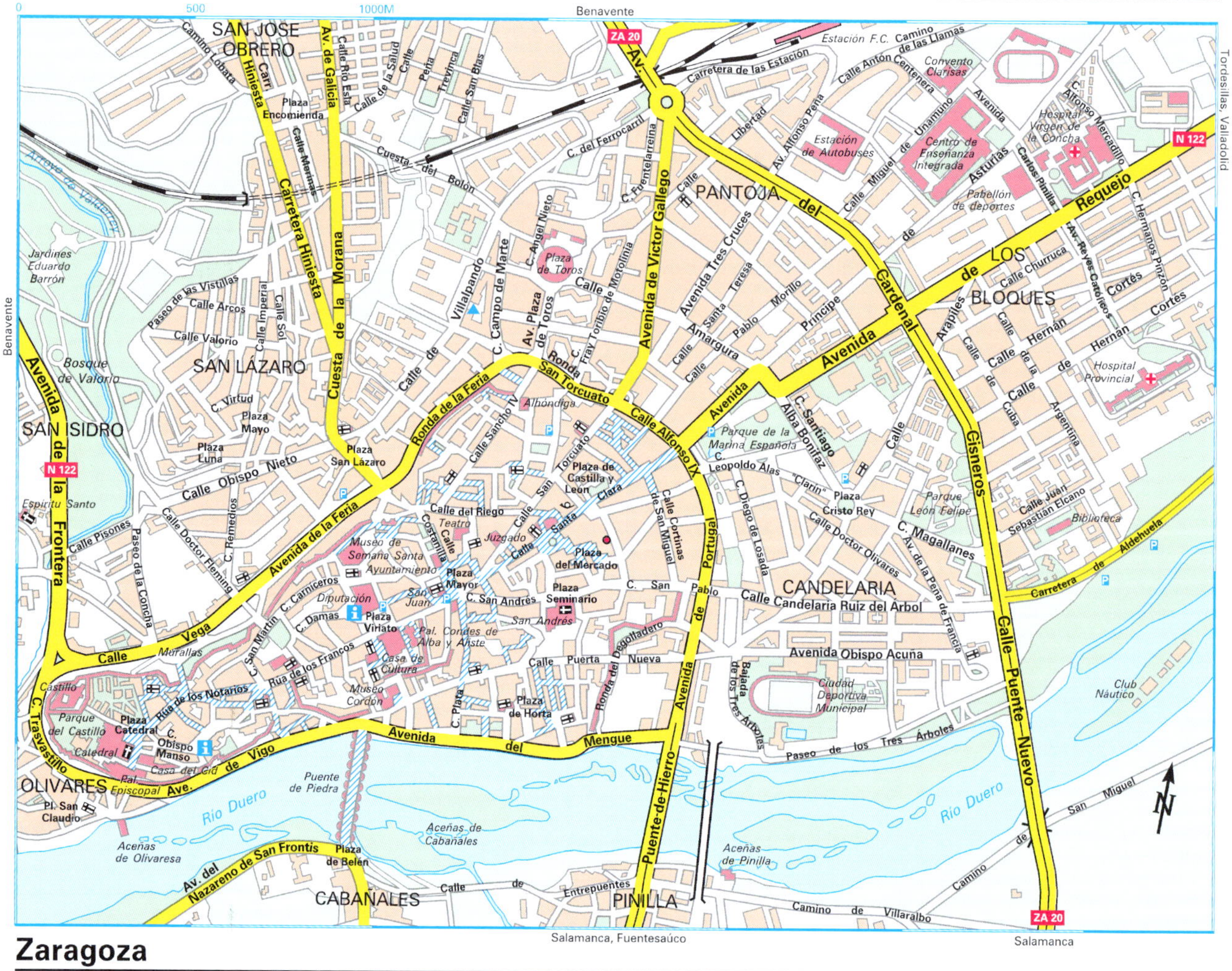

Zaragoza

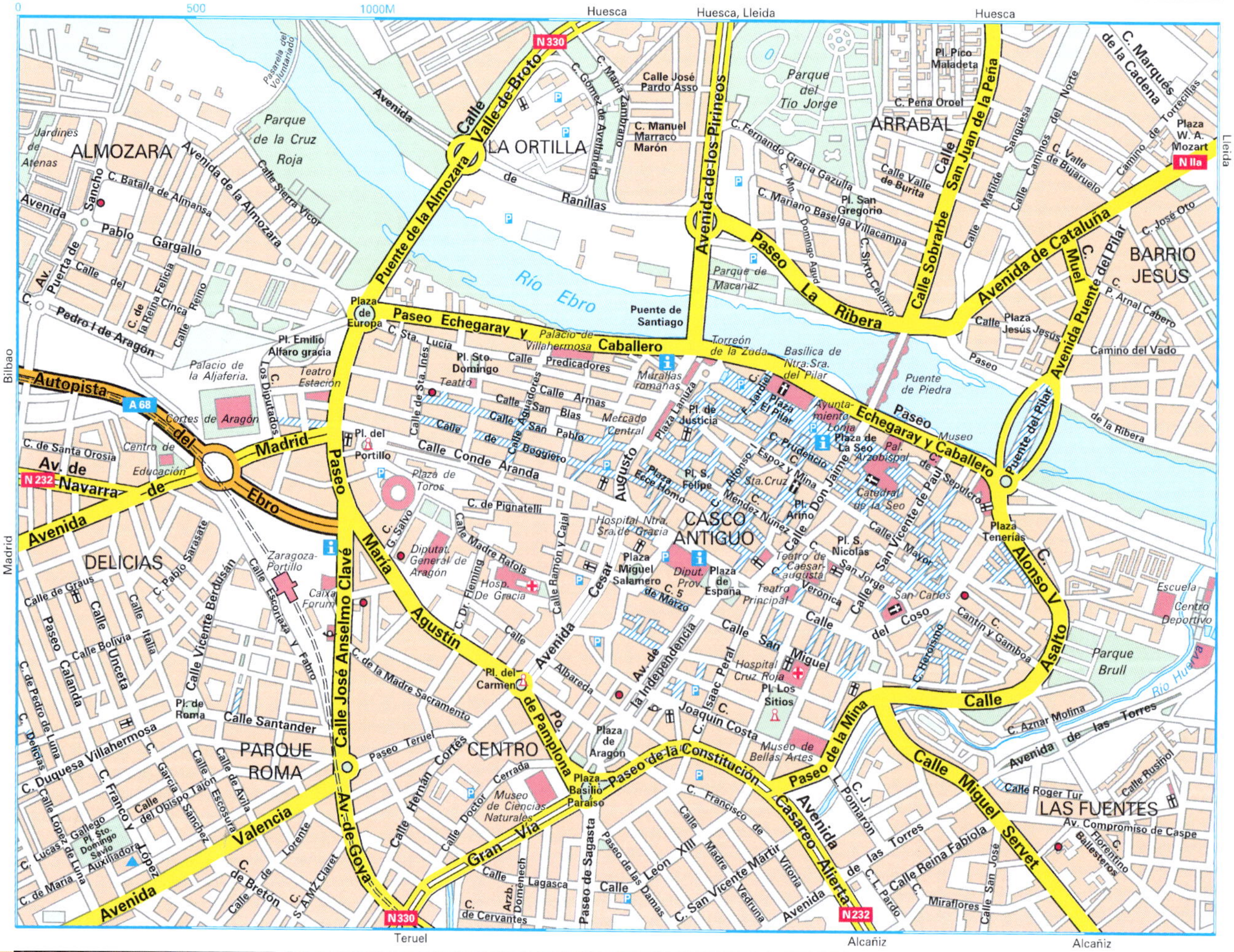

ESPAÑA

OCÉANO ATLÁNTICO
MADRID
Illes Balears
MAR MEDITERRÁNEO
Islas Canarias
Gibraltar (UK)
Ceuta (E)   Melilla (E)

km/h				
	20-50	90	100	120
	20-50	90	100	120
	20-50	70	80	90
	20-50	80	80	90
	50	80	90	100
	50	70	80	100

 505 990 km² 　　47 420 000 　　Madrid 3 300 000 　　 ✓ 　　112 　　112 　　SOS 112

 SPA 　　+34 　　+1h Coordinated Universal Time (UTC +1) 　　 ✓ 　　✓ 　　✗ 　　0,5‰

1 EURO (€) = 100 Cents 　　Instituto de Turismo de España – Turespaña +34 91 3 43 35 00 www.tourspain.es 　　✓ 　　24h 900 11 22 22 RACE

 # PORTUGAL

OCÉANO ATLÁNTICO
LISBOA
MAR MEDITERRÁNEO
Madeira
I.d.Açores

km/h				
	50	90-100	100	120
	50	90-100	100	120
	50	70-80	80	100
	50	80-90	90	110
	50	80	90	90
	50	80	80	80

 92 345 km² 　　10 400 000 　　Lisboa 560 000 　　 ✓ 　　112 　　112 　　SOS 112

POR 　　+351 　　+0h Coordinated Universal Time (UTC +0) 　　 ✓ 　　✓ 　　✗ 　　0,5‰

1 EURO (€) = 100 Cents 　　Turismo de Portugal +351 211 14 02 00 www.turismodeportugal.pt 　　✓ 　　24h 215 915 915 ACP

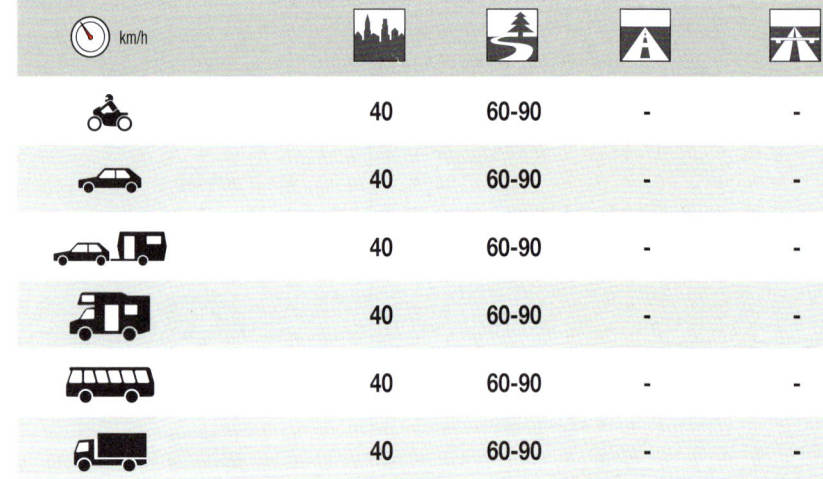

 km/h				
🏍	40	60-90	-	-
🚗	40	60-90	-	-
🚗🚙	40	60-90	-	-
🚐	40	60-90	-	-
🚌	40	60-90	-	-
🚚	40	60-90	-	-

■ 468 km²
 79 000
 Andorra la Vella 24 500

 ✓
🚓 110
➕ 116
SOS 118

 CAT
☎ +376
🕐 +1h Coordinated Universal Time (UTC +1)

 ✗
🦺 ✓
🚗 ✓
🍷‰ 0,5‰

💶 1 EURO (€) = 100 Cents
ℹ Ministeri de Turisme e Medi Ambient +376 87 11 90 www.visitandorra.com

 ✓
🔧 24h +376 80 34 00 Automòbil Club d'Andorra

✈		Code			
Ⓔ	Aeropuerto de Alicante	ALC	www.aena.es	142	Zc 119
Ⓔ	Aeropuerto de Almería	LEI	www.aena.es	170	Xd 127
Ⓔ	Aeropuerto de Asturias	OVD	www.aena.es	14	Tf 87
Ⓔ	Aeropuerto de Barcelona-El Prat	BCN	www.aena.es	77	Ca 101
Ⓔ	Aeropuerto de Bilbao	BIO	www.aena.es	19	Xa 89
Ⓔ	Aeropuerto de Fuerteventura	FUE	www.aena.es	183	Ma 178
Ⓔ	Aeropuerto de Gerona	GRO	www.aena.es	59	Ce 97
Ⓔ	Aeropuerto de Gran Canaria	LPA	www.aena.es	184	Kd 181
Ⓔ	Aeropuerto de Ibiza San José	IBZ	www.aena.es	109	Bc 115
Ⓔ	Aeropuerto de Jerez	JRZ	www.aena.es	172	Tf 128
Ⓔ	Aeropuerto de Lanzarote – Arrecife	ACE	www.aena.es	182	Mc 175
Ⓔ	Aeropuerto de Madrid – Barajas	MAD	www.aena.es	86	Wc 106
Ⓔ	Aeropuerto de Málaga	AGP	www.aena.es	175	Vd 128
Ⓔ	Aeropuerto de Menorca	MAH	www.aena.es	77	Eb 109
Ⓔ	Aeropuerto de Murcia-San Javier	MJV	www.aena.es	157	Zb 122
Ⓔ	Aeropuerto de Pamplona-Noáin	PNA	www.aena.es	33	Yc 92
Ⓔ	Aeropuerto de Reus	REU	www.aena.es	75	Ba 102
Ⓔ	Aeropuerto de Salamanca	SLM	www.aena.es	65	Du 103
Ⓔ	Aeropuerto de San Sebastián	EAS	www.aena.es	21	Yb 88
Ⓔ	Aeropuerto de Santa Cruz de La Palma	SPC	www.aena.es	181	Hb 177
Ⓔ	Aeropuerto de Santander	SDR	www.aena.es	18	Wb 88
Ⓔ	Aeropuerto de Santiago de Compostela	SCQ	www.aena.es	13	Rd 91
Ⓔ	Aeropuerto de Sevilla	SVQ	www.aena.es	149	Ua 124
Ⓔ	Aeropuerto de Son Sant Joan	PMI	www.aena.es	110	Ce 111
Ⓔ	Aeropuerto de Tenerife Norte	TFN	www.aena.es	181	Id 178
Ⓔ	Aeropuerto de Tenerife Sur Reina Sofía	TFS	www.aena.es	180	Ic 180
Ⓔ	Aeropuerto de Valencia	VLC	www.aena.es	126	Zd 112
Ⓔ	Aeropuerto de Zaragoza	ZAZ	www.aena.es	53	Yf 99
Ⓔ	Aeropuerto Región de Murcia	RMU	www.airm.es	157	Yf 122
Ⓟ	Aeroporto de Faro	FAO	www.ana.pt	159	Sa 126
Ⓟ	Aeroporto Francisco Sá Carneiro – Porto	OPO	www.ana.pt	60	Rb 101

✈		Code			
Ⓟ	Aeroporto Humberto Delgado Lisboa	LIS	www.ana.pt	128	Qf 116
Ⓟ	Aeroporto da Madeira – Cristiano Ronaldo	FNC	www.anam.pt	178	Kb 152
Ⓟ	Aeroporto João Paulo II – Ponta Delgada (Azores)	PDL	www.ana.pt	177	Zb 122

✈		Code			
Ⓔ	Aeropuerto de Albacete	ABC	www.aena.es	124	Ya 115
Ⓔ	Aeropuerto de Badajoz	BJZ	www.aena.es	116	Tb 115
Ⓔ	Aeropuerto de Burgos	RGS	www.aena.es	30	Wc 94
Ⓔ	Aeropuerto de Córdoba	LEB	www.aena.es	150	Va 121
Ⓔ	Aeropuerto de El Hierro	VDE	www.aena.es	180	Ha 182
Ⓔ	Aeropuerto de Granada – Jaén	GRX	www.aena.es	168	Wb 125
Ⓔ	Aeropuerto de La Coruña	LCG	www.aena.es	11	Rd 89
Ⓔ	Aeropuerto de Madrid	MCV	www.aena.es	86	Wb 106
Ⓔ	Aeropuerto de Melilla	MLN	www.aena.es	175	Xa 131
Ⓔ	Aeropuerto de Sabadell	QSA	www.aena.es	77	Ca 99
Ⓔ	Aeropuerto de Valladolid	VLL	www.aena.es	47	Va 98
Ⓔ	Aeropuerto de Vigo	VGO	www.aena.es	41	Rc 95
Ⓔ	Aeropuerto de Vitoria	VIT	www.aena.es	31	Xb 91
Ⓔ	Aerupuerto de Huesca	HSK	www.aena.es	54	Zd 96
Ⓔ	Aerupuerto de La Gomera	GMZ	www.aena.es	184	He 180
Ⓔ	Aerupuerto de León	LEN	www.aena.es	27	Ub 93
Ⓔ	Aerupuerto de Lleida	ILD	www.aena.es	55	Ad 98
Ⓔ	Aerupuerto de Logroño	XRY	www.aena.es	32	Xe 94
Ⓟ	Aeródromo da Graciosa (Azores)	GRW		176	Wf 114
Ⓟ	Aeródromo de Espinho		www.accv.pt	60	Rc 103
Ⓟ	Aeródromo de São Jorge (Azores)	SJZ	www.ana.pt	177	We 117
Ⓟ	Aeródromo do Corvo (Azores)	CVU	www.ana.pt	176	Tf 111
Ⓟ	Aeródromo Municipal de Bragança	BGC	www.aerovip.pt	44	Tb 97

✈

		Code		
Ⓟ	Aeródromo Municipal de Cascais		www.aerodromo-cascais.pt	128 Qd 116
Ⓟ	Aeródromo Municipal de Coimbra	CBP	www.aeroclube decoimbra.com	95 Rd 107
Ⓟ	Aeroporto da Horta (Azores)	HOR	www.horta-hor.airports-guides.com	176 Wb 117
Ⓟ	Aeroporto das Flores (Azores)	FLW	www.ana.pt	176 Tf 112
Ⓟ	Aeroporto de Santa Maria (Azores)	SMA	www.ana.pt	177 Ze 127
Ⓟ	Aeroporto do Pico (Azores)	PIX	www.ana.pt	176 Wd 117
Ⓟ	Aeroporto do Porto Santo (Porto Santo)	PXO	www.anam.pt	179 Id 150

◉ UNESCO World Heritage

ⒶⓃⒹ	Madriu-Perafita-Claror, Vall del	2004	38 Bd 94
Ⓔ	A Coruña (Tower of Hercules)	2009	11 Rd 88
Ⓔ	Alcalá de Henares (University and Historic Precinct)	1998	86 Wd 106
Ⓔ	Almadén (Heritage of Mercury)	2012	119 Va 116
Ⓔ	Altamira, Cuevas de	1985	17 Vf 88
Ⓔ	Aranjuez, Cultural Landscape	2001	86 Wc 108
Ⓔ	Atapuerca, Cueva de	2000	30 Wc 94
Ⓔ	Ávila	1985	84 Vb 104
Ⓔ	Baeza	2003	153 Wd 121
Ⓔ	Barcelona (Palau de la Música Catalana and Hospital de Sant Pau, Sagrada Familia)	1997	77 CA 100
Ⓔ	Burgos Cathedral	1984	30 Wb 94
Ⓔ	Cáceres (Old Town)	1986	117 Td 112
Ⓔ	Calatayud (Mudejar Architecture of Aragon)	1986	71 Yc 100
Ⓔ	Córdoba (Historic Centre)	1984	150 Vb 121
Ⓔ	Cuenca (Historic Walled Town)	1996	105 Xf 108
Ⓔ	Doñana National Park	1994	164 Td 126
Ⓔ	Elx / Elche, Palmeral	2000	142 Zb 119
Ⓔ	Garajonay National Park	1986	184 He 180
Ⓔ	Granada, Alhambra, Generalife and Albayzín	1984	168 Wc 125
Ⓔ	Guadalupe (Royal Monastery of Santa María)	1993	118 Ue 112
Ⓔ	Ibiza, Biodiversity and Culture = Eivissa	1999	109 Bc 115
Ⓔ	Las Médulas	1997	25 Tb 94
Ⓔ	Lugo (Roman Walls)	2000	12 Sc 90
Ⓔ	Madrid, El Escorial	1984	86 Vf 105
Ⓔ	Mérida, Archaeological Ensemble	1993	117 Td 115
Ⓔ	Monte Perdido / Mont Perdu	1997	35 Aa 92
Ⓔ	Oviedo (Monuments of Oviedo and the Kingdom of the Asturias)	1985	15 Ua 88
Ⓔ	Poblet, Reial Monestir de	1991	75 Ba 100
Ⓔ	Rock Art of the Mediterranean Basin on the Iberian Peninsula = Arte Rupestre	1998	
Ⓔ	Salamanca (Old City)	1988	65 Uc 103
Ⓔ	San Cristóbal de La Laguna	1999	181 Ie 178
Ⓔ	San Millán Yuso and Suso Monasteries	1997	31 Xa 95
Ⓔ	Santiago de Compostela (Old Town)	1985	23 Rc 91
Ⓔ	Santiago de Compostela (Route of) = Camino de Santiago	1993	
Ⓔ	Segovia (Old Town, Aqueduct)	1985	67 Vf 103
Ⓔ	Serra de Tramuntana	2011	110 Cc 111-Cf 109
Ⓔ	Sevilla, Cathedral, Alcázar and Archivo de Indias	1987	163 Ua 124
Ⓔ	Tarragona (Archaeological Ensemble of Tárraco)	2000	75 Bb 102
Ⓔ	Teide National Park	2007	180 Ic 179
Ⓔ	Toledo (Historic City)	1986	102 Vf 109
Ⓔ	Úbeda	2003	153 Wd 120
Ⓔ	Valéncia, La Lonja de la Seda	1996	127 Zd 112
Ⓔ	Vall de Boí (Catalan Romanesque Churches)	2000	37 Ae 93
Ⓔ	Vizcaya Bridge = Puente de Vizcaya	2006	19 Wf 89
Ⓟ	Alcobaça, Mosteiro de Santa Maria	1989	94 Ra 111
Ⓟ	Alto Douro Wine Region = Região do Vinho do Alto Douro	2001	61 Sb 102
Ⓟ	Batalha, Mosteiro de Santa Maria da Vitória	1983	94 Rb 111
Ⓟ	Coimbra, Universidade	2013	78 Rd 107
Ⓟ	Convento de Cristo (Tomar)	1983	95 Rd 111
Ⓟ	Elvas	2012	115 Sf 115
Ⓟ	Évora	1986	130 Sa 117
Ⓟ	Guimarães	2001	60 Re 100
Ⓟ	Lisboa, Mosteiro dos Jerónimos etc.	1983	128 Qf 116

◉ UNESCO World Heritage

Ⓟ	Porto	1996	60 Rb 102
Ⓟ	Sintra (Kultur Landscape)	1995	112 Qd 116
Ⓟ	Vale do Côa	1998	62 Sf 102

🌳

		km²		
Ⓔ	Parque Nacional Caldera de Taburiente	46,9	www.gobiernode canarias.org/parques nacionalesdecanarias/de	181 Ha 176
Ⓔ	Parque Nacional d'Aigüestortes i Estany de Sant Maurici	141,19	www.aiguestortes.info	37 Af 93
Ⓔ	Parque Nacional de Cabañeros	389,96	www.visitacabaneros.es	120 Vc 112
Ⓔ	Parque Nacional de Doñana	542,52	www.donana reservas.com	164 Td 126
Ⓔ	Parque Nacional de Garajonay	39,86	www.gobiernode canarias.org/parques nacionalesdecanarias/de	184 He 180
Ⓔ	Parque Nacional de la Sierra de Guadarrama	339,6	www.parquenacional sierraguadarrama.es	86 Wa 104
Ⓔ	Parque Nacional de l'Archipiélago de Cabrera	100,2	www.mapama.gob.es/es/ red-parques-nacionales/ nuestros-parques	110 Cf 13
Ⓔ	Parque Nacional de las Islas Atlánticas de Galicia	83,33	www.parquenacional illasatlanticas.com	22 Ra 94
Ⓔ	Parque Nacional de los Picos de Europa	646,6	www.parquenacional picoseuropa.es	16 Uf 89
Ⓔ	Parque Nacional de Monfragüe	178,62	www.parque demonfrague.com	99 Tf 109
Ⓔ	Parque Nacional de Ordesa y Monte Perdido	155,08	www.ordesa.net	35 Zf 92
Ⓔ	Parque Nacional de Sierra Nevada	862,08	www.mapama.gob.es/es/ red-parques-nacionales/ nuestros-parques	169 Wd 126
Ⓔ	Parque Nacional de Tablas de Daimiel	19,28	www.lastablasde daimiel.com	121 Wb 113
Ⓔ	Parque Nacional de Teide	189,9	www.gobiernode canarias.org/parques nacionalesdecanarias/de	180 Ic 179
Ⓔ	Parque Nacional Timanfaya	51,07	www.gobiernode canarias.org/parques nacionalesdecanarias/de	182 Mb 174
Ⓟ	Parque Nacional da Peneda-Gerês	702,9	www.icnf.pt	42 Re 97

🎡

Ⓔ	Aqualand Maspalomas	35100	Maspalomas	www.aqualand.es/ grancanaria	184 Kc 182
Ⓔ	Aquapark Cerceda	15185	Cerceda	www.cerceda.es	11 Rd 89
Ⓔ	Fort Bravo	04200	Tabernas	www.fortbravooficial.com	170 Xd 126
Ⓔ	Gnomo Park	17310	Lloret de Mar	www.gnomo-park.com	59 Ce 98
Ⓔ	Hidropark	07400	Puerto Alcudia	www.hidropark alcudia.com	111 Da 109
Ⓔ	Holiday World Maspalomas	35100	Maspalomas	www.holidayworld maspalomas.com	184 Kc 182
Ⓔ	Illa Fantasia	08339	Vilassar de Dalt	www.illafantasia.com	77 Cc 99
Ⓔ	Isla Mágica	41092	Sevilla	www.islamagica.es	164 Tf 124
Ⓔ	Jungle Park	38640	Las Águilas del Teide	www.aguilasjungle park.com	180 Ib 180
Ⓔ	Palmitos Park	35109	Maspalomas	www.palmitospark.es	184 Kc 182
Ⓔ	Parc d'atraccions del Tibidabo	08035	Barcelona	www.tibidabo.cat	77 Ca 100
Ⓔ	Parque Acuático Mijas	29640	Mijas	www.aquamijas.com	175 Vc 129
Ⓔ	Parque de Atracciones de Madrid	28011	Madrid	www.parquede atracciones.es	86 Wb 106
Ⓔ	Parque de Atracciones de Zaragoza	50007	Zaragoza	www.atraczara.com	53 Za 99
Ⓔ	Parque de Atracciones del Monte Igueldo	20008	San Sebastián	www.monteigueldo.es	21 Ya 89
Ⓔ	Parque Temático del Mudéjar de Castilla y León	47410	Olmedo	www.olmedo.es/ pasionmudejar	66 Va 101
Ⓔ	Parque Temático Dinópolis	44002	Teruel	www.dinopolis.com	90 Yf 106
Ⓔ	Parque Warner Madrid	28330	San Martín de la Vega	www.parquewarner.com	86 Wc 107
Ⓔ	Pola Park	03130	Santa Pola	www.polapark.com	142 Zd 119
Ⓔ	PortAventura	43840	Vila-seca	www.portaventura.es	75 Ba 102
Ⓔ	Rancho Texas Park Lanzarote	35510	Puerto del Carmen	www.ranchotexas lanzarote.com	182 Mc 175

Ⓔ Senda Viva	31513	Arguedas	www.sendaviva.com	52 Yc 95
Ⓔ Siam Park	38660	Costa Adeje	www.siampark.net	180 Ib 180
Ⓔ Sioux City Western Theme Park	35107	San Bartolomé de Tirajana	www.spain-grancanaria.com	184 Kc 182
Ⓔ Terra Mitica	03502	Benidorm	www.terramiticapark.com	143 Zf 117
Ⓔ Tivoli World	29631	Benalmádena	www.tivoli.es	175 Vc 129
Ⓔ Western Park Magaluf	07182	Magaluf	www.western-park.com	110 Cd 111
Ⓟ Aqualand Algarve – The Big One	8365-908	Alcantarilha	www.aqualand.pt	159 Rd 126
Ⓟ Aquashow Park	8125-303	Quarteira	www.aquashowparkhotel.com	159 Rf 126
Ⓟ Badoca Safari Park	7501-909	Vila Nova de Stº André	www.badoca.com	144 Rb 120
Ⓟ Jamor Adventure Park	1495-751	Cruz Quebrada	www.adventurepark.pt	128 Qe 116
Ⓟ Magikland	4560-221	Penafiel	www.magikland.pt	60 Re 101
Ⓟ NaturWaterPark	5000-037	Vila Real	www.naturwaterpark.pt	61 Sc 101
Ⓟ Parque aquático Norpark	2450-065	Nazaré	www.norpark.com	94 Qf 111
Ⓟ Parque aquático Scorpio	4835-235	Guimarães	www.ezportugal.com/waterparks-portugal	60 Re 100
Ⓟ Pena Aventura	4870-110	Ribeira de Pena	www.penaaventura.com.pt	61 Sb 99
Ⓟ Portugal dos Pequenitos	3040-256	Coimbra	www.portugaldospequenitos.pt	78 Rd 107
Ⓟ Slide & Splash	8401-901	Lagoa	www.slidesplash.com	158 Rd 126
Ⓟ Visionarium	4520-153	Santa Maria da Feira	www.visionarium.pt	60 Rc 103
Ⓟ Zoomarine Albufeira	8200-864	Albufeira	www.zoomarine.pt	159 Re 126

Índice • Índex • Índice • Aurkibidea • Índice
Register • Index • Elenco • Index • Register
Skorowidz nazw • Rejstřík • Zoznam • Indeks • Index

①	②	③	④	⑤
28001*	Madrid	MD	86	Wb 106
3800-000*	Aveiro	AV	78	Rc 105
AD500	Andorra La Vella	▫ AND	38	Bd 93
GI	Gibraltar	▫ GBZ	174	Du 132

	①	*
Ⓔ (Cast.)	Código postal	Código postal más bajo en lugares con varios códigos postales
Ⓔ (Cata.)	Codi postal	Codi postal més baix en localitats amb diversos codis postals
Ⓔ (Eusk.)	Posta-kodea	Posta-kode bajuena posta-kode ugariko lekuetan
Ⓔ (Gale.)	Código postal	Código postal menor nos lugares con mais dun código postal
Ⓟ	Código postal	Código postal menor em caso de cidades com vários códigos postais
Ⓓ	Postleitzahl	Niedrigste Postleitzahl bei Orten mit mehreren Postleitzahlen
(UK)	Postal code	Lowest postcode number for places having several postcodes
Ⓘ	Codice postale	Codice di avviamento postale riferito a città comprendenti più codici di avviamento postale
Ⓕ	Code postal	Code postal le plus bas pour les localités à plusieurs codes posteaux
(NL)	Postcode	Laagste postcode bij gemeenten met meerdere postcodes
(PL)	Kod pocztowy	Najniższy kod pocztowy w przypadku miejscowości z wieloma kodami pocztowymi
(CZ)	Poštovní směrovací číslo	Nejnižší poštovní směrovací číslo v městech s vicenásobnými poštovními směrovacími čísly
(SK)	Poštovné smerovacie číslo	Najmenšie poštové smerovacie číslo v miestach s viacerými poštovými smerovacími číslami
(DK)	Postnummer	Laveste postnummer ved byer med flere postnumre
(HR)	Poštanski broj	Najniži poštanski broj u mjestima sa više poštanskih brojeva

	②	③	④	⑤
Ⓔ (Cast.)	Nombre	Provincia/Distrito	Número de página	Coordenadas de localización
Ⓔ (Cata.)	Nom	Província/Districte	Nombre de pàgina	Coordinada de localització
Ⓔ (Eusk.)	Izen	Probintzia/Barruti	Orri zenbakia	Bilaketa eremua sartu
Ⓔ (Gale.)	Nome	Provincia/Distrito	Número de páxina	Rueiro
Ⓟ	Nome	Provincia/Distrito	Número da página	Coordenadas de localização
Ⓓ	Name	Provinz/Distrikt	Seitenzahl	Suchfeldangabe
(UK)	Name	Province/District	Page number	Grid reference
Ⓘ	Nome	Province/Distretto	Numero di pagina	Riquadro nel quale si trova il nome
Ⓕ	Nom	Province/District	Numéro de page	Coordonnées
(NL)	Naam	Provincie/District	Paginanummer	Zoekveld-gegevens
(PL)	Nazwa	Prowincja/Dystrykt	Numer strony	Współrzędne skorowidzowe
(CZ)	Název	Provincie/Okres	Číslo strany	Údaje hledacího čtverce
(SK)	Názov	Provincie/Okres	Číslo strany	Udanie hl'adacieho štvorca
(DK)	Navn	Provins/Distrikt	Sidetal	Kvadratangivelse
(HR)	Ime	Pokrajina/Kotar	Broj stranica	Koordinatna podjela

Ⓔ (Cast.) = Castellano   Ⓔ (Cata.) = Català   Ⓔ (Eusk.) = Euskera   Ⓔ (Gale.) = Galego

Ⓔ A-B-C...

A - B - C - D - E - F - G - H - I - J - K - L - M - N - Ñ - O - P - Q - R - S - T - U - V - W - X - Y - Z

Ⓟ A-B-C...

A - B - C - D - E - F - G - H - I - J - L - M - N - O - P - Q - R - S - T - U - V - X - Z

A	Alicante/Alacant	GI	Girona	RI	La Rioja		
AB	Albacete	GR	Granada	SA	Salamanca		
AL	Almería	GU	Guadalajara	SE	Sevilla		
AS	Asturias	H	Huelva	SG	Segovia		
AV	Ávila	HS	Huesca	SO	Soria		
B	Barcelona	IB	Illes Balears/	SS	Guipúzcoa/Gipuzkoa		
BA	Badajoz		Islas Baleares	T	Tarragona		
BI	Bizkaia/Vizkaya	J	Jaén	TE	Teruel		
BU	Burgos	L	Lleida	TF	Santa Cruz de Tenerife		
C	A Coruña	LE	León	TO	Toledo		
CA	Cádiz	LU	Lugo	V	Valencia/València		
CB	Cantabria	MA	Málaga	VA	Valladolid		
CC	Cáceres	MC	Murcia	VI	Alava		
CE	Ceuta	MD	Madrid	Z	Zaragoza		
CO	Córdoba	ML	Melilla	ZA	Zamora		
CR	Ciudad Real	NC	Navarra				
CS	Castellón/Castelló	OR	Ourense	▢			
CU	Cuenca	P	Palencia	AND	Andorra		
GC	Las Palmas	PO	Pontevedra	GBZ	Gibraltar		

A

32679 A Abeleda OR 43 Sb95
27113 A Allonca LU 13 Ta89
36885 A Ameixeira PO 42 Re95
15298 A Ameixenda C 22 Qf91
32822 A Armada OR 23 Rf95
32417 A Arnoia OR 23 Rf95
44155 Ababuj TE 91 Zb105
15563 Abade C 11 Sa87
36589 Abades PO 23 Re92
40141 Abades SG 67 Ve103
10748 Abadía CC 82 Ua107
27730 Abadin LU 12 Sc88
31280 Abáigar NC 32 Xf93
27765 Abaira LU 13 Se88
15310 A Baiuca C 11 Rf90
09141 Abajas BU 30 Wc93
26339 Ábalos RI 31 Xb93
20269 Abaltzisketa SS 20 Xf90
19432 Abánades GU 69 Xd103
42368 Abanco SO 69 Xa100
33579 Abandames AS 17 Vc89
30640 Abanilla MC 141 Yf119
39549 Abanillas CB 17 Vd88
24397 Abano LE 26 Tf93
15938 Abanqueiro C 22 Ra93
50375 Abanto Z 71 Yb102
48500* Abanto y Ciérvana BI 19 Wf89
48500* Abanto-Zierbena BI 19 Wf89
33994 Abantro AS 15 Ud89
15863 A Baña C 10 Rb91
39549 Abaño CB 17 Vd88
30550 Abarán MC 141 Yd119
34338 Abarca P 47 Va96
27520 A Barrela LU 24 Sb93
32372 A Barxa OR 25 Sf94
32545 A Barxa OR 43 Se97
31178 Abárzuza NC 32 Xf92
34307 Abastas P 47 Vb95
34307 Abastillas P 28 Vb95
31692 Abaurrea Alta NC 34 Ye91
31692 Abaurrea Baja NC 34 Ye91
32695 Abavides OR 43 Sc96
22713 Abay HS 34 Zc93
03517 Abdet A 143 Ze116
01013 Abechuco VI 31 Xb91
01449 Abecia VI 19 Xa91
32615 Abedes OR 43 Sd97
33844 Abedul AS 14 Te89
15318 Abegondo C 11 Re89
42146 Abejar SO 50 Xb98
06475 Abejarrones de Arriba y de
       Abajo BA 133 Ua116
49591 Abejera ZA 45 Tf98
44422 Abejuela TE 107 Za109
02439 Abejuela AB 140 Xf118
04691 Abejuela AL 155 Ya123
36518 Abeledo PO 23 Rf93
32690 Abeledo OR 42 Sb95
32790 Abeledos OR 24 Sd95
15873 Abelenda C 11 Rc90

32520 Abelenda OR 23 Re94
24145 Abelgas de Luna LE 26 Ua91
15685 Abellá C 11 Re90
22472 Abella HS 36 Ad94
17869 Abella GI 39 Cb95
22622 Abellada HS 35 Ze94
25556 Abella d'Adons L 37 Ae94
25651 Abella de la Conca L 56 Ba96
15290 Abelleira C 22 Qf92
15258 Abelleiras C 10 Ra91
49254 Abelón ZA 64 Tf100
22620 Abena HS 35 Zd94
02250 Abengibre AB 124 Yc113
22621 Abenilla HS 35 Ze94
13180 Abenójar CR 120 Vd115
22437 Abenozas HS 36 Ac95
02500 Abenuj AB 140 Yb117
01193 Aberasturi VI 31 Xc92
31264 Aberin NC 32 Xf93
50529 Aberite de San Juan Z 52 Yd98
10262 Abertura CC 117 Ub113
49834 Abezames ZA 46 Ud99
22463 Abi HS 36 Ac94
39210 Abiada CB 17 Ve90
34491 Abia de las Torres P 29 Vd94
01477 Abiega VI 19 Wf90
22143 Abiego HS 54 Zf96
33557 Abiegos AS 16 Ue89
31473 Abínzano NC 33 Yd93
43427 Abió T 75 Bb99
03100 Abio A 142 Zd117
42127 Abión SO 51 Xe99
42193 Abioncillo SO 50 Xa98
39639 Abionzo CB 18 Wb89
22392 Abizanda HS 55 Ab95
04510 Abla AL 170 Xb126
16195 Abla de la Obispalía CU 104
       Xd108
33875 Ablaneda AS 14 Tc89
19442 Ablanque GU 70 Xe103
33618 Ablaña de Arriba AS 15 Ub89
33424 Ables AS 15 Ua88
31523 Ablitas NC 52 Yc97
32812 A Bola OR 42 Sa96
14029 Abolafia de la Torre CO 151
       Vd121
27837 Aborbó LU 12 Sc88
01449 Abornicano VI 31 Xa91
32430 A Bouza OR 23 Rf95
11630 Abrajanejo CA 173 Uc128
49624 Abraveses de Tera ZA 45 Ua97
08630 Abrera B 76 Bf99
04260 Abriojal AL 170 Xd127
04520 Abrucena AL 169 Xb126
27546 Abuíme LU 24 Sc93
37640 Abusejo SA 82 Tf104
37891 Abusejo de Abajo SA 83 Uc103
37891 Abusejo de Arriba SA 83 Uc104
02511 Abuzaderas AB 140 Yb116
15689 A Calle C 11 Rd90
36880 A Cañiza PO 42 Re95
15613 A Capela C 11 Rf88
36143 A Carballa PO 22 Rc94

38892 Acardece TF 184 He180
33986 Acebal AS 15 Uc89
33509 Acebal AS 16 Vb88
24996 Acebedo LE 16 Uf90
01427 Acebedo VI 31 Wf91
36779 Acebedo PO 41 Rb97
32815 Acebedo do Río OR 42 Rf96
36556 Acebeiro PO 23 Re93
24357 Acebes del Páramo LE 27 Ua94
27243 Acebo LU 13 Se89
24413 Acebo LE 26 Td94
10857 Acebo CC 81 Tb107
41500 Acebuchal SE 164 Ua124
21342 Acebuche H 147 Tb121
       Acebuche H 162 Tc126
45292 Aceca TO 102 Wa109
06730 Acedera BA 118 Uc114
09129 Acedillo BU 30 Wa93
31282 Acedo NC 32 Xe92
40145 Acedos SG 66 Vd103
10879 Acehúche CC 98 Tc110
10666 Aceituna CC 98 Te108
10627 Aceitunilla CC 82 Te106
21570 Aceituno H 146 Se122
09640 Aceña BU 49 Wd96
29400 Acequia de los Frailes MA 165
       Uf128
18657 Acequias GR 168 Wc127
34111 Acera de la Vega P 28 Vb93
50347 Acered Z 71 Yc101
32870 Aceredo OR 42 Rf97
06207 Aceuchal BA 132 Td117
33747 Acevedo AS 13 Ta87
38439 Acevedo TF 180 Ib179
36857 A Chan PO 23 Rd94
49574 Aciberos ZA 44 Ta96
27226 A Cima de Vila LU 12 Sb90
22710 Acín HS 35 Zd93
15001* A Coruña C 11 Rd88
27816 A Costa LU 12 Sc88
23488 Acra J 153 Wf122
42174 Acrijos SO 51 Xe96
36687 A Cruxa PO 23 Rd92
18131 Acula GR 168 Wb126
22612 Acumuer HS 35 Zd93
15937 Acuncheira C 22 Ra92
35350 Acusa GC 184 Kb180
22147 Adahuesca HS 54 Zf96
28162 Adal LU 12 Sd91
39761 Adal CB 18 Wd88
47129 Adalia VA 47 Uf99
41620 Adalid SE 150 Ud124
14430 Adamuz CO 151 Vc120
05296 Adanero AV 66 Vc103
31454 Adansa NC 34 Ye93
27611 Adega, A LU 24 Sc92
38670 Adeje TF 180 Ib180
27773 Adelán LU 12 Sd87
23210 Adelfar J 137 Wb119
46140 Ademuz V 106 Ye108
32792 A Derrasa OR 24 Sb95
27796 A Devesa LU 13 Sf87
32617 A Devesa OR 43 Sd97

05520 Adijos AV 84 Va105
36979 Adina PO 22 Ra94
31153 Adiós NC 33 Yb92
31448 Adoáin NC 34 Ye92
19325 Adobes GU 89 Yb104
25556 Adons L 37 Ae94
46729 Ador V 127 Ze115
04770 Adra AL 169 Wf128
09462 Adrada de Haza BU 49 Wb99
40192 Adrada de Pirón SG 67 Vf102
42216 Adradas SO 69 Xd100
24859 Adrados LE 27 Ue91
40354 Adrados SG 67 Vf100
24277 Adrados de Ordás LE 27 Ua92
25717 Adraén L 38 Bd95
25797 Adrall L 37 Bc95
15293 Adraño C 22 Qf91
17199 Adri GI 59 Ce96
41728 Adriano SE 164 Ua125
03786 Adsubia A 127 Zf115
20150 Aduna SS 20 Xf89
39670 Aés CB 17 Wa89
15980 A Escravitude C 22 Rc92
27331 A Estación LU 24 Sd93
36680 A Estrada PO 23 Rd92
32847 A Feira Nova OR 42 Sa96
27113 A Fonsagrada LU 13 Sf90
27133 A Fontaneira LU 13 Se90
27768 A Fórnea LU 13 Se88
32456 A Forxa OR 23 Rf94
32858 A Fraga OR 42 Rf96
27124 A Frairía LU 13 Se90
36889 A Franqueira PO 42 Rd95
35489 Agaete GC 184 Kb180
37510 Agallas SA 81 Td106
25692 Àger L 56 Ae96
09199 Agés BU 30 Wd94
20170 Aginaga SS 20 Xf89
20600 Aginaga SO 20 Xd89
20710 Aginaga SS 20 Xe90
36520 Agolada PO 23 Rf92
50560 Agón Z 52 Yd97
26150 Agoncillo RI 32 Xe94
33129 Agones AS 14 Tf88
31659 Agorreta NC 21 Yc91
15883 Agoso C 23 Rc92
03698 Agost A 142 Zc118
02409 Agra AB 140 Yb118
23369 Agraceu J 139 Xb118
27513 Agrade LU 24 Sa93
02490 Agramón AB 140 Yc118
25310 Agramunt L 56 Ba98
15590 A Graña C 11 Re88
36873 A Graña PO 23 Re95
32678 A Graña OR 42 Sb96
03837 Agres A 126 Zc116
15808 Agro do Chao (Santiso) C 23
       Rf91
18132 Agrón GR 168 Wb126
04149 Agua Amarga AL 171 Ya127
32101 Aguada OR 24 Sa93
35638 Agua de Bueyes GC 183 Lf178
06444 Agua del Pilar BA 133 Ua118

18640 Aguadero GR 168 Wc126
41550 Aguadulce SE 166 Va125
23569 Aguadux J 153 We122
21342 Aguafría H 147 Tb121
38359 Agua García TF 181 Id178
15148 Agualada C 10 Rb90
27248 Aguarda LU 12 Se89
36780 A Guarda = La Guardia PO 41
       Ra97
50408 Aguarón Z 71 Ye100
22141 Aguas HS 54 Ze95
47418 Aguasal VA 66 Vc101
02449 Agua Salada AB 140 Xf117
30439 Agua Salada MC 140 Yb120
15282 Aguasantas C 22 Rb92
22451 Aguascaldas HS 36 Ac94
09593 Aguas Cándidas BU 30 Wc92
33842 Aguasmestas AS 14 Te89
02049 Aguas Nuevas AB 124 Ya115
44382 Aguatón TE 90 Ye104
35259 Aguatona GC 184 Kd181
44566 Aguaviva TE 92 Ze104
42258 Aguaviva de la Vega SO 70
       Xd101
27743 Aguaxosa LU 13 Se88
32540 A Gudiña OR 43 Sf96
13410 Agudo CR 119 Va115
37594 Águeda del Caudillo SA 81
       Td105
33844 Agüera AS 14 Te89
09569 Agüera BU 18 Wd90
48880 Agüera BI 19 We89
33814 Agüera del Coto AS 13 Tc90
33118 Agüeras, Las AS 14 Tf89
33679 Agüería AS 15 Ub90
27678 Agueria LU 25 Sf92
22808 Agüero HS 34 Zb94
33993 Agües AS 15 Ud89
11500 Agüica CA 172 Te129
40340 Aguilafuente SG 67 Vf101
33619 Aguilar AS 15 Ub89
22461 Aguilar AS 15 Ub89
44156 Aguilar de Alfambra TE 91
       Zb105
19283 Aguilar de Anguita GU 70
       Xd102
09249 Aguilar de Bureba BU 30 We93
34800 Aguilar de Campoo P 29 Ve92
47814 Aguilar de Campos VA 46 Ue97
31228 Aguilar de Codés NC 32 Xd93
50175 Aguilar de Ebro Z 73 Zc99
14920 Aguilar de Frontera CO 151
       Vc123
26530 Aguilar del Río Alhama RI 51
       Ya97
42259 Aguilar de Montuenga SO 70
       Xe101
08256 Aguilar de Segarra B 57 Bd98
49624 Aguilar de Tera ZA 45 Ua97
47281 Aguilarejo VA 47 Vc98
30880 Águilas MC 156 Yc124
42366 Aguilera SO 69 Xa100
09216 Aguillo BU 31 Xc92

Aldeavella | **239**

09267 Avellanosa de Rioja BU 31 Wf94
15560 Avenida do Marqués de Figueiral C 11 Rf87
15885 Avenida do Mestre Manuel Gómez C 23 Rd92
33519 Aveno AS 15 Uc88
08610 Avià B 57 Be96
24849 Aviados LE 27 Ud91
27418 A Vide LU 24 Sc93
32858 A Vila OR 42 Rf97
05001 Ávila AV 84 Vb105
33400* Avilés AS 15 Ua87
30812 Avilés MC 155 Yb121
30592 Avileses MC 157 Za121
37600 Avililla de la Sierra SA 82 Tf104
33556 Avín AS 16 Va88
23410 Avinazas J 138 We120
08279 Avinyó B 58 Bf97
08793 Avinyonet del Penedès B 76 Be100
17742 Avinyonet de Puigventós GI 40 Cf95
34869 Aviñante de la Peña P 28 Vb92
15552 Aviño C 11 Rf87
32520 Avión OR 23 Re94
36859 A Xesteira PO 23 Rc94
48350 Axpe de Busturi BI 19 Xb88
20211 Aya = Aia SS 20 Xf91
26289 Ayabarrena RI 50 Wf95
35369 Ayacata GC 184 Kc181
35108 Ayagaures GC 184 Kc181
01476 Ayala/Aiara VI 19 Wf90
21400 Ayamonte H 160 Sd125
38813 Ayamosna TF 184 He180
31448 Ayechu NC 34 Ye92
31240 Ayegui NC 32 Xf93
22140 Ayera HS 54 Ze95
22800 Ayerbe HS 34 Zb95
22372 Ayerbe de Broto HS 35 Zf93
31492 Ayesa NC 33 Yd93
42317 Aylagas SO 50 Wf98
09146 Aylanes BU 30 Wb91
40520 Ayllón SG 68 Wd100
42162 Ayllonillo SO 51 Xd97
02125 Ayna AB 140 Xf117
12224 Ayódar CS 108 Zd108
09145 Ayoluengo BU 30 Wa92
33782 Ayones AS 14 Td88
49619 Ayóo de Vidriales ZA 45 Tf96
46620 Ayora V 125 Yf114
23569 Ayozo J 153 Wd123
34473 Ayuela P 28 Vc93
09219 Ayuelas BU 31 Wf92
10649 Azabal CC 82 Te107
01128 Azaceta VI 32 Xd92
24121 Azadinos LE 27 Uc93
24272 Azadón LE 27 Ub93
03680 Azafá A 142 Zb119
12127 Azafranares CS 107 Zc107
31560 Azagra NC 33 Ya95
44590 Azaila TE 73 Zd101
06510 Azalaga BA 116 Ta113
22421 Azanúy HS 55 Ab97
22421 Azanúy-Alins HS 55 Ab97
19492 Azañón GU 88 Xc104
42165 Azapiedra SO 50 Xc97
22311 Azara HS 54 Zf96
30848 Azaraque MC 156 Yd122
24253 Azares del Páramo LE 27 Ub95
26289 Azarrulla RI 31 Wf95
42230 Azcamellas SO 70 Xd102
01169 Azcoaga = Azkoaga VI 20 Xc90
48192 Azkarai BI 19 Wf89
31891 Azkarate NC 20 Xf90
20720 Azkoitia SS 20 Xe89
20870 Azkue SS 20 Xd89
22311 Azlor HS 54 Zf96
41849 Aznalcázar SE 164 Te125
41870 Aznalcóllar SE 148 Te123
26323 Azofra RI 31 Xb94
14815 Azores CO 152 Ve124
18891 Azores GR 154 Xc124
31194 Azoz NC 33 Yc91
31486 Azpa NC 33 Yc92
31439 Azparren NC 33 Ye91
22622 Azpe HS 35 Ze94
20730 Azpeitia SS 20 Xe89
20850 Azpilgoeta SS 20 Xd89
31715 Azpilikueta NC 21 Yc89
31891 Azpiroz NC 21 Ya90
31241 Azqueta NC 32 Xf93
20220 Aztiria SS 20 Xe90
06920 Azuaga BA 134 Ub119
50140 Azuara Z 72 Za101
45008 Azucaica TO 102 Wa109
34190 Azucarera Palentina P 47 Vc97
37874 Azud de Villagonzalo SA 83 Ud103
12490 Azuébar CS 108 Zd109
14447 Azuel CO 136 Ve119
31228 Azuelo NC 32 Xd93
27257 Azúmara LU 12 Sd89
27250 Azúmara LU 12 Sd89
19200 Azuqueca de Henares GU 87 We105
45571 Azután TO 100 Uf110

B

27371 Baamonde LU 12 Sb89
27417 Baamorto LU 24 Sc93
03114 Babel A 142 Zc119
37330 Babilafuente SA 65 Ud103
22462 Bacamorta HS 36 Ac94
04889 Bacares AL 170 Xd125
02049 Bacariza AB 124 Ya115
13114 Bacarot A 142 Zc118
01423 Bachicabo VI 31 Wf92
27776 Bacoi LU 12 Sd87
18860 Bacor-Olivar GR 153 Xa123
22714 Badaguás HS 35 Zd93
22364 Badaín HS 36 Ab93
06001* Badajoz BA 116 Ta115
08910 Badalona B 77 Cb100
39764 Bádames CB 18 Wd88
26310 Badarán RI 31 Xb94
44491 Bádenas TE 72 Yf102
31192 Badestáin NC 33 Yc92
07181 Badia de Palma IB 110 Cd112
07609 Badia Gran IB 110 Ce112
49214 Badilla ZA 64 Te100
41570 Badolatosa SE 166 Vb125
50491 Badules Z 71 Ye102
22569 Baells HS 55 Ac97
25592 Baén L 37 Ba95
14850 Baena CO 151 Ve123
23440 Baeza J 153 Wd121
28830 Baezuela MD 86 Wd106
22437 Bafaluy HS 36 Ac95
08695 Bagà B 57 Bf95
27178 Bagude LU 24 Sb92
44320 Báguena TE 71 Yd102
50685 Bagüés Z 34 Za93
22149 Bagüeste HS 35 Zf94
47312 Bahabón VA 67 Ve100
09350 Bahabón de Esgueva BU 49 Wb97
30860 Bahía MC 156 Ye123
34127 Bahillo P 29 Vc94
25595 Baiasca L 37 Ba93
19295 Baides GU 69 Xb102
31250 Baigorri NC 32 Ya93
23710 Bailén J 137 Wb120
24740 Baillo LE 26 Td95
09515 Baillo BU 30 Wc91
22760 Bailo HS 34 Zb93
33682 Baiña AS 15 Ub89
36528 Baiña PO 23 Rf92
15127 Baíñas C 10 Qf90
15824 Baiobre C 23 Re91
15150 Baio Grande C 10 Ra90
36300 Baiona PO 41 Ra96
12579 Baixador d'Alcossebre CS 92 Ab107
12004 Baixador de Las Palmas CS 108 Aa108
08519 Baixador de Taradell B 58 Cb97
38250 Bajamar TF 181 Id177
35558 Bajamar GC 182 Mc174
09216 Bajauri BU 32 Xc93
05113 Bajondillo AV 84 Vb106
31810 Bakaiku NC 32 Xf91
48130 Bakio BI 19 Xb88
43879 Balada T 93 Ae104
07812 Balafi IB 109 Bc114
25600 Balaguer L 56 Ae98
04713 Balanegra AL 169 Xa128
15114 Balarés C 10 Ra89
18810 Balax GR 170 Xb124
02320 Balazote AB 123 Xf115
39788 Balbacienta CB 18 We88
19281 Balbacil GU 70 Xf102
11500 Balbaina CA 172 Te128
05520 Balbarda AV 84 Va105
24525 Balboa LE 25 Ta92
06195 Balboa BA 116 Tb115
50366 Balconchán Z 71 Yd102
29780 Balcon de Europa MA 168 Wa128
19411 Balconete GU 87 Xa105
30816 Baldazos MC 156 Yc122
22571 Baldellou HS 55 Ad97
10319 Baldío CC 99 Uc109
06291 Baldío de la Grulla BA 133 Tf119
10694 Baldío de Mora CC 98 Tf110
25737 Baldomar L 56 Ba97
46178 Baldovar V 106 Yf109
32708 Baldrei OR 24 Sc95
32680 Baldriz OR 43 Sc96
36988 Balea PO 22 Ra94
36949 Balea PO 41 Rb95
27130 Baleira = O Cádavo (Baleira) LU 13 Se90
02316 Balenario de Benito AB 139 Xc117
26527 Balenario La Pazana RI 51 Xf96
08550 Balenyà B 58 Cb98
04712 Balerma AL 169 Xa128
25591 Balestui L 37 Ba94
20259 Baliarraín SS 20 Xf90
40449 Balisa SG 66 Vd102
07109 Bàlitx de Baix IB 110 Ce110
22484 Ballabriga HS 36 Ad94
31195 Ballariáin NC 33 Yb91
44530 Ballesteros TE 73 Zd102
16196 Ballesteros CU 105 Xf109
13680 Ballesteros CR 121 Wa113
13432 Ballesteros de Calatrava CR 121 Wa115
22234 Ballobar HS 55 Ab99
33158 Ballota AS 14 Te87
42212 Balluncar SO 69 Xc100
48800 Balmaseda BI 19 We89
33778 Balmonte AS 13 Ta88
33595 Balmori AS 16 Va88
46293 Balneari de Santa Anna V 126 Zc114
12513 Balneari l'Avella CS 92 Aa105
30630 Balneario de Fortuna MC 141 Yf119
11130 Balneario de Fuente Amarga CA 172 Te130
13630 Balneario de la Hijosa CR 122 Xb113
23770 Balneario de Marmolejo J 152 Ve120
33557 Balneario de Mestas AS 16 Ue89
24884 Balneario de Morgovejo LE 28 Uf91
24845 Balneario de Nocedo LE 27 Ud91
41530 Balneario de Pozo Amargo SE 165 Ud126
37495 Balneario de Retortillo SA 82 Td104
16781 Balneario de Valdeganga CU 104 Xe109
20740 Balneario de Zestoa SS 20 Xe89
10600 Balneario Valdelanas CC 98 Te108
36682 Baloira PO 23 Rc92
03812 Balones A 143 Zd116
30648 Balonga MC 141 Yf119
24433 Balouta LE 25 Tb91
27817 Balsa LU 12 Sc88
02214 Balsa de Ves AB 125 Ye113
02511 Balsaín AB 140 Yb116
30332 Balsa-Pintada MC 157 Yf122
08660 Balsareny B 57 Bf97
30535 Balsas de Cardel MC 141 Yd118
30591 Balsicas MC 157 Za122
18800 Balsillas GR 170 Xb124
34240 Baltanás P 48 Ve97
32632 Baltar OR 42 Sb97
36140 Balteiro PO 22 Rc94
18140 Balzaín GR 168 Wc126
15823 Bama C 23 Rd91
49157 Bamba ZA 65 Uc100
22194 Banariés HS 54 Zd96
22194 Banastás HS 54 Zd95
22339 Banastón HS 36 Ab94
22140 Bandaliés HS 54 Ze96
32840 Bande OR 42 Sa96
36570 Bandeira PO 23 Re92
33114 Bandujo AS 14 Tf89
24343 Banecidas LE 28 Uf94
32516 Banga OR 23 Rf94
32813 Bangueses OR 42 Rf96
42218 Baniel SO 69 Xd99
24251 Banuncias LE 27 Uc94
07191 Banyalbufar IB 110 Cd110
07230 Banyeres IB 111 Cf111
43711 Banyeres del Penedès T 76 Bd101
03450 Banyeres de Mariola A 142 Zc116
17820 Banyoles GI 59 Ce96
07638 Banys de Sant Joan IB 111 Da112
12513 Banys l'Avellà = Balneari l'Avella CS 92 Aa105
35414 Bañaderos GC 184 Kc180
26257 Bañares RI 31 Xa94
37271 Bañobárez SA 81 Tc103
13593 Baño de la Tiñosa CR 136 Vf118
44357 Bañón TE 90 Ye103
32848 Baños OR 42 Sa97
32369 Baños OR 44 Sf95
10750 Baños CC 82 Ua107
37114 Baños de Calzadilla del Campo SA 64 Tf102
34200 Baños de Cerrato P 47 Vd97
01307 Baños de Ebro VI 31 Xb93
23747 Baños de Fuente de la Encina J 152 Wa120
46354 Baños de Fuente Podrida V 125 Yd112
30420 Baños de Gilico MC 140 Yc119
23711 Baños de la Encina J 137 Wb119
23600 Baños del Agua Hedionda J 152 Wa122
18414 Baños de la Marrana GR 169 Wd127
34878 Baños de la Peña P 28 Vc92
14600 Baños del Arenosillo CO 151 Vd120
16870 Baños de la Rosa CU 89 Xf105
37115 Baños de Ledesma SA 64 Ua102
30708 Baños del Moral BA 132 Tb118
32701 Baños de Molgas OR 43 Sb95
10750 Baños de Montemayor CC 82 Ua107
26241 Baños de Rioja RI 31 Xa93
26320 Baños de Río Tobía RI 31 Xb95
23300 Baños de Saladillo J 153 Xa120
04259 Baños de Señora Alhamilla AL 170 Xd127
18330 Baños de Sierra Elvira GR 168 Wb125
19390 Baños de Tajo GU 89 Ya104
09450 Baños de Valdearados BU 49 Wc98
29710 Baños de Vilo MA 167 Ve127
18811 Baños de Zújar GR 154 Xb123
19276 Bañuelos GU 69 Xa101
09248 Bañuelos de Bureba BU 30 We93
33448 Bañugues AS 15 Ub87
31272 Baquedano NC 32 Xf92
25598 Baqueira L 37 Af92
22622 Bara HS 35 Zf95
39575 Bárago CB 17 Vc90
22714 Baraguás HS 35 Zc93
40517 Barahona de Fresno SG 68 Wc100
31879 Baraibar NC 21 Ya91
05635 Barajas AV 84 Uf106
28042 Barajas MD 86 Wc106
13250 Barajas CR 121 Wc114
16460 Barajas de Melo CU 103 Xa108
34878 Barajores P 28 Vb92
14850 Barajuela CO 151 Vd122
48901 Barakaldo = San Vicente de Barakaldo BI 19 Xa89
27680 Baralla LU 25 Se91
01450 Barambio VI 19 Xa90
09569 Baranda BU 18 Wc90
27244 Barangón LU 13 Se90
31160 Barañáin NC 33 Yb92
42213 Baraona SO 69 Xc101
31395 Barásoain NC 33 Yc93
41870 Barbacena SE 148 Td124
32890 Barbadás OR 24 Sa95
27616 Barbadelo LU 24 Sd92
37440 Barbadillo SA 64 Ua103
09615 Barbadillo de Herreros BU 50 We96
09613 Barbadillo del Mercado BU 49 Wd96
09614 Barbadillo del Pez BU 49 We96
27341 Barbain LU 24 Sd92
16196 Barbalimpia CU 104 Xe109
37607 Barbalos SA 82 Ua104
32459 Barbantes OR 23 Rf94
32140 Barbantiño OR 23 Sa94
06499 Barbaño BA 116 Tc115
20214 Barbari SS 20 Xe90
31243 Barbarin NC 32 Xf93
03689 Barbarroja A 141 Za119
22464 Barbaruens HS 36 Ac93
22300 Barbastro HS 55 Aa96
31180 Barbatáin NC 33 Yb92
11160 Barbate CA 172 Ua131
19262 Barbatona GU 69 Xc102
15837 Barbeira C 10 Ra91
27113 Barbeitos LU 13 Sf90
25262 Barbens L 56 Ba98
22637 Barbenuta HS 35 Ze93
43422 Barberà de la Conca T 75 Bb100
08210 Barberà del Vallès B 77 Ca99
23280 Barbero J 138 Xa119
50297 Bárboles Z 53 Ye98
40530 Barbolla SG 68 Wb101
36826 Barbudo PO 23 Rd94
22255 Barbués HS 54 Zd97
22132 Barbuñales HS 54 Zf96
33879 Barca AS 14 Td89
42210 Barca SO 69 Xc100
22148 Bárcabo HS 55 Aa95
19115 Barca de Almoguera GU 87 Xa107
36683 Barcala PO 22 Rc92
06160 Barcarrota BA 132 Ta117
42318 Barcebal SO 50 Wf99
42318 Barcebalejo SO 50 Wf99
37217 Barceíno SA 63 Td102
27113 Barcela LU 13 Ta90
36435 Barcela PO 41 Re96
08002 Barcelona B 77 Cb100
33858 Bárcena AS 14 Tf88
33316 Bárcena AS 15 Ud87
33314 Bárcena AS 15 Uc88
39582 Bárcena CB 16 Vb90
39809 Bárcena CB 18 Wd89
09592 Bárcena de Bureba BU 30 Wc93
34477 Bárcena de Campos P 29 Vd94
39790 Bárcena de Cícero CB 18 Wc88
39312 Bárcena de Cudón CB 17 Wa88
39419 Bárcena de Ebro CB 29 Vf91
33874 Bárcena del Monasterio AS 14 Tc88
39420 Bárcena de Pie de Concha CB 17 Vf90
09569 Bárcena de Pienza BU 18 Wd90
39850 Bárcena de Udalla CB 18 Wd89
39518 Bárcena Mayor CB 17 Ve90
09566 Bárcenas BU 18 Wc90
39477 Barcenilla CB 17 Wa88
39513 Barcenilla CB 17 Ve89
09568 Barcenilla de Cerezos BU 18 Wc90
37217 Barceo SA 63 Td102
46176 Barchel V 106 Yf110
16118 Barchín del Hoyo CU 105 Xf111
27658 Barcia LU 13 Ta91
36837 Barcia PO 23 Rd94
36878 Barciademera PO 23 Rd95
47674 Barcial de la Loma VA 46 Ue97
49760 Barcial del Barco ZA 46 Uc97
27278 Barcias LU 13 Se90
45525 Barcience TO 101 Ve109
45250 Barciles Bajo TO 102 Wb109
09212 Barcina del Barco BU 31 We92
09593 Barcina de los Montes BU 30 We92
18550 Barcinas GR 168 Wc124
42368 Barcones SO 69 Xb101
50296 Bardallor Z 53 Ye98
09219 Bardauri BU 31 Xa92
23330 Bardazoso J 138 Xa120
50694 Bardenas del Caudillo Z 53 Ye95
15124 Bardullas C 10 Qe90
36300 Baredo PO 41 Ra96
39170 Bareyo CB 18 Wc88
45593 Bargas TO 102 Vf109
31229 Bargota NC 32 Xe93
41569 Bariada de la Paz SE 166 Va124
31396 Bariáin NC 33 Yc93
25794 Baridà L 37 Bb95
46758 Bárig = Barx V 126 Ze114
31523 Barillas NC 52 Yc97
48278 Barinaga BI 20 Xd89
30648 Barinas MC 141 Yf119
31272 Baríndano NC 32 Xf92
24239 Bariones de la Vega LE 46 Uc96
15113 Barizo C 10 Ra89
49582 Barjacoba ZA 44 Ta96
24521 Barjas LE 25 Ta93
38726 Barlovento TF 181 Hb176
22192 Barluenga HS 54 Zd95
24913 Barniedo de la Reina LE 16 Va91
25593 Baro L 37 Ba94
01211 Baroja VI 31 Xb93
15979 Baroña C 22 Qf92
22712 Barós HS 35 Zc93
30179 Barqueros MC 156 Yd121
37488 Barquilla SA 81 Tb104
10318 Barquilla de Pinares CC 99 Ud108
15210 Barquiña C 22 Ra92
12420 Barracas CS 107 Zb108
32655 Barracel OR 42 Sb96
44220 Barrachina TE 72 Yf103
10696 Barrado CC 99 Ua108
14911 Barragana Alta CO 166 Vc124
14911 Barragana Baja CO 166 Vc124
48288 Barrainka BI 20 Xc88
32430 Barral OR 23 Rf95
25529 Barranc de Peranera L 37 Ae94
03100 Barranco A 142 Zd117
23191 Barranco de Cárchel J 152 Wc123
18711 Barranco de Ferrer GR 169 Wd128
29400 Barranco de la Madera MA 166 Uf128
30889 Barranco del Baladre MC 156 Yc124

Barranco del Baladre | 243

35421 Barranco del Laurel GC 184 Kc180
18190 Barranco del Oro GR 168 Wc126
30890 Barranco de los Hilarios MC 155 Yb123
35457 Barranco del Pinar GC 184 Kc180
38810 Barranco de Santiago TF 184 He180
30876 Barranco de Seca MC 156 Yd123
46174 Barranco Hondo V 107 Zb110
38109 Barranco Hondo TF 181 Id178
30550 Barranco-Molax MC 141 Yd119
23330 Barranco Montesina J 138 Wf120
14450 Barranco Palomo CO 135 Va118
30412 Barranda MC 155 Ya120
36749 Barrantes PO 41 Rb96
10550 Barrantes CC 116 Tc113
09587 Barrasa BU 18 We90
02639 Barrax AB 123 Xe114
32812 Barreal OR 42 Sa95
06370 Barreales BA 132 Tc118
39313 Barreda CB 17 Vf88
39572 Barreda-Dos Amantes CB 17 Vc90
33417 Barredo AS 15 Ua87
37129 Barregas SA 64 Ub103
27792 Barreiros LU 13 Se87
37256 Barreras SA 63 Tc102
38631 Barriada de Entre-canales TF 180 Ib180
04271 Barriada del Campico AL 171 Xf125
04850 Barriada del Morera AL 171 Xf125
04850 Barriada de los Cojos AL 171 Xf125
04850 Barriada de los García AL 171 Xf125
04850 Barriada de los Huevanillas AL 171 Xf125
23713 Barriada de Vadollano J 137 Wc120
04271 Barriada Las Canteras AL 171 Xf125
04458 Barriada Las Minas AL 169 Xb126
04618 Barriada Nueva AL 171 Yb125
44760 Barriada Obrera del Sur TE 91 Za104
18710 Barriales GR 169 We128
48650 Barrica BI 19 Xa88
24394 Barrientos LE 26 Ua94
09511 Barriga BU 19 Wf91
06900 Barrilejos BA 133 Tf119
24151 Barrillos LE 27 Ud92
24877 Barrillos de las Arrimadas LE 27 Ue92
39577 Barrio CB 16 Vb90
39210 Barrio CB 17 Ve90
32453 Barrio OR 23 Rf94
01423 Barrio VI 31 Wf92
46390 Barrio Arroyo V 106 Yf111
18659 Barrio Bajo GR 168 Wc127
24412 Barrio de Abajo LE 25 Tc93
40552 Barrio de Abajo SG 68 Wc100
16611 Barrio de Abajo CU 123 Xe112
40331 Barrio de Arriba SG 67 Wb100
05560 Barrio de Arriba AV 84 Uf105
46350 Barrio de Arriba V 107 Za111
09572 Barrio de Bricia BU 30 Wa91
09249 Barrio de Díaz Ruiz BU 30 Wd93
29250 Barrio de Enmedio MA 167 Vd125
18659 Barrio de Fernán-Núñez GR 168 Wb127
46350 Barrio de Gisbert V 107 Za111
10500 Barrio de la Estación CC 115 Se112
22320 Barrio de la Morera HS 55 Aa95
34470 Barrio de la Puebla P 28 Vc92
24133 Barrio de la Puente LE 26 Tf92
46350 Barrio de las Atienzas V 107 Za111
24689 Barrio de la Tercia LE 15 Uc91
50650 Barrio del Beato Agno Z 52 Ye97
44313 Barrio del Hospital TE 90 Yc104
06176 Barrio del Pilar BA 132 Tc117
22483 Barrio del Pou HS 36 Ad95
02213 Barrio del Santuario AB 125 Ye113
10629 Barrio del Teso CC 82 Te106
09226 Barrio de Muñó BU 48 Vf95
24150 Barrio de Nuestra Señora LE 27 Ud92
30300 Barrio de Peral MC 157 Za123
49358 Barrio de Rábano ZA 44 Tc96
09135 Barrio de San Felices BU 29 Ve93
34810 Barrio de San Pedro P 29 Vd92
34810 Barrio de Santa María P 29 Vd92
34815 Barrio de San Vicente P 29 Ve93
32311 Barrio e Castelo OR 25 Ta94
16860 Barrio El Otro Lado CU 88 Xe106
24223 Barrio Estación LE 27 Uc94
24526 Barrio las Lamas LE 25 Ta92
09127 Barrio-Lucio BU 29 Vf92
42169 Barriomartín SO 51 Xd97
18891 Barrionuevo GR 154 Xd123
11149 Barrio Nuevo CA 172 Tf130
39418 Barriopalacio CB 29 Ve91
09126 Barrio-Panizares BU 29 Wa92
19490 Barriopedro GU 87 Xb104
09199 Barrios de Colina BU 30 Wd94
34111 Barrios de la Vega P 28 Vb93
09124 Barrios de Villadiego BU 29 Vf93
09553 Barriosuso BU 18 Wc91
34470 Barriosuso P 28 Vc93
09618 Barriosuso BU 49 Wd97
33595 Barro AS 16 Vb88
36875 Barro PO 23 Rd95
36190 Barro = San Antoniño (Barro) PO 22 Rc93
05229 Barromán AV 66 Va102
01428 Barron VI 31 Xa91
39408 Barros CB 17 Vf89
24521 Barrosas LE 25 Sf93
32520 Barroso OR 23 Re94
37255 Barruecopardo SA 63 Tc102
09554 Barruelo BU 30 Wc91
34820 Barruelo de Santullán P 29 Ve91
09124 Barruelo de Villadiego BU 29 Vf93
47129 Barruelos del Valle VA 47 Uf98
25527 Barruera L 37 Ae93
09553 Barruso BU 19 We90
11130 Bartivas CA 172 Tf130
35421 Bartolomé San GC 184 Kc180
50596 Barués Z 34 Ye94
27328 Barxas LU 25 Se93
46758 Barx V 126 Ze114
32897 Barxés OR 42 Sa97
46667 Barxeta V 126 Zd114
27391 Barxo de Lor LU 24 Sd93
33117 Bárzana AS 14 Ua90
31866 Basaburua NC 21 Yb90
20570 Basalgo SS 20 Xd90
22372 Basarán HS 35 Ze93
48300 Basardilla SG 67 Vf102
17483 Bàscara GI 59 Cf96
15685 Bascoi C 11 Re90
09339 Basconcillos BU 49 Wb95
09126 Basconcillos del Tozo BU 29 Wa92
33825 Báscones AS 14 Tf88
39250 Báscones de Ebro P 29 Vf92
09347 Báscones del Agua BU 49 Wb96
34406 Báscones de Ojeda P 29 Vc92
09146 Báscones de Zamanzas BU 30 Wb91
36580 Bascuas PO 23 Re92
09259 Bascuñana BU 31 Wf94
16191 Bascuñana de San Pedro CU 88 Xe107
09213 Bascuñuelos BU 30 We92
48314 Basechetas BI 20 Xc88
48130 Basigo BI 19 Xa88
48180 Basozabal BI 19 Xa89
48100 Basozabal BI 19 Xa88
01420 Basquiñuelas VI 31 Xa92
17734 Bassegoda GI 39 Cd95
17469 Basseia GI 59 Da95
50680 Bastanés NC 34 Ye94
25725 Bastanist L 38 Be95
22141 Bastarás HS 54 Zf95
15280 Bastavales C 22 Rb92
41100 Bastero SE 164 Ua125
17174 Bastons GI 58 Cd96
25655 Basturs L 56 Ba96
36448 Batalláns = San Pedro PO 41 Rd96
38294 Batán de Abajo TF 181 Ie177
02137 Batán del Puerto AB 139 Xe117
16420 Batán de San Pedro CU 104 Xa109
40409 Batanejos SG 85 Vd104
43786 Batea T 74 Ab102
03600 Bateig A 142 Zb118
05130 Baterna AV 84 Va105
06659 Baterno BA 119 Va115
17534 Batet GI 39 Ca95
17812 Batet de la Serra GI 58 Cd95
28976 Batres MD 86 Wa107
25549 Bausen L 36 Ae91
18410 Bayacas GR 168 Wd127
04479 Bayárcal AL 169 Xa126
04888 Bayarque AL 170 Xd125
33457 Bayas AS 14 Tf87
33119 Bayo AS 14 Tf88
42366 Bayubas de Abajo SO 69 Xa99
42366 Bayubas de Arriba SO 69 Xa99
18800 Baza GR 154 Xb124
13739 Bazán CR 137 Wc117
15847 Bazar C 10 Rb90
27258 Bazar LU 12 Sd89
44492 Bea TE 72 Yf102
36312 Beade PO 41 Rb95
30382 Beal MC 157 Za123
16152 Beamud CU 105 Yb107
15689 Beán C 11 Rd90
31179 Bearín NC 32 Xf92
32520 Beariz OR 23 Re94
21630 Beas H 161 Tb124
20200 Beasain SS 20 Xe90
18184 Beas de Granada GR 168 Wd125
18516 Beas de Guadix GR 169 We125
23280 Beas de Segura J 138 Xa119
31892 Beasoáin NC 33 Yb91
15258 Beba C 22 Qf91
24608 Beberino LE 27 Ub91
24761 Bécares LE 45 Ua96
05610 Becedas AV 83 Uc106
05153 Becedillas AV 83 Ue105
44588 Beceite TE 92 Ab104
27640 Becerreá LU 25 Sf91
37148 Becerril SA 64 Te102
40510 Becerril SG 68 Wd101
05196 Becerril AV 84 Vc105
28490 Becerril de la Sierra MD 85 Wa104
34487 Becerril del Carpio P 29 Ve92
48870 Beci BI 19 We89
20268 Bedaio SS 20 Xf90
04288 Bédar AL 171 Ya125
48287 Bedaroa = Bedarona BI 20 Xc88
20268 Bedayo = Bedaio SS 20 Xf90
32431 Bede = Cenlle OR 23 Rf95
48390 Bedia BI 19 Xb89
22438 Bediello HS 36 Ab95
23537 Bedmar J 153 Wd122
23537 Bedmar y Garcíez J 153 Wd121
09568 Bedón BU 18 Wc90
33315 Bedriñana AS 15 Ud88
02536 Beg AB 139 Xe119
39580 Beges CB 16 Vc89
17867 Beget GI 39 Cc95
06250 Begico BA 133 Te118
23520 Begíjar J 153 Wc121
27373 Begonte LU 12 Sb90
17857 Begudà GI 58 Cd95
08782 Beguda Alta B 76 Bf100
08859 Begues B 76 Bf101
25556 Begunda d'Adons L 37 Ae94
17255 Begur GI 59 Db97
15808 Beigondo C 23 Rf91
31753 Beintza-Labaien NC 21 Yb90
31393 Beire NC 33 Yc94
04458 Beires AL 169 Xb126
32981 Beiro OR 24 Sa94
20739 Beizama SS 20 Xe90
37700 Béjar SA 83 Ub106
12430 Bejís CS 107 Zb109
12512 Bel CS 92 Aa105
14280 Belalcázar CO 135 Uf117
48460 Belandia BI 19 Wf90
22622 Belarra HS 35 Zd94
31174 Belascoáin NC 33 Yb92
20491 Belauntza SS 20 Xf90
20491 Belaunza = Belauntza SS 20 Xf90
09226 Belbimbre BU 48 Vf96
50130 Belchite Z 72 Zb101
32520 Belecón OR 23 Re94
22450 Beleder HS 36 Ac94
27889 Belén LU 10 Sd87
10292 Belén CC 99 Ua112
30834 Belén MC 156 Ye121
37789 Beleña SA 83 Uc104
19237 Beleña de Sorbe GU 68 We103
33557 Beleño AS 16 Uf89
33996 Belerda AS 15 Ue90
18515 Belerda GR 169 We124
23489 Belerdas J 153 Wf122
27814 Belesar LU 12 Sb89
27188 Belesar LU 24 Sc91
32950 Belesar OR 24 Sb94
36307 Belesar PO 41 Rb96
46868 Bèlgida V 126 Zd115
25266 Belianes L 75 Ba99
18101 Belicena GR 168 Wb125
16470 Belinchón CU 103 Wf108
29604 Bellamar MA 175 Vb130
43887 Bellavista T 76 Bb101
07769 Bellavista IB 77 Df109
41704 Bellavista SE 163 Ua125
17141 Bellcaire = Bellcaire d'Empordà GI 59 Da96
17141 Bellcaire d'Empordà GI 59 Da96
25337 Bellcaire d'Urgell L 56 Af98
22436 Bellestar HS 55 Ac95
25335 Bellestar L 56 Af98
22196 Bellestar del Flumen HS 54 Zd96
17708 Bell-lloc GI 40 Cf94
17245 Bell-lloc GI 59 Cf97
25220 Bell-lloc d'Urgell L 56 Ae99
43738 Bellmunt de Ciurana = Bellmunt del Priorat T 75 Ae102
25213 Bellmunt de Segarra L 57 Bc99
25336 Bellmunt d'Urgell L 56 Af98
33681 Bello AS 15 Uc90
44232 Bello TE 71 Yd103
02460 Bellotar AB 139 Xc118
43421 Bellpart B 76 Bc99
25250 Bellpuig L 56 Ba99
46714 Bellreguard V 127 Zf115
43413 Belltall T 75 Bb99
46839 Bellús V 126 Zd115
25212 Bellveí L 56 Bb98
43719 Bellvei T 76 Bd101
25721 Bellver L 38 Be94
07500 Bellver IB 111 Db111
25720 Bellver de Cerdanya L 38 Be94
25318 Bellver d'Ossó L 56 Bb98
07260 Bellviure IB 111 Cf112
14240 Bélmez CO 135 Ue119
23568 Belmez J 153 Wd122
23568 Bélmez de la Moraleda J 153 Wd122
39557 Belmonte CB 17 Vd90
16640 Belmonte CU 104 Xb111
50332 Belmonte de Calatayud Z 71 Yc101
34304 Belmonte de Campos P 47 Va97
44642 Belmonte de Mezquín TE 92 Zf103
33830 Belmonte de Miranda AS 14 Te89
28390 Belmonte de Tajo MD 103 Wd108
16779 Belmontejo CU 104 Xd110
27774 Beloi LU 12 Sd87
09250 Belorado BU 31 We94
27865 Belsar LU 12 Sc87
22363 Belsierre HS 36 Aa93
22150 Belsué HS 35 Zd95
42248 Beltejar SO 69 Xd101
01449 Belunza VI 19 Xa91
15990 Beluso C 22 Ra92
36939 Beluso PO 22 Rb95
22533 Belver HS 55 Ab98
49830 Belver de los Montes ZA 46 Ud98
24236 Belvís LE 46 Uc96
13379 Belvis CR 137 Wa117
28862 Belvis de Jarama MD 86 Wc105
45660 Belvís de la Jara TO 100 Va110
10394 Belvís de Monroy CC 99 Uc110
31193 Belzunce NC 33 Yb91
15873 Bembibre C 10 Rb90
27556 Bembibre LU 24 Sb92
24300 Bembibre LE 26 Td93
32562 Bembibre OR 43 Sf96
32617 Bemposta OR 43 Sd97
22580 Benabarre HS 55 Ac96
30410 Benablón MC 155 Ya120
46810 Benacancil V 126 Zb115
46351 Benacas V 106 Yf111
41805 Benacazón SE 164 Te124
12123 Benachera CS 107 Zd108
29493 Benadalid MA 173 Ue129
12190 Benadresa CS 108 Zf108
47880 Benafarces VA 46 Ue99
12449 Benafer CS 107 Zc109
12134 Benafigos CS 92 Ze107
29738 Benagalbón MA 167 Ve128
46173 Benagéber V 106 Yf110
22713 Benaguás HS 35 Zc93
46180 Benaguasil V 107 Zc111
04410 Benahadux AL 170 Xd127
29679 Benahavís MA 174 Uf129
29749 Benajarafe Alto MA 167 Ve128
29491 Benalauría MA 174 Ue129
46811 Benalí V 126 Zb114
29630 Benalmádena MA 175 Vc129
29639 Benalmádena MA 175 Vc129
18510 Benalúa de Guadix GR 169 Wf124
18566 Benalúa de las Villas GR 152 Wb124
11190 Benalup CA 173 Ub130
11190 Benalup-Casas Viejas CA 173 Ub130
11679 Benamahoma CA 165 Ud128
29718 Benamargosa MA 167 Ve127
24234 Benamariel LE 27 Uc94
18817 Benamaurel GR 154 Xb123
29770 Benamayor MA 168 Wa128
14910 Benamejí CO 167 Vc125
46810 Benamil V 126 Zb115
42230 Benamira SO 70 Xd102
29719 Benamocarra MA 167 Vf128
30410 Benamor de Abajo MC 140 Ya120
11612 Benaocaz CA 173 Ud128
29370 Benaoján MA 174 Ue128
29791 Benaque MA 167 Ve128
29490 Benarrabá MA 173 Ue129
16337 Benarruel CU 106 Yd108
12160 Benasal CS 92 Zf106
03814 Benasau A 143 Zd116
22440 Benasque HS 36 Ad93
12181 Benasqués CS 108 Aa107
23260 Benatae J 138 Wf119
23390 Benatae J 139 Xc118
25658 Benavent = Benavent de la Conca L 56 Ba96
25132 Benavent de Segrià L 55 Ad98
49600 Benavente ZA 46 Ub96
06519 Benavente BA 115 Sf113
22436 Benavente de Aragón HS 55 Ac95
24280 Benavides de Órbigo LE 27 Ua93
24233 Benazolve LE 27 Uc94
41510 Bencarrón SE 165 Ub124
27329 Bendilló LU 25 Se94
33888 Bendón AS 13 Tb89
04479 Benecid AL 170 Xa127
49123 Benegiles ZA 46 Uc99
31395 Benegorri NC 33 Yc93
03460 Beneixama A 142 Zb116
46293 Beneixida V 126 Zc114
04760 Benejí AL 169 Xa127
03390 Benejúzar A 157 Za120
25555 Benés L 37 Af94
46017 Benetúser = Benetússer V 126 Zd112
46017 Benetússer = Benetúser V 126 Zd112
03316 Benferri A 141 Za120
03786 Beniaia A 127 Ze116
30579 Beniaján MC 157 Yf121
03828 Benialfaquí A 143 Zd116
03788 Benialí A 127 Ze115
03778 Beniarbeig A 127 Zf116
03517 Beniardá A 143 Ze116
46722 Beniarjó V 127 Ze115
03850 Beniarrés A 126 Zd116
46844 Beniatjar V 126 Zd115
12580 Benicarló CS 93 Ac106
12560 Benicasim = Benicàssim CS 108 Aa108
12560 Benicàssim = Bencàsim CS 108 Aa108
46838 Benicolet V 126 Zd115
46689 Benicull de Xúquer V 126 Zd113
03759 Benidoleig A 127 Zf116
03501* Benidorm A 143 Zf117
30130 Beniel MC 157 Za120
03509 Benienso A 143 Ze117
46450 Benifaió V 126 Zd113
46791 Benifairó de la Valldigna V 126 Ze114
46511 Benifairó de les Valls V 108 Ze110
43512 Benifallet T 74 Ad103
03816 Benifallim A 142 Zd117
03517 Benifato A 143 Ze116
46450 Benifayó = Benifaió V 126 Zd113
46825 Benifetal V 126 Za114
22474 Benifons HS 36 Ae94
46830 Benigánim V 126 Zd115
03794 Benigembla A 143 Zf116
38129 Benijo TF 181 Ie177
03178 Benijófar A 157 Zb120
03810 Benilloba A 142 Zd116
03827 Benillup A 142 Zd116
03827 Benimarfull A 126 Zd116
03812 Benimassot A 143 Ze116
03791 Benimaurell A 127 Zf116
03769 Benimeli A 127 Zf116
46291 Benimodo V 126 Zc113
46611 Benimuslem V 126 Zd114
04769 Beninar AL 169 Wf127
46703 Beniopa V 127 Ze115
46469 Beniparrell V 126 Zd112
03788 Benirrama A 127 Ze116
43747 Benisanet = Benissanet T 74 Ad102
46181 Benisano V 107 Zc111
46869 Benisoda V 126 Zc116

E 244 | Barranco del Laurel

03720 Benissa A 143 Aa116
03788 Benissili A 127 Ze116
46839 Benisuera V 126 Zd115
03726 Benitachell = Poble Nou de Benitatxell, el A 143 Aa116
04276 Benitagla AL 170 Xe125
03788 Benitaia A 127 Ze116
12222 Benitandús CS 108 Zd109
04275 Benitorafe AL 170 Xe125
05141 Benitos AV 84 Va104
25632 Beniure L 56 Ae96
04276 Benizalón AL 170 Xe125
29749 Benjarafe MA 167 Vf128
24123 Benllera LE 27 Ub92
12181 Benlloch CS 92 Aa107
03788 Bennissivà A 127 Ze116
25551 Benòs L 36 Ae92
27792 Benquerencia LU 13 Se87
10185 Benquerencia CC 117 Tf113
06429 Benquerencia de la Serena BA 134 Ud116
25617 Bensa L 56 Af98
20737 Bentaberri SS 20 Xe89
04569 Bentarique AL 170 Xc127
31750 Bentas NC 21 Yb90
09593 Bentretea BU 30 Wd92
22622 Bentué de Nocito HS 35 Ze94
22150 Bentué de Rasal HS 35 Zc94
24389 Benuza LE 25 Tb94
29620 Benyamina MA 175 Vd129
15686 Benza C 11 Rc90
04647 Benzal AL 155 Yb124
51002 Benzú <[region]> 175 Ud133
15113 Beo C 10 Ra89
31193 Beorburu NC 33 Yb91
31483 Beortegui NC 33 Yd92
01477 Beotegui VI 19 Wf90
31780 Bera = Vera de Bidasoa NC 21 Yb89
31799 Beraiz NC 33 Yc91
31869 Beramendi NC 21 Ya91
39730 Beranga CB 18 Wc88
48640 Berango BI 19 Xa88
01211 Berantevilla VI 31 Xa92
01211 Beranturi = Berantevilla VI 31 Xa92
25510 Beranui L 37 Af94
22484 Beranúy HS 36 Ad94
20492 Berastegi SS 20 Ya90
42107 Beratón SO 52 Yb98
18248 Berbe Bajo GR 168 Wb124
50294 Berbedel Z 71 Ye99
22131 Berbegal HS 54 Aa97
11500 Berben CA 172 Te129
09511 Berberana BU 31 Wf91
33346 Berbes AS 16 Uf88
31252 Berbinzana NC 33 Ya93
22636 Berbusa HS 35 Ze93
09569 Bercedo BU 18 Wd90
26327 Berceo RI 31 Xa94
47115 Bercero VA 66 Uf99
34310 Bercerril de Campos P 47 Vc96
47115 Bercerruelo VA 47 Uf99
18451 Bérchules GR 169 We127
40144 Bercial SG 66 Vd103
05229 Bercial de Zapardiel AV 66 Va102
49592 Bercianos de Aliste ZA 45 Te98
24252 Bercianos del Páramo LE 27 Ub94
24325 Bercianos del Real Camino LE 28 Uf94
49333 Bercianos de Valverde ZA 45 Ua97
40550 Bercimuel SG 68 Wc100
37750 Bercimuelle SA 83 Ud105
05380 Bercimuelle AV 84 Uf103
46312 Bercuta V 106 Yf110
50316 Berdejo Z 70 Ya99
15151 Berdeogas C 10 Qf90
15884 Berdía C 11 Rc91
03720 Berdica A 143 Aa116
15128 Berdoias C 10 Qf90
33887 Berducedo AS 13 Tb89
25795 Berén L 37 Bb95
46666 Berfull V 126 Zd114
08600 Berga B 57 Bf96
37159 Berganciano SA 64 Te102
22583 Berganúy HS 36 Ae95
01212 Berganzo VI 31 Xb93
20570 Bergara SS 20 Xd90
26588 Bergasa RI 51 Xf95
26588 Bergasillas Bajera RI 51 Xf95
26588 Bergasillas Somera RI 51 Xf95
44556 Berge TE 91 Zd103
01423 Bergonda = Bergüenda VI 31 Wf92
15166 Bergondo C 11 Re89
22714 Bergosa HS 35 Zc93
22373 Bergua HS 35 Ze93
31191 Beriáin NC 33 Yc92
04760 Berja AL 169 Xa127
27186 Berlai LU 24 Sc91
06930 Berlanga BA 133 Ub119
42360 Berlanga de Duero SO 69 Xa100
24438 Berlanga del Bierzo LE 25 Tc92
09316 Berlangas de Roa BU 48 Wa98
37291 Bermellar SA 63 Tb103
48370 Bermeo BI 19 Xb88
36517 Bermés PO 23 Rf92
33118 Bermiego AS 14 Ua89
49168 Bermillo de Alba ZA 45 Tf99
49200 Bermillo de Sayago ZA 64 Tf100
38729 Bermudez TF 181 Hb176
15329 Bermui C 12 Sa88
02327 Bernabé AB 123 Xf116
14880 Bernabé CO 151 Ve124
48392 Bernagoitia BI 19 Xb89
30700 Bernal MC 157 Za122
48891 Bernales BI 18 Wd89
40430 Bernardos SG 67 Vd102
01118 Bernedo VI 32 Xd93
03599 Bernia A 143 Zf116
33556 Bernia de Onís AS 16 Va88
19133 Berninches GU 87 Xb105
37453 Bernoy-Cemprón SA 83 Ub104
33394 Bernueces AS 15 Uc87
22711 Bernués HS 35 Zc94
45693 Bernúy TO 101 Vc109
40460 Bernúy de Coca SG 66 Vc101
40190 Bernúy de Porreros SG 67 Vf102
05195 Bernúy-Salinero AV 85 Vc105
05211 Bernuy Zapardiel AV 66 Va103
12160 Berola de Grau CS 92 Zf106
32617 Berrande OR 43 Se97
32812 Berredo OR 42 Sa96
48381 Berreño BI 19 Xc89
15687 Berreo C 11 Rd91
48710 Berriatua = Ribera BI 20 Xd89
01138 Berrícano VI 19 Xb91
48230 Berrio BI 20 Xc90
31195 Berrioplano NC 33 Yb91
48240 Berriozabal-Aramiño BI 20 Xc90
31013 Berriozar NC 33 Yb91
48240 Berriz = Berriz-Olakueta BI 20 Xc89
31790 Berrizaun NC 21 Yb89
48240 Berriz-Olakueta BI 20 Xc89
02329 Berro AB 140 Xe116
20493 Berrobi SS 20 Xf90
40181 Berrocal SG 67 Wa102
06612 Berrocal BA 119 Uf115
21647 Berrocal H 148 Tc123
37609 Berrocal de Huebra SA 82 Ua104
37130 Berrocal de la Espinera SA 64 Tf103
37592 Berrocal del Río SA 81 Tc105
37795 Berrocal de Salvatierra SA 83 Ub105
10392 Berrocalejo CC 100 Ud110
05194 Berrocalejo de Aragona AV 85 Vc104
31796 Berroeta NC 21 Yc90
25588 Berrós Jussà L 37 Ba93
25588 Berrós Sobirà L 37 Ba93
01194 Berrosteguieta VI 31 Xb92
22373 Berroy HS 35 Zf93
47813 Berrueces VA 47 Uf97
50373 Berrueco Z 71 Yd103
30800 Berruecos MC 155 Yb122
10318 Berruguillas CC 100 Ud109
15220 Bertamiráns C 22 Rc91
31720 Bertizarana NC 21 Yc90
31866 Berute NC 21 Yb90
10129 Berzocana CC 118 Ud112
42351 Berzosa SO 49 Wf99
28420 Berzosa MD 85 Wa105
09245 Berzosa de Bureba BU 30 We93
28194 Berzosa del Lozoya MD 68 Wc103
34485 Berzosa de los Hidalgos P 29 Vd92
39250 Berzosilla P 29 Vf92
17850 Besalu GI 59 Ce95
24885 Besande LE 28 Va91
17162 Bescanó GI 59 Ce97
25719 Bescaran L 38 Bd94
22623 Bescós de Guarga HS 35 Ze94
36598 Besexos PO 23 Re92
22133 Bespén HS 54 Zf96
27328 Bessarredonda LU 25 Sf93
22362 Bestué HS 36 Aa93
33815 Besullo AS 13 Tc89
35637 Betancuria GC 183 Lf178
14449 Betán de los Canos CR 136 Vc117
15319 Betanzos C 11 Re89
09512 Betarres BU 30 Wd91
02694 Bete AB 125 Yd115
31890 Betelu NC 20 Ya90
46117 Bétera V 107 Zd111
22583 Betesa HS 36 Ae94
22638 Betés de Sobremonte HS 35 Zd93
16870 Beteta CU 89 Xf105
03640 Beties A 142 Zb118
25537 Betlan L 37 Ae92
01510 Betolaza VI 19 Xb91
22148 Betorz HS 35 Aa95
27617 Betote LU 24 Sd92
12549 Betxí CS 108 Ze109
17850 Beuda GI 59 Ce95
08515 Beulaigua B 58 Ca96
31867 Beunza NC 21 Yb91
15982 Bexo C 22 Rb92
09572 Bezana BU 18 Wa91
26312 Bezares RI 31 Xb94
09615 Bezares BU 49 Wf96
44121 Bezas TE 90 Ye107
18660 Béznar GR 168 Wc127
31395 Bézquiz NC 33 Yc93
03410 Biar A 142 Zb117
22311 Bibán HS 35 Zf94
22486 Bibiles HS 36 Ae94
12124 Bibioj CS 91 Zd107
46825 Bicorp V 126 Zb114
20496 Bidania SS 20 Xe90
31174 Bidaurreta NC 33 Ya92
20496 Bidegoyan SS 20 Xf90
32141 Biduedo OR 23 Sa94
27632 Biduedo LU 25 Se92
15895 Biduido C 22 Rc91
33190 Biedes AS 15 Ua88
50619 Biel Z 34 Za94
39550 Bielba CB 17 Vd89
22350 Bielsa HS 36 Ab93
02360 Bienservida AB 139 Xc117
06250 Bienvenida BA 133 Te119
13596 Bienvenida CR 136 Vc117
33539 Bierces AS 15 Ud88
22144 Bierge HS 54 Zf96
17199 Biert GI 59 Ce96
33816 Biescas AS 14 Td89
22630 Biescas HS 35 Ze93
22451 Biescas HS 36 Ac94
22484 Biescas de Obarra HS 36 Ad94
03380 Bigastro A 157 Za120
08415 Bigues i Riells B 58 Cb98
31454 Bigüézal NC 34 Yf92
50316 Bijuesca Z 70 Ya99
48141 Bikarregi BI 19 Xb90
01309 Bilar = Elvillar VI 32 Xc93
41530 Bilbao SE 165 Ud125
48001* Bilbao BI 19 Xa89
48001* Bilbo = Bilbao BI 19 Xa89
48112 Billabaso BI 19 Xa88
48100 Billela BI 19 Xa88
01195 Biloda = Villodas VI 31 Xb92
33818 Bimeda AS 14 Tc90
33527 Bimenes AS 15 Uc89
22510 Binaced HS 55 Ab98
22791 Binacua HS 34 Zb93
07712 Binaixa IB 77 Eb109
22500 Binéfar HS 55 Ab97
07143 Biniali IB 110 Cf111
07369 Biniamar IB 111 Cf110
07713 Biniancolla IB 77 Eb110
07101 Biniaraix IB 110 Ce110
07711 Binibequer Vell IB 77 Eb110
07314 Binibona IB 111 Cf110
07712 Binicalaf IB 77 Eb109
07712 Binidali Nou IB 77 Eb109
07750 Binidenfa IB 77 Df108
22773 Biniés HS 34 Zb93
07740 Binifabini IB 77 Eb109
07749 Binifaida IB 77 Ea109
07315 Binifaldó IB 111 Cf109
07730 Binifamis IB 77 Ea109
07730 Binijame IB 77 Ea109
07748 Binimella IB 77 Ea108
07748 Binimella Nou IB 77 Ea108
07711 Biniparren IB 77 Eb109
07720 Binisaida IB 77 Eb109
07748 Binisarret IB 77 Ea108
07300 Biniseti Nou IB 111 Cf110
07711 Binissafúler IB 77 Eb110
07711 Binissafúler Nou IB 77 Eb109
07350 Binissalem IB 110 Cf110
22620 Binué HS 35 Zd93
22622 Binueste HS 35 Zf94
25752 Biosca L 57 Bc97
50695 Biota Z 34 Ye95
22470 Bisaurri HS 36 Ad94
25795 Biscarbó L 37 Bb94
22807 Biscarrués HS 53 Zb95
22710 Biscós de Garcipollera HS 35 Zc93
50561 Bisimbre Z 52 Yd97
09554 Bisjueces BU 30 Wc91
43510 Bítem T 93 Ad103
17723 Biure GI 40 Cf94
43428 Biure de Gaià T 76 Bc100
31398 Biurrun NC 33 Yb92
27612 Biville LU 24 Sc92
AD600 Bixessarri □ AND 38 Bc94
05540 Blacha AV 84 Va105
42193 Blacos SO 50 Xa98
30540 Blanca MC 141 Yd119
43411 Blancafort T 75 Ba100
43330 Blancafort T 75 Ba102
02328 Blancares AB 123 Xf114
44314 Blancas TE 89 Yd104
17300 Blanes GI 59 Ce98
04897 Blánquez del Saúco AL 170 Xc125
05193 Blascoeles AV 85 Vd104
05147 Blascojimeno AV 84 Uf104
05146 Blascomillán AV 84 Uf104
05299 Blasconuño de Matacabras AV 66 Va102
05290 Blascosancho AV 84 Vc103
22133 Blecua HS 54 Ze96
22133 Blecua y Torres HS 54 Ze96
44790 Blesa TE 72 Za102
42128 Bliecos SO 70 Xe99
42248 Blocona SO 70 Xd101
15218 Boa C 22 Ra92
32375 Boa OR 25 Se95
32375 Boa Cambela OR 25 Sf95
25736 Boada L 56 Ba97
37290 Boada SA 82 Te104
34305 Boada de Campos P 47 Va97
09314 Boada de Roa BU 48 Wa98
09125 Boada de Villadiego BU 29 Wa93
17723 Boadella d'Empordà GI 40 Cf95
08297 Boades B 57 Bf98
37208 Boadilla SA 82 Te104
34468 Boadilla del Camino P 29 Vd95
28660 Boadilla del Monte MD 86 Wa106
34349 Boadilla de Rioseco P 47 Va95
32631 Boado OR 43 Sb96
33720 Boal AS 13 Tb88
15118 Boaño C 10 Qf89
26321 Bobadilla RI 31 Xb95
29540 Bobadilla MA 166 Vb126
47462 Bobadilla del Campo VA 66 Uf101
29540 Bobadilla Estación MA 166 Vb126
25178 Bobera = Bovera L 74 Ad101
33429 Bobes AS 15 Ub88
33556 Bobia de Abajo AS 16 Va89
32514 Boborás OR 23 Re94
37593 Bocacara SA 82 Td104
24913 Boca de Huérgano LE 16 Va91
46880 Bocairent V 142 Zc116
41563 Bocas del Salado SE 150 Va123
40560 Boceguillas SG 68 Wc100
02486 Boche AB 139 Xe118
19276 Bochones GU 69 Xa101
19223 Bocígano GU 68 Wd102
47419 Bocigas VA 66 Vb101
42329 Bocigas de Perales SO 49 Wd99
33449 Bocines AS 15 Ub87
09553 Bocos BU 18 Wc91
47317 Bocos de Duero VA 48 Ve99
36598 Bodaño PO 23 Re92
45740 Bodegas Bilbaínas TO 102 Wb110
09109 Bodegas de Carranxero BU 29 Ve94
46160 Bodegas de Cea V 107 Zb110
26150 Bodegas de la Atalayuela RI 32 Xe94
46160 Bodegas del Campo V 107 Zb110
46160 Bodegas del Mundo Nuevo V 107 Zb110
09109 Bodegas de San Cristóbal BU 29 Ve94
06192 Bodonal BA 116 Tb114
06394 Bodonal de la Sierra BA 132 Tc120
18810 Bodurria GR 170 Xb124
15608 Boebre C 11 Re88
47151 Boecillo VA 66 Vb99
34859 Boedo P 29 Vc92
15826 Boente C 23 Rf91
24312 Boeza LE 26 Te92
39692 Bofetán CB 18 Wa88
37291 Bogajo SA 63 Tc103
18562 Bogarre GR 169 Wd124
10990 Bohio y Casas de la Hinojosa CC 97 Sf110
06692 Bohonal BA 119 Vb113
10320 Bohonal de Ibor CC 99 Ud110
05690 Bohoyo AV 83 Ud107
25528 Boí L 37 Ae93
15816 Boimil C 11 Rf90
15818 Boimorto C 11 Rf91
15930 Boiro C 22 Ra93
24717 Boisán LE 26 Te94
25528 Boí-Taüll Resort L 37 Af94
25122 Boix L 55 Ad97
12599 Boixar CS 92 Aa104
25652 Bóixols L 56 Ba95
08273 Bojons B 58 Ca97
27122 Bolaño LU 12 Se90
13260 Bolaños de Calatrava CR 121 Wc115
47675 Bolaños de Campos VA 46 Ue96
46822 Bolbaite V 126 Zb114
25571 Boldís Sobirà L 37 Bb93
25332 Boldú L 56 Ba98
22160 Bolea HS 35 Zc95
48278 Bolibar BI 20 Xc89
02150 Bolinches AB 124 Yb114
01194 Bolívar VI 31 Xc92
01194 Bolívar = Bolibar SS 20 Xc90
39681 Bollacín CB 18 Wa90
16843 Bólliga CU 88 Xd107
41110 Bollullos de la Mitación SE 164 Tf124
21710 Bollullos Par del Condado H 162 Tc124
39213 Bolmir CB 17 Vf91
30877 Bolnuevo MC 156 Ye123
03600 Bolón A 142 Zb118
36681 Bolos PO 23 Rd92
17867 Bolòs GI 39 Cc95
22340 Boltaña HS 35 Aa94
22439 Bolturina HS 55 Ab96
03518 Bolulla A 143 Zf116
17539 Bolvir GI 38 Bf94
25586 Bonabé L 37 Ba92
07400 Bon Aire IB 111 Da109
22486 Bonansa HS 36 Ad94
43816 Bonany T 76 Bc100
28669 Bonanza MD 86 Wa106
11540 Bonanza CA 163 Td128
21830 Bonares H 162 Tb125
43884 Bonastre T 76 Bc101
03724 Bonavista A 143 Aa116
25572 Bonestarre L 37 Bb93
02691 Bonete AB 125 Yd115
16311 Boniches CU 105 Yc109
33426 Bonielles AS 15 Ua88
16540 Bonilla CU 88 Xc107
05514 Bonilla de la Sierra AV 83 Ue105
35431 Bon Lugar GC 184 Kc180
25716 Bonner L 57 Be95
22487 Bono HS 36 Ae93
17470 Bon Relax GI 59 Da95
25638 Bonrepòs L 56 Ba96
46131 Bonrepós i Mirambel V 126 Zd111
43479 Bonretorn T 75 Ba101
27153 Bonxe LU 12 Sc90
24850 Boñar LE 27 Ue91
42218 Boñices SO 51 Xe99
33675 Boo AS 15 Ub89
39478 Bóo CB 17 Wa88
42313 Boós SO 50 Xa99
15881 Boqueixón C 23 Rd92
34305 Boquerín de Campos P 47 Vb96
33590 Boquerizo AS 17 Vc88
46811 Boquilla V 126 Zb115
50641 Boquiñeni Z 52 Ye97
22860 Borau HS 35 Zc93
42223 Borchicayada SO 70 Xd100
09133 Borcos BU 30 Wa93
50229 Bordalba Z 70 Xf100
31176 Bordas de Arriba NC 32 Ya92
31172 Bordas el Peletón NC 32 Ya91
42367 Bordecorex SO 69 Xb100
42216 Bordejé SO 70 Xc100
27830 Bordelle LU 12 Sb88
25788 Bordes de Conflent L 37 Bb93
25799 Bordes de Llosar L 37 Bc94
25636 Bordes del Seix de Gurp L 56 Af95
17462 Bordils GI 59 Cf96
44563 Bordón TE 91 Ze104
36966 Bordóns PO 22 Rb94
25586 Borén L 37 Ba93
08573 Borgonyà B 58 Cb96
17844 Borgonyà del Terri GI 59 Ce96
33583 Borines AS 15 Ue88
50540 Borja Z 52 Yc98
42218 Borjabad SO 70 Xd99
02249 Bormate AB 124 Yc113
41930 Bormujos SE 164 Tf124
11640 Bornos CA 165 Ub128
42138 Borobia SO 52 Ya99
33792 Boronas AS 13 Tc87
45222 Borox TO 102 Wb108
32636 Borrán OR 43 Sc96
17770 Borrassà GI 59 Cf95
36525 Borraxeiros PO 23 Rf92
08619 Borredà B 58 Bf96
24443 Borrenes LE 25 Tb94
33878 Borres AS 14 Tc88

Borres | 245 E

22612 Borrés HS 35 Zd93
30351 Borricén MC 157 Za123
12190 Borriol CS 108 Zf108
29314 Bosque MA 167 Vd126
50430 Bosque Alto Z 72 Za100
25550 Bossòst L 36 Ae92
27307 Bostelo LU 12 Sa89
39451 Bostronizo CB 17 Vf89
43785 Bot T 74 Ac102
40469 Botalhorno SG 66 Vb102
43772 Botarell T 75 Af102
22711 Botaya HS 34 Zc94
10188 Botija CC 117 Tf112
06510 Bótoa BA 116 Ta114
50441 Botorrita Z 72 Yf99
27122 Bouloso LU 13 Se88
32613 Bousés OR 43 Sc97
32520 Bouza OR 23 Re94
32563 Bouza OR 43 Sf96
32868 Bouzadrago OR 42 Rf97
24414 Bouzas LE 26 Tc94
36209 Bouzas PO 41 Rb95
49361 Bouzas ZA 44 Tb96
27233 Bóveda LU 12 Sb91
27340 Bóveda LU 24 Sd93
01427 Bóveda VI 31 We91
32172 Bóveda de Amoeiro OR 24 Sa94
09512 Bóveda de la Ribera BU 30 Wd91
37316 Bóveda del Río Almar SA 84 Ue103
49561 Boya ZA 45 Td97
09219 Bozoo BU 31 Wf92
05357 Brabos AV 84 Va104
14813 Bracana CO 152 Vf124
18381 Brácana GR 168 Wa125
24200 Bracas LE 27 Uc95
15339 Braelle C 10 Sb86
43812 Bràfim T 76 Bb101
47461 Brahojos de Medina VA 66 Uf101
22483 Bralláns HS 36 Ad94
36585 Brandariz PO 23 Re92
15819 Brandeso C 23 Re91
49511 Brandilanes ZA 45 Te99
36585 Brandomés PO 23 Re92
15859 Brandomil C 10 Ra90
15859 Brandoñas C 10 Ra90
15684 Brandoñas de Arriba C 10 Rb90
36524 Brántega PO 23 Rf92
15110 Brantoas C 10 Ra89
33815 Braña de Carbaldetoso AS 13 Tb90
33887 Braña del Candal AS 13 Tb90
33877 Brañalonga AS 14 Td88
15806 Brañas C 11 Sa90
33818 Brañas de Arriba AS 14 Td90
33728 Brañavara AS 13 Ta88
39210 Brañavieja CB 17 Vd90
33194 Brañes AS 15 Ua88
34829 Brañosera P 17 Ve91
33717 Brañuas AS 13 Tc88
24360 Brañuelas LE 26 Te93
28737 Braojos MD 68 Wc102
15151 Brasal C 10 Qf91
27867 Bravos LU 12 Sc87
09490 Brazacorta BU 49 Wd98
13450 Brazatortas CR 136 Ve117
47238 Brazuelas VA 66 Vb100
24716 Brazuelo LE 26 Tf94
50246 Brea de Aragón Z 71 Yc99
28596 Brea de Tajo MD 87 Wf107
33310 Breceña AS 15 Ud88
37478 Brecerilla SA 82 Te105
17400 Breda GI 58 Cd98
15199 Bregua C 11 Rd89
41310 Brenes SE 149 Ua123
38713 Breña Alta = San Pedro de Breña Alta TF 181 Hb176
38712 Breña Baja = San José TF 181 Hb177
33775 Bres AS 13 Sf88
25592 Bresca L 37 Ba95
32636 Bresmaus OR 43 Sc96
15969 Bretal C 22 Qf93
49751 Bretó ZA 46 Ub97
49698 Bretocino ZA 46 Ub97
27286 Bretoña LU 12 Se88
25591 Bretui L 37 Ba94
42173 Bretún SO 51 Xd96
15669 Brexo C 11 Re89
38411 Brezal TF 180 Ic178
36658 Briallos PO 22 Rc93
42368 Brías SO 69 Xa100
15659 Bribes C 11 Re89
33594 Bricia AS 16 Va88
09572 Bricia BU 30 Wb91
25287 Brics L 57 Bd97
40180 Brieva SG 67 Vf102
05194 Brieva AV 84 Vc104
26322 Brieva de Cameros RI 50 Xb96
09198 Brieva de Juarros BU 30 Wd95
33784 Brieves AS 14 Td88
19400 Brihuega GU 87 Xa104
24719 Brimeda LE 26 Tf94
49629 Brime de Sog ZA 45 Tf96
49622 Brime de Urz ZA 45 Ua96
37217 Brincones SA 63 Td102
20220 Brinkola SS 20 Xd90
26290 Briñas VI 31 Xb93
15119 Briño C 10 Ra89
15865 Brión C 22 Rb91
26330 Briones RI 31 Xb93
09610 Briongos BU 49 Wc97
09240 Briviesca BU 30 We93
15310 Brixeria C 11 Rf90
09557 Brizuela BU 18 Wc91
13720 Brocheros CR 122 We114
44367 Bronchales TE 89 Yc105
27422 Brosmos LU 24 Sc94
22370 Broto HS 35 Zf93
06389 Brovales BA 132 Tb118
10950 Brozas CC 97 Tb111
32521 Brués OR 23 Rf94
24648 Brugos de Fenar LE 27 Uc92
17533 Bruguera GI 39 Cb95
17240 Bruguera GI 59 Cf97
08731 Brugueres B 76 Bd100
08850 Bruguers B 76 Bf101
27135 Bruicedo LU 13 Se90
23009 Brujuelo J 152 Wb121
09129 Brullés BU 29 Wa93
28690 Brunete MD 85 Wa106
17441 Brunyola GI 59 Ce97
23488 Bruñel Alto J 153 Wf121
23489 Bruñel Bajo J 153 Wf121
22665 Búbal HS 35 Ze92
42132 Buberos SO 51 Xe99
50239 Bubierca Z 71 Ya101
18412 Bubión GR 169 Wd127
26132 Bucesta RI 32 Xd95
16851 Buciegas CU 88 Xd106
27529 Buciños LU 24 Sa93
19133 Budía GU 87 Xb105
27779 Budián LU 12 Sd87
15821 Budiño C 11 Rd91
33116 Bueida AS 14 Ua90
33694 Buelles AS 15 Ub90
33579 Buelles AS 17 Vc88
33598 Buelna AS 17 Vc88
37208 Buenabarba SA 82 Tf104
16114 Buenache de Alarcón CU 105 Xf111
16192 Buenache de la Sierra CU 105 Xf108
37209 Buenamadre SA 82 Te103
28590 Buenamesón MD 103 We108
45673 Buenasbodas TO 100 Va111
29693 Buenas Noches MA 174 Ue130
45634 Buenaventura TO 100 Va107
37789 Buenavista SA 83 Uc104
28006 Buena Vista MD 86 Wb106
45005 Buenavista TO 102 Vf109
06120 Buenavista BA 132 Ta119
14550 Buenavista CO 151 Vc123
18330 Buenavista GR 168 Wb125
11150 Buena Vista CA 172 Ua131
38713 Buenavista de Arriba TF 181 Hb176
38480 Buenavista del Norte TF 180 Ia178
34470 Buenavista de Valdavia P 28 Vc93
16512 Buendía CU 87 Xb106
38434 Buen Paso TF 180 Ib178
06300 Buen Suceso BA 133 Td118
44394 Bueña TE 90 Ye104
22146 Buera HS 54 Aa96
39766 Bueras CB 18 Wd88
22375 Buerba HS 35 Aa93
33990 Bueres AS 15 Ud89
22375 Buesa HS 35 Zf93
27329 Buestelo de Fisteus LU 25 Se93
22337 Buetas HS 36 Ab94
36930 Bueu PO 22 Rb95
09247 Buezo BU 30 Wd93
38180 Bufadero TF 181 Ie177
46891 Bufalí V 126 Zc115
03100 Bugalla de Abajo A 142 Zd117
03100 Bugalla de Arriba A 142 Zd117
15228 Bugallido C 22 Rc91
46165 Bugarra V 107 Zb111
09293 Bugedo BU 31 Wf93
09198 Bugedo BU 49 Wd95
18820 Bugéjar GR 155 Xe121
07311 Búger IB 111 Cf110
42174 Bumanco SO 51 Xe96
22486 Buira HS 36 Ae94
25555 Buira L 37 Af94
42162 Buitrago SO 51 Xd97
41300 Buitrago SE 149 Ua124
28730 Buitrago del Lozoya MD 68 Wc103
24608 Buiza LE 27 Ub91
14650 Bujalance CO 151 Vd121
19247 Bujalaro GU 69 Xa103
19266 Bujalcayado GU 69 Xb102
01128 Bujanda VI 32 Xd92
23314 Bujaraiza J 139 Xb120
50177 Bujaraloz Z 73 Zf100
19263 Bujarrabal GU 70 Xc102
22378 Bujaruelo HS 35 Zf92
05140 Bularros AV 84 Va104
50546 Bulbuente Z 52 Yc98
39860 Bulco CB 18 Wd89
06427 Bulera BA 134 Ud117
30180 Bullas MC 156 Yb120
33554 Bulnes AS 16 Vb89
07110 Bunyola IB 110 Ce110
22196 Buñales HS 54 Zd96
15111 Buño C 10 Rb89
46360 Buñol V 126 Zb112
31540 Buñuel NC 52 Yd97
27169 Buratai LU 12 Sc91
44330 Burbáguena TE 71 Yd102
24437 Burbia LE 25 Tb92
22315 Burceat HS 55 Aa96
09587 Burceña BU 18 Wd90
27880 Burela LU 10 Sd87
15984 Burés C 22 Rb92
50547 Bureta Z 52 Yd98
30439 Burete MC 155 Yb120
25595 Burg L 37 Bb93
49698 Burganés de Valverde ZA 45 Ub97
22372 Burgasé HS 35 Zf93
01192 Burgelu = Elburgo VI 32 Xc91
27233 Burgo LU 12 Sc91
05113 Burgohondo AV 84 Vb106
40331 Burgomillodo SG 67 Wa100
09001*Burgos BU 30 Wb94
36309 Burgueira PO 41 Rb96
09294 Burgueta BU 31 Xa92
31412 Burgui = Burgi NC 34 Yf92
10330 Burguilla CC 100 Ue110
41220 Burguillos SE 148 Ua123
06370 Burguillos del Cerro BA 132 Tc118
45112 Burguillos de Toledo TO 102 Wa110
46100 Burjasot = Burjassot V 126 Zd111
46100 Burjassot = Burjasot V 126 Zd111
04618 Burjulú AL 171 Yb125
15819 Burres C 23 Re91
12530 Burriana CS 108 Zf109
15387 Burricios C 11 Re89
02329 Burrueco AB 139 Xe116
01138 Buruaga VI 19 Xb91
45521 Burujón TO 101 Ve109
23479 Burunchel J 153 Xa121
31798 Burutáin NC 33 Yc91
25286 Busa L 57 Bd96
33891 Buscabrero AS 14 Te88
32869 Buscalque OR 42 Rf97
24699 Busdongo de Arbás LE 15 Ub91
25592 Buseu L 37 Ba95
33885 Buslavín AS 13 Tb89
33161 Busloñe AS 15 Ua89
24521 Busmayor LE 25 Sf93
33873 Busmeón AS 14 Td88
24724 Busnadiego LE 26 Td94
09573 Busnela BU 18 Wb90
03111 Busot A 142 Zd118
18416 Busquistar GR 169 We127
39507 Bustablado CB 17 Ve89
39292 Bustamante CB 17 Vf90
39696 Bustantegua CB 18 Wb89
33888 Bustantigo AS 13 Tb88
19244 Bustares GU 69 Wf102
28720 Bustarviejo MD 86 Wb103
39417 Bustasur CB 17 Vf91
39688 Bustasur CB 18 Wa90
32703 Bustavale OR 24 Sb95
32617 Bustelo OR 43 Sd97
36519 Bustelos PO 23 Re93
39417 Bustidoño CB 29 Wa91
24172 Bustillo de Cea LE 28 Uf94
47608 Bustillo de Chaves VA 47 Uf96
34116 Bustillo de la Vega P 28 Vb94
39419 Bustillo del Monte CB 29 Vf91
49831 Bustillo del Oro ZA 46 Ud98
24357 Bustillo del Páramo LE 27 Ub94
09129 Bustillo del Páramo BU 30 Wa93
34129 Bustillo del Páramo de Carrión P 28 Vb94
39686 Bustiyerro CB 18 Wb90
33789 Busto AS 14 Td87
33449 Busto AS 15 Ub87
27336 Busto LU 24 Se93
34113 Bustocirio P 28 Vb94
09244 Busto de Bureba BU 30 We93
24793 Bustos LE 26 Tf94
39593 Bustriguado CB 17 Vd89
48350 Busturia BI 19 Xb88
48110 Butron BI 19 Xa88
25194 Butsènit L 55 Ad99
25315 Butsènit d'Urgell L 56 Af98
15912 Buxán C 22 Rb92
32375 Buxán OR 43 Sf95
15151 Buxantes C 10 Qf91
22470 Buyelgas HS 36 Ad94
39571 Buyezo CB 17 Vc90
06228 Buzalén e Irines BA 133 Tf117
38627 Buzanada TF 180 Ic180
26131 Buzarra RI 51 Xe95

C

15996 Caamaño C 22 Qf93
43373 Cabacés T 75 Ae101
06110 Cabadales BA 131 Sf119
40182 Caballar SG 67 Wa102
22460 Caballera HS 36 Ab95
40145 Caballero SG 85 Vd103
33937 Caballeros AS 15 Ub88
21840 Caballón H 147 Tb124
25748 Cabanabona L 56 Bb97
15115 Cabana de Bergantiños C 10 Ra89
25598 Cabana de Parros L 37 Af92
15237 Cabanamoura C 22 Ra91
15621 Cabanas C 11 Rf88
27867 Cabanas LU 12 Sb87
27228 Cabanas LU 12 Sa90
17746 Cabanelles GI 59 Ce95
17761 Cabanes GI 40 Cf95
12180 Cabanes CS 108 Aa108
03400 Cabanes i Fonts A 142 Za117
24620 Cabanillas LE 27 Uc92
31511 Cabanillas NC 52 Yc96
42225 Cabanillas SO 70 Xd100
28721 Cabanillas de la Sierra MD 86 Wc104
19171 Cabanillas del Campo GU 87 We105
40160 Cabanillas del Monte SG 67 Vf103
24319 Cabanillas de San Justo LE 26 Td92
17411 Cabanyes GI 59 Ce98
39551 Cabanzón CB 17 Vd89
33686 Cabañaquinta AS 15 Uc90
24205 Cabañas LE 27 Uc95
09198 Cabañas BU 49 Wd95
05190 Cabañas AV 84 Vb105
11158 Cabañas CA 165 Ue127
49592 Cabañas de Aliste ZA 45 Te97
50638 Cabañas de Ebro Z 53 Yf98
31500 Cabañas de Jerónimo NC 52 Yd96
24492 Cabañas de la Dornilla LE 26 Tc93
50694 Cabañas del Ahalojero Z 52 Yd95
45592 Cabañas de la Sagra TO 102 Wa108
10373 Cabañas del Castillo CC 99 Uc111
40392 Cabañas de Polendos SG 67 Vf102
10560 Cabañas de Puerto Llano CC 116 Tb112
49709 Cabañas de Sáyago ZA 64 Ub100
49627 Cabañas de Tera ZA 45 Tf96
09572 Cabañas de Virtus BU 18 Wa90
45312 Cabañas de Yepes TO 102 Wc109
24915 Cabaña Verónica LE 16 Va89
24234 Cabañeros LE 46 Uc95
39584 Cabañes CB 17 Vc89
09350 Cabañes de Esgueva BU 49 Wb98
09512 Cabañes de Oteo BU 19 We91
18812 Cabañuela GR 154 Xa123
39627 Cabárceno CB 18 Wb88
24569 Cabarcos LE 25 Ta93
43373 Cabassers = Cabacés T 75 Ae101
25515 Cabdella L 37 Af94
15125 Caberta C 10 Qe90
25217 Cabestany L 56 Bb99
10930 Cabeza Araya CC 98 Tc111
37490 Cabezabellosa de la Calzada SA 65 Ud102
37524 Cabeza Calva SA 81 Tb107
24569 Cabeza de Campo, la Ribera de LE 25 Ta93
37460 Cabeza de Diego Gómez SA 64 Tf103
37174 Cabeza de Framontanos SA 63 Td101
06600 Cabeza del Buey BA 135 Ue116
37214 Cabeza del Caballo SA 63 Tc102
41500 Cabeza del Sordo SE 165 Uc125
32930 Cabeza de Vaca OR 24 Sa95
10130 Cabezagorda CC 118 Ub113
23293 Cabeza Gorda J 139 Xc119
11540 Cabeza Gorda CA 163 Te128
06293 Cabeza la Vaca BA 148 Td120
45890 Cabezamesada TO 103 Wf110
14729 Cabeza Pedro CO 150 Uf121
06249 Cabezaquemada BA 133 Te119
13192 Cabezarados CR 120 Ve115
13591 Cabezarrubias del Puerto CR 136 Ve117
06131 Cabeza Rubia BA 131 Sf118
05697 Cabezas Altas AV 83 Uc107
05217 Cabezas de Alambre AV 66 Va103
05514 Cabezas de Bonilla AV 83 Ue105
11592 Cabezas de Cautina CA 163 Tf128
21550 Cabezas del Pasto H 146 Se123
05211 Cabezas del Pozo AV 66 Va103
05148 Cabezas del Villar AV 84 Ue104
21580 Cabezas Rubias H 147 Sf122
10625 Cabezo CC 82 Te106
30164 Cabezo de la Plata MC 157 Za121
03409 Cabezo de la Virgen A 141 Za117
30110 Cabezo de Torres MC 157 Yf120
47260 Cabezón VA 47 Vc98
26135 Cabezón de Cameros RI 51 Xc95
39500 Cabezón de la Sal CB 17 Ve89
09612 Cabezón de la Sierra BU 49 We97
39571 Cabezón de Liébana CB 17 Vc90
47260 Cabezón de Pisuerga VA 47 Vc98
47689 Cabezón de Valderaduey VA 46 Uf96
40396 Cabezuela SG 67 Wa101
10610 Cabezuela del Valle CC 83 Ub107
37795 Cabezuela de Salvatierra SA 83 Ub105
30510 Cabezuelas MC 141 Yf117
05620 Cabezuelo AV 83 Uc106
28439 Cabezuelos MD 85 Vf105
09239 Cabia BU 30 Wa95
28190 Cabida GU 68 Wd102
05165 Cabizuela AV 66 Vb103
25794 Cabó L 56 Bb95
24110 Caboalles de Abajo LE 14 Td91
24111 Caboalles de Arriba LE 14 Td91
38627 Cabo Blanco TF 180 Ib180
50228 Cabolafuente Z 70 Xf101
33675 Caborana AS 15 Ub89
24608 Cabornera LE 27 Ub91
33792 Caborno AS 14 Tc88
27177 Caborrecelle LU 24 Sc92
09247 Caborredondo BU 30 Wd93
18720 Cabo Sacratif GR 168 Wd128
06350 Cabra BA 132 Tb119
14940 Cabra CO 151 Vd124
43811 Cabra del Camp T 75 Bb100
23550 Cabra del Santo Cristo J 153 We122
44409 Cabra de Mora TE 91 Zb107
06300 Cabrahigo BA 133 Td118
33555 Cabrales = Carreña AS 16 Va89
37120 Cabrasmalas SA 64 Ub103
32600 Cabreiroá OR 43 Sd97
27834 Cabreiros LU 12 Sb88
16195 Cabrejas CU 104 Xd108
42130 Cabrejas del Campo SO 51 Xe98
42146 Cabrejas del Pinar SO 50 Xa98
08349 Cabrera de Mar B 77 Cc99
03639 Cabreras A 142 Za117
42367 Cabreras SO 69 Xa100
23220 Cabrerizas J 137 Wc119
37193 Cabrerizos SA 65 Uc103
10616 Cabrero CC 99 Ua108
47832 Cabreros del Monte VA 46 Ue97
24224 Cabreros del Río LE 27 Uc94
26529 Cabretón RI 51 Ya97
34810 Cabria P 29 Ve92
08650 Cabrianes B 57 Bf98
24142 Cabrillanes LE 14 Tf91
37630 Cabrillas SA 82 Te104
23569 Cabrita J 153 Wd122
15685 Cabrui C 11 Re90
33394 Cabueñes AS 15 Uc87
39510 Cabuérniga CB 17 Vd89

E 246 | Borrés

A B C D E F G H I J K L M N Ñ O P Q R S T U V W X Y Z

45127 Casa Nueva TO 101 Ve111
45810 Casa Nueva TO 103 Wf110
13720 Casa Nueva CR 122 Wd113
02600 Casa Nueva AB 123 Xb114
02100 Casa Nueva AB 124 Ya113
02640 Casa Nueva AB 125 Yf115
02691 Casa Nueva AB 140 Yc116
30410 Casa Nueva MC 155 Ya120
18291 Casa Nueva GR 168 Wb125
28296 Casa Nueva de la Cepeda MD 85 Ve105
06800 Casa Nueva de la Mezquita BA 117 Te114
14749 Casa Nueva de la Plata CO 150 Ue121
06410 Casa Nueva de las Mezquitas BA 117 Tf114
23265 Casa Nueva de la Torrecilla J 138 Wf118
23260 Casa Nueva del Guarda J 138 Wf118
13344 Casa Nueva del Jarón CR 138 We117
45850 Casa Nueva del Marqués TO 103 We111
23214 Casa Nueva de Nava Martina J 137 Wb118
22231 Casa Nueva Garnica HS 54 Zf98
14840 Casa Olivar de Mangula CO 151 Vd122
06640 Casa Ortiz BA 118 Ue113
45780 Casa Paco TO 103 Wc111
50615 Casa Pájaro Z 53 Za96
30818 Casa Palacio MC 156 Yb123
10550 Casa Palacio Blanco CC 98 Tc112
45127 Casa Palacio del Sotillo TO 101 Ve111
03578 Casa Palanquetas A 143 Zd117
11580 Casa Palmetín CA 173 Ub129
10164 Casa Palomino CC 117 Td112
44559 Casa Palomitas TE 91 Zd105
26339 Casa Pangua RI 31 Xb93
46650 Casa-Pareja V 126 Zc115
02100 Casa Parreña AB 124 Ya113
45470 Casa Pedraza TO 102 Wa111
10550 Casa Pedregosa CC 116 Tc112
47810 Casa Pedriquín VA 46 Ue97
10980 Casa Pedro Vecino CC 97 Ta111
50400 Casa Pellejero Z 72 Ye100
44630 Casa Peña de los Catalanes TE 73 Zf103
46624 Casa Peña María V 125 Yf113
22761 Casa Pequera HS 34 Za94
21300 Casa Pereta H 147 Ta122
31264 Casa Pernuza NC 32 Ya93
10004 Casa Perodesma de Arriba CC 98 Te111
10950 Casa Piazarroso CC 97 Ta112
10980 Casa Pié de Sancha CC 97 Ta111
10580 Casa Piejuntas CC 97 Sf111
43370 Casa Pilella T 74 Ad101
45810 Casa Pingorote TO 103 Wf110
49882 Casa Pinilla ZA 65 Ud100
25165 Casa Pinyol L 75 Ae100
45533 Casa Piroja TO 101 Vc109
30177 Casa-Porche MC 156 Yc121
13350 Casa Porradura CR 121 Wc116
21720 Casa Portales H 162 Tc125
17230 Casa Potes GI 59 Da97
26130 Casa Prado Primero RI 32 Xd94
04827 Casa Preciso AL 155 Xf123
45128 Casa Puente Torre TO 101 Ve111
31230 Casa Pujadas NC 32 Xd94
28048 Casa Quemada MD 86 Wb106
02620 Casa Quemada AB 123 Xe113
45567 Casa Quinto del Arenal TO 100 Ue108
39591 Casar CB 17 Ve89
32428 Casar OR 23 Re94
45760 Casar TO 102 Wc110
13310 Casa Rabadán CR 122 Wd115
29566 Casarabonela MA 166 Va128
46640 Casa Rabosa V 126 Za115
13690 Casa Rajá CR 122 Wf113
02640 Casa Rambla del Campillo AB 125 Yf115
34005 Casa Ramírez P 47 Vc97
10530 Casa Ramón CC 98 Te110
10190 Casar de Cáceres CC 98 Td111
10109 Casar de Miajadas CC 118 Ua114
10640 Casar de Palomero CC 82 Te107
32520 Casar do Nabo OR 23 Re94
06600 Casa Redondo BA 118 Ue116
10199 Casa Regueros CC 117 Td113
12148 Casarejos SO 50 Wf98
06489 Casarente BA 116 Tc115

16318 Casa Rento de la Peraleja CU 106 Yc107
33117 Casares AS 14 Ua89
32813 Casares OR 42 Sa96
29690 Casares MA 173 Ue130
24688 Casares de Arbás LE 15 Ub91
10628 Casares de las Hurdes CC 82 Te106
41580 Casariche SE 166 Vb125
18811 Casa Río Guadalentín GR 154 Xa123
17240 Casa Risec GI 59 Cf98
13640 Casa Rodillo CR 121 Wd113
46170 Casa Roger V 107 Zb110
06172 Casa Roja BA 132 Tb117
45420 Casa Romaisa TO 102 Wa110
19139 Casa Romerosa GU 87 Wf105
02137 Casa Rosa AB 139 Xe117
45950 Casarrubios del Monte TO 102 Vf107
28977 Casarrubuelos MD 102 Wb107
19139 Casa Rueda GU 87 Wf105
38812 Casas Agalán TF 184 He180
10181 Casas Aguas de Verano CC 117 Tf112
50120 Casas Altas Z 53 Za97
46147 Casas Altas V 106 Ye108
13670 Casas Altas CR 121 Wc114
19129 Casasana GU 88 Xc105
06620 Casa San Blas BA 118 Ud115
02360 Casa San Blas AB 139 Xc117
31131 Casa Sánchez NC 33 Ya93
10870 Casa San Pablo CC 97 Tb109
41410 Casa Santa Ana SE 149 Ub123
10550 Casa Santa Catalina CC 116 Tb112
10980 Casa Santa el Cardo CC 97 Ta111
06800 Casas Atlas de Valdelayegüas BA 117 Te114
50120 Casas Bajas Z 53 Za97
46146 Casas Bajas V 106 Ye108
22636 Casas Bajas de Escuer HS 35 Ze93
10161 Casas Bajas de Valdelayegüas CC 117 Te114
22376 Casas Bergés HS 35 Zf93
26291 Casas Blancas RI 31 Xa94
44369 Casas Blancas TE 90 Yd105
45700 Casas Blancas TO 102 Wb111
13248 Casas Blancas CR 122 Xa115
13300 Casas Blancas CR 138 We116
38129 Casas Blancas TF 181 If177
45124 Casasbuenas TO 102 Vf110
10270 Casas Caballerías de Rejón CC 117 Tf112
19361 Casas Cabeza Quemada GU 71 Yb103
23291 Casas Carrasco J 139 Xb120
45710 Casas Carril del Tobosillo TO 103 Wc111
13191 Casas Castillejo CR 120 Ve115
46198 Casas Collado V 126 Zb113
02316 Casas Cruceta AB 139 Xc117
10890 Casas Cucharón CC 97 Ta108
35625 Casas Cueva de la Negra GC 182 Ld180
30400 Casas Cueva de Valero MC 140 Ya120
35628 Casas de Abaise GC 183 Lf178
02326 Casas de Abajo AB 123 Xf116
02639 Casas de Abril AB 123 Xe114
02410 Casas de Alcadozo AB 140 Ya117
46625 Casas de Alcance V 125 Yf113
05289 Casas de Aldealgordo AV 85 Vc104
30849 Casas de Algibe MC 156 Yd122
46177 Casas de Alguezar V 106 Yf110
05357 Casas de Arevalillo AV 84 Va104
23711 Casas de Argamasilla J 137 Wb119
46140 Casas de Arriba V 106 Yf108
10895 Casas de Atilano CC 97 Tb108
35108 Casas de Ayagaures Albto GC 184 Kc181
13250 Casas de Bartolo CR 121 Wb114
10394 Casas de Belvís CC 99 Uc110
16707 Casas de Benítez CU 123 Xf112
22612 Casas de Bolás HS 35 Zd93
45730 Casas de Borán TO 103 Wd112
19229 Casas de Bubilla GU 87 We103
44114 Casas de Búcar TE 89 Yb106
30530 Casas de Buitrago MC 141 Yd119
35626 Casas de Butihondo GC 182 Ld180
46354 Casas de Caballero V 125 Ye113

05320 Casas de Cabreras AV 84 Vb104
46351 Casas de Calvestra V 106 Yf111
45710 Casas de Camino de los Frailes TO 102 Wc111
46354 Casas de Cárcel V 125 Yd112
10890 Casas de Casimiro Martín CC 97 Ta107
31500 Casas de Castejón NC 52 Yb96
04691 Casas de Castellar AL 155 Ya123
16878 Casas de Cavero CU 89 Xf106
49620 Casas de Cejinas ZA 46 Ub97
23592 Casas de Cerro Hernando J 153 We121
13270 Casas de Cervera CR 121 Wa116
35109 Casas de Chamoriscán GC 184 Kc181
13195 Casas de Ciruela CR 121 Wa115
38811 Casas de Contrera TF 184 He180
30850 Casas de Corral Rubio MC 156 Yc122
46352 Casas de Cuadra V 125 Ye112
45700 Casas de Cuatos Largos TO 102 Wb111
30520 Casas de Cucharón MC 141 Yd118
02639 Casas de Cuerva AB 123 Xe115
06600 Casas de Cuesta Mala BA 118 Ue115
38800 Casas de Cuevas Blancas TF 184 Hf180
21550 Casas de Dios Chico H 146 Se123
10162 Casas de Don Antonio CC 117 Te113
18870 Casas de Don Diego GR 169 Xa125
21640 Casas de Don Gabriel H 147 Tb122
10818 Casas de Don Gómez CC 98 Tc108
16417 Casas de Don Juan CU 103 Xa111
18820 Casas de Don Juan GR 154 Xd122
06770 Casas de Don Pedro BA 118 Ue114
02630 Casas de Don Pedro AB 123 Xf113
02155 Casas de Don Pedro AB 124 Ya114
02690 Casas de Don Pedro AB 125 Yd114
30334 Casas de Egea MC 156 Ye122
06270 Casas de El Alcor BA 132 Td120
35638 Casas de El Cortijo GC 183 Ma178
35570 Casas de El Golfo GC 182 Mb175
02499 Casas de El Tesorico AB 140 Yc118
46320 Casas de Enmedio V 106 Ye110
35639 Casas de Escaque GC 183 Ma178
14449 Casas de Escorial CR 136 Vd117
50614 Casas de Esper Z 53 Zb95
35626 Casas de Esquinzo GC 182 Le180
23470 Casas de Estepa J 153 Wf121
46352 Casas de Eufemia V 125 Ye112
35629 Casas de Ezquén GC 183 Ma179
31500 Casas de Farrique NC 52 Yd96
37541 Casas de Felipe SA 81 Tb106
16610 Casas de Fernando Alonso CU 123 Xe112
49124 Casas de Fradejos ZA 46 Uc98
31500 Casas de Franca NC 52 Yc96
44126 Casas de Fráis TE 89 Yc106
29540 Casas de Ganancias MA 166 Vb126
16338 Casas de Garcimolina CU 106 Yd109
46352 Casas de Giménez V 125 Ye112
10592 Casas de Gómez de Arriba CC 98 Te110
35625 Casas de Gran Valle GC 182 Ld180
49719 Casas de Guarratino ZA 65 Uc101
13720 Casas de Guerra CR 122 Wd113

16708 Casas de Guijarro CU 123 Xf112
30849 Casas de Guirao MC 156 Yd122
16611 Casas de Haro CU 123 Xe113
13110 Casas de Hontanillas CR 119 Vb113
23519 Casas de Hurtado J 152 Wc120
35639 Casas de Jacomar GC 183 Ma179
02650 Casas de Jaime AB 141 Ye116
35625 Casas de Jorós GC 182 Ld180
21550 Casas de Juan Chacón H 146 Se123
29150 Casas de Juan de Luque MA 166 Vc128
16236 Casas de Juan Fernández CU 124 Yb112
02153 Casas de Juan Gil AB 125 Ye114
02151 Casas de Juan Núñez AB 124 Yc114
02487 Casas de Juan Quílez AB 140 Xe118
41899 Casas de la Aldea de las Gaigas SE 148 Te122
05693 Casas del Abad AV 83 Uc107
03659 Casas de la Barquilla MC 141 Yf118
37541 Casas de la Berzosa SA 81 Tb106
38779 Casas de la Bombilla TF 181 Ha177
14300 Casas de la Campana CO 150 Uf121
13460 Casas de la Canaleja CR 136 Vd116
35629 Casas de la Cañada de Teguital GC 183 Ma179
02630 Casas de la Carrasquilla AB 123 Xe113
41370 Casas de la Cartuja SE 149 Ub121
13179 Casas del Acebuchar CR 121 Wb115
30528 Casas de la Cingla MC 141 Ye117
06800 Casas de la Cora BA 132 Td116
10530 Casas de la Cortilla CC 98 Te110
35570 Casas de la Degollada GC 182 Mb175
49334 Casas de la Dehesa ZA 45 Tf97
10359 Casas de la Dehesa Frontal CC 99 Ub110
19300 Casas de la Dehesilla GU 89 Xa103
35558 Casas de la Florida GC 182 Mc174
35629 Casas de la Florida GC 183 Lf179
30848 Casas de la Fuente de las Zorras MC 156 Yc121
30510 Casas de la Fuente del Pinar MC 141 Yf116
46822 Casas de la Gorda V 126 Zb114
49420 Casas de la Granja ZA 65 Ud101
35639 Casas de la Guirra GC 183 Ma178
02400 Casas de la Higuera AB 140 Ya117
06660 Casas de la Huerta de Navalmochuelo BA 119 Va114
05634 Casas de la Isla AV 84 Ue107
05193 Casas de la Lancha AV 85 Vd105
16708 Casas de la Loma CU 123 Xe112
46355 Casas de la Manchega V 125 Yf112
38788 Casas de la Mata TF 181 Ha176
10270 Casas de la Matilla de Los Almendros CC 117 Tf112
13459 Casas de la Molina CR 136 Vd117
46620 Casas de la Molinera V 125 Za114
13770 Casas de la Monja CR 137 Wb118
13247 Casas de la Nava CR 122 We116
35118 Casas de Lanos Prietos GC 184 Kd181
44459 Casas de la Parra TE 90 Yf108
21400 Casas de la Parra H 160 Sd124
21390 Casas de la Patrinita H 132 Ta120

30420 Casas de la Pelota MC 140 Yb119
02600 Casas de la Peña AB 123 Xd113
02690 Casas de la Peña AB 125 Ye114
11400 Casas de la Polanca CA 172 Te128
11400 Casas de la Pollero CA 172 Te128
41710 Casas de la Presa SE 164 Ub126
19182 Casas de la Puebla de Mendoza GU 87 We104
19244 Casas de la Quebrada GU 69 Wf102
29566 Casas de la Rabadana MA 175 Va128
02139 Casas de la Rambla AB 140 Ya117
13189 Casas de la Retamosa CR 136 Vd116
19286 Casas de la Saceda GU 70 Xe103
10980 Casas de las Aldeas CC 97 Tb110
04275 Casas de las Arenas AL 170 Xd125
02600 Casas de las Beatas AB 123 Xc113
04212 Casas de Las Carmonas AL 170 Xd125
35009 Casas de las Coloradas GC 184 Kd179
13250 Casas de las Encinas CR 121 Wb114
50792 Casas de las Espiletas Z 73 Ze101
10137 Casas de las Gargantillas CC 118 Ue112
05291 Casas de las Gordillas AV 85 Vc104
10110 Casas de las Higueruela CC 118 Uc113
04212 Casas de Las Hoyas AL 170 Xd125
02230 Casas de las Huertas AB 124 Yb113
21500 Casas de las Mesas H 147 Sf124
25796 Casas de las Minas L 38 Bc95
16432 Casas de las Monjas CU 104 Xc110
30366 Casas de las Monjas MC 157 Za123
06670 Casas de las Navas BA 119 Va113
06427 Casas de las Navazuelas BA 134 Ud117
10530 Casas de las Navazuelas CC 98 Te109
16470 Casas de las Salinas CU 103 Wf108
47492 Casas de las Trescientas VA 66 Va100
02534 Casas de la Tercia AB 139 Xd120
13194 Casas de la Toledana CR 120 Ve113
44642 Casas de la Torreta TE 73 Zf103
05692 Casas de la Vega AV 83 Uc106
16520 Casas de la Vega de la Torre CU 88 Xb107
50600 Casas de Laverné Baja Z 53 Yf96
23250 Casas de la Yedra J 138 We118
02329 Casas de Lázaro AB 123 Xe116
10950 Casas del Baldío CC 98 Tb111
30849 Casas del Barranco de la Murta MC 156 Yd121
11170 Casas del Berrueco CA 172 Tf130
04728 Casas del Calabrial AL 170 Xb127
30876 Casas del Calar MC 156 Yd123
13194 Casas del Camino CR 120 Vf112
35489 Casas del Camino GC 184 Kb180
19495 Casas del Campillo GU 88 Xe104
46320 Casas del Campo de Melchor V 106 Ye110
50690 Casas del Canal Z 53 Ye98
10160 Casas del Canchel Blanquillo CC 117 Te113
10616 Casas del Castañar CC 99 Ua108
13779 Casas del Castillo CR 137 Wb118

15126 Castelo C 10 Qf90
15198 Castelo C 11 Rd89
15687 Castelo C 11 Rd90
15391 Castelo C 11 Re90
27185 Castelo LU 24 Sc91
27559 Castelo LU 24 Sb92
32768 Casteloais OR 24 Sd95
27665 Castelo de Doiras LU 25 Ta92
44630 Castelserás TE 73 Zf103
44412 Castelvispal TE 91 Zc107
46141 Castielfabib V 106 Ye108
22710 Castiello de Jaca HS 35 Zc93
22587 Castigaleu HS 55 Ad95
22192 Castilasabás HS 54 Ze95
05357 Castilblanco AV 84 Va104
06680 Castilblanco BA 119 Uf113
19246 Castilblanco de Henares GU 69 Xa103
41230 Castilblanco de los Arroyos SE 148 Ua122
46199 Castilblanques V 125 Yf113
14815 Castil de Campos CO 151 Vf124
09248 Castil de Carrias BU 30 We94
09592 Castil de Lences BU 30 Wc93
09259 Castildelgado BU 31 Wf94
09258 Castil de Peones BU 30 Wd94
42128 Castil de Tierra SO 70 Xe99
34304 Castil de Vela P 47 Va97
24206 Castilfalé LE 46 Ud95
19127 Castilforte GU 88 Xd105
42180 Castilfrío de la Sierra SO 51 Xe97
50696 Castiliscar Z 33 Ye94
02410 Castillarejo AB 140 Xf117
22313 Castillazuelo HS 55 Aa96
41907 Castilleja de Guzmán SE 163 Tf124
41950 Castilleja de la Cuesta SE 163 Tf124
41810 Castilleja del Campo SE 164 Td124
41805 Castilleja de Talhara SE 163 Te125
8818 Castilléjar GR 154 Xc122
40164 Castillejo SG 68 Wb102
37552 Castillejo de Azaba SA 81 Tb106
37488 Castillejo de Dos Casas SA 81 Tb104
37216 Castillejo de Evans SA 64 Te103
37493 Castillejo de Huebra SA 82 Tf104
6250 Castillejo de Iniesta CU 105 Yb111
6541 Castillejo del Romeral CU 104 Xd108
7592 Castillejo de Martín Viejo SA 81 Tc104
0593 Castillejo de Mesleón SG 68 Wc101
2328 Castillejo de Robledo SO 68 Wd99
7792 Castillejo de Salvatierra SA 83 Uc104
2175 Castillejo de San Pedro SO 51 Xe97
7494 Castillejo de Yeltes SA 82 Td104
3110 Castillejos CR 119 Vc112
1660 Castillejos CA 165 Uc128
6141 Castillejo-Sierra CU 88 Xf106
9192 Castillo CB 18 Wc88
1194 Castillo VI 31 Xb92
6854 Castillo-Albaráñez CU 88 Xd107
1339 Castillo Algibe CA 173 Ud130
2197 Castillo Bajo de San Juan HS 54 Zd96
0596 Castillo Barués Z 34 Ye94
3360 Castillo Bujalamé J 139 Xb118
6421 Castillo de Almenara CU 104 Xb110
8750 Castillo de Baños GR 169 We128
5641 Castillo de Bayuela TO 101 Vb108
1500 Castillo de Doña Blanca CA 172 Tf129
5910 Castillo de Escalona TO 101 Vd108
7799 Castillo de Fonseca SA 64 Ub102
9649 Castillo de Fuengirola MA 175 Vc129
3623 Castillo de Garcimuñoz CU 104 Xd111
2622 Castillo de Guarga HS 35 Ze94
3958 Castillo de la Cabeza AS 15 Uc89
3670 Castillo de Locubín J 152 Wa123
22589 Castillo del Pla HS 55 Ac96
22196 Castillo de Pompién HS 54 Zd96
23530 Castillo de Recena J 153 Wc121
30591 Castillo de Ros MC 157 Za122
28590 Castillo de Tajo MD 103 We108
04648 Castillo de Terreros AL 171 Yc124
22270 Castillo de Villalpando o Torres Secas HS 54 Zc96
12123 Castillo de Villamalefa CS 108 Zd108
50610 Castillo de Villaverde Z 53 Za95
10394 Castillo Monroy CC 99 Uc110
27438 Castillón = San Vicente de Castillón LU 24 Sc93
22572 Castillonroy HS 55 Ad97
31454 Castillonuevo NC 34 Yf92
39699 Castillo Pedroso CB 17 Wa89
46178 Castillo Pobo V 106 Yf109
06195 Castillo y Cortijo Casa Colorado BA 116 Ta115
48142 Castillo y Elejabeitia BI 19 Xa90
19413 Castilmimbre GU 87 Xb104
19391 Castilnuevo GU 89 Ya104
42113 Castilruiz SO 51 Xf97
26212 Castilseco RI 31 Xa93
40518 Castiltierra SG 68 Wc100
15966 Castiñeiras C 22 Ra93
32779 Castiñeiro OR 24 Sd94
25635 Castissent L 55 Ae96
29689 Castor MA 174 Uf130
44192 Castralvo TE 90 Yf107
37494 Castraz SA 82 Td104
34492 Castrecías BU 29 Ve92
37448 Castrejón SA 64 Ua103
34850 Castrejón de la Peña P 28 Vc92
47512 Castrejón de Trabancos VA 65 Ue101
32610 Castrelo de Abaixo OR 43 Se97
32610 Castrelo de Cima OR 43 Se97
32430 Castrelo de Miño OR 23 Rf95
32625 Castrelo do Val OR 43 Sd97
49571 Castrelos ZA 44 Ta96
09510 Castresana BU 18 We90
09512 Castriciones BU 30 We91
18816 Castril GR 154 Xb122
34131 Castrillejo de la Olma P 28 Vc95
09572 Castrillo de Bezana BU 18 Wb91
24742 Castrillo de Cabrera LE 26 Tc94
24711 Castrillo de Cepeda LE 26 Tf93
34246 Castrillo de Don Juan P 48 Vf98
47318 Castrillo de Duero VA 48 Ve99
39418 Castrillo de Haya CB 29 Ve91
49419 Castrillo de la Guareña ZA 65 Ue101
09691 Castrillo de la Reina BU 49 We97
24199 Castrillo de la Ribera LE 27 Uc93
24721 Castrillo de la Valduerna LE 26 Tf95
09391 Castrillo de la Vega BU 49 Wb99
24718 Castrillo de los Polvazares LE 26 Tf94
09193 Castrillo del Val BU 30 Wc95
09109 Castrillo de Murcia BU 29 Vf94
34219 Castrillo de Onielo P 48 Ve97
24163 Castrillo de Porma LE 27 Ud93
09108 Castrillo de Riopisuerga BU 29 Ve93
09141 Castrillo de Rucios BU 30 Wb93
24356 Castrillo de San Pelayo LE 27 Ua94
40317 Castrillo de Sepúlveda SG 67 Wb100
09348 Castrillo de Solarana BU 49 Wc97
39419 Castrillo de Valdelomar CB 29 Vf92
24327 Castrillo de Valderaduey LE 28 Va93
34478 Castrillo de Villavega P 29 Vd94
09107 Castrillo-Matajudíos BU 29 Ve95
33727 Castrillón AS 13 Tb88
33456 Castrillón AS 14 Ua87
47329 Castrillo-Tejeriego VA 48 Vd98
15848 Castriz C 10 Rb90
15147 Castro C 10 Rb89
15315 Castro C 11 Sa89
27373 Castro LU 12 Sb90
27260 Castro LU 12 Sd90
33841 Castro AS 14 Te90
39583 Castro CB 17 Vc89
15822 Castro C 23 Rd91
27530 Castro LU 24 Sb93
27611 Castro LU 24 Sc92
27527 Castro LU 24 Sa93
32740 Castro OR 24 Sc94
42315 Castro SO 69 Wf101
36617 Castro Agudín PO 22 Rb93
24344 Castroañe LE 28 Uf93
09514 Castrobarto BU 18 Wd90
47689 Castrobol VA 46 Ue96
24760 Castrocalbón LE 45 Ua95
32760 Castro Caldelas OR 24 Sd94
09348 Castroceniza BU 49 Wc96
22485 Castrocit HS 36 Ad94
24735 Castrocontrigo LE 45 Te95
49511 Castro de Alcañices ZA 45 Te99
27577 Castro de Amacante LU 23 Sa92
24397 Castro de Cepeda LE 26 Tf93
32706 Castro de Escuadro OR 43 Sc95
04212 Castro de Filabres AL 170 Xd125
40315 Castro de Fuentidueña SG 67 Wa100
24127 Castro de la Lomba LE 26 Ua92
14840 Castro del Río CO 151 Vd122
27250 Castro de Rei LU 12 Sd89
27611 Castro de Rei LU 24 Sc92
27213 Castro de Soengas LU 24 Sb92
47192 Castrodeza VA 47 Va99
37460 Castro Enríquez SA 82 Tf103
15821 Castrofeito C 23 Rd91
24222 Castrofuerte LE 46 Uc95
49660 Castrogonzalo ZA 46 Uc97
09110 Castrojeriz BU 29 Vf95
40315 Castrojimeno SG 67 Wa100
32813 Castrol de Cexo OR 42 Rf96
32368 Castromao OR 44 Sf95
47882 Castromembibre VA 46 Ue98
32548 Castromil OR 44 Ta96
34305 Castromocho P 47 Vb96
47641 Castromonte VA 47 Uf98
09133 Castromorca BU 29 Wa94
24171 Castromudarra LE 28 Uf93
49127 Castronuevo ZA 46 Uc98
47171 Castronuevo de Esgueva VA 47 Vc98
49660 Castropepe ZA 46 Uc97
24569 Castropetre LE 25 Ta93
24314 Castropodame LE 26 Td93
33760 Castropol AS 13 Sf87
47664 Castroponce VA 46 Ue96
24389 Castroquilame LE 25 Tb94
15339 Castros C 10 Sb87
40318 Castroserna de Abajo SG 68 Wb101
40318 Castroserna de Arriba SG 68 Wb101
40315 Castroserracín SG 67 Wb100
24290 Castrotierra LE 27 Ue94
24765 Castrotierra de la Valduerna LE 26 Ua94
24323 Castrotierra de Valmadrigal LE 27 Ue94
39709 Castro-Urdiales CB 19 We88
24323 Castrovega del Valmadrigal LE 27 Ue95
27120 Castroverde LU 12 Se90
32901 Castroverde OR 24 Sa95
37452 Castroverde SA 82 Ua104
49110 Castroverde de Campos ZA 46 Ue97
47182 Castroverde de Cerrato VA 48 Ve98
09613 Castrovido BU 49 We96
26315 Castroviejo RI 31 Xc95
06420 Castuera BA 134 Uc116
46196 Catadau V 126 Zc113
31396 Cataláin NC 33 Yc93
29710 Catalán MA 167 Ve127
03709 Catamarruc A 126 Ze116
46470 Catarroja V 126 Zd112
12513 Catí = Cati CS 92 Aa106
36612 Catoira PO 22 Rb92
03158 Catral A 142 Zb120
44396 Caudé TE 90 Ye106
02660 Caudete AB 141 Za116
46315 Caudete de las Fuentes V 106 Ye111
12440 Caudiel CS 107 Zc109
45519 Caudilla TO 101 Ve108
33840 Caunedo AS 14 Te90
25722 Cava L 38 Bd95
03640 Cavafreda A 142 Za118
17867 Cavallera GI 39 Cb95
03658 Cavallusa A 141 Yf118
39593 Caviedes CB 17 Ve88
09239 Cayuela BU 30 Wb95
45683 Cazalegas TO 101 Vb108
23628 Cazalilla J 152 Wa121
41370 Cazalla de la Sierra SE 149 Ub121
24796 Cazanuecos LE 46 Ub95
27824 Cazás LU 12 Sb89
33557 Cazo AS 16 Ue89
23470 Cazorla J 153 Xa121
30810 Cazorla MC 155 Ya122
18698 Cázulas GR 168 Wb128
49191 Cazurra ZA 64 Ub100
32130 Cea OR 23 Sa94
24174 Cea LE 28 Uf94
49512 Ceadea ZA 45 Te98
23486 Ceal J 153 Wf122
24892 Cebanico LE 28 Uf92
18816 Cebas GR 154 Xa122
45680 Cebolla TO 101 Vc109
09515 Cebolleros BU 30 Wd91
09348 Cebrecos BU 49 Wc97
24769 Cebrones del Río LE 45 Ub95
33582 Ceceda AS 15 Ud88
Ceceñas CB 18 Wb88
10870 Ceclavín CC 97 Tb110
33811 Cecos AS 13 Ta90
10513 Cedillo CC 96 Sd111
40550 Cedillo de la Torre SG 68 Wc100
45214 Cedillo del Condado TO 102 Wa108
12123 Cedramán CS 91 Zd108
44147 Cedrillas TE 91 Za106
15270 Cée C 10 Qe91
06350 Cegón BA 132 Tc120
24889 Cegoñal LE 28 Va92
40162 Ceguilla SG 67 Wb102
30430 Cehegín MC 155 Yb120
47692 Ceinos de Campos VA 46 Uf96
30510 Ceja MC 141 Ye116
39232 Cejancas CB 30 Wa91
36938 Cela PO 22 Rb95
27163 Cela LU 24 Sd91
27666 Cela LU 25 Ta92
32879 Cela OR 42 Rf97
04887 Cela AL 170 Xd124
33318 Celada AS 15 Ud88
24395 Celada LE 26 Tf94
24326 Celada de Cea LE 28 Va94
09591 Celada de la Torre BU 30 Wc94
34846 Celada de Roblecedo P 17 Vd91
39213 Celada-Marlantes CB 17 Vf91
44194 Celadas TE 90 Yf106
24392 Celadilla del Páramo LE 27 Ub93
34111 Celadilla del Río P 28 Vb93
09140 Celadilla-Sotobrín BU 30 Wb94
32800 Celanova OR 42 Sa96
15199 Celas C 11 Rd89
09226 Celada del Camino BU 29 Wa95
27863 Celeiro LU 10 Sc86
32786 Celeiros OR 24 Sd95
32765 Celeirós OR 24 Sd94
31473 Celigueta NC 33 Yd92
04750 Celín AL 169 Xa128
39553 Celis CB 17 Vd89
44370 Cella TE 90 Ye106
27143 Cellán de Mosfeiro LU 12 Se91
25751 Cellers L 57 Bc98
33519 Celles AS 15 Ub88
26212 Cellorigo RI 31 Wf93
33595 Celorio AS 16 Vb88
17460 Celrà GI 59 Cf96
27617 Céltigos LU 24 Sd91
31422 Cemborain NC 33 Yc92
24231 Cembranos LE 27 Uc94
34407 Cembrero P 29 Vd93
06174 Cementerio BA 132 Tb117
02409 Cenajo AB 140 Yb118
22870 Cenarbe HS 35 Zc93
18870 Cenascuras GR 154 Wf124
19245 Cendajas de en Medio GU 69 Xa103
27816 Cendán LU 12 Sc88
19245 Cendejas de la Torre GU 69 Xa103
19245 Cendejas del Padrastro GU 69 Xa103
42342 Cenegro SO 68 Wd99
18190 Cenes de la Vega GR 168 Wc126
26350 Cenicero RI 31 Xc94
28650 Cenicientos MD 85 Vd107
02247 Cenizate AB 124 Yc113
32454 Cenlle OR 23 Rf94
32431 Cenlle = Bede OR 23 Rf95
27390 Centeais LU 25 Se94
08540 Centelles B 58 Cb98
33811 Centenales AS 13 Tb90
37291 Centenares SA 81 Tc104
22437 Centenera HS 36 Ac95
19151 Centenera GU 87 Wf105
42211 Centenera de Andaluz SO 69 Xb99
42216 Centenera del Campo SO 70 Xc100
21590 Centenil H 161 Se125
17832 Centenys GI 59 Ce96
19115 Central de Almoguera GU 87 Xa107
25515 Central de Cabdella L 37 Af94
26130 Central del Carmen RI 32 Xd94
15315 Central do Eume C 11 Rf88
Central Eléctrica LU 12 Sc87
22365 Central Eléctrica de Barrosa HS 36 Ab92
13191 Central Eléctrica de El Martinete CR 120 Vf115
23540 Central Eléctrica de Fuenmayor J 153 Wc122
44540 Central Eléctrica de Rivera-Bernad TE 73 Zc102
15186 Central Termica de Mewama C 11 Rd90
14220 Central Térmica de Puente Nuevo CO 135 Va120
35628 Central Termoeléctrica GC 183 Lf178
45580 Centro Agronómico TO 100 Ud108
33519 Ceñal AS 15 Uc88
36817 Cepeda PO 23 Rc95
37656 Cepeda SA 82 Tf106
05132 Cepeda la Mora AV 84 Uf106
32558 Cepedelo OR 44 Sf96
41730 Cepija SE 164 Ua127
36678 Cequeril PO 23 Rc93
35128 Cerado del Pino GC 184 Kb181
45290 Cerámica La Paloma TO 102 Wb108
45290 Cerámica La Sagra TO 102 Wb108
25588 Cerbi L 37 Ba93
42181 Cerbón SO 51 Xe97
25718 Cerc L 38 Bc94
19269 Cercadillo GU 69 Xb102
02139 Cercado de Catera AB 140 Ya117
15186 Cerceda C 11 Rd89
15823 Cerceda C 23 Re91
28412 Cerceda MD 86 Wa104
28470 Cercedilla MD 85 Vf104
08698 Cercs B 57 Bf96
32621 Cerdedelo OR 43 Sd96
36130 Cerdedo PO 23 Rd93
32537 Cerdeira OR 23 Re93
32794 Cerdeira OR 24 Se94
36447 Cerdeira PO 42 Rd96
32520 Cerdeiroá OR 23 Re95
15530 Cerdido C 11 Sa87
39798 Cerdigo CB 19 We88
33583 Cereceda AS 16 Ue88
09559 Cereceda BU 30 Wd92
19128 Cereceda GU 88 Xc105
37621 Cereceda de la Sierra SA 82 Tf105
24257 Cerecedo LE 27 Ue91
49640 Cerecinos de Campos ZA 46 Ud97
49125 Cerecinos del Carrizal ZA 46 Uc98
27334 Cereixa LU 24 Sd93
27116 Cereixido LU 13 Sf90
15147 Cereo C 10 Rb89
22361 Ceresa HS 36 Ab93
22623 Ceresola HS 35 Ze94
22375 Ceresuela HS 35 Aa93
10627 Cerezal CC 82 Te106
49164 Cerezal de Aliste ZA 45 Tf99
24893 Cerezal de la Guzpeña LE 28 Uf92
37253 Cerezal de Peñahorcada SA 63 Tc102
37159 Cerezal de Puertas SA 64 Te102
24150 Cerezales del Condado LE 27 Ud92
10663 Cerezo CC 82 Te107
40591 Cerezo de Abajo SG 68 Wc101
40592 Cerezo de Arriba SG 68 Wc101
19229 Cerezo de Mohernando GU 87 Wf103
09270 Cerezo de Riotirón BU 31 Wf93
01192 Cerio VI 31 Xc91
22449 Cerler HS 36 Ad93
33859 Cermoño AS 14 Te88
05196 Cermuño AV 85 Vc105
32720 Cernada OR 24 Sb94
49325 Cernadilla ZA 45 Td96
32785 Cernado OR 43 Se95
49271 Cernecina ZA 64 Ua100
32348 Cernego OR 25 Sf94
09142 Cernégula BU 30 Wc93
15112 Cerqueda C 10 Rb89
33314 Cerra AS 15 Uc87
32813 Cerradela OR 42 Sa96
29569 Cerralba MA 166 Vb128
37291 Cerralbo SA 63 Tc103
09292 Cerratón de Juarros BU 30 Wd94
39539 Cerrazo CB 17 Vf88

Cerrazo | 259

A B C D E F G H I J K L M N Ñ O P Q R S T U V W X Y Z

23592 Cortijo de los Fierrales J 153 We122

14440 Cortijo de los Frailes CO 136 Vc119

23590 Cortijo de los Frailes J 153 We122

23297 Cortijo de los Galdones J 139 Xc119

41440 Cortijo de los Gallos SE 149 Uc123

06380 Cortijo de los Galvanes BA 132 Ta119

18816 Cortijo de los Garandinos GR 154 Xb122

18270 Cortijo de los Gitanos GR 168 Wa124

06498 Cortijo de los Granadinos BA 116 Tc116

02489 Cortijo de los Habares y de Silvestre AB 139 Xd119

23479 Cortijo de los Hoyos de Plaza J 153 Xa121

13326 Cortijo de los Hoyuelos CR 138 Xa116

11580 Cortijo de los Isletes CA 172 Ua129

04830 Cortijo de los Jiménez AL 155 Xf122

30890 Cortijo de los Jordanes MC 155 Ya123

14600 Cortijo de los Lázaros CO 136 Vd119

41130 Cortijo de los Leones SE 163 Tf126

14460 Cortijo de los Llanos CO 135 Va118

14857 Cortijo de los Llanos CO 151 Vd123

18840 Cortijo de los Llanos GR 154 Xc122

11648 Cortijo de los Llanos CA 164 Ub127

18120 Cortijo de los Llanos GR 168 Wa126

02125 Cortijo de los Luisos AB 140 Xf117

21580 Cortijo de los Madroñuelos H 147 Sf122

21207 Cortijo de los Majalejos H 147 Tc122

04813 Cortijo de los Marianes AL 155 Xf124

18820 Cortijo de los Mirabetes GR 154 Xc121

14820 Cortijo de los Montecitos CO 151 Vc121

23529 Cortijo de los Montoros J 153 Wc121

06840 Cortijo de los Morales BA 133 Te116

30890 Cortijo de los Morales MC 155 Ya122

18820 Cortijo de los Morenos GR 155 Xd121

29230 Cortijo de los Navazos MA 167 Vc127

41460 Cortijo de los Nogalillos SE 149 Ud121

06476 Cortijo de los Novillos BA 133 Te116

18530 Cortijo de los Olivares GR 153 We123

41150 Cortijo de los Olivillos SE 164 Tf125

11630 Cortijo de los Olivos CA 164 Ua127

13248 Cortijo de los Palacios CR 122 Wf116

18270 Cortijo de los Palominos GR 168 Wa124

11149 Cortijo de los Palominos CA 172 Tf131

30420 Cortijo de los Panes MC 140 Yc119

13411 Cortijo de los Peñoncillos CR 119 Vb115

04113 Cortijo de los Pescadores AL 171 Xe127

23369 Cortijo de los Pesebres J 138 Xb118

11595 Cortijo de los Piletas CA 172 Ua129

11170 Cortijo de los Portichuelos CA 172 Ua130

11180 Cortijo de los Poyales CA 173 Ub130

04825 Cortijo de los Prades AL 155 Xd123

14600 Cortijo de los Prados CO 151 Vd121

23120 Cortijo de los Prados J 153 Wc122

02484 Cortijo de los Prados Altos AB 139 Xd118

23592 Cortijo de los Propios J 153 We121

06228 Cortijo de los Puertos BA 133 Ua117

18860 Cortijo de los Puntales GR 154 Xa124

10200 Cortijo de los Quintos de San Pedro CC 117 Ua112

18820 Cortijo de los Ratones GR 155 Xd121

18830 Cortijo de los Rayones GR 154 Xc121

14660 Cortijo de los Rubios CO 151 Ve121

02512 Cortijo de los Ruices AB 141 Yc116

41130 Cortijo de los Sartenejales SE 163 Tf125

14859 Cortijo de los Sercanos CO 151 Vd122

04830 Cortijo de los Serranos AL 155 Xe121

02130 Cortijo de los Suancias AB 139 Xe117

18814 Cortijo de los Términos GR 154 Xb123

14729 Cortijo de los Trances CO 150 Uf122

04440 Cortijo de los Trazas AL 170 Xb126

23320 Cortijo de los Vadillos J 153 We120

41500 Cortijo de los Valles SE 164 Ub125

10252 Cortijo de los Vallespedros CC 99 Ub111

04825 Cortijo de los Venteos AL 155 Xe123

23649 Cortijo de los Yesos J 152 Wa122

14550 Cortijo de los Zapateros CO 151 Vb123

11691 Cortijo de los Zapateros CA 165 Ue127

30410 Cortijo del Paletón MC 140 Xf120

29250 Cortijo del Palomar MA 166 Vc126

23340 Cortijo del Palomo J 138 Xa118

18539 Cortijo del Parador GR 153 Wf123

18560 Cortijo del Paulejo GR 153 Wd123

18314 Cortijo del Pecho de la Mata GR 167 Ve126

30810 Cortijo del Peñón MC 155 Ya121

04830 Cortijo del Peral AL 155 Xf122

18500 Cortijo del Perro GR 169 Wf125

41560 Cortijo del Perulero SE 166 Va124

23488 Cortijo del Pilón J 153 We122

04825 Cortijo del Pinar AL 155 Xe123

11370 Cortijo del Pino CA 173 Ud131

14900 Cortijo del Pleito CO 167 Vd125

04230 Cortijo del Pocico AL 170 Xc127

23380 Cortijo del Pocino J 139 Xc118

18192 Cortijo del Polvorista GR 168 Wd125

18512 Cortijo del Portero GR 169 Wf125

06195 Cortijo del Portugués BA 116 Tb116

06427 Cortijo del Postuero BA 134 Ud117

06209 Cortijo del Potosí BA 132 Tc116

23479 Cortijo del Poyo J 154 Xa121

18840 Cortijo del Pozo GR 154 Xc122

04117 Cortijo del Pozo de Gálvez AL 171 Xe128

23615 Cortijo del Pozo de la Orden J 152 Ve122

41400 Cortijo del Prado SE 150 Va123

41440 Cortijo del Prato SE 149 Ud123

18810 Cortijo del Puente GR 154 Xb124

02459 Cortijo del Puerto AB 139 Xd118

18314 Cortijo del Ranchuelo GR 167 Vf126

13592 Cortijo del Rasino CR 136 Vf117

10291 Cortijo del Raso CC 99 Tf111

29320 Cortijo del Ratero MA 166 Va126

29250 Cortijo del Realengo MA 167 Vc125

23478 Cortijo del Recado J 154 Xb120

30410 Cortijo del Rey MC 140 Xf120

18818 Cortijo del Rey GR 154 Xb122

18511 Cortijo del Rey GR 169 Wf125

06012 Cortijo del Rincón BA 116 Sf115

06106 Cortijo del Rincón BA 131 Se117

06193 Cortijo del Rincón de Gila BA 116 Ta114

41530 Cortijo del Risquillo SE 165 Ud126

11693 Cortijo del Romeral CA 166 Uf127

18840 Cortijo del Romo GR 154 Xc122

23120 Cortijo del Rompedizo J 153 Wc122

23485 Cortijo del Rubiel J 153 Xa122

18564 Cortijo del Saladillo GR 152 Wb124

18820 Cortijo del Saladillo GR 155 Xd121

23539 Cortijo del Santo J 153 Wd121

41479 Cortijo del Saucejo SE 149 Ud121

41400 Cortijo del Segador SE 150 Uf123

14549 Cortijo del Serrano CO 150 Vb123

06330 Cortijo del Sesmo BA 133 Td119

18891 Cortijo del Sillero GR 154 Xc123

18512 Cortijo del Sobrestante GR 169 Wf125

10194 Cortijo del Sotillo CC 98 Te110

41620 Cortijo del Soto SE 165 Ud125

14913 Cortijo del Soto CO 167 Vc125

23748 Cortijo del Tagarrillar J 136 Ve118

23485 Cortijo del Talancar J 154 Xa122

23213 Cortijo del Tamara J 137 Wc119

04830 Cortijo del Tambor AL 155 Xf122

14447 Cortijo del Templado CO 136 Vd119

06939 Cortijo del Tío Piche BA 133 Ua118

41410 Cortijo del Toril SE 149 Uc123

21540 Cortijo del Toril Nuevo H 146 Se124

41620 Cortijo del Tortolero SE 165 Ud125

41727 Cortijo del Torviscal SE 164 Ua126

41450 Cortijo del Travieso SE 149 Uc122

18515 Cortijo del Tuerto GR 169 We124

18812 Cortijo del Túnel GR 154 Xa124

23260 Cortijo de Lucas J 138 Wf119

14447 Cortijo de Lucas Muraño CO 136 Vd119

29471 Cortijo de Lucía MA 166 Va127

14820 Cortijo de Luis Díaz CO 151 Vc121

23479 Cortijo del Vadillo de Castril J 154 Xa121

23713 Cortijo del Vado J 137 Wc120

02485 Cortijo del Vado de Tus AB 139 Xd118

23569 Cortijo del Val J 153 Wd123

04830 Cortijo del Valenciano AL 155 Xe122

11560 Cortijo del Ventu CA 163 Te127

41400 Cortijo del Villar SE 150 Usf124

41560 Cortijo del Villar SE 166 Va125

11170 Cortijo del Vínculo CA 172 Ua130

41980 Cortijo del Vizcaíno SE 148 Tf124

23590 Cortijo del Vizco J 153 We122

11170 Cortijo del Yeso CA 172 Ua130

30890 Cortijo del Zarzalico MC 155 Ya123

02434 Cortijo de Macalones AB 140 Xf118

11180 Cortijo de Macote CA 173 Ub130

06182 Cortijo de Madroño BA 116 Tb115

14480 Cortijo de Maestro CO 135 Va119

41710 Cortijo de Majalquivir SE 165 Ub126

14820 Cortijo de Malabrigo CO 151 Vb122

18859 Cortijo de Malagón GR 154 Xd123

18810 Cortijo de Malagón GR 154 Xb123

41610 Cortijo de Malajuncia SE 165 Uc125

18830 Cortijo de Malaño GR 154 Xd121

41429 Cortijo de Mamé SE 149 Ud123

14270 Cortijo de Mano Soberbia CO 135 Uf117

11650 Cortijo de Marcegoso CA 165 Uc127

18870 Cortijo de Marchales GR 169 Xa124

41500 Cortijo de Marchamorón SE 165 Ub125

11207 Cortijo de Marchenilla CA 175 Ud132

06380 Cortijo de Marianes BA 132 Tb118

41420 Cortijo de Marifernández SE 150 Ud123

23400 Cortijo de Marimingo J 153 Wd121

18564 Cortijo de Marino Vega GR 152 Wc124

23130 Cortijo de Marisánchez J 152 Wc123

10370 Cortijo de Marisancho CC 99 Uc111

23750 Cortijo de Marmolejo J 151 Vf121

06800 Cortijo de Márquez BA 116 Tc115

18511 Cortijo de Marraclán GR 169 Xa125

41600 Cortijo de Martinazo SE 165 Uc125

18830 Cortijo de Masegosa GR 154 Xc121

13379 Cortijo de Mata CR 137 Wa117

41500 Cortijo de Matallana SE 165 Ub125

18891 Cortijo de Mazarra GR 154 Xc123

06800 Cortijo de Mazas BA 116 Tc116

18515 Cortijo de Mecina GR 169 We124

06380 Cortijo de Media Torre BA 132 Ta119

41410 Cortijo de Mejía SE 149 Uc123

14850 Cortijo de Melenas CO 151 Vd122

41740 Cortijo de Melendo SE 164 Tf127

18538 Cortijo de Melerillas GR 153 Wf123

13333 Cortijo de Melgarejo CR 122 Wf116

23009 Cortijo de Mendo J 152 Wb122

41740 Cortijo de Micones SE 163 Tf127

14859 Cortijo de Mirabuenos CO 151 Ve122

14709 Cortijo de Miravalles CO 150 Ud123

41440 Cortijo de Mochales SE 149 Uc123

10199 Cortijo de Moheda CC 116 Tc113

29314 Cortijo de Mola MA 167 Vd126

41450 Cortijo de Molgado SE 149 Uc122

41320 Cortijo de Monge SE 149 Ua123

23260 Cortijo de Monsálvez J 138 Wf119

23487 Cortijo de Montalvo J 154 Wf123

14820 Cortijo de Montefrío Alto CO 151 Vc122

41410 Cortijo de Montenegro SE 165 Uc124

41727 Cortijo de Montera SE 163 Ua126

41400 Cortijo de Montero SE 150 Uf124

41740 Cortijo de Monterroja SE 164 Tf127

30613 Cortijo de Mortereta MC 156 Yd120

23760 Cortijo de Mudapelos J 152 Vf121

11693 Cortijo de Munición CA 166 Uf127

13760 Cortijo de Muñoz CR 137 Wd118

41410 Cortijo de Murillo SE 149 Ub124

18515 Cortijo de Muros GR 153 Wf124

29650 Cortijo de Naela MA 175 Vb129

23313 Cortijo de Narváez J 153 Wf120

41658 Cortijo de Navacerrada SE 166 Va126

41530 Cortijo de Nava Grande SE 165 Uc126

14430 Cortijo de Navajuncosa CO 151 Vc120

13370 Cortijo de Navalaencina CR 137 Wb117

21270 Cortijo de Navarredonda H 148 Td121

02434 Cortijo de Navarro AB 140 Xe119

29451 Cortijo de Navarro MA 174 Uf128

23690 Cortijo de Navasequilla J 152 Wb124

29452 Cortijo de Navazo MA 174 Ue128

11180 Cortijo de Nobles CA 173 Ub129

18329 Cortijo de Noniles GR 168 Wb126

14029 Cortijo de Nora del Cojo CO 151 Vd121

41410 Cortijo de Nuestra Señora del Socorro SE 149 Ub124

41540 Cortijo de Obra Pía SE 165 Ue125

04560 Cortijo de Ochotorena AL 170 Xc127

41530 Cortijo de Ojuelo SE 165 Uc125

18817 Cortijo de Onofre GR 154 Xb123

18515 Cortijo de Onrrubia GR 153 We124

18891 Cortijo de Orgalla GR 154 Xd123

23590 Cortijo de Pablo J 153 We122

14449 Cortijo de Paco El Perito CR 136 Vd118

18816 Cortijo de Pacos GR 154 Xb122

23590 Cortijo de Pajares J 153 We123

29570 Cortijo de Pajares MA 175 Vb128

11580 Cortijo de Pajarrete CA 173 Ub129

11180 Cortijo de Palmitoso CA 173 Ub129

06195 Cortijo de Palomarejo BA 116 Tb116

23600 Cortijo de Panduro J 152 Vf122

10194 Cortijo de Parapuños CC 98 Te111

06110 Cortijo de Paricia BA 131 Se119

23298 Cortijo de Parralejo J 139 Xc119

30410 Cortijo de Parriel MC 140 Xf120

06713 Cortijo de Pasarón BA 118 Uc114

06960 Cortijo de Pata Caballo BA 133 Ua119

11179 Cortijo de Pedregosillo CA 173 Ua130

14447 Cortijo de Pedro Abad CO 136 Vc119

14870 Cortijo de Pedro Baeza CO 151 Vd123

29395 Cortijo de Pedro Bueno MA 166 Uf127

23250 Cortijo de Pedro Manjón J 138 We119

02139 Cortijo de Pedrosa AB 140 Xe117

18891 Cortijo de Pedrosa GR 154 Xc123

23539 Cortijo de Pelotoso J 153 Wc121

18568 Cortijo de Penate GR 168 Wd124

41560 Cortijo de Peña SE 166 Vb125

18564 Cortijo de Peñalver GR 152 Wb124

04750 Cortijo de Peñas Negras AL 169 Xb128

29329 Cortijo de Peñuela MA 166 Va126

23479 Cortijo de Peñuelas J 154 Xa121

41600 Cortijo de Perafrán SE 165 Uc125

23006 Cortijo de Perulera J 152 Wb122

35211 Cortijo de Pichón GC 184 Kd181

14445 Cortijo de Piedra Empinada CO 136 Ve119

18800 Cortijo de Piedras Rodadas GR 169 Xa124

18830 Cortijo de Pinar la Vidriera GR 154 Xc120

46117 el Baró V 107 Zd111
05692 El Barquillo AV 83 Uc106
05110 El Barraco AV 84 Vc106
29310 El Barranco del Agua MA 167 Vd125
04270 El Barranco de los Lobos AL 171 Xe126
04271 El Barranco Muñoz AL 171 Xf125
04889 El Barrancón de Bacares AL 170 Xd125
04117 El Barranquete AL 171 Xe127
35128 El Barranquillo Andrés GC 184 Kb181
17515 el Barretó GI 58 Cb96
05514 El Barrio AV 83 Ue106
02328 El Barrio AB 124 Ya115
09213 El Barrio de Abajo BU 30 Wd92
09213 El Barrio de Arriba BU 30 Wd92
02511 El Barrio Nuevo AB 140 Yb116
03818 el Barxell A 142 Zc116
50660 El Batán Z 52 Ye97
50830 El Batán Z 53 Zb98
10692 El Batán CC 98 Td109
02329 El Batán AB 139 Xe116
23293 El Batán J 139 Xb119
18800 El Baúl GR 154 Xa124
50694 El Bayo Z 52 Ye95
08784 el Bedorc B 76 Be99
12599 El Bellestar CS 92 Ab105
45571 El Bercial TO 100 Uf110
45571 El Bercial de San Rafael TO 100 Uf110
13630 El Bernardo CR 122 Xa113
30848 El Berro MC 156 Yd121
10700 El Berrocal CC 82 Ua107
41240 El Berrocal SE 148 Tf122
33186 El Berrón AS 15 Ub88
28192 El Berrueco MD 86 Wc103
23649 El Berrueco J 152 Wa121
31700 Elbete NC 21 Yc90
04830 El Bizmay AL 155 Xf122
02600 El Blanco AB 123 Xb113
28413 El Boalo MD 86 Wa104
04120 El Bobar AL 170 Xd128
37520 El Bodón SA 81 Tc106
05165 El Bohodón AV 66 Vb103
30570 El Bojar MC 157 Yf121
13129 El Bonal CR 120 Ve113
02610 El Bonillo AB 123 Xc115
30559 El Boquerón MC 141 Ye119
29718 El Borge MA 167 Ve128
08296 el Borràs B 57 Bf99
49620 El Bosque ZA 46 Ub97
28670 El Bosque MD 86 Wa106
12127 El Bosque CS 91 Zc107
45516 El Bosque TO 101 Vd110
11670 El Bosque CA 165 Uc128
41770 El Bosque SE 165 Uc126
23520 El Boticario J 153 Wc121
03850 el Bovar A 142 Zb116
11679 El Boyar CA 165 Ud128
31400 El Boyeral NC 34 Ye93
45542 El Bravo TO 101 Vc108
16878 El Brezal CU 89 Ya105
10660 El Bronco CC 82 Te107
46409 el Brosquil V 127 Ze114
08294 el Bruc B 57 Be99
08553 el Brull B 58 Cb98
38589 El Bueno TF 180 Ic179
21647 El Buitrón H 147 Tb123
14240 El Bujadillo CO 135 Ue119
11390 El Bujeo CA 173 Uc132
43746 el Burgar T 74 Ad103
43206 el Burgar T 75 Ba101
29420 El Burgo MA 166 Va128
01192 Elburgo = Burgelu VI 32 Xc91
50730 El Burgo de Ebro Z 53 Zb99
42300 El Burgo de Osma SO 50 Wf99
24343 El Burgo Ranero LE 28 Ue94
50548 El Buste Z 52 Yc97
33590 El Bustio AS 17 Vc88
31229 El Busto NC 32 Xe93
46780 Elca V 127 Zf115
37621 El Cabaco SA 82 Tf105
30180 El Cabezo MC 156 Yb120
38840 El Cabezo TF 184 He180
21340 El Cabezuelo H 147 Tb121
30893 El Cabildo y La Campana MC 156 Yb124
04150 El Cabo de Gata AL 170 Xe128
14749 El Cabril CO 149 Ud120
38811 El Cabrito TF 184 Hf180
33160 El Cadaval AS 15 Ua89
21340 El Calabacino H 147 Tb121
45860 El Calaminar TO 103 Wd111
02600 El Calaverón AB 123 Xc113
38370 El Caletón TF 180 Id178
33172 El Caleyo AS 15 Ua89
33957 El Caleyo AS 15 Uc89
48890 El Callejo BI 18 Wd89
14709 El Calonge CO 150 Ud122
41610 El Calvario SE 165 Ud125
16146 El Cambrón CU 89 Xf107
14820 El Cambrón CO 151 Vc122
14850 El Cambrón CO 151 Vd122
38312 El Camino de Chasna TF 180 Ic178
04510 El Camino Real AL 170 Xb126
11314 El Campamento CS 175 Ud131
30440 El Campanero MC 140 Ya119
03459 el Camp d'Or A 142 Zb116
03560 el Campello A 142 Zd118
03660 el Campet A 142 Zb118
47460 El Campillo VA 66 Uf101
28292 El Campillo MD 85 Vf105
28500 El Campillo MD 86 Wd107
44121 El Campillo TE 90 Ye107
10550 El Campillo CC 116 Tc113
13250 El Campillo CR 121 Wc114
13344 El Campillo CR 138 Wf117
23269 El Campillo J 138 Wf119
23293 El Campillo J 139 Xc119
30420 El Campillo MC 140 Yb119
21650 El Campillo H 147 Tc122
21510 El Campillo H 147 Sf124
41870 El Campillo SE 148 Te123
41439 El Campillo SE 150 Ue123
04825 El Campillo AL 155 Xe123
30410 El Campillo MC 155 Ya121
04779 El Campillo AL 169 Xa128
04859 El Campillo AL 170 Xe125
11520 El Campillo CA 172 Td129
45578 El Campillo de la Jara TO 100 Uf111
02510 El Campillo del Negro AB 124 Yb116
33614 El Campo AS 15 Ub89
33628 El Campo AS 15 Ua90
34847 El Campo P 17 Vc91
44131 El Campo TE 106 Ye107
46176 el Campo de Benacacira V 106 Yf109
37317 El Campo de Peñaranda SA 65 Ue103
34829 El Canal P 29 Ve91
29018 El Candado MA 175 Vd128
25124 el Canís L 55 Ad98
31486 Elcano NC 33 Yc91
20800 Elcano = Elkano SS 20 Xe89
25212 el Canós L 56 Bb98
30876 El Cantar MC 156 Yd123
04890 El Cántaro Alto AL 170 Xc125
04890 El Cántaro Bajo AL 170 Xc125
34449 El Cantusal P 29 Vd95
08916 el Canyet B 77 Cb100
45470 El Cañachar TO 121 Wa113
40123 El Cañal SG 67 Ve102
11150 El Cañal CA 172 Ua131
02437 El Cañar AB 140 Ya118
30868 El Cañar MC 157 Ye123
30849 El Cañarico MC 156 Ye121
16738 El Cañavate CU 104 Xe111
44123 El Cañigral TE 90 Yd107
16390 El Cañizar CU 105 Yb109
12125 El Cañuelo CS 107 Zd108
41889 El Cañuelo SE 148 Te123
14814 El Cañuelo CO 151 Vf123
41658 El Cañuelo SE 166 Va126
29710 El Cañuelo MA 167 Vf127
04728 El Cañuelo AL 170 Xb128
29700 El Capitán MA 167 Vf128
41807 El Capricho SE 164 Tf124
18690 El Capricho GR 168 Wb128
35215 El Caracol GC 184 Kd181
30155 El Caracolero MC 157 Yf121
33957 El Carbayal AS 15 Uc89
12124 El Carbó CS 91 Zd107
30529 El Carche MC 141 Ye118
47196 El Cardiel VA 66 Vb100
28190 El Cardoso de la Sierra GU 68 Wd102
33929 El Carmen AS 15 Ub89
16707 El Carmen CU 124 Xf113
47470 El Carpio VA 65 Uf101
21330 El Carpio H 147 Ta122
14620 El Carpio CO 151 Vd121
45533 El Carpio de Tajo TO 101 Vd109
43514 el Carrascal T 93 Ac104
02691 El Carrascal AB 125 Ye115
11400 El Carrascal CA 172 Tf128
47639 El Carrascalejo VA 47 Va98
06894 El Carrascalejo BA 117 Td114
08775 el Carrer de Cal Rossell B 76 Be100
07208 El Carritxo IB 111 Da112
04118 El Carrizalejo AL 171 Xf128
43891 el Casalot T 75 Af102
06443 El Casar BA 133 Ua117
45542 El Casar de Escalona TO 101 Vc108
19170 El Casar de Talamanca GU 86 Wd104
45614 El Casar de Talavera TO 100 Va109
25793 el Casó L 56 Bb95
02499 El Casón AB 141 Yc118
08600 el Castanyet B 57 Bf96
17430 el Castanyet GI 59 Cd97
45126 El Castañar TO 102 Vf111
06320 El Castaño BA 133 Td119
21280 El Castaño H 148 Td120
12132 el Castell CS 92 Ze107
43559 el Castell T 93 Ac105
44409 El Castellar TE 91 Zb106
14817 El Castellar CO 151 Vf124
43517 el Castell de Mianes T 93 Ad104
25271 el Castell de Santa Maria L 57 Bc98
04890 El Castellón AL 170 Xc125
16143 El Castillo CU 88 Xf107
38788 El Castillo TF 181 Ha176
49541 El Castillo de Alba ZA 45 Tf99
18770 El Castillo de Huarea GR 169 Wf128
41890 El Castillo de las Guardas SE 148 Te122
28679 El Castillo de Villaviciosa MD 86 Wa106
24526 El Castro LE 25 Sf92
02691 El Casuto de Don Salvador AB 125 Yd115
43764 el Catllar T 76 Bb101
27671 El Cebrero LU 25 Sf92
38890 El Cedro TF 184 He180
30811 El Cementerio MC 156 Yb123
23214 El Centenillo J 137 Wb118
13129 El Cepero CR 120 Ve113
02651 El Cepero AB 141 Yd116
02312 El Cepillo AB 123 Xc116
38869 El Cerado TF 184 He180
25747 el Cerdanyès L 56 Ba96
37116 El Cerezo SA 64 Ua102
05003 El Cerezo AV 84 Vb105
23290 El Cerezo J 154 Xc120
16150 El Cermiñuelo CU 89 Xf106
23670 El Cerrajón J 152 Wa123
46351 El Cerrito V 106 Yf111
44422 El Cerrito TE 107 Za109
37720 El Cerro SA 82 Ua107
29713 El Cerro MA 167 Vf127
21320 El Cerro de Andévalo H 147 Ta122
41389 El Cerro del Hierro SE 149 Uc121
04810 El Cerrogordo AL 171 Xe124
18800 El Cerrón GR 170 Xb125
18690 El Cerval GR 168 Wb128
24205 El Cervigal LE 27 Uc95
04890 El Chanco AL 170 Xd125
23590 El Chantre J 153 We122
28729 El Chaparral MD 86 Wc104
21387 El Chaparral H 132 Tb120
29150 El Chaparral MA 167 Vc127
18290 El Chaparral GR 168 Wc125
18328 El Chaparral GR 168 Wa125
11391 El Chaparral CA 175 Ub132
29649 El Chaparral MA 175 Vc129
04887 El Chaparral Alto AL 154 Xd124
04877 El Chaparral Bajo AL 155 Xd124
04820 El Charche Alto AL 155 Xf123
04827 El Charche Bajo AL 155 Xf123
38749 El Charco TF 181 Ha177
35629 El Charco GC 183 Lf179
18160 El Charcón GR 168 Wd126
03200* Elche = Elx A 142 Zb119
02430 Elche de la Sierra AB 140 Xf118
30648 El Chicamo MC 141 Za119
13108 El Chiquero CR 120 Vd114
04271 El Chive AL 171 Xf125
30420 El Chopillo MC 140 Yb119
46178 El Chopo V 107 Za109
04259 El Chorrillo AL 170 Xd127
23470 El Chorro J 154 Wf121
29552 El Chorro MA 166 Vb127
04410 El Chuche AL 170 Xd127
47460 El Chucho VA 66 Va101
03610 el Cid A 142 Zb118
04760 El Cid AL 169 Xa127
08614 el Cint B 57 Be96
13129 El Citolero CR 120 Vf113
08696 el Clot del Moro B 58 Bf95
31448 Elcóaz NC 34 Ye91
30440 El Cobo MC 140 Ya119
30889 El Cocón MC 171 Yc124
30800 El Cocón y Los Clementes MC 155 Yb123
25152 el Cogull = Cogul L 75 Ae100
44493 El Colladico TE 72 Yf102
12123 El Colladillo CS 108 Zd108
26132 El Collado RI 32 Xd95
46178 El Collado V 106 Yf109
18492 El Collado GR 169 Wf128
08253 el Coll-Arbós B 57 Be98
17404 el Coll de N'Orri GI 58 Cd98
25170 el Coll de Vinganya L 74 Ac99
02127 El Colmenar AB 140 Xf116
18183 El Colmenar GR 168 Wd125
29391 El Colmenar MA 174 Ud129
50830 El Comercio Z 53 Zb98
30817 El Comino MC 156 Yc122
03183 El Complejo Turístico Torrejón A 157 Zc121
11630 El Concejo CA 173 Ub128
50172 El Condado Z 53 Zc99
23280 El Conde J 138 Xa119
16771 El Congosto CU 104 Xc109
04825 El Contador AL 155 Xd123
05380 El Convento de Duruelo AV 84 Uf104
04647 El Convoy AL 171 Yb124
06131 El Corcho BA 131 Se117
21750 El Corchuelo H 162 Tb125
41760 El Coronil SE 165 Uc126
50793 el Corralet Z 74 Aa101
26007 El Cortijo RI 32 Xc94
28669 El Cortijo MD 86 Wa106
18700 El Cortijo Bajo GR 169 We128
04639 El Cortijo Grande AL 171 Ya126
23488 El Cortijuelo J 153 We122
04889 El Cortijuelo AL 170 Xd125
06910 El Coto BA 134 Uc118
33456 El Cuadro AS 14 Ua87
28749 El Cuadrón MD 68 Wc103
02162 El Cuartico AB 124 Xf115
10895 El Cuarto CC 97 Ta108
13720 El Cuarto Alto CR 122 We114
11380 El Cuartón CA 173 Uc132
16315 El Cubillo CU 106 Yd108
02340 El Cubillo AB 123 Xd116
19186 El Cubillo de Uceda GU 86 Wd104
37281 El Cubo de Don Sancho SA 63 Te103
49710 El Cubo de Tierra del Vino ZA 64 Ub101
35560 El Cuchillo GC 182 Mc174
44134 El Cuervo TE 106 Ye108
41749 El Cuervo SE 164 Tf127
03658 el Culebró A 141 Za118
04149 El Cumbrero AL 171 Ya126
18840 El Cura GR 154 Xc122
03600 Elda A 142 Zb118
46390 El Derramador V 106 Yf112
03649 el Derramador A 141 Za118
03296 el Derramador A 142 Zb119
10252 El Descansadero CC 99 Ua111
38600 El Desierto TF 180 Ic180
04800 El Dirá AL 171 Xf124
04500 El Doctor AL 169 Xa126
35110 El Doctoral GC 184 Kd181
04639 El Dondo AL 171 Ya126
11620 El Drago CA 173 Ub128
20493 Eldua SS 20 Xf90
20493 Elduain SS 20 Ya90
48289 Eleizalde BI 20 Xc89
48650 Elejade BI 19 Xa88
48312 Elejalde BI 20 Xc89
04700 El Ejido AL 169 Xb128
21420 El Empalme H 161 Se125
45470 El Emperador TO 121 Wa113
02137 El Encebrico AB 139 Xd117
28870 El Encín MD 87 We105
41380 El Encinar SE 149 Uc120
28109 El Encinar de los Reyes MD 86 Wc105
23747 El Encinarejo J 137 Vf120
28260 El Encinar y San Alberto MD 86 Vf105
42313 El Enebral SO 69 Wf99
14249 El Entredicho CO 135 Ue119
02449 El Entredicho AB 140 Xe118
30414 El Entredicho MC 155 Xe121
33940 El Entrego AS 15 Uc89
28280 El Escorial MD 85 Vf105
41860 El Esparragal SE 148 Tf123
14816 El Esparragal CO 151 Ve123
11180 El Esparragal CA 173 Ub129
28722 El Espartal MD 86 Wc104
45910 El Espejo TO 85 Vd108
40400 El Espinar SG 85 Ve104
45490 El Espinar TO 102 Wa109
30320 El Espinar MC 157 Yf122
02611 El Espinillo AB 123 Xb115
35329 El Espinillo GC 184 Kc181
42189 El Espino SO 51 Xe97
02640 El Espino AB 125 Yf115
35110 El Estanco GC 184 Kd181
30332 El Estrecho MC 157 Yf122
48390 Elexalde BI 19 Xb89
48940 Elexalde BI 19 Xa89
48630 Elexalde Auzoa BI 19 Xa88
48313 Elexalde-Zeeta (Ereño) BI 20 Xc88
25211 el Far L 57 Bb98
17469 el Far d'Empordà GI 59 Cf95
03640 el Fondó de Monòver A 142 Za118
14547 El Fontanar CO 150 Vb123
02127 El Fontanar de Alarcón AB 140 Xf116
04271 El Fonte AL 171 Xf126
22640 El Formigal HS 35 Zd92
46600 el Forn de Carrascosa V 126 Zd113
50610 El Frago Z 34 Za95
18567 El Frague GR 168 Wc124
43880 el Francàs T 76 Bc101
18810 El Francés GR 154 Xb124
33746 El Franco AS 13 Ta87
50320 El Frasno Z 71 Yd100
05197 El Fresno AV 84 Vb105
19182 El Fresno GU 87 We104
10849 El Fresno CC 98 Tc108
38712 El Fuerte TF 181 Hb177
41560 El Gallo SE 166 Va124
46860 el Galtero V 126 Zc115
06010 El Gamonal BA 132 Ta117
24718 El Ganso LE 26 Te94
14100 El Garabato CO 150 Va122
13100 El Gargantón CR 120 Ve114
41888 El Garrobo SE 148 Te123
10627 El Gasco CC 82 Te106
11687 El Gastor CA 165 Ue127
25717 el Ges L 38 Bc95
20690 Elgeta SS 20 Xd90
30890 El Gigante MC 155 Ya122
31540 El Ginestar NC 52 Yd97
02410 El Ginete AB 140 Ya117
20870 Elgoibar SS 20 Xd89
02459 El Gollizo AB 139 Xd117
28760 El Goloso MD 86 Wb105
10392 El Gordo CC 100 Ud109
37488 El Gordón SA 81 Tb104
35215 El Goro GC 184 Kd181
25749 el Gos L 56 Ba97
22349 El Grado HS 36 Aa94
22390 El Grado HS 55 Ab96
21594 El Granado H 160 Sd123
38714 El Granel TF 181 Hb176
02420 El Grao AB 140 Yb118
12530 el Grau de Borriana CS 108 Zf109
46730 el Grau de Gandía V 127 Zf115
12593 el Grau de Moncófa CS 108 Zf110
02139 El Griego AB 140 Xf117
37159 El Groo SA 64 Te102
01206 Elguea VI 32 Xc91
40185 El Guijar SG 67 Wa102
21840 El Guijillo H 147 Tb124
14413 El Guijo CO 135 Vb118
21840 El Guijo H 147 Tc124
11620 El Guijo CA 164 Ua128
02610 El Guijoso AB 123 Xb115
38639 El Guincho TF 180 Ic180
08272 el Guix B 57 Bf98
38879 El Guro TF 184 He180
18520 El Hacho GR 153 We123
39418 El Haya CB 29 Vf91
04532 El Haza del Riego AL 170 Xb125
40299 El Henar SG 67 Vd100
05268 El Herradón AV 85 Vc105
16290 El Herrumblar CU 124 Yc112
44559 El Higueral TE 91 Zc104
14979 El Higueral CO 167 Ve125
14193 El Higuerón CO 150 Va121
04898 El Hijate AL 170 Xc124
16441 El Hito CU 104 Xb109
03409 El Hondo de Carboneras A 142 Za117
46178 El Hontanar V 106 Yf109
26126 El Horcajo RI 50 Xc96
02314 El Horcajo AB 139 Xd116
41740 El Horcajo SE 164 Tf127
05415 El Hornillo AV 84 Uf107
35489 El Hornillo GC 184 Kc180
12450 El Hostalejo CS 107 Zc109
05696 El Hoyo AV 83 Ud106
14209 El Hoyo CO 134 Ue119
13594 El Hoyo CR 137 Wa118
05250 El Hoyo de Pinares AV 85 Vd106
41880 El Hoyuelo SE 148 Te122
22336 El Humo HS 36 Ab94
22337 El Humo HS 36 Ab94
21240 El Hurón H 147 Ta121
31699 Elía NC 33 Yc91
48111 Elizalde BI 19 Xa88
20180 Elizalde = Oiartzun SS 21 Ya89
31700 Elizondo NC 21 Yc90
37522 El Jaque SA 81 Tc107
04810 El Jaral AL 155 Xe124
11687 El Jaral CA 165 Ud127
38688 El Jaral TF 180 Ib179
02340 El Jardín AB 123 Xe116
14820 El Jardón CO 151 Vc122
10891 Eljas CC 81 Ta107
18329 El Jau GR 168 Wb125
38780 El Jesús TF 181 Ha176
21500 El Judío H 162 Ta124

A B C D E F G H I J K L M N Ñ O P Q R S T U V W X Y Z

El Judío | 269

E

41565 El Juncal SE 166 Va125
35368 El Juncal GC 184 Kc181
20800 Elkano SS 20 Xe89
30889 El Labradorcico MC 156 Yc124
02459 El Laminador AB 139 Xd118
04778 El Lance de la Virgen AL 169 Wf128
16141 El Larán CU 88 Xe106
04619 El Largo AL 171 Yb124
44562 El Latenar TE 91 Zd104
11391 El Lentiscal CA 173 Ub132
25721 Éller L 38 Be94
30868 El Limonar MC 156 Ye123
02160 El Lituero AB 123 Xd114
38713 El Llanito TF 181 Hb177
33774 El Llano AS 13 Sf88
33547 El Llano AS 16 Uf88
04149 El Llano de Don Antonio AL 171 Ya126
43894 el Lligallo del Gàguil T 93 Ad104
43737 el Lloar T 75 Ae101
08660 el Llobregat B 57 Bf97
25211 el Llor L 56 Bb98
43812 el Lloret T 75 Bc101
12150 el Llosar CS 91 Ze106
13710 El Lobillo CR 122 Wf115
35211 El Lomo Magullo GC 184 Kd181
05692 El Losar AV 83 Uc106
05692 El Losar del Campo AV 83 Uc106
02459 El Lugar Nuevo AB 139 Xd118
02360 El Luso AB 139 Xc117
06800 El Machal BA 116 Tc114
49719 El Maderal ZA 65 Uc101
41540 El Madroñal SE 165 Ue126
29678 EL Madroñal MA 174 Uf129
06477 El Madroño BA 133 Tf117
06910 El Madroño BA 134 Uc118
02327 El Madroño AB 140 Xf116
30510 El Madroño MC 141 Ye117
41897 El Madroño SE 148 Tc123
23600 El Madroño J 152 Vf122
30879 El Magajón MC 156 Ye123
37621 El Maillo SA 82 Te105
16878 El Maitoso CU 89 Ya105
23293 El Majal J 139 Xb119
17178 el Mallol GI 58 Cc96
02155 El Malpelo AB 124 Yb114
04120 El Mami AL 170 Xd127
11500 El Manantial CA 172 Te129
17743 el Manol GI 40 Cf95
03640 el Manyor A 142 Za118
18492 El Manzanillo GR 169 We127
37171 El Manzano SA 63 Te101
37497 El Manzano SA 81 Tc105
18491 El Marchal GR 169 Wf127
04271 El Marchal AL 171 Xf125
04729 El Marchal de Antón López AL 170 Xc127
46419 el Mareny Blau V 127 Ze113
46419 el Mareny de les Barraquetes V 127 Ze113
46408 el Mareny de Sant Lorenç V 127 Ze113
46408 el Mareny de Vilxes V 127 Ze113
30334 El Margajón MC 156 Ye123
04811 El Margen AL 155 Xe123
23412 El Mármol J 153 Wd120
11650 El Mármol CA 165 Uc127
02534 El Marquesito AB 155 Xd120
08253 el Marquet B 57 Be99
14940 El Martinete CO 151 Vd124
18340 El Martinete GR 168 Wb125
12118 el Mas Blanc CS 92 Zf108
46171 el Mas d'Agustí V 107 Zb110
12119 el Mas d'Avall CS 108 Ze108
25340 el Mas de Bondia L 56 Bb99
12130 el Mas de Flors CS 108 Zf108
46901 el Mas de les Palmes V 126 Zc112
46900 el Mas del Jutge V 126 Zc112
43840 el Mas d'En Bosc T 75 Ba102
08738 el Mas de Pontons B 76 Bc100
25330 el Mas d'Estadella L 56 Ba99
16318 El Masegar CU 106 Yc107
43786 el Masnou T 74 Ab102
08328 El Masnou B 77 Cb100
43736 el Masroig T 75 Ae102
35610 El Matorral GC 183 Ma178
46391 El Matutano V 107 Za112
18710 El Maurel GR 169 We128
04279 El Mayordomo AL 171 Xf126
33579 El Mazo AS 17 Vc89
45138 El Mazo TO 101 Vb111
33507 El Mazuco AS 16 Va88
38610 El Médano TF 180 Ic180
37478 El Mejorito SA 82 Td104
10696 El Melinchón CC 99 Ua108
45663 El Membrillo TO 100 Vb109
39722 El Mercadillo CB 18 Wb88
05197 El Merino AV 84 Vb105
25632 el Meüll L 56 Ae96
43143 el Milà T 75 Bb101
11580 El Mimbral CA 173 Ub129
02610 El Mingote AB 123 Xd115
30335 El Mingrano MC 156 Ye123
25287 el Miracle L 57 Bd97
30739 El Mirador MC 157 Za121
05154 El Mirón AV 83 Ud105
30130 El Mojón MC 157 Za120
35530 El Mojón GC 182 Mc174
04825 El Mojonar AL 155 Xe123
43736 el Molá = Molar T 75 Ae102
28710 El Molar MD 86 Wc104
23469 El Molar J 153 Wf121
12448 El Molarico CS 107 Zc108
12429 El Molinar CS 107 Zb109
07006 El Molinar IB 110 Ce111
02129 El Molinar AB 140 Xf116
13194 El Molinillo CR 101 Ve112
18183 El Molinillo GR 168 Wd125
38800 El Molinito TF 184 Hf180
16150 EL Molino CU 89 Ya106
16360 El Molino CU 105 Ya110
04640 El Molino AL 156 Yb124
03312 El Molino de la Ciudad A 141 Za120
38690 El Molledo TF 180 Ib179
22460 El Mon HS 36 Ab95
03149 El Moncayo A 157 Zc120
02440 El Montañés AB 139 Xe118
47462 El Monte VA 66 Uf102
28570 El Monte de Orusco MD 87 We107
33438 El Montico AS 15 Ub87
43718 el Montmell T 76 Bc101
29566 El Mopagán MA 166 Vb128
06225 El Moral BA 133 Te118
30413 El Moral MC 155 Xe120
16512 El Moralejo CU 88 Xb107
18562 El Moralejo GR 153 Wd124
23393 El Moralico J 139 Xb118
02440 El Morcillar AB 139 Xe118
14270 El Morconcillo CO 134 Ue118
43760 el Morell T 75 Bb101
28695 El Morro MD 85 Ve106
02650 El Morteruelo AB 141 Ye116
08670 el Mujal B 57 Bf97
21240 El Mustio H 147 Sf121
40510 El Muyo SG 68 We101
14950 El Nacimiento CO 167 Vd124
14811 El Navazo CO 167 Ve124
40512 El Negredo SG 68 We101
30170 El Niño MC 156 Yc120
02459 El Noguerón AB 139 Xd117
23191 El Oasis J 152 Wc122
02695 El Ojuelo AB 125 Yc115
02316 El Ojuelo AB 139 Xc117
33316 El Olivar AS 15 Ud87
19133 El Olivar GU 88 Xb105
40530 El Olmillo SG 68 Wb101
40530 El Olmo SG 68 Wc101
19244 El Ordial GU 69 Wf102
46199 El Oro V 125 Za113
48330 Elorriaga BI 19 Xb89
48230 Elorrio BI 20 Xc90
38355 El Ortigal TF 181 Id178
31470 Elorz NC 33 Yc92
05164 El Oso AV 84 Vb103
02611 El Ossero AB 122 Xb115
01170 Elosu VI 19 Xb91
20570 Elosua SS 20 Xd90
24887 El Otero de Valdetuéjar LE 28 Uf92
48180 Elotxelerri BI 19 Xa89
35422 El Pagador GC 184 Kc180
44750 El Pajazo TE 90 Zd104
04661 El Palacés AL 171 Xf124
08269 el Palà de Torroella B 57 Be97
25243 el Palau d'Anglesola L 56 Af99
46012 El Palmar V 126 Ze113
30120 El Palmar MC 157 Yf121
11159 El Palmar CA 172 Tf131
38489 El Palmar TF 180 Ia178
38728 El Palmar TF 181 Ha175
41719 El Palmar de Troya SE 164 Ub126
03560 el Palmeral A 142 Zd118
30833 El Palmeral MC 156 Ye121
35457 El Palmital GC 184 Kc180
38632 El Palm-Mar TF 180 Ib180
29018 El Palo MA 175 Vd128
46891 El Palomar V 126 Zc115
23479 El Palomar J 153 Xa121
41410 El Palomar SE 165 Uc124
38280 El Palomar TF 181 Id177
22336 El Pamporciello HS 36 Ab94
03409 El Pantojo A 141 Za117
23150 El Papel J 152 Wa123
08754 el Papiol B 77 Ca100
43713 el Papiolet T 76 Bd101
21593 El Parador H 146 Sd123
04720 El Parador de las Hortichuelas AL 170 Xc128
28210 El Paraíso MD 85 Vf105
02449 El Pardal AB 139 Xe118
28048 El Pardo MD 86 Wb105
30812 El Pardo MC 155 Yb121
04738 El Pardo AL 169 Xa128
03657 el Paredó A 141 Yf118
30858 El Paretón MC 156 Yd122
05146 El Parral AV 84 Va104
23268 El Parralejo J 138 Xa118
11150 El Parralejo CA 172 Ua131
23196 El Parrizoso J 152 Wb123
30648 El Partidor MC 141 Yf119
22533 El Pas HS 55 Ab98
43559 el Pas T 93 Ac105
38758 El Paso TF 181 Ha177
23290 El Patronato J 154 Xc120
41580 El Patronato SE 166 Vb125
44422 El Paúl TE 107 Zb108
37524 El Payo SA 81 Tb107
04500 El Pecho AL 170 Xa126
16638 El Pedernoso CU 104 Xb112
33877 El Pedregal AS 14 Td88
19327 El Pedregal GU 89 Yc104
06900 El Pedrosillo BA 133 Ua119
41890 El Pedrosillo SE 148 Td123
41360 El Pedroso SE 149 Ub121
37410 El Pedroso de la Armuña SA 65 Ud102
49154 El Pego ZA 65 Ud100
11390 El Pelayo CA 175 Ud132
02536 El Peñón AB 139 Xe119
18520 El Peñón GR 153 We123
04810 El Peñón Alto AL 155 Xe124
16240 El Peral CU 105 Ya112
02136 El Peralejo AB 139 Xd117
41898 El Peralejo SE 148 Td122
16150 El Perchel CU 89 Ya106
49720 El Perdigón ZA 64 Ud100
43519 el Perelló T 93 Ae103
46420 el Perelló V 127 Ze113
21310 El Perrunal H 147 Ta122
04829 El Piar de Abajo AL 155 Xf122
16211 El Picazo CU 124 Xf112
33584 El Pico AS 16 Ue89
25280 el Pi de Sant Just L 57 Bd97
29210 El Pilar MA 167 Vd125
07872 El Pilar de la Mola IB 109 Bd116
17754 El Pils GI 40 Da94
28296 El Pimpollar MD 85 Ve105
47153 El Pinar VA 47 Vb99
18658 El Pinar GR 168 Wc127
29620 El Pinar MA 175 Vc129
38914 El Pinar TF 180 Ha182
38780 El Pinar TF 181 Ha176
45900 El Pinar de Almorox TO 85 Vd107
03191 El Pinar de Campoverde A 157 Zb121
43594 el Pinell de Brai T 74 Ad102
03194 el Pinet A 142 Zc120
43459 el Pinetell T 75 Ba101
33687 El Pino AS 15 Uc90
10514 El Pino CC 115 Se113
37170 El Pino de Tormes SA 64 Ub102
43892 el Pins de Miramar T 75 Af102
41370 El Pintado SE 148 Ua121
49715 El Piñero ZA 65 Uc100
23268 El Pipe J 138 Xa118
28521 El Piul MD 86 Wd106
25114 el Pla de la Font L 55 Ac98
08733 el Pla del Penedès B 76 Be100
08458 el Pla del Remei B 58 Cc98
43815 el Pla de Manelleu T 76 Bd100
08719 el Plá de Rubió B 57 Bd99
43810 el Pla de Santa Maria T 76 Bb100
25796 el Pla de Sant Tirs L 37 Bc95
50785 El Planico Z 73 Zd100
22338 El Plano HS 36 Ab94
12232 El Plano de Arriba CS 107 Zd108
12125 El Plano de Herrera CS 107 Zd108
28221 El Plantío MD 86 Wa106
25143 el Poal L 56 Af98
08243 el Poal B 57 Be98
43549 El Poblenou del Delta T 93 Ae105
03818 el Poble Nou de Sant Rafael A 142 Zd116
03779 El Poblets A 127 Aa115
44155 El Pobo TE 91 Za105
19326 El Pobo de Dueñas GU 89 Yc104
18512 El Pocico GR 169 Xa125
04279 El Pocico AL 171 Xe126
04271 El Pocico AL 171 Xf125
22337 El Pocino HS 36 Ab94
11320 El Polvorín CA 173 Ud130
25739 el Pont D'Alentorn L 56 Ba97
43817 el Pont d'Armentera T 76 Bc100
25517 el Pont de Claverol L 56 Af95
25520 el Pont de Suert L 37 Ae94
08254 el Pont de Vilomara B 57 Bf98
08254 el Pont de Vilomara i Rocafort B 57 Bf98
48192 El Ponton BI 19 Wf89
46357 El Pontón V 106 Yf112
14549 El Porretal CO 150 Va123
11408 El Portal CA 172 Tf129
49660 El Portazgo ZA 46 Uc97
12598 el Port Blau CS 93 Ac106
12530 el Port de Borriana CS 108 Zf109
43569 el Port de Cementos del Mar T 93 Ad105
17489 el Port de la Selva GI 40 Db94
08392 el Port del Balís B 77 Cd99
17490 el Port de Llançà GI 40 Da94
46520 el Port de Sagunt V 108 Ze111
24525 El Portelo LE 25 Ta92
06175 El Portero BA 132 Tc118
12118 el Pou d'En Calbo CS 108 Zf108
05592 El Poyal AV 83 Ud106
49524 El Poyo ZA 45 Td98
44392 El Poyo del Cid TE 71 Ye103
04117 El Pozo del Captián AL 171 Xf127
04118 El Pozo de los Frailes AL 171 Xf128
04149 El Pozo Usero AL 171 Xf127
16812 El Pozuelo CU 88 Xe105
21647 El Pozuelo H 147 Tb123
18770 El Pozuelo GR 169 Wf128
30180 El Prado MC 156 Yc120
04500 El Prado AL 169 Xb125
04860 El Prado AL 170 Xe124
02139 El Prado del Caño AB 139 Xe117
08140 el Prat de Dalt B 58 Ca99
08820 El Prat de Llobregat B 77 Ca101
41440 El Priorato SE 149 Ud122
14540 El Privilegio CO 150 Vb123
16670 El Provencio CU 123 Xc112
38739 El Pueblo TF 181 Hb177
39788 El Puente CB 18 We88
49395 El Puente ZA 44 Tc96
21500 El Puente H 162 Ta124
45570 El Puente del Arzobispo TO 100 Ue110
04779 El Puente del Río AL 169 Xa128
04693 El Puertecico AL 155 Ya123
33457 El Puerto AS 14 Ua87
33840 El Puerto AS 14 Te90
49193 el Puerto ZA 64 Ua99
02137 El Puerto AB 139 Xd117
02329 El Puerto AB 140 Xf116
21239 El Puerto H 147 Ta121
03409 El Puerto de la Harina A 141 Za117
11500 El Puerto de Santa María CA 172 Te129
22311 El Pueyo HS 35 Aa94
22437 El Pueyo HS 55 Ac95
22338 El Pueyo de Araguás HS 36 Aa94
22662 El Pueyo de Jaca HS 35 Ze92
17492 el Puig GI 40 Da95
25747 el Puig de Rialb L 56 Bb96
25794 el Pujal L 56 Bb95
08612 el Pujol de Planès B 57 Be97
30510 El Pulpillo MC 141 Ye116
33315 El Puntal AS 15 Ud87
46811 El Puntal V 126 Za115
02360 El Puntal AB 139 Xc117
03630 el Puntal A 142 Zb117
04810 El Puntal AL 155 Xd124
30110 El Puntal MC 157 Yf120
04271 El Puntal AL 171 Xf125
04210 El Puntal AL 171 Xf126
30850 El Purgatorio MC 156 Yc121
12181 el Quartico CS 108 Aa107
29460 El Quejigal MA 174 Ue128
21290 El Quejigo H 147 Tb121
25723 el Querforadat L 38 Bd95
05260 El Quexigal AV 85 Vd106
23311 El Quintanar J 153 Wf120
14500 El Rabanal CO 150 Vb124
06320 El Rabilero BA 133 Td119
44146 El Rabosero TE 91 Zb106
03503 el Racó de l'Oix A 143 Zf117
46880 el Racó dels Cirers V 142 Zc116
07469 El Rafal IB 111 Cf109
07316 El Rafalet IB 111 Cf109
06392 El Raposo BA 133 Te118
18511 El Raposo GR 169 Xa125
06390 El Rascón BA 132 Tc117
26124 El Rasillo de Cameros RI 50 Xb95
05489 El Raso AV 100 Ud107
43529 el Raval de Crist T 93 Ac104
43590 el Raval de Jesús T 93 Ad103
08711 el Raval de l'Aguilera B 57 Bd99
30130 El Real MC 157 Yf120
04628 El Real AL 171 Ya125
41250 El Real de la Jara SE 148 Tf121
45640 El Real de San Vicente TO 101 Vb108
46666 el Realenc V 126 Zd114
30397 El Realengo MC 157 Yf122
03339 el Realengo A 142 Zb119
46350 El Reatillo V 107 Za111
03689 el Rebalse A 142 Za119
08630 el Rebato B 76 Bf99
28791 El Rebollar MD 86 Wb104
46391 El Rebollar V 106 Yf112
33888 El Rebollo AS 13 Tb89
19492 El Recuenco GU 88 Xd105
26146 El Redal RI 32 Xe94
03818 el Regadiu A 142 Zd116
02640 El Regajo AB 125 Yf116
43460 el Remei d'Alcover T 75 Ba101
14512 El Remolino CO 150 Vb124
21360 El Repilado H 147 Tb121
18690 El Rescate GR 168 Wb128
38684 El Retamar TF 180 Ib179
28009 El Retiro MD 86 Wb106
46310 El Retorno AB 125 Yd112
04867 El Reul Alto AL 170 Xd125
04867 El Reul Bajo y Marchalico AL 170 Xd125
09514 El Ribero BU 18 Wd90
22437 El Rincón HS 55 Ac95
28620 El Rincón MD 85 Ve107
02520 El Rincón AB 124 Yc115
03700 El Rincón A 127 Aa115
30893 El Rincón MC 155 Yb124
30810 El Rincón MC 155 Ya121
04647 El Rincón AL 171 Yb124
14100 El Rinconcillo CO 150 Va122
11205 El Rinconcillo CA 174 Ud132
03409 El Rincón del Moro A 142 Za117
04117 El Rincón de Martos AL 171 Xe128
26326 El Río RI 31 Xa95
13120 El Río CR 120 Ve114
38589 El Río TF 180 Ic180
04769 El Río Chico AL 169 Xa128
04277 El Rio de Aguas AL 171 Xf126
04826 El Río de Mula AL 155 Xf123
04769 El Río Grande AL 169 Wf128
37555 El Risco SA 81 Tb106
35489 El Risco GC 184 Kb180
02127 El Roble AB 140 Xf116
10460 El Robledo CC 99 Uc108
13114 El Robledo CR 120 Ve113
21750 El Rocío H 162 Td126
11207 El Rodeo CA 174 Ud132
03658 el Rodriguillo A 141 Yf118
25595 el Romadriu L 37 Bb94
45770 El Romeral TO 103 Wd110
04118 El Romeral AL 171 Xf128
30414 El Romeralejo MC 155 Xe120
30858 El Romero MC 156 Yd122
11400 El Romero CA 173 Ub129
21459 El Rompido H 161 Sf125
41880 El Ronquillo SE 148 Te122
38620 El Roque TF 180 Ic180
14029 El Rosal CO 150 Vb121
04500 El Rosal AL 169 Xa126
14230 El Rosalejo CO 135 Ue119
38290 El Rosario TF 181 Id178
43142 el Rourell T 75 Bb101
42153 El Royo SO 50 Xc97
02694 El Royo AB 125 Yd115
02129 El Royo AB 140 Xf116
47710 El Rubio SE 165 Ub127
41568 El Rubio SE 166 Va124
04560 El Ruiní AL 170 Xd127
22465 El Run HS 36 Ac93
16600 El Rus CU 104 Xd112
50617 El Sabinar Z 53 Ye96
02534 El Sabinar AB 139 Xd120
30441 El Sabinar MC 140 Xf119
03690 el Sabinar A 142 Zc118
02127 El Sahuco AB 140 Xf116
37510 El Sahugo SA 81 Tc106
03158 El Saladar de López A 142 Zb120
29688 El Saladillo MA 174 Uf130
14800 El Salado CO 167 Ve124
25221 els Alamús L 56 Ae99
46012 el Saler V 126 Ze112
17811 el Sallent GI 58 Cd96
02140 El Salobral AB 124 Ya115
14880 El Salobral CO 152 Ve123
02694 El Salobralejo AB 125 Yd115

E
270 | El Juncal

A B C D E F G H I J K L M N Ñ O P Q R S T U V W X Y Z

18830 Fábrica de Harinas de San Fernando GR 154 Xc122
23260 Fábrica de Jabón J 138 Wf119
50810 Fábrica del Salto Z 53 Zb97
31670 Fábrica de Orbaitzeta NC 20 Ye90
02316 Fábrica de Paños AB 139 Xc117
16891 Fábrica de Resinas CU 88 Xe105
50131 Fábrica de Yeso Z 72 Zb101
02450 Fábricas de San Juan de Alcaraz AB 139 Xd118
27577 Facha LU 23 Sa92
03813 Facheca A 143 Ze116
11391 Facinas CA 173 Ub132
45950 Fado TO 85 Vf107
49260 Fadón ZA 64 Tf100
33879 Faedal AS 14 Te88
33784 Faedal AS 14 Td88
33159 Faedo AS 14 Te87
15325 Faeira C 12 Sa88
24206 Fáfilas LE 46 Ud95
22729 Fago HS 34 Za92
01216 Faidu = Faido VI 31 Xc92
15540 Faisca C 11 Re87
17869 Faitús GI 39 Cc94
31370 Falces NC 33 Yb94
17831 Falgons GI 59 Cd96
43730 Falset T 75 Ae102
03813 Famorca A 143 Ze116
38670 Fanabé TF 180 Ib188
07310 Fangar IB 111 Cf110
22611 Fanlillo HS 35 Ze94
22375 Fanlo HS 35 Zf93
33391 Fano AS 15 Uc88
33325 Fano AS 15 Ue88
27738 Fanoi LU 12 Sd88
48630 Fano-Uresaranses BI 19 Xa88
12230 Fanzara CS 108 Ze108
22135 Fañanás HS 54 Ze96
15822 Fao C 23 Re91
29461 Faraján MA 174 Ue129
49141 Faramontanos de Tábara ZA 45 Ua97
32839 Faramontaos OR 42 Sa95
50619 Farasdués Z 53 Yf95
43459 Farena T 75 Ba101
17850 Fares GI 59 Ce95
04890 Fargalí Alto AL 170 Xc125
04890 Fargalí Bajo AL 170 Xc125
18182 Fargue GR 168 Wc125
49213 Fariza ZA 64 Tc100
50163 Farlete Z 54 Zc98
27163 Farnadeiros LU 24 Sc91
32899 Farnadeiros OR 42 Sa97
27863 Faro LU 10 Sc86
33195 Faro de Arriba AS 15 Ub88
21800 Faro El Picacho de la Barra H 161 Tb126
29649 Faro y Torre de Calaburras MA 175 Vc129
25595 Farrera L 37 Bb94
24133 Fasgar LE 26 Te92
38570 Fasnia TF 181 Id179
33879 Fastias AS 14 Td88
35108 Fataga GC 184 Kc181
18816 Fátima GR 154 Xb122
11600 Fátima-Juncal CA 173 Uc128
43891 Fatxes T 75 Ae102
18550 Faucena GR 168 Wd124
46512 Faura V 108 Ze110
03430 Favanella A 142 Zc117
46614 Favara V 127 Ze114
50795 Fayón Z 74 Ac101
27789 Fazouro LU 12 Se87
15367 Feás C 10 Sa86
15317 Feás C 11 Rf89
32523 Feás OR 23 Re94
32648 Feás OR 42 Sa97
Feces de Abaixo OR 43 Sd98
Feces de Cima OR 43 Sd97
09566 Fefugio del C.D. de Bilbao BU 18 Wc90
27375 Feira do Monte LU 12 Sc89
15111 Feira Nova C 10 Rb89
07200 Felanitx IB 111 Da112
24734 Felechares de la Valdería LE 45 Tf95
24858 Felechas LE 28 Ue91
33687 Felechesa AS 15 Uc90
15569 Felgosas C 11 Sa87
33160 Felguera AS 15 Ua89
33694 Felgueras AS 15 Ub90
30813 Feli MC 156 Yc123
04728 Felix AL 170 Xc127
24837 Felmín LE 27 Uc91
35570 Femés GC 182 Mb175
17310 Fenals GI 59 Ce98
30627 Fenazar MC 141 Ye120
15500 Fene C 11 Rf88
22623 Fenillosa HS 35 Ze94
32520 Fenteira OR 23 Re94
36839 Fentosa PO 23 Rd94
32315 Ferberza OR 25 Sf94
02436 Férez AB 140 Xf118
50012 Feria Z 53 Za99
06390 Feria BA 132 Tc117
49220 Fermoselle ZA 63 Td101
13140 Fernancaballero CR 121 Wa114
23214 Fernandina J 137 Wc119
14520 Fernán-Núñez CO 151 Vb122
04116 Fernán Pérez AL 171 Xf127
24415 Ferradillo LE 25 Tc94
24010 Ferral del Bernesga LE 27 Uc93
27328 Ferramubín LU 25 Sf93
25216 Ferran L 57 Bc98
15560 Ferreira C 11 Rf87
27206 Ferreira LU 12 Sb91
27770 Ferreira LU 12 Sd87
27830 Ferreira LU 12 Sb88
18513 Ferreira GR 169 Wf125
27675 Ferreiras LU 25 Sf92
27744 Ferreiravella LU 13 Se89
18414 Ferreirola GR 169 We127
36599 Ferreirós PO 23 Re92
27619 Ferreiros LU 24 Sd92
27680 Ferreiros LU 24 Se91
27336 Ferreiros LU 24 Sd93
27325 Ferreiros de Arriba LU 25 Se93
32448 Ferreirúa OR 24 Sb94
33969 Ferrera AS 15 Uc89
24397 Ferreras LE 26 Ua93
49335 Ferreras de Abajo ZA 45 Tf97
49335 Ferreras de Arriba ZA 45 Te97
24886 Ferreras del Puerto LE 28 Uf91
17463 Ferreres GI 59 Cf96
27347 Ferrería LU 24 Se93
07750 Ferreries IB 77 Ea109
49321 Ferreros ZA 44 Tc96
44490 Ferreruela de Huerva TE 72 Ye102
49550 Ferreruela de Távara ZA 45 Tf98
29690 Ferrete MA 173 Ue130
27305 Ferrieros LU 12 Sb89
27181 Ferroi LU 24 Sc91
15403 Ferrol C 11 Re88
27191 Fervedoira LU 12 Sd90
15317 Fervenzas C 11 Rf89
36875 Festín PO 23 Rd95
22585 Fet HS 55 Ad96
27329 Fiais LU 25 Sf94
36990 Fianteira PO 22 Ra94
33683 Figaredo AS 15 Ub89
33867 Figares AS 14 Te88
31311 Figarol NC 33 Yd94
25634 Fígols de la Conca = Fígols de Tremp L 56 Ae96
08698 Figols de les Mines B 57 Bf95
25634 Fígols de Tremp L 56 Ae96
25794 Fígols i Alinyà L 57 Bc95
15809 Figueiras C 11 Rf91
27749 Figueiras LU 12 Sd88
15896 Figueiras C 23 Rc91
15819 Figueiroa C 23 Rf91
03410 Figueral A 142 Zb117
33794 Figueras AS 13 Sf87
17600 Figueres GI 40 Cf95
15365 Figueroa C 10 Sa86
43811 Figuerola del Camp T 75 Bb100
25615 Figuerola de Meià L 56 Af97
25655 Figuerola d'Orcau L 56 Af96
12122 Figueroles CS 108 Ze108
49520 Figueruela de Abajo ZA 44 Td97
49520 Figueruela de Arriba ZA 44 Td97
49177 Figueruela de Sayago ZA 64 Ua101
50639 Figueruelas Z 53 Ye98
48113 Fika BI 19 Xb89
15112 Filgueira C 10 Rb89
27205 Filgueira LU 24 Sa91
36490 Filgueira PO 42 Re95
15390 Filgueira de Barranca C 11 Rf90
15391 Filgueira de Traba C 11 Re90
15613 Filgueiras C 11 Rf88
27727 Filgueirua LU 13 Sf88
24723 Filiel LE 26 Td94
08712 Fillol B 76 Bc99
16878 Finca de Belvalle CU 89 Ya105
12598 Finca del Moro CS 93 Ac106
35639 Finca del Vicario GC 183 Ma178
04869 Fines AL 170 Xe124
22585 Finestras HS 55 Ad96
03509 Finestrat A 143 Ze117
24492 Finolledo LE 26 Tc93
04500 Fiñana AL 170 Xa125
27418 Fiolleda LU 24 Sc93
36457 Fiolledo PO 41 Rd96
27548 Fión LU 24 Sc93
15864 Fiopáns C 22 Rb91
32748 Fiós OR 24 Sc94
23489 Fique J 153 Wf122
35430 Firgas GC 184 Kc180
22373 Fiscal HS 35 Zf94
15155 Fisterra C 22 Qe91
15379 Fisteus C 11 Rf90
31593 Fitero NC 52 Ya96
32767 Fitoiro OR 24 Sd95
36913 Fixón PO 22 Rb94
17463 Flaçà GI 59 Cf96
32618 Flariz OR 43 Sc97
03791 Fleix A 127 Zf116
25617 Flix L 56 Af98
43750 Flix T 74 Ad101
08712 Flix B 76 Bd99
33693 Flor de Acebos AS 15 Ub90
25211 Florejacs L 56 Bb98
48115 Flores BI 19 Xb89
49559 Flores ZA 45 Te98
21390 Flores H 132 Ta120
05370 Flores de Ávila AV 65 Va103
41390 Florida SE 134 Ua120
37129 Florida de Liébana SA 64 Ub102
33111 Focella AS 14 Tf90
36873 Fofe PO 23 Rd95
08495 Fogars de la Selva B 59 Ce98
08470 Fogars de Montclús B 58 Cc98
17861 Fogonells GI 39 Cb95
17401 Fogueres del Pla GI 58 Cc98
27346 Foilebar LU 24 Se92
27611 Foilebar LU 24 Sc92
46134 Foios V 108 Zd111
17132 Foixà GI 59 Cf96
24392 Fojedo LE 27 Ub93
17539 Folch GI 38 Be94
34810 Foldada P 29 Vd92
27145 Folgosa LU 12 Sd91
33810 Folgoso AS 13 Ta90
36558 Folgoso PO 23 Rd93
27325 Folgoso LU 25 Se93
49594 Folgoso de la Carballeda ZA 44 Td97
24311 Folgoso de la Ribera LE 26 Te93
24413 Folgoso del Monte LE 26 Td93
27325 Folgoso do Courel LU 25 Se93
27777 Folgueiras LU 12 Sc88
27659 Folgueiras LU 25 Ta91
27861 Folgueiras LU 10 Sc86
25738 Folguer L 56 Ba96
33194 Folgueras AS 15 Ua88
08519 Folgueroles B 58 Cb97
24608 Folledo LE 27 Ub91
33779 Folgueiras AS 13 Sf88
39213 Fombellida CB 17 Vf91
47184 Fombellida VA 48 Ve98
50491 Fombuena Z 72 Ye102
47311 Fompedraza VA 67 Vf99
47492 Foncastín VA 66 Uf100
26211 Foncea RI 31 Wf93
24722 Foncebadón LE 26 Td94
22474 Fonchanina HS 36 Ad93
05198 Fonda de Santa Teresa AV 84 Uf106
25244 Fondarella L 56 Af99
38570 Fondeadero de Fasnia TF 181 Id179
04460 Fondón AL 170 Xa127
33812 Fondos de Vegas AS 13 Tc91
18515 Fonelas GR 153 We124
27113 Fonfría LU 13 Sf90
33314 Fonfría AS 15 Uc88
27665 Fonfria LU 25 Sf92
24378 Fonfría LE 26 Te93
49510 Fonfría ZA 45 Tf99
44492 Fonfría TE 72 Yf103
43425 Fonoll T 75 Bb99
25218 Fonolleres L 56 Bb99
08259 Fonollosa B 57 Be98
37497 Fonseca SA 81 Tc105
15009 Fontaiña C 11 Rd89
19290 Fontanar GU 87 We104
03430 Fontanar A 142 Zb117
23486 Fontanar J 153 Xa122
02129 Fontanar de las Viñas AB 140 Xf116
13193 Fontanarejo CR 120 Vc113
30811 Fontanares MC 155 Ya122
46635 Fontanars dels Alforins V 126 Zb116
AD600 Fontaneda □ AND 38 Bc94
24291 Fontanil de los Oteros LE 27 Ud94
49743 Fontanillas de Castro ZA 45 Ub98
17257 Fontanilles GI 59 Da96
13473 Fontanosas CR 136 Vc116
24891 Fontanos de Torío LE 27 Uc92
36583 Fontao PO 23 Re92
27210 Fontao LU 24 Sc91
27610 Fontao LU 24 Sd92
03113 Font Calent A 142 Zc118
17256 Fontclara GI 59 Da97
17833 Fontcoberta GI 59 Ce96
03578 Font de la Figuera A 142 Zd117
25611 Fontdepou L 56 Ae97
33828 Fontebona AS 14 Tf88
15837 Fontecada C 10 Ra91
24250 Fontecha LE 27 Ub94
34878 Fontecha P 28 Vb92
01423 Fontecha VI 31 Wf92
32750 Fontedoso OR 24 Sd95
31512 Fontellas NC 52 Yc96
22809 Fontellas HS 53 Zb95
25796 Fontelles L 38 Bc95
28400 Fontenebro MD 85 Wa105
27278 Fonteo LU 13 Se90
27866 Fonterova LU 10 Sc87
17110 Fonteta GI 59 Da97
39212 Fontibre CB 17 Ve90
47609 Fontihoyuelo VA 47 Uf96
03791 Fontilles A 127 Zf116
09349 Fontioso BU 49 Wb97
05310 Fontiveros AV 66 Va103
25615 Fontllonga L 56 Af97
43528 Font Nova T 74 Ac103
24434 Fontoria LE 25 Tc92
24711 Fontoria de Cepeda LE 26 Tf93
08736 Fontrubi B 76 Bd100
25639 Fontsagrada L 56 Af96
43813 Fontscaldes GI 75 Bb101
43811 Fontscaldetes T 76 Bb100
22422 Fonz HS 55 Ab96
26211 Fonzaleche RI 31 Wf93
25737 Foradada L 56 Ba97
22452 Foradada del Toscar HS 36 Ac94
17111 Forallac GI 59 Da97
32786 Forcadas OR 43 Sd95
27546 Forcados LU 24 Sc92
12310 Forcall CS 92 Ze105
36550 Forcarei PO 23 Rd93
32748 Forcas OR 24 Sc94
22487 Forcat HS 36 Ae93
43425 Forès T 75 Bb100
37799 Forfoleda SA 64 Ub102
32643 Forja OR 42 Sa96
15705 Formaris C 23 Rd91
49230 Formariz ZA 63 Te100
03179 Formentera del Segura A 142 Zb120
07470 Formentor IB 111 Da109
07712 Formet IB 77 Eb109
44440 Formiche Alto TE 91 Za107
44441 Formiche Bajo TE 91 Za107
22336 Formigales HS 36 Ab95
24124 Formigones LE 27 Ua92
25794 Forn L 57 Bc95
24746 Forna LE 25 Tc95
03786 Forna A 127 Ze115
07109 Fornalutx IB 110 Ce110
07712 Fornàs de Torrelo IB 77 Eb109
27334 Fornelas LU 24 Sd93
17255 Fornells GI 59 Db97
07748 Fornells IB 77 Ea108
07160 Fornells IB 110 Cc111
17536 Fornells de la Muntanya GI 38 Ca95
17458 Fornells de la Selva GI 59 Ce97
15150 Fornelos C 10 Ra89
32373 Fornelos OR 25 Sf95
36770 Fornelos PO 41 Rb97
36455 Fornelos PO 41 Rd96
36770 Fornelos PO 41 Ra97
32562 Fornelos de Filloas OR 43 Se96
36847 Fornelos de Montes PO 23 Rd95
18127 Fornes GR 168 Wa127
22415 Fornillos HS 55 Aa97
49513 Fornillos de Aliste ZA 45 Te99
22006 Fornillos de Apiés HS 54 Zd95
49232 Fornillos de Fermoselle ZA 63 Te100
44650 Fórnoles TE 73 Zf103
25717 Fòrnols L 38 Bd95
33986 Foros AS 15 Uc89
15807 Foro C 11 Rf90
46418 Fortaleny V 126 Ze113
44143 Fortanete TE 91 Zc105
17469 Fortià GI 59 Da95
30620 Fortuna MC 141 Yf119
36853 Forzáns PO 23 Rd94
22452 Fosado HS 36 Ab94
30441 Fotuya MC 140 Xf119
15310 Foxados C 11 Rf90
15142 Foxo C 11 Rc89
36686 Foxo PO 23 Rd92
33785 Foyedo AS 14 Te87
33873 Foyedo AS 14 Tc88
27780 Foz LU 13 Se87
36866 Fozara PO 41 Rc95
44579 Foz-Calanda TE 73 Ze103
49519 Fradellos ZA 45 Te98
32557 Fradelo OR 43 Sf95
37766 Frades de la Sierra SA 83 Ub105
37115 Frades Viejo SA 64 Ua102
22268 Fraella HS 54 Ze97
36955 Fraga PO 22 Rb95
22520 Fraga HS 74 Ac99
22377 Fragén HS 35 Zf93
10627 Fragosa CC 82 Te106
36330 Fragoselo PO 41 Rb95
36856 Fraguas PO 23 Rd94
37120 Fraguas SA 64 Ub103
19239 Fraguas GU 69 Wf102
23690 Frailes J 152 Wa124
11180 Fraja CA 173 Ub129
39574 Frama CB 17 Vc90
27569 Frameán LU 24 Sb92
38728 Franceses TF 181 Ha176
17456 Franciac GI 59 Ce97
09215 Franco BU 31 Xb92
39788 Francos CB 18 We88
37893 Francos SA 65 Ud103
40514 Francos SG 68 Wd100
09230 Frandovínez BU 30 Wa95
22714 Frauca HS 35 Zd93
27547 Freán LU 24 Sb93
32631 Freande OR 43 Sc96
32135 Freás OR 23 Sa94
32226 Freás OR 42 Rf96
34306 Frechilla P 47 Va96
42216 Frechilla de Almazán SO 70 Xc100
12599 Fredes CS 92 Ab104
06340 Fregenal de la Sierra BA 132 Tc120
37220 Fregeneda SA 63 Ta103
18710 Fregenite GR 169 Wd128
43558 Freginals T 93 Ad104
33775 Freije AS 13 Sf88
18812 Freila GR 154 Xa123
15338 Freires C 10 Sa87
25566 Freixe L 37 Bb94
15846 Freixeiro C 10 Rb90
36544 Freixeiro PO 23 Re93
17867 Freixenet GI 39 Cc95
32358 Freixido OR 25 Sf94
15326 Freixo C 12 Sb87
27624 Freixo LU 24 Se92
32825 Freixo OR 42 Sa95
50562 Fréscano Z 52 Yd97
49255 Fresnadillo ZA 64 Tf100
39518 Fresneda CB 17 Ve89
05196 Fresneda AV 84 Vb105
16781 Fresneda de Altarejos CU 104 Xe109
40217 Fresneda de Cuéllar SG 66 Vd101
16141 Fresneda de la Sierra CU 88 Xf106
09267 Fresneda de la Sierra Tirón BU 31 Wf95
40311 Fresneda de Sepúlveda SG 68 Wb101
05427 Fresnedilla AV 84 Vc107
28214 Fresnedillas MD 85 Ve106
33111 Fresnedo AS 14 Tf90
33116 Fresnedo AS 15 Ua90
33529 Fresnedo AS 15 Ud88
09553 Fresnedo BU 18 Wc91
39738 Fresnedo CB 18 Wc88
39806 Fresnedo CB 18 Wd89
24492 Fresnedo LE 25 Tc92
24878 Fresnedo de Valdellorma LE 28 Ue92
37775 Fresnedoso SA 83 Ub106
10328 Fresnedoso de Ibor CC 99 Uc110
24232 Fresnellino del Monte LE 27 Uc94
09259 Fresneña BU 31 Wf94
33585 Fresnidiello AS 16 Ue89
09471 Fresnillo de las Dueñas Fuentespina BU 49 Wb99
37789 Fresno-Alhándiga SA 83 Uc104
40516 Fresno de Cantespino SG 68 Wd100
42311 Fresno de Caracena SO 69 Wf100
49318 Fresno de la Carballeda ZA 45 Td97
40540 Fresno de la Fuente SG 68 Wc100
49693 Fresno de la Polvorosa ZA 45 Ub96
49590 Fresno de la Ribera ZA 65 Uc99
24765 Fresno de la Valduerna LE 26 Tf94
24223 Fresno de la Vega LE 27 Uc94
24391 Fresno del Camino LE 27 Uc93
09511 Fresno de Losa BU 19 Wf91
39212 Fresno del Río CB 17 Vf90
34889 Fresno del Río P 28 Vb92
09272 Fresno de Riotirón BU 31 We94
09290 Fresno de Rodilla BU 30 Wd94
49216 Fresno de Sayago ZA 64 Ua101

A B C D E F G H I J K L M N Ñ O P Q R S T U V W X Y Z

Fresno de Sayago | 273

E

G

02512 Hoya de Santa Ana AB 141 Yc116
38296 Hoya Fria TF 181 Ie178
02696 Hoya-Gonzalo AB 124 Yc115
38788 Hoya Grande TF 181 Ha176
30629 Hoyahermosa MC 141 Yf119
09316 Hoyales de Roa BU 48 Vf99
46811 Hoya Redonda V 125 Za115
35217 Hoyas de San Gregorio GC 184 Kd181
30510 Hoyo MC 141 Yf117
05123 Hoyocasero AV 84 Va106
38916 Hoyo del Barrio TF 180 Ha182
28240 Hoyo de Manaznanes MD 86 Wa105
05516 Hoyorredondo AV 83 Ud106
10850 Hoyos CC 97 Tb107
11330 Hoyos de Guadarranque o Buenas Noches CA 173 Uc130
05634 Hoyos del Collado AV 84 Ue106
05634 Hoyos del Espino AV 84 Ue106
09126 Hoyos del Tozo BU 29 Wa92
05132 Hoyos de Miguel Muñoz AV 84 Uf106
40136 Hoyuelos SG 66 Vd102
09615 Hoyuelos de la Sierra BU 49 We96
09593 Hozabejas BU 30 Wc92
09511 Hozalla BU 31 Wf91
42311 Hoz de Abajo SO 69 Wf100
39793 Hoz de Anero CB 18 Wc88
09572 Hoz de Arreba BU 30 Wb91
42311 Hoz de Arriba SO 68 Wf100
22312 Hoz de Barbastro HS 55 Aa96
22662 Hoz de Jaca HS 35 Ze92
09559 Hoz de Valdivielso BU 30 Wd92
39716 Hoznayo CB 18 Wb88
22312 Hoz y Costeán HS 55 Aa96
31794 Huarte NC 21 Yc90
31620 Huarte NC 33 Yc92
04119 Huebro AL 171 Xe127
45511 Huecas TO 101 Ve108
50570 Huechaseca Z 52 Yc98
04409 Huécija AL 170 Xc127
23410 Hueco del Pico J 153 We120
10849 Huélaga CC 98 Tc108
16152 Huélamo CU 89 Yb107
24991 Huelde LE 16 Uf91
23560 Huelma J 153 Wd123
37216 Huelmo SA 64 Te103
37798 Huelmos de Cañedo SA 64 Ub102
37798 Huelmos de San Joaquín SA 64 Ub102
37451 Huelmos y Casasolilla SA 82 Ua104
21001*Huelva H 162 Ta125
11170 Huelvacar CA 172 Ua129
16465 Huelves CU 104 Xa108
18512 Huéneja GR 169 Xa125
04230 Huércal de Almería AL 170 Xd127
04600 Huércal-Overa AL 171 Ya124
26314 Huércanos RI 31 Xb94
16373 Huércemes CU 105 Yb110
33350 Huerces AS 15 Ub88
24356 Huerga de Frailes LE 27 Ua94
24143 Huergas de Babia LE 14 Tf91
24609 Huergas de Gordón LE 27 Uc91
16311 Huérguina CU 106 Yc108
09150 Huérmeces BU 30 Wb93
19295 Huérmeces del Cerro GU 69 Xb102
50300 Huérmeda Z 71 Yc100
22194 Huerrios HS 54 Zd96
37338 Huerta SA 65 Ud103
40164 Huerta SG 68 Wb102
10629 Huerta CC 82 Te106
50650 Huerta Alta Z 52 Ye97
06360 Huerta Cruz BA 133 Td117
09614 Huerta de Abajo BU 49 Wf96
09614 Huerta de Arriba BU 50 Wf96
10672 Huerta de Gorronoso CC 98 Te108
06413 Huerta de Granda BA 117 Ua115
30889 Huerta del Abad MC 156 Yc124
29392 Huerta del Americano MA 173 Ue129
16195 Huerta de la Obispalía CU 104 Xd109
21580 Huerta de la Pila H 147 Sf122
41550 Huerta del Colegio SE 166 Uf125
06906 Huerta del Coto BA 148 Tf120
23290 Huerta del Manco J 139 Xc120
16316 Huerta del Marquesado CU 105 Yb108
35412 Huerta del Palmar GC 184 Kc180
09430 Huerta del Rey BU 49 Wd97
13690 Huerta de Peñalva CR 122 Wf113
06340 Huerta de San Benito BA 132 Tb119
05003 Huerta de Tohús AV 84 Vb105
45750 Huerta de Valdecarábanos TO 102 Wc109
22313 Huerta de Vero HS 54 Aa96
21530 Huerta Grande H 146 Sf123
19441 Huertahernando GU 88 Xe104
06360 Huerta Julián BA 133 Td118
41899 Huerta Medialegua SE 148 Te122
29360 Huerta Nueva-Sancho Jaén MA 165 Ue128
19495 Huertapelayo GU 88 Xe104
06393 Huertas Concejo BA 132 Td118
10291 Huertas de la Magdalena CC 99 Ua112
14549 Huertas del Ingeniero CO 150 Va124
29314 Huertas del Río MA 167 Vd126
16260 Huertas de Mateo CU 106 Yc112
06240 Huerta Sevilla BA 133 Td119
14512 Huertas Nuevas CO 150 Vb124
29566 Huertas y Lomas MA 166 Vb128
29327 Huertas y Montes MA 166 Va127
38355 Huerta Vicho TF 181 Id178
42174 Huérteles SO 51 Xe96
13779 Huertezuelas CR 137 Wb117
22210 Huerto HS 54 Ze97
02155 Huerto del Rincón AB 124 Yb114
37500 Huerto de Pedrotello SA 81 Tc105
46230 Huerto Isaura V 126 Zd113
23487 Huesa J 153 Wf122
44213 Huesa del Común TE 72 Za102
22001*Huesca HS 54 Zd96
18830 Huéscar GR 154 Xc122
09593 Huéspeda BU 30 Wc92
16500 Huete CU 104 Xb108
01191 Hueto Arriba VI 31 Xb91
18183 Huétor-Santillán GR 168 Wc125
18360 Huétor-Tájar GR 167 Vf125
18198 Huétor-Vega GR 168 Wc126
19429 Huetos GU 88 Xc104
10628 Huetre CC 82 Te106
19119 Hueva GU 87 Xa106
41830 Huévar del Aljarafe SE 164 Te124
09559 Huidobro BU 30 Wb92
29793 Huit MA 167 Wa128
09124 Humada BU 29 Vf92
19220 Humanes GU 87 Wf104
28970 Humanes de Madrid MD 86 Wb107
48191 Humarán BI 19 Wf89
30876 Humbrías MC 156 Yd123
28223 Humera MD 86 Wb106
09620 Humienta BU 49 Wb95
13429 Humilladero CR 121 Wa113
29531 Humilladero MA 166 Vb126
03313 Hurchillo A 157 Za120
09191 Hurones BU 30 Wc94
30600 Hurtado MC 141 Yd120
05147 Hurtumpascual AV 84 Uf104
34419 Husillos P 47 Vc96
23538 Hútar J 153 Wd122

I

10280 Ibahernando CC 117 Ua113
48820 Ibarra BI 19 Wf89
48419 Ibarra BI 19 Xa90
20400 Ibarra SS 20 Xf90
01160 Ibarra VI 20 Xc90
48311 Ibarrangelu Elejalde BI 19 Xc88
48391 Ibarruri BI 19 Xb89
25122 Ibars de Noguera = Ivars de Noguera L 55 Ad97
50236 Ibdes Z 71 Ya101
09198 Ibeas de Juarros BU 30 Wc95
45313 Iberia TO 102 Wb109
03440 Ibi A 142 Zc117
22122 Ibieca HS 54 Ze96
31451 Ibilcieta NC 34 Yf91
31177 Ibiricu NC 32 Xf92
31486 Ibiricu NC 33 Yc92
22622 Ibirque HS 35 Ze94
01129 Ibisate VI 32 Xd92
25216 Iborra = Ivorra L 57 Bc98
22620 Ibort HS 35 Zd94
09259 Ibrillos BU 31 Wf94
23450 Ibros J 153 Wc120
09125 Icedo BU 29 Wa93
31869 Ichaso NC 21 Yb91
31451 Iciz NC 34 Yf92
38430 Icod de los Vinos TF 180 Ib178
38416 Icod el Alto TF 180 Ic178
33891 Idarga AS 14 Te88
20213 Idiazabal SS 20 Xe90
31421 Idoate NC 33 Yd92
31473 Idocin NC 33 Yd92
31452 Igal NC 34 Yf92
20008 Igara SS 20 Xf89
26525 Igea RI 51 Xf96
20008 Igeldo SS 20 Xf89
33556 Igena AS 16 Uf88
09640 Iglesiapinta BU 49 We96
09345 Iglesiarrubia BU 48 Wa97
09227 Iglesias BU 29 Wa95
31866 Igoa NC 21 Yb90
39108 Igollo CB 18 Wa88
48140 Igorre BI 19 Xb90
27867 Igrexa LU 10 Sc87
36847 Igrexa PO 23 Rd94
15580 Igrexafeita C 11 Sa87
22193 Igriés HS 54 Zd95
08700 Igualada B 57 Bd99
29440 Igualeja MA 174 Uf129
38869 Igualero TF 184 He180
24312 Igüeña LE 26 Te92
38510 Igueste TF 181 Id178
48230 Iguria BI 20 Xc90
31241 Igúzquiza NC 32 Xf93
31850 Ihabar NC 33 Ya91
31869 Ihaben NC 21 Yb91
20269 Ikaztegieta SS 20 Xf90
01260 Ilarduya VI 32 Xe91
31698 Ilárraz NC 33 Yc91
01192 Ilarraza VI 31 Xc91
22415 Ilche HS 55 Aa97
36626 Illa de Arousa PO 22 Ra93
19119 Illana GU 103 Xa107
45681 Illán de Vacas TO 101 Vc109
33734 Illano AS 13 Ta88
04431 Illar AL 170 Xc127
07579 Illa Ravena IB 111 Db110
33718 Illaso AS 13 Tb88
45200 Illescas TO 102 Wa108
18260 Íllora GR 168 Wa125
50250 Illueca Z 71 Yc99
31192 Ilundáin NC 33 Yc92
31698 Ilúrdoz NC 33 Yc91
31172 Ilzarbe NC 33 Ya91
38869 Imada TF 184 He180
31119 Imárcoain NC 33 Yc92
31587 Imas NC 32 Xe94
15105 Imende C 10 Rc89
31448 Imirizaldu NC 34 Ye92
09217 Imiruri BU 31 Xb92
31438 Imizcoz NC 33 Yd91
19269 Imón GU 69 Xb102
30413 Inazares MC 155 Xe120
31698 Inbuluzketa NC 33 Yc91
07300 Inca IB 111 Cf110
39808 Incedo CB 18 Wd89
09558 Incinillas BU 30 Wc91
27347 Incio LU 24 Se93
31421 Induráin NC 33 Yd92
48141 Indusi BI 19 Xb90
42345 Inés SO 68 Wf99
26531 Inestrillas RI 51 Ya97
36640 Infesta PO 22 Rc92
32618 Infesta OR 43 Sc97
33530 Infiesto (Piloña) AS 15 Ud88
35250 Ingenio GC 184 Kd181
33555 Inguenzo AS 16 Va89
24127 Inicio LE 26 Ua92
16235 Iniesta CU 124 Yb112
19283 Iniéstola GU 70 Xd103
50323 Inogés Z 71 Yd100
01450 Inoso VI 19 Xa90
04430 Instinción AL 170 Xc127
19492 Instituto Leprológico GU 88 Xc104
15338 Insua C 12 Sa87
27798 Insua LU 13 Se87
36826 Insua PO 23 Rc94
31891 Intza NC 20 Ya90
33554 Invernales de Cabao AS 16 Vb89
15171 Iñas C 11 Re89
37609 Íñigo SA 82 Ua104
37754 Íñigo Blasco SA 83 Ud105
22621 Ipiés HS 35 Zd94
48144 Ipiñaburu BI 19 Xb90
31395 Iracheta NC 33 Yc93
20749 Iraeta SS 20 Xe89
31639 Iragi NC 21 Yc91
31797 Iraitzoz NC 21 Yb91
31849 Irañeta NC 32 Ya91
31680 Irati NC 20 Yf91
48291 Irazola Axpe BI 20 Xc90
09219 Ircio BU 31 Xa93
24148 Irede de Luna LE 27 Ua91
31879 Iribas NC 21 Ya91
31395 Iriberri NC 33 Yc93
19150 Iriepel GU 87 Wf105
20577 Irimo SS 20 Xd90
15621 Irís C 11 Rf88
31790 Irisarri NC 21 Yb89
15313 Irixoa C 11 Rf89
27837 Irixoa LU 12 Sb88
42269 Iruecha SO 70 Xf102
24741 Iruela LE 44 Td95
37217 Iruelos SA 63 Te102
19143 Irueste GU 87 Xa105
31176 Irujo NC 32 Ya92
20302 Irun SS 21 Yb88
31013 Iruña = Pamplona NC 33 Yc92
01230 Iruña de Oka = Nanclares de la Oca VI 31 Xb92
31177 Iruñela NC 32 Xf92
20271 Irura SS 20 Xf90
01193 Iruraitz-Gauna VI 32 Xd92
31730 Irurita NC 21 Yc90
31291 Irurre NC 32 Ya92
31860 Irurtzun NC 33 Yb91
31448 Iruruzki NC 33 Ye92
09587 Irús BU 18 Wd90
39691 Iruz CB 18 Wa89
31417 Isaba NC 34 Za91
22482 Isábena HS 36 Ad95
09653 Isar BU 29 Wa94
47420 Íscar VA 66 Vc100
22583 Isclés HS 36 Ad95
39776 Isequilla CB 18 Wd88
25586 Isil L 37 Ba92
22612 Isín HS 35 Zd93
39195 Isla CB 18 Wc88
21410 Isla Cristina H 161 Se125
21409 Isla del Moral H 161 Sd125
39618 Isla de Pedrosa CB 18 Wb88
26121 Islallana RI 32 Xc95
41140 Isla Mayor SE 163 Tf126
41130 Isla Menor SE 163 Tf125
41140 Isla Mínima SE 164 Tf126
11518 Isla Mínima CA 172 Te129
30868 Isla Plana MC 157 Ye123
41563 Isla Redonda SE 150 Va124
39798 Islares CB 18 We88
24205 Isla y Sotico LE 27 Uc95
24855 Isoba LE 15 Ue90
25577 Ison L 37 Bb92
25650 Isona L 56 Ba96
25650 Isona i Conca Dellà L 56 Ba96
17539 Isòvol GI 38 Be94
48288 Ispaster-Elejalde BI 20 Xc88
48288 Ispaster BI 20 Xc88
02420 Isso AB 140 Yb118
29611 Istán MA 174 Va129
50687 Isuerre Z 34 Yf94
22613 Isún de Basa HS 35 Ze93
09107 Itera del Castillo BU 29 Ve95
34468 Itero de la Vega P 29 Ve95
34477 Itero Seco P 29 Vc94
18612 Ítrabo GR 168 Wc128
20709 Itsaso SS 20 Xe90
20709 Itsaso-Alegia SS 20 Xe90
20249 Itsasondo SS 20 Xf90
31849 Itsasperri NC 33 Ya91
42191 Ituero SO 51 Xd99
02314 Ituero AB 139 Xe116
37551 Ituero de Azaba SA 81 Tb106
40151 Ituero y Lama SG 85 Vd104
31745 Ituren NC 21 Yb90
31176 Iturgoyen NC 32 Ya92
31810 Iturmendi NC 32 Xf91
48278 Iturreta BI 20 Xc89
01129 Iturrieta VI 32 Xd92
20159 Iturriotz SS 20 Xf89
31850 Itxasperri NC 33 Ya91
31689 Itzaltzu = Izalzu NC 34 Yf91
37500 Ivanrey SA 81 Tc105
25122 Ivars de Noguera L 55 Ad97
25260 Ivars d'Urgell L 56 Af98
31170 Iza NC 33 Yb91
24293 Izagre LE 46 Ue95
31451 Izal NC 34 Yf92
31689 Izalzu = Itzaltzu NC 34 Yf91
42291 Izana SO 50 Xc98
31421 Izánoz NC 33 Yd92
39213 Izara CB 17 Ve91
01440 Izarra VI 19 Xa91
01194 Izarza VI 32 Xc92
18658 Ízbor GR 168 Wc127
37799 Izcala SA 64 Ub101
14850 Izcar CO 151 Vd122
31473 Izco NC 33 Yd93
31173 Izcue NC 33 Yb92
14970 Iznájar CO 167 Ve125
29792 Iznate MA 167 Ve128
23338 Iznatoraf J 138 Wf120
01479 Izoria VI 19 Wf90
31868 Izurdiaga NC 33 Yb91
31175 Izurzo NC 33 Ya92

J

16194 Jábaga CU 104 Xe108
18810 Jabalcón GR 154 Xb123
23194 Jabalcuz J 152 Wa122
16512 Jabalera CU 87 Xb107
44122 Jabaloyas TE 90 Yd107
23712 Jabalquinto J 152 Wb120
24224 Jabares de los Oteros LE 27 Uc94
22809 Jabarillo HS 34 Zc95
22621 Jabarrella HS 35 Zd94
29016 Jaboneros MA 167 Vd128
21290 Jabugo H 147 Tb121
21209 Jabuguillo H 148 Tc121
22700 Jaca HS 35 Zc93
03310 Jacarilla A 157 Za120
19240 Jadraque GU 69 Xa103
51002 Jadú <[region]> 175 Ud133
23001*Jaén J 152 Wb122
17143 Jafre GI 59 Da96
44566 Jaganta TE 92 Ze104
46624 Jalance V 125 Yf113
03727 Jalón = Xaló A 143 Zf116
26134 Jalón de Cameros RI 51 Xd95
49191 Jambrina ZA 65 Uc100
23658 Jamilena J 152 Wa122
31483 Janáriz NC 33 Yd92
01409 Jandiola VI 19 Wf90
22371 Jánovas HS 35 Zf94
50237 Jaraba Z 70 Ya101
23539 Jarafe J 153 Wc121
46623 Jarafuel V 125 Yf114
46311 Jaraguas V 106 Yd111
10380 Jaraicejo CC 99 Ub111
05217 Jaraíces AV 66 Va103
10400 Jaraíz de la Vera CC 99 Ub108
29170 Jaral MA 167 Vd127
38916 Jarales TF 180 Ha182
10550 Jaramediana CC 116 Tc113
47181 Jaramiel de Arriba VA 48 Ve98
09640 Jaramillo de la Fuente BU 49 We96
09640 Jaramillo-Quemado BU 49 Wd96
11518 Jarana CA 172 Tf129
10450 Jarandilla de la Vera CC 99 Uc108
14550 Jarata CO 151 Vb123
42132 Jaray SO 51 Xf98
33779 Jaraz de Meredo AS 13 Ta88
33816 Jarceley AS 14 Td89
06930 Jarero BA 134 Ub119
33747 Jarias AS 13 Ta88
10728 Jarilla CC 99 Tf107
22714 Jarlata HS 35 Zd93
21320 Jaroso H 147 Ta122
50258 Jarque Z 71 Yb99
44169 Jarque de la Val TE 91 Zb104
33719 Jarrio AS 13 Tb87
02486 Jartos AB 139 Xe118
22731 Jasa HS 34 Zb92
18858 Játar GR 154 Xd122
18127 Játar GR 168 Wa127
44592 Jatiel TE 73 Zd101
05123 Jatilla AV 84 Va106
04899 Jauca Alta AL 154 Xc124
14911 Jauja CO 166 Vc125
14800 Jaula CO 151 Ve124
50141 Jaulín Z 72 Za100
31866 Jaunsarats NC 21 Ya90
01207 Jáuregui VI 32 Xd92
31691 Jaurrieta NC 34 Yf91
11180 Jautor CA 173 Uc130
30832 Javalí Nuevo MC 156 Ye121
03730 Jávea = Xábia A 127 Ab116
31481 Javerri NC 33 Yd92
31411 Javier NC 34 Ye93
22350 Javierre HS 36 Ab93
22394 Javierre HS 36 Aa95
22613 Javierre del Obispo HS 35 Ze93
22750 Javierregay HS 34 Zb93
22624 Javierrelatre HS 35 Zc94
18127 Jayena GR 168 Wa127
38769 Jedey TF 181 Ha177
11620 Jédula CA 172 Ua128
40135 Jemenuño SG 66 Vd103
37810 Jemingómez SA 83 Ud103
38813 Jerdune TF 184 He180
11402 Jerez de la Frontera CA 172 Tf128
18518 Jerez del Marquesado GR 169 Wf125
06380 Jerez de los Caballeros BA 132 Tb119
12450 Jérica CS 107 Zc109
10612 Jerte CC 83 Ub107
15151 Jestoso C 10 Qf91
07819 Jesús IB 109 Bc115
18182 Jesús del Valle GR 168 Wc125
43580 Jesús i Maria T 93 Ae104
03749 Jesús Pobre A 127 Aa116
18699 Jete GR 168 Wc128
03100 Jijona = Xixona A 142 Zc117
11330 Jimena de la Frontera CA 173 Ud130
30700 Jimenado MC 157 Yf122
24767 Jiménez de Jamuz LE 26 Ua95
29392 Jimera de Líbar MA 173 Ue129

A B C D E F G H I J K L M N Ñ O P Q R S T U V W X Y Z

Jimera de Líbar | 277
E

A
B
C
D
E
F
G
H
I
J
K
L
M
N
Ñ
O
P
Q
R
S
T
U
V
W
X
Y
Z

18312 Loja GR 167 Vf125
18270 Lojilla GR 168 Vf124
30154 Lo León MC 157 Ye122
43007 l' Oliva T 75 Bb102
46013 l' Oliveral V 126 Zd112
03590 l' Olla A 143 Zf117
08241 l' Oller B 57 Be98
46850 l' Olleria V 126 Zc115
09142 Loma BU 30 Wb92
38788 Lomada Grande TF 181 Ha176
34859 Loma de Castrejón P 29 Vc92
23486 Loma de la Mesa J 153 Xa122
10319 Loma del Saliente CC 99 Uc108
09569 Loma de Montija BU 18 Wd90
18381 Loma de Tabora GR 168 Wa125
34127 Loma de Ucieza P 29 Vc94
32366 Loma Longa OR 25 Ta95
09213 Lomana BU 30 We92
34449 Lomas P 29 Vc95
03188 Lomas del Mar A 157 Zc120
10319 Lomas del Medio CC 99 Uc108
10319 Lomas del Poniente CC 99 Uc108
18270 Lomas de Marcos GR 167 Vf124
39419 Loma Somera CB 29 Vf91
24388 Lomba LE 25 Tb94
39860 Lombera CB 18 Wd89
39557 Lombraña CB 17 Vd90
46692 l' Ombria V 126 Zc115
03669 l' Ombria Alta A 142 Za118
03669 l' Ombria Baixa A 142 Za118
42257 Lomeda SO 70 Xd102
30155 Lo Mendigo MC 157 Yf121
39572 Lomeña-Baseda CB 17 Vc90
21320 Lomero H 147 Ta122
34815 Lomilla P 29 Ve92
45212 Lominchar TO 102 Wa108
38129 Lomo Bermejo TF 181 If177
38589 Lomo de Arico TF 180 Id180
35290 Lomo de la Palma GC 184 Kc181
38129 Lomo de las Bodegas TF 181 If177
38879 Lomo del Balo TF 184 He180
06410 Lomo de Liebre BA 117 Ua114
38715 Lomo de los Gomeros TF 181 Hb176
38590 Lomo de Mena TF 181 Id179
38589 Lomo Oliva TF 180 Id179
11593 Lomopardo CA 172 Tf128
38390 Lomo Román TF 180 Id178
47494 Lomoviejo VA 66 Va102
30700 Lo Navarro MC 157 Yf122
30709 Lo Navarro MC 157 Yf122
50460 Longares Z 72 Yf100
50688 Longás Z 34 Za94
31481 Longida NC 33 Yd92
31481 Lónguida = Longida NC 33 Yd92
36599 Loño PO 23 Rf91
14820 Lope Amargo CO 151 Vc122
23780 Lopera J 151 Ve121
18517 Lopera GR 169 We125
22192 Loporzano HS 54 Ze96
11690 Lora CA 166 Uf127
41564 Lora de Estepa SE 166 Vb125
41440 Lora del Río SE 149 Uc123
28942 Loranca MD 86 Wa107
16550 Loranca del Campo CU 104 Xb108
19141 Loranca de Tajuña GU 87 Wf106
09272 Loranquillo BU 31 We94
15177 Lorbé C 11 Re88
50684 Lorbés Z 34 Za92
31292 Lorca NC 32 Ya92
30800 Lorca MC 156 Yb122
03860 Lorcha = l'Orxa A 126 Ze115
32236 Lordelo OR 42 Re96
24239 Lordemanos LE 46 Uc96
39160 Loredo CB 18 Wb88
24122 Lorenzana LE 27 Uc92
34848 Lores P 17 Vc91
18370 Loreto GR 168 Wa125
33191 Loriana AS 15 Ua88
30441 Lorigas MC 140 Xf119
46168 Loriguilla V 107 Za110
46393 Loriguilla V 107 Zc112
09144 Lorilla BU 29 Wa92
14979 Lorite CO 167 Ve125
15856 Loroño C 10 Ra90
30564 Lorquí MC 156 Ye120
38618 Los Abrigos TF 180 Ic180
38890 Los Aceviños TF 184 He180
49541 Losacino ZA 45 Tf98
49540 Losacio ZA 45 Tf98
24318 Losada LE 26 Td93
46168 Losa del Obispo V 107 Za110
24746 Losadilla LE 25 Tc95
22282 Los Agudos HS 53 Zb96
46177 Los Agustinos V 106 Yf110
44563 Los Alagones TE 91 Ze104
04828 Los Alamicos AL 155 Xf123
04149 Los Alamillos AL 171 Xf127
04811 Los Álamos AL 155 Xe123
29620 Los Álamos MA 175 Vd129
38715 Los Álamos TF 181 Hb176
45138 Los Alares TO 101 Vb112
18314 Los Alazores GR 167 Ve126
30850 Los Albaricoqueros MC 156 Yc122
11170 Los Alburejos CA 172 Ua130
22300 Los Alcanetos HS 55 Aa96
30710 Los Alcázares MC 157 Za122
02448 Los Alejos AB 139 Xe117
04117 Los Alemanes Nuevos AL 171 Xf128
34240 Los Alfoces P 48 Ve97
14100 Los Algarbes CO 150 Va123
23568 Los Alijares J 153 Wd122
30859 Los Allozos MC 156 Yc122
28500 Los Almendros MD 86 Wd107
12500 Los Almendros CS 93 Ad105
13248 Los Almendros CR 122 Wf115
09559 Los Altos BU 30 Wb92
14930 Los Altos CO 151 Vc124
35018 Los Altos GC 184 Kc180
42315 Losana SO 69 Wf101
40192 Losana de Pirón SG 67 Vf102
23294 Los Anchos J 139 Xc119
30858 Los Andreos MC 156 Yd122
21239 Los Andreses H 147 Ta121
28223 Los Ángeles MD 86 Wb106
11339 Los Ángeles CA 173 Ud130
40424 Los Ángeles de San Rafael SG 85 Ve104
22807 Losanglis HS 53 Zb95
02140 Los Anguijes AB 124 Ya115
18492 Los Archillas GR 169 Wf127
23478 Los Archites J 154 Xb120
31210 Los Arcos NC 32 Xe93
06010 Los Arcos BA 132 Ta117
30329 Los Arcos MC 157 Ye122
10460 Losar de la Vera CC 99 Uc108
30889 Los Arejos MC 156 Yb124
10896 Los Arenales CC 97 Tb108
41400 Los Arenales SE 150 Ue124
18312 Los Arenales GR 167 Vf125
29400 Los Arenosos MA 165 Ue128
37607 Los Arévalos SA 82 Ua105
23499 Los Arroyos J 139 Xc119
30813 Los Asensios MC 156 Yb123
23350 Los Avileses J 138 Xb118
21386 Los Bailones H 132 Tb120
11179 Los Baladejos CA 172 Ua130
09119 Los Balbases BU 48 Vf95
18890 Los Balcones GR 154 Xa124
38206 Los Baldíos TF 181 Ie178
38140 Los Banquitos TF 181 If177
30626 Los Baños MC 141 Yf119
30193 Los Baños MC 156 Yd120
30708 Los Baños MC 157 Za122
30155 Los Baños MC 157 Yf121
18120 Los Baños GR 167 Wa126
18517 Los Baños GR 169 We125
06393 Los Barciales BA 132 Td118
06292 Los Barrancos BA 133 Td120
23391 Los Barrancos J 139 Xb118
11630 Los Barrancos CA 165 Ub128
33970 Los Barredos AS 15 Uc89
38769 Los Barriales TF 181 Ha177
23740 Los Barrios J 152 Vf120
11370 Los Barrios CA 175 Ud131
09249 Los Barrios de Bureba BU 30 Wd93
24609 Los Barrios de Gordón LE 27 Ub91
24148 Los Barrios de Luna LE 27 Ua91
24368 Los Barrios de Nistoso LE 26 Tf92
18870 Los Bastianes GR 169 Xa124
24137 Los Bayos LE 26 Te91
02487 Los Belmontes AB 139 Xe119
30385 Los Belones MC 157 Zb123
35489 Los Berrazales GC 184 Kc180
10665 Los Berrocosos CC 98 Tf107
30382 Los Blancos MC 157 Zb123
38600 Los Blanquitos TF 180 Ic180
14208 Los Blázquez CO 134 Ud118
29640 Los Boliches MA 175 Vc129
06389 Los Bolsicos BA 132 Tb119
21239 Los Bravos H 147 Ta121
30153 Los Brianes MC 157 Ye121
30729 Los Buenos MC 157 Zb122
30540 Los Cabañiles MC 141 Yd119
21750 Los Cabezudos H 162 Tc125
33129 Los Cabos AS 14 Tf87
04827 Los Cabreras AL 155 Xf123
02530 Los Calareños de Arriba AB 139 Xe120
23410 Los Calares J 138 We120
33507 Los Callejos AS 16 Va88
12428 Los Calpes CS 107 Zc108
04692 Los Camachos AL 155 Xf124
30369 Los Camachos MC 157 Za123
30592 Los Camachos MC 157 Za122
44400 Los Campillos TE 91 Zb107
21386 Los Campillos H 147 Tb120
38767 Los Campitos TF 181 Ha177
04647 Los Campois AL 171 Yb124
33416 Los Campos AS 15 Ua87
42173 Los Campos SO 51 Xd97
37209 Los Campos SA 82 Te103
22437 Los Camps HS 36 Ac95
38749 Los Canarios TF 181 Ha178
38711 Los Cangajos TF 181 Hb177
04533 Los Canos AL 170 Xa126
14610 Los Cansinos CO 151 Vc121
30858 Los Cantareros MC 156 Yd122
12428 Los Cantos CS 107 Zc108
30441 Los Cantos MC 140 Xf119
21840 Los Caños H 147 Tc124
30395 Los Caños MC 157 Za123
11159 Los Caños de Meca CA 172 Tf131
04648 Los Caparroses AL 171 Yb124
02270 Los Cárceles AB 125 Yc112
18614 Los Carlos GR 169 Wd128
06470 Los Carneriles BA 117 Tf116
35260 Los Carralillos GC 184 Kd181
30390 Los Carrascos MC 155 Ya123
33592 Los Carriles AS 16 Va88
30649 Los Carrillos MC 141 Ye119
18818 Los Carriones GR 154 Xb122
29533 Los Carvajales MA 166 Vb125
18491 Los Casimiros GR 169 Wf127
04278 Los Castaños AL 171 Xf126
04827 Los Castellones AL 155 Xf123
11349 Los Castillejos CA 173 Ud131
30414 Los Castillicos MC 155 Xe120
26200 Los Castillos RI 31 Xa93
30592 Los Castillos MC 157 Za122
18700 Los Castillos GR 169 We128
12232 Los Catalanes CS 107 Zc108
30800 Los Cautivos MC 155 Yb122
04827 Los Cayuelas AL 155 Ya123
30329 Los Cegarras MC 156 Ye122
30320 Los Celdranes MC 157 Yf122
23291 Los Centenaros J 139 Xb120
06480 Los Cercados BA 116 Tc115
35290 Los Cercados GC 184 Kc181
44422 Los Cerezos TE 107 Za108
45682 Los Cerralbos TO 101 Vc109
04813 Los Cerricos AL 155 Xe123
41479 Los Cerrillares SE 150 Ud122
22141 Loscertales HS 54 Ze95
30709 Los Chachimanes MC 157 Za122
04810 Los Chacones AL 155 Xe124
06894 Los Chaparrales BA 117 Td114
41728 Los Chapatales SE 163 Ua126
18890 Los Charcones GR 154 Xa124
30440 Los Charcos MC 140 Yb119
30530 Los Charcos MC 141 Yd119
18700 Los Chaulines GR 169 We128
16312 Los Chicoteros CU 106 Yd110
23693 Los Chopos J 152 Wa123
02489 Los Chorretites de Abajo AB 139 Xd119
02651 Los Chortales AB 141 Yd116
02340 Los Chospes AB 123 Xd116
02612 Los Chospes AB 123 Xd114
28790 Los Chotos MD 86 Wb105
10815 Los Chozones CC 98 Td108
18708 Los Cipreses GR 169 We127
41510 Los Claveles SE 165 Ub124
06380 Los Clementes BA 132 Tb118
04770 Los Clementes AL 169 Wf128
46354 Los Cojos V 125 Ye112
18770 Los Coliches GR 169 Wf128
02449 Los Collados AB 139 Xd118
30813 Los Conventos MC 156 Yb123
46313 Los Corrales V 106 Ye111
41657 Los Corrales SE 166 Va126
18127 Los Corrales GR 168 Wb127
39400 Los Corrales de Buelna CB 17 Vf89
35639 Los Corrales de la Torre GC 183 Ma178
30591 Los Cortados MC 157 Za122
30710 Los Cortados MC 157 Za122
41599 Los Cortijillos SE 166 Vb125
29711 Los Cortijillos MA 167 Vf127
16318 Los Cortijos CU 89 Yd108
18816 Los Cortijos GR 154 Xb122
29712 Los Cortijuelos MA 167 Vf127
40312 Los Cortos SG 68 Wc101
39573 Los Cos CB 17 Vc90
44493 Loscos TE 72 Yf102
18708 Los Cózares GR 169 We127
38650 Los Cristianos TF 180 Ib180
05580 Los Cuartos AV 83 Ud106
23211 Los Cuellos J 137 Wb119
30876 Los Curas MC 156 Yd123
04779 Los Curros AL 169 Wf128
16150 Los Demetrios CU 89 Ya106
03312 Los Desamparados A 157 Za120
30333 Los Díaz MC 156 Ye122
30394 Los Díaz MC 157 Yf123
18711 Los Díaz GR 169 We128
04271 Los Dioses AL 171 Xf125
30310 Los Dolores MC 157 Yf123
03360 Los Dolores de Catral A 142 Za120
14249 Los Doñaros CO 134 Ud119
46352 Los Duques V 125 Ye112
04211 Los Encalmados AL 170 Xe126
23610 Los Encinares J 152 Wa123
28793 Los Endrinales MD 86 Wb104
23747 Los Escoriales J 137 Wa119
04118 Los Escullos AL 171 Xf128
24913 Los Espejos de la Reina LE 16 Va91
14029 Los Estepas CO 150 Va122
16612 Los Estesos CU 123 Xd113
30889 Los Estrechos MC 156 Yc124
16150 Los Eustaquios CU 89 Ya106
47511 Los Evanes VA 65 Ue100
50513 Los Fayos Z 52 Yb97
04827 Los Fernández AL 155 Xf123
06186 Los Fresnos BA 116 Tb115
06010 Los Fresnos BA 132 Ta117
16610 Los Galindos CU 123 Xd112
18810 Los Gallardos GR 154 Xb124
04280 Los Gallardos AL 171 Ya125
11139 Los Gallos CA 172 Te130
18711 Los Gálvez GR 169 We128
18708 Los Gálvez GR 169 We128
04820 Los Gandias AL 155 Xf123
30590 Los Garcías MC 157 Za121
30153 Los Garcías MC 157 Ye121
30158 Los Garres MC 157 Yf121
04826 Los Gatos AL 155 Xf123
04827 Los Gázquez AL 155 Ya123
04830 Los Gázquez AL 155 Xf122
04827 Los Gázquez de Arriba AL 155 Ya123
44478 Los Giles TE 107 Zc108
04289 Los Giles AL 171 Xf126
23291 Los Goldines J 139 Xb120
04200 Los Góngoras AL 170 Xd127
41670 Los Gramadales SE 166 Ue126
30440 Los Granadicos MC 140 Ya119
04814 Los Graneros de Abajo AL 155 Xf124
06713 Los Guadalperales BA 118 Ub114
18615 Los Guájares GR 168 Wc127
04210 Los Guardines AL 171 Xf126
30333 Los Guerreros MC 156 Ye122
05690 Los Guijuelos AV 83 Ud107
04826 Los Guiraos AL 155 Xf123
04647 Los Guiraos AL 171 Yb124
04890 Los Hernández AL 170 Xc124
46199 Los Herreros V 125 Za113
04770 Los Herreros AL 169 Wf128
46625 Los Hervideros V 125 Yf113
04660 Los Higuerales AL 171 Xf124
16417 Los Hinojosos CU 104 Xb111
06880 Los Hornos BA 116 Tc115
28810 Los Hueros MD 87 Wd106
40490 Los Huertos SG 67 Ve102
39571 Losiezo CB 17 Vc90
49161 Losilla ZA 45 Ua98
46179 Losilla V 106 Yf109
30592 Los Infiernos MC 157 Za122
46354 Los Isidros V 125 Ye112
30850 Los Jaboneros MC 156 Yc122
04271 Los Jarales AL 171 Xf125
47359 Los Jaramieles VA 48 Ve98
30109 Los Jerónimos MC 157 Za122
41410 Los Jinetes SE 149 Ub123
30800 Los Juanetes MC 155 Yb122
04648 Los Jurados AL 171 Yb124
41849 Los Labrados SE 164 Te125
29569 Los Lagares MA 166 Vb128
30877 Los Lardines MC 156 Yd123
04530 Los Lázaros AL 170 Xb126
14650 Los Leones CO 151 Vd121
42291 Los Llamosos SO 50 Xc99
04430 Los Llanetes AL 170 Xc127
38913 Los Llanillos TF 180 Gf182
02049 Los Llanos AB 124 Ya115
46780 Los Llanos V 127 Zf115
06150 Los Llanos BA 132 Tc117
06477 Los Llanos BA 133 Ua117
04692 Los Llanos AL 155 Xf124
29510 Los Llanos MA 166 Vb128
18310 Los Llanos GR 168 Vf126
18416 Los Llanos GR 169 We127
04661 Los Llanos AL 171 Xf124
38915 Los Llanos TF 180 Ha182
35468 Los Llanos GC 184 Kb180
29250 Los Llanos de Antequera MA 167 Vc126
38760 Los Llanos de Aridane TF 181 Ha177
47100 Los Llanos de la Peña VA 66 Va100
04628 Los Llanos del Mayor AL 171 Ya125
05690 Los Llanos de Tormes AV 83 Ud107
39450 Los Llares CB 17 Vf89
34849 Los Llazos P 17 Vd91
30876 Los Loberos MC 156 Yd123
04277 Los Loberos AL 171 Ya126
04619 Los Lobos AL 171 Yb125
35430 Los Lomitos GC 184 Kc180
30877 Los López MC 156 Yd122
30739 Los López MC 157 Za121
04770 Los López AL 169 Wf128
30740 Los Lorcas MC 157 Zb122
30868 Los Lorentes MC 156 Ye123
38849 Los Loros TF 184 He180
22809 Los Loscorrales HS 34 Zc95
04814 Los Lozanos AL 155 Xf124
16612 Los Luises CU 123 Xd113
30868 Los Madriles MC 157 Ye123
30390 Los Madriles MC 157 Yf122
21340 Los Madroñeros H 147 Tc121
02651 Los Mainetes AB 141 Yd116
45700 Los Majuelos TO 102 Wb111
30333 Los Maldonados MC 156 Ye122
38869 Los Manantiales TF 184 He180
18810 Los Mancebos GR 170 Xb124
49174 Los Maniles ZA 64 Ua100
04887 Los Manolones AL 170 Xd124
18810 Los Manzanos GR 170 Xb124
04278 Los Maños AL 171 Xf126
04814 Los Marcelinos AL 155 Xf124
46310 Los Marcos V 106 Ye112
21620 Los Marcos de Alcolea H 147 Ta124
02512 Los Mardos AB 140 Yc117
23393 Los Maridos J 139 Xc118
30420 Los Marines MC 140 Yb119
21208 Los Marines H 147 Tc121
29710 Los Marines MA 167 Ve127
30156 Los Martínez MC 157 Yf122
30397 Los Martínez MC 157 Yf122
44540 Los Mases TE 73 Zc102
44424 Los Mases TE 107 Zb108
03316 Los Mateos A 141 Yf120
04271 Los Matreros AL 171 Ya125
30334 Los Mayordomos MC 157 Yf122
04276 Los Medinas AL 171 Xe125
30889 Los Melenchones MC 156 Yc124
04662 Los Menas AL 171 Ya124
04650 Los Menchores AL 171 Xf124
30708 Los Meroñes MC 157 Za122
18810 Los Mesas GR 154 Xb124
30333 Los Milanos MC 156 Ye122
30420 Los Milicianos MC 140 Yb119
10391 Los Millares CC 99 Ud109
04560 Los Millares AL 170 Xc127
13739 Los Mirones CR 137 Wb117
38911 Los Mocanes Casas TF 180 Ha182
14729 Los Mochos CO 150 Va122
23268 Los Mochuelos J 138 Wf118
30868 Los Molares MC 156 Ye123
41750 Los Molares SE 165 Ub126
22338 Los Molinos HS 36 Ab94
05593 Los Molinos AV 83 Ud106
28460 Los Molinos MD 85 Vf104
44195 Los Molinos TE 90 Ye106
06900 Los Molinos BA 133 Tf119
04277 Los Molinos AL 171 Xf126
04858 Los Molinos AL 171 Xf125
35541 Los Molinos GC 182 Md173
35470 Los Molinos GC 184 Kb181
26145 Los Molinos de Ocón RI 32 Xe95
29400 Los Molinos-Sijuela MA 166 Ue128
46500 Los Monasterios V 108 Zd111
04533 Los Monjos AL 169 Xb126
29603 Los Monteros MA 175 Vb129
06443 Los Montes BA 134 Ua118
18495 Los Montoros GR 169 Wf127
02600 Los Montoyas AB 123 Xd113
02694 Los Morabios AB 125 Yd114
02639 Los Morales AB 123 Xf114
18120 Los Morales GR 168 Wa127
18711 Los Morales GR 169 Wd128
29400 Los Morales-Santa María MA 166 Ue128
02612 Los Morcillos AB 123 Xd114
14299 Los Morenos CO 134 Ud120
02534 Los Morenos AB 139 Xd119
30333 Los Morenos MC 156 Ye122
30591 Los Moreños de Camachos MC 157 Za122
04889 Los Morillas de Albánchez AL 170 Xc125
18449 Los Morones GR 169 We127

M

43440 Mas d'En Xup T 75 Ba100
50170 Mas de Orleans Z 74 Aa101
44600 Mas de Palomar TE 73 Zf102
43746 Mas de Panaré T 74 Ad103
43784 Mas de Parrot T 74 Ac102
44450 Mas de Peñarroya TE 107 Za108
44500 Mas de Perle TE 73 Zd103
12135 Mas de Pesetes CS 91 Ze106
44621 Mas de Petot TE 73 Aa102
43513 Mas de Planero T 74 Ad103
43736 Mas de Poldo T 75 Ae102
43790 Mas de Pubilla T 74 Ac101
25289 Mas de Pujantell L 57 Bc97
50700 Mas de Pulido Z 73 Zf101
25186 Mas de Rabé L 74 Ad100
50700 Mas de Rabel Z 73 Zf101
22215 Mas de Rafalet HS 54 Zf98
25186 Mas de Ratat L 74 Ad100
43787 Mas de Ratat T 74 Ab102
43860 Mas de Renegac T 75 Ae103
44556 Mas de Ricarda TE 91 Zd104
44600 Mas de Robres TE 73 Ze102
12511 Mas de Roc CS 92 Ab105
44213 Mas de Romanos TE 72 Za102
25186 Mas de Rosell L 74 Ad100
12164 Mas de Rosildos CS 92 Zf107
12316 Mas de Sabaté CS 92 Ze105
44150 Mas de Santella TE 91 Zb105
50795 Mas de Santiago Z 74 Ac101
43747 Mas de Segara T 74 Ad102
43792 Mas de Siló T 74 Ad101
43790 Mas de Simonet T 74 Ac101
25639 Mas de Solduga L 56 Af96
44610 Mas de Sorribes TE 74 Ab103
43860 Mas d'Estanqué T 75 Ae103
44708 Mas de Táteiras TE 91 Zb104
50780 Mas de Tío Manguer Z 73 Ze101
44412 Mas de Torre Colás TE 91 Zc106
22213 Mas de Torres HS 54 Ze98
12183 Mas de Trilles CS 92 Aa107
44530 Mas de Val Primera TE 73 Zd102
50750 Mas de Val Traversa Z 73 Zd99
50780 Mas de Vaquer Z 73 Zf101
12578 Mas de Vegue CS 92 Ab106
46389 Mas de Vergés V 126 Zc112
12123 Mas de Vicenta CS 108 Zd108
50709 Mas de Villacampa Z 73 Aa101
43596 Mas de Vinyals T 74 Ab103
13194 Masegar CR 101 Ve112
16878 Masegosa CU 89 Xf105
42112 Masegoso SO 51 Xf98
44123 Masegoso TE 89 Yd107
02314 Masegoso AB 139 Xe116
19490 Masegoso de Tajuña GU 88 Xb104
43365 Mas Enrei T 75 Af101
44591 Mases de Almochuel Z 73 Zc101
44557 Mases de Crivillén TE 73 Zc103
50780 Mases de la Balsa Z 73 Ze100
44540 Mases de la Cantera TE 72 Zb102
44500 Mases de la Paridera TE 73 Zd102
44500 Mases del Collado TE 73 Zd103
44600 Mases del Morellano TE 73 Zf102
50780 Mases del Pez Z 73 Ze100
44540 Mases del Radiguero TE 72 Zc102
44500 Mases del Santo TE 73 Zd102
25186 Mases de Marcias L 74 Ac100
50700 Mases de Pantoja Z 73 Zf101
50780 Mases de Piqueros Z 73 Ze100
44540 Mases de Sasillo TE 73 Zc102
22230 Mases de Trenques HS 54 Zf99
44480 Mases y Tamboril TE 107 Zb108
44586 Maset de Rocher TE 92 Aa104
03108 Masets A 142 Zd117
43362 Mas Gallicant T 75 Af101
46370 Masia Aldamar V 107 Zc112
44100 Masía Alta TE 90 Yd106
46117 Masia Arnal V 107 Zd111
12110 Masia Bachero d'Araia CS 108 Ze108
12140 Masia Benafechines CS 92 Aa106
43421 Masia Cal Solvet B 76 Bc99
12185 Masia Can Bosc CS 92 Aa107
44110 Masía Cardencla TE 90 Yd106
12513 Masia Costereta CS 92 Aa106
12120 Masia d'Agustina CS 107 Zd107
12410 Masía de Abanillas CS 107 Zc110
44168 Masía de Abeja TE 91 Za105
44431 Masía de Agua Blanca TE 91 Zb106
44562 Masía de Asensio TE 91 Zd104
44193 Masía de Atalaya TE 91 Za106
44155 Masía de Bernat TE 91 Za105
44126 Masía de Bruno TE 89 Yb107
12440 Masía de Buscavidas CS 107 Zc109
44394 Masía de Cabezo Pardo TE 90 Ye104
44159 Masía de Cañadas TE 91 Zb105
44382 Masía de Cañalafuente TE 90 Yd104
44150 Masía de Cañizarejo TE 91 Zb105
12135 Masia de Capote CS 92 Ze106
25180 Masía de Caramba L 55 Ac99
12185 Masia de Carrero CS 92 Aa107
44125 Masía de Conejera TE 89 Yc106
12410 Masía de Cucalón CS 107 Zc110
12120 Masia de Fabra Lloma CS 108 Ze108
12125 Masia de Fuentes CS 107 Zd108
12134 Masia de Gargán CS 91 Ze107
12120 Masia de Guadamar de Dalt CS 108 Ze108
44414 Masía de Igual TE 91 Zc107
12513 Masía de Jaime Vicente CS 92 Zf106
22520 Masía de J. Antonio HS 74 Ab100
12429 Masía de la Almarja CS 107 Za109
44442 Masía de la Balsa TE 90 Za107
44164 Masía de la Cañada TE 90 Yf104
12134 Masía de la Carrasca CS 91 Ze107
44193 Masía de la Casa Baja TE 90 Yf106
12370 Masía de la Creu CS 92 Aa105
44167 Masía de la Ermita TE 90 Yf105
44193 Masía de la Hita TE 90 Za106
44368 Masía de la Lagosa TE 89 Yd106
44161 Masía del Alfambra TE 90 Za105
44432 Masía del Altico TE 91 Zb106
44431 Masía de la Olmedilla TE 91 Zb107
44442 Masía de la Rambla TE 90 Za107
44160 Masía de la Rana TE 90 Yf105
44430 Masía de la Rinconada TE 107 Za107
22232 Masía de la Sardera HS 54 Aa99
44460 Masía de las Cuestas TE 107 Za108
44159 Masía de la Serna TE 91 Zb105
43786 Masia de la Serra T 74 Ac102
44400 Masía de las Incosas TE 91 Zb107
44157 Masía de la Solana TE 91 Zb105
44145 Masía de la Sonana TE 91 Zb106
44145 Masía de las Pupilas TE 91 Zb105
12513 Masía de la Torreta CS 92 Aa106
44100 Masía de la Toyuela TE 90 Yd106
12429 Masía del Bolado CS 107 Zb108
44367 Masía del Borrocal TE 90 Yc106
22232 Masía del Campo HS 54 Aa99
44440 Masía del Campo TE 90 Za107
46169 Masía del Capella V 107 Zc110
44409 Masía del Carbonero TE 90 Za106
44431 Masía del Carrascalejo TE 91 Zb106
44100 Masía del Cebrero TE 89 Yc106
44530 Masía del Ceperuelo TE 73 Zd102
44155 Masía del Collado TE 91 Za105
12430 Masía del Collado CS 107 Zb109
44300 Masía del Colorado TE 90 Yd104
12599 Masia del Esparavé CS 92 Aa105
12135 Masia de les Pomeres CS 91 Ze107
12315 Masia de les Pruneres CS 92 Aa105
12513 Masia del Gatellá CS 92 Zf106
44400 Masía del Hocico TE 91 Zb107
44167 Masía del Hoyo TE 90 Ye105
46171 Masía del Juez V 107 Zb110
44330 Masía del Mas TE 71 Yd103
03516 Masia del Oficial A 143 Ze117
12370 Masia de l'Om CS 92 Aa105
44100 Masía de los Gatos TE 90 Yd106
12430 Masía de los Pérez CS 107 Zb109
44143 Masía del Padre Santo TE 91 Zc105
44100 Masía del Palomo TE 90 Yd106
44146 Masía del Portero TE 91 Zb106
44161 Masía del Pozuelo TE 90 Za105
44433 Masía del Prado TE 91 Zb106
12125 Masía del Rebollo CS 107 Zd108
44164 Masía del Recuenco TE 90 Yf104
44440 Masía del Río TE 91 Za107
12125 Masía del Rull CS 107 Zd108
12162 Masia del Senyor CS 92 Zf106
44191 Masía del Villarejo TE 90 Ye108
12135 Masía de Manzanares CS 91 Ze107
44145 Masía de Marta TE 91 Zc106
44155 Masía de Millán TE 91 Zb105
44100 Masía de Monteagudo TE 89 Yc106
44394 Masía de Morata TE 90 Yd104
44431 Masía de Ontejas Altas TE 91 Zb106
44161 Masía de Portachuelo TE 90 Za106
44563 Masía de Ricoll TE 91 Ze104
12410 Masía de Rivas CS 107 Zc109
44100 Masía de Roclos TE 90 Yd106
12162 Masia de Romeo CS 92 Zf106
44300 Masía de Ruecas TE 90 Ye104
44394 Masía de Saletas TE 90 Yd104
12135 Masía de Salvador CS 91 Ze107
12400 Masía de San Juan CS 107 Zd110
44123 Masía de San Pedro TE 90 Yc107
44155 Masía de Santa Ana TE 91 Za105
50170 Masía de Satué Z 74 Ab101
12513 Masia de Segarra de Arriba CS 92 Zf106
12319 Masia de Segures CS 92 Aa104
43749 Masia de Senier T 74 Ad102
43790 Masía d'Estrada T 74 Ac101
12135 Masia de Toni CS 91 Zd107
12313 Masia de Torre Miró CS 92 Zf104
12410 Masía de Uñoz CS 107 Zc110
44393 Masía de Val TE 90 Yd104
44556 Masía de Valdecascallo TE 91 Zd104
44162 Masía de Valdomingo TE 90 Yf106
44300 Masía de Villarrubio TE 90 Yd104
43896 Masia de Vinaixarop T 93 Ad104
44143 Masía de Zoticos TE 91 Zc106
12127 Masía el Camino CS 91 Zc108
44144 Masía El Cañamillo TE 91 Zb105
12513 Masia Enramon CS 92 Zf106
12513 Masia Font Nova CS 92 Zf105
44440 Masía La Cañada TE 91 Za106
25180 Masía la Vaqueria L 55 Ac99
44586 Masia Nova TE 92 Aa104
44195 Masía Nueva del Cerrito TE 90 Ye107
12578 Masia Pallaresa CS 92 Ab106
12450 Masia Paredes CS 107 Zc109
12140 Masia Pati CS 92 Zf107
12570 Masia Piedra Seca CS 92 Ab106
46610 Masia Quitorras V 126 Zc114
08275 Masia Rubí B 58 Ca98
12469 Masías Blancas CS 107 Zc109
12469 Masías del Cristo CS 107 Zc109
44530 Masías de los Albadales TE 73 Zd102
12460 Masías del Río CS 107 Zc109
12469 Masías de Parrela CS 107 Zc109
44360 Masías El Bao TE 90 Ye105
12122 Masia Traguanta CS 108 Ze108
12448 Masía Valdesánchez CS 107 Zc108
44410 Masico de Albardero TE 91 Zd106
44410 Masico de Bertoldo TE 91 Zc106
44410 Masico de la Bireta TE 91 Zc106
32570 Maside OR 23 Rf94
27619 Maside LU 24 Sd92
44450 Masío de los Enebrales TE 90 Za107
17244 Mas la Caseta GI 59 Cf97
43718 Masllorenç T 76 Bc101
43813 Masmolets T 75 Bb101
17464 Mas Nicolau GI 59 Cf96
17249 Mas Nou GI 59 Da97
25653 Masos de Sant Martí L 56 Ba96
35100 Maspalomas GC 184 Kc182
43549 Mas Pin T 93 Ad104
17257 Mas Pinel GI 59 Db96
43558 Mas Pinyol T 93 Ac104
43382 Maspujols T 75 Ba101
08783 Masquefa B 76 Be99
12124 Mas Quemado CS 91 Zd107
25160 Mas Quintana L 74 Ad100
43891 Masriudoms T 75 Af102
46560 Massalfassar V 108 Ze111
46130 Massamagrell V 108 Ze111
46470 Massanassa V 126 Zd112
17452 Massanes GI 59 Cd98
17720 Massanet de Cabrenys = Maçanet de Cabrenys GI 40 Ce94
46112 Massarrottjos V 107 Zd111
25529 Massivert L 37 Ae94
25211 Massoteres L 56 Bb98
37251 Masueco SA 63 Tc101
44150 Mas Valenciano TE 91 Zc105
17406 Mas Vidal GI 58 Cc97
39409 Mata CB 17 Vf89
09141 Mata BU 30 Wb93
17846 Mata GI 59 Ce96
40446 Mata Alegre SG 66 Vc102
23120 Mata Bejid J 153 Wc122
40163 Matabuena SG 67 Wb102
23620 Matacas J 152 Wa121
10970 Mata de Alcántara CC 97 Tb110
37765 Mata de Arriba SA 82 Ua105
40214 Mata de Cuéllar SG 66 Vd100
39418 Mata de Hoz CB 17 Ve91
24291 Matadeón de los Oteros LE 27 Ud94
08230 Matadepera B 58 Ca99
40392 Mata de Quintanar SG 67 Vf102
06800 Matadero Provincial BA 117 Td115
40185 Mata de Rosueros SG 67 Wa102
28492 Mataelpino MD 85 Wa104
04715 Matagorda AL 170 Xa128
11519 Matagorda CA 172 Te129
21760 Matalascañas H 162 Tc127
42132 Matalasilla SO 51 Xf98
34810 Matalbaniega P 29 Ve91
42113 Matalebreras SO 51 Xf97
30889 Matalentisco MC 171 Yc124
09198 Matalindo BU 49 Wd95
19223 Matallana GU 68 Wd102
16250 Mata Llana CU 105 Yb111
24836 Matallana de Torío LE 27 Uc91
24290 Matallana de Valmadrigal LE 27 Ue94
36689 Matalobos PO 23 Rc92
24357 Matalobos del Páramo LE 27 Ub94
36210 Matamá PO 41 Rb95
40163 Matamala SG 68 Wb102
37891 Matamala SA 83 Uc104
42211 Matamala de Almazán SO 69 Xc99
40153 Matamanzano SG 85 Ve103
25287 Matamargó L 57 Bd97
34810 Matamorisca P 29 Ve91
39200 Matamorosa CB 17 Ve91
47410 Matamozos VA 66 Vb101
40165 Matandrino SG 68 Wb102
06392 Matanegra BA 133 Te118
24793 Matanza LE 26 Tf94
24207 Matanza de los Oteros LE 46 Ud95
42351 Matanza de Soria SO 50 We99
14900 Mataosos CO 151 Vd124
39410 Mataporquera CB 29 Vf91
47230 Matapozuelos VA 66 Vb100
43540 Mata-redona T 93 Ad105
08302 Mataró B 77 Cc99
41569 Matarredonda SE 166 Va124
39418 Matarrepudio CB 29 Vf91
19227 Matarrubia GU 87 We103
19265 Matas GU 69 Xb102
42175 Matasejún SO 51 Xe97
25638 Mata-solana L 56 Af96
01192 Matauco VI 32 Xc91
24378 Matavenero y Poibueno LE 26 Td93
08230 Mata Xica B 58 Ca99
49519 Matellanes ZA 45 Te98
12415 Matet CS 107 Zd109
18859 Matián GR 154 Xd123
22311 Matidero HS 35 Zf94
39812 Matienzo CB 18 Wc89
49692 Matilla de Arzón ZA 46 Uc96
24359 Matilla de la Vega LE 27 Ua94
47114 Matilla de los Caños VA 66 Va99
37450 Matilla de los Caños del Río SA 82 Ua104
49590 Matilla la Seca ZA 46 Uc99
27375 Mato LU 12 Sc89
27555 Mato LU 24 Sa92
27637 Mato LU 24 Sd92
03296 Matola A 142 Zb119
06290 Matorrales BA 133 Tf118
24820 Matueca de Torío LE 27 Uc92
01206 Maturana VI 32 Xc91
26321 Matute RI 31 Xb95
42211 Matute de Almazán SO 69 Xc100
42167 Matute de la Sierra SO 51 Xd97
20738 Matxinbenta SS 20 Xe90
10591 Maulique CC 99 Ua109
32880 Maus de Salas OR 42 Sa97
34492 Mave P 29 Ve92
31715 Maya, Amaiur/ NC 21 Yd89
49718 Mayalde ZA 64 Ub101
03680 Mayorazogo A 142 Zb119
47680 Mayorga VA 46 Ue96
37451 Maza de San Pedro SA 82 Tf104
40556 Mazagatos SG 68 Wd100
21800 Mazagón H 161 Tb126
44621 Mazaleón TE 74 Aa102
05691 Mazalinos AV 83 Uc106
42130 Mazalvete SO 51 Xe98
37149 Mazán SA 64 Tf102
39210 Mazandrero CB 17 Ve90
45593 Mazarabeas Altas TO 102 Vf109
45593 Mazarabeas Bajas TO 101 Ve109
45114 Mazarambroz TO 102 Vf110
19286 Mazarete GU 70 Xf102
15256 Mazaricos C 10 Ra91
34170 Mazariegos P 47 Vb96
09346 Mazariegos BU 49 Wc96
16510 Mazarulleque CU 104 Xb107
04131 Mazarulleque AL 170 Xe128
42126 Mazaterón SO 70 Xf99
39509 Mazcuerras CB 17 Ve89
27667 Mazo LU 25 Ta91
27677 Mazo LU 25 Sf92
38739 Mazo = Villa de Mazo TF 181 Hb177
37406 Mazores Nuevo SA 65 Ue102
37406 Mazores Viejo SA 65 Ue102
09646 Mazueco BU 49 Wd95
41440 Mazueco SE 149 Ud122
19114 Mazuecos GU 87 Wf107
34306 Mazuecos de Valdeginate P 47 Va95
09228 Mazuela BU 48 Wa95
34473 Mazuelas P 28 Vc93
09239 Mazuelo de Muñó BU 48 Wa95
30442 Mazuza MC 140 Xf119
30870 Mazzarón MC 156 Ye123
48115 Meaca BI 19 Xb89
48115 Meaka BI 19 Xb89
12133 Meanes CS 92 Zf107
31227 Meano VI 32 Xd93
15857 Meáns C 10 Ra90
36968 Meaño PO 22 Rb94
20500 Meatzerreka Beneras SS 20 Xd90
32633 Meaus OR 42 Sb97
36557 Meavía PO 23 Rd93
09346 Mecerreyes BU 49 Wc96
18470 Mecina Alfahar GR 169 Wf127
18450 Mecina Bombarrón GR 169 We127
18414 Mecina Fondales GR 169 Wd127
18490 Mecina-Tedel GR 169 Wf127
28880 Meco MD 87 We105
27293 Meda LU 12 Sd90
32368 Meda OR 25 Sf95
32618 Medeiros OR 43 Sc97
06411 Medellín BA 117 Ua115
39419 Mediadoro CB 29 Vf91
50135 Mediana de Aragón Z 72 Zb100
05194 Mediana de Voltoya AV 85 Vc104
09588 Medianas BU 19 We90
03570 Mediases A 143 Ze117
33508 Mediavilla AS 16 Va88
15821 Medín C 11 Re91
42240 Medinaceli SO 70 Xd101
06320 Medina de las Torres BA 133 Td118
47400 Medina del Campo VA 66 Va101

A B C D E F G H I J K L M N Ñ O P Q R S T U V W X Y Z

Medina del Campo | 287

E

09500 Medina de Pomar BU 30 Wd91
47800 Medina de Ríoseco VA 47 Uf97
11170 Medina-Sidonia CA 172 Ua130
05619 Medinilla AV 83 Uc106
09230 Medinilla de la Dehesa BU 30 Wa95
17482 Medinyà GI 59 Cf96
39724 Medio Cuyedo CB 18 Wb88
11610 Mediodía CA 165 Ud128
32779 Medos OR 24 Sd94
19246 Medranda GU 69 Xa103
26374 Medrano RI 32 Xc94
47440 Megeces VA 66 Vc100
19315 Megina GU 89 Ya105
27296 Meilán LU 12 Sc90
27240 Meira LU 13 Se89
15188 Meirama C 11 Rd89
27324 Meiraos LU 25 Se93
15168 Meirás C 11 Re88
36877 Meirol PO 41 Rd95
36637 Meis PO 22 Rb93
27211 Meixaboi LU 24 Sb91
32636 Meixide OR 25 Ta95
15109 Meixonfrío C 10 Rc90
27558 Meixonfrío LU 24 Sb92
24250 Méizara LE 27 Ub94
45622 Mejorada TO 100 Va108
45593 Mejorada TO 102 Vf109
28840 Mejorada del Campo MD 86 Wd106
20570 Mekolalde SS 20 Xd90
48210 Mekoleta BI 19 Xb90
18658 Melegís GR 168 Wc127
02049 Melegriz AB 124 Ya115
35214 Melenara GC 184 Kd181
33591 Melendrera AS 15 Ub87
33536 Melendreras AS 15 Ud89
33528 Melendreros AS 15 Uc89
24515 Melezna y Mazos LE 25 Ta93
47687 Melgar de Abajo VA 46 Uf95
47686 Melgar de Arriba VA 28 Uf95
09100 Melgar de Fernamental BU 29 Ve94
49626 Melgar de Tera ZA 45 Tf97
34467 Melgar de Yuso P 48 Ve95
09591 Melgosa BU 30 Wc93
09129 Melgosa de Villadiego BU 29 Wa93
46133 Meliana V 108 Zd111
32711 Melias OR 24 Sb94
18713 Melicena GR 169 We128
31382 Mélida NC 33 Yc94
47318 Mélida VA 48 Ve99
15800 Melide C 23 Rf91
37520 Melimbrazos SA 81 Tc105
49512 Mellanes ZA 45 Te98
26165 Mellanzos LE 27 Ue93
01213 Melledes VI 31 Xa92
32411 Melón OR 42 Re95
40444 Melque SG 66 Vd102
45165 Melque TO 101 Vd110
40234 Membibre de la Hoz SG 67 Vf100
37766 Membibre de la Sierra SA 83 Ub104
13230 Membrilla CR 122 Wd115
34115 Membrillar P 28 Vb93
19247 Membrillera GU 69 Xa103
21647 Membrillo Alto H 147 Tc123
21647 Membrillo Bajo H 147 Tc123
10580 Membrío CC 97 Sf111
01477 Menagaray VI 19 Wf90
09585 Menamayor BU 19 We90
25139 Menàrguens L 56 Ae98
45128 Menasalbas TO 101 Ve111
34810 Menaza P 29 Ve92
25593 Mencui L 37 Ba94
01510 Mendarozqueta VI 31 Xb91
48382 Mendata BI 19 Xc89
31587 Mendavia NC 32 Xe94
31282 Mendaza NC 32 Xe93
48460 Mendeica BI 19 Wf90
48289 Mendexa BI 20 Xd88
02420 Méndez AB 140 Yb118
48383 Mendieta BI 19 Xc89
31150 Mendigorría NC 33 Yb93
01196 Mendiguren VI 31 Xb91
01206 Mendijur VI 32 Xc91
31280 Mendilibarri NC 32 Xe93
48220 Mendiola BI 19 Xc90
20550 Mendiola SS 20 Xd90
01194 Mendiola VI 31 Xc92
31485 Mendióroz NC 33 Yd92
01520 Mendívil VI 31 Xc91
01191 Mendoza VI 31 Xb91
48230 Mendraka BI 20 Xc90
36946 Menduiña PO 22 Rb95
34305 Meneses de Campos P 47 Va97
06413 Mengabril BA 117 Ua115
05131 Mengamuñoz AV 84 Uf106
14620 Mengemor CO 151 Vc121
23620 Mengíbar J 152 Wb121
01477 Menoyo VI 19 Wf90
15113 Mens C 10 Ra89
39812 Mentera-Barruelo CB 18 Wc89
45930 Méntrida TO 85 Ve107
25513 Mentui L 37 Af94
33707 Menudero AS 14 Tc88
50780 Menuza Z 73 Zd101
48120 Meñaka BI 19 Xb88
50170 Mequinenza Z 74 Ab100
17539 Meranges GI 38 Be94
33785 Merás AS 14 Td88
15349 Mera C 10 Sa87
25749 Meravella L 56 Ba97
39311 Mercadal CB 17 Vf89
12163 Mercades de Baix CS 92 Ze107
37493 Mercadillo SA 82 Te104
05154 Mercadillo AV 83 Ud105
02510 Mercadillos AB 124 Yb116
28051 Mercamadrid MD 86 Wc106
34828 Mercedes P 29 Ve91
32680 Mercedes OR 43 Sc96
33507 Meré AS 16 Va88
25638 Merea L 56 Ba96
48710 Mereludi BI 20 Xd89
32213 Meréns OR 42 Rf95
15126 Merexo C 10 Qe90
06800 Mérida BA 117 Td115
39728 Merilla CB 18 Wb89
27866 Merille LU 12 Sc87
33876 Merillés AS 14 Td89
09515 Merindad de Cuesta-Urria BU 30 Wd92
09568 Merindad de Sotoscueva BU 18 Wc90
09574 Merindad de Valdeporres BU 18 Wb90
09559 Merindad de Valdivieso BU 30 Wc92
22482 Merli HS 36 Ac94
33579 Merodio AS 17 Vc89
36580 Merza PO 23 Re92
38358 Mesa del Mar TF 181 Id177
09216 Mesanza BU 31 Xc92
14729 Mesas Altas CO 150 Uf121
11590 Mesas de Asta CA 163 Te128
21620 Mesas de en Medio H 147 Ta124
14709 Mesas de Guadalora CO 150 Ue122
10329 Mesas de Ibor CC 99 Uc110
11592 Mesas de Santiago CA 164 Ua128
10638 Mesegal CC 82 Te107
05514 Mesegar de Corneja AV 83 Ue105
45541 Mesegar de Tajo TO 101 Vc109
32516 Mesego OR 23 Rf94
15685 Mesía C 11 Re90
30835 Mesillo MC 156 Yc123
49660 Mesón de las Palomas ZA 46 Uc97
15689 Mesón do Vento C 11 Rd90
19185 Mesones GU 86 Wd104
02449 Mesones AB 139 Xd118
50267 Mesones de Isuela Z 71 Yc99
13592 Mestanza CR 136 Vf117
33507 Mestas AS 16 Va88
33556 Mestas de Con AS 16 Uf88
07871 Mestre IB 109 Bc116
31241 Metauten NC 32 Xf92
48309 Metxika BI 19 Xb89
50152 Mezalocha Z 72 Yf100
31695 Mezkiritz NC 21 Yd91
42213 Mezquetillas SO 69 Xc101
35628 Mézquez GC 183 Lf178
01207 Mezquia VI 32 Xd91
44169 Mezquita de Jarque TE 91 Za104
44493 Mezquita de Loscos TE 72 Yf102
10100 Miajadas CC 117 Ua114
32701 Miamán OR 43 Sc95
50683 Mianos Z 34 Za93
37660 Miaranda del Castañar SA 82 Ua106
49624 Micereces de Tera ZA 45 Ua97
34485 Micieces de Ojeda P 29 Vd92
50330 Miedes de Aragón Z 71 Yd101
19276 Miedes de Atienza GU 69 Xa101
33816 Mieldes AS 14 Td89
39310 Miengo CB 17 Wa88
39723 Miera CB 18 Wb89
33611 Mieres AS 15 Ub89
33199 Mieres AS 15 Ub88
17830 Mieres GI 59 Cd96
39586 Mieses CB 16 Vc90
37254 Mieza SA 63 Tb102
30593 Migaznares MC 157 Za122
40441 Migueláñez SG 67 Vd102
45830 Miguel Esteban TO 103 Wf111
40494 Miguel-Ibáñez SG 67 Vd102
37788 Miguel Muñoz SA 83 Ub104
13170 Miguelturra CR 121 Wa115
09511 Mijala BU 19 Wf91
09515 Mijangos BU 30 Wd92
09212 Mijaraluenga BU 31 We92
05461 Mijares AV 84 Va107
16330 Mijares CU 106 Yd109
46360 Mijares V 125 Za112
29650 Mijas MA 175 Vc129
29649 Mijas Costa MA 175 Vb129
31320 Milagro NC 52 Yb95
09460 Milagros BU 68 Wb99
37256 Milano SA 63 Tc102
18312 Milanos GR 167 Vf125
18128 Milanos GR 167 Ve126
25692 Milla L 55 Ae97
49330 Milla de Tera ZA 45 Te96
19127 Millana GU 88 Xc105
10394 Millanes CC 99 Uc109
36556 Millarada PO 23 Rd93
46198 Millares V 126 Zb113
32314 Millarouso OR 25 Ta94
17462 Millars GI 59 Cf97
27275 Milleirós LU 13 Se90
03812 Millena A 142 Zd116
23296 Miller J 139 Xd119
49699 Milles de la Polvorosa ZA 46 Ub97
32815 Milmanda OR 42 Rf96
19287 Milmarcos GU 70 Ya102
10280 Mimbrera CC 117 Ua113
48860 Mimetiz BI 19 Wf89
42138 Mina SO 52 Ya98
21660 Mina H 147 Tc122
41870 Mina Caridad SE 148 Te123
21270 Mina de Cala H 148 Td121
13593 Mina de Diógenes CR 136 Vf117
21647 Mina de Guadiana H 147 Tb123
21594 Mina de Santa Catalina H 160 Sd123
06389 Mina de Santa Justa BA 132 Tc119
30876 Mina La Positiva MC 156 Yc123
14449 Minas de Horcajo CR 136 Vd117
41898 Minas del Castillo de las Guardas SE 148 Td122
18518 Minas del Marquesado GR 169 Wf125
21660 Minas de Riotinto H 147 Tc122
15215 Minas de San Fix C 22 Ra92
18518 Minas de Santa Constanza GR 169 We125
45672 Minas de Santa Quiteria TO 119 Va112
02499 Minateda AB 140 Yc118
13189 Mina Victoria CR 120 Vd116
02620 Minaya AB 123 Xe113
07620 Miner IB 111 Cf111
16260 Minglanilla CU 106 Yc111
02409 Mingogil AB 140 Yb118
05280 Mingorría AV 84 Vc104
10895 Minguillana CC 97 Ta108
23330 Minillas J 138 Wf119
33798 Miñagón AS 13 Tb88
24765 Miñambres LE 26 Ua95
36914 Miñán PO 22 Rb94
42126 Miñana SO 70 Xf99
34127 Miñanes P 29 Vc94
01510 Miñano Menor VI 31 Xb91
15630 Miño C 11 Re88
42230 Miño de Medinaceli SO 70 Xc101
42328 Miño de San Esteban SO 68 Wd99
09553 Miñón BU 18 Wc91
09150 Miñón BU 30 Wb94
15999 Miñortos C 22 Ra92
27744 Miñotelo LU 12 Se89
27865 Miñotos LU 12 Sc87
01427 Mioma VI 31 Wf91
39709 Mioño CB 19 We88
22393 Mipanas HS 55 Ab95
50669 Mira Z 53 Ye97
16393 Mira CU 106 Yd110
10540 Mirabel CC 98 Te109
19268 Mirabueno GU 69 Xb103
28210 Mirador del Romero MD 85 Vf106
23713 Miraelrío J 137 Wc120
03779 Miraflor A 127 Aa115
11369 Miraflores CA 164 Td128
28792 Miraflores de la Sierra MD 86 Wb104
31219 Mirafuentes NC 32 Xe93
25242 Miralcamp L 56 Af99
02155 Miralcampo AB 124 Yb114
19246 Miralrío GU 69 Xa103
28598 Miralrío MD 103 We108
22529 Miralsot de Abajo HS 74 Ab99
22529 Miralsot de Arriba HS 74 Ab99
46711 Miramar V 127 Zf115
44141 Mirambel TE 91 Zd105
25792 Mirambell L 56 Bb97
27144 Miranda LU 12 Se91
33410 Miranda AS 15 Ua87
30319 Miranda MC 157 Yf122
38715 Miranda TF 181 Hb176
31253 Miranda de Arga NC 33 Yb94
37187 Miranda de Azán SA 64 Ub103
42191 Miranda de Duero SO 51 Xd99
09200 Miranda de Ebro BU 31 Xa92
23213 Miranda del Rey J 137 Wc118
37449 Miranda de Pericalvo SA 64 Ua103
06891 Mirandilla BA 117 Te114
24147 Mirantes de Luna LE 27 Ua91
28035 Mirasierra MD 86 Wb106
14140 Mirasivienes CO 150 Va122
25795 Miravall L 37 Bb95
25430 Miravall L 75 Ae99
09280 Miraveche BU 31 We92
43747 Miravet T 74 Ad102
44159 Miravete de la Sierra TE 91 Zb105
27229 Miraz LU 12 Sa90
32136 Mirela OR 23 Sa93
05191 Mironcillo AV 84 Vb105
05146 Mirueña de los Infanzones AV 84 Uf104
46920 Mislata V 107 Zd112
18570 Mitagalán GR 168 Wc124
01211 Mixancas = Mijancas VI 31 Xb92
33583 Miyares AS 15 Ue88
22311 Miz HS 35 Zf94
04277 Mizala AL 171 Xf126
02510 Mizquitillas AB 140 Yc116
36950 Moaña PO 22 Rb95
15686 Moar C 11 Re90
34486 Moarves de Ojeda P 29 Vd92
38916 Mocanal TF 180 Ha182
46230 Mocarrá-Bobalar V 126 Zd113
45270 Mocejón TO 102 Wa109
19332 Mochales GU 70 Xf102
32813 Mociños OR 42 Rf96
18247 Moclín GR 168 Wb124
29738 Moclinejo MA 167 Ve128
42315 Modamio SO 69 Wf100
24815 Modino LE 28 Uf92
09194 Modúbar de la Cuesta BU 30 Wc95
09620 Modúbar de la Emparedada BU 30 Wc95
09194 Modúbar de San Cibrián BU 49 Wc95
15563 Moeche C 11 Rf87
35140 Mogán GC 184 Kb181
37610 Mogarraz SA 82 Tf106
49174 Mogátar ZA 64 Ua100
46640 Mogente = Moixent V 126 Zb115
23250 Mogino J 138 Wf119
23310 Mogón J 153 Wf120
36911 Mogor PO 22 Rb94
33318 Mogovio AS 15 Ud88
39310 Mogro CB 17 Wa88
21800 Moguer H 162 Ta125
30420 Moharque MC 140 Yb118
02600 Moharras AB 123 Xd113
29160 Moheda MA 167 Vd127
10664 Mohedas de Granadilla CC 82 Te107
45576 Mohedas de la Jara TO 100 Uf111
19226 Mohernando GU 87 We104
16193 Mohorte CU 105 Xf108
27655 Moia LU 25 Ta91
08180 Moià B 58 Ca98
32617 Moialde OR 43 Se97
15937 Moimenta C 22 Ra92
46640 Moixent = Mogente V 126 Zb115
08734 Moja B 76 Be101
04638 Mojácar AL 171 Ya126
04638 Mojácar Playa AL 171 Yb126
47250 Mojados VA 66 Vc100
19264 Mojares GU 69 Xc102
04270 Mojonera AL 171 Xe126
03660 Mola A 142 Zb118
49120 Molacillos ZA 46 Uc99
02251 Molar de Arriba AB 124 Yc113
21342 Molares H 147 Tb121
15809 Moldes C 23 Rf91
24521 Moldes LE 25 Ta93
49521 Moldones ZA 44 Td97
27244 Moleiras LU 13 Se89
08697 Molers B 57 Be95
49327 Molezuelas de la Carballeda ZA 45 Te96
12135 Molí Azor CS 91 Zd107
25331 Molí d'Espígol L 56 Ba98
08513 Molí Galobardes B 58 Ca97
19300 Molina de Aragón GU 89 Ya103
30500 Molina de Segura MC 156 Ye120
24724 Molinaferrera LE 26 Td94
48890 Molinar BI 18 Wd89
17496 Molinàs GI 40 Da94
24413 Molinaseca LE 26 Tc93
03779 Molinell A 127 Zf115
02440 Molinicos AB 139 Xe118
01213 Molinilla VI 31 Xa92
37683 Molinillo SA 82 Ua106
16649 Molino CU 104 Xc111
02100 Molino AB 124 Xf113
11510 Molino aceitero de Guerra CA 172 Tf129
50135 Molino Alto Z 72 Zb100
40441 Molino Berral SG 66 Vd102
11180 Molino Castro CA 173 Uc130
40340 Molino Cega SG 67 Vf101
19442 Molino de Abajo GU 70 Xe103
45860 Molino de Abajo TO 103 We111
16370 Molino de Abajo CU 106 Yc109
02312 Molino de Abajo AB 139 Xb117
13195 Molino de Alarcos CR 120 Vf115
11139 Molino de Almaza CA 172 Te130
23600 Molino de Aramundo J 152 Wa122
41660 Molino de Arjona SE 166 Uf126
19275 Molino de Arriba GU 68 We101
19320 Molino de Arriba GU 89 Yb105
13770 Molino de Bartolo CR 137 Wc117
29770 Molino de Blas MA 168 Wa128
19314 Molino de Cabrillas GU 89 Ya104
19432 Molino de Canales del Ducado GU 88 Xd104
13597 Molino de Delio CR 137 Wa117
02214 Molino de Don Benito AB 125 Yd113
45840 Molino de Doña Sol TO 103 We111
19442 Molino de En Medio GU 70 Xe103
10570 Molino de Enmedio CC 97 Sf112
29491 Molino de Enmedio MA 174 Ue129
10004 Molino de Gabriel CC 98 Td111
30413 Molino de Javana MC 139 Xe120
18840 Molino de la Alquería GR 154 Xc122
14549 Molino de la Cañada CO 150 Vb123
39518 Molino de la Mina de Lápiz CB 17 Ve90
18817 Molino de Lanas GR 154 Xb123
30440 Molino de las Ánimas MC 140 Ya119
30708 Molino de las Ánimas MC 157 Za122
41400 Molino de la Sargenta SE 150 Ue124
02489 Molino de las Bojas AB 139 Xd119
49153 Molino de la Sierra ZA 65 Uc100
06444 Molino de las Monjas BA 133 Tf118
16147 Molino de la Torre CU 89 Xf108
40217 Molino del Barado SG 66 Vd101
16649 Molino del Blanco CU 104 Xc111
13247 Molino del Blanquillo CR 122 We115
13230 Molino del Comendador CR 122 We115
41400 Molino del Cordobés SE 150 Uf123
41400 Molino del Corregidor SE 150 Uf123
23669 Molino del Despeñadero J 152 Vf123
23749 Molino de Lemos J 152 Wa120
02637 Molino del Francés AB 124 Xf113
16220 Molino del Francés CU 124 Ya112
41370 Molino del Monte SE 149 Ub121
41400 Molino del Notario SE 150 Uf122
41370 Molino de los Agustinos SE 149 Ub121
13240 Molino de los Álamos CR 122 We115
13779 Molino de los Frailes CR 137 Wa117

E 288 | Medina de Pomar

47691 Moral de la Reina VA 47 Uf97
24155 Moral del Condado LE 27 Ud93
24287 Moral de Órbigo LE 26 Ua94
49254 Moral de Sayago ZA 64 Tf100
18370 Moraleda de Zafayona GR 167 Wa125
10840 Moraleja CC 97 Tc108
40461 Moraleja de Coca SG 66 Vc102
40233 Moraleja de Cuéllar SG 67 Ve100
28950 Moraleja de Enmedio MD 86 Wa107
37607 Moraleja de Huebra SA 82 Ua104
47454 Moraleja de las Panaderas VA 66 Vb101
49150 Moraleja del Vino ZA 65 Uc100
05299 Moraleja de Matacabras AV 66 Va102
49177 Moraleja de Sayago ZA 64 Tf101
30412 Moralejo MC 155 Xf121
26259 Morales RI 31 Wf94
42366 Morales SO 69 Xa100
24731 Morales de Arcediano LE 26 Tf94
47811 Morales de Campos VA 46 Ue97
49190 Morales del Vino ZA 64 Ub100
49693 Morales de Rey ZA 45 Ub96
49810 Morales de Toro ZA 65 Ue99
49697 Morales de Valverde ZA 45 Ua97
29400 Morales-Santa María MA 166 Uf128
03699 Moralet A 142 Zc118
49253 Moralina ZA 64 Tf100
28411 Moralzarzal MD 85 Wa104
22806 Morán Z 34 Zb95
15138 Morancelle C 10 Qe91
19491 Moranchel GU 88 Xb104
06190 Morante BA 116 Tb114
36668 Moraña PO 23 Rc93
05350 Morañuela AV 84 Va104
27876 Morás LU 10 Sd86
04279 Moras AL 171 Xf126
37590 Morasverdes SA 82 Te105
50260 Morata de Jalón Z 71 Yd100
50344 Morata de Jiloca Z 71 Yc101
28530 Morata de Tajuña MD 86 Wd107
28030 Moratalaz MD 86 Wc106
30440 Moratalla MC 140 Ya119
14749 Moratalla CO 150 Ue122
19267 Moratilla de Henares GU 69 Xb102
19144 Moratilla de los Meleros GU 87 Xa105
34349 Moratinos P 28 Va94
49622 Moratones ZA 45 Ua96
03660 Moraxel A 142 Zb118
01211 Moraza BU 31 Xb92
22348 Morcat HS 35 Aa94
29793 Morche MA 167 Wa128
10811 Morcillo CC 98 Td108
42340 Morcuera SO 68 We100
33678 Moreda AS 15 Ub90
24436 Moreda LE 25 Tb92
27324 Moreda LU 25 Sf93
18540 Moreda GR 153 We124
01322 Moreda de Álava VI 32 Xd93
27205 Moredo LU 24 Sa91
36688 Moreira PO 23 Rd92
27142 Moreira LU 24 Sa91
32920 Moreiras OR 23 Sa95
32635 Moreiras OR 43 Sb96
12300 Morella CS 92 Zf105
14880 Morellana CO 151 Ve123
07712 Morella Vell IB 77 Eb109
19328 Morenilla GU 89 Yb104
22485 Moréns HS 36 Ad94
14659 Morente CO 151 Vd121
31264 Morentin NC 32 Xf93
37111 Moreras SA 64 Ua102
10880 Moreras CC 97 Ta109
49731 Moreruela de los Infanzones ZA 46 Ub99
49148 Moreruela de Tábara ZA 45 Ua98
50240 Morés Z 71 Yc100
48115 Morga BI 19 Xb89
27546 Morgade LU 24 Sc93
32636 Morgade OR 43 Sb96
24884 Morgovejo LE 28 Va91
09219 Moriana BU 31 Wf92
14510 Moriles CO 151 Vc124
22415 Morilla HS 54 Aa97
24223 Morilla de los Oteros LE 27 Ud94
36119 Morillas PO 23 Rc93
01428 Morillas VI 31 Xa92
37183 Morille SA 83 Ub104
19492 Morillejo GU 88 Xd104
22462 Morillo de Liena HS 36 Ac94
22336 Morillo de Monclús HS 36 Ab94
22347 Morillo de San Pietro HS 36 Aa94
22395 Morillo de Tou HS 36 Aa94
37337 Moriñigo SA 65 Ud103
31491 Moriones NC 33 Yd93
25716 Moripol L 57 Bd95
37430 Moriscos SA 65 Uc102
29170 Moriscos MA 167 Vd127
02139 Moriscote AB 140 Xf117
24736 Morla de la Valdería LE 45 Te95
33776 Morlongo AS 13 Ta88
32551 Mormontelos OR 43 Se95
42223 Morón de Almazán SO 70 Xd100
41530 Morón de la Frontera SE 165 Ud126
37258 Moronta SA 63 Td103
02485 Moropeche AB 139 Xd118
25632 Moror L 56 Af96
50215 Moros Z 71 Yb100
15125 Morpeguite C 10 Qe90
37406 Morquera SA 65 Ue102
46842 Morquí V 126 Ze115
22141 Morrano HS 54 Zf95
24740 Morredero LE 26 Td94
24397 Morriondo LE 26 Ua93
35625 Morro Jable GC 182 Ld180
39120 Mortera CB 18 Wa88
39723 Mortesante CB 18 Wb89
07769 Morvedre Nou IB 77 Df109
27268 Mos LU 12 Sc90
36415 Mos PO 41 Rc95
42315 Mosarejos SO 69 Wf100
44124 Moscardón TE 90 Yc107
07314 Moscari IB 111 Cf110
24791 Moscas del Páramo LE 45 Ub95
04560 Moscolux AL 170 Xd127
37149 Moscosa y Gusende SA 64 Tf102
27861 Mosende LU 10 Sc86
32554 Mosexos OR 43 Sf96
34126 Moslares de la Vega P 28 Vb94
08470 Mosqueroles B 58 Cc98
44410 Mosqueruela TE 91 Zd106
15992 Mosquete C 22 Ra93
03430 Mossén Joan A 142 Zb117
27279 Mosteiro LU 12 Se90
27279 Mosteiro LU 12 Sd90
27153 Mosteiro LU 12 Sc90
27658 Mosteiro LU 13 Ta90
36637 Mosteiro PO 22 Rb93
36842 Mosteiro PO 23 Rc95
32810 Mosteiro OR 42 Rf95
32136 Mosteirón OR 23 Sa93
24521 Mosteiros LE 25 Ta93
28931 Móstoles MD 86 Wa107
16780 Mota de Altarejos CU 104 Xe109
16630 Mota del Cuervo CU 104 Xa111
47120 Mota del Marqués VA 46 Ue99
20211 Motasoro SS 20 Xe91
50012 Motel del Cisne Z 53 Yf99
16200 Motilla del Palancar CU 105 Ya111
02220 Motilleja AB 124 Yb113
19320 Motos GU 89 Yc105
18600 Motril GR 168 Wc128
15100 Moucho C 10 Rc89
27779 Moucide LU 12 Sd87
27185 Mougán LU 24 Sc91
36309 Mougás PO 41 Ra96
32697 Mourazos OR 43 Sd97
15860 Mourelle C 10 Rb90
36990 Mourelos PO 22 Ra94
27548 Mourelos LU 24 Sb93
36437 Mourentán PO 42 Re96
36868 Mourigade PO 41 Rd95
32556 Mourisca OR 43 Sf95
36877 Mouriscados PO 41 Rd95
27217 Mouromorto LU 24 Sb91
49514 Moveros ZA 45 Te99
09246 Movilla BU 30 Wd93
16337 Moya CU 106 Yd109
35420 Moya GC 184 Kc180
50143 Moyuela Z 72 Za102
35561 Mozago GC 182 Mc174
49698 Mozar ZA 45 Ub97
37796 Mozárbez SA 83 Uc103
09555 Mozares BU 18 Wc91
37140 Mozodiel SA 64 Tf102
37798 Mozodiel del Camino SA 65 Uc102
37797 Mozodiel de Sachíñigo SA 64 Ub102
40250 Mozoncillo SG 67 Ve102
09198 Mozoncillo de Juarros BU 30 Wc95
24250 Mozóndiga LE 27 Ub94
24172 Mozos de Cea LE 28 Uf93
50440 Mozota Z 72 Yf100
09142 Mozuelos BU 30 Wb92
37116 Muchachos SA 64 Ua102
47194 Mucientes VA 47 Vb98
41220 Mudapelos SE 149 Ua123
40295 Mudrián SG 67 Ve101
19196 Muduex GU 87 Xa104
50450 Muel Z 72 Yf100
10638 Muela CC 82 Te107
49341 Muelas de los Caballeros ZA 45 Td96
49167 Muelas del Pan ZA 64 Ua99
09215 Muergas BU 31 Xb92
31219 Mués NC 32 Xe93
31176 Muez NC 32 Ya92
49543 Muga de Alba ZA 45 Tf98
49212 Muga de Sayago ZA 64 Te100
15620 Mugardos C 11 Re88
32930 Mugares OR 23 Sa95
31879 Mugiro NC 21 Ya91
31481 Mugueta NC 33 Ye92
31473 Muguetajarra NC 33 Yd92
27377 Muimenta LU 12 Sd89
36514 Muimenta PO 23 Rf92
36119 Muimenta PO 23 Rc93
32616 Muimenta OR 43 Sd97
27277 Muíña LU 13 Se90
15125 Muíños C 10 Qe90
32880 Muíños OR 42 Sa97
30170 Mula MC 156 Yd120
19139 Mula Hermosa GU 87 Wf105
11600 Mulera Bujeos CA 173 Ud129
25212 Muller L 56 Bb98
02142 Mulllidar AB 140 Ya117
01207 Munaín VI 32 Xd91
33519 Muncó AS 15 Uc88
09127 Mundilla BU 29 Vf92
32577 Mundín OR 23 Rf94
09558 Mundóval BU 30 Wb91
50219 Munébrega Z 71 Yb101
02600 Munera AB 123 Xb114
02612 Munera AB 123 Xd114
31290 Muneta NC 32 Xf92
48100 Mungia BI 19 Xa88
31175 Muniáin NC 33 Ya92
31264 Muniain de la Solana NC 32 Xf93
20759 Muniasoro SS 20 Xe89
02691 Munibáñez AB 124 Yc115
44780 Muniesa TE 72 Zb102
15317 Muniferral C 11 Rf89
09572 Munilla BU 30 Wb91
26586 Munilla RI 51 Xe95
48381 Munitibar-Arbatzegi-Gerrikaitz BI 20 Xc89
48381 Munitibar BI 20 Xc89
46419 Muntanyeta dels Sants V 126 Ze113
08505 Muntanyola B 58 Cb97
08551 Múntel B 58 Cb97
05540 Muñana AV 84 Uf105
33783 Muñás AS 14 Td88
34879 Muñeca P 28 Vb92
42142 Muñecas SO 50 We98
33991 Muñera AS 15 Uc89
05540 Múñez AV 84 Va105
05145 Muñico AV 84 Uf104
35558 Muñique GC 182 Mc174
27652 Muñís LU 13 Ta91
33519 Muñó AS 15 Uc88
05520 Muñochas AV 84 Va105
05530 Muñogalindo AV 84 Va105
05309 Muñogrande AV 84 Va104
05358 Muñomer del Peco AV 84 Va103
33639 Muñón Cimero AS 15 Ua89
40145 Muñopedro SG 66 Vd103
05192 Muñopepe AV 84 Vb105
39594 Muñorrodero CB 17 Vd88
05301 Muñosancho AV 66 Uf103
05560 Muñotello AV 84 Uf105
40183 Muñoveros SG 67 Wa101
05357 Muñoyerro AV 84 Va104
37493 Muñoz SA 82 Te104
32880 Muqueimes OR 42 Sa97
08278 Mura B 58 Bf98
27510 Muradelle LU 24 Sa93
27836 Muras LU 12 Sb88
36557 Murás PO 23 Rd93
31521 Murchante NC 52 Yc96
18656 Murchas GR 168 Wc127
30001* Murcia MC 157 Yf121
50366 Murero Z 71 Yd102
23686 Mures J 152 Wb124
01479 Murga VI 19 Wf90
01139 Murguia VI 19 Xb91
33829 Murias AS 14 Tf88
33114 Murias AS 14 Tf89
33676 Murias AS 15 Ub90
33117 Murias AS 15 Ua90
27655 Murias LU 25 Ta91
49359 Murias ZA 44 Tc96
24130 Murias de Paredes LE 26 Te91
24720 Murias de Pedredo LE 26 Te94
24127 Murias de Ponjos LE 26 Tf92
39600 Muriedas CB 18 Wa88
19225 Muriel GU 68 We103
42193 Muriel de la Fuente SO 50 Xa98
47219 Muriel de Zapardiel VA 66 Va102
33117 Muriellos AS 15 Ua90
42148 Muriel Viejo SO 50 Xa98
31280 Murieta NC 32 Xf93
31292 Murillo NC 32 Ya92
31454 Murillo-Berroya NC 33 Ye92
26500 Murillo de Calahorra RI 32 Ya94
22808 Murillo de Gállego Z 34 Zb94
31500 Murillo de las Limas NC 52 Yc96
31481 Murillo de Lónguida NC 33 Yd92
26143 Murillo de Río Leza RI 32 Xe94
31391 Murillo El Cuende NC 33 Yc94
31313 Murillo el Fruto NC 33 Yd94
09511 Múrita BU 31 Wf91
03792 Murla A 143 Zf116
22372 Muro HS 35 Zf94
22363 Muro HS 36 Aa94
07440 Muro IB 111 Da110
03839 Muro = Muro de Alcoy A 126 Zd116
42108 Muro de Ágreda SO 51 Ya98
26587 Muro de Aguas RI 51 Xf96
03839 Muro del Alcoy A 126 Zd116
26134 Muro en Cameros RI 51 Xc95
15250 Muros C 22 Qf92
33138 Muros de Nalón = Muros AS 14 Tf87
18490 Murtas GR 169 Wf127
01138 Murua VI 19 Xb91
31398 Muruarte de Reta NC 33 Yb93
31190 Muru-Astráin NC 33 Yb92
48394 Murueta BI 19 Xb88
48410 Murueta BI 19 Xa90
31292 Murugarren NC 32 Xf92
31152 Muruzábal NC 33 Yb92
31150 Muruzábal de Andión NC 33 Ya93
46136 Museros V 108 Zd111
03580 Mushara A 143 Zf117
01129 Musitu VI 32 Xc92
48550 Muskiz BI 19 Wf89
25726 Musser L 38 Bd94
31192 Mutil Baja = Mutiloabeiti NC 33 Yc92
20214 Mutiloa SS 20 Xe90
31192 Mutiloabeiti = Mutil Baja NC 33 Yc92
20830 Mutriku SS 20 Xd89
03110 Mutxamel A 142 Zd118
Muxía C 10 Qe90
48392 Muxika BI 19 Xb89
31291 Muzqui NC 33 Ya92
31395 Muzqui-Iriberri NC 33 Yc93

N

48312 Nabarniz BI 20 Xc89
31793 Nabarte NC 21 Yc90
25713 Nabiners L 38 Bc95
22569 Nachá HS 55 Ac97
04540 Nacimiento AL 170 Xc126
25514 Naens L 37 Af95
01170 Nafarrate VI 19 Xb91
42141 Nafría de Ucero SO 50 Wf98
42193 Nafría la Llana SO 50 Xb99
AD600 Nagol □ AND 38 Bd94
31438 Nagore NC 33 Yd91
19278 Naharros GU 69 Xa102
16162 Naharros CU 104 Xc108
37798 Naharros de Valdunciel SA 65 Uc102
11158 Najara CA 172 Ua131
26300 Nájera RI 31 Xb94
31422 Najurieta NC 33 Yd92
26190 Nalda RI 32 Xd94
25341 Nalec L 75 Ba99
07740 Na Macare IB 77 Eb108
45190 Nambroca TO 102 Wa110
01520 Nanclares de Gamboa VI 31 Xc91
01230 Nanclares de la Oca = Iruña de Oka VI 31 Xb92
15118 Nande C 10 Qf89
36388 Nande PO 41 Rb96
36969 Nantes de Reis PO 22 Rb94
31454 Napal NC 34 Ye92
07740 Na Pena IB 77 Ea109
23700 Naquer J 137 Wc120
46119 Náquera V 107 Zd111
37495 Nara de Yeltes SA 82 Td104
33194 Naranco AS 15 Ua88
23196 Naranjos, Cortijo de los J 152 Wb122
33874 Naraval AS 14 Tc88
16371 Narboneta CU 106 Yd110
31283 Narcué NC 32 Xe92
31480 Nardués NC 33 Yd93
31454 Nardués-Andurra NC 33 Ye92
24839 Naredo de Fenar LE 27 Uc92
33579 Narganes AS 17 Vc88
18448 Narila GR 169 We127
27226 Narla LU 12 Sb90
15597 Narón C 11 Rf87
27213 Narón LU 24 Sb92
27649 Narón LU 25 Se92
15572 Narón C 11 Rf87
37863 Narrillos SA 83 Uc104
05154 Narrillos del Álamo AV 83 Ud105
05141 Narrillos del Rebollar AV 84 Va105
05160 Narrillos de San Leonardo AV 84 Vb104
42189 Narros SO 51 Xe97
40443 Narros de Cuéllar SG 66 Vd101
05370 Narros del Castillo AV 84 Uf103
05131 Narros del Puerto AV 84 Va105
37609 Narros de Matalayegua SA 82 Ua104
05358 Narros de Saldueña AV 84 Va103
01208 Narvaja VI 32 Xd91
48311 Natxitua BI 20 Xc88
25598 Naut Aran L 37 Af92
33520 Nava AS 15 Uc88
13720 Nava CR 122 We113
14600 Nava CO 151 Ve120
21208 Nava Balbono H 147 Tc121
42172 Navabellida SO 51 Xe97
02007 Navablanca AB 124 Ya114
47639 Navabuena VA 47 Va98
37716 Navacarros SA 83 Ub106
05633 Navacepeda de Tormes AV 83 Ue106
05571 Navacepedilla de Corneja AV 84 Ue106
28491 Navacerrada MD 86 Vf104
13189 Navacerrada CR 120 Vd116
10613 Navaconcejo CC 99 Ub107
02142 Nava de Abajo AB 140 Ya116
05216 Nava de Arévalo AV 66 Vb103
02142 Nava de Arriba AB 140 Ya116
37776 Nava de Béjar SA 83 Ub106
02409 Nava de Campana AB 140 Yc118
37659 Nava de Francia SA 82 Tf105
40450 Nava de la Asunción SG 66 Vd102
05697 Nava del Barco AV 83 Uc107
24160 Nava de los Caballeros LE 28 Ue93
24225 Nava de los Oteros LE 27 Ud94
47500 Nava del Rey VA 65 Uf101
09586 Nava de Ordunte BU 19 We90
23479 Nava de Pablo J 154 Xb121
09318 Nava de Roa BU 48 Vf99
23479 Nava de San Pedro J 154 Xa121
37850 Nava de Sotrobal SA 65 Ue103
05134 Navadijos AV 84 Uf106
05514 Navaescurial AV 83 Ue106
05190 Navaestilera AV 84 Vb105
24156 Navafría LE 27 Ud93
40161 Navafría SG 67 Wb102
37766 Navagallega SA 83 Ub104
45150 Navahermosa TO 101 Vd111
21291 Navahermosa H 147 Tb121
21630 Navahermosa H 147 Tb124
29329 Navahermosa MA 166 Va126
37753 Navahombela SA 83 Ud105
41360 Navahonda SE 149 Ub121
05429 Navahondilla AV 85 Vd107
12470 Navajas CS 107 Zc109
39715 Navajeda CB 18 Wb88
26533 Navajún RI 51 Xf97
22320 Naval HS 55 Aa95
05134 Navalacruz AV 84 Va106
28729 Navalafuente MD 86 Wb104
28212 Navalagamella MD 85 Vf106
42290 Navalcaballo SO 51 Xc98
45610 Navalcán TO 100 Uf108
23140 Navalcán J 152 Wb123
28600 Navalcarnero MD 86 Vf107
14249 Navalcuervo CO 134 Ue119
02329 Navalengua AB 140 Xe116
42149 Navaleno SO 50 Wf97
37882 Navales SA 83 Ud104
05268 Navalgrande o Canto del Pico AV 85 Vc105
05697 Navalguijo AV 83 Uc107
33986 Navaliego AS 15 Uc89
40331 Navalilla SG 67 Wa100
32611 Navallo OR 43 Se97
40280 Navalmanzano SG 67 Ve101
13180 Navalmedio de Morales CR 120 Vc115
05120 Navalmoral AV 84 Vb106

E 290 | Moral de la Reina

A B C D E F G H I J K L M N Ñ O P Q R S T U V W X Y Z

28609 Palacio de Milla MD 85 Vf106
05148 Palacio de Revilla AV 84 Ue105
24890 Palacio de Torío LE 27 Uc92
24878 Palacio de Valdellorma LE 28 Ue92
10697 Palacio Nuevo de Fresnedoso CC 99 Ua109
06840 Palacio Quemado BA 133 Te116
37497 Palacios SA 81 Tc105
05694 Palacios de Becedas AV 83 Uc106
09654 Palacios de Benaver BU 30 Wa94
47816 Palacios de Campos VA 47 Va97
24414 Palacios de Compludo LE 26 Td94
05516 Palacios de Corneja AV 83 Ud106
24250 Palacios de Fontecha LE 27 Uc94
05215 Palacios de Goda AV 66 Vb102
24767 Palacios de Jamuz LE 45 Tf95
34490 Palacios del Alcor P 48 Vd95
37111 Palacios del Arzobispo SA 64 Ua102
09680 Palacios de la Sierra BU 50 Wf97
24764 Palacios de la Valduerna LE 26 Ua95
49162 Palacios del Pan ZA 45 Ua99
24495 Palacios del Sil LE 26 Td91
09107 Palacios de Riopisuerga BU 29 Ve94
24940 Palacios de Rueda LE 28 Uf92
37795 Palacios de Salvatierra SA 83 Ub105
49322 Palacios de Sanabria ZA 44 Tc96
24397 Palaciosmil LE 26 Tf92
37406 Palaciosrubios SA 65 Ue102
05216 Palacios Rubios AV 66 Vb102
39880 Palacio Villanuevo CB 19 We89
24127 Paladín LE 27 Ua92
08389 Palafolls B 59 Ce98
17200 Palafrugell GI 59 Da97
17462 Palagret GI 59 Cf96
17230 Palamós GI 59 Da97
41760 Palancar SE 165 Uc127
18295 Palancar GR 167 Ve125
19225 Palancares GU 68 We102
21647 Palanco H 147 Tc123
12311 Palanques CS 92 Ze104
24225 Palanquinos LE 27 Uc94
30334 Palas MC 157 Ye123
27200 Palas de Rei LU 24 Sa91
08140 Palaudàries B 58 Cb99
43890 Palau del Duc de Medinacelli T 75 Af103
25633 Palau de Noguera L 56 Af96
08184 Palau de Plegamans B 58 Cb99
25747 Palau de Rialb L 56 Bb96
17476 Palau de Santa Eulàlia GI 59 Cf95
17003 Palau-sacosta GI 59 Ce97
17256 Palau-sator GI 59 Da97
17495 Palausaverdera GI 40 Da95
24839 Palazuelo LE 27 Ud91
06717 Palazuelo BA 118 Ub114
24869 Palazuelo de Boñar LE 27 Ue92
24163 Palazuelo de Eslonza LE 27 Ud93
49592 Palazuelo de las Cuevas ZA 45 Te98
49213 Palazuelo de Sayago ZA 63 Te100
24890 Palazuelo de Torío LE 27 Uc92
47812 Palazuelo de Vedija VA 46 Uf97
10590 Palazuelo-Empalme CC 98 Tf109
09213 Palazuelos de Cuesta Urria BU 30 Wd92
40194 Palazuelos de Eresma SG 67 Vf103
09649 Palazuelos de la Sierra BU 49 Wd95
09220 Palazuelos de Muñó BU 48 Wa95
09124 Palazuelos de Villadiego BU 29 Vf93
27837 Paleira LU 12 Sb88
34005 Palencia P 47 Vc96
37799 Palencia de Negrilla SA 65 Uc102
05003 Palenciana AV 84 Vc105
14914 Palenciana CO 167 Vc125
34257 Palenzuela P 48 Vf96
15175 Paleo C 11 Rd89
36596 Palio PO 23 Rf92
27418 Pallares LU 24 Sc93
06907 Pallarés BA 133 Tf120
22221 Pallaruelo de Monegros HS 54 Ze98
32785 Palleiros OR 43 Se95
08780 Pallejà B 77 Bf100
25747 Pallerols L 56 Bb96
25714 Pallerols del Cantó L 37 Bb94
24856 Pallide LE 16 Ue91
19245 Pálmaces de Jadraque GU 69 Xa102
46724 Palma de Gandía V 127 Ze115
14700 Palma del Río CO 150 Ue122
07012 Palma de Mallorca IB 110 Cd111
07181 Palma Nova IB 110 Cd111
07110 Palmanyola IB 110 Cd111
07012 Palma IB 110 Cd111
36957 Palmás PO 22 Rb95
15950 Palmeira C 22 Ra93
17514 Palmerola GI 58 Ca96
32981 Palmés OR 23 Sa94
11379 Palmones CA 175 Ud131
22337 Palo HS 36 Ab95
17843 Palol de Revardit GI 59 Ce96
33172 Palomar AS 15 Ua89
Palomar CO 151 Ve122
14512 Palomar CO 166 Vb124
11500 Palomar CA 172 Te129
44708 Palomar de Arroyos TE 91 Zb104
37700 Palomares SA 83 Ub106
23130 Palomares J 152 Wb123
04617 Palomares AL 171 Yb125
37893 Palomares de Alba SA 83 Uc103
16160 Palomares del Campo CU 104 Xc109
41928 Palomares del Río SE 163 Tf125
03610 Palomaret A 142 Zb118
06300 Palomar Navas BA 133 Td118
06476 Palomas BA 133 Tf116
45213 Palomeque TO 102 Wa108
14811 Palomeques CO 151 Ve124
16192 Palomera CU 105 Xf108
10660 Palomero CC 82 Te107
21810 Palos de la Frontera H 162 Ta125
08401 Palou B 58 Cb99
25212 Palou de Sanaüja L 56 Bb98
25212 Palou de Torà L 57 Bc98
17256 Pals GI 59 Da97
39718 Pámanes CB 18 Wb88
18411 Pamapaneira GR 169 Wd127
04715 Pampanico AL 169 Xb128
25289 Pampe L 57 Bc96
09220 Pampliega BU 48 Wa95
31013 Pamplona = Iruña NC 33 Yc92
33509 Pancar AS 16 Vb88
36770 Pancenteo PO 41 Ra97
15295 Panchés C 22 Qf91
09280 Pancorbo BU 31 Wf93
44720 Pancrudo TE 90 Yf104
33529 Pandenes AS 15 Ud88
33829 Pandiellos AS 14 Tf88
39685 Pandillo CB 18 Wb90
33930 Pando AS 15 Ub89
48891 Pando BI 18 We89
39691 Pando CB 18 Wa89
48800 Pandozales BI 19 We89
33570 Panes AS 17 Vc89
09294 Pangua BU 31 Xb92
09212 Pangusión BU 31 We92
22438 Panillo HS 55 Ab95
50480 Paniza Z 72 Ye101
33829 Panizal AS 14 Tf88
09559 Panizares BU 30 Wd92
22438 Pano HS 36 Ab95
03581 Panorama A 143 Zf117
25611 Pantà de Canelles L 55 Ad97
25282 Pantà de la Llosa del Covall L 57 Bd96
25182 Pantà d' Utxesa L 74 Ad100
30335 Pantaleón MC 156 Ye122
21720 Pantanar H 162 Tc125
16512 Pantano de Buendía CU 87 Xb106
10137 Pantano de Cíjara CC 119 Uf112
19225 Pantano de El Vado GU 68 We103
10712 Pantano de Gabriel y Galán CC 82 Tf107
31670 Pantano de Irabia NC 20 Yf91
41710 Pantano de la Torre del Águila SE 165 Ub126
29550 Pantano del Chorro MA 166 Vb127
46312 Pantano del Generalísimo V 106 Yf110
23713 Pantano del Guadalén J 137 Wd120
18127 Pantano de los Bermejales GR 168 Wa126
50140 Pantano de Moneva Z 72 Za101
10697 Pantano de Navabuena CC 99 Ua109
30800 Pantano de Puentes MC 155 Yb122
37795 Pantano de Santa Teresa SA 83 Uc104
06620 Pantano de Zújar BA 118 Ud115
22650 Panticosa HS 35 Ze92
15553 Pantín C 11 Rf87
15819 Pantiñobre C 23 Re91
45290 Pantoja TO 102 Wb108
27439 Pantón LU 24 Sb93
36340 Panxón PO 41 Rb96
22141 Panzano HS 54 Zf95
26121 Panzares RI 32 Xc95
33189 Pañeda Nueva AS 15 Ub88
42368 Paones SO 69 Xa100
05358 Papatrigo AV 84 Vb103
29690 Papudo-Acebuchal-Soto Colorado MA 173 Ue130
33579 Para AS 16 Vc89
39212 Paracuelles CB 17 Ve90
16373 Paracuellos CU 105 Yb110
28860 Paracuellos de Jarama MD 86 Wc105
50342 Paracuellos de Jiloca Z 71 Yc101
50299 Paracuellos de la Ribera Z 71 Yc100
15316 Parada C 11 Rf89
15689 Parada C 11 Rd90
27155 Parada LU 12 Sc90
36117 Parada PO 23 Rd93
27626 Parada LU 24 Se93
32740 Parada OR 24 Sc94
27325 Parada LU 25 Sf93
32546 Parada da Serra OR 43 Se96
36888 Parada de Achas PO 42 Re95
37129 Parada de Arriba SA 64 Ub103
32635 Parada de Ribeira OR 42 Sb96
37419 Parada de Rubiales SA 65 Ud102
32896 Parada de Ventosa OR 42 Rf97
27339 Parada dos Montes LU 24 Se93
27329 Paradapiñol LU 25 Se94
41610 Paradas SE 165 Ud125
32787 Parada Seca OR 24 Sd95
24398 Paradasolana LE 26 Td93
27135 Paradavella LU 13 Se90
15806 Paradela C 11 Sa91
15145 Paradela C 11 Rd89
15310 Paradela C 11 Sa90
15108 Paradela C 11 Rc89
27659 Paradela LU 13 Sf91
36685 Paradela PO 23 Rd92
27613 Paradela LU 24 Sd92
32981 Paradela OR 24 Sa94
32765 Paradela OR 24 Sd94
32782 Paradela OR 25 Se95
32646 Paradela OR 42 Sa97
32748 Paradellas OR 24 Sc94
24510 Paradeseca LE 25 Tb92
24608 Paradilla de Gordón LE 27 Ub91
24228 Paradilla de la Sobarriba LE 27 Ud93
40123 Paradinas SG 67 Vd102
37479 Paradinas SA 81 Tc104
37318 Paradinas de San Juan SA 65 Va103
30893 Parador MC 156 Yb124
45009 Parador Nacional Conde de Orgaz TO 102 Vf109
39588 Parador Nacional de Fuente Dé CB 16 Vb90
04638 Parador Nacional de los Reyes Católicos AL 171 Yb126
33529 Paraes AS 15 Uc88
32780 Paraisás OR 24 Se94
44422 Paraíso Alto TE 107 Za108
44422 Paraíso Bajo TE 107 Za108
33890 Parajas AS 14 Tc89
24525 Parajis LE 25 Ta92
09515 Paralacuesta BU 30 Wd91
02489 Paralis las Juntas AB 139 Xd119
33111 Páramo AS 14 Tf90
34407 Páramo de Boedo P 29 Vd93
09131 Páramo del Arroyo BU 30 Wb94
24470 Páramo del Sil LE 26 Td92
15871 Páramos C 10 Rb91
36729 Páramos PO 41 Rc96
33694 Parana AS 15 Ub90
36872 Paraños PO 42 Rd95
03720 Paratella A 143 Aa116
29451 Parauta MA 174 Uf129
27246 Paraxes LU 12 Sd89
39612 Parbayón CB 18 Wa88
41120 Parcelas de Porsiver SE 164 Tf125
03792 Parcent A 143 Zf116
29394 Parchite MA 166 Uf128
46162 Pardanchinos V 107 Zb110
24820 Pardavé LE 27 Uc92
32730 Pardeconde OR 24 Sc94
36686 Pardemarín PO 23 Rd92
32830 Parderrubias OR 42 Sa95
24848 Pardesivil LE 27 Ud92
09462 Pardilla BU 68 Wb99
09572 Pardilla de Hoz de Arreba BU 30 Wb91
22760 Pardina de Lardiés HS 34 Zb93
22622 Pardina de Orlato HS 35 Ze95
22150 Pardina de Ubieto HS 35 Ze94
22760 Pardina Pueyo HS 34 Zb93
22484 Pardinella HS 36 Ad94
17534 Pardines GI 39 Cb95
15126 Pardiñas C 10 Qf90
19336 Pardos GU 70 Ya103
50375 Pardos Z 71 Yc102
33785 Paredes AS 14 Tc88
32750 Paredes OR 24 Sd95
16465 Paredes CU 104 Xa108
28196 Paredes de Buitrago MD 68 Wc102
45908 Paredes de Escalona TO 85 Vd107
34191 Paredes de Monte P 47 Vc97
34300 Paredes de Nava P 47 Vb96
19277 Paredes de Sigüenza GU 69 Xb101
42132 Paredesroyas SO 51 Xe99
19129 Pareja GU 88 Xc105
07769 Parella Nou IB 77 Df109
09512 Paresotas BU 18 We91
17468 Parets d'Empordà GI 59 Cf96
27305 Parga LU 12 Sb89
50741 Paridera Abejar Alto Z 72 Zc100
50461 Paridera Amplanes Z 71 Ye100
50461 Paridera Carraquilla Z 71 Ye100
50193 Paridera Corral de la Blanca Z 53 Zb98
50161 Paridera de Cabezones Z 53 Zc98
22215 Paridera de Carlos HS 54 Zf97
50160 Paridera de Escartín Z 53 Zc97
50139 Paridera de Estrén Z 72 Za99
50750 Paridera de la Rabosa Z 73 Zd99
50290 Paridera de la Rioja Z 53 Ye99
50612 Paridera del Castillo Z 53 Yf96
46450 Paridera del Hondo V 126 Zd113
22216 Paridera del Médico HS 54 Zd97
50750 Paridera de los Caños Z 73 Zc99
50161 Paridera de los Quemados Z 53 Zc98
50741 Paridera del Pastejón Z 73 Zc100
50741 Paridera del Rojo Z 72 Zc100
50020 Paridera del Santísimo Z 53 Za98
22280 Paridera de Rivas HS 53 Zb96
50139 Paridera de Santa Engracia Z 72 Zb99
50741 Paridera de Sopapos Z 72 Zc100
50547 Paridera Huerta del Sastre Z 52 Yc98
50135 Paridera La Viuda Z 72 Zb100
50461 Paridera Lomeros Z 71 Ye100
50770 Paridera Los Cuervos Z 73 Zc100
50546 Parideras Cerro Pellar Z 52 Yc98
50141 Paridera Tía Dionisia Z 72 Yf100
50137 Paridero Lamarca Z 72 Zb100
50137 Paridero Tío Paco Z 72 Zb100
09216 Páriza BU 31 Xc92
28981 Parla MD 86 Wb107
17133 Parlavà GI 59 Da96
33717 Parlero AS 13 Tc88
41020 Parque Alcosa SE 163 Ua124
28935 Parque Coimbra MD 86 Wa107
19174 Parque de Las Castillas GU 86 Wd104
13250 Parque Nacional Tablas de Daimiel CR 121 Wb114
15969 Parque Nat. Complexo Dunar de Corrubedo e Lagoas de Carregal e Vixán C 22 Qf93
13690 Párraga CR 122 Wf113
10859 Parra Grande CC 98 Tc108
40393 Parral de Villovela SG 67 Vf102
35280 Parral Grande GC 184 Kc181
33509 Parres AS 16 Vb88
45611 Parrillas TO 100 Uf108
23380 Parrizón AB 139 Xc118
04810 Partaloa AL 171 Xe124
09587 Partearroyo BU 19 We90
27329 Parteme LU 24 Se94
50695 Partida Casilla Z 52 Ye95
09211 Partido de la Sierra en Tobalina BU 31 We92
41849 Partido de Resina SE 163 Te125
32515 Partovia OR 23 Rf94
22365 Parzán HS 36 Ab93
21450 Pasada de los Bayos H 161 Sf125
21450 Pasada del Palo H 161 Sf124
35259 Pasadilla GC 184 Kd181
43425 Pasanant = Passanant T 75 Bb99
15129 Pasarela C 10 Qf90
49240 Pasariegos ZA 64 Tf100
05143 Pasarilla del Rebollar AV 84 Uf104
10411 Pasarón de la Vera CC 99 Ub108
37520 Pascualarina SA 81 Tc105
05150 Pascualcobo AV 83 Ue105
05164 Pascualcobo AV 84 Vb103
40122 Pascuales SG 67 Vd102
05309 Pascualgrande AV 66 Va103
05560 Pascual Muñoz AV 84 Uf105
30811 Pasico MC 156 Yb123
35106 Pasito Blanco GC 184 Kc182
07609 Passessió des Cap Blanc IB 110 Ce112
15821 Pastor C 11 Re90
37510 Pastores SA 81 Tc105
19100 Pastrana GU 87 Xa106
30876 Pastrana MC 156 Yd123
11540 Pastrana CA 164 Te128
50195 Pastriz Z 53 Zb99
14512 Pata de Mulo CO 150 Vb124
35130 Patalavaca GC 184 Kb182
46980 Paterna V 126 Zd111
14730 Paterna CO 150 Ue122
21880 Paterna del Campo H 163 Td124
02136 Paterna del Madera AB 139 Xd117
04479 Paterna del Río AL 169 Xa126
11178 Paterna de Rivera CA 172 Ua129
31190 Paternáin NC 33 Yb92
22760 Paternoy HS 34 Zb94
28189 Patones MD 86 Wd103
28189 Patones de Abajo MD 86 Wd103
21330 Patrás H 147 Tb122
11150 Patria CA 172 Tf131
11180 Patrite CA 173 Uc130
30610 Patruena MC 141 Yd120
17494 Pau GI 40 Da95
01420 Paúl VI 31 Xa92
22393 Paúl HS 55 Ab95
18519 Paulenca GR 169 We125
48890 Paules BI 18 We89
50610 Paúles Z 53 Za96
02489 Paúles AB 139 Xd119
09345 Paúles del Agua BU 48 Wa96
09640 Paúles de Lara BU 49 Wd96
22149 Paúles de Vero HS 35 Aa95
25512 Pauls L 37 Af94
43593 Paüls T 74 Ac103
25213 Pavia L 57 Bc99
40182 Pavía SG 67 Wa102
12449 Pavías CS 107 Zd109
38869 Pavón TF 184 He180
23293 Payer J 139 Xb119
21560 Paymogo H 146 Sd122
34485 Payo de Ojeda P 29 Vd92
01211 Payueta VI 31 Xb93
27889 Pazo LU 10 Sd87
15817 Pazo C 11 Re90
27835 Pazo LU 12 Sb88
15913 Pazo C 22 Rb92
15985 Pazo C 22 Rb93
15110 Pazos C 10 Rb89
15881 Pazos C 23 Rd92
32915 Pazos OR 24 Sb95
32636 Pazos OR 43 Sc96
36841 Pazos de Borbén PO 23 Rc95
15313 Pazos de Irixoa C 11 Rf89
36715 Pazos de Reis PO 41 Rc96
26261 Pazuengos RI 31 Xa95
23460 Peal de Becerro J 153 Wf121
40238 Pecharromán SG 67 Wa100
04250 Pechina AL 170 Xd127
04897 Pechina AL 170 Xc124
39594 Pechón CB 17 Vd88
26339 Peciña RI 31 Xb93
37148 Pedernal SA 64 Te102
36309 Pedornes PO 41 Ra96
15365 Pedra C 10 Sa86
15293 Pedrafigueira C 22 Qf92
27389 Pedrafita LU 12 Sb90
27595 Pedrafita LU 24 Sb93
27325 Pedrafita LU 25 Se93

Pedrafita | 293

E

06228 Pino BA 133 Tf117
28210 Pino Alto MD 85 Vf105
09246 Pino de Bureba BU 30 Wd92
34110 Pino del Río P 28 Vb93
15238 Pino de Val C 22 Ra91
34879 Pino de Viduerna P 28 Vb92
10630 Pinofranqueado CC 82 Te107
24144 Pinos LE 14 Ua91
25287 Pinós L 57 Bd98
03720 Pinos A 143 Zf116
35328 Pino Santo GC 184 Kc180
18658 Pinos del Valle GR 168 Wc127
18191 Pinos-Genil GR 168 Wc126
03650 Pinoso A 141 Yf118
28212 Pinosol MD 85 Vf105
18240 Pinos-Puente GR 168 Wb125
17466 Pins GI 59 Cf96
50298 Pinseque Z 53 Yf98
50694 Pinsoro Z 52 Yd95
50685 Pintano Z 34 Yf93
46249 Pintarrafes V 126 Zc113
32648 Pintás OR 42 Sa97
27619 Pintín LU 24 Sd92
28320 Pinto MD 86 Wb107
43786 Pinyeres T 74 Ab102
32554 Pinza OR 43 Sf96
36749 Pinzás PO 41 Rb96
41728 Pinzón SE 164 Tf126
34430 Piña de Campos P 48 Vd95
47175 Piña de Esgueva VA 48 Vd98
18568 Piñar GR 153 Wd124
27135 Piñeira LU 13 Se90
27797 Piñeira LU 13 Sf87
27559 Piñeira LU 24 Sb92
27420 Piñeira LU 24 Sc93
27680 Piñeira LU 25 Se91
27318 Piñeira LU 25 Se94
32693 Piñeira de Arcos OR 42 Sb96
27833 Piñeiro LU 12 Sa88
36193 Piñeiro PO 22 Rb93
36913 Piñeiro PO 22 Rb94
32453 Piñeiro OR 23 Rf94
36677 Piñeiro PO 23 Rc93
27547 Piñeiro LU 24 Sc93
36739 Piñeiro PO 41 Rb96
15128 Piñeiros C 10 Qf90
15819 Piñeiros C 11 Rf91
47316 Piñel de Abajo VA 48 Vf98
47316 Piñel de Arriba VA 48 Vf98
33719 Piñera AS 13 Tb87
33528 Piñera AS 15 Uc89
33392 Piñera AS 15 Ub88
33629 Piñera de Abajo AS 15 Ua90
33679 Piñeres AS 15 Ub89
39580 Piñeres CB 17 Vc89
32137 Piñor OR 23 Rf93
28737 Piñuécar-Gandullas MD 68 Wc102
49216 Piñuel ZA 64 Tf100
24916 Pío de Sajambre LE 16 Uf90
24838 Piornedo LE 15 Uc90
19162 Pioz GU 87 We106
01118 Pipaón VI 31 Xc93
26147 Pipaona RI 32 Xe95
42342 Piquera de San Esteban SO 68 We99
19325 Piqueras GU 89 Yb105
16118 Piqueras del Castillo CU 105 Xf110
27245 Piquín LU 13 Se89
43423 Pira T 75 Bb100
22268 Piracés HS 54 Ze96
34858 Pisón de Castrejón P 28 Vc92
34485 Pisón de Ojeda P 29 Vd92
39696 Pisueña CB 18 Wb89
37490 Pitiegua SA 65 Ud102
31392 Pitillas NC 33 Yc94
18414 Pitres GR 169 Wd127
27470 Piuca LU 24 Sb94
32708 Piúca ou Araúxo OR 24 Sb95
33326 Pivierda AS 15 Ue88
29560 Pizarra MA 166 Vb128
37795 Pizarral SA 83 Uc105
06240 Pizarral BA 133 Te119
10134 Pizarro CC 118 Ub114
13344 Pizorro del Cañete CR 138 Wf117
32785 Placín OR 25 Se95
03690 Pla de l'Olivera Alta A 142 Zc118
17869 Pla dels Hospitalets GI 39 Cb94
07009 Pla de Na Tosa IB 110 Ce111
25570 Pla de Negua L 37 Bb93
12163 Pla de Sabater CS 92 Zf107
09212 Plágaro BU 31 We92
22367 Plan HS 36 Ab93
25748 Plandogau L 56 Bb97
03828 Planes A 143 Zd116
22371 Planillo HS 35 Zf94
17535 Planoles GI 39 Ca95
46520 Planta Siderúrgica V 108 Ze111
10600 Plasencia CC 98 Tf108
50296 Plasencia de Jalón Z 53 Ye98
22810 Plasencia del Monte HS 54 Zc95
10271 Plasenzuela CC 117 Tf112
30890 Plata y Los Palanquines MC 156 Yb123
12592 Platja, la CS 108 Zf110
07400 Platja d'Alcúdia IB 111 Da110
17490 Platja de Grifeu GI 40 Da94
46139 Platja de la Pobla de Farnals V 108 Ze111
12594 Platja de les Amplàries CS 108 Aa108
12579 Platja de les Fonts CS 92 Ab107
03710 Platja del Port A 143 Aa117
46012 Platja del Recatí V 127 Ze113
12520 Platja de Nules CS 108 Zf110
46770 Platja de Xeraco V 127 Ze114
46780 Platja d'Oliva V 127 Zf115
07819 Platja Talamanca IB 109 Bc115
07440 Platjes de Mallorca IB 111 Da110
41400 Platosa SE 150 Ue123
35580 Playa Blanca GC 182 Mb175
04149 Playa de Agua Amarga AL 171 Ya127
48993 Playa de Azkorri BI 19 Wf88
45910 Playa de Escalona TO 101 Vd108
21409 Playa de Isla Canela H 160 Sd125
04002 Playa de La Garrofa AL 170 Xc128
48360 Playa de Laida BI 19 Xb88
0 Playa de la Pinada A 142 Zc120
38650 Playa de las Américas TF 180 Ib180
04116 Playa de Las Negras AL 171 Xf127
35214 Playa del Hombre GC 184 Kd181
21410 Playa del Hoyo H 161 Se125
35100 Playa del Inglés GC 184 Kc182
30366 Playa de los Nietos MC 157 Zb122
30380 Playa del Pedrucho MC 157 Zb122
39547 Playa de Merón CB 17 Vd88
39780 Playa de Oriñón CB 18 We88
33716 Playa de Ortiguera AS 13 Tb87
33598 Playa de Pendueles AS 16 Vc88
33405 Playa de Salinas AS 15 Ua87
38813 Playa de Santiago TF 184 He180
04149 Playa de Torre Vieja AL 171 Ya127
33345 Playa de Vega AS 16 Uf88
33418 Playa de Xago AS 15 Ua87
18613 Playa Granada GR 168 Wc128
30385 Playa Honda MC 157 Zb123
35570 Playa Quemada GC 182 Mb175
03189 Playas de Orihuela A 157 Zb121
04740 Playa Serena AL 170 Xc128
33111 Plaza, La AS 14 Tf90
48276 Plazakola BI 20 Xd89
50297 Pleitas Z 53 Ye98
50143 Plenas Z 72 Za102
48620 Plentzia BI 19 Xa88
30176 Pliego MC 156 Yc121
23749 Plomeros J 137 Wa120
44213 Plou TE 72 Za103
09452 Plumarejos BU 49 Wd97
33691 Poago AS 15 Ub87
32136 Pobadura OR 23 Sa93
42181 Pobar SO 51 Xe97
25512 Pobella L 37 Af94
48550 Pobeña BI 19 Wf88
01420 Pobes VI 31 Xa92
39230 Población de Abajo CB 29 Wa91
39230 Población de Arriba CB 29 Wa91
34347 Población de Arroyo P 28 Va94
34449 Población de Campos P 29 Vd95
34219 Población de Cerrato P 48 Vd98
34128 Población de Soto P 28 Vc94
43783 Pobla de Massaluca, la T 74 Ac101
27360 Pobla de San Xulián LU 24 Sd91
10591 Poblado de Embalse CC 99 Ua109
46317 Poblado del Embalse V 106 Yd111
28339 Poblado Nuevo MD 86 Wc107
49522 Pobladura de Aliste ZA 45 Te97
24121 Pobladura de Bernesga LE 27 Uc93
24250 Pobladura de Fontecha LE 27 Uc94
24375 Pobladura de la Reguera LE 26 Te92
24724 Pobladura de la Sierra LE 26 Td94
24223 Pobladura de los Oteros LE 27 Ud94
49780 Pobladura del Valle ZA 46 Ub96
24249 Pobladura de Pelayo García LE 27 Ub95
24512 Pobladura de Somoza LE 25 Tb93
47881 Pobladura de Sotiedra VA 46 Ue99
49127 Pobladura de Valderaduey ZA 46 Uc98
46670 Pobla Llarga, la = Puebla Larga, la V 126 Zd114
03726 Poble Nou de Benitatxell, el = Benitachell A 143 Aa116
13195 Poblete CR 121 Wa115
43376 Poboleda T 75 Af101
27330 Pobra do Brollón = Puebla de Brollón LU 24 Sd93
06130 Pocacivera BA 132 Sf116
08471 Pocafarina B 58 Cd99
17178 Pocafarina GI 58 Cc96
33718 Pojos AS 13 Tb88
15338 Pol C 10 Sa87
27279 Pol LU 12 Sd90
27686 Pol LU 24 Se91
32766 Pola OR 24 Sd94
39557 Polaciones CB 17 Vd90
33880 Pola de Allande AS 13 Tc89
33980 Pola de Laviana AS 15 Uc89
33630 Pola de Lena AS 15 Ub90
33510 Pola de Siero AS 15 Uc88
33840 Pola de Somiedo AS 14 Te90
45161 Polán TO 101 Vf110
34846 Polentinos P 17 Vc91
22216 Poleñino HS 54 Ze97
18516 Policar GR 169 We125
33456 Polide AS 14 Tf87
39250 Polientes BU 29 Wa92
25747 Polig L 56 Bb97
45007 Polígono de Santa María de Benquerencia TO 102 Wa109
08213 Polinyà B 77 Ca99
46688 Polinyà de Xúquer V 126 Zd113
22665 Polituara HS 35 Ze92
07469 Pollença IB 111 Da109
47116 Pollos VA 65 Uf100
07210 Polo IB 111 Cf111
03520 Polop A 143 Zf117
02500 Polope AB 140 Yb117
18710 Polopos GR 169 We128
04114 Polopos AL 171 Xf126
23293 Polvillar J 139 Xb119
24995 Polvoredo LE 16 Uf90
34473 Polvorosa de Valdavia P 28 Vc93
39660 Pomaluengo CB 18 Wa89
09513 Pomar BU 18 Wd91
22413 Pomar de Cinca HS 55 Aa97
34813 Pomar de Valdivia P 29 Ve92
03669 Pomares A 142 Za118
27470 Pombeiro LU 24 Sb94
24389 Pombriego LE 25 Tb94
50259 Pomer Z 52 Ya99
22196 Pompenillo HS 54 Zd96
17746 Pompià GI 59 Ce95
43860 Ponç T 75 Ae103
39809 Pondra CB 18 Wd89
24400 Ponferrada LE 25 Tc93
33557 Ponga AS 16 Uf89
24127 Ponjos LE 26 Tf92
07209 Pon Nou des Frares IB 111 Da112
25740 Pons = Ponts L 56 Bb97
17706 Pont de Molins GI 40 Cf95
36853 Ponte PO 23 Rd94
15317 Ponte Aranga C 11 Sa89
36860 Ponteareas PO 41 Rc95
32229 Ponte Barxas OR 42 Re96
36820 Pontecaldelas PO 23 Rd94
15688 Ponte Carreira C 11 Rd90
32430 Ponte Castrelo OR 23 Rf95
15110 Ponteceso C 10 Ra89
36649 Pontecesures PO 22 Rc92
15600 Pontedeume C 11 Re88
32235 Pontedeva OR 42 Rf96
15510 Ponte de Xubia C 11 Rf87
24838 Pontedo LE 15 Uc91
15121 Ponte do Porto C 10 Qf90
49191 Pontejos ZA 64 Ub100
36412 Pontellas PO 41 Rc96
15864 Ponte Maceira C 22 Rb91
15340 Ponte Mera C 10 Sa86
15211 Ponte Nafonso C 22 Ra92
15683 Pontepedra C 11 Rc90
36690 Ponte Sampaio PO 22 Rc94
15880 Ponte-Ulla C 23 Rd92
15883 Pontevea C 23 Rc92
36001 Pontevedra PO 22 Rc94
43421 Pontils T 76 Bc100
23291 Pontón Alto J 139 Xb120
39793 Pontones CB 18 Wb88
23291 Pontones J 139 Xb120
08738 Pontons B 76 Bd100
33509 Póo AS 16 Vb88
24511 Porcarizas LE 25 Tb92
33392 Porceyo AS 15 Ub87
33878 Porciles AS 14 Tc89
23790 Porcuna J 152 Ve121
18820 Porcuna GR 154 Xd121
38588 Porís de Abona TF 181 Id180
33819 Porley AS 14 Td89
32643 Porqueira OR 42 Sa96
09551 Porquera del Butrón BU 30 Wb92
34813 Porquera de los Infantes P 29 Ve92
17834 Porqueres GI 59 Ce96
37130 Porqueriza SA 64 Ua103
11180 Porquerizas CA 173 Ub130
24397 Porqueros LE 26 Tf93
43739 Porrera T 75 Af101
07260 Porreres IB 111 Da111
07839 Porroig IB 109 Bb115
23239 Porrosillo J 137 Wd119
33509 Porrúa AS 16 Vb88
46012 Porta del Sol V 127 Ze113
25594 Port Ainé L 37 Bb94
10883 Portaje CC 98 Tc109
29160 Portales MA 167 Vd127
44730 Portalrubio TE 90 Yf104
16522 Portalrubio de Guadamajud CU 88 Xc107
07181 Portals Nous IB 110 Cd111
07181 Portals Vells IB 110 Cd112
32101 Portamieiro OR 24 Sa94
36658 Portas PO 22 Rc93
50810 Portazgo Z 53 Zb97
06230 Portazgo o San Antonio BA 133 Td118
17497 Port-Bou = Portbou GI 40 Da94
07740 Port d'Addaia IB 77 Eb108
07400 Port d'Alcúdia IB 111 Da110
07157 Port d'Andratx IB 110 Cc111
07191 Port de Canonge IB 110 Cd110
25283 Port del Comte L 57 Bd96
AD200 Port d' Envalira □ AND 38 Be93
07470 Port de Pollença IB 111 Da109
07108 Port de Sóller IB 110 Ce110
07829 Port d'es Torrent IB 109 Bb115
07170 Port de Valldemossa IB 110 Cd110
36677 Portela PO 23 Rc92
32549 Portela da Canda OR 44 Ta96
24569 Portela de Aguiar LE 25 Ta93
36568 Portela de Lamas PO 23 Re93
32337 Portela do Trigal OR 25 Ta94
42167 Portelárbol SO 51 Xd97
25216 Portell L 57 Bc98
12318 Portell de Morella CS 92 Ze105
42162 Portelrubio SO 51 Xd97
37170 Porteros SA 64 Ua103
37530 Porteros SA 82 Td106
10828 Portezuelo CC 98 Td110
01212 Portilla VI 31 Xa92
16141 Portilla CU 89 Xf107
24913 Portilla de la Reina LE 16 Va90
24149 Portilla de Luna LE 27 Ub92
34114 Portillejo P 28 Vc94
47160 Portillo VA 66 Vc100
37891 Portillo SA 83 Uc104
42138 Portillo de Soria SO 51 Xf99
45512 Portillo de Toledo TO 101 Ve108
07820 Portinatx IB 109 Bd114
30510 Portishuelo MC 141 Yf117
30364 Portman MC 157 Za123
36685 Porto PO 23 Rd92
36458 Porto PO 41 Rc96
49583 Porto ZA 44 Ta95
15214 Portobravo C 22 Ra92
32626 Portocamba OR 43 Sd96
04550 Portocarrero AL 170 Xc125
15684 Portociños C 11 Rc90
07670 Portocolom IB 111 Db112
15969 Porto-Corrubedo C 22 Qf93
07680 Portocristo IB 111 Dc111
07680 Portocristo Novo IB 111 Db111
27712 Porto de Abaixo LU 13 Sf88
15337 Porto de Bares LU 10 Sb86
15339 Porto de Espasante C 10 Sb86
36599 Portodemouros PO 23 Re91
15970 Porto do Son C 22 Qf92
07141 Portòl IB 110 Ce111
27188 Portomarín LU 24 Sc92
15871 Portomeiro C 11 Rc91
32371 Portomourisco OR 25 Sf94
15871 Portomouro C 10 Rc91
36970 Portonovo PO 22 Ra94
07691 Portopetro IB 111 Db112
15999 Portosín C 22 Ra92
29712 Portugalejo MA 167 Vf127
48920 Portugalete BI 19 Wf89
18415 Pórtugos GR 169 We127
30393 Portús MC 157 Yf123
45161 Portusa TO 101 Ve109
14209 Porvenir de la Industria CO 134 Ue119
33778 Porzún AS 13 Sf88
13120 Porzuna CR 120 Vf114
33424 Posada AS 15 Ua88
33594 Posada AS 16 Va88
14900 Posada de Flores CO 167 Vd124
24915 Posada de Valdeón LE 16 Va90
26289 Posadas RI 50 Wf95
14730 Posadas CO 150 Uf122
23520 Posadas Ricas J 152 Wc121
24766 Posada y Torre LE 26 Tf95
14248 Posadilla CO 134 Ue119
24795 Posadilla de la Vega LE 26 Ua94
41659 Postero SE 166 Uf126
39570 Potes CB 17 Vc90
02139 Potiche AB 140 Xe117
46721 Potríes V 127 Ze115
03698 Poublanc A 142 Zb118
46870 Pou Clar V 126 Zc116
07530 Pou Colomer Vell IB 111 Db110
32212 Poulo OR 42 Rf95
27332 Pousa LU 24 Sd93
27246 Pousada LU 12 Sd89
27680 Pousada LU 24 Se91
32611 Pousada OR 43 Se97
15996 Pouscarro C 22 Ra92
27233 Poutomillos LU 12 Sc91
05560 Poveda AV 84 Uf105
16195 Poveda de la Obispalía CU 104 Xd109
37406 Poveda de las Cintas SA 65 Ue102
19463 Poveda de la Sierra GU 89 Xf105
02311 Povedilla AB 139 Xc116
32172 Povoanza OR 23 Sa94
26586 Poyales RI 51 Xe96
05492 Poyales del Hoyo AV 100 Uf107
23250 Poyato J 138 We119
16878 Poyatos CU 89 Xf106
23291 Poyotello J 139 Xc120
09246 Poza de la Sal BU 30 Wd93
34111 Poza de la Vega P 28 Vb93
47450 Pozal de Gallinas VA 66 Va101
47220 Pozaldes VA 66 Va100
42112 Pozalmuro SO 51 Xf98
05292 Pozanco AV 84 Vb104
34492 Pozancos P 29 Ve92
19265 Pozancos GU 69 Xc102
22313 Pozán de Vero HS 54 Aa96
23485 Pozo Alcón J 154 Xa122
30739 Pozo Aledo MC 157 Za122
16708 Pozoamargo CU 123 Xe112
49835 Pozoantiguo ZA 46 Ud99
14400 Pozoblanco CO 135 Va118
02510 Pozo Bueno AB 124 Yb116
06120 Pozo Campo BA 132 Sf119
02510 Pozo-Cañada AB 124 Yb116
06192 Pozo Cortijo BA 116 Tb114
02460 Pozo de Abajo AB 139 Xc118
19112 Pozo de Almoguera GU 87 Wf106
19161 Pozo de Guadalajara GU 87 We106
02650 Pozo de la Higuera AB 125 Ye116
04647 Pozo de la Higuera AL 156 Yb124
02520 Pozo de la Peña AB 124 Yb115
18858 Pozo de la Rueda GR 155 Xe122
38912 Pozo de la Salud TF 180 Gf182
13390 Pozo de la Serna CR 122 We116
21420 Pozo del Camino H 161 Se125
04648 Pozo del Esparto AL 171 Yb124
04887 Pozo del Lobo AL 154 Xc124
30391 Pozo de los Palos MC 157 Yf123
34347 Pozo de Urama P 47 Va95
30594 Pozo Estrecho MC 157 Za122
02141 Pozohondo AB 140 Ya116
18891 Pozo Iglesias GR 154 Xc124
02154 Pozo-Lorente AB 125 Yc114
44480 Pozo Muela y Puntalico TE 107 Zb108
33875 Pozón AS 14 Td89
44368 Pozondón TE 90 Yd105
47800 Pozo Pedro VA 47 Uf97
16212 Pozorrubielos de la Mancha CU 124 Xf112
16414 Pozorrubio de Santiago CU 103 Xa110

A B C D E F G H I J K L M N Ñ O P Q R S T U V W X Y Z

Pozorrubio de Santiago | 295

E

24738 Pozos LE 26 Te95
37216 Pozos de Hinojo SA 63 Td103
06442 Pozos de la Fuente Santa BA 133 Ua117
37170 Pozos de Mondar SA 64 Ua103
16212 Pozoseco CU 105 Ya112
42220 Pozuel de Ariza Z 70 Xf100
44315 Pozuel del Campo TE 90 Yc104
31395 Pozuelo NC 33 Yc93
42311 Pozuelo SO 69 Wf100
02327 Pozuelo AB 124 Xf116
02125 Pozuelo AB 140 Xf117
30510 Pozuelo MC 141 Ye117
28223 Pozuelo de Alarcón MD 86 Wb106
50529 Pozuelo de Aragón Z 52 Yd98
13179 Pozuelo de Calatrava CR 121 Wa115
47831 Pozuelo de la Orden VA 46 Ue98
24796 Pozuelo del Páramo LE 45 Ub95
28813 Pozuelo del Rey MD 87 We106
49148 Pozuelo de Tábara ZA 45 Ua98
49621 Pozuelo de Vidriales ZA 45 Ua96
10813 Pozuelo de Zarzón CC 98 Td108
34349 Pozuelos del Rey P 28 Va95
33889 Prada AS 13 Tc89
32368 Prada OR 25 Sf95
32782 Prada OR 43 Se95
24722 Prada de la Sierra LE 26 Td94
24915 Prada de Valdeón LE 16 Va90
27277 Pradairo LU 13 Se90
40540 Pradales SG 68 Wb100
09248 Prádanos de Bureba BU 30 Wd93
09126 Prádanos del Tozo BU 29 Wa92
34486 Prádanos de Ojeda P 29 Vd92
27210 Pradeda LU 24 Sc91
26510 Pradejón RI 32 Xf95
24523 Pradela LE 25 Ta93
43774 Pradell T 75 Af102
43774 Pradell de la Teixeta T 75 Af102
25316 Pradell de Sió L 56 Ba98
40165 Prádena SG 68 Wb102
19243 Prádena de Atienza GU 69 Wf101
28191 Prádena del Rincón MD 68 Wc102
40165 Pradenilla SG 68 Wb102
40100 Pradera de Navalhorno SG 86 Vf103
43364 Prades T 75 Af101
08281 Prades de la Molosa L 57 Bd98
17844 Prades del Terri GI 59 Ce96
19391 Pradilla GU 89 Yb104
09267 Pradilla de Belorado BU 31 Wf95
50668 Pradilla de Ebro Z 52 Ye97
26122 Pradillo RI 50 Xc95
27235 Prado LU 12 Sb90
33344 Prado AS 16 Ue88
36512 Prado PO 23 Re92
36873 Prado PO 23 Re95
32890 Prado OR 24 Sa95
36895 Prado PO 41 Rc95
32898 Prado OR 42 Sa97
32702 Prado OR 43 Sc96
49638 Prado ZA 46 Ud97
32552 Pradoalvar OR 43 Se95
32560 Pradocabalos OR 43 Sf96
10671 Pradochano CC 98 Te108
24893 Prado de la Guzpeña LE 28 Uf92
02534 Prado de las Yeguas AB 139 Xd120
11660 Prado del Rey CA 165 Uc128
24512 Prado de Paradiña LE 25 Tb92
28223 Prado de Somosaguas MD 86 Wb106
06980 Prado Gil BA 148 Ua120
09515 Pradolamata BU 30 Wd91
28223 Prado Largo MD 86 Wa106
32368 Pradolongo OR 43 Sf95
09260 Pradoluengo BU 31 We95
18183 Prado Negro GR 168 Wd125
02536 Prado Redondo AB 139 Xd119
32558 Pradorramisquedo OR 44 Ta96
02161 Pradorredondo AB 123 Xe115
24714 Pradorrey LE 26 Tf94
40400 Prados SG 85 Ve104
23289 Prados de Armijo J 138 Xb119
05560 Pradosegar AV 84 Uf105
19352 Prados Redondos GU 89 Yb104
14820 Prágdena CO 151 Vd122
36390 Praia de Canido PO 41 Rb95
39697 Prases CB 17 Wa89
43595 Prat de Comte T 74 Ac103
43320 Pratdip T 75 Af102
25721 Prats L 38 Bf94
25793 Prats L 56 Bb95
08513 Prats de Lluçanès B 58 Ca96
25721 Prats i Sansor L 38 Be94
39730 Praves CB 18 Wc88
33120 Pravia AS 14 Tf88
25263 Preixana L 56 Ba99
25316 Preixens L 56 Ba98
26589 Préjano RI 51 Xe95
33728 Prelo AS 13 Tb88
08330 Premià de Mar B 77 Cc100
33190 Premoño AS 14 Ua88
43400 Prenafeta T 75 Bb100
48891 Presa BI 18 Wd89
37176 Presa de Almendra SA 63 Te101
28754 Presa del Villar MD 68 Wc103
28754 Presa de Puentes Viejas MD 68 Wc103
15807 Présaras C 11 Rf90
10191 Prescribanillos CC 98 Td111
15318 Presedo C 11 Re89
09228 Presencio BU 48 Wa95
09233 Presillas BU 30 Wa91
03569 Preventorio A 142 Zd117
32418 Prexigueiro OR 23 Re95
32793 Prexiguieros OR 24 Sb94
24721 Priaranza de la Valduerna LE 26 Te94
24448 Priaranza del Bierzo LE 25 Tb93
33584 Priede AS 16 Ue88
16800 Priego CU 88 Xe106
14815 Priego de Córdoba CO 152 Ve124
36350 Priegue PO 41 Rb96
33867 Priero AS 14 Te88
33317 Priesca AS 15 Ud88
33557 Priesca AS 16 Ue89
24856 Primajas LE 28 Ue91
45910 Prime TO 101 Vd108
24457 Primout LE 26 Td92
51002 Príncipe Alfonso <[region]> 175 Ud133
06280 Prior BA 147 Tc120
33193 Priorio AS 15 Ua88
24885 Prioro LE 28 Va91
15146 Proame C 10 Rc89
39210 Proaño CB 17 Ve90
33114 Proaza AS 14 Tf89
27460 Proendos LU 24 Sc94
32611 Progo OR 43 Se97
08569 Pruit B 58 Cc96
25727 Prullans L 38 Be94
41670 Pruna SE 165 Ue127
33423 Pruvia AS 15 Ub88
17120 Púbol GI 59 Cf96
46530 Puçol V 108 Ze111
27658 Puebla LU 13 Sf91
13195 Puebla CR 121 Wa115
50137 Puebla de Albortón Z 72 Za100
06630 Puebla de Alcocer BA 118 Ue115
06717 Puebla de Alcollarín BA 118 Ub114
50171 Puebla de Alfindén Z 53 Zb99
12428 Puebla de Arenoso CS 107 Zc108
10811 Puebla de Argeme CC 98 Td109
37553 Puebla de Azaba SA 81 Tb106
19229 Puebla de Beleña GU 68 We103
18820 Puebla de Don Fadrique GR 154 Xd121
13109 Puebla de Don Rodrigo CR 119 Vc114
42222 Puebla de Eca SO 70 Xd100
21550 Puebla de Guzmán H 146 Se123
06490 Puebla de la Calzada BA 116 Tc115
06477 Puebla de la Reina BA 133 Tf116
28190 Puebla de la Sierra MD 68 Wd102
24855 Puebla de Lillo LE 16 Ue90
06906 Puebla del Maestre BA 148 Tf120
13342 Puebla del Príncipe CR 138 Xa117
06229 Puebla del Prior BA 133 Te117
16269 Puebla del Salvador CU 105 Yb111
10392 Puebla de Naciados CC 100 Ue109
06191 Puebla de Obando BA 116 Tc113
27388 Puebla de Parga LU 12 Sa90
40184 Puebla de Pedraza SG 67 Wa101
03159 Puebla de Rocamora A 142 Zb120
49300 Puebla de Sanabria ZA 44 Tc96
06310 Puebla de Sancho Pérez BA 133 Td118
37791 Puebla de San Medel SA 83 Ub105
46140 Puebla de San Miguel V 106 Yf108
34487 Puebla de San Vicente P 29 Ve92
30152 Puebla de Soto MC 157 Ye121
19225 Puebla de Vallés GU 68 We103
04738 Puebla de Vícar AL 170 Xc128
37606 Puebla de Yeltes SA 82 Te105
46670 Puebla Larga, la = Pobla Llarga, la V 126 Zd114
49171 Pueblica de Campeán ZA 64 Ub100
49697 Pueblica de Valverde ZA 45 Ua97
21760 Pueblo Andaluz H 162 Tc127
04117 Puebloblanco AL 171 Xf127
21530 Pueblo Nuevo H 146 Sf123
11350 Pueblo Nuevo CA 173 Ud131
13194 Pueblonuevo del Bullaque CR 120 Ve113
06184 Pueblonuevo del Guadiana BA 116 Tb115
10318 Pueblonuevo de Miramontes CC 100 Ud108
22822 Pueblo Nuevo de Salinas HS 34 Zb94
33312 Puelles AS 15 Uc88
50614 Puendeluna Z 53 Zb96
39719 Puente-Agüero CB 18 Wb88
24880 Puente Almuhey LE 28 Va92
39478 Puente Arce = Arce CB 17 Wa88
09559 Puente-Arenas BU 30 Wc91
39350 Puente-Avios CB 17 Vf88
47420 Puente Blanca VA 66 Vd100
24649 Puente de Alba LE 27 Uc92
24380 Puente de Domingo Flórez LE 25 Tb94
23350 Puente de Génave J 138 Xb118
10895 Puente de la Merced CC 97 Tb108
23479 Puente de las Herrerías J 154 Xa121
23196 Puente de la Sierra J 152 Wb122
24005 Puente del Castro LE 27 Uc93
37748 Puente del Congosto SA 83 Uc106
37521 Puente del Granadero SA 81 Tc106
05122 Puente del Moriaco AV 84 Va106
23529 Puente del Obispo J 153 Wc121
33693 Puente de los Fierros AS 15 Ub90
23659 Puente del Villar J 152 Wa122
22584 Puente de Montañana HS 55 Ae96
24513 Puente de Rey LE 25 Tb93
22609 Puente de Sabiñánigo HS 35 Zd94
29713 Puente de Salia MA 167 Vf127
02150 Puente de Torres AB 124 Yc114
16892 Puente de Vadillos CU 88 Xf105
39250 Puente de Valle CB 29 Wa92
28038 Puente de Vallecas MD 86 Wb106
09557 Puentedey BU 18 Wb91
18830 Puente Duda GR 154 Xb122
47152 Puente Duero-Esparragal VA 66 Vb99
09347 Puentedura BU 49 Wc96
44562 Puente Fonseca TE 91 Zd104
14500 Puente- Genil CO 166 Vb124
14817 Puente Grande CO 167 Vf124
39584 Puente Hojedo CB 17 Vc90
23390 Puente Honda J 139 Xc118
31100 Puente La Reina NC 33 Yb92
22753 Puente la Reina de Jaca HS 34 Zb93
09214 Puentelarrá BU 31 Wf92
28210 Puente la Sierra MD 85 Vf106
11369 Puente Mayorga CA 175 Ud131
39554 Puentenansa CB 17 Vd89
23009 Puente Nuevo J 152 Wb122
39556 Puente-Pumar CB 17 Vd90
09136 Puentes de Amaya BU 29 Ve93
28754 Puentes Viejas MD 68 Wc103
34813 Puentetoma P 29 Ve92
05291 Puenteviejo AV 85 Vc103
39670 Puente Viesgo CB 17 Wa89
37497 Puenticilla SA 81 Tb105
49559 Puercas ZA 45 Tf98
33555 Puertas AS 16 Va89
33597 Puertas AS 16 Vb88
37159 Puertas SA 63 Te102
33174 Puerto AS 15 Ua89
38789 Puerto TF 181 Ha177
14512 Puerto Alegre CO 150 Vb124
23196 Puerto Alto J 152 Wb122
29602 Puerto Banús MA 174 Va130
18564 Puerto Blanco GR 168 Wb124
21595 Puerto Carbón H 160 Sd124
05621 Puerto Castilla AV 83 Uc107
37720 Puerto de Béjar SA 83 Ub106
38508 Puerto de Güímar TF 181 Id179
35479 Puerto de la Aldea GC 184 Ka180
37129 Puerto de la Anunciación SA 64 Ub102
38400 Puerto de la Cruz TF 180 Ic178
41640 Puerto de la Encina SE 166 Ue126
38910 Puerto de la Estaca TF 180 Ha182
21594 Puerto de la Laja H 160 Sd123
29391 Puerto del Algarrobo MA 173 Uc129
35006 Puerto de la Luz GC 184 Kd180
38356 Puerto de la Madera TF 181 Id177
35489 Puerto de la Nieves GC 184 Kb180
35628 Puerto de la Peña GC 183 Lf178
29490 Puerto de las Eras MA 173 Ue129
48190 Puerto de Las Muñecas BI 19 Wf89
29190 Puerto de la Torre MA 167 Vd128
35510 Puerto del Carmen GC 182 Mc175
11370 Puerto del Castaño CA 173 Uc131
38678 Puerto de los Mozos TF 180 Ib180
02449 Puerto del Pino AB 140 Xe118
10615 Puerto del Piornal CC 99 Ua108
04621 Puerto del Rey AL 171 Yb125
35600 Puerto del Rosario GC 183 Ma177
44158 Puerto de Majalinos TE 91 Zc104
30860 Puerto de Mazarrón MC 156 Ye123
10261 Puerto de Santa Cruz CC 118 Ua113
45577 Puerto de San Vicente TO 100 Uf111
37717 Puerto de Vallejera SA 83 Ub106
33790 Puerto de Vega AS 13 Tc87
44559 Puerto de Villarluengo TE 91 Zc104
29692 Puerto Duquesa MA 174 Ue130
33776 Puerto Garganta AS 13 Sf88
21209 Puerto Gil H 147 Tc121
30414 Puerto Hondo MC 139 Xe120
06428 Puerto Hurraco BA 134 Uc117
35612 Puerto Lajas GC 183 Ma177
13650 Puerto Lápice CR 121 Wd113
22362 Puértolas HS 36 Aa93
13500 Puertollano CR 136 Vf116
06260 Puerto Lobo y Endrinales BA 148 Te121
18249 Puerto-López GR 168 Wb124
30890 Puerto Lumbreras MC 155 Yb123
44411 Puertomingalvo TE 91 Zd107
21209 Puerto-Moral H 148 Td121
38769 Puerto Naos TF 181 Ha177
35627 Puerto Nuevo GC 183 Le179
11510 Puerto Real CA 172 Te129
45672 Puerto Rey TO 119 Uf112
35139 Puerto Rico GC 184 Kb182
37488 Puerto Seguro SA 81 Tb104
11659 Puerto Serrano CA 165 Uc127
31394 Pueyo NC 33 Yc93
22451 Pueyo HS 36 Ad94
22135 Pueyo de Fañanás HS 54 Ze96
22588 Pueyo de Marguillén HS 55 Ac96
22416 Pueyo de Santa Cruz HS 55 Aa97
22161 Puiboela HS 35 Zc95
46540 Puig V 108 Ze111
17214 Puigcalent GI 59 Db97
25633 Puigcercós L 56 Af96
17520 Puigcerdà GI 38 Bf94
25514 Puigcerver L 37 Af95
08733 Puigdàlber B 76 Be100
07800 Puig de Can Damiá IB 109 Bc115
07609 Puig de Ros de Dalt IB 110 Ce112
07816 Puig d'es Furnat IB 109 Bb115
17844 Puigemma GI 59 Ce96
22583 Puigfell HS 55 Ae95
25420 Puiggròs L 75 Af99
44660 Puig Moreno TE 73 Ze102
17178 Puigpardines GI 58 Cc96
43812 Puigpelat T 76 Bb101
07194 Puigpunyent IB 110 Cd111
25751 Puig-redon L 57 Bc97
08692 Puigreig = Puig-Reig B 57 Bf97
08692 Puig-Reig B 57 Bf97
08660 Puigventós B 57 Be97
25318 Puigverd d'Agramunt L 56 Ba98
25153 Puigverd de Lleida L 75 Ae99
25318 Puigvert d'Agramunt = Puigverd d'Agramunt L 56 Ba98
50810 Puilatos Z 53 Zb97
22583 Puimolar HS 36 Ad95
22282 Puipullín HS 53 Zb96
17844 Pujals dels Cavallers GI 59 Ce96
17844 Pujals dels Pagesos GI 59 Ce96
08282 Pujalt B 57 Bc98
17834 Pujarnol GI 59 Ce96
39420 Pujayo CB 17 Vf90
29450 Pujerra MA 174 Uf129
25591 Pujol L 37 Ba95
17745 Pujol GI 40 Ce95
25736 Pujol L 56 Ba96
17493 Pujolà GI 40 Da94
17406 Pujol de la Muntanya GI 58 Cc97
45125 Pulgar TO 101 Vf110
18197 Pulianas GR 168 Wc125
18197 Pulianillas GR 168 Wc125
04640 Pulpí AL 156 Yb124
18859 Pulpite GR 154 Xc123
39507 Pumalverde CB 17 Ve88
33936 Pumarabule AS 15 Uc88
49626 Pumarejo de Tera ZA 45 Tf97
39584 Pumareña CB 17 Vc89
32338 Pumares OR 25 Ta94
30368 Punta Brava MC 157 Za122
38312 Punta Brava TF 180 Ic178
43860 Punta de Cala Mosques T 75 Ae103
41130 Punta de la Margazuela SE 164 Tf126
21410 Punta del Caimán H 161 Se125
38240 Punta del Hidalgo TF 181 Ie177
29692 Punta Europa MA 174 Ue131
07820 Punta Galeria IB 109 Bb114
38789 Puntagorda TF 181 Ha176
38715 Puntallana TF 181 Hb176
18720 Puntalón GR 168 Wd128
03185 Punta Prima A 157 Zb121
30835 Puntarrón MC 156 Yd123
30876 Puntas de Calnegre MC 156 Yd123
21100 Punta Umbría H 162 Ta125
07199 Puntiro IB 110 Ce111
32457 Punxín OR 23 Rf94
03339 Puol A 142 Zb119
47419 Puras VA 66 Vc101
09258 Puras de Villafranca BU 31 We94
04870 Purchena AL 170 Xd124
18102 Purchil GR 168 Wb125
30813 Purias MC 156 Yc123
33596 Purón AS 16 Vb88
50240 Purroy Z 71 Yc100
22589 Purroy de la Solana HS 55 Ac96
50268 Purujosa Z 52 Yb98
18519 Purullena GR 169 We125
03610 Pusa A 142 Zb118
32336 Pusmazán OR 25 Ta94
07816 Puxet d'En Puig IB 109 Bc115
27206 Puxeda LU 24 Sa91
32879 Puxedo OR 42 Rf97
22363 Puyarruego HS 36 Aa93
22439 Puy de Cinca HS 55 Ab95
22372 Puyuelo HS 35 Zf94

Q

08619 Quar B 58 Bf96
17242 Quart GI 59 Cf97
43205 Quart T 75 Ba102
46515 Quart de les Valls V 108 Ze110
46980 Quart de Poblet = Cuart de Poblet V 126 Zd111
46510 Quartell V 108 Ze110
46837 Quatretonda = Cuatretonda V 126 Zd115
03811 Quatretondeta A 143 Ze116
02486 Quebradas AB 139 Xd118
09559 Quecedo BU 30 Wc91
32868 Queguas OR 42 Rf97
32768 Queixa OR 43 Sd95
17538 Queixans GI 38 Bf94
15186 Queixas C 11 Rd90
17746 Queixas GI 59 Ce95
27162 Queizán LU 12 Sd91
27651 Queizán LU 13 Sf91

E 296 | Pozos

02448 Quejigal AB 139 Xe118
39193 Quejo CB 18 Wc88
01426 Quejo VI 31 Wf92
26570 Quel RI 51 Xf95
09454 Quemada BU 49 Wc98
15183 Quembre C 11 Rd89
32940 Quenlle OR 23 Sa94
18192 Quéntar GR 168 Wd125
19209 Quer GU 87 We105
17534 Queralbs GI 39 Ca94
19269 Querencia GU 69 Xb101
32320 Quereño OR 25 Ta94
45790 Quero TO 103 We111
43816 Querol T 76 Bc100
46824 Quesa V 126 Zb114
23480 Quesada J 153 Wf121
22191 Quicena HS 54 Zd96
39477 Quijano CB 17 Wa88
39590 Quijas CB 17 Vf88
28693 Quijorna MD 85 Vf106
15295 Quilmas C 22 Qf91
24548 Quilós LE 25 Tb93
39550 Quinatanilla CB 17 Vd89
09510 Quincoces de Yuso BU 19 We91
27662 Quindóus LU 25 Ta91
46367 Quinete V 126 Za112
45470 Quinta de Lora TO 121 Wb112
41400 Quinta de Nuestra Señora de las Mercedes SE 150 Uf123
41640 Quinta de Vista Hermosa SE 166 Uf124
33836 Quintana AS 14 Te89
33391 Quintana AS 15 Uc88
39806 Quintana CB 18 Wc89
26259 Quintana RI 31 Wf94
01128 Quintana VI 32 Xd93
09574 Quintanabaldo BU 18 Wb91
09246 Quintanabureba BU 30 Wd93
24712 Quintana de Fon LE 26 Tf93
24319 Quintana de Fuseros LE 26 Te92
06450 Quintana de la Serena BA 134 Ub116
24397 Quintana del Castillo LE 26 Tf93
24762 Quintana del Marco LE 45 Ua95
24930 Quintana del Monte LE 28 Uf93
09569 Quintana de los Prados BU 18 Wc90
09370 Quintana del Pidio BU 49 Wb98
09125 Quintana del Pino BU 30 Wb93
34250 Quintana del Puente P 48 Ve96
24391 Quintana de Raneros LE 27 Uc93
24930 Quintana de Rueda LE 27 Ue93
39699 Quintana de Toranzo CB 17 Wa89
34113 Quintanadiez de la Vega P 28 Vb94
09190 Quintanadueñas BU 30 Wb94
09244 Quintanaélez BU 30 We92
09572 Quintanaentello BU 18 Wb91
09549 Quintana-Entrepeñas BU 30 We91
09142 Quintanajuar BU 30 Wc93
09515 Quintanalacuesta BU 30 Wd91
09647 Quintanalara BU 49 Wc95
09142 Quintanaloma BU 30 Wb92
09248 Quintanaloranco BU 31 We94
34839 Quintanaluengos P 29 Vd91
09314 Quintanamanvirgo BU 48 Wa98
09213 Quintana-María BU 30 We92
09210 Quintana Martín Galíndez BU 30 We92
09593 Quintanaopio BU 30 Wd92
09140 Quintanaortuño BU 30 Wb94
09290 Quintanapalla BU 30 Wc94
45800 Quintanar de la Orden TO 103 Wf111
09670 Quintanar de la Sierra BU 50 Wf97
16220 Quintanar del Rey CU 124 Ya112
26259 Quintanar de Rioja RI 31 Wf94
42291 Quintana Redonda SO 50 Xc99
42150 Quintanar o El Quintanarejo SO 50 Xb97
09454 Quintanarraya BU 49 Wd98
09141 Quintanarruz BU 30 Wc93
09141 Quintanarruz BU 30 Wb93
42313 Quintanas de Gormaz SO 69 Xa99
34811 Quintanas de Hormiguera P 29 Vf91
09127 Quintanas de Valdelucio BU 29 Vf92
39220 Quintanas-Olmo CB 29 Wa92
42345 Quintanas Rubias de Abajo SO 68 Wf100
42345 Quintanas Rubias de Arriba SO 68 Wf100
34485 Quintanatello de Ojeda P 29 Vd92
09592 Quintana-Urría BU 30 Wd93
09292 Quintanavides BU 30 Wd94
24767 Quintana y Congosto LE 26 Tf95
24124 Quintanilla LE 27 Ua92
01427 Quintanilla VI 31 We91
49340 Quintanilla ZA 45 Te96
09249 Quintanillabón BU 30 We93
09246 Quintanilla Cabe Rojas BU 30 Wd93
09640 Quintanilla-Cabrera BU 49 Wd95
09146 Quintanilla-Colina BU 30 Wb91
24743 Quintanilla da Losada LE 26 Tc95
47360 Quintanilla de Arriba VA 48 Vd99
24141 Quintanilla de Babia LE 14 Te91
24715 Quintanilla de Combarros LE 26 Tf93
24733 Quintanilla de Flórez LE 26 Tf95
34309 Quintanilla de la Cueza P 28 Vb95
09347 Quintanilla del Agua BU 49 Wc96
09349 Quintanilla de la Mata BU 49 Wb97
09129 Quintanilla de la Presa BU 29 Wa93
09230 Quintanilla de las Carretas BU 30 Wb95
34811 Quintanilla de las Torres P 29 Ve92
09642 Quintanilla de las Viñas BU 49 Wd96
09348 Quintanilla del Coco BU 49 Wc97
47673 Quintanilla del Molar VA 46 Ud97
24285 Quintanilla del Monte LE 26 Ua93
09270 Quintanilla del Monte BU 31 Wf94
49639 Quintanilla del Monte ZA 46 Ud97
09292 Quintanilla del Monte en Juarros BU 30 Wd94
49638 Quintanilla del Olmo ZA 46 Ud97
09513 Quintanilla de los Adrianos BU 18 Wc91
24208 Quintanilla de los Oteros LE 27 Ud95
09568 Quintanilla del Rebollar BU 18 Wc90
24281 Quintanilla del Valle LE 26 Ua93
42141 Quintanilla de Nuño Pedro SO 49 We98
09512 Quintanilla de Ojada BU 30 We91
47350 Quintanilla de Onésimo VA 48 Vc99
34114 Quintanilla de Onsoña P 28 Vc94
09492 Quintanilla de Ricuerda BU 49 Wc98
09135 Quintanilla de Riofresno BU 29 Ve93
24940 Quintanilla de Rueda LE 28 Uf92
09571 Quintanilla de San Román BU 18 Wa91
24271 Quintanilla de Sollamas LE 27 Ub93
24717 Quintanilla de Somoza LE 26 Te94
42351 Quintanilla de Tres Barrios SO 50 We99
47283 Quintanilla de Trigueros VA 47 Vc97
09614 Quintanilla de Urrilla BU 50 We96
49622 Quintanilla de Urz ZA 45 Ua96
24738 Quintanilla de Yuso LE 45 Td95
09549 Quintanilla-Montecabezas BU 30 We91
09125 Quintanilla-Pedro Abarca BU 30 Wb93
09271 Quintanilla San-García BU 31 We93
09141 Quintanilla-Sobresierra BU 30 Wb93
09239 Quintanilla-Somuñó BU 48 Wa95
09557 Quintanilla-Valdebodres BU 18 Wb91
09140 Quintanilla-Vivar o Quintanilla Morocisla BU 30 Wb94
09196 Quintanilleja BU 49 Wb95
15126 Quintáns C 10 Qe90
36875 Quintáns PO 41 Rd95
15822 Quintás C 23 Rd91
27258 Quintela LU 12 Sd89
24525 Quintela LE 25 Ta92
32860 Quintela OR 42 Rf97
36428 Quintela PO 42 Re96
32558 Quintela de Humoso OR 44 Sf96
32212 Quintela do Leirado OR 42 Rf96
32558 Quintela Hedroso OR 44 Sf95
13679 Quintería de Mateo CR 121 Wd114
50770 Quinto Z 73 Zc100
41089 Quinto SE 164 Ua125
33129 Quinzanas AS 15 Uc89
22810 Quinzano HS 53 Zc95
47209 Quiñones VA 47 Vc98
15824 Quión C 23 Re91
36117 Quireza PO 23 Rd93
27320 Quiroga LU 24 Se94
32627 Quiroganes OR 43 Sd97
33117 Quirós AS 14 Ua90
49622 Quiruelas de Vidriales ZA 45 Ub96
38812 Quise TF 184 He180
09568 Quisicedo BU 18 Wc90
45514 Quismondo TO 101 Ve108
30510 Quitapellejos MC 141 Yf118
40193 Quitapesares SG 67 Vf103

R

27370 Rábade LU 12 Sc90
32698 Rabal OR 43 Sd97
32696 Rabal OR 43 Sc96
24648 Rabanal de Fenar LE 27 Uc92
24722 Rabanal del Camino LE 26 Te94
34846 Rabanal de los Caballeros P 29 Vd91
49519 Rabanales ZA 45 Te98
26133 Rabanera RI 51 Xd95
42191 Rabanera del Campo SO 51 Xd99
09660 Rabanera del Pinar BU 50 We97
47319 Rábano VA 67 Vf99
49515 Rábano de Aliste ZA 44 Td98
49358 Rábano de Sanabria ZA 44 Tc96
09268 Rábanos BU 30 We95
09130 Rabé de las Calzadas BU 30 Wa94
09349 Rabé de los Escuderos BU 49 Wb97
21840 Raboconejo H 147 Tb124
17754 Rabós GI 40 Da94
30510 Rabosera MC 141 Yf117
31383 Rada NC 33 Yc95
16649 Rada de Haro CU 104 Xc111
40172 Rades de Abajo SG 67 Wb102
40172 Rades de Arriba SG 67 Wb102
22145 Radiquero HS 54 Zf95
42213 Radona SO 70 Xd101
03369 Rafal A 142 Za120
07469 Rafal d' Ariant IB 111 Cf109
07469 Rafal de Casellas IB 111 Cf110
22535 Ráfales HS 55 Ab98
44589 Ráfales TE 92 Aa103
07730 Rafal Fort IB 77 Ea109
07730 Rafal Rubi IB 77 Eb109
07712 Rafal Vell IB 77 Eb109
46138 Rafelbunyol = Rafelbuñol V 108 Ze111
46138 Rafelbuñol = Rafelbunyol V 108 Ze111
46716 Rafelcofer V 127 Ze115
46666 Rafelguaraf V 126 Zd114
03769 Ráfol de Almunia A 127 Zf116
46843 Ráfol de Salem V 126 Zd115
37318 Rágama SA 65 Va103
04440 Rágol AL 170 Xb127
32785 Raigada OR 25 Se95
30850 Raiguero MC 156 Yd122
30850 Raiguero Bajo MC 156 Yd122
25111 Raïmat L 55 Ac98
32652 Rairiz de Veiga OR 42 Sb96
32971 Rairo OR 24 Sa95
07110 Raixa IB 110 Cd110
08256 Rajadell B 57 Be98
02486 Rala AB 139 Xe118
46199 Ral de Abajo V 125 Yf113
33594 Rales AS 16 Va88
22484 Raluy HS 36 Ad94
17500 Rama GI 58 Cb95
05418 Ramacastañas AV 100 Uf107
39800 Ramales de la Victoria CB 18 Wd89
22466 Ramastué HS 36 Ac93
22267 Rambla HS 54 Ze97
18480 Rambla Carlonca GR 169 Wf127
18890 Rambla de Balata GR 153 Xa124
18517 Rambla de Cauzón GR 169 We125
12232 Rambla de David CS 107 Zd108
04567 Rambla de Gérgal AL 170 Xc126
23590 Rambla de Juan Manchego J 153 We123
18511 Rambla del Agua GR 169 Xa125
18711 Rambla del Agua GR 169 We128
18890 Rambla de la Matanza GR 154 Wf123
23488 Rambla de la Teja J 153 Wf122
04275 Rambla del Marqués AL 170 Xe125
18520 Rambla de los Lobos GR 153 We123
30628 Rambla Salada MC 141 Yf120
46199 Rambla Seca V 126 Za113
36527 Ramil PO 23 Sa91
27554 Ramil LU 24 Sb92
32558 Ramilo OR 44 Ta95
32810 Ramirás OR 42 Rf95
47453 Ramiro VA 66 Vb101
45700 Ramón TO 102 Wb111
41620 Rancho Cazolita SE 165 Ud125
41659 Rancho de Aparicio SE 166 Uf125
11370 Rancho de Carbones CA 175 Uc131
41530 Rancho de Coto Ruiz SE 165 Ud126
41640 Rancho de Don Manuel Romero SE 166 Uf125
11580 Rancho de Frontán CA 172 Ua129
41640 Rancho de Gamarra SE 166 Ue125
11648 Rancho de Ibáñez CA 163 Ua127
41710 Rancho de la Asomadilla SE 163 Ua126
11170 Rancho de la Atalaya CA 172 Ua130
41770 Rancho de la Ballestera SE 165 Uc126
29391 Rancho de la Casilla MA 173 Ud129
41530 Rancho de la Reina SE 165 Ud126
41727 Rancho de la Romana SE 163 Ua126
41760 Rancho de las Mulas SE 165 Uc126
41540 Rancho de las Salinas SE 165 Ue126
41740 Rancho de Lila SE 163 Tf126
41670 Rancho del Navazo SE 166 Ue127
41740 Rancho de los Rasillos SE 164 Tf127
11178 Rancho del Pino CA 173 Ua129
11580 Rancho del Puerto de Picao CA 173 Ub129
41530 Rancho de Malagón SE 165 Ud126
41510 Rancho de Manuel Girardo SE 165 Ub125
11180 Rancho de Montaño CA 173 Uc130
41659 Rancho de Pozo Santo SE 165 Ue126
41530 Rancho de Roceros SE 165 Ud126
41659 Rancho de San Antonio SE 166 Ue125
41640 Rancho de Sarría SE 166 Uf124
41659 Rancho de Sol SE 166 Uf126
11692 Rancho de Tenorio CA 166 Uf127
41659 Rancho de Terrones SE 166 Ue126
41620 Rancho de Vargas SE 165 Ud125
41670 Rancho la Rosa Alta SE 165 Ue126
21250 Ranchos del Romeral H 146 Se121
07629 Randa IB 111 Cf111
36812 Rande PO 22 Rc95
32646 Randín OR 42 Sa97
36713 Randufe PO 41 Rc96
09212 Ranedo BU 31 We92
09593 Ranera BU 30 We92
48890 Ranero BI 18 Wd89
AD100 Ransol □ AND 38 Bd93
32910 Rante OR 24 Sa95
22337 Rañín HS 36 Ab94
15928 Raño C 22 Rb93
27652 Rao LU 13 Ta91
40466 Rapariegos SG 66 Vc102
22621 Rapún HS 35 Zd94
22821 Rasal HS 35 Zc94
28740 Rascafría MD 67 Wa103
39849 Rascón CB 18 Wd88
17464 Raset GI 59 Cf96
39419 Rasgada CB 29 Vf91
39638 Rasillo CB 18 Wa89
30510 Rasillo MC 141 Yf117
39860 Rasines CB 18 Wd89
02500 Raso AB 140 Yb117
31350 Raso Jaurrieta NC 33 Ya94
14600 Rasos CO 136 Ve120
03657 Raspay MC 141 Yf118
02486 Raspilla AB 139 Xd118
43513 Rasquera T 74 Ad102
05298 Rasueros AV 65 Uf102
41659 Ratera Nueva SE 165 Uf126
41659 Ratera Vieja SE 166 Uf126
43427 Rauric T 76 Bc99
36966 Raxó PO 22 Rb94
36646 Raxoi PO 22 Rc92
15595 Raxón C 11 Re87
34159 Rayaces P 47 Vb97
18870 Rayo del Serval GR 169 Xa124
19229 Razbona GU 87 We103
15107 Razo da Costa C 10 Rb89
28300 Real Cortijo de San Isidro MD 102 Wc108
46194 Real de Montroi V 126 Zc112
38412 Realejo Alto TF 180 Ic178
09140 Real Monasterio de las Huelgas BU 30 Wb94
27362 Reascos LU 24 Sc91
34844 Rebanal de las Llantas P 28 Vc91
03313 Rebate A 157 Za121
27307 Reboira LU 12 Sa89
27346 Reboiro LU 24 Sd92
33989 Rebollada AS 15 Uc89
33438 Rebollada AS 15 Ub87
42165 Rebollar SO 51 Xc97
40389 Rebollar SG 67 Wb101
10617 Rebollar CC 99 Ua108
24225 Rebollar de los Oteros LE 27 Ud94
09136 Rebolledillo de la Orden BU 29 Ve93
03113 Rebolledo A 142 Zc118
34813 Rebolledo de la Inera P 29 Ve92
34492 Rebolledo de la Torre BU 29 Ve92
09124 Rebolledo de Traspeña BU 29 Vf92
40184 Rebollo SG 67 Wa101
42210 Rebollo de Duero SO 69 Xb100
37617 Rebollosa SA 82 Tf106
19197 Rebollosa de Hita GU 87 Wf104
19245 Rebollosa de Jadraque GU 69 Xa102
42344 Rebollosa de los Escuderos SO 69 Wf101
42344 Rebollosa de Pedro SO 68 We101
36669 Rebón PO 22 Rc93
27813 Rebordaos LU 12 Sb89
36491 Rebordechán PO 23 Re95
32702 Rebordechao OR 43 Sd95
15619 Rebordelo C 11 Rf88
15938 Rebordelo C 22 Ra93
36826 Rebordelo PO 23 Rd94
27811 Reboredo LU 12 Sc89
15890 Reboredo C 23 Rd91
27577 Reboredo LU 23 Sa92
15897 Reborido C 22 Rc91
45211 Recas TO 102 Wa108
27726 Recencende LU 13 Se88
15568 Recemel C 12 Sa88
42313 Recuerda SO 69 Xa100
34858 Recueva de la Peña P 28 Vc92
23250 Recúlo J 138 We119
32814 Redemuíños OR 42 Rf96
15623 Redes C 11 Re88
09270 Redicilla del Campo BU 31 Wf94
24843 Redilluera LE 15 Ud91
24855 Redipollos LE 16 Ue90
24844 Redipuertas LE 15 Ud90
40132 Redonda el Nuevo SG 67 Vd103
40132 Redonda El Viejo SG 67 Vd103
14130 Redondo Bajo CO 150 Va122
30893 Redón y Venta de Ceferino MC 156 Yb123
03370 Redován A 142 Za120
28721 Redueña MD 86 Wc104
Refinería H 162 Ta125
36542 Refoxos PO 23 Re93

A B C D E F G H I J K L M N Ñ O P Q R S T U V W X Y Z

Refoxos | 297

E

22611 San Julián de Basa HS 35 Ze94
49358 San Justo ZA 44 Tc96
24226 San Justo de las Regueras LE 27 Ud93
24710 San Justo de la Vega LE 26 Tf94
24225 San Justo de los Oteros LE 27 Ud94
41730 San Leandro SE 163 Ua126
42140 San Leonardo de Yagüe SO 50 Wf98
09512 San Llorente BU 19 We91
47317 San Llorente VA 48 Vf98
34405 San Llorente de la Vega BU 29 Ve94
34113 San Llorente del Páramo P 28 Vb94
33394 San Lorenzo AS 15 Uc87
24415 San Lorenzo LE 25 Tc93
49140 San Lorenzo ZA 45 Ua98
22585 San Lorenzo HS 55 Ad95
35018 San Lorenzo GC 184 Kd180
13779 San Lorenzo de Calatrava CR 137 Wb118
28200 San Lorenzo de El Escorial MD 85 Vf105
16770 San Lorenzo de la Parrilla CU 104 Xd109
22212 San Lorenzo del Flumen HS 54 Ze97
48120 San Lorenzo de Mesterica BI 19 Xb88
32545 San Lorenzo de Pentes OR 43 Se96
05696 San Lorenzo de Tormes AV 83 Ud106
22338 San Lorién HS 36 Ab94
32366 San Lourenzo OR 44 Sf95
11540 Sanlúcar de Barrameda CA 164 Td128
21595 Sanlúcar de Guadiana H 146 Sd124
41800 Sanlúcar La Mayor SE 164 Te124
29693 San Luis de Sabinillas MA 174 Ue130
15885 San Mamede C 23 Rd92
27530 San Mamede LU 24 Sb93
32552 San Mamede de Edrada OR 43 Se96
15824 San Mamede de Ferreiros C 23 Re91
39557 San Mamés CB 17 Vd90
48160 San Mamés BI 19 Xa89
24764 San Mamés LE 27 Ua95
22367 San Mamés HS 36 Ac93
28739 San Mamés MD 68 Wb103
15320 San Mames das Pontes de García Rodríguez C 12 Sa88
09126 San Mamés de Abar BU 29 Vf92
09230 San Mamés de Burgos BU 30 Wb94
34127 San Mamés de Campos P 29 Vc94
39192 San Mamés de Meruelo CB 18 Wc88
49722 San Marcial ZA 64 Ub100
15509 San Marcos C 11 Rf88
48215 San Marcos BI 19 Xc89
15890 San Marcos C 23 Rd91
22300 San Marcos HS 55 Aa96
10318 San Marcos CC 99 Ud109
38430 San Marcos TF 180 Ib178
33111 San Martín AS 14 Tf90
39806 San Martín CB 18 Wc89
39638 San Martín CB 18 Wa89
39698 San Martín CB 18 Wa89
48410 San Martín BI 19 Xa90
20211 San Martín SS 20 Xe90
27556 San Martín LU 24 Sb92
31272 San Martín NC 32 Xe92
26131 San Martín RI 32 Xe95
22470 San Martín HS 36 Ad94
37220 San Martín SA 63 Ta102
40295 San Martín SG 67 Ve101
23479 San Martín J 153 Xa121
27390 San Martín de Albaredos LU 25 Se94
16370 San Martín de Boniches CU 106 Yc109
48190 San Martín de Carral BI 19 Wf89
49361 San Martín de Castañeda ZA 44 Tb96
09212 San Martín de Don BU 31 We92
39232 San Martín de Elines CB 30 Wa92
09217 San Martín de Galvarín BU 31 Xb92
39418 San Martín de Hoyos CB 29 Vf91

09126 San Martín de Humada BU 29 Vf93
24326 San Martín de la Cueza LE 28 Va94
24273 San Martín de la Falamosa LE 27 Ua92
34349 San Martín de la Fuente P 28 Va94
24720 San Martín del Agostedo LE 26 Te94
05357 San Martín de las Cabezas AV 84 Va104
09574 San Martín de las Ollas BU 18 Wb91
24688 San Martín de la Tercia LE 15 Ub91
28330 San Martín de la Vega MD 86 Wc107
05133 San Martín de la Vega del Alberche AV 84 Uf106
50584 San Martín de la Virgen de Moncayo Z 52 Yb97
24393 San Martín del Camino LE 27 Ub94
37659 San Martín del Castañar SA 82 Tf105
34407 San Martín del Monte P 29 Vd93
34111 San Martín del Obispo P 28 Vb93
09511 San Martín de Losa BU 19 We91
34844 San Martín de los Herreros P 28 Vc91
49516 San Martín del Pedroso ZA 44 Tc98
05132 San Martín del Pimpollar AV 84 Uf106
33957 San Martin del Rey Aurelio = Sotondrio (San Martin del Rey Aurelio) AS 15 Uc89
44390 San Martín del Río TE 71 Yd102
09558 San Martín del Rojo BU 30 Wc91
34116 San Martín del Valle P 28 Vb94
09512 San Martín de Mancobo BU 30 Wd91
45165 San Martín de Montalbán TO 101 Vd110
24436 San Martín de Moreda LE 25 Tb92
33777 San Martín de Oscos AS 13 Ta89
45170 San Martín de Pusa TO 101 Vc110
09317 San Martín de Rubiales BU 48 Vf99
49540 San Martín de Tábara ZA 45 Ua98
24763 San Martín de Torres LE 27 Ua95
10892 San Martín de Trevejo CC 81 Tb107
09141 San Martín de Ubierna BU 30 Wb93
31495 San Martín de Unx NC 33 Yc93
28680 San Martín de Valdeiglesias MD 85 Vd106
39419 San Martín de Valdelomar CB 29 Vf92
49129 San Martín de Valderaduey ZA 46 Ud98
47209 San Martín de Valvení VA 47 Vc98
09217 San Martín de Zar BU 31 Xb92
11340 San Martín o el Tesorillo CA 173 Ue130
32767 San Martiño OR 24 Sd94
32372 San Martiño OR 25 Sf95
32689 San Martiño OR 43 Sc97
27816 San Martiño de Lanzós LU 12 Sc88
36637 San Martiño de Meis PO 22 Rb94
27235 San Martiño dos Condes LU 12 Sb91
39400 San Mateo CB 17 Vf89
50840 San Mateo de Gállego Z 53 Zb98
09199 San Medel BU 30 Wc95
37791 San Medel SA 83 Ub106
33679 San Miguel AS 15 Ub90
39311 San Miguel CB 17 Vf89
39300 San Miguel CB 17 Vf88
48370 San Miguel BI 19 Xb88
48290 San Miguel BI 19 Xb89
27178 San Miguel LU 24 Sc92
32785 San Miguel OR 25 Se95
34839 San Miguel P 29 Vd91
22549 San Miguel HS 55 Ab98
28380 San Miguel MD 102 Wc108
06510 San Miguel BA 116 Sf114

21330 San Miguel H 147 Tb122
23469 San Miguel J 153 We121
38620 San Miguel TF 180 Ic180
39491 San Miguel de Aguayo CB 17 Vf90
39766 San Miguel de Aras CB 18 Wc89
37607 San Miguel de Asperones SA 82 Tf105
40332 San Miguel de Bernúy SG 67 Wa100
22413 San Miguel de Cinca HS 55 Aa97
05514 San Miguel de Corneja AV 83 Ue106
09572 San Miguel de Cornezuelo BU 30 Wb91
49717 San Miguel de la Ribera ZA 65 Uc100
47164 San Miguel del Arroyo VA 66 Vd100
24398 San Miguel de las Dueñas LE 26 Tc93
24391 San Miguel del Camino LE 27 Ub93
49691 San Miguel del Esla ZA 46 Uc96
48879 San Miguel de Linares BI 19 We89
49396 San Miguel de Lomba ZA 44 Tb96
47132 San Miguel del Pino VA 66 Va99
39687 San Miguel de Luena CB 18 Wa90
49680 San Miguel del Valle ZA 46 Ud96
39192 San Miguel de Meruelo CB 18 Wc88
24324 San Miguel de Montañán LE 28 Ue95
40380 San Miguel de Neguera SG 67 Wa101
09258 San Miguel de Pedroso BU 31 We94
27792 San Miguel de Reinante LU 13 Se87
03193 San Miguel de Salinas A 157 Zb121
05150 San Miguel de Serrezuela AV 83 Ue104
37763 San Miguel de Valero SA 82 Ua105
27423 Sanmil LU 24 Sc94
01208 San Millán/Donemiliaga VI 32 Xd91
09198 San Millán de Juarros BU 30 Wc95
26326 San Millán de la Cogolla RI 31 Xa95
09640 San Millán de Lara BU 49 Wd96
24237 San Millán de los Caballeros LE 27 Uc95
01427 San Millán de San Zardonil BU 31 Wf91
26216 San Millán de Yécora RI 31 Wf93
32688 San Millao OR 43 Sc97
37340 San Morales SA 65 Uc103
37208 San Muñoz SA 82 Tf104
38769 San Nicolas TF 181 Ha177
18800 San Nicolás del Moro GR 170 Xb125
41388 San Nicolás del Puerto SE 149 Uc121
34349 San Nicolás del Real Camino P 28 Va94
12140 San Pablo CS 92 Zf106
41020 San Pablo SE 163 Ua124
47219 San Pablo de la Moraleja VA 66 Vb102
45120 San Pablo de los Montes TO 101 Ve111
11320 San Pablo o Buceite CA 174 Ud130
36817 San Paio PO 23 Rc95
32633 San Paio OR 42 Sb97
23790 San Pantaleón J 151 Ve121
39764 San Pantaleón de Aras CB 18 Wd88
09512 San Pantaleón de Losa BU 30 We91
09125 San Pantaleón del Páramo BU 30 Wb93
05164 San Pascual AV 84 Vb103
07819 San Patricio IB 109 Bb114
15145 San Payo C 11 Rc89
10600 San Pedrillo de Abajo CC 98 Te108
15116 San Pedro C 10 Ra89
27111 San Pedro LU 13 Sf90
24141 San Pedro LE 14 Te90

33347 San Pedro AS 16 Uf88
39806 San Pedro CB 18 Wc89
48191 San Pedro BI 19 Wf89
40493 San Pedro SG 67 Ve102
10516 San Pedro CC 115 Se112
02326 San Pedro AB 123 Xe116
06176 San Pedro BA 132 Tc117
23790 San Pedro J 151 Ve122
23590 San Pedro J 153 We122
04500 San Pedro AL 169 Xb125
35489 San Pedro GC 184 Kb180
36448 San Pedro = Batalláns PO 41 Rd96
24252 San Pedro Bercianos LE 27 Ub94
34889 San Pedro Cansoles P 28 Va92
24316 San Pedro Castañero LE 26 Td93
48540 San Pedro de Abanto BI 19 Wf89
29670 San Pedro de Alcántara MA 174 Va130
09640 San Pedro de Arlanza BU 49 Wd96
38713 San Pedro de Breña Alta TF 181 Hb176
49628 San Pedro de Ceque ZA 45 Tf96
24879 San Pedro de Foncollada LE 28 Ue92
09247 San Pedro de la Hoz BU 30 Wd93
49183 San Pedro de la Nave-Almendra ZA 45 Tf99
49145 San Pedro de las Cuevas ZA 45 Ua98
24248 San Pedro de las Dueñas LE 27 Ub95
24329 San Pedro de las Dueñas LE 28 Uf95
40142 San Pedro de las Dueñas SG 85 Ve103
49560 San Pedro de las Herrerías ZA 45 Td97
33815 San Pedro de las Montañas AS 13 Tb90
47851 San Pedro de Latarce VA 46 Ue98
49619 San Pedro de la Viña ZA 45 Tf96
09259 San Pedro del Monte BU 31 Wf94
24291 San Pedro de los Oteros LE 27 Ud94
30740 San Pedro del Pinatar MC 157 Zb121
39686 San Pedro del Romeral CB 18 Wb90
37170 San Pedro del Valle SA 64 Ua102
27233 San Pedro de Mera LU 12 Sb91
06893 San Pedro de Mérida BA 117 Te115
15176 San Pedro de Nos C 11 Rd89
34486 San Pedro de Ojeda P 29 Vd92
24429 San Pedro de Paradela LE 25 Tc92
37183 San Pedro de Rozados SA 83 Ub104
22790 San Pedro de Siresa HS 34 Zb92
24385 San Pedro de Trones LE 25 Tb94
24328 San Pedro de Valderaduey LE 28 Va94
49697 San Pedro de Zamúdia ZA 45 Ua97
40389 San Pedro Gaíllos SG 67 Wb101
20016 San Pedro Herrera SS 21 Ya89
42174 San Pedro Manrique SO 51 Xe96
16813 San Pedro Palmiches CU 88 Xd106
09131 San Pedro Samuel BU 30 Wa94
48130 San Pelaio BI 19 Xb88
33777 San Pelayo AS 13 Ta89
33391 San Pelayo AS 15 Uc88
39587 San Pelayo CB 16 Vb90
09569 San Pelayo BU 18 Wd90
24356 San Pelayo LE 27 Ua94
01213 San Pelayo VI 31 Xa92
47129 San Pelayo VA 47 Uf98
49530 San Pelayo ZA 65 Uc99
37110 San Pelayo de Guareña SA 64 Ua102
22145 San Pelegrín HS 54 Aa95
21330 San Platón H 147 Tb122
20808 San Prudentzio Eitzaga SS 20 Xe89
20569 San Prudentzio Elorregi SS 20 Xd90

34492 San Quice del Río Pisuerga P 29 Ve93
13192 San Quintín CR 120 Ve116
09194 San Quirce BU 49 Wc95
40410 San Rafael SG 85 Ve104
11630 San Rafael CA 163 Ua128
41510 San Rafael SE 164 Ua127
12510 San Rafael del Río CS 93 Ac105
06109 San Rafael de Olivenza BA 132 Sf116
15563 San Ramón C 11 Rf87
46220 San Ramon V 126 Zd112
39728 San Rogue de Riomera BU 18 Wb89
15872 San Román C 10 Rb91
33828 San Román AS 14 Tf88
33518 San Román AS 15 Uc88
39626 San Román CB 18 Wa89
27185 San Román LU 24 Sc91
22141 San Román HS 54 Zf95
37130 San Román SA 64 Tf103
27664 San Román = Cervantes LU 25 Sf91
22611 San Román de Basa HS 35 Ze93
26133 San Román de Cameros RI 51 Xd95
01128 San Román de Campezo VI 32 Xc92
47530 San Román de Hornija VA 65 Ue100
34347 San Román de la Cuba P 28 Va95
24710 San Román de la Vega LE 26 Tf94
24271 San Román de los Caballeros LE 27 Ua93
49281 San Román de los Infantes ZA 64 Ua100
45646 San Román de los Montes TO 101 Vb108
24209 San Román de los Oteros LE 27 Ud94
49782 San Roman del Valle ZA 46 Ub96
01207 San Román de San Millán VI 32 Xe91
27860 San Román de Valle LU 10 Sc86
24359 San Román el Antiguo LE 27 Ua94
15147 San Roque C 10 Rb89
39750 San Roque CB 18 Wd88
04760 San Roque AL 169 Xa127
11360 San Roque CA 174 Ud131
32226 San Roque de Crespos OR 42 Rf96
15560 San Sadurniño C 11 Rf87
15339 San Salvador C 10 Sb87
San Salvador CB 18 Wb88
47134 San Salvador VA 47 Uf99
10610 San Salvador CC 82 Ua107
15280 San Salvador de Bastavales C 22 Rc92
36539 San Salvador de Camba PO 24 Sa92
34847 San Salvador de la Cantamuda P 17 Vd91
34259 San Salvador del Moral P 48 Ve96
36637 San Salvador de Meis PO 22 Rb94
24234 San Salvador de Negrillos LE 46 Uc95
33887 San Salvator AS 13 Tb90
22144 San Saturnino HS 54 Zf95
39812 San Sebastián CB 18 Wc89
50100 San Sebastián Z 71 Yd100
39554 San Sebastián de Garabandal CB 17 Vd89
38800 San Sebastian de la Gomera TF 184 Hf180
14150 San Sebastián de los Ballesteros CO 150 Vb123
14449 San Serafín CR 136 Vd118
21591 San Silvestre de Guzmán H 161 Sd124
36710 San Simón PO 41 Rc96
38730 San Simón TF 181 Hb177
05151 San Simones AV 83 Ud105
31395 Sánsoain NC 33 Yc93
31448 Sansoáin NC 33 Ye92
32930 Sansol NC 32 Xe93
07819 Santa Agnès de Corona IB 109 Bc114
06410 Santa Amalia BA 117 Tf114
29130 Santa Amalia MA 175 Vc128
49518 Santa Ana ZA 45 Td98
50500 Santa Ana Z 52 Yb97
07720 Santa Ana IB 77 Eb109
10189 Santa Ana CC 117 Ua113

A
B
C
D
E
F
G
H
I
J
K
L
M
N
Ñ
O
P
Q
R
S
T
U
V
W
X
Y
Z

02328 Santa Ana AB 124 Ya115
02129 Santa Ana AB 140 Xf116
23692 Santa Ana J 152 Wa124
30319 Santa Ana MC 157 Yf123
45653 Santa Ana de Pusa TO 101 Vb110
21359 Santa Ana la Real H 147 Tb121
50617 Santa Anastasia Z 53 Ye96
03139 Santa Anna A 142 Zc119
03291 Santa Anna A 142 Zc119
32170 Santabaia OR 23 Sa94
27528 Santabaia LU 24 Sb93
32654 Santabaia OR 42 Sb96
27830 Santaballa LU 12 Sb89
17856 Santa Bàrbara GI 39 Cd95
09119 Santa Bárbara BU 48 Vf95
50154 Santa Bárbara Z 72 Yf101
07769 Santa Bàrbara IB 77 Df108
07730 Santa Barbara IB 77 Eb109
44100 Santa Bárbara TE 90 Yd106
43570 Santa Bàrbara T 93 Ac104
46116 Santa Bàrbara V 107 Zd111
12530 Santa Bàrbara CS 108 Zf109
46310 Santa Bárbara V 125 Yd112
03610 Santa Bàrbara A 142 Zb118
41580 Santa Bárbara SE 166 Vb125
04662 Santa Bárbara AL 171 Ya124
04117 Santa Bárbara AL 171 Xf128
38434 Santa Bárbara TF 180 Ib178
21570 Santa Bárbara de Casa H 146 Se122
14600 Santa Brígida CO 151 Vd120
35300 Santa Brigida GC 184 Kd180
08787 Santa Càndia B 76 Bd99
31314 Santacara NC 33 Yc94
24718 Santa Catalina LE 26 Tf94
07730 Santa Catalina IB 77 Ea109
29016 Santa Catalina MA 175 Vd128
38830 Santa Catalina TF 184 He179
15840 Santa Cataliña de Armada C 10 Rb90
26131 Santa Cecilia RI 32 Xd95
09341 Santa Cecilia BU 49 Wb96
34191 Santa Cecilia del Alcor P 47 Vc97
08508 Santa Cecília de Voltregà B 58 Cb97
22791 Santa Cilia HS 34 Zb93
22141 Santa Cilia HS 54 Ze95
09110 Santa Clara BU 29 Vf95
19411 Santa Clara GU 87 Xa104
14280 Santa Clara CO 135 Uf117
49707 Santa Clara de Avedillo ZA 64 Ub100
01478 Santa Coloma VI 19 Wf90
26315 Santa Coloma RI 31 Xc94
AD500 Santa Coloma □ AND 38 Bc94
08690 Santa Coloma de Cervelló B 77 Ca100
17430 Santa Coloma de Farners GI 59 Ce97
08921 Santa Coloma de Gramenet B 77 Cb100
09143 Santa Coloma del Rudrón BU 30 Wa92
43420 Santa Coloma de Queralt T 76 Bc99
33778 Santa Colomba AS 13 Ta88
24877 Santa Colomba LE 27 Ue92
24848 Santa Colomba de Curueño LE 27 Ud92
49691 Santa Colomba de las Carabias ZA 46 Uc96
49699 Santa Colomba de las Monjas ZA 46 Ub97
24764 Santa Colomba de la Vega LE 27 Ua95
49394 Santa Colomba de Sanabria ZA 44 Tb96
24722 Santa Colomba de Somoza LE 26 Te94
15840 Santa Comba C 10 Rb90
33810 Santa Comba AS 13 Ta91
22437 Santa Creu HS 55 Ac95
25712 Santa Creu de Castellbò L 37 Bb94
32368 Santa Cristina OR 25 Sf95
36142 Santa Cristina de Cobres PO 22 Rc95
49620 Santa Cristina de la Polvorosa ZA 46 Ub96
24249 Santa Cristina del Páramo LE 27 Ub95
24290 Santa Cristina de Valmadrigal LE 27 Ue94
49626 Santa Croya de Tera ZA 45 Ua97
15179 Santa Cruz C 11 Rd88
27785 Santa Cruz LU 12 Sd87
27305 Santa Cruz LU 12 Sb89
39450 Santa Cruz CB 17 Vf90
39860 Santa Cruz CB 18 Wd89
40300 Santa Cruz SG 68 Wb101
14820 Santa Cruz CO 151 Vc122
30162 Santa Cruz MC 157 Yf120
49392 Santa Cruz de Abranes ZA 44 Tc97
18129 Santa Cruz de Alhalma o del Comercio GR 167 Wa126
09513 Santa Cruz de Andino BU 30 Wc91
39100 Santa Cruz de Bezana CB 18 Wa88
34491 Santa Cruz de Boedo P 29 Vd93
01110 Santa Cruz de Campezo VI 32 Xd92
01212 Santa Cruz de Fierro VI 31 Xa93
50324 Santa Cruz de Grío Z 71 Yd100
09198 Santa Cruz de Juarros BU 49 Wd95
38700 Santa Cruz de la Palma TF 181 Hb176
09471 Santa Cruz de la Salceda BU 49 Wc99
22792 Santa Cruz de la Serós HS 34 Zb93
10260 Santa Cruz de la Sierra CC 118 Ua112
34411 Santa Cruz de la Zarza P 47 Vc96
45370 Santa Cruz de la Zarza TO 103 We109
33427 Santa Cruz de Llanera AS 15 Ua88
34409 Santa Cruz del Monte P 29 Vd94
13327 Santa Cruz de los Cáñamos CR 138 Xa117
49593 Santa Cruz de los Cuérragos ZA 44 Tc97
24494 Santa Cruz del Sil LE 26 Tc92
09125 Santa Cruz del Tozo BU 30 Wa93
05413 Santa Cruz del Valle AV 84 Uf107
09268 Santa Cruz del Valle Urbión BU 31 We95
04568 Santa Cruz de Marchena AL 170 Xc126
33612 Santa Cruz de Mieres AS 15 Ub89
50513 Santa Cruz de Moncayo Z 52 Yb97
24379 Santa Cruz de Montes LE 26 Te93
16336 Santa Cruz de Moya CU 106 Ye109
13730 Santa Cruz de Mudela CR 137 Wd117
44497 Santa Cruz de Nogueras TE 72 Yf102
10661 Santa Cruz de Paniagua CC 98 Td107
05268 Santa Cruz de Pinares AV 85 Vc105
38007 Santa Cruz de Tenerife TF 181 Ie178
42173 Santa Cruz de Yanguas SO 51 Xd96
17161 Santa Cruz d'Horta GI 58 Cd97
27750 Santadrao LU 13 Se88
25637 Sant Adrià L 56 Af95
08930 Sant Adrià de Besòs B 77 Cb100
12165 Santa Elena CS 92 Ze106
06445 Santa Elena BA 133 Tf119
23213 Santa Elena J 137 Wc118
24762 Santa Elena de Jamuz LE 27 Ua95
07750 Santa Elisabet IB 77 Df108
14546 Santaella CO 150 Va123
22809 Santa Engracia HS 34 Zc95
22751 Santa Engracia HS 34 Zb93
50669 Santa Engracia Z 52 Ye97
25636 Santa Engràcia L 56 Af95
06007 Santa Engrácia BA 116 Ta115
26131 Santa Engracia del Jubera RI 32 Xe95
27325 Santa Eufemia LU 25 Se93
32704 Santa Eufemia OR 43 Sb95
14491 Santa Eufemia CO 135 Va117
41928 Santa Eufemia SE 164 Tf125
47811 Santa Eufemia del Arroyo VA 46 Ue97
49161 Santa Eufemia del Barco ZA 45 Ua98
33317 Santa Eugenia AS 15 Ud88
07142 Santa Eugènia IB 110 Cf111
08507 Santa Eugènia de Berga B 58 Cb97
17190 Santa Eugènia de Ter GI 59 Ce97
33529 Santa Eulalia AS 15 Ud88
33391 Santa Eulalia AS 15 Uc88
33590 Santa Eulalia AS 16 Vc88
39557 Santa Eulalia CB 17 Vd90
27556 Santa Eulalia LU 24 Sb92
32357 Santa Eulalia OR 25 Sf94
01439 Santa Eulalia VI 31 Xa91
08273 Santa Eulàlia B 58 Ca97
44460 Santa Eulalia TE 90 Ye105
03630 Santa Eulalia A 142 Za117
21330 Santa Eulalia H 147 Tb122
23413 Santa Eulalia J 153 Wd120
26589 Santa Eulalia-Bajera RI 51 Xe95
22806 Santa Eulalia de Gállego Z 34 Zb95
22193 Santa Eulalia de la Peña HS 35 Zd95
24145 Santa Eulalia de las Manzanas LE 26 Ua91
49318 Santa Eulália del Río ZA 45 Te96
33776 Santa Eulalia de Oscos AS 13 Sf89
08514 Santa Eulàlia de Puigòriol B 58 Ca96
08505 Santa Eulàlia de Riuprimer B 58 Cb97
08187 Santa Eulàlia de Ronçana B 58 Cb99
49148 Santa Eulalia de Tábara ZA 45 Ua98
33877 Santa Eulalia de Tineo AS 14 Td88
22192 Santa Eulalia La Mayor HS 54 Ze95
07840 Santa Eulària des Riu IB 109 Bd115
27211 Santa Euxea LU 24 Sc91
31448 Santa Fe NC 34 Ye92
18320 Santa Fe GR 168 Wb125
08739 Santa Fe del Penedès B 76 Be100
04420 Santa Fe de Mondújar AL 170 Xc127
25214 Santa Fe de Segarra L 57 Bc98
33749 Santagadea AS 13 Ta87
09219 Santa Gadea del Cid BU 31 Wf92
33528 Santa Gadía AS 15 Uc89
30815 Santa Gertrudis MC 156 Yc122
07814 Santa Gertrudis de Fruitera IB 109 Bc115
07015 Sant Agustí IB 110 Cd111
08586 Sant Agustí de Lluçanès B 58 Ca96
07839 Sant Agustí des Vedra IB 109 Bb115
41620 Santa Iglesia SE 165 Ud124
09390 Santa Inés BU 49 Wb96
37891 Santa Inés SA 83 Uc104
29010 Santa Inés MA 175 Vd128
50195 Santa Isabel Z 53 Zb99
09227 Santa Juliana BU 29 Wa95
41420 Santa Juliana SE 149 Ud123
22362 Santa Justa HS 36 Aa93
15319 Santala de Pena C 11 Re89
27373 Santala de Pena LU 12 Sb90
24388 Santalavilla LE 25 Tc94
22411 Santalecina HS 55 Aa98
10550 Santa Leocadia CC 116 Tc113
30850 Santa Leocadia MC 156 Yc122
05260 Santa Leonor AV 85 Vd106
22461 Santa Liestra y San Quílez HS 36 Ac95
25612 Santa Linya L 56 Ae97
27626 Santalla LU 24 Se93
27639 Santalla LU 25 Se92
27673 Santalla LU 25 Sf92
17771 Santa Llogaia d'Àlguema GI 59 Cf95
17845 Santa Llogaia del Terri GI 59 Cf96
25632 Santa Llúcia de Mur L 56 Af96
32691 Santa Locaia OR 24 Sa95
17252 Sant Altoni de Calonge GI 59 Da97
15819 Santa Lucaia Banzá C 23 Re91
24660 Santa Lucía LE 27 Uc91
26144 Santa Lucía RI 32 Xe95
22438 Santa Lucía HS 55 Ac95
11650 Santa Lucía CA 165 Uc127
11150 Santa Lucía CA 172 Ua131
38715 Santa Lucía TF 181 Hb176
35280 Santa Lucía GC 184 Kc181
05691 Santa Lucía de la Sierra AV 83 Uc106
36660 Santa Lucía de Moraña PO 23 Rc93
20709 Santa Lutzi-Anduaga SS 20 Xe90
25721 Santa Magdalena L 38 Be94
08254 Santa Magdalena de Pla B 57 Bf98
12597 Santa Magdalena de Pulpís CS 92 Ab106
07450 Santa Margalida IB 111 Da110
17480 Santa Margarida GI 40 Da95
08710 Santa Margarida de Montbui B 57 Bd99
08710 Santa Margarida de Montbuí B 76 Bd99
08730 Santa Margarida i els Monjos B 76 Bd101
11315 Santa Margarita CA 173 Ue131
33112 Santa María AS 14 Tf89
39573 Santa María CB 17 Vc90
22822 Santa María HS 34 Zb94
22362 Santa María HS 36 Aa93
25632 Santa Maria L 56 Af96
08610 Santa Maria B 57 Be96
10840 Santa María CC 98 Tb108
23193 Santa María J 153 Wc123
09108 Santa María Ananúñez BU 29 Ve94
15898 Santa Maria da Peregrina C 23 Rc91
15810 Santa María de Arzua = Arzúa C 23 Rf91
40317 Santa María de Bálsamos SG 68 Wb100
34120 Santa María de Benavente P 28 Vc94
08584 Santa Maria de Besora B 58 Cb96
46600 Santa María de Bonaire V 126 Zd114
22330 Santa María de Buil HS 36 Aa94
39694 Santa María de Cayón CB 18 Wa89
17464 Santa Maria de Cervià GI 59 Cf96
08511 Santa Maria de Corcó B 58 Cc96
22313 Santa María de Dulcis HS 54 Zf96
09212 Santa María de Garoña BU 31 We92
48993 Santa María de Getxo BI 19 Wf88
35450 Santa María de Guía de Gran Canaria GC 184 Kc180
42260 Santa María de Huerta SO 70 Xe101
28296 Santa María de la Alameda MD 85 Ve105
04710 Santa María del Águila AL 170 Xb128
24795 Santa María de la Isla LE 26 Ua94
22148 Santa María de la Nuez HS 35 Aa95
05530 Santa María del Arroyo AV 84 Va105
42141 Santa María de las Hoyas SO 50 Wf98
10318 Santa María de las Lomas CC 99 Uc108
34126 Santa María de la Vega P 28 Vb94
49696 Santa María de la Vega ZA 45 Ub96
05510 Santa María del Berrocal AV 83 Ud105
08717 Santa Maria del Camí B 57 Bc99
07320 Santa Maria del Camí IB 110 Ce111
09342 Santa María del Campo BU 48 Wa96
16621 Santa María del Campo Rus CU 104 Xd111
40310 Santa María del Cerro SG 68 Wb101
05193 Santa María del Cubillo AV 85 Vd104
39583 Santa María de Lebeña CB 17 Vc89
19445 Santa María del Espino GU 70 Xe103
09292 Santa María del Invierno BU 30 Wd94
09588 Santa María de Llano de Tudela BU 19 We90
17320 Santa Maria de Llorell GI 59 Cf98
38111 Santa María del Mar TF 181 Ie178
24343 Santa María del Monte de Cea LE 28 Uf94
24153 Santa María del Monte del Condado LE 27 Ud92
05580 Santa María de los Caballeros AV 83 Uc106
37682 Santa María de los Llanos SA 82 Ua106
16639 Santa María de los Llanos CU 104 Xb112
24291 Santa María de los Oteros LE 27 Ud94
24240 Santa María del Páramo LE 27 Ub94
42211 Santa María del Prado SO 69 Xc100
24344 Santa María del Río LE 28 Uf93
05429 Santa María del Tiétar AV 85 Vc107
16878 Santa María del Val CU 89 Xf105
08106 Santa Maria de Martor. B 77 Cb99
17512 Santa Maria de Matamala GI 58 Ca96
34492 Santa María de Mave P 29 Ve92
09353 Santa María de Mercadillo BU 49 Wc97
08517 Santa Maria de Merlès B 58 Bf96
08787 Santa Maria de Miralles B 76 Bd99
08110 Santa Maria de Montcada B 77 Cb100
25354 Santa Maria de Montmagastrell L 56 Ba98
34828 Santa María de Nava P 29 Ve91
06908 Santa María de Nava la Zapatera u Hoya de Santa María BA 148 Tf120
04693 Santa María de Nieva AL 155 Ya124
24276 Santa María de Ordás LE 27 Ub92
08460 Santa Maria de Palautordera B 58 Cc98
34849 Santa María de Redondo P 17 Vd91
40594 Santa María de Riaza SG 68 Wd100
37468 Santa María de Sando SA 64 Tf103
14710 Santa María de Trasierra CO 150 Va121
49333 Santa María de Valverde ZA 45 Ua97
08455 Santa Maria de Vilalba B 58 Cc99
26133 Santa María en Cameros RI 51 Xd95
22131 Santa María la Blanca HS 54 Aa97
40440 Santa María la Real de Nieva SG 66 Vd102
15349 Santa María C 10 Sa87
07712 Santa Mariana IB 77 Eb109
09219 Santa María Ribarredonda BU 31 We93
09131 Santa María Tajadura BU 30 Wb94
33117 Santa Marina AS 15 Ua90
20495 Santa Marina SS 20 Xe90
09292 Santa Marina BU 30 Wd94
26132 Santa Marina RI 51 Xd95
37116 Santa Marina SA 64 Tf102
13195 Santa Marina CR 121 Wa115
23338 Santa Marina J 138 Wf119
21207 Santa Marina H 148 Td121
24393 Santa Marina del Rey LE 27 Ua93
24493 Santa Marina del Sil LE 26 Tc93
24722 Santa Marina de Somoza LE 26 Te94
24378 Santa Marina de Torre LE 26 Td93
24915 Santa Marina de Valdeón LE 16 Va90
24763 Santa Marinica LE 27 Ua94
15122 Santa Mariña C 10 Qf89
27439 Santa Mariña LU 24 Sb93
32557 Santa Mariña da Ponte OR 43 Sf95
32669 Santa Mariña de Augasantas OR 42 Sb95
27309 Santa Mariña de Lagostelle LU 11 Sa89
36569 Santa Mariña de Presqueiras PO 23 Rd93
15561 Santa Mariña do Monte C 11 Rf87
27299 Santa Marta LU 12 Sb90
10198 Santa Marta CC 98 Tf111
02639 Santa Marta AB 123 Xe114
02630 Santa Marta AB 123 Xe113
06150 Santa Marta BA 132 Tc117
10198 Santa Marta de Magasca CC 98 Tf111
27745 Santa Marta de Meilán LU 13 Se88

E 302 | Santa Ana

49626 Santa Marta de Tera ZA 45 Ua97
37900 Santa Marta de Tormes SA 65 Uc103
22451 Santa Maura HS 36 Ac94
19269 Santamera GU 69 Xb102
34878 Santana P 28 Vc92
39001* Santander CB 18 Wb88
08397 Sant Andreu B 59 Cd99
08740 Sant Andreu de la Barca B 77 Bf100
17800 Sant Andreu del Coll GI 58 Cc95
08318 Sant Andreu del Far B 58 Cc99
08392 Sant Andreu de Llavaneres B 77 Cc99
17845 Sant Andreu del Terri GI 59 Cf96
17455 Sant Andreu Salou GI 59 Ce97
07769 Santandria IB 77 Df109
17154 Sant Aniol de Finestres GI 58 Cd96
25213 Sant Antolí i Vilanova L 57 Bc99
03570 Sant Antoni A 143 Ze117
46195 Sant Antoni de Llombai V 126 Zc113
07820 Sant Antoni de Portmany IB 109 Bb115
08459 Sant Antoni de Vilamajor B 58 Cc98
07650 Santanyí IB 111 Da112
09588 Santa Olaja BU 19 We90
24164 Santa Olaja de Eslonza LE 27 Ud93
24892 Santa Olaja de la Acción LE 28 Uf92
24199 Santa Olaja de la Ribera LE 27 Uc93
24813 Santa Olaja de la Varga LE 28 Uf91
34112 Santa Olaja de la Vega P 28 Vb93
24156 Santa Olaja de Porma LE 27 Ud93
39418 Santa Olalla CB 29 Ve91
45530 Santa Olalla TO 101 Vd108
18800 Santa Olalla GR 170 Xa125
39491 Santa Olalla de Aguayo CB 17 Vf90
09292 Santa Olalla de Bureba BU 30 Wd94
21260 Santa Olalla del Cala H 148 Te121
09268 Santa Olalla del Valle BU 31 We94
09559 Santa Olalla de Valdivielso BU 30 Wc92
37690 Santa Olalla de Yeltes SA 82 Te104
43710 Santa Oliva T 76 Bd101
17811 Santa Pau GI 58 Cd96
17244 Santa Pellaia GI 59 Cf97
43421 Santa Perpètua de Gaià T 76 Bc100
08130 Santa Perpètua de Mogoda B 77 Cb99
03130 Santa Pola A 142 Zc119
03114 Santa Pola de l'Est A 142 Zc119
07750 Santa Ponça IB 77 Df109
07180 Santa Ponça IB 110 Cc111
07509 Santa Ponça IB 111 Db111
44165 Santa Quiteria TE 90 Ye104
13115 Santa Quiteria CR 120 Vd113
15818 Santarandel C 11 Rf90
49177 Santarén de los Peces ZA 64 Ua102
07712 Santa Rito IB 77 Eb109
33614 Santa Rosa AS 15 Ub89
14029 Santa Rosa CO 150 Va122
34260 Santa Rosalía BU 48 Vf95
29591 Santa Rosalía MA 175 Vc128
36457 Santas PO 41 Rd96
15860 Santa Sabiña C 10 Ra90
17240 Santa Sedina GI 59 Cf98
15859 Santa Sía de Roma C 10 Ra90
07500 Santa Sirga IB 111 Db111
24330 Santas Martas LE 27 Ud94
25290 Santa Susanna L 57 Bd97
08398 Santa Susanna B 59 Ce99
17110 Santa Susanna de Peralta GI 59 Da97
37891 Santa Teresa SA 83 Uc104
38390 Santa Ursula TF 180 Id178
15960 Santa Uxía de Ribeira C 22 Ra93
08519 Sant Bartomeu del Grau B 58 Cb97
08511 Sant Bartomeu Sesgorgues B 58 Cc96
03818 Sant Benet A 142 Zd116
17863 Sant Bernabé de les Tenes GI 58 Cb95
07712 Sant Bernat IB 77 Eb109
08200 Sant Boi de Llobregat B 77 Ca100
08589 Sant Boi de Lluçanès B 58 Ca96
43540 Sant Carles de la Ràpita T 93 Ad105
07850 Sant Carles de Peralta IB 109 Bd114
17244 Sant Cebrià de Lledó GI 59 Cf97
08396 Sant Cebrià de Vallalta B 58 Cd99
42173 Sant Cecilia SO 51 Xd96
08470 Sant Celoni B 58 Cc98
25286 Sant Climenç L 57 Bc97
25793 Sant Climent L 56 Bb95
07712 Sant Climent IB 77 Eb109
17170 Sant Climent d'Amer GI 59 Cd96
08849 Sant Climent de Llobregat B 77 Bf100
17110 Sant Climent de Peralta GI 59 Da97
17751 Sant Climent Sescebes GI 40 Cf94
08698 Sant Corneli B 57 Bf95
17246 Sant Cristina d'Aro GI 59 Cf98
08296 Sant Cristòfol de Castellbell B 57 Be99
25747 Sant Cristòfol de la Donzell L 56 Ba96
08172 Sant Cugat del Vallès B 77 Ca100
08798 Sant Cugat de Sesgarrigues B 76 Be100
17183 Sant Dalmai GI 59 Ce97
33719 Sante AS 13 Tb87
48890 Santecilla BI 18 Wd89
50373 Santed Z 71 Yc102
36689 Santeles C 23 Rd92
36689 Santeles PO 23 Rc92
09574 Santelices BU 18 Wb90
07159 Sant Elm IB 110 Cc111
21330 San Telmo H 147 Ta122
07730 Sant Eloi IB 77 Ea109
47609 Santervás de Campos VA 46 Uf95
42153 Santervás de la Sierra SO 50 Xc97
34112 Santervás de la Vega P 28 Vb93
42141 Santervás del Burgo SO 49 Wf98
43815 Santes Creus (Aiguamúrcia) T 76 Bc100
31740 Santesteban NC 21 Yb90
25651 Sant Esteve L 56 Ba96
08660 Sant Esteve B 57 Bf97
17468 Sant Esteve de Guialbes GI 59 Cf96
17512 Sant Esteve de la Riba GI 58 Ca95
25632 Sant Esteve de la Sarga L 56 Ae96
17154 Sant Esteve de Llémena GI 59 Cd96
08461 Sant Esteve de Palautordera B 58 Cc98
17512 Sant Esteve de Vallespiráns GI 58 Ca95
08635 Sant Esteve Sesrovires B 76 Bf100
08211 Sant Feli¢u del Racò B 58 Ca99
07769 Sant Felip IB 77 Df108
03158 Sant Felip Neri A 142 Zb119
17256 Sant Feliu de Boada GI 59 Da97
17451 Sant Feliu de Buixalleu GI 58 Cd98
08182 Sant Feliu de Codines B 58 Ca98
17220 Sant Feliu de Guixols GI 59 Da98
08690 Sant Feliu de Llobregat B 77 Ca100
17174 Sant Feliu de Pallerols GI 58 Cd96
08274 Sant Feliu Sasserra B 58 Ca97
17850 Sant Ferriol GI 59 Ce95
08105 Sant Fost de Campsentelles B 77 Cb99
07860 Sant Francesc de Formentera IB 109 Bc116
07818 Sant Francesc de ses Salines IB 109 Bc115
08272 Sant Fruitós de Bages B 57 Bf98
43429 Sant Gallard T 76 Bc99
08719 Sant Genís B 57 Bd99
08389 Sant Genís de Palafolls B 59 Ce99
17170 Sant Genís Sacosta GI 58 Cd96
08339 Sant Ginés de Vilassar = Vilassar de Dalt B 77 Cc99
17150 Sant Gregori GI 59 Ce97
08670 Sant Gugat B 57 Be97
25270 Sant Guim de Freixenet L 57 Bc99
25211 Sant Guim de la Plana L 56 Bb98
17403 Sant Hilari Sacalm GI 58 Cd97
08512 Sant Hipòlit de Voltregà B 58 Cb96
48291 Santiago BI 20 Xc90
20690 Santiago SS 20 Xd90
23760 Santiago J 151 Vf121
45910 Santiago Apóstol TO 101 Vd107
10510 Santiago de Alcántara CC 97 Se111
05621 Santiago de Aravalle AV 83 Uc107
23612 Santiago de Calatrava J 152 Ve122
15705 Santiago de Compostela C 23 Rc91
23290 Santiago de la Espada J 139 Xc120
37311 Santiago de la Puebla SA 83 Ue104
49323 Santiago de la Requejada ZA 44 Tc96
30720 Santiago de la Ribera MC 157 Zb122
47164 Santiago del Arroyo VA 66 Vc100
16670 Santiago de la Torre CU 123 Xc112
24766 Santiago de la Valduerna LE 26 Ua95
10191 Santiago del Campo CC 98 Td111
05630 Santiago del Collado AV 83 Ud107
05592 Santiago del Collado AV 83 Ud106
24273 Santiago del Molinillo LE 27 Ua93
38690 Santiago del Teide TF 180 Ib179
34490 Santiago del Val P 48 Vd95
02513 Santiago de Mora AB 140 Yc117
09588 Santiago de Tudela BU 19 We90
36872 Santiago do Covelo = O Covelo PO 42 Rd95
24732 Santiago Millas LE 26 Tf94
23290 Santiago Pontones J 139 Xc120
27350 Santiago Rubián LU 24 Sd93
33826 Santianes AS 14 Te89
33660 Santianes AS 15 Ub89
33569 Santianes AS 16 Uf88
39500 Santibáñez CB 17 Ve89
40512 Santibáñez de Ayllón SG 68 We100
37740 Santibáñez de Béjar SA 83 Uc106
34486 Santibáñez de Ecla P 29 Vd92
09350 Santibáñez de Esgueva BU 49 Wb98
24795 Santibáñez de la Isla LE 26 Ua94
34870 Santibáñez de la Peña P 28 Vb92
37670 Santibáñez de la Sierra SA 82 Ua106
37799 Santibáñez del Cañedo SA 64 Ub102
37120 Santibáñez del Río SA 64 Ub103
24315 Santibáñez del Toral LE 26 Td93
09617 Santibáñez del Val BU 49 Wd97
24379 Santibañez de Montes LE 26 Te93
33676 Santibáñez de Murias AS 15 Uc90
24228 Santibáñez de Porma LE 27 Ud93
34844 Santibáñez de Resoba P 28 Vc91
24815 Santibáñez de Rueda LE 28 Ue92
49625 Santibáñez de Tera ZA 45 Ua97
47331 Santibáñez de Valcorba VA 66 Vd99
24288 Santibáñez de Valdeiglesias LE 26 Ua94
49610 Santibáñez de Vidriales ZA 45 Tf96
10859 Santibáñez el Alto CC 98 Tc107
10666 Santibáñez el Bajo CC 98 Te107
09150 Santibáñez-Zarzaguda BU 30 Wb94
35411 Santidad GC 184 Kc180
46811 Santig V 125 Za115
32314 Santigoso OR 25 Ta94
33557 Santillan AS 16 Ue89
39540 Santillán CB 17 Vd88
09340 Santillán BU 49 Wb96
39330 Santillana CB 17 Vf88
40109 Santillana SG 85 Vf103
04532 Santillana AL 170 Xb126
34469 Santillana de Campos P 29 Vd94
34126 Santillán de la Vega P 28 Vb94
27422 Santiorxo LU 24 Sc94
41970 Santiponce SE 148 Tf124
33619 San Tirso AS 15 Ub89
33189 San Tirso AS 15 Ub88
08272 Sant Iscle B 57 Bf98
17133 Sant Iscle GI 59 Da96
08359 Sant Iscle de Vallalta B 58 Cd99
06320 Santísimo Cristo del Humilladero BA 133 Td118
15808 Santiso = Agro do Chao (Santiso) C 23 Rf91
15113 Santiso de Vilanova C 10 Rb89
23250 Santisteban del Puerto J 138 We119
39698 Santiude de Toranzo CB 17 Wa89
39490 Santiurde de Reinosa CB 17 Vf90
09226 Santiuste BU 48 Wa95
42193 Santiuste SO 50 Xa99
19245 Santiuste GU 69 Xb102
40460 Santiuste de San Juan Bautista SG 66 Vc102
37110 Santiz SA 64 Ua101
08458 Sant Jaume de Fifà B 58 Cc98
08619 Sant Jaume de Frontanyà B 58 Ca95
17854 Sant Jaume de Llierca GI 58 Cd95
43877 Sant Jaume d'Enveja T 93 Ae104
07730 Sant Jaume Mediterrani IB 77 Ea109
08784 Sant Jaume Sesoliveres B 76 Be100
17230 Sant Joan GI 59 Da97
07240 Sant Joan IB 111 Da111
03550 Sant Joan d'Alacant A 142 Zd118
08569 Sant Joan de Fàbregues B 58 Cc96
07810 Sant Joan de Labritja IB 109 Bd114
17860 Sant Joan de les Abadesses GI 58 Cb95
08588 Sant Joan del Noguer B 58 Cb96
17178 Sant Joan dels Balbs GI 58 Cc96
08773 Sant Joan de Mediona B 76 Bd100
17463 Sant Joan de Mollet GI 59 Cf96
12130 Sant Joan de Moró CS 108 Zf108
12135 Sant Joan de Penyagolosa CS 91 Zd107
07748 Sant Joan de Serra IB 77 Ea108
08980 Sant Joan Despí B 77 Ca100
25548 Sant Joan de Torán L 37 Ae92
25516 Sant Joan de Vinyafrescal L 56 Af95
25799 Sant Joan Fumat L 38 Bc94
17857 Sant Joan les Fonts GI 58 Cd95
08250 Sant Joan Vilatorrada B 57 Be98
08698 Sant Jordi B 57 Bf96
07748 Sant Jordi IB 77 Ea108
07819 Sant Jordi IB 109 Bc115
07199 Sant Jordi IB 110 Ce111
17464 Sant Jordi Desvalls GI 59 Cf96
07750 Sant Josep IB 77 Ea108
07830 Sant Josep de sa Talaia IB 109 Bb115
08207 Sant Julià d'Altura B 58 Ca99
17256 Sant Julià de Boada GI 59 Da97
08694 Sant Julià de Cerdanyola B 57 Bf95
17164 Sant Julià del Llor i Bonmatí GI 59 Ce97
AD600 Sant Julià de Lòria □ AND 38 Bc94
17481 Sant Julià de Ramis GI 59 Cf96
08504 Sant Julià de Vilatorta B 58 Cb97
25615 Sant Just L 56 Ae97
25287 Sant Just d'Ardèvol L 57 Bc97
08960 Sant Just Desvern B 77 Ca100
17240 Sant Llorenç GI 59 Cf98
07750 Sant Llorenç IB 77 Df109
07730 Sant Llorenç IB 77 Ea109
07812 Sant Llorenç IB 109 Bc114
17530 Sant Llorenç de Campdevànol GI 58 Ca95
17732 Sant Llorenç de la Muga GI 40 Ce95
17463 Sant Llorenç de les Arenes GI 59 Cf96
25282 Sant Llorenç de Morunys L 57 Bd96
07530 Sant Llorenç des Cardassar IB 111 Db111
08791 Sant Llorenç d'Hortons B 76 Be100
08212 Sant Llorenç Savall B 58 Ca98
07720 Sant Lloreno IB 77 Eb109
07711 Sant Lluis IB 77 Eb109
43421 Sant Mag¢-de Brufaganya T 76 Bc100
08732 Sant Marçal B 76 Bd101
17811 Sant Martí GI 58 Cd96
08515 Sant Martí d'Albars B 58 Ca96
17528 Sant Martí d'Aravó GI 38 Bf94
25518 Sant Martí de Canals L 56 Af95
08592 Sant Martí de Centelles B 58 Cb98
25212 Sant Martí de la Morana L 56 Bb98
17153 Sant Martí de Llémena GI 59 Cd96
25344 Sant Martí de Maldà L 75 Ba99
25264 Sant Martí de Riucorb L 56 Af99
08250 Sant Martí de Toroella B 57 Be98
08712 Sant Martí de Tous B 76 Bd99
32558 Sant Martiño OR 44 Sf95
17171 Sant Martí Sacalm GI 58 Cd96
17441 Sant Martí Sapresa GI 59 Cd97
08731 Sant Martí Sarroca B 76 Bd100
08511 Sant Martí Sescorts B 58 Cb96
08282 Sant Martí Sesgueioles B 57 Bc98
17746 Sant Martí Sesserres GI 40 Ce95
17462 Sant Martí Vell GI 59 Cf96
12170 Sant Mateu CS 92 Ab106
07816 Sant Mateu d'Aubarca IB 109 Bc114
08263 Sant Mateu de Bages B 57 Be98
17242 Sant Mateu de Montnegre GI 59 Cf97
08619 Sant Maurici de la Quar B 58 Bf96
17199 Sant Medir GI 59 Ce96
25718 Sant Miquel L 38 Bd94
25637 Sant Miquel L 56 Af95
43712 Sant Miquel T 76 Bd101
07815 Sant Miquel de Balansat IB 109 Bc114
17831 Sant Miquel de Campmajor GI 59 Ce96
17444 Sant Miquel de Cladells GI 58 Cd97
17475 Sant Miquel de Fluvià GI 59 Cf95
25471 Sant Miquel de la Tosca L 75 Af100
25639 Sant Miquel de la Vall L 56 Af96
17853 Sant Miquel de Montella GI 39 Cd95
17856 Sant Miquel de Pera GI 39 Cc95
17175 Sant Miquel de Pineda GI 58 Cc96
08734 Sant Miquel d'Olèrdola B 76 Be101
17467 Sant Mori GI 59 Cf96
07730 Sant Nicolau IB 77 Eb109
33119 Santo Adriano AS 14 Tf89
32810 Santo André de Penosiños OR 42 Rf95
30151 Santo Ángel MC 157 Yf121
42189 Santo Cristo de los Olmedillos SO 51 Xd98
37116 Santo Domingo SA 64 Ua102
28120 Santo Domingo MD 86 Wc105
45526 Santo Domingo TO 101 Ve108
16337 Santo Domingo CU 106 Yd109
06108 Santo Domingo BA 131 Sf117
38787 Santo Domingo de Garafía TF 181 Ha176
37762 Santo Domingo de Herguijuela SA 82 Ua105

A B C D E F G H I J K L M N Ñ O P Q R S T U V W X Y Z

Santo Domingo de Herguijuela | 303 E

03670 Serreta A 142 Zb118
50780 Sertusa Z 73 Zd101
22625 Serué HS 35 Zd94
18270 Serval GR 167 Vf124
18812 Servalillo GR 154 Xa123
22366 Serveto HS 36 Ab93
32626 Servoi OR 43 Sd96
22110 Sesa HS 54 Ze97
07142 Ses Alqueries IB 110 Cf111
24434 Sésamo LE 25 Tc92
15819 Sesar C 11 Re91
07769 Ses Arenes de Dalt IB 77 Df108
07184 Ses Barraques IB 110 Cc111
07839 Ses Cases Noves IB 109 Bb115
07812 Ses Cases Velles IB 109 Bc114
07828 Ses Casetes IB 109 Bc114
07638 Ses Covetes IB 111 Cf112
45223 Seseña TO 102 Wb108
45224 Seseña Nuevo TO 102 Wc108
07570 Ses Eretes IB 111 Db110
46140 Sesga V 106 Ye108
07190 S' Esgleieta IB 110 Cd111
31293 Sesma NC 32 Xf94
07600 Ses Meravelles IB 110 Ce111
49550 Sesnández ZA 45 Tf98
07142 Ses Olleries IB 110 Ce111
07820 Ses Paisses IB 109 Bb115
07609 Ses Palmeres IB 110 Ce112
07688 S'Espinegar Vell IB 111 Db112
07209 Ses Puntes IB 111 Da112
07190 Ses Rotgetes de Canet IB 110 Cd111
07748 Ses Salines IB 77 Ea108
07640 Ses Salines IB 111 Da112
07629 S'Estacar IB 111 Cf111
15284 Sestaio C 22 Qf92
07639 S'Estanyol de Migjorn IB 111 Cf112
15822 Sestelo C 23 Re91
36526 Sesto PO 23 Rf92
50248 Sestrica Z 71 Yc100
22467 Sesué HS 36 Ac93
36446 Setados PO 41 Rd96
39706 Setares CB 19 We88
17869 Setcases GI 39 Cb94
41440 Setefilla SE 149 Ud122
11692 Setenil de las Bodegas CA 166 Ue127
27615 Seteventos LU 24 Se92
19324 Setiles GU 89 Yc104
03779 Setla A 127 Aa115
03839 Setla de Núñez A 126 Zd116
31698 Setoáin NC 33 Yc91
08553 Seva B 58 Cb97
41001*Sevilla SE 163 Tf124
28609 Sevilla la Nueva MD 86 Vf106
45671 Sevilleja de la Jara TO 100 Va111
37497 Sexmiro SA 81 Tb104
29580 Sexmo MA 175 Vc128
10520 Sexta Suerte Tiro Barra CC 99 Ub109
07460 S'Horta IB 111 Da109
07669 S'Horta Nova IB 111 Db112
07500 S'Hort d'en Oleza IB 111 Db111
07740 S'Hort de Sant Diego IB 77 Ea108
25651 Siall L 56 Ba96
36886 Sibei PO 42 Re95
25222 Sidamon L 56 Ae99
11500 Sidueño CA 172 Te129
33579 Siejo AS 17 Vc89
19269 Sienes GU 69 Xc101
33510 Siero = Pola de Siero AS 15 Uc88
24911 Siero de la Reina LE 16 Va91
48891 Sierra BI 18 Wd89
02513 Sierra AB 140 Yc117
21860 Sierra H 148 Tc124
29491 Sierra MA 173 Ue129
23693 Sierra de Ahillo J 152 Wa123
23150 Sierra de Alta Coloma J 152 Wb123
06429 Sierra de Castuera BA 134 Ud116
33681 Sierra de Conforcos AS 15 Uc90
10181 Sierra de Fuentes CC 117 Te112
02534 Sierra de Huebras AB 139 Xd120
39509 Sierra de Ibio CB 17 Vf89
49593 Sierra de la Culebra ZA 44 Tc97
04810 Sierra de las Estancias AL 155 Xd124
23330 Sierra de las Villas J 138 Xb119
30528 Sierra del Escabezado MC 141 Yd117
50614 Sierra de los Blancos Z 53 Zb95
02350 Sierra del Relumbrar AB 139 Xb117
50612 Sierra de Luna Z 53 Za96
50682 Sierra de Orba Z 34 Za93
22611 Sierra de Picardiello HS 35 Ze94
30177 Sierra de Ponce o Cambrón MC 156 Yb121
11500 Sierra de San Cristóbal CA 172 Te129
11650 Sierra de Santa Lucía CA 165 Uc127
10894 Sierra de Santa Olalla CC 97 Tb108
Sierra de Urbasa NC 32 Xe91
29328 Sierra de Yeguas MA 166 Va126
12182 Sierra Engarcerán CS 92 Zf107
22806 Sierra Estronad Z 34 Zb95
06370 Sierra Gorda BA 132 Tc118
44313 Sierra Menera TE 90 Yc104
18460 Sierra Yegen GR 169 Wf127
04878 Sierro AL 170 Xd125
23660 Sierro Ahillo J 152 Vf123
22142 Sieso de Huesca HS 54 Zf96
22624 Sieso de Jaca HS 35 Zc94
22349 Sieste HS 35 Aa94
22121 Siétamo HS 54 Ze96
46392 Siete Aguas V 107 Za112
03316 Siete Casas A 141 Yf120
28753 Sieteiglesias MD 68 Wc103
37892 Sieteiglesias de Tormes SA 83 Uc104
47511 Siete Iglesias de Trabancos VA 65 Ue100
28491 Siete Picos MD 86 Vf104
33311 Sietes AS 15 Ud88
05357 Sigeres AV 84 Va104
15181 Sigrás C 11 Rd89
15888 Sigüeiro C 11 Rd91
19250 Sigüenza GU 69 Xc102
40590 Siguero SG 68 Wc101
40590 Sigueruelo SG 68 Wc101
50682 Sigüés Z 34 Yf93
06427 Sijuela BA 134 Ud117
27837 Silán LU 12 Sc87
09219 Silanes BU 31 We93
14670 Silera CO 151 Ve122
14813 Sileras CO 152 Vf124
23380 Siles J 139 Xc118
14110 Silillos CO 150 Uf122
39438 Silio CB 17 Vf90
46460 Silla V 126 Zd112
18183 Sillar Alta GR 169 Wd124
18181 Sillar Baja GR 169 Wd124
36540 Silleda PO 23 Re92
23338 Sillero J 154 Wf120
07687 S'Illot IB 111 Dc111
45860 Silo del Tío Pavía TO 103 Wd111
21310 Silos de Calañas H 147 Ta122
45860 Silos de la Atalaya TO 103 Wd111
17410 Sils GI 59 Ce98
27111 Silvachá LU 13 Sf89
24388 Silván LE 25 Tb94
27228 Silvela LU 12 Sa90
06519 Silvestre BA 115 Sf113
15240 Silvosa C 22 Ra92
47130 Simancas VA 47 Vb99
46750 Simat de la Valldigna V 126 Ze114
36969 Simes PO 22 Rb94
22366 Sín HS 36 Ab93
46320 Sinarcas V 106 Ye110
07141 S'Indioteria IB 110 Ce111
07510 Sinéu IB 111 Da111
30410 Singla MC 155 Ya120
44382 Singra TE 90 Ye105
05215 Sinlabajos AV 66 Vb102
09450 Sinovas BU 49 Wc98
22860 Sinués HS 34 Zc93
09589 Siones BU 18 We90
22141 Sipán HS 54 Ze95
22790 Siresa HS 34 Zb92
27568 Sirgal LU 24 Sb92
06650 Siruela BA 119 Uf115
27234 Sirván LU 24 Sb91
15106 Sísamo C 10 Rb89
50227 Sisamón Z 70 Xf101
36638 Sisán PO 22 Rb94
16700 Sisante CU 123 Xe112
15369 Sismundi C 10 Sa86
27379 Sisoi LU 12 Sc89
AD400 Sispony ☐ AND 38 Bd93
08618 Sisquer B 57 Be96
27377 Sistallo LU 12 Sc89
33812 Sisterna AS 13 Tc91
25212 Sisteró L 56 Bb98
20738 Sistiaga SS 20 Xe90
32765 Sistín OR 24 Sd94
15851 Sisto C 10 Ra90
36516 Sisto PO 23 Rf93
08870 Sitges B 76 Be101
29649 Sitio de Calahonda MA 175 Vb129
49624 Sitrama de Tera ZA 45 Ua96
17469 Siurana GI 59 Cf95
17515 Siuret GI 58 Cb96
36668 Soar PO 23 Rc93
39808 Soba CB 18 Wc89
39627 Sobarzo CB 18 Wa88
22611 Sobás HS 35 Ze94
15578 Sobecos C 11 Re87
27460 Sober LU 24 Sc94
27150 Sobrada LU 12 Sc90
32336 Sobradelo OR 25 Ta94
50629 Sobradiel Z 53 Yf98
37246 Sobradillo SA 63 Tb103
49174 Sobradillo de Palomares ZA 64 Ua100
15813 Sobrado C 11 Rf90
27680 Sobrado LU 24 Se91
24567 Sobrado LE 25 Ta93
32212 Sobrado OR 42 Rf95
36150 Sobral PO 23 Rc94
32100 Sobral OR 24 Sa94
22583 Sobrecastell HS 36 Ae95
33996 Sobrecastiello AS 15 Ue90
33557 Sobrefoz AS 16 Ue89
32644 Sobreganada OR 42 Sb96
32140 Sobreira OR 23 Sa94
39550 Sobrelapeña CB 17 Vd89
Sobremazas CB 18 Wb88
08589 Sobremunt B 58 Ca96
39250 Sobrepenilla CB 29 Wa92
09557 Sobrepeña BU 18 Wc91
17141 Sobrestany GI 59 Da96
08553 Sobrevia B 58 Cb97
01423 Sobrón VI 31 Wf92
02435 Socovos AB 140 Ya119
13630 Socuéllamos CR 122 Xb113
39813 Socueva CB 18 Wc89
48830 Sodupe BI 19 Wf89
15108 Sofán C 10 Rc89
50696 Sofuentes Z 33 Ye94
49270 Sogo ZA 64 Ua100
33193 Sograndio AS 15 Ua88
24249 Soguillo del Páramo LE 27 Ub95
33790 Soirana AS 13 Tc87
26376 Sojuela RI 32 Xc94
33187 Solad AS 15 Ub88
10373 Solana CC 99 Ud112
30835 Solana MC 156 Yc123
29492 Solana MA 174 Ue129
05691 Solana de Ávila AV 83 Uc107
24648 Solana de Fenar LE 27 Uc92
06209 Solana de los Barros BA 132 Tc116
13593 Solana del Pino CR 136 Vf118
23314 Solana de Padilla J 139 Xb120
05149 Solana de Rioalmar AV 84 Uf104
23314 Solana de Torralba J 153 We121
41370 Solanas del Valle SE 149 Ua121
09127 Solanas de Valdelucio BU 29 Vf92
25712 Solanell L 37 Bc94
08281 Solanelles B 57 Bd98
24228 Solanilla LE 27 Ud93
22622 Solanilla HS 35 Ze94
22336 Solanilla HS 36 Ab94
02314 Solanilla AB 139 Xc116
13594 Solanilla del Tamaral CR 137 Wa118
19491 Solanillos del Extremo GU 88 Xb104
09133 Solano BU 29 Wa93
29170 Solano MA 167 Ve127
25714 Solans L 37 Bb95
Solares CB 18 Wb88
48288 Solarte BI 20 Xc88
17534 Solà-Ventolà GI 39 Ca95
31395 Solchaga NC 33 Yc93
03698 Sol del Camp A 142 Zc118
07181 Sol de Mallorca IB 110 Cd112
AD100 Soldeu ☐ AND 38 Be93
27328 Soldón LU 25 Sf93
09249 Solduengo BU 30 Wd93
23569 Solera J 153 Wd122
16216 Solera del Gabaldón CU 105 Ya110
42223 Soliedra SO 70 Xd100
12560 Sol i Mar CS 108 Aa108
17246 Solius GI 59 Cf98
22584 Soliva HS 56 Ad95
43412 Solivella T 75 Bb100
07816 S'Olivera IB 109 Bc115
22587 Soliveta HS 55 Ae95
46430 Sollana V 126 Zd113
48860 Sollano-Llantada BI 19 Wf89
44145 Sollavientos TE 91 Zc106
24857 Solle LE 16 Ue91
15240 Solleiros C 22 Ra92
07100 Sóller IB 110 Ce110
07340 Solleric IB 110 Ce110
39738 Solórzano CB 18 Wc88
05130 Solosancho AV 84 Va105
25280 Solsona L 57 Bd97
18196 Solynieve GR 169 Wd126
42257 Somaén SO 70 Xe101
39400 Somahoz CB 17 Vf89
26313 Somalo RI 31 Xb94
22752 Somanés HS 34 Zb93
01307 Somaniego VI 31 Xb93
39490 Somballe CB 17 Vf90
38589 Sombrera TF 180 Id179
07620 Som de Baix IB 110 Ce111
33840 Somiedo AS 14 Te90
33203 Somio AS 15 Uc87
39140 Somo CB 18 Wb88
19275 Somolinos GU 69 Wf101
04877 Somontín AL 170 Xd124
28223 Somosaguas MD 86 Wb106
28756 Somosierra MD 68 Wc102
27578 Somoza LU 24 Sa92
27653 Son LU 25 Sf91
07750 So N' Abalzer IB 77 Df108
39780 Sonabia CB 18 We88
07629 Son Agusti IB 110 Cf111
07690 So N'Alegre IB 111 Da112
07509 So N'Amer IB 111 Da111
07748 So N'Ametler IB 77 Df108
07509 Son Amoixa IB 111 Db111
07769 So N' Angel IB 77 Df108
07190 Son Antich IB 110 Cd110
07769 So Na Parets Nou IB 77 Df109
07750 Son Arro Gran IB 77 Ea109
07194 Son Balagner IB 110 Cc111
07190 Son Bauza IB 110 Cd111
07590 Son Besso IB 111 Dc110
07639 Son Bielo IB 111 Cf112
07519 Son Bisbal IB 111 Da110
07150 Son Bosc IB 110 Cc111
07609 Son Boscana IB 111 Cf112
07730 Son Bou de Baix IB 77 Ea109
07469 Son Bruy IB 111 Da109
07639 Son Busqueret IB 111 Cf112
07240 Son Calderer IB 111 Da111
07500 Son Campanario IB 111 Db111
07749 Son Carabata IB 77 Ea109
07540 Son Carrio IB 111 Db111
07609 Son Catany IB 110 Cf112
07511 Son Cervera IB 111 Cf111
09572 Soncillo BU 18 Wb91
07210 Son Coll Vell IB 111 Cf111
07659 Son Corne Pons IB 111 Da112
07730 Son Costas IB 77 Ea109
07690 Son Danuset IB 111 Da112
07609 Son Delebau Nou IB 110 Ce112
44712 Son del Puerto TE 90 Za104
25589 Son de Pino = Son L 37 Ba93
07260 Son Doctor IB 111 Da111
12480 Soneja CS 107 Zd110
07769 Son Escudero IB 77 Df108
07170 Son Ferrandell IB 110 Cd110
07007 Son Ferriol IB 110 Ce111
07750 Son Fonoll IB 77 Df109
Son Forteza IB 110 Cc111
07509 Son Gall Vell IB 111 Db111
07609 Son Garauet IB 111 Cf112
07620 Son Garcies de S'Aljub IB 110 Ce111
07260 Son Gornals IB 111 Da111
07340 Son Grau IB 110 Ce110
07199 Son Gual IB 110 Ce111
07529 Son Guillot IB 111 Da111
07144 So N'Horrac IB 111 Cf110
07509 Son Joan Jaume IB 111 Da111
07220 Son Llubi IB 111 Cf111
07509 Son Macià IB 111 Db111
07769 Son March IB 77 Df109
07459 Son Mari IB 111 Db110
07609 Son Marranet IB 111 Cf112
07750 Son Martorellet IB 77 Ea109
07579 Son Mascaro IB 111 Db110
07142 Son Matzina IB 110 Ce111
07209 Son Mesquida IB 111 Da112
07609 Son Mesquida IB 111 Cf112
07210 Son Mesquida IB 111 Cf111
07500 Son Mesquida Vell IB 111 Db111
07579 Son Morei Vell IB 111 Dc110
07639 Son Moro IB 110 Cf112
07560 Son Moro IB 111 Dc111
07208 Son Moro IB 111 Da112
07170 Son Morp IB 110 Cd110
07769 Son Morro IB 77 De109
07450 Son Morro IB 111 Da110
07100 Son Muleta IB 110 Cd110
07110 Son Muntaner IB 110 Ce111
07540 Son Negre IB 111 Db111
07208 Son Negre IB 111 Da112
07638 Son N'Elegant IB 111 Da112
07630 Son Nicolan IB 111 Da112
07194 Son Noguera IB 110 Cd111
07369 So N'Odre IB 110 Cf110
07760 Son Oleo IB 77 De109
07170 Son Oleza IB 110 Cd110
07320 Son Oliver IB 110 Ce110
07199 So N'Oliveret IB 110 Ce111
07220 Son Palou Nou IB 111 Cf111
07740 Son Parc IB 77 Ea108
07440 Son Parera IB 111 Da110
07639 Son Pau IB 111 Cf112
07620 Son Perdiuet IB 110 Ce112
07110 Son Perot IB 110 Ce110
07184 Son Pieras IB 110 Cd111
07769 Son Planas IB 77 Df108
07769 Son Pomar IB 77 Df108
07250 Son Pou Nou IB 111 Da111
07730 Son Puig Gran IB 77 Ea109
07170 Son Puing IB 110 Cd110
07208 Son Ramonet IB 111 Da112
07529 Son Ribot IB 111 Da111
07010 Son Roca IB 110 Cd111
07510 Son Rossinyol IB 111 Da111
07769 Son Salomón IB 77 De108
07620 Son Sampoli IB 111 Cf111
07440 Son San Marti IB 111 Da110
07520 Son Santandreu IB 111 Da111
07120 Son Sardina IB 110 Cd111
07609 Son Sart IB 111 Cf112
07260 Son Sastre IB 111 Cf111
07210 Son Sastre Vell IB 111 Cf111
07184 Son Satre IB 110 Cd111
07740 Son Saura IB 77 Ea108
45100 Sonseca TO 102 Wa110
07579 Son Serra de Marina IB 111 Db110
07193 Son Serralta IB 110 Cd111
07459 Son Serra Nou IB 111 Db110
07550 Son Servera IB 111 Dc111
07691 Son Sestri IB 111 Da112
40194 Sonsoto SG 67 Vf103
07430 Son Suan IB 111 Da110
07740 Son Tema IB 77 Eb109
07609 Son Texiquet IB 110 Ce112
07638 Son Toni Amer IB 111 Da112
07769 Son Toni Marti IB 77 Df108
07260 Son Valent IB 111 Da111
07209 Son Valls de Pac IB 111 Da111
07230 Son Valls de Satre IB 111 Cf111
07769 Son Ve Ce Te IB 77 Df109
Son Vida IB 110 Cd111
07630 Son Virgili IB 111 Cf112
07750 Son Vives IB 77 Ea108
07630 Son Xorc IB 111 Da112
07220 Son Xotano IB 111 Cf111
15168 Soñeiro C 11 Re89
35558 Sóo GC 182 Mc174
04638 Sopalmo AL 171 Ya126
22583 Sopeira HS 37 Ae95
48600 Sopelana BI 19 Xa88
39409 Sopenilla CB 17 Vf89
39510 Sopeña CB 17 Ve89
39213 Sopeña CB 17 Vf91
24719 Sopeña de Carneros LE 26 Tf94
09589 Sopeñano BU 18 Wd90
22583 Soperún HS 36 Ad95
18410 Soportújar GR 169 Wd127
14512 Soprán CO 151 Vb124
48190 Sopuerta BI 19 Wf89
Sor, Río LU 10 Sb86
08588 Sora B 58 Ca96
20140 Sorabilla SS 20 Xf89
20590 Soraluce-Placencia de las Armas SS 20 Xd89
31194 Sorauren NC 33 Yc91
08612 Sorba B 57 Be97
04270 Sorbas AL 171 Xf126
24478 Sorbeda del Sil LE 26 Tc92
09128 Sordillos BU 29 Vf94
32847 Sordos OR 42 Sa96
42003 Soria SO 51 Xd98
35128 Soria GC 184 Kb181
22589 Soriana HS 55 Ad96
37777 Sorihuela SA 83 Ub106
23270 Sorihuela de Guadalimar J 138 Wf119
31219 Sorlada NC 32 Xe93
AD300 Sornàs ☐ AND 38 Bd93
31800 Sorozarreta NC 32 Xe91
25587 Sorpe L 37 Ba93
25567 Sorre L 37 Ba94
24815 Sorriba LE 28 Uf92
33584 Sorribas AS 16 Ue88
25717 Sorribes L 57 Bc95
25716 Sorribos L 57 Be95
24649 Sorribos de Alba LE 27 Ub92
22666 Sorripas HS 35 Zd93
25560 Sort L 37 Ba94
18713 Sorvilán GR 169 We128
26191 Sorzano RI 32 Xc94
22467 Sos HS 36 Ac93
24139 Sosas de Laciana LE 14 Te91

Sosas de Laciana | 305

E

50293 Terrer Z 71 Yb101
44120 Terriente TE 90 Yc107
13341 Terrinches CR 138 Xa117
06620 Terrines BA 118 Ud115
23220 Terriza de la Virgen J 137 Wd119
26132 Terroba RI 32 Xd95
37609 Terrones SA 82 Ua104
32616 Terroso OR 43 Se97
49394 Terroso ZA 44 Tb96
44003 Teruel TE 90 Yf106
19312 Terzaga GU 89 Ya104
38916 Tesbabo TF 180 Ha182
35627 Tesejerague GC 183 Lf179
35613 Tesjuates GC 183 Ma178
10895 Teso Moreno CC 97 Ta108
37185 Tesonera SA 64 Ub102
37479 Tesos Miradores SA 81 Td104
35613 Tetír GC 183 Ma177
28039 Tetuán MD 86 Wb106
03725 Teulada A 143 Aa116
33111 Teverga AS 14 Tf90
09511 Teza de Lodosa BU 19 We91
39649 Tezanos CB 18 Wa89
21530 Tharsis H 161 Sf123
35558 Tiagua GC 182 Mc174
35572 Tías GC 182 Mc175
03109 Tibi A 142 Zc117
08017 Tibidabo B 77 Ca100
04459 Tices AL 170 Xb126
31398 Tiebas NC 33 Yc92
31398 Tiebas-Muruarte de Reta NC 33 Yc92
47870 Tiedra VA 46 Ue99
28550 Tielmes MD 87 We107
33554 Tielve AS 16 Vb89
18248 Tiena la Baja GR 168 Wb125
50269 Tierga Z 52 Yc99
50682 Tiermas Z 34 Yf93
38441 Tierra de Costa TF 180 Ib178
22336 Tierrantona HS 36 Ab94
22192 Tierz HS 54 Zd96
19390 Tierzo GU 89 Ya104
10319 Tiétar del Caudillo CC 99 Ud108
38911 Tigaday TF 180 Gf182
38738 Tigalate TF 181 Hb177
38738 Tiguerorte TF 181 Hb177
38789 Tijarafe TF 181 Ha176
38677 Tijoce de Arriba TF 180 Ib179
38677 Tijoco Bajo TF 180 Ib180
04880 Tíjola AL 170 Xd124
35368 Timagada GC 184 Kc181
18449 Timar GR 169 We127
25288 Timoneda L 57 Bc96
16316 Tinada de las Casillas CU 105 Ya108
16316 Tinada del Vallejo del Cerezo CU 105 Ya108
04200 Tinadas AL 170 Xe126
16142 Tinadas de Chiriveche CU 89 Xf107
16141 Tinadas de la Fuente del Soto CU 88 Xf106
16890 Tinadas del Collado CU 88 Xe106
16522 Tinajas CU 88 Xc107
02155 Tinajeros AB 124 Yb114
35560 Tinajo GC 182 Mb174
02480 Tindavar AB 139 Xe118
35649 Tindaya GC 183 Ma177
33870 Tineo AS 14 Td88
15126 Tines C 10 Ra90
33870 Tinéu = Tineo AS 14 Td88
09649 Tinieblas de la Sierra BU 49 Wd95
33199 Tiñana AS 15 Ub88
38915 Tiñor TF 180 Ha182
30570 Tiñosa Alta MC 157 Yf121
05165 Tiñosillos AV 66 Vb103
32707 Tioira OR 24 Sc95
37170 Tirados de la Vega SA 64 Ua102
33979 Tiraña AS 15 Uc89
31154 Tirapu NC 33 Yb93
26211 Tirgo RI 31 Xa93
02161 Tiriez AB 123 Xe115
30890 Tirieza Alta MC 155 Ya122
30890 Tirieza Baja MC 155 Ya122
12179 Tírig CS 92 Aa106
27298 Tirimol LU 12 Sc90
12004 Tiro de Pichón CS 108 Aa108
13192 Tirteafuera CR 120 Ve116
25595 Tírvia L 37 Bb93
35628 Tiscamanita GC 183 Lf178
14512 Tiscar CO 150 Vb124
23489 Tiscar-Don Pedro J 154 Wf122
46178 Titaguas V 106 Yf109
28359 Titulcia MD 102 Wc108
43511 Tivenys T 74 Ad103
43746 Tivisa = Tivissa T 75 Ae102
40191 Tizneros SG 67 Vf103
09212 Tobalinilla BU 31 Wf92
09133 Tobar BU 29 Wa94
47493 Tobar VA 66 Va101
30510 Tobarilla MC 141 Ye116
02500 Tobarra AB 140 Yb117
23700 Tobaruela J 152 Wb120
23685 Tobazo J 152 Vf123
50325 Tobed Z 71 Yd100
09211 Tobera BU 30 We92
01211 Tobera VI 31 Xb92
09591 Tobes BU 30 Wc93
19269 Tobes GU 69 Xc101
26321 Tobía RI 31 Xb95
01427 Tobillas VI 31 We91
02486 Tobillas AB 140 Xf118
19286 Tobillos GU 70 Xf103
23294 Tobos J 139 Xd120
41340 Tocina SE 149 Ub123
35478 Tocodomán GC 184 Kb181
18380 Tocón GR 168 Wa125
18192 Tocón GR 169 Wd125
12312 Todolella CS 92 Ze105
14815 Todosaires CO 152 Vf123
36689 Toedo PO 23 Rd92
32930 Toén OR 23 Sa95
12230 Toga CS 108 Zd108
27366 Toirán LU 24 Sd91
36597 Toiriz PO 23 Rf92
27593 Toiriz LU 24 Sc93
33794 Tol AS 13 Ta87
49525 Tola ZA 45 Td98
05289 Tolbaños AV 85 Vc104
09614 Tolbaños de Abajo BU 50 Wf96
09614 Tolbaños de Arriba BU 50 Wf96
24226 Toldanos LE 27 Ud93
27639 Toldaos LU 25 Se92
32120 Toldavia OR 24 Sa94
42190 Toledillo SO 50 Xc98
45001 Toledo TO 102 Vf109
24845 Tolibia de Abajo LE 15 Ud91
24845 Tolibia de Arriba LE 15 Ud91
49512 Tolilla ZA 45 Te98
33826 Tolinas AS 14 Te89
33986 Tolivia AS 15 Uc89
33557 Tolivia AS 16 Uf90
03813 Tollos A 143 Ze116
40467 Tolocirio SG 66 Vc102
03680 Tolomón A 142 Zb119
25723 Toloriu L 38 Bd94
20400 Tolosa SS 20 Xf90
02211 Tolosa AB 125 Yd113
29109 Tolox MA 174 Va128
22585 Tolva HS 55 Ad96
36379 Tomadas PO 41 Rb96
41940 Tomares SE 164 Tf124
24438 Tombrio de Abajo LE 26 Tc92
19411 Tomellosa GU 87 Xa105
13700 Tomelloso CR 122 Wf114
36158 Tomeza PO 22 Rc94
50316 Tomillares Z 51 Ya99
36740 Tomiño PO 41 Rb97
36116 Tomonde PO 23 Rd93
08551 Tona B 58 Cb97
26270 Tondeluna RI 31 Wf94
16191 Tondos CU 88 Xe108
24699 Tonín de Arbás LE 15 Ub90
17476 Tonyà GI 59 Cf95
39329 Toñanes CB 17 Ve88
04839 Topares AL 155 Xe121
37799 Topas SA 65 Uc102
15806 Topes C 11 Sa91
27591 Tor LU 24 Sc93
25574 Tor L 37 Bc93
25750 Torà L 57 Bc98
24794 Toral de Fondo LE 26 Ua94
24237 Toral de los Guzmanes LE 46 Uc95
24560 Toral de los Vados LE 25 Tb93
24448 Toral de Merayo LE 25 Tc93
24794 Toralino LE 26 Ua94
25516 Toralla L 37 Af95
25516 Torallola L 56 Af95
12122 Torás CS 107 Zb109
33535 Torazo AS 15 Ud88
27317 Torbeo LU 24 Sd94
47830 Tordehumos VA 46 Uf98
37453 Tordelalosa-Milanera SA 83 Ub103
19325 Tordellego GU 89 Yb104
19276 Tordelloso GU 69 Xa101
19351 Tordelpalo GU 89 Yb104
19277 Tordelrábano GU 69 Xb101
25218 Tordera L 56 Bb98
08490 Tordera B 59 Ce98
42138 Tordesalas SO 51 Xf99
47100 Tordesillas VA 65 Va99
19323 Tordesilos GU 89 Yc104
37840 Tordillos SA 83 Ud103
15683 Tordoia C 11 Rc90
09341 Tordómar BU 48 Wa96
09347 Tordueles BU 49 Wc96
15290 Torea C 22 Qf91
46814 Torella V 126 Zc115
08729 Torelletes B 76 Bd101
08570 Torelló B 58 Cb96
24450 Toreno LE 26 Tc92
19392 Torete GU 89 Xf104
39571 Torices CB 17 Vc90
35639 Toricosquey GC 183 Ma179
33568 Toriello AS 16 Uf88
24316 Torienzo Castañero LE 26 Td93
19190 Torija GU 87 Wf104
44123 Toril TE 89 Yd107
10521 Toril CC 99 Ub109
14730 Torilejo Bajo CO 150 Uf121
46389 Torís V 126 Zb112
22376 Torla HS 35 Zf93
42220 Torlengua SO 70 Xf100
33812 Tormaleo AS 13 Tb91
26213 Tormantos RI 31 Wf94
09555 Torme BU 18 Wc91
05697 Tormellas AV 83 Uc107
22215 Tormillo-Lastanosa HS 54 Zf97
44134 Tormón TE 90 Yd107
03795 Tormos A 127 Zf116
25331 Tornabous L 56 Ba98
09320 Tornadijo BU 49 Wc96
37453 Tornadizos SA 83 Ub104
05215 Tornadizos de Arévalo AV 66 Vb102
05196 Tornadizos de Ávila AV 84 Vc105
25569 Tornafort L 37 Ba94
10611 Tornavacas CC 83 Ub107
27280 Torneiros LU 12 Sd89
32870 Torneiros OR 42 Sa97
24733 Torneros de Jamuz LE 26 Tf95
24736 Torneros de la Valdería LE 45 Te95
24231 Torneros del Bernesga LE 27 Uc93
33559 Tornín AS 16 Uf89
32892 Torno OR 42 Rf97
44230 Tornos TE 71 Yd103
32621 Toro OR 43 Sd96
11630 Toronjil CA 165 Ub128
47640 Torozos VA 47 Va98
34230 Torquemada P 48 Ve96
16842 Torralba CU 88 Xe107
30814 Torralba MC 156 Yb122
22254 Torralba de Aragón HS 54 Zc97
42132 Torralba de Arciel SO 51 Xe99
13160 Torralba de Calatrava CR 121 Wb114
42193 Torralba del Burgo SO 50 Xa99
42230 Torralba del Moral SO 69 Xd102
50374 Torralba de los Frailes Z 71 Yc102
44359 Torralba de los Sisones TE 71 Yd103
12225 Torralba del Pinar CS 107 Zd109
31228 Torralba del Río NC 32 Xe93
45569 Torralba de Oropesa TO 100 Uf109
50311 Torralba de Ribota Z 71 Yb100
07769 Torralbet IB 77 Df109
50368 Torralbilla Z 71 Yd101
31829 Torrano NC 32 Xf91
42342 Torraño SO 68 We100
36389 Torre PO 41 Rb96
40313 Torreadrada SG 67 Wa100
18312 Torre Agicampe GR 167 Vf125
18312 Torre Agricampo GR 167 Ve125
30579 Torreagüera MC 157 Yf121
11691 Torre-Alháquime CA 165 Ue127
46144 Torre Alta V 106 Ye108
30506 Torrealta MC 156 Ye120
30814 Torrealvilla MC 156 Yb122
42294 Torreandaluz SO 50 Xb99
42161 Torrearévalo SO 51 Xd97
20568 Torreauso SS 20 Xd90
46143 Torrebaja V 106 Ye108
24144 Torrebarrio LE 14 Ua90
19229 Torrebeleña GU 68 Wf103
25176 Torrebesses L 74 Ad100
42193 Torreblacos SO 50 Xa98
25746 Torreblanca L 56 Ba97
08233 Torreblanca B 57 Bf99
12596 Torreblanca CS 92 Ab107
41020 Torreblanca de los Caños SE 163 Ua124
29640 Torreblanca del Sol MA 175 Vc129
23510 Torreblascopedro J 152 Wc121
16161 Torrebuceit CU 104 Xc109
08779 Torrebusqueta B 76 Bd100
30331 Torre-Calín MC 157 Yf122
14410 Torrecampo CO 135 Vb118
11310 Torre Carbonera CA 173 Ue131
18563 Torre-Cardela GR 153 Wd123
11595 Torrecera CA 172 Ua129
12232 Torrechiva CS 107 Zd108
40318 Torrecilla SG 68 Wb101
16145 Torrecilla CU 88 Xe107
13195 Torrecilla CR 120 Vf115
14600 Torrecilla CO 136 Vd120
44640 Torrecilla de Alcañiz TE 73 Zf103
47114 Torrecilla de la Abadesa VA 65 Uf100
45651 Torrecilla de la Jara TO 101 Vb110
47513 Torrecilla de la Orden VA 65 Ue101
47129 Torrecilla de la Torre VA 47 Uf99
19269 Torrecilla del Ducado GU 69 Xc101
09390 Torrecilla del Monte BU 49 Wb96
10869 Torrecilla de los Angeles CC 82 Td107
40359 Torrecilla del Pinar SG 67 Vf100
19392 Torrecilla del Pinar GU 89 Xf104
44222 Torrecilla del Rebollar TE 72 Yf103
37170 Torrecilla del Río SA 64 Ua102
47509 Torrecilla del Valle VA 66 Uf100
37170 Torrecilla de Miranda SA 64 Ua103
50139 Torrecilla de Valmadrid Z 72 Za99
26100 Torrecilla en Cameros RI 31 Xc95
14920 Torrecillas CO 151 Vb124
10252 Torrecillas de la Tiesa CC 99 Ub111
26224 Torrecilla sobre Alesanco RI 31 Xb94
09345 Torrecitores BU 48 Wa97
25222 Torre Concordio L 56 Ae99
19491 Torrecuadrada de los Valles GU 69 Xc103
19355 Torrecuadrada de Molina GU 89 Yb104
19431 Torrecuadradilla GU 88 Xc103
21740 Torrecuadros H 164 Td125
09572 Torre de Abajo BU 18 Wb91
44422 Torre de Alcotas TE 107 Zb109
50190 Torre de Alejandro Martínez Z 53 Yf98
44653 Torre de Arcas TE 92 Zf104
24141 Torre de Babia LE 14 Tf91
22584 Torre de Baró HS 56 Ad96
29730 Torre de Benagalbón MA 175 Ve128
22486 Torre de Buira HS 36 Ae94
22400 Torre de Corvinos HS 55 Ab97
14140 Torre de Don Lucas CO 150 Va122
10864 Torre de Don Miguel CC 81 Tc107
22436 Torre de Ésera HS 55 Ac95
47183 Torre de Esgueva VA 48 Ve98
22310 Torre de Gardiel HS 55 Aa97
11391 Torre de Gracia CA 172 Ua132
13344 Torre de Juan Abad CR 138 Wf117
44593 Torre de la Campana TE 73 Zd101
22415 Torre de Laguna HS 54 Aa97
21760 Torre de la Higuera H 162 Tc126
22400 Torre de la Menudilla HS 55 Ab97
30334 Torre del Ángel MC 157 Ye122
41218 Torre de la Reina SE 148 Tf123
29693 Torre de la Sal MA 174 Ue130
44709 Torre de las Arcas TE 91 Zb103
22415 Torre de la Venau HS 55 Aa97
24370 Torre del Bierzo LE 26 Te93
19197 Torre del Burgo GU 87 Wf104
22415 Torre del Calvo HS 54 Aa97
23640 Torre del Campo J 152 Wa122
22513 Torre del Chiribas HS 55 Ab97
44597 Torre del Compte TE 74 Aa103
31500 Torre de Leoz NC 52 Yd97
25139 Torre de les Comas L 55 Ae98
43792 Torre del Espagñol = la Torre de l'Espanyol T 74 Ad101
29740 Torre del Mar MA 167 Vf128
34131 Torre de los Molinos P 28 Vc95
04638 Torre del Peñón AL 171 Ya126
14857 Torre del Puerto CO 151 Vc123
30710 Torre del Rame MC 157 Za122
30528 Torre del Rico MC 141 Yd117
03659 Torre del Rico MC 141 Yf118
37449 Torre de Martín Pascual SA 64 Ub103
43830 Torredembarra T 76 Bc102
06172 Torre de Miguel Sesmero BA 132 Tb117
25139 Torre de Miranda L 55 Ae98
37405 Torre de Moncantar SA 65 Ud102
25281 Torredenegó L 57 Bc97
46800 Torre d'En Lloris V 126 Zd114
44540 Torre de Norna TE 73 Zc102
07769 Torre d'en Quart IB 77 Df108
07850 Torre d'en Valls IB 109 Bd114
22438 Torre de Obato HS 55 Ac95
47319 Torre de Peñafiel VA 67 Vf99
50709 Torre de Poblador Z 73 Aa101
07690 Torre de s'Almonia IB 111 Da113
27235 Torre de Sampaio LU 12 Sb90
10186 Torre de Santa María CC 117 Tf113
12560 Torre de Sant Vicent CS 108 Aa108
07160 Torre de Son Boisa IB 110 Cc111
19269 Torre de Valdealmendras GU 69 Xc102
37609 Torre de Velajos SA 82 Tf104
40154 Torredondo SG 67 Ve103
23650 Torredonjimeno J 152 Wa122
47520 Torre Duero o Ribera del Cebo VA 65 Uf100
26134 Torre en Cameros RI 51 Xc95
12184 Torre Endoménech CS 92 Aa107
25123 Torrefarrera L 55 Ad98
25211 Torrefeta L 56 Bb98
25212 Torrefeta i Florejacs L 56 Bb98
46635 Torrefiel V 126 Zb116
43006 Torreforta T 75 Bb102
49216 Torrefrades ZA 64 Tf100
06410 Torrefresneda BA 117 Tf115
23650 Torrefuencubierta J 152 Vf122
09493 Torregalindo BU 49 Wb99
49252 Torregamones ZA 64 Te100
25286 Torregassa L 57 Bc97
Torre Gavina IB 109 Bc116
11011 Torre Gorda CA 172 Te130
22535 Torregrosa HS 55 Ac98
25141 Torregrosa = Torregrossa L 56 Ae99
11312 Torreguadiaro CA 173 Ue131
30834 Torre Guil MC 156 Ye121
40211 Torreguitiérrez SG 67 Vd100
42269 Torrehermosa Z 70 Xf101
40192 Torreiglesias SG 67 Vf102
10830 Torrejancillo CC 98 Td109
46310 Torrejón AB 125 Yd112
16161 Torrejoncillo del Rey CU 104 Xc108
28850 Torrejón de Ardoz MD 86 Wd106
28991 Torrejón de la Calzada MD 86 Wb107
19174 Torrejón del Rey GU 87 Wd105
28990 Torrejón de Velasco MD 102 Wb107
10694 Torrejón el Rubio CC 99 Tf110
14820 Torre Juan Gil Alto CO 151 Vc122
22480 Torrelabad HS 55 Ac95
44382 Torrelacárcel TE 90 Ye105
25138 Torrelameu L 55 Ae98
50316 Torrelapaja Z 51 Ya99
09645 Torrelara BU 49 Wc96
22483 Torre la Ribera HS 36 Ad94
12595 Torre La Sal CS 108 Aa108
15316 Torrelavandeira C 11 Rf89
39300 Torrelavega CB 17 Vf88
08775 Torrelavit B 76 Be100
16414 Torrelengua CU 104 Xa110
22338 Torrelisa HS 36 Ab94
03320 Torrellano Alto A 142 Zc119
03320 Torrellano Bajo A 142 Zc119
50512 Torrellas Z 52 Yb97
08737 Torrelles de Foix B 76 Bd100
08629 Torrelles de Llobregat B 77 Bf100
08629 Torrelletes B 77 Bf100
07730 Torrellissa Vell IB 77 Ea109
28250 Torrelodones MD 85 Wa105
44358 Torre los Negros TE 90 Yf103
30395 Torre Los Siles MC 157 Za122
02511 Torremarín AB 124 Yb116
06880 Torremayor BA 116 Tc115
42216 Torremediana SO 70 Xc100
06210 Torremejía BA 117 Td116
03313 Torremendo A 157 Za121
10413 Torremenga CC 99 Ub108
10184 Torremocha CC 117 Te112
42342 Torremocha de Ayllón SO 68 We100
19245 Torremocha de Jadraque GU 69 Xa102
28189 Torremocha de Jarama MD 86 Wd103
44381 Torremocha de Jiloca TE 90 Ye105
19268 Torremocha del Campo GU 69 Xc103
19345 Torremocha del Pinar GU 70 Xf103

Torremocha del Pinar | 307

E

19391 Torremochuela GU 89 Ya104
30153 Torre Mochuelo MC 157 Yf122
29620 Torremolinos MA 175 Vd129
26359 Torremontalbo RI 31 Xb93
34305 Torremormojón P 47 Vb97
29790 Torre Moya MA 167 Ve128
29631 Torremuelle MA 175 Vc129
26133 Torremuña RI 51 Xd95
25335 Torreneral L 56 Af98
12596 Torrenostra CS 92 Ab107
07769 Torre Nova IB 77 Df108
08358 Torrentbò B 58 Cd99
17123 Torrent d'Emporda = Torrent GI 59 Da97
46900 Torrente = Torrent V 126 Zd112
22590 Torrente de Cinca HS 74 Ac100
46900 Torrent V 126 Zd112
13740 Torrenueva CR 138 Wd117
18720 Torrenueva GR 168 Wd128
11310 Torre Nueva CA 174 Ud131
29649 Torrenueva MA 175 Vb130
30739 Torre-Octavio MC 157 Za122
12598 Torreó de Badún CS 93 Ac107
23539 Torreón de Fique J 153 Wd121
10182 Torreorgaz CC 117 Te112
30700 Torre-Pacheco MC 157 Za122
09226 Torrepadierne BU 48 Wa95
09345 Torrepadre BU 48 Wa96
02449 Torre-Pedro AB 139 Xe118
44420 Torre-Peones TE 107 Zb108
23320 Torreperogil J 153 We120
29630 Torrequebrada MA 175 Vc129
23638 Torrequebradilla J 152 Wc121
10183 Torrequemada CC 117 Te112
29601 Torre Real MA 174 Va129
25001 Torre Ribera L 55 Ae99
09512 Torres BU 18 Wd91
50335 Torres Z 71 Yc100
03570 Torres A 143 Ze117
23540 Torres J 153 Wc122
09310 Torresandino BU 48 Wa98
14820 Torres Cabrera CO 151 Vb122
39300 Torres Campuzano CB 17 Vf88
47313 Torrescarcela VA 67 Ve100
23391 Torres de Albánchez J 139 Xb118
44111 Torres de Albarracín TE 90 Yc106
22132 Torres de Alcanadre HS 54 Zf97
09572 Torres de Arriba BU 18 Wb91
22255 Torres de Barbués HS 54 Zd97
50693 Torres de Berrellén Z 53 Yf98
28813 Torres de la Alameda MD 87 Wd106
25617 Torres de la Plana L 56 Ae98
49122 Torres del Carrizal ZA 46 Ub99
22588 Torres del Obispo HS 55 Ac96
31229 Torres del Río NC 32 Xe93
22134 Torres de Montes HS 54 Ze96
25170 Torres de Segre L 74 Ad99
25131 Torre-serona L 55 Ad98
37110 Torresmenudas SA 64 Ub102
18120 Torresolana GR 168 Vf126
24144 Torrestío LE 14 Tf90
46595 Torres-Torres V 108 Zd110
42344 Torresuso SO 68 We100
07711 Torret IB 77 Eb109
46630 Torretallada V 126 Za115
42181 Torretarrancho SO 51 Xe97
42180 Torretartajo SO 51 Xe98
07769 Torreta Saura IB 77 Df109
25335 Torretosquella L 56 Af98
08211 Torre Turull B 58 Ca99
40171 Torre Val de San Pedro SG 67 Wa102
17252 Torre Valentina GI 59 Da98
44641 Torrevelilla TE 73 Zf103
07711 Torre Vella IB 77 Eb109
07769 Torre Vella IB 77 De108
46635 Torrevellisca V 126 Zb116
42315 Torrevicente SO 69 Xa100
03181 Torrevieja A 157 Zb121
37788 Torre Zapata SA 83 Ub104
46670 Torrica V 126 Zd114
45572 Torrico TO 100 Ue110
44421 Torrijas TE 107 Za108
50217 Torrijo de la Cañada Z 70 Ya100
44393 Torrijo del Campo TE 90 Yd104
45500 Torrijos TO 101 Ve109
28380 Torrique MD 103 Wd108
17110 Torroella GI 59 Da97
17474 Torroella de Fluvià GI 59 Da95
17257 Torroella de Montgrí GI 59 Da96
43737 Torroja = Torroja del Priorat T 75 Ae101
27470 Torrón LU 24 Sb94
19127 Torronteras GU 88 Xc105
36309 Torroña PO 41 Rb96
03109 Torrosella A 142 Zc117
29770 Torrox MA 168 Wa128
29793 Torrox-Costa MA 168 Wa128
19337 Torrubia GU 70 Ya103
14447 Torrubia CO 136 Vd118
23700 Torrubia J 152 Wc120
16413 Torrubia del Campo CU 103 Xa109
16739 Torrubia del Castillo CU 104 Xe111
42138 Torrubia de Soria SO 51 Xf99
22437 Torruella de Aragón HS 36 Ac95
22311 Torruéllola de la Plana HS 35 Zf94
44162 Tortajada TE 90 Yf106
17853 Tortellà GI 59 Cd95
16122 Tórtola CU 105 Xf109
19198 Tórtola de Henares GU 87 Wf104
50514 Tórtoles Z 52 Yb97
05514 Tórtoles AV 83 Ue105
09312 Tórtoles de Esgueva BU 48 Vf98
19261 Tortonda GU 70 Xc103
43500 Tortosa T 93 Ad104
19338 Tortuera GU 71 Yb103
19225 Tortuero GU 68 Wd103
01439 Tortura VI 31 Xa91
10335 Torviscoso CC 99 Ud109
18430 Torvizcón GR 169 We127
09258 Tosantos BU 31 We94
18820 Toscana Nueva GR 155 Xd121
32633 Tosende OR 42 Sb97
17536 Toses GI 38 Ca95
50154 Tosos Z 72 Yf101
33546 Tospe AS 16 Ue89
17320 Tossa de Mar GI 59 Cf98
29197 Totalán MA 167 Ve128
30850 Totana MC 156 Yc122
45163 Totanés TO 101 Ve110
35628 Toto GC 183 Lf178
15124 Touriñán C 10 Qe90
15822 Touro C 23 Re91
36828 Tourón PO 23 Rc94
46269 Tous V 126 Zc114
27835 Touza LU 12 Sb88
46140 Tóveda Alta V 106 Yd108
46140 Tóvedas Tóveda Baja V 106 Yd108
23293 Tovilla J 139 Xc119
15214 Toxosoutos C 22 Rb92
42112 Tozalmoro SO 51 Xe98
18249 Tózar GR 168 Wb124
15118 Traba C 10 Qf89
33718 Trabada AS 13 Tb88
27765 Trabada LU 13 Se88
24523 Trabadelo LE 25 Ta93
37149 Trabadillo SA 64 Tf102
37173 Trabanca SA 63 Td101
27671 Trabazas LU 25 Sf93
24745 Trabazos LE 25 Tc95
32785 Trabazos OR 25 Se95
49516 Trabazos ZA 44 Td98
32235 Trado OR 42 Rf95
16150 Tragacete CU 89 Ya106
25790 Tragó L 56 Bb96
25611 Tragò de Noguera L 55 Ad97
37216 Traguntía SA 63 Td103
31315 Traibuenas NC 33 Yc94
19312 Traid GU 89 Yb104
12330 Traiguera CS 92 Ab105
41727 Trajano SE 163 Ua126
44133 Tramacastiel TE 106 Ye107
44112 Tramacastilla TE 89 Yc106
22663 Tramacastilla de Tena HS 35 Ze92
22268 Tramaced HS 54 Ze97
23293 Tranco J 139 Xb119
32636 Trandeiras OR 43 Sc96
48510 Trapagaran BI 19 Wf89
14280 Trapero CO 135 Uf117
29719 Trapiche MA 167 Vf128
35431 Trapiche GC 184 Kc180
10661 Trapilabado CC 98 Td107
32172 Trasalba OR 23 Sa94
15540 Trasancos C 11 Re87
15390 Trasanquelos C 11 Re89
33818 Trascastro AS 14 Td90
24429 Trascastro LE 25 Tc91
24127 Trascastro de Luna LE 26 Ua92
39527 Trasierra CB 17 Ve88
06176 Trasierra BA 132 Tc118
06909 Trasierra BA 133 Ua119
21650 Traslasierra H 147 Tc122
48879 Traslaviña BI 19 We89
32695 Trasmirás OR 43 Sc96
15688 Trasmonte C 11 Rd90
27786 Trasmonte LU 12 Sd87
27229 Trasmonte LU 12 Sb90
33190 Trasmonte AS 14 Ua88
36685 Trasmonte PO 23 Rd92
50583 Trasmoz Z 52 Yb98
18328 Trasmulas GR 168 Wa125
50268 Trasobares Z 52 Yc99
33518 Traspando AS 15 Uc88
27305 Trasparga LU 12 Sa89
34858 Traspeña de la Peña P 28 Vc92
47330 Traspinedo VA 47 Vd99
36537 Trasulfe PO 24 Sa93
39520 Trasvía CB 17 Ve88
08719 Traver B 57 Bd99
15687 Trazo C 11 Rc90
42113 Trébago SO 51 Xf97
07720 Trebaluger IB 77 Eb109
32573 Treboedo OR 23 Rf94
27363 Trebolle LU 24 Sc92
39788 Trebuesto CB 18 We89
39528 Treceño CB 17 Ve88
39592 Treceño CB 17 Ve89
25598 Tredòs L 37 Af92
49359 Trefacio ZA 44 Tc96
39180 Tregandín CB 18 Wc88
26132 Treguajantes RI 51 Xd95
17869 Tregurà de Dalt GI 39 Cb94
25795 Trejuvell L 37 Bb95
32920 Trelle OR 23 Sa95
32920 Trellerma OR 23 Sa95
33718 Trelles AS 13 Tb88
33211 Tremañes AS 15 Ub87
34847 Tremaya P 17 Vd91
05691 Tremedal AV 83 Uc106
37148 Tremedal de Tormes SA 64 Te102
24374 Tremor de Abajo LE 26 Te93
24377 Tremor de Arriba LE 26 Te92
25620 Tremp L 56 Af95
39557 Tresabuela CB 17 Vd90
33529 Tresali AS 15 Ud88
33589 Tresano AS 16 Uf88
28760 Tres Cantos MD 86 Wb105
37836 Trescares AS 16 Vb89
40194 Trescasas SG 67 Vf103
46540 Tres Colinas V 108 Ze111
35530 Treseguite GC 182 Mc174
22583 Treserra HS 56 Ad95
03658 Tresfonts A 141 Za118
33590 Tresgrandas AS 17 Vc88
47155 Tres Hermanos VA 47 Vb98
16422 Tresjuncos CU 104 Xb110
33586 Tresmonte AS 16 Uf88
04897 Tres Morales AL 170 Xc125
09540 Trespaderne BU 30 Wd92
39553 Trespeñas CB 17 Vd89
01191 Trespuentes VI 31 Xb91
08261 Tresserres B 57 Be97
33554 Tresviso CB 16 Vc89
48891 Treto BI 18 Wd89
39760 Treto CB 18 Wd88
10894 Trevejo CC 97 Tb107
18417 Trevélez GR 169 We126
26215 Treviana RI 31 Wf93
26132 Trevijano RI 32 Xd95
09215 Treviño BU 31 Xb92
32621 Trez OR 43 Sd96
27631 Triacastela LU 25 Se92
23670 Triana J 152 Wa123
29718 Triana MA 167 Ve128
24175 Trianos LE 28 Uf94
16452 Tribaldos CU 104 Xa109
22372 Tricás HS 35 Zf94
26312 Tricio RI 31 Xb94
32510 Trigás OR 23 Rf94
21620 Trigueros H 161 Tb124
47282 Trigueros del Valle VA 47 Vc98
05196 Triguezuelos AV 85 Vc105
19192 Trijueque GU 87 Xa104
22438 Trillo HS 36 Ab95
19450 Trillo GU 88 Xc104
34887 Triollo P 28 Vb91
35639 Triquivijate GC 183 Ma178
04114 Tristanes AL 171 Xf127
22820 Triste HS 34 Zb94
49320 Triufé ZA 44 Tc96
24009 Trobajo del Camino LE 27 Uc93
24005 Trobajo del Cerecedo LE 27 Uc93
27375 Trobo LU 12 Sc89
01193 Troconiz VI 32 Xc92
15839 Troitosende C 10 Rc91
15819 Tronceda C 23 Re91
32766 Tronceda OR 24 Sd94
22438 Troncedo HS 36 Ab95
44141 Tronchón TE 91 Zd105
33100 Trubia AS 14 Ua88
27660 Trucende LU 13 Sf91
24740 Truchas LE 26 Td95
24740 Truchillas LE 44 Td95
48880 Trucios-Turtzioz BI 19 We89
24144 Truébano LE 14 Tf91
06892 Trujillanos BA 117 Te115
10200 Trujillo CC 117 Ua112
41500 Trujillo SE 164 Ub125
18564 Trujillos GR 152 Wb124
09557 Tubilla BU 18 Wc91
09143 Tubilla del Agua BU 30 Wb92
09453 Tubilla del Lago BU 49 Wc98
09146 Tubilleja BU 30 Wb91
39555 Tudanca CB 17 Vd90
09146 Tudanca BU 30 Wb91
31500 Tudela NC 52 Yc96
33669 Tudela de Agüeria AS 15 Ub89
47320 Tudela de Duero VA 47 Vc99
25739 Tudela de Segre L 56 Ba97
33669 Tudela-Veguín AS 15 Ub89
26512 Tudelilla RI 32 Xf95
49214 Tudera ZA 64 Te100
39575 Tudes CB 17 Vc90
46177 Tuéjar V 106 Yf110
01423 Tuesta VI 31 Wf92
15121 Tufiones C 10 Qf90
33935 Tuílla AS 15 Uc89
27343 Tuimil LU 24 Sd93
35628 Tuineje GC 183 Lf179
36700 Tui PO 41 Rc96
25717 Tuixén L 57 Bd95
25717 Tuixén-la Vansa L 57 Bd95
33628 Tuiza de Abajo AS 15 Ua90
33628 Tuiza de Arriba AS 15 Ua90
21880 Tujena H 148 Td124
31522 Tulebras NC 52 Yb97
33876 Tuña AS 14 Td89
03839 Turballos A 126 Zd116
33313 Turbeño AS 15 Uc88
30813 Turbinto MC 156 Yb123
24285 Turcia LE 27 Ua93
40370 Turégano SG 67 Vf102
39586 Turieno CB 16 Vc90
01213 Turiso VI 31 Xa92
45789 Turleque TO 102 Wc111
07730 Turmadén IB 77 Ea109
19287 Turmiel GU 70 Xf102
18491 Turón GR 169 Wf127
46390 Turquía V 106 Yf111
37871 Turra de Alba SA 83 Ud104
04639 Turre AL 171 Ya126
09292 Turrientes BU 30 Wd94
02536 Turrilla AB 139 Xe119
31421 Turrillas NC 33 Yd92
04211 Turrillas AL 170 Xe126
40560 Turrubuelo SG 68 Wc101
26587 Turruncún RI 51 Xf96
26289 Turza RI 31 Xa95
02485 Tus AB 139 Xd118
36700 Tuy = Tui PO 41 Rc96
01428 Tuyo VI 31 Xa92
20170 Txikierdi = Chiquierdi SS 20 Xf89

U

31219 Ubago NC 32 Xe93
31174 Ubani NC 33 Yb92
03658 Úbeda A 141 Yf118
23400 Úbeda J 153 Wd120
20809 Ubegun SS 20 Xf89
20579 Ubera SS 20 Xd90
39360 Ubiarco CB 17 Vf88
48145 Ubide VI 19 Xb90
22439 Ubiergo HS 55 Ab96
09141 Ubierna BU 30 Wb94
48276 Ubilla-Urberuaga BI 20 Xd89
11600 Ubrique CA 173 Ud128
31154 Úcar NC 33 Yb92
19187 Uceda GU 86 Wd103
24369 Ucedo LE 26 Te93
15320 Uceira C 12 Sb87
30180 Ucenda MC 156 Yb120
42317 Ucero SO 50 Wf98
02409 Uchea AB 140 Yc117
39513 Ucieda CB 17 Ve89
33569 Ucio AS 16 Uf88
16452 Uclés CU 104 Xa109
31869 Udabe NC 21 Yb91
20500 Udala SS 20 Xc90
39850 Udalla CB 18 Wd89
33193 Udrión AS 15 Ua88
49519 Ufones ZA 45 Te98
35570 Uga GC 182 Mb175
20180 Ugaldecho = Ugaldetxo SS 21 Ya89
20180 Ugaldetxo SS 21 Ya89
48490 Ugao-Miraballes BI 19 Xa89
31177 Úgar NC 32 Ya92
48141 Ugarana BI 19 Xb90
48392 Ugarte BI 19 Xb89
20268 Ugarte = Nuestra Señora del Rosario SS 20 Xf90
20829 Ugarte Berri SS 20 Xd89
45217 Ugena TO 86 Wa108
18480 Ugíjar GR 169 Wf127
31840 Uharte-Arakil NC 32 Ya91
31877 Uitzi NC 21 Ya90
19276 Ujados GU 69 Wf101
33640 Ujo AS 15 Ub89
31496 Ujué NC 33 Yd93
30612 Ulea MC 141 Ye120
04279 Uleila del Campo AL 171 Xe125
31283 Ulíbarri NC 32 Xe92
26270 Uliuzarna RI 31 Xa94
17140 Ullà GI 59 Da96
08231 Ullastrell B 77 Bf99
17114 Ullastret GI 59 Da97
43363 Ulldemolins T 75 Af101
01117 Ullíbarri-Arana VI 32 Xe92
01520 Ullibarri Arrazua VI 31 Xc91
01194 Ullíbarri de los Olleros VI 31 Xc92
01520 Ullibarri Gamboa VI 19 Xc91
01196 Ullíbarri-Viña VI 31 Xb91
01439 Ullivarri Cuartango VI 31 Xa91
27205 Ulloa LU 24 Sa91
17133 Ultramort GI 59 Da96
31172 Ulzurrun NC 33 Ya92
19238 Umbralejo GU 68 We102
41806 Umbrete SE 164 Tf124
44140 Umbria TE 91 Zd105
14811 Umbría CO 151 Ve124
13770 Umbría de Fresnedas CR 137 Wc117
30510 Umbría del Factor MC 141 Ye117
05693 Umbrías AV 83 Uc107
31790 Unanua NC 32 Xf91
25588 Unarre L 37 Ba93
48111 Unbe BI 19 Xa88
50678 Uncastillo Z 34 Yf94
31422 Unciti NC 33 Yc92
31190 Undiano NC 33 Yb92
50689 Undués de Lerda Z 34 Ye93
48144 Undurraga BI 19 Xb90
49393 Ungilde ZA 44 Tc96
33590 Unguera AS 17 Vc88
28760 Universidad Autónoma de Madrid MD 86 Wb105
01449 Unza VI 19 Xa91
31396 Unzué NC 33 Yc93
16152 Uña CU 89 Ya107
49327 Uña de Quintana ZA 45 Tf96
05268 Uposa AV 85 Vc105
09347 Ura BU 49 Wc96
48960 Uransolo BI 19 Xb89
01216 Urarte VI 31 Xc92
07157 Urbanització Bihiorella IB 110 Cc111
43850 Urbanització Cambrils Mediterrània T 75 Ba102
35580 Urbanización Atlante del Sol GC 182 Ma175
35627 Urbanización Calma Bahia GC 183 Le180
35627 Urbanización Costa Calma GC 183 Le180
38639 Urbanización El Guincho TF 180 Ic180
43850 Urbanización el Tarraco T 75 Ba102
35539 Urbanización Famara GC 182 Mc174
35507 Urbanización Las Cabreras GC 182 Mc174
35610 Urbanización Llano del Sol GC 183 Ma178
35544 Urbanización Los Cocoteros GC 182 Md174
35650 Urbanización Los Lagos GC 183 Lf176
35519 Urbanización Los Pocillos GC 182 Mc175
35613 Urbanización Los Pozos GC 183 Ma178
35626 Urbanización Marabul GC 183 Le180
35580 Urbanización Montaña Baja GC 182 Ma175
46191 Urbanización Monte Orquera V 107 Zc111
04711 Urbanización Oasis de Costa del Sol AL 170 Xb128
35530 Urbanización Oasis de Nazaret GC 182 Mc174
35559 Urbanización Playa Honda GC 182 Mc175
50700 Urbanización Playas de Chacón Z 73 Zf101
04740 Urbanización Roquetas de Mar AL 170 Xc128
35613 Urbanización Rosa de la Monja GC 183 Ma177
35519 Urbanización San Antonio GC 182 Mc175
35558 Urbanización Vista Graciosa GC 182 Mc174
03195 Urbanova A 142 Zc119
09125 Urbel del Castillo BU 30 Wa93
31421 Urbicáin NC 33 Yd92
33613 Urbiés AS 15 Ub89
01510 Urbina VI 19 Xc91
31243 Urbiola NC 32 Xf93
04691 Úrcal AL 155 Ya124
50196 Urcamusa Z 72 Yf99
45480 Urda TO 121 Wb112
31810 Urdain NC 32 Xf91

E
308 | Torremochuela

20800 Urdaneta SS 20 Xe89
31698 Urdániz NC 33 Yc91
31172 Urdánoz NC 33 Ya92
26289 Urdanta RI 31 Xa95
31711 Urdax = Urdazubi NC 21 Yc89
31711 Urdazubi = Urdax NC 21 Yc89
24313 Urdiales de Colinas LE 26 Td92
24248 Urdiales del Páramo LE 27 Ub94
15281 Urdilde C 22 Rb92
10697 Urdimalas CC 99 Ua109
31438 Urdíroz NC 33 Yd91
22732 Urdués HS 34 Zb92
48610 Urduliz BI 19 Xa88
19265 Ures GU 69 Xb102
42240 Ures de Medina SO 70 Xe102
20800 Ureta SS 20 Xe89
36307 Urgal PO 41 Rb96
20568 Uribarri SS 20 Xd90
01169 Uribarri VI 20 Xc90
01194 Uribarri-Nagusi = Ullívarri-Olleros VI 31 Xc92
48144 Uribe BI 19 Xb90
48419 Urigoiti BI 19 Xa90
27157 Uriz LU 12 Sc90
31438 Uriz NC 33 Yd91
48620 Urizar BI 19 Xa88
01440 Urkabustaiz VI 19 Xa91
48277 Urkaregi BI 20 Xd89
20400 Urkizu SS 20 Xf90
20600 Urko SS 20 Xd89
22466 Urmella HS 36 Ad93
20130 Urnieta SS 20 Ya89
47671 Urones de Castroponce VA 46 Ue96
31485 Uroz NC 33 Yd92
20400 Urquizu = Urkizu SS 20 Xf90
04879 Urrácal AL 155 Xd124
05195 Urraca-Miguel AV 85 Vc104
31448 Urraul Alto NC 33 Ye92
31480 Urraul Bajo NC 33 Yd92
44593 Urrea de Gaén TE 73 Zd102
50296 Urrea de Jalón Z 53 Ye98
20738 Urrestilla SS 20 Xe90
20568 Urrexola = Urrejola SS 20 Xd90
09199 Urrez BU 30 Wd95
09515 Urría BU 30 Wd91
22330 Urriales HS 35 Aa94
31484 Urricelqui NC 33 Yd91
50685 Urriés Z 34 Yf93
31868 Urrizola NC 33 Ya91
31799 Urrizola-Galáin NC 21 Yc91
32664 Urros OR 42 Sa95
31752 Urrotz NC 21 Yb90
31420 Urroz NC 33 Yd92
01170 Urrunaga VI 19 Xc91
31753 Urrutiña NC 21 Yb90
48391 Urrutxua BI 19 Xc89
20213 Ursuaran SS 20 Xe91
31639 Urtasun NC 21 Yc91
01118 Urturi VI 32 Xc93
47862 Urueña VA 46 Ue98
40317 Urueñas SG 67 Wb100
26313 Uruñuela RI 31 Xb94
17538 Urús GI 38 Bf94
31416 Urzainqui NC 34 Za92
31521 Urzante NC 52 Yc96
06290 Usagre BA 133 Tf118
22339 Usana HS 36 Aa94
19182 Usanos GU 87 We104
31451 Uscarrés NC 34 Yf92
22622 Used HS 35 Ze95
50374 Used Z 71 Yc102
12118 Useras = les Useres CS 92 Zf108
12118 Useres, les = Useras CS 92 Zf108
25592 Useu L 37 Ba95
31193 Usi NC 33 Yb91
22210 Usón HS 54 Ze97
31486 Ustárroz NC 33 Yc92
31450 Ustés NC 34 Yf92
31491 Usumbeiz NC 33 Yd93
31454 Usún NC 34 Ye93
20170 Usúrbil = Usurbil SS 20 Xf89
20170 Usurbil SS 20 Xf89
19196 Utande GU 87 Xa103
50180 Utebo Z 53 Za98
31133 Uterga NC 33 Yb92
46300 Utiel V 106 Ye111
41710 Utrera SE 164 Ub125
42258 Utrilla SO 70 Xe101
44760 Utrillas TE 91 Za104
25245 Utxafava L 56 Af99
15690 Uxes C 11 Rd89
26270 Uyarra RI 31 Xa94
39556 Uznayo CB 17 Vd90
01449 Uzquiano VI 19 Xa91
09217 Uzquiano BU 31 Xb92
31395 Uzquita NC 33 Yc93
09199 Uzquiza BU 30 Wd95
31418 Uztárroz = Uztarroze NC 34 Za91
31418 Uztarroze = Uztárroz NC 34 Za91
31891 Uztegi NC 20 Xf90

V

36418 Vacaria PO 41 Rc96
08233 Vacarisses B 57 Bf99
23260 Vacarizo J 138 We118
28529 Vaciamadrid MD 86 Wc107
39577 Vada CB 16 Vb90
16813 Vadeolivas CU 88 Xd105
37495 Vadera-Baldía SA 82 Td104
42148 Vadillo SO 50 Wf98
49420 Vadillo de la Guareña ZA 65 Ud101
05560 Vadillo de la Sierra AV 84 Uf105
26133 Vadillos RI 51 Xd95
09491 Vadocondes BU 49 Wc99
29500 Vado del Álamo MA 166 Vb127
10600 Vado de las Palomas CC 98 Tf108
45919 Vado de los Morales TO 101 Vd108
14912 Vadofresno CO 167 Vd125
23529 Vados de Torralba J 152 Wc121
36526 Val PO 23 Rf92
44191 Valacloche TE 106 Yf107
15239 Valadares C 22 Ra91
36314 Valadares PO 41 Rb95
50617 Valareña Z 52 Ye96
34829 Valberzoso P 29 Ve91
36685 Valboa PO 23 Rd92
44430 Valbona TE 91 Zb107
09119 Valbonilla BU 48 Ve95
37718 Valbuena SA 82 Ua106
47359 Valbuena de Duero VA 48 Vd99
34465 Valbuena de Pisuerga P 48 Ve96
32375 Valbuxán OR 25 Sf95
39806 Valcaba CB 18 Wc89
34117 Valcabadillo P 28 Vb93
49192 Valcabado ZA 64 Ub99
24790 Valcabado del Páramo LE 45 Ub95
22511 Valcarca HS 55 Ab97
23780 Valcargado J 151 Ve121
31660 Valcarlos, Luizalde/ NC 21 Ye90
27866 Valcarria LU 10 Sc87
45909 Valcarrillo de Alberche TO 85 Vd107
09317 Valcavado de Roa BU 48 Wa98
14029 Valchillón CO 150 Va122
34886 Valcobero P 28 Vb91
21230 Valconejo H 147 Ta121
24889 Valcuende LE 28 Va92
37116 Valcuevo SA 64 Ub102
45360 Valdajos TO 103 Wd108
39593 Valdáliga CB 17 Vd89
42328 Valdanzo SO 68 Wd99
42328 Valdanzuelo SO 68 Wd99
28594 Valdaracete MD 87 We107
19141 Valdarachas GU 87 Wf105
10614 Valdastillas CC 99 Ua108
24171 Valdavida LE 28 Uf93
24740 Valdavido LE 44 Td95
09248 Valdazo BU 30 Wd93
10990 Valdeaicalde de Arriba CC 97 Ta109
09145 Valdeajos BU 30 Wa92
42141 Valdealbín SO 50 Wf98
24160 Valdealcón LE 27 Ue93
44594 Valdealgorfa TE 73 Zf103
24165 Valdealiso LE 27 Ue93
19269 Valdealmendras GU 69 Xc102
42193 Valdealvillo SO 50 Xa99
19292 Valdeancheta GU 87 Wf103
09453 Valdeande BU 49 Wc98
24330 Valdearcos LE 27 Ud94
47317 Valdearcos de la Vega VA 48 Ve99
06470 Valdearenales BA 117 Tf116
19196 Valdearenas GU 87 Xa104
09592 Valdearnedo BU 30 Wc93
39813 Val de Asón CB 18 Wc89
19142 Valdeavellano GU 87 Xa105
42165 Valdeavellano de Tera SO 50 Xc97
42317 Valdeavellano de Ucero SO 50 Wf98
28816 Valdeavero MD 87 We105
19174 Valdeaveruelo GU 87 We105
13470 Valdeazogues CR 136 Vd116
45139 Valdeazores TO 119 Vb112
06194 Valdebótoa BA 116 Ta115
34159 Valdebusto P 47 Vb97
06689 Valdecaballeros BA 119 Ue113
28669 Valdecabañas MD 86 Wa106
16146 Valdecabras CU 89 Xf108
44126 Val de Cabriel TE 89 Yc107
16542 Valdecabrillas CU 104 Xd108
24415 Valdecañada LE 25 Tc94
16843 Valdecañas CU 88 Xd107
14810 Valdecañas CO 151 Vd124
34249 Valdecañas de Cerrato P 48 Ve97
10329 Valdecañas de Tajo CC 99 Uc110
37593 Valdecarpinteros SA 81 Td105
37500 Valdecarros SA 81 Tc105
37881 Valdecarros SA 83 Ud104
05143 Valdecasa AV 84 Uf105
24853 Valdecastillo LE 27 Ud91
23469 Valdecazorla J 153 Wf121
44193 Valdecebro TE 90 Yf106
05196 Valdeciervos AV 84 Vc105
39724 Valdecilla CB 18 Wb88
16541 Valdecolmenas de Abajo CU 104 Xd108
16541 Valdecolmenas de Arriba CU 104 Xd108
19132 Valdeconcha GU 87 Xa106
44779 Valdeconejos TE 91 Za104
44122 Valdecuenca TE 90 Yd107
33615 Valdecuna AS 15 Ub89
33810 Valdeferreiro AS 13 Ta90
49882 Valdefinjas ZA 65 Ud100
41899 Valdeflores SE 148 Td122
24228 Valdefresno LE 27 Ud93
24220 Valdefuentes LE 46 Ud96
28939 Valdefuentes MD 86 Wa107
10180 Valdefuentes CC 117 Tf113
24253 Valdefuentes del Páramo LE 27 Ub95
37680 Valdefuentes de Sangusín SA 83 Ub106
47861 Valdefuentes o Griegos VA 46 Ue98
34492 Valdegama P 29 Ve92
02150 Valdeganga AB 124 Yb114
16122 Valdeganga de Cuenca CU 105 Xe109
01427 Valdegovía = Villanuova de Valdegovía VI 31 Wf91
14813 Valdegranada CO 168 Vf124
42342 Valdegrudas GU 87 Wf104
42350 Valdegrulla SO 50 Wf99
26529 Valdegutur RI 51 Ya97
37799 Valdehermoso SA 65 Uc101
06190 Valdeherreros BA 116 Tc114
13428 Valdehierro CR 120 Vf113
06173 Valdehierro BA 132 Tb117
37713 Valdehijaderos SA 82 Ua106
50371 Valdehorna Z 71 Yd102
06410 Valdehornillo BA 117 Ua114
24854 Valdehuesa LE 15 Ue91
10393 Valdehúncar CC 99 Uc109
14749 Valdeinfierno CO 134 Uc120
10420 Valdeíñigos CC 99 Ua109
42112 Valdejeña SO 51 Xe98
06185 Valdelacalzada BA 116 Tb115
21230 Valdelacanal H 147 Tb121
37791 Valdelacasa SA 83 Ub105
10332 Valdelacasa de Tajo CC 100 Ue110
09515 Valdelacuesta BU 30 Wd91
24227 Valdelafuente LE 27 Uc93
37724 Valdelageve SA 82 Ua106
11500 Valdelagrana CA 172 Te129
28750 Valdelagua MD 86 Wc105
19459 Valdelagua GU 88 Xb104
42113 Valdelagua del Cerro SO 51 Xf97
28810 Valdeláguila MD 87 We106
24342 Valdelaguna LE 28 Uf94
05592 Valdelaguna AV 83 Ud106
28391 Valdelaguna MD 86 Wd108
24459 Valdelaloba LE 26 Tc92
49193 Valdelaloba ZA 64 Ub99
21330 Valdelamusa H 147 Ta122
21291 Valdelarco H 147 Tb121
28760 Valdelatas MD 86 Wb105
09145 Valdelateja BU 30 Wb92
05196 Valdelavia AV 85 Vc105
42175 Valdelavilla SO 51 Xe97
19269 Valdelcubo GU 69 Xb101
42318 Valdelinares SO 50 Wf98
44413 Valdelinares TE 91 Zc106
23747 Valdelipe J 136 Vf120
24342 Valdelocajos LE 28 Uf94
37799 Valdelosa SA 64 Ub101
44620 Valdeltormo TE 74 Aa103
42318 Valdelubiel SO 50 Wf99
26532 Valdemadera RI 51 Xf97
42318 Valdemaluque SO 50 Wf98
28729 Valdemanco MD 86 Wc103
13411 Valdemanco del Esteras CR 119 Vb115
18538 Valdemanzanos GR 154 Wf123
28295 Valdemaqueda MD 85 Ve105
17412 Valdemaria GI 59 Ce98
45165 Valdemarías TO 101 Vd110
23370 Valdemarín J 139 Xb119
28701 Valdemasa MD 86 Wc105
16152 Valdemeca CU 89 Yb107
37891 Valdemierque SA 83 Uc104
49152 Valdemimbre ZA 65 Uc100
05154 Valdemolinos AV 83 Ud105
24206 Valdemora LE 46 Ud95
10131 Valdemorales CC 117 Tf113
24293 Valdemorilla LE 46 Ue95
28210 Valdemorillo MD 85 Vf105
16340 Valdemorillo de la Sierra CU 105 Yb108
28343 Valdemoro MD 102 Wb107
16521 Valdemoro del Rey CU 88 Xc107
16316 Valdemoro-Sierra CU 105 Yb108
42193 Valdenarros SO 50 Xa99
10839 Valdencín CC 98 Td109
42313 Valdenebro SO 50 Xa99
47816 Valdenebro de los Valles VA 47 Va97
42175 Valdenegrillos SO 51 Xf97
09559 Valdenoceda BU 30 Wc91
19197 Valdenoches GU 87 Wf104
37220 Valdenoguera SA 63 Ta103
19185 Valdenuño-Fernández GU 86 Wd104
10672 Valdeobispo CC 98 Te108
34239 Valdeolmillos P 48 Vd96
28130 Valdeolmos MD 86 Wd105
26133 Valdeosera RI 51 Xd95
28590 Valdepardillo MD 103 We108
13300 Valdepeñas CR 138 Wd116
23150 Valdepeñas de Jaén J 152 Wb123
19184 Valdepeñas de la Sierra GU 68 Wd103
28540 Valdeperales MD 87 Wd107
49182 Valdeperdices ZA 45 Ua99
26527 Valdeperillo RI 51 Xf96
24847 Valdepiélago LE 27 Ud91
28170 Valdepiélagos MD 86 Wd104
50430 Valdepinar Z 72 Za100
19238 Valdepinillos GU 68 We101
37500 Valdepiñuela SA 81 Td104
24930 Valdepolo LE 28 Ue93
39574 Valdeprado CB 17 Vd90
24488 Valdeprado LE 26 Tc91
42181 Valdeprado SO 51 Xf97
39419 Valdeprado del Río CB 29 Vf91
05197 Valdeprados AV 84 Vb105
40423 Valdeprados SG 85 Ve104
10250 Valdepuertas CC 118 Uc112
15215 Val de Quintáns C 22 Rb92
24220 Valderas LE 46 Ud96
30156 Valderas MC 157 Yf122
39232 Valderías BU 30 Wa91
34473 Valderrábano P 28 Vc93
09211 Valderrama BU 31 We92
46352 Valderrama V 125 Ye112
10670 Valderraosas CC 98 Te108
19490 Valderrebollo GU 88 Xb104
24793 Valderrey LE 26 Tf94
49024 Valderrey ZA 64 Ub99
44580 Valderrobres TE 92 Aa103
42294 Valderrodilla SO 69 Xb99
37256 Valderrodrigo SA 63 Tc102
42344 Valderromán SO 69 Wf100
05196 Valderrosa AV 84 Vc105
18250 Valderrubio GR 168 Wb125
24882 Valderrueda LE 28 Va92
42294 Valderrueda SO 69 Xb99
29738 Valdés MA 167 Ve128
10164 Valdesalor CC 117 Td112
24127 Valdesamario LE 26 Ua92
24763 Valdesandinas LE 27 Ua94
19429 Val de San García GU 88 Xc104
37717 Valdesangil SA 83 Ub106
24717 Val de San Lorenzo LE 26 Tf94
50372 Val de San Martín Z 71 Yd102
24717 Val de San Román LE 26 Tf94
49337 Val de Santa María ZA 45 Te97
39548 Val de San Vicente CB 17 Vd88
40318 Valdesaz SG 67 Wb101
19412 Valdesaz GU 87 Xa104
24208 Valdesaz de los Oteros LE 27 Ud95
24172 Valdescapa LE 28 Va93
49680 Valdescorriel ZA 46 Uc96
40389 Valdesimonte SG 67 Wa101
24226 Valdesogo de Abajo LE 27 Uc93
33938 Valdesoto AS 15 Uc88
19225 Valdesotos GU 68 We103
34419 Valdespina P 48 Vd96
42191 Valdespina SO 51 Xd99
49357 Valdespino ZA 44 Tc96
37515 Valdespino SA 81 Tc105
24207 Valdespino Cerón LE 27 Ud95
24717 Valdespino de Somoza LE 26 Tf94
24324 Valdespino de Vaca LE 28 Uf95
47240 Valdestillas VA 66 Vb100
24837 Valdeteja LE 27 Ud91
06474 Valdetorres BA 117 Tf115
28150 Valdetorres de Jarama MD 86 Wc104
16122 Valdetórtola CU 105 Xe109
34127 Valde-Ucieza P 29 Vc94
40185 Valdevacas SG 67 Wa102
40185 Valdevacas de Montejo SG 68 Wc99
40553 Valdevarnés SG 68 Wc100
45572 Valdeverdeja TO 100 Ue110
26586 Valdevigas RI 51 Xe95
24230 Valdevimbre LE 27 Uc94
06487 Valdezaque BA 117 Td114
09318 Valdezate BU 48 Vf99
26289 Valdezcaray RI 31 Xa95
41019 Valdezorras SE 163 Ua124
21207 Valdezufre H 147 Td121
37799 Valdibáñez SA 65 Uc101
39728 Valdicio CB 18 Wb89
28511 Valdilecha MD 87 We107
32369 Valdín OR 44 Ta95
37799 Valdío SA 65 Uc101
37523 Valdio de Robleda SA 81 Tc107
06720 Valdivia BA 118 Ub114
15873 Val do Dubra C 10 Rb90
24970 Valdoré LE 28 Ue91
09320 Valdorros BU 49 Wb95
15552 Valdoviño C 11 Rf87
42173 Valdueteles SO 51 Xd96
37798 Valdunciel SA 64 Ub102
47672 Valdunquillo VA 46 Ue96
24165 Valduvieco LE 27 Ue93
36883 Valeixe PO 42 Re95
37724 Valematanza SA 82 Ua107
46000* València V 108 Zd112
24200 Valencia de Don Juan LE 27 Uc95
37799 Valencia de la Encomienda SA 64 Ub102
06444 Valencia de las Torres BA 133 Tf118
06134 Valencia del Mombuey BA 131 Sf119
06330 Valencia del Ventoso BA 132 Td119
41907 Valencina de la Concepción SE 163 Tf124
10500 Valencia de Alcántara CC 115 Se112
34115 Valenoso P 28 Vc93
30420 Valentín MC 140 Yb119
23490 Valenzuela J 152 Wc120
13279 Valenzuela de Calatrava CR 121 Wb115
49559 Valer ZA 45 Te98
16120 Valera de Abajo CU 105 Xf110
16216 Valería CU 105 Xf110
37764 Valero SA 82 Ua105
37874 Valeros SA 83 Ud104
32136 Vales OR 24 Sa93
22223 Valfarta HS 73 Zf99
19196 Valfermoso de las Monjas GU 87 Xa103
19411 Valfermoso de Tajuña GU 87 Xa105
22255 Valfonda de Barbués HS 54 Zd97
36645 Valga PO 22 Rc92
26288 Valgañón RI 31 Wf95
09559 Valhermosa BU 30 Wc92
19390 Valhermoso GU 89 Ya104
16214 Valhermoso de la Fuente CU 105 Xf111
37500 Valhondo y Brocheros SA 81 Tc105
44595 Valjunquera TE 73 Aa103
46691 Vallada V 126 Zb115
42248 Valladares SO 70 Xd101
33818 Vallado AS 14 Td90
47001 Valladolid VA 47 Vb99
30154 Valladolises MC 157 Yf122
46145 Vallanca V 106 Yd108
09245 Vallarta de Bureba BU 31 We93
12230 Vallat CS 108 Zd108
08785 Vallbona d'Anoia B 76 Be99
25268 Vallbona de les Monges L 75 Ba99
17410 Vallcanera GI 59 Ce97
25187 Vallcarca L 74 Ac100
08872 Vallcarca B 76 Bf101
08699 Vallcebre B 57 Be95
43439 Vallclara T 75 Af100
12194 Vall d'Alba CS 108 Zf107
25283 Valldan L 57 Bc96
25793 Valldarques L 56 Bb96
12414 Vall de Almonacid CS 107 Zd109
17813 Vall de Bac GI 39 Cc95
25570 Vall de Cardós L 37 Bb93
03789 Vall de Ebo A 127 Zf116
03787 Vall de Gallinera A 127 Ze116
25737 Valldeixils L 56 Ba98
07170 Valldemossa IB 110 Cd110

A B C D E F G H I J K L M N Ñ O P Q R S T U V W X Y Z E

Valldemossa | 309

18567 Venta de la Nava GR 168 Wc124
05110 Venta de la Palomera AV 84 Vb105
43559 Venta de la Punta T 93 Ab105
50290 Venta de la Romera Z 71 Ye99
28925 Venta de la Rubia MD 86 Wb106
30890 Venta de las Cegarras MC 155 Ya123
11540 Venta de la Serrana CA 163 Te128
02600 Venta de las Madres AB 123 Xc113
18614 Venta de las Monjas GR 168 Wd128
30334 Venta de las Palas MC 157 Ye122
33314 Venta de las Ranas AS 15 Uc87
30410 Venta de las Revueltas MC 155 Ya121
18511 Venta de la Trinidad GR 169 Wf125
46630 Venta de la Vicenta V 126 Za115
19223 Venta de la Vieja GU 68 Wd102
50530 Venta de la Virgen Z 52 Yd97
30155 Venta de la Virgen MC 157 Yf121
44195 Venta del Barranco Hondo TE 90 Ye106
44477 Venta del Barro TE 107 Zb108
44193 Venta del Bobo TE 90 Yf106
18891 Venta del Camacho GR 154 Xc123
04271 Venta del Campico AL 171 Xf125
14446 Venta del Cerezo CO 136 Ve119
14446 Venta del Charco CO 136 Ve119
41420 Venta del Cobre SE 150 Ud124
11370 Venta del Cojo CA 173 Uc131
50120 Venta del Coscón Z 53 Za97
41130 Venta del Cruce SE 164 Tf125
44490 Venta del Cuerno TE 71 Ye102
06260 Venta del Culebrín BA 148 Te120
18840 Venta del Cura GR 154 Xc122
30178 Venta de Ledesma MC 156 Yc121
04628 Venta del Empalme AL 171 Ya125
30800 Venta del Estrecho MC 155 Yb122
43593 Venta del Fangar T 74 Ac103
50238 Venta del Feo Z 71 Ya101
18640 Venta del Fraile GR 168 Wb127
18891 Venta del Grullo GR 154 Xc123
05141 Venta del Hambre AV 84 Va104
06260 Venta del Helechoso BA 148 Te121
44549 Venta del Junco TE 72 Zb102
44162 Venta del Lino TE 90 Yf106
18820 Venta del Manco GR 154 Xd121
46310 Venta del Moro V 106 Yd112
05123 Venta del Obispo AV 84 Uf106
44313 Venta del Ojo de Mierla TE 90 Yd104
18120 Venta de López GR 168 Wa127
41450 Venta de los Ángeles SE 149 Ub121
29391 Venta de los Arrieros MA 174 Ud129
44600 Venta de los Caños TE 73 Zd102
13210 Venta de los Poblillas CR 121 Wd113
23265 Venta de los Santos J 138 Wf118
18891 Venta del Peral GR 154 Xc123
18820 Venta del Perdido GR 154 Xc121
30439 Venta del Pino MC 156 Yb120
04114 Venta del Pobre AL 171 Xf127
43559 Venta del Polit T 93 Ac105
43786 Venta del Pollo T 74 Ab102
46649 Venta del Potro V 126 Zb115
44192 Venta del Puente TE 90 Yf107
23410 Venta del Puente J 138 We120
02499 Venta del Puerto AB 141 Yc118
18820 Venta del Puerto GR 154 Xd120
18540 Venta del Puntal GR 169 We124
44370 Venta del Ratón TE 90 Yd106
50144 Venta del Relenco Z 72 Zb102
22520 Venta del Rey HS 74 Aa99
34491 Venta del Rojo P 29 Vd94
30559 Venta del Tollo MC 141 Ye119
02312 Venta del Vecino AB 139 Xc116
18127 Venta del Vicario GR 168 Wa127
50680 Venta del Zapato Z 34 Ye94
41450 Venta de Majalimar SE 149 Uc122
44368 Venta de Mal Abrigo TE 90 Yd105
18659 Venta de Marina GR 168 Wb127
02610 Venta de Marta AB 123 Xc115
18120 Venta de Martín GR 167 Wa127
18811 Venta de Mateo GR 154 Xa123
18858 Venta de Micena GR 155 Xd122
30528 Venta de Montesinos MC 141 Yd117
19350 Venta de Montesoro GU 89 Yb103
05540 Venta de Muñana AV 84 Uf105
30535 Venta de Oliva MC 141 Yd119
10590 Venta de Paco CC 98 Tf109
18120 Venta de Palma GR 167 Wa127
18810 Venta de Pepearo GR 154 Xb123
02340 Venta de Pepés o Colonia AB 123 Xd116
29160 Venta de Pinoda MA 167 Vd127
05111 Venta de Pocapena AV 84 Vb105
47116 Venta de Pollos VA 65 Ue100
30528 Venta de Primitivo MC 141 Yd116
05132 Venta de Raquilla AV 84 Uf106
04131 Venta de Retamar AL 170 Xe127
11160 Venta de Retín CA 173 Ub131
43595 Venta de Roc T 74 Ac103
02499 Venta de Rodrigo AB 141 Yc117
43512 Venta de Roixa T 74 Ac103
30559 Venta de Román MC 141 Yd119
18840 Venta de Rosa GR 154 Xc122
26509 Venta de Rufino RI 32 Xe94
23250 Venta de San Andrés J 138 We119
41730 Venta de San Antonio SE 163 Ua127
29150 Venta de San Antonío o de la Leche MA 167 Vc127
31370 Venta de San Miguel NC 33 Yb94
02161 Venta de San Miguel AB 123 Xd115
44548 Venta de San Pedro TE 72 Zc102
50750 Venta de Santa Lucía Z 73 Zd100
12400 Venta de Santa Lucía CS 107 Zd110
41740 Venta de Santa Lucía SE 164 Tf127
05289 Venta de San Vicente AV 85 Vc104
02161 Venta de Segovia AB 123 Xe115
30628 Venta de Soldado MC 141 Yf120
05279 Venta de Tablada AV 85 Vd106
34812 Venta de Valdemudo P 47 Vc96
31312 Venta de Vicentico NC 33 Yd94
31177 Venta de Zumbel NC 32 Xf92
04619 Venta el Perejil AL 171 Ya125
22559 Ventafarinas HS 55 Ac98
10291 Venta la Barquilla CC 99 Ua111
04117 Venta La Cepa AL 171 Xe128
03560 Venta Lanuza A 143 Ze118
11159 Venta La Rambla CA 172 Ua131
11692 Venta Leches CA 166 Ue127
17473 Ventalló GI 59 Da96
50140 Venta María Z 72 Za101
21610 Ventanas H 162 Ta125
34844 Ventanilla P 29 Vc91
33811 Ventanueva AS 13 Tc90
23213 Venta Nueva J 137 Wc119
13343 Venta Nueva CR 138 Wf118
18360 Venta Nueva GR 168 Vf125
11580 Venta Nueva de Galiz CA 173 Uc129
30612 Venta Puñales MC 141 Ye120
31796 Venta Quemada NC 21 Yc90
10665 Venta Quemada CC 98 Tf108
46392 Venta Quemada V 126 Za112
18800 Venta Quemada GR 154 Xa124
18859 Venta Quemada GR 154 Xd123
04500 Venta Ratonera AL 169 Xa125
18312 Venta Santa Bárbara GR 167 Ve125
26131 Ventas Blancas RI 32 Xe94
16612 Ventas de Alcolea CU 123 Xd113
31797 Ventas de Arraiz NC 21 Yc90
21668 Ventas de Arriba H 147 Tc122
23615 Ventas de Doña María J 151 Vf122
37607 Ventas de Garriel SA 82 Tf105
47131 Ventas de Geria VA 66 Va99
50150 Ventas de Herrera Z 72 Za101
18131 Ventas de Huelma GR 168 Wb126
23693 Ventas del Carrizal J 152 Wa123
14913 Ventas del Río Anzur CO 167 Vd125
44780 Ventas de Muniesa TE 72 Zb102
45710 Ventas de Pando TO 102 Wc111
26330 Ventas de Valpierre RI 31 Xb94
18125 Ventas de Zafarraya GR 167 Vf127
30179 Venta Seca MC 156 Yd120
23689 Venta Valero CO 168 Vf124
44780 Ventavieja TE 72 Zb102
13130 Ventillas CR 136 Ve118
11130 Ventorillo del Álamo CA 172 Tf130
41560 Ventorillo del Portichuelo SE 166 Va125
39491 Ventorrillo CB 17 Vf90
28491 Ventorrillo MD 86 Vf104
23130 Ventorrillo J 152 Wc123
44500 Ventorrillo de Andorra TE 73 Zd102
30420 Ventorrillo de Hondonera MC 140 Yc119
11170 Ventorrillo de Rufino CA 172 Ua130
29391 Ventorrillo Las Canillas MA 173 Uc129
18120 Ventorrillo Nuevo GR 168 Vf126
19314 Ventorro del Chato GU 89 Ya104
19141 Ventorro del Cojo GU 87 Wf106
41899 Ventorro del Negro SE 148 Te122
05132 Ventorro del Quinto AV 84 Uf106
18312 Ventorros de Balerma GR 167 Ve125
18312 Ventorros de la Laguna GR 167 Ve125
18312 Ventorros San José GR 167 Vf125
33829 Ventosa AS 14 Tf88
36529 Ventosa PO 23 Sa92
26371 Ventosa RI 31 Xc94
19392 Ventosa GU 89 Ya104
42291 Ventosa de Fuentepinilla SO 50 Xb99
47239 Ventosa de la Cuesta VA 66 Vb100
42161 Ventosa de la Sierra SO 51 Xd97
37329 Ventosa del Río Alnar SA 65 Ud103
34405 Ventosa de Pisuerga P 29 Ve93
42174 Ventosa de San Pedro SO 51 Xe96
25528 Ventosa i Calvell L 37 Af93
32415 Ventosela OR 23 Rf95
24687 Ventosilla LE 15 Ub91
09443 Ventosilla BU 49 Wb98
40165 Ventosilla SG 68 Wb101
42189 Ventosilla de San Juan SO 51 Xd98
23006 Ventosillas J 152 Wb121
33776 Ventoso AS 13 Sf89
26329 Ventrosa RI 50 Xa96
28729 Venturada MD 86 Wc104
27349 Ver LU 24 Sd93
04620 Vera AL 171 Ya125
23313 Veracruz J 153 We120
38729 Verada de las Lomadas TF 181 Hb176
38685 Vera de Erque TF 180 Ib179
50580 Vera de Moncayo Z 52 Yb98
34828 Verbios P 29 Vd91
32161 Verdefondo OR 24 Sb94
35458 Verdejo GC 184 Kc180
16146 Verdelpino de Cueva CU 105 Xf108
16540 Verdelpino de Huete CU 104 Xc108
34846 Verdeña P 17 Vd91
24960 Verdiago LE 28 Uf91
29011 Verdiales MA 167 Vd128
33448 Verdicio AS 15 Ua87
25340 Verdú L 56 Ba99
32813 Verea OR 42 Sa96
13459 Veredas CR 136 Vd117
21342 Veredas H 147 Tb121
14729 Veredón CO 150 Va121
31254 Vergalijo NC 33 Yb94
03770 Vergel A 127 Aa115
17142 Verges GI 59 Da96
25200 Vergós de Cervera L 56 Bb99
25214 Vergós Garrejat L 57 Bc98
42173 Verguizas SO 51 Xd96
22470 Veri HS 36 Ad94
27579 Verín LU 24 Sa92
32600 Verín OR 43 Sd97
43775 Verinxel T 75 Ae102
15313 Verís C 11 Rf89
25737 Vernet L 56 Ba97
34219 Vertavillo P 48 Ve98
08189 Verti B 58 Cb98
18530 Vertientes Altas GR 153 We123
50592 Veruela Z 52 Yb98
31473 Vesolla NC 33 Yd92
43763 Vespella T 76 Bc101
41730 Vetaherrado SE 163 Ua126
33558 Veyos AS 16 Uf89
49840 Vezdemarbán ZA 46 Ud99
33585 Viabaño AS 16 Ue88
22585 Viacamp HS 55 Ad96
22585 Viacamp y Litera HS 55 Ad96
24688 Viadangos de Arbás LE 15 Ub91
39525 Viallán CB 17 Vf88
27286 Vián LU 12 Sd89
31230 Viana NC 32 Xd93
47150 Viana de Cega VA 66 Vb99
42218 Viana de Duero SO 69 Xd99
19295 Viana de Jadraque GU 69 Xb102
19492 Viana de Mondéjar GU 88 Xc105
32550 Viana do Bolo OR 43 Sf95
10492 Viandar de la Vera CC 99 Uc108
15687 Viano Pequeno C 11 Rc90
02315 Vianos AB 139 Xd117
39511 Viaña CB 17 Ve89
15687 Viaño Pequeno C 11 Rc90
24517 Viariz LE 25 Ta93
04240 Viator AL 170 Xd127
33746 Viavélez AS 13 Ta87
33557 Viboli Alto AS 16 Uf89
08500 Vic B 58 Cb97
28052 Vicálvaro MD 86 Wc106
04738 Vícar AL 170 Xc128
15839 Viceso C 22 Rb91
25211 Vicfred L 57 Bc98
22190 Vicién HS 54 Zd96
27157 Vicinte LU 12 Sb90
05194 Vicolozano AV 84 Vc104
02439 Vicorto AB 140 Xf118
07009 Victoria IB 110 Ce111
01207 Vicuña VI 32 Xd91
27765 Vidal LU 13 Se88
32790 Vidalén OR 24 Sc95
24950 Vidanes LE 28 Uf92
31413 Vidángoz = Bidankoze NC 34 Yf92
31176 Vidaurre NC 33 Ya92
49135 Vidayanes ZA 46 Uc97
36446 Vide PO 42 Rd96
32701 Vide OR 43 Sc95
49541 Vide de Alba ZA 45 Tf98
32613 Videferre OR 43 Sc97
49164 Videmala ZA 45 Tf99
33597 Vidiago AS 16 Vc88
33558 Vidosa = Veyos AS 16 Uf89
17515 Vidrà GI 58 Cb96
17411 Vidreres GI 59 Ce98
34887 Vidrieros P 16 Vc91
33792 Vidural AS 13 Tc87
33558 Viego AS 16 Uf89
24856 Viego LE 16 Ue91
27869 Vieiro LU 10 Sc87
27116 Vieiro LU 13 Sf90
25530 Vielha e Mijaran L 37 Ae92
25530 Vielha L 37 Ae92
24916 Vierdes LE 16 Uf90
09588 Viérgol BU 19 We90
50513 Vierlas Z 52 Yb97
39315 Viérnoles CB 17 Vf89
33411 Viescas AS 14 Ua87
24722 Viforcos LE 26 Te93
33827 Vigaña AS 14 Te89
15314 Vigo C 11 Rf89
33790 Vigo AS 13 Tc87
36211 Vigo PO 41 Rb95
49361 Vigo ZA 44 Tb96
26121 Viguera RI 32 Xc95
31291 Viguria NC 33 Ya92
32311 Vila OR 25 Ta94
25537 Vila L 37 Ae92
AD200 Vila ☐ AND 38 Bd93
32648 Vilá OR 42 Sa97
15684 Vilabade C 11 Rc90
43886 Vilabella T 76 Bb101
17760 Vilabertran GI 40 Cf95
17180 Vilablareix GI 59 Ce97
27721 Vilaboa LU 13 Se89
36141 Vilaboa PO 22 Rc94
32368 Vilaboa OR 25 Sf95
27114 Vilabol de Suarna LU 13 Sf90
27865 Vilabuín LU 12 Sc87
25537 Vilac L 37 Ae92
27546 Vilacaíz LU 24 Sc92
27778 Vilacampa LU 12 Sc87
27877 Vilachá LU 10 Sc86
27190 Vilachá LU 12 Sd91
27413 Vilachá LU 24 Sd94
27663 Vilachá LU 25 Sf91
27231 Vilachá de Mera LU 12 Sc91
36750 Vilachán PO 41 Rb97
25716 Vilaclreres L 57 Bd95
15318 Vilacoba C 11 Re89
15212 Vilacoba = Vilacova C 22 Rb92
17474 Vilacolum GI 59 Da95
15212 Vilacova C 22 Rb92
08613 Vilada B 57 Bf96
15530 Vila da Igrexa C 11 Sa87
17137 Viladamat GI 59 Da96
17833 Viladamí GI 59 Ce96
17464 Viladasens GI 59 Cf96
15819 Viladavil C 11 Rf91
15592 Vila de Area C 11 Re87
08275 Viladecaballs de Calders B 58 Bf98
24550 Viladecanes LE 25 Tb93
08840 Viladecans B 77 Ca101
08232 Viladecavalls B 77 Bf99
36590 Vila de Cruces PO 23 Re92
17746 Vilademires GI 59 Ce95
17468 Vilademuls GI 59 Cf96
24565 Viladepalos LE 25 Tb93
32334 Viladequinta OR 25 Ta94
32696 Viladerrei OR 43 Sc96
08680 Viladomiu Nou B 57 Bf96
17513 Viladonja GI 58 Ca96
17406 Viladrau GI 58 Cc97
27466 Vilaescura LU 24 Sc94
27889 Vilaestrofe LU 10 Sd87
12192 Vilafamés CS 108 Zf108
17740 Vilafant GI 59 Cf95
27766 Vilafernando LU 13 Sf88
38615 Vilaflor TF 180 Ic180
27767 Vilaformán LU 13 Se88
43850 Vilafortuny T 75 Ba102
27797 Vilaframil LU 13 Sf89
07250 Vilafranca de Bonany IB 111 Da111
08720 Vilafranca del Penedès B 76 Be100
03009 Vilafranquesa A 142 Zd118
17468 Vilafreser GI 59 Cf96
36539 Vilafrío PO 24 Sa92
36611 Vilagarcía = Vilagarcia de Arousa PO 22 Rb93
36611 Vilagarcia de Arousa = Vilagarcía PO 22 Rb93
27375 Vila Grande LU 12 Sc90
25330 Vilagrassa L 56 Ba99
25217 Vilagrasseta L 56 Bb99
17476 Vilajoan GI 59 Cf95
03570 Vila Joiosa, La = Villajoyosa A 143 Ze117
17493 Vilajuïga GI 40 Da95
27800 Vilalba LU 12 Sb89
43782 Vilalba dels Arcs T 74 Ac102
43782 Vilalba la Vella T 74 Ac101
08455 Vilalba Sasserra B 58 Cc99
27367 Vilaleo LU 24 Sd91
27124 Vilalle LU 12 Se90
08504 Vilalleons B 58 Cb97
25552 Vilaller L 36 Ae94
17529 Vilallobent GI 38 Bf94
43141 Vilallonga del Camp T 75 Bb101
17869 Vilallonga de Ter GI 39 Cb95
09001 Vilallonquejar BU 30 Wb94
25748 Vilalta L 56 Bb97
27299 Vilalvite LU 12 Sb90
17474 Vilamacolum GI 59 Da95
15847 Vilamaior C 10 Rb90
15637 Vilamaior C 11 Rf88
27111 Vilamaior LU 13 Sf89
27613 Vilamaior LU 24 Sc92
32633 Vilamaior da Boullosa OR 42 Sb97
27233 Vilamaior de Negral LU 12 Sb91
32627 Vilamaior do Val OR 43 Sd97
25692 Vilamajor L 56 Ae97
25749 Vilamajor d'Agramunt L 56 Bb98
17469 Vilamalla GI 59 Cf95
27663 Vilamane LU 25 Sf91
17781 Vilamaniscle GI 40 Da94
17534 Vilamanya GI 39 Ca94
27798 Vilamar LU 13 Se88
27415 Vilamarín LU 24 Sd94
32101 Vilamarín OR 24 Sa94
32340 Vilamartín de Valdeorras OR 25 Sf94
46191 Vilamarxant V 107 Zc111
15638 Vilamateo C 11 Rf89
32870 Vilameá OR 42 Rf97

Vilameá | 311 E

27450 Vilamelle LU 24 Sc94
25654 Vilamitjana L 56 Af96
25632 Vilamolat de Mur L 56 Af96
27325 Vilamor LU 24 Se93
25551 Vilamòs L 36 Ae92
17743 Vilanant GI 40 Cf95
17162 Vilanna GI 59 Ce97
36945 Vilanova PO 22 Ra95
27611 Vilanova LU 24 Sc92
27569 Vilanova LU 24 Sb92
27666 Vilanova LU 25 Sf92
32366 Vilanova OR 25 Ta95
32816 Vilanova OR 42 Sa95
27760 Vilanova (Lourenzá) LU 13 Se88
12183 Vilanova d'Alcolea CS 92 Aa107
36620 Vilanova de Arousa PO 22 Rb93
25718 Vilanova de Banat L 38 Bd94
25264 Vilanova de Bellpuig L 56 Af99
25749 Vilanova de la Aguda = Vilanova de l'Aguda L 56 Bb97
25690 Vilanova de la Barca L 56 Ae98
25749 Vilanova de l'Aguda L 56 Bb97
17492 Vilanova de la Muga GI 40 Da95
25612 Vilanova de la Sal L 56 Ae97
08788 Vilanova del Camí B 76 Bd99
25612 Vilanova de les Avellanes L 56 Ae97
08410 Vilanova del Vallès B 77 Cb99
25736 Vilanova de Meià L 56 Ba97
43439 Vilanova de Prades T 75 Af100
08519 Vilanova de Sau B 58 Cc97
43311 Vilanova d'Escornalbou T 75 Af102
25133 Vilanova de Segrià L 55 Ad98
08789 Vilanova d'Espoia B 76 Bd99
32317 Vilanova de Valdeorras OR 25 Ta94
08800 Vilanova i la Geltrú B 76 Be101
36616 Vilanoviña PO 22 Rb93
15819 Vilantime C 23 Rf91
46312 Vilanueva V 106 Yf110
27712 Vilaosende LU 13 Sf88
27816 Vilapedre LU 12 Sc88
27614 Vilapedre LU 24 Sd92
43380 Vilaplana T 75 Ba101
27531 Vilaquinte LU 24 Sb94
27655 Vilaquinte LU 25 Ta91
15293 Vilar C 22 Qf91
36647 Vilar PO 22 Rb92
15822 Vilar C 23 Rd92
36555 Vilar PO 23 Re93
27632 Vilar LU 25 Se92
32646 Vilar OR 42 Sa97
36436 Vilar PO 42 Rd96
32768 Vilar OR 43 Sd95
32626 Vilar OR 43 Sd96
27328 Vilarbacú LU 25 Sf93
27112 Vilarchao LU 13 Sf89
32950 Vilarchao OR 24 Sa94
32702 Vilar de Barrio OR 43 Sc96
12162 Vilar de Canes CS 92 Zf106
32899 Vilar de Cas OR 42 Sa97
32706 Vilardecás OR 43 Sc95
15845 Vilar de Céltigos C 10 Ra90
Vilar de Cervos OR 43 Sd97
15109 Vilar de Cima C 11 Rc90
27216 Vilar de Donas LU 24 Sb91
27668 Vilar de Frades LU 25 Sf91
32695 Vilar de Lebres OR 43 Sc97
36750 Vilardematos PO 41 Rb97
32555 Vilardemilo OR 43 Sf96
27329 Vilar de Mondelo LU 25 Se94
15613 Vilar de Mouros C 11 Rf88
27240 Vilar de Mouros LU 13 Se89
27413 Vilar de Mouros LU 24 Sd94
32650 Vilar de Santos OR 42 Sb96
15839 Vilar de Suso C 10 Rb91
32616 Vilardevós OR 43 Se97
27112 Vilardíaz LU 13 Sf89
43812 Vilardida T 76 Bc101
27116 Vilardongo LU 13 Sf90
27130 Vilar dos Adros LU 13 Se90
12540 Vila-Real = Villarreal CS 108 Zf109
36516 Vilarello PO 23 Rf93
27546 Vilarello LU 24 Sc93
32708 Vilarellos OR 24 Sc95
27723 Vilargondurfe LU 13 Se89
17741 Vilarig GI 40 Ce95
15807 Vilariño C 11 Rf90
27307 Vilariño LU 12 Sa89
27120 Vilariño LU 12 Sd90
15991 Vilariño C 22 Ra93
36514 Vilariño PO 23 Rf92
27317 Vilariño LU 24 Se94
32611 Vilariño das Touzas OR 43 Se97
32557 Vilariño de Conso OR 43 Se96
32790 Vilariño Frío OR 24 Sc95
27113 Vilarmeán LU 13 Sf89
15823 Vilarmeao C 23 Re91
32557 Vilarmeao OR 43 Se95
27329 Vilarmel LU 25 Sf94
27724 Vilarmide LU 13 Se89
27363 Vilarmosteiro LU 24 Sd91
17762 Vilarnadal GI 40 Cf94
43814 Vila-rodona T 76 Bc101
27788 Vilaronte LU 13 Se87
43365 Vila Rosita T 75 Af101
15688 Vilarromariz C 11 Rd91
15554 Vilarrube C 10 Rf87
32150 Vilarrubín OR 24 Sb94
15128 Vilarseco C 10 Qf90
25795 Vila-rubla L 37 Bb94
27722 Vilarxuane LU 13 Sf89
27112 Vilarxubín LU 13 Sf89
36686 Vilas PO 23 Rd92
17485 Vila-sacra GI 40 Da95
15807 Vilasantar C 11 Rf90
22451 Vilas de Turbón HS 36 Ad94
25286 Vila-seca L 57 Bd96
43480 Vila-seca T 75 Ba102
32141 Vilaseco OR 23 Sa94
32555 Vilaseco OR 44 Sf96
36879 Vilasobroso PO 41 Rd95
27345 Vilasouto LU 24 Sd93
08339 Vilassar de Dalt B 77 Cc99
08340 Vilassar de Mar B 77 Cc99
32151 Vilasusa OR 24 Sb94
08515 Vilatammar B 58 Ca96
27840 Vilate LU 12 Sb89
17484 Vilatenim GI 40 Cf95
27787 Vilatuxe LU 12 Se87
36519 Vilatuxe PO 23 Re93
32164 Vilatuxe OR 24 Sc94
17483 Vilaür GI 59 Cf96
17494 Vilaüt GI 40 Da95
27515 Vilaúxe LU 24 Sb93
33769 Vilavedelle AS 13 Sf88
32549 Vilavella OR 44 Sf96
17833 Vilavenut GI 59 Ce96
43490 Vilaverd = Vilavert T 75 Ba100
15147 Vilaverde C 10 Rb89
43490 Vilavert T 75 Ba100
27180 Vilavite LU 12 Sc91
36629 Vilaxoán PO 22 Rb93
27240 Vilaxuso LU 13 Se89
27177 Vilaxuste LU 24 Sb91
32618 Vilaza OR 43 Sd97
23220 Vilches J 137 Wc119
42311 Vildé SO 69 Wf100
48142 Vildosolo BI 19 Xb90
27363 Vileiriz LU 24 Sc92
27711 Vilela LU 13 Sf87
27596 Vilela LU 24 Sb92
27626 Vilela LU 25 Se92
25555 Vilella L 37 Af94
08699 Vilella B 57 Be95
09249 Vileña BU 30 We93
17462 Vilers GI 59 Cf97
17832 Vilert GI 59 Ce95
24219 Viligüer LE 27 Ud93
33412 Villa AS 15 Ua87
46250 Villa Amparín V 126 Zc113
49192 Villa Antonia ZA 64 Ub99
09511 Villaba de Losa BU 19 Wf91
33535 Villabajo AS 15 Ud88
24191 Villabalter LE 27 Uc93
24136 Villabandín LE 26 Tf91
24393 Villabante LE 27 Ua94
39660 Villabáñez CB 17 Wa89
47329 Villabáñez VA 47 Vc99
47815 Villabaruz de Campos VA 47 Va96
09568 Villabáscones BU 18 Wb90
09572 Villabáscones de Bezana BU 18 Wb91
09510 Villabasil BU 18 We90
34475 Villabasta P 28 Vc93
34406 Villabermudo P 29 Vd93
37450 Villa Bernardo SA 82 Ua103
21590 Villablanca H 161 Sd125
24100 Villablino LE 14 Te91
33480 Villabona AS 15 Ub88
20150 Villabona SS 20 Xf89
47820 Villabrágima VA 47 Uf98
24206 Villabraz LE 46 Ud95
49770 Villabrázaro ZA 46 Ub96
33826 Villabre AS 14 Tf89
24548 Villabuena LE 25 Tb93
42290 Villabuena SO 50 Xc98
01307 Villabuena de Álava = Eskuernaga VI 31 Xb93
49820 Villabuena del Puente ZA 65 Ud100
24163 Villabúrbula LE 27 Ud93
19274 Villacadima GU 68 We101
24172 Villacalabuey LE 28 Uf94
24234 Villacalbiel LE 27 Uc94
22623 Villacampa HS 35 Ze94
23569 Villacampo del Moral J 153 Wd123
39210 Villacantid CB 17 Ve90
45860 Villacañas TO 103 Wd111
22483 Villacarlí HS 36 Ad94
47609 Villacarralón VA 47 Uf95
39640 Villacarriedo CB 18 Wb89
23300 Villacarrillo J 138 Wf120
40150 Villacastín SG 85 Vd104
24234 Villacé LE 27 Uc94
24391 Villacedré LE 27 Uc93
24225 Villacelama LE 27 Ud94
24344 Villacerán LE 28 Uf93
24227 Villacete LE 27 Ud93
09511 Villacián BU 19 Wf91
34492 Villacibio P 29 Ve92
34349 Villacidaler P 47 Va95
24161 Villacidayo LE 28 Ue93
47607 Villacid de Campos VA 46 Uf96
09195 Villacienzo BU 30 Wb95
42192 Villaciervitos SO 50 Xc98
42192 Villaciervos SO 50 Xc98
24228 Villacil LE 27 Ud93
24344 Villacintor LE 28 Uf94
47181 Villaco VA 48 Ve98
34247 Villaconancio P 48 Ve97
28360 Villaconejos MD 103 Wd108
16860 Villaconejos de Trabaque CU 88 Xe106
24219 Villacontilde LE 27 Ud93
24882 Villacorta LE 28 Va92
40512 Villacorta SG 68 Wd101
19269 Villacorza GU 69 Xb102
47609 Villacreces VA 28 Uf95
34129 Villacuende P 28 Vb94
34340 Villada P 47 Va95
24392 Villadangos del Páramo LE 27 Ub93
38589 Villa de Arico TF 180 Id179
24530 Villadecanes LE 25 Tb93
10814 Villa del Campo CC 98 Td108
28630 Villa del Prado MD 85 Ve107
10960 Villa del Rey CC 97 Tb111
14640 Villa del Río CO 151 Ve121
38739 Villa de Mazo = El Pueblo TF 181 Hb177
24237 Villademor de la Vega LE 27 Uc95
49250 Villadepera ZA 64 Tf99
36309 Villadesuso PO 41 Ra96
28051 Villa de Vallecas MD 86 Wc106
09120 Villadiego BU 29 Vf93
24327 Villadiego de Cea LE 28 Va93
34469 Villadiezma P 29 Vd94
50490 Villadoz Z 71 Ye102
33794 Villadún AS 13 Sf87
34475 Villaeles de Valdavia P 29 Vc93
09127 Villaescobedo BU 29 Vf92
39213 Villaescusa CB 17 Vf91
49430 Villaescusa ZA 65 Ud101
39232 Villaescusa de Ebro CB 30 Wa92
34486 Villaescusa de Ecla P 29 Vd92
16647 Villaescusa de Haro CU 104 Xb111
09559 Villaescusa del Butrón BU 30 Wc92
19493 Villaescusa de Palositos GU 88 Xc105
09314 Villaescusa de Roa BU 48 Vf98
09292 Villaescusa la Solana BU 30 Wd94
09292 Villaescusa la Sombría BU 30 Wd94
09650 Villaespasa BU 49 Wd96
47811 Villaesper VA 46 Uf97
44190 Villaespesa TE 90 Yf107
30815 Villaespesa MC 156 Yc122
33615 Villaestremerí AS 15 Ua89
24791 Villaestrigo LE 46 Ub95
49136 Villafáfila ZA 46 Uc97
24219 Villafalé LE 27 Ud93
24162 Villafañé LE 27 Ud93
50391 Villafeliche Z 71 Yc101
24145 Villafeliz de Babia LE 14 Ua91
24195 Villafeliz de la Sobarriba LE 27 Ud93
24236 Villafer LE 46 Uc96
49695 Villaferrueña ZA 45 Ua96
49165 Villaflor ZA 45 Ua99
05357 Villaflor AV 84 Va104
37406 Villaflores SA 65 Ue102
19139 Villaflores GU 87 Wf105
34131 Villafolfo P 47 Vc95
47606 Villafrades de Campos VA 47 Va96
31330 Villafranca NC 33 Yb95
40318 Villafranca SG 68 Wb101
14420 Villafranca de Córdoba CO 151 Vc121
47529 Villafranca de Duero VA 65 Ue100
50174 Villafranca de Ebro Z 53 Zc99
05571 Villafranca de la Sierra AV 84 Ue106
24500 Villafranca del Bierzo LE 25 Tb93
44394 Villafranca del Campo TE 90 Yd104
28692 Villafranca del Castillo MD 86 Wa106
29570 Villafranca del Guadalhorce MA 175 Vb128
06220 Villafranca de los Barros BA 133 Td117
45730 Villafranca de los Caballeros TO 122 Wd112
09257 Villafranca-Montes de Oca BU 30 We94
12150 Villafrancia del Cid CS 92 Ze106
06195 Villafranco del Guadiana BA 116 Tb115
24913 Villafrea de la Reina LE 16 Va91
47810 Villafrechos VA 46 Ue97
33129 Villafría AS 14 Tf87
09192 Villafría BU 30 Wc94
01118 Villafría VI 32 Xc93
34869 Villafría de la Peña P 28 Vb92
01427 Villafría de San Zadornil BU 31 We92
34310 Villafruela P 47 Vc95
09344 Villafruela BU 48 Wa97
47180 Villafuerte VA 48 Ve98
09339 Villafuertes BU 49 Wb95
39638 Villafufre CB 18 Wa89
09268 Villagalijo BU 31 We94
24250 Villagallegos LE 27 Uc94
47840 Villagarcía de Campos VA 46 Ue98
06950 Villagarcía de la Torre BA 133 Tf119
16236 Villagarcía del Llano CU 124 Ya113
24368 Villagatón LE 26 Tf93
33116 Villagime AS 14 Ua90
47608 Villagómez la Nueva VA 46 Uf96
06473 Villagonzalo BA 117 Te115
09001 Villagonzalo-Arenas BU 30 Wb94
40496 Villagonzalo de Coca SG 66 Vc101
37893 Villagonzalo de Tormes SA 65 Ud103
09195 Villagonzalo-Pedernales BU 30 Wb95
23630 Villagordo = Villatorres J 152 Wb121
09230 Villagutiérrez BU 30 Wa95
34257 Villahán P 48 Vf96
14210 Villaharta CO 135 Va120
26223 Villa Herminia RI 31 Xb94
13332 Villahermosa CR 138 Xa116
44494 Villahermosa del Campo TE 71 Ye102
12124 Villahermosa del Río CS 91 Zd107
09125 Villahernando BU 29 Wa93
34469 Villaherreros P 29 Vd94
24930 Villahibiera LE 28 Ue93
09339 Villahizán BU 48 Wa96
09128 Villahizán de Treviño BU 29 Vf94
09343 Villahoz BU 48 Wa96
33719 Villainclán AS 13 Tc87
34115 Villaires P 28 Vb93
34419 Villajimena P 48 Vd96
03570 Villajoyosa = La Vila Joiosa A 143 Ze117
02249 Villa Juana AB 125 Yd114
34261 Villalaco P 48 Ve96
09514 Villalacre BU 18 Wd90
34115 Villalafuente P 28 Vb93
09554 Villalaín BU 30 Wc91
09511 Villalambrús BU 19 We91
47675 Villalan de Campos VA 46 Ue96
22822 Villalangua HS 34 Zb94
47111 Villalar de los Comuneros VA 65 Uf99
49158 Villalazán ZA 65 Uc100
09569 Villalázara BU 18 Wd90
42223 Villalba SO 69 Xd100
10894 Villalba CC 97 Tb108
44161 Villalba Alta TE 90 Za105
44162 Villalba Baja TE 90 Yf106
47237 Villalba de Adaja VA 66 Vb100
13739 Villalba de Calatrava CR 137 Wc117
09443 Villalba de Duero BU 49 Wb98
34889 Villalba de Guardo P 28 Vb92
49126 Villalba de la Lampreana ZA 46 Uc98
21860 Villalba del Alcor H 162 Td124
47689 Villalba de la Loma VA 46 Ue95
16140 Villalba de la Sierra CU 89 Xf107
47639 Villalba de los Alcores VA 47 Va97
43782 Villalba de los Arcos = Vilalba dels Arcs T 74 Ac102
06208 Villalba de los Barros BA 132 Tc117
37451 Villalba de los Llanos SA 82 Ua104
44359 Villalba de los Morales TE 90 Yd103
16535 Villalba del Rey CU 88 Xc106
50333 Villalba de Perejil Z 71 Yc101
26292 Villalba de Rioja RI 31 Xa93
47113 Villalbarba VA 46 Ue99
34869 Villalbeto de la Peña P 28 Vb92
28810 Villalbilla MD 87 We106
16840 Villalbilla CU 88 Xe107
09197 Villalbilla de Burgos BU 30 Wb94
09453 Villalbilla de Gumiel BU 49 Wc98
09125 Villalbilla de Villadiego BU 29 Wa93
09141 Villalbilla-Sobresierra BU 30 Wc93
09258 Villalbos BU 30 We94
09199 Villalbura BU 30 Wd95
49166 Villalcampo ZA 64 Tf99
34449 Villalcázar de Sirga P 29 Vc95
34347 Villalcón P 28 Va95
34310 Villaldavín P 47 Vc96
09227 Villaldemiro BU 29 Wa95
24326 Villalebrín LE 28 Va94
33410 Villalegre AS 15 Ua87
50216 Villalengua Z 71 Ya100
24836 Villalfeide LE 27 Uc91
02636 Villalgordo del Júcar AB 124 Xf113
16646 Villalgordo del Marquesado CU 104 Xc110
09129 Villalibado BU 29 Wa93
24766 Villalís LE 26 Tf95
33695 Villallana AS 15 Ub89
34815 Villallano P 29 Ve92
24326 Villalmán LE 28 Uf94
09390 Villalmanzo BU 49 Wb96
09258 Villalmóndar BU 30 Wd94
24233 Villalobar LE 27 Uc94
26256 Villalobar de Rioja RI 31 Xa94
34419 Villalobón P 48 Vc96
49134 Villalobos ZA 46 Ud97
23688 Villalobos J 152 Wa124
12550 Villa Lola CS 108 Zf109
02328 Villa Lola AB 124 Xf114
09258 Villalómez BU 30 We94
14129 Villalón CO 150 Uf122
29560 Villalón MA 166 Vb128
47600 Villalón de Campos VA 47 Uf96
29430 Villalones MA 165 Ue127
46720 Villalonga V 127 Ze115
49860 Villalonso ZA 46 Ue99
49630 Villalpando ZA 46 Ud97
16611 Villalpardillo CU 123 Xe113
16270 Villalpardo CU 105 Yc112
24218 Villalquite LE 27 Ue93
09559 Villalta BU 30 Wc92
49539 Villalube ZA 46 Uc99
47511 Villa Lucía VA 65 Ue100
09512 Villaluenga BU 19 We91
45520 Villaluenga de la Sagra TO 102 Wa108
34111 Villaluenga de la Vega P 28 Vb93
11611 Villaluenga del Rosario CA 173 Ud128
34307 Villalumbroso P 47 Vb95
47810 Villalumbrós o Villa Eulalia VA 46 Ue97
09192 Villalval BU 30 Wc94
42351 Villálvaro SO 49 We99
49343 Villaverde ZA 45 Te96
40542 Villalvilla de Montejo SG 68 Wb100
01423 Villamaderne VI 31 Wf92
02270 Villamalea AB 124 Yc112
12224 Villamalur CS 108 Zd109
24238 Villamandos LE 46 Uc95
24687 Villamanin LE 15 Uc91
24690 Villamanín de la Tercia LE 15 Ub91
13343 Villamanrique CR 138 Xa117
41850 Villamanrique de la Condesa SE 163 Te125
28598 Villamanrique de Tajo MD 103 We108
28610 Villamanta MD 85 Vf107
28609 Villamantilla MD 85 Vf106
24234 Villamañán LE 27 Uc95
47132 Villamarciel VA 66 Va99
24345 Villamarco LE 27 Ue94
01427 Villamardones VI 31 We91
49835 Villa María Luisa ZA 65 Ud99
11650 Villamartín CA 165 Uc127
34170 Villamartín de Campos P 47 Vc96

E 312 | Vilamelle

24344 Villamartín de Don Sancho LE 28 Uf93
24469 Villamartín de Sil LE 26 Tc92
09568 Villamartín de Sotoscueva BU 18 Wb90
09124 Villamartín de Villadiego BU 29 Vf93
21400 Villa Matías H 161 Sd125
33583 Villamayor AS 15 Ue88
50162 Villamayor Z 53 Zb98
37185 Villamayor SA 64 Ub102
05301 Villamayor AV 66 Uf103
13595 Villamayor de Calatrava CR 120 Vf116
49131 Villamayor de Campos ZA 46 Ud97
24155 Villamayor del Condado LE 27 Ud93
09339 Villamayor de los Montes BU 49 Wb96
09259 Villamayor del Río BU 31 Wf94
31242 Villamayor de Monjardín NC 32 Xf93
16415 Villamayor de Santiago CU 103 Xa110
09128 Villamayor de Treviño BU 29 Vf94
09258 Villambístia BU 30 We94
34347 Villambrán de Cea P 28 Va94
01423 Villambrosa VI 31 Wf92
34113 Villambroz P 28 Vb94
24397 Villameca LE 26 Tf93
34239 Villamediana P 48 Vd96
26142 Villamediana de Iregua RI 32 Xd94
39232 Villamediana de Lomas BU 30 Wa91
34260 Villamedianilla BU 48 Vf96
24711 Villamejil LE 26 Tf93
33114 Villamejín AS 14 Tf89
28311 Villamejor MD 102 Wb109
34475 Villamelendro P 29 Vc93
18659 Villamena GR 168 Wc127
34408 Villameriel P 29 Vd93
10263 Villamesías CC 117 Ua113
10893 Villamiel CC 97 Tb107
09649 Villamiel de la Sierra BU 49 Wd95
09239 Villamiel de Muñó BU 30 Wb95
45594 Villamiel de Toledo TO 102 Vf109
45440 Villaminaya TO 102 Wa110
24344 Villamizar LE 28 Uf93
24175 Villamol LE 28 Uf94
24930 Villamondrín de Rueda LE 27 Ue93
24765 Villamontán de la Valduerna LE 26 Ua95
45400 Villamontiel TO 102 Wb111
39250 Villamoñico CB 29 Vf92
09512 Villamor BU 18 Wd91
24339 Villamoratiel de las Matas LE 27 Ue94
34127 Villamorco P 28 Vc94
49211 Villamor de Cadozos ZA 64 Tf101
24234 Villamor de Laguna o Villamorico LE 46 Ub95
49215 Villamor de la Ladre ZA 64 Tf100
49719 Villamor de los Escuderos ZA 65 Uc101
24393 Villamor de Órbigo LE 27 Ua94
09199 Villamorico BU 30 Wd94
24888 Villamorisca LE 28 Va92
09128 Villamorón BU 29 Vf94
34126 Villamoronta P 28 Vb94
24217 Villamoros de Mansilla LE 27 Ud93
09269 Villamudria BU 30 We95
45749 Villamuelas TO 102 Wb110
34309 Villamuera de la Cueza P 28 Vb95
24344 Villamuñío LE 28 Ue94
47814 Villamuriel de Campos VA 46 Ue97
34190 Villamuriel de Cerrato P 47 Vc97
01426 Villanañe VI 31 Wf91
47491 Villa Narcisa VA 66 Va100
09258 Villanasur-Río de Oca BU 30 We94
49697 Villanazar ZA 45 Ub97
47131 Villán de Tordesillas VA 47 Va99
09123 Villandiego BU 29 Vf94
33610 Villandio AS 15 Ub89
34407 Villaneceriel P 29 Vd93
09339 Villangómez BU 49 Wb95
24161 Villanófar LE 28 Ue93
09128 Villanoño BU 29 Vf94
22467 Villanova HS 36 Ac93
22710 Villanovilla HS 35 Zd93
34114 Villantodrigo P 28 Vc94
22870 Villanúa HS 35 Zc92
47620 Villanubla VA 47 Va98
33725 Villanueva AS 13 Tb88
33776 Villanueva AS 13 Sf89
33111 Villanueva AS 14 Tf90
33115 Villanueva AS 14 Tf89
33591 Villanueva AS 16 Va88
33590 Villanueva AS 17 Vc88
39690 Villanueva CB 18 Wa88
31438 Villanueva NC 20 Yd91
31177 Villanueva NC 32 Ya92
09572 Villanueva-Carrales BU 30 Wb91
34878 Villanueva de Abajo P 28 Vb92
31671 Villanueva de Aezkoa, Hiriberri/NC 20 Ye91
45810 Villanueva de Alcardete TO 103 Wf110
19460 Villanueva de Alcorón GU 88 Xe104
29310 Villanueva de Algaidas MA 167 Vd125
09652 Villanueva de Argaño BU 29 Wa94
19246 Villanueva de Argecilla GU 69 Xa103
34879 Villanueva de Arriba P 28 Vb92
05114 Villanueva de Avila AV 84 Vb106
49699 Villanueva de Azoague ZA 46 Uc97
45410 Villanueva de Bogas TO 102 Wc110
26123 Villanueva de Cameros RI 50 Xc96
49708 Villanueva de Campeán ZA 64 Ub100
09611 Villanueva de Carazo BU 49 We97
24270 Villanueva de Carrizo LE 27 Ub93
46270 Villanueva de Castellón V 126 Zc114
14440 Villanueva de Córdoba CO 135 Vc119
47239 Villanueva de Duero VA 66 Va99
50830 Villanueva de Gállego Z 53 Zb98
05164 Villanueva de Gómez AV 84 Vb103
42311 Villanueva de Gormaz SO 69 Wf100
16531 Villanueva de Guadamajud CU 88 Xc107
09450 Villanueva de Gumiel BU 49 Wc98
34811 Villanueva de Henares P 29 Vf91
50153 Villanueva de Huerva Z 72 Yf100
50247 Villanueva de Jalón Z 71 Yc100
24762 Villanueva de Jamuz LE 45 Ua95
50370 Villanueva de Jiloca Z 71 Yd102
28691 Villanueva de la Cañada MD 86 Vf106
05212 Villanueva del Aceral AV 66 Va102
29230 Villanueva de la Concepción MA 167 Vc127
47608 Villanueva de la Condesa VA 47 Uf96
13330 Villanueva de la Fuente CR 139 Xb116
16230 Villanueva de la Jara CU 124 Ya112
39250 Villanueva de la Nía CB 29 Vf92
09294 Villanueva de la Oca BU 31 Xb92
39509 Villanueva de la Peña CB 17 Ve89
34859 Villanueva de la Peña P 28 Vc92
24193 Villanueva del Árbol LE 27 Uc93
23730 Villanueva de la Reina J 152 Wa120
41808 Villanueva del Ariscal SE 163 Tf124
23330 Villanueva del Arzobispo J 138 Wf119
09226 Villanueva de las Carretas BU 48 Wa95
21592 Villanueva de las Cruces H 147 Sf123
06700 Villanueva de la Serena BA 118 Ub115
49580 Villanueva de la Sierra ZA 44 Sf96
10812 Villanueva de la Sierra CC 82 Td107
24225 Villanueva de las Manzanas LE 27 Ud94
49333 Villanueva de las Peras ZA 45 Ua97
18539 Villanueva de las Torres GR 153 Wf123
19310 Villanueva de las Tres Fuentes GU 89 Yb106
34828 Villanueva de la Torre P 29 Vd91
19209 Villanueva de la Torre GU 87 We105
10470 Villanueva de la Vera CC 99 Ud108
05591 Villanueva del Campillo AV 84 Ue105
49100 Villanueva del Campo ZA 46 Ud97
24391 Villanueva del Carnero LE 27 Uc93
29230 Villanueva del Cauche MA 167 Vd127
24154 Villanueva del Condado LE 27 Ud93
37658 Villanueva del Conde SA 82 Tf105
14250 Villanueva del Duque CO 135 Va118
06110 Villanueva del Fresno BA 131 Sf118
34115 Villanueva del Monte P 28 Vc93
31481 Villanueva de Lónguida NC 33 Yd92
47850 Villanueva de los Caballeros VA 46 Ue98
21540 Villanueva de los Castillejos H 161 Se123
49165 Villanueva de los Corchos ZA 45 Ua99
16194 Villanueva de los Escuderos CU 104 Xe108
47174 Villanueva de los Infantes VA 47 Vd98
13320 Villanueva de los Infantes CR 138 Wf116
09593 Villanueva de los Montes BU 30 Wd92
34129 Villanueva de los Nabos P 28 Vc94
37428 Villanueva de los Pavones SA 65 Ud102
28229 Villanueva del Pardillo MD 85 Wa106
34309 Villanueva del Rebollar P 47 Vb95
44223 Villanueva del Rebollar de la Sierra TE 72 Yf103
14230 Villanueva del Rey CO 135 Uf119
41409 Villanueva del Rey SE 150 Uf123
34131 Villanueva del Río P 28 Vc95
30613 Villanueva del Río Segura MC 141 Ye120
09197 Villanueva del Río Ubierna BU 30 Wb94
41350 Villanueva del Río y Mina SE 149 Ub123
41359 Villanueva del Río y Minas SE 149 Ub123
29312 Villanueva del Rosario MA 167 Vd127
29313 Villanueva del Trabuco MA 167 Vd126
18369 Villanueva de Mesía GR 168 Vf125
09128 Villanueva de Odra BU 29 Vf93
24135 Villanueva de Omaña LE 26 Tf92
33777 Villanueva de Oscos AS 13 Ta89
28609 Villanueva de Perales MD 85 Vf106
09125 Villanueva de Puerta BU 29 Wa93
13379 Villanueva de San Carlos CR 137 Wa117
41660 Villanueva de San Juan SE 166 Ue126
47813 Villanueva de San Mancio VA 47 Uf97
22231 Villanueva de Sigena HS 54 Zf98
29315 Villanueva de Tapia MA 167 Vd125
09219 Villanueva de Teba BU 31 Wf93
09215 Villanueva de Tobera BU 31 Xb92
01427 Villanueva de Valdegovía VI 31 Wf91
24415 Villanueva de Valdueza LE 26 Tc94
49337 Villanueva de Valrojo ZA 45 Te97
12428 Villanueva de Viver CS 107 Zc108
42128 Villanueva de Zamajón SO 51 Xe99
09555 Villanueva la Blanca BU 18 Wc91
09239 Villanueva-Matamala BU 49 Wb95
09214 Villanueva-Soportilla BU 31 Wf92
34477 Villanuño de Valdavia P 29 Vc93
09511 Villaño BU 19 Wf91
49618 Villaobispo ZA 45 Ua96
24007 Villaobispo de las Regueras LE 27 Uc93
24719 Villaobispo de Otero LE 26 Tf93
34879 Villaoliva de la Peña P 28 Vb92
24222 Villaornate LE 46 Uc95
39292 Villapaderne CB 17 Vf90
24940 Villapadierna LE 28 Uf92
02350 Villapalacios AB 139 Xc117
09515 Villapanillo BU 30 Wd91
23440 Villapardillo J 153 Wd121
24175 Villapeceñil LE 28 Uf94
33194 Villapérez AS 15 Ua88
24124 Villapodambre LE 27 Ua92
34491 Villaprovedo P 29 Vd93
34128 Villaproviano P 28 Vc94
34112 Villapún P 28 Vb93
24235 Villaquejida LE 46 Uc96
24008 Villaquilambre LE 27 Uc93
09119 Villaquirán de la Puebla BU 29 Vf95
09118 Villaquirán de los Infantes BU 48 Vf95
33548 Villar AS 16 Ue88
39210 Villar CB 17 Ve90
39808 Villar CB 18 Wc89
47140 Villar VA 47 Vb99
40165 Villar SG 68 Wb102
14115 Villar CO 150 Uf123
49159 Villaralbo ZA 64 Ub100
14490 Villaralto CO 135 Va118
44509 Villa Ramón TE 73 Zc103
09515 Villarán BU 30 Wd91
41800 Villarán SE 148 Te124
11500 Villarana CA 172 Te129
12170 Villa Raquel CS 92 Aa106
09556 Villarcayo BU 18 Wc91
33584 Villarcazo AS 16 Ue89
24511 Villar de Acero LE 25 Tb92
37497 Villar de Argañán SA 81 Tb104
16709 Villar de Cantos CU 104 Xd112
16433 Villar de Cañas CU 104 Xc110
02695 Villar de Chinchilla AB 124 Yc115
37488 Villar de Ciervo SA 81 Tb104
24722 Villar de Ciervos LE 26 Te94
49562 Villardeciervos ZA 45 Te97
19444 Villar de Cobeta GU 88 Xe104
05516 Villar de Corneja AV 83 Ud106
23006 Villar de Cuevas J 152 Wb121
16840 Villar de Domingo García CU 88 Xe107
49132 Villardefallaves ZA 46 Ud97
49330 Villar de Farfón ZA 45 Tf97
37524 Villar de Flores SA 81 Tb106
47860 Villardefrades VA 46 Ue98
33615 Villar de Gallegos AS 15 Ub89
37320 Villar de Gallimazo SA 65 Ue103
24721 Villar de Golfer LE 26 Te94
33584 Villar de Huergo AS 16 Ue88
16648 Villar de la Encina CU 104 Xc111
16161 Villar del Águila CU 104 Xc109
42165 Villar del Ala SO 50 Xc97
46170 Villar del Arzobispo V 107 Zb110
24458 Villar de las Traviesas LE 26 Td92
16542 Villar de la Ventosa CU 104 Xd108
37488 Villar de la Yegua SA 81 Tb104
49240 Villar del Buey ZA 64 Te101
42112 Villar del Campo SO 51 Xf98
44114 Villar del Cobo TE 89 Yb106
37766 Villar de Leche SA 83 Ub105
16162 Villar del Horno CU 104 Xd108
16370 Villar del Humo CU 105 Yc109
16813 Villar del Infantado CU 88 Xd106
16542 Villar del Maestre CU 104 Xd108
24738 Villar del Monte LE 45 Te95
28512 Villar del Olmo MD 87 We106
37460 Villar de los Álamos SA 82 Tf103
24414 Villar de Los Barrios LE 26 Tc93
50156 Villar de los Navarros Z 72 Yf102
10330 Villar del Pedroso CC 100 Ue110
13431 Villar del Pozo CR 121 Wa115
24836 Villar del Puerto LE 27 Uc91
06192 Villar del Rey BA 116 Ta114
42173 Villar del Río SO 51 Xd96
44311 Villar del Salz TE 89 Yd104
16123 Villar del Saz de Arcas CU 105 Xf109
16190 Villar del Saz de Navalón CU 104 Xd108
24249 Villar del Yermo LE 27 Ub94
05220 Villar de Matacabras AV 66 Uf102
24392 Villar de Mazarife LE 27 Ub94
16196 Villar de Olalla CU 105 Xe108
46351 Villar de Olmos V 106 Yf111
37147 Villar de Peralonso SA 64 Te102
10720 Villar de Plasencia CC 99 Tf108
37609 Villar de Profeta SA 82 Tf104
06716 Villar de Rena BA 117 Ub114
37217 Villar de Samaniego SA 63 Td102
33728 Villar de San Pedro AS 13 Ta88
40317 Villar de Sobrepeña SG 67 Wb101
46351 Villar de Tejas V 106 Yf111
26325 Villar de Torre RI 31 Xa94
02213 Villar de Ves AB 125 Ye113
33480 Villardeveyo AS 15 Ua88
33842 Villar de Vildas AS 14 Td90
49250 Villardiegua de la Ribera ZA 64 Te99
49211 Villardiegua del Nalso ZA 64 Tf101
49178 Villardiegua del Sierro ZA 64 Ub101
49129 Villárdiga ZA 46 Ud98
23659 Villardompardo J 152 Vf121
49871 Villardondiego ZA 46 Ud99
26325 Villarejo RI 31 Xa94
37172 Villarejo SA 64 Te101
40590 Villarejo SG 68 Wc101
37591 Villarejo SA 81 Td106
05120 Villarejo AV 84 Vb106
02139 Villarejo AB 140 Xf117
16432 Villarejo de Fuentes CU 104 Xb110
16541 Villarejo de la Peñuela CU 104 Xd108
49342 Villarejo de la Sierra ZA 44 Td96
16843 Villarejo del Espartal CU 88 Xd107
05413 Villarejo del Valle AV 84 Va107
19445 Villarejo de Medina GU 70 Xd103
45179 Villarejo de Montalbán TO 101 Vc110
24358 Villarejo de Órbigo LE 27 Ua94
28590 Villarejo de Salvanés MD 103 We107
16771 Villarejo-Periesteban CU 104 Xd109
16195 Villarejo Seco CU 104 Xd109
16195 Villarejo-Sobrehuerta CU 104 Xd108
02439 Villares AB 140 Xf118
19244 Villares de Jadraque GU 69 Wf102
37184 Villares de la Reina SA 65 Uc102
16442 Villares del Saz CU 104 Xc109
24288 Villares de Órbigo LE 27 Ua94
37267 Villares de Yeltes SA 82 Td103
37217 Villargordo SA 63 Te102
41898 Villargordo SE 148 Td123
46317 Villargordo del Cabriel V 106 Yd111
24144 Villargusán LE 14 Ua91
09513 Villarías BU 30 Wc91
04616 Villaricos AL 171 Yb125
09195 Villariezo BU 30 Wb95
42174 Villarijo SO 51 Xf96
33778 Villarín AS 13 Ta88
24127 Villarín de Riello LE 26 Ua92
24741 Villarino LE 26 Tc95
37160 Villarino SA 63 Td101
24498 Villarino del Sil LE 26 Td91
49521 Villarino de Manzanas ZA 44 Td97
49358 Villarino de Sanabria ZA 44 Tc96
49518 Villarino Tras la Sierra ZA 44 Td98
49523 Villariño de Cebal ZA 45 Te98
44559 Villarluengo TE 91 Zc105
37130 Villarmayor SA 64 Ua102
09131 Villarmentero BU 30 Wb94

Villarmentero | 313 E

W

X

15995 Xuño = Santa Mariña de Xuño C 22 Qf93
27692 Xusaos LU 24 Se92
36827 Xustáns PO 23 Rc94
27377 Xustás LU 12 Sd89
27547 Xuvencos LU 24 Sc93

Y

35570 Yaíza GC 182 Mb175
31790 Yanci NC 21 Yb89
42172 Yanguas SO 51 Xd96
40493 Yanguas de Eresma SG 67 Ve102
33557 Yano AS 16 Ue89
31470 Yárnoz NC 33 Yc92
22141 Yaso HS 54 Zf95
18448 Yátor GR 169 Wf127
46367 Yátova V 126 Zb112
35541 Ye GC 182 Md173
22375 Yeba HS 35 Aa93
19141 Yebes GU 87 Wf105
24388 Yebra LE 25 Tb94
19111 Yebra GU 87 Xa106
22610 Yebra de Basa HS 35 Ze94
30850 Yéchar MC 156 Yc122
30510 Yecla MC 141 Yf117
37219 Yecla de Yeltes SA 63 Td103
01322 Yécora VI 32 Xd93
18460 Yegen GR 169 Wf127
23770 Yegüerizas J 151 Ve120
19413 Yela GU 87 Xb104
19143 Yélamos de Abajo GU 87 Xa105
19143 Yélamos de Arriba GU 87 Xa105
06411 Yelbes BA 117 Tf115
45220 Yeles TO 102 Wb108
42230 Yelo SO 70 Xc101
31485 Yelz NC 33 Yc92
16373 Yémeda CU 105 Yb110
45313 Yepes TO 102 Wc109
22193 Yéqueda HS 54 Zd95
39685 Yera CB 18 Wb90
33826 Yermes y Tameza AS 14 Tf89
39460 Yermo CB 17 Vf89
33826 Yernes AS 14 Tf89
31410 Yesa NC 34 Ye93
22622 Yéspola HS 35 Zd94
22820 Yeste HS 34 Zb94
02480 Yeste AB 139 Xe118
02536 Yetas de Abajo AB 139 Xd119
22370 Yosa HS 35 Zf93
42248 Yuba SO 70 Xd101
09123 Yudego BU 29 Vf94
24879 Yugueros LE 28 Ue92
45529 Yuncler TO 102 Wa108
45591 Yunclillos TO 102 Wa108
45210 Yuncos TO 102 Wa108
29410 Yunquera MA 174 Va128
19210 Yunquera de Henares GU 87 Wf104

Z

31292 Zábal NC 32 Xf92
48383 Zabala-Belendiz BI 19 Xc89
31422 Zabalceta NC 33 Yc92
31699 Zabaldika NC 33 Yc91
31470 Zabalegui NC 33 Yc92
09511 Zaballa BU 19 Wf91
48180 Zabaloetxe BI 19 Xa89
31174 Zabalza NC 33 Yb92
31472 Zabalza NC 33 Yd92
31448 Zabalza NC 34 Ye92
24396 Zacos LE 26 Tf93
46176 Zaé V 106 Yf110
09339 Zael BU 49 Wb96
30441 Zaén de Abajo MC 140 Xf119
30441 Zaén de Arriba MC 140 Xf119
49214 Zafara ZA 64 Te100
18128 Zafarraya GR 167 Vf127
06300 Zafra BA 133 Td118
03640 Zafra A 142 Za118
16771 Zafra de Záncara CU 104 Xc109
16317 Zafrilla CU 89 Yc107
37130 Zafrón SA 64 Tf102
37116 Zafroncino SA 64 Tf102
18311 Zagra GR 167 Ve125
11688 Zahara CA 165 Ud127

11393 Zahara de los Atunes CA 173 Ua132
41410 Zahariche SE 149 Ud124
06380 Zahínos BA 132 Ta119
11159 Zahora CA 172 Tf131
22530 Zaidín HS 55 Ab99
01138 Zaitegui VI 19 Xb91
31789 Zalain NC 21 Yb89
06430 Zalamea de la Serena BA 134 Uc117
21640 Zalamea la Real H 147 Tc122
24207 Zalamillas LE 46 Ud95
48250 Zaldibar BI 20 Xc89
20247 Zaldibia SS 20 Xf90
26289 Zaldierna RI 31 Wf95
20247 Zaldivia = Zaldibia SS 20 Xf90
09199 Zalduendo BU 30 Wd94
01208 Zalduondo VI 32 Xd91
29569 Zalea MA 166 Vb128
47810 Zalengas VA 46 Ue97
48860 Zalla BI 19 Wf89
47009 Zamadueñas VA 47 Vb98
42128 Zamajón SO 51 Xd99
36310 Zamáns PO 41 Rb96
37591 Zamarra SA 81 Td105
41780 Zamarra SE 165 Ud127
40196 Zamarramala SG 67 Vf103
37110 Zamayón SA 64 Ub102
14950 Zambra CO 167 Vd124
01212 Zambrana VI 31 Xa93
24249 Zambroncinos LE 27 Ub95
37110 Zamocino SA 64 Ua101
49001*Zamora ZA 64 Ub99
23569 Zamora J 153 Wd123
14814 Zamoranos CO 151 Vf123
48170 Zamudio BI 19 Xa89
31799 Zandio NC 33 Yc91
10815 Zangajito CC 98 Td108
09211 Zangandez BU 30 We92
31400 Zangoza = Sangüesa NC 33 Ye93
11370 Zanona CA 173 Ub131
33490 Zanzabornín AS 15 Ub87
19495 Zaorejas GU 88 Xe104
05154 Zapardiel de la Cañada AV 83 Ud105
05631 Zapardiel de la Ribera AV 83 Ue106
05514 Zapata AV 83 Ue106
02315 Zapateros AB 139 Xc117
42127 Zárabes SO 70 Xe99
50001*Zaragoza Z 53 Za99
50709 Zaragozeta Z 73 Zf102
48820 Zaramillo BI 19 Wf89
37170 Zarapicos SA 64 Ua102
48480 Zaratamo BI 19 Xa89
47610 Zaratán VA 47 Vb99
37170 Zaratán SA 64 Ub102
20800 Zarautz SS 20 Xe89
30810 Zarcilla de Ramos MC 155 Ya121
20530 Zarimutz SS 20 Xc90
31190 Zariquiegui NC 33 Yb92
31481 Zariquieta NC 33 Ye92
46621 Zarra V 125 Yf114
32839 Zarracós OR 42 Sa95
26291 Zarratón RI 31 Xa93
31869 Zarrautz NC 21 Yb91
06611 Zarza-Capilla BA 119 Ue116
37173 Zarza de Don Beltrán SA 63 Td101
10710 Zarza de Granadilla CC 82 Tf107
10189 Zarza de Montánchez CC 117 Tf113
16470 Zarza de Tajo CU 103 Wf108
30814 Zarzadilla de Totana MC 156 Yb121
23610 Zarzaíca J 152 Wa123
10880 Zarza la Mayor CC 97 Ta109
28293 Zarzalejo MD 85 Ve105
04213 Zarzales AL 170 Xa125
29197 Zarzo MA 175 Ve128
26586 Zarzosa RI 51 Xd95
09108 Zarzosa de Ríopisuerga BU 29 Ve93
37621 Zarzosilla SA 82 Tf105
37621 Zarzoso SA 82 Tf105
10670 Zarzoso CC 98 Te108
16146 Zarzuela CU 89 Xf107
19238 Zarzuela de Galve GU 68 We102

19237 Zarzuela de Jadraque GU 69 Wf102
40152 Zarzuela del Monte SG 85 Vd104
40293 Zarzuela del Pinar SG 67 Ve101
15850 Zas C 10 Ra90
15805 Zas de Rei C 11 Rf91
01139 Zátrate VI 19 Xb91
42351 Zayas de Báscones SO 49 We98
42329 Zayas de Torre SO 49 We98
42351 Zayuelas SO 49 We98
31438 Zazpe NC 33 Yd92
09490 Zazuar BU 49 Wc98
48144 Zeanuri BI 19 Xb90
48499 Zeberio BI 19 Xa90
20215 Zegama SS 20 Xe91
48278 Zeinka BI 20 Xc89
48140 Zelaia BI 19 Xb90
48289 Zelaia = Celaya o San Pedro de Mendeja BI 20 Xd88
48314 Zelaieta (Gautegiz Arteaga) BI 19 Xc88
30588 Zeneta MC 157 Za120
26131 Zenzano RI 32 Xd95
20214 Zerain SS 20 Xe90
01192 Zerio = Cerio VI 31 Xc91
20740 Zestoa SS 20 Xe89
31639 Zibelti NC 21 Yd91
48500 Zierbena BI 19 Wf88
31796 Zigaurre NC 21 Yc90
01138 Zigoitia VI 19 Xb91
31809 Ziordia NC 32 Xe91
48278 Ziortza BI 20 Xc89
20159 Zizurkil SS 20 Xf89
23749 Zocueca J 137 Wa120
31192 Zolina NC 33 Yc92
48499 Zollo BI 19 Xa89
27730 Zoñán LU 12 Sd89
37116 Zorita SA 64 Ub102
37116 Zorita SA 64 Tf102
10130 Zorita CC 118 Ub113
37408 Zorita de la Frontera SA 65 Ue102
47609 Zorita de la Loma VA 47 Uf95
12311 Zorita del Maestrazgo CS 92 Ze104
19119 Zorita de los Canes GU 87 Xa106
05163 Zorita de los Molinos AV 84 Vb104
34407 Zorita del Páramo P 29 Vd93
26288 Zorraquín RI 31 Wf95
24791 Zotes del Páramo LE 27 Ub95
24249 Zuares del Páramo LE 27 Ub95
01477 Zuaza VI 19 Wf90
01208 Zuazo VI 32 Xd91
01430 Zuazo de Cuartango VI 31 Xa91
31421 Zuazu NC 33 Yd92
48380 Zubero BI 20 Xc89
48499 Zubialde BI 19 Xa90
48130 Zubiaur BI 19 Xb88
31241 Zubielqui NC 32 Xf92
48192 Zubieta BI 19 Wf89
31746 Zubieta NC 21 Yb90
31630 Zubiri NC 33 Yc91
12125 Zucaina CS 107 Zd108
31272 Zudaire NC 32 Xf92
01409 Zudibiarte Ugalde VI 19 Xa89
50800 Zuera Z 53 Zb97
31241 Zufía NC 32 Xf92
21210 Zufre H 148 Td122
31710 Zugarramurdi NC 21 Yc89
01195 Zuhatzu = Zuazo de Vitoria VI 31 Xb91
14870 Zuheros CO 151 Ve123
18291 Zujaira GR 168 Wa125
18811 Zújar GR 154 Xa123
28810 Zulema MD 86 Wd106
02214 Zulema AB 125 Yd113
31470 Zulueta NC 33 Yc92
20750 Zumaia SS 20 Xe89
29566 Zumaque MA 166 Vb128
20700 Zumarraga SS 20 Xe90
09150 Zumel BU 30 Wb94
01211 Zumento VI 31 Xb93
31484 Zunzarren NC 33 Yd91
09245 Zuñeda BU 31 We93
31245 Zúñiga NC 32 Xe92
30814 Zúñiga y La Juncosa MC 156 Yb122
01520 Zurbao = Zurbano VI 31 Xc91
06720 Zurbarán BA 118 Ub114

09294 Zurbitu BU 31 Xb92
33629 Zureda AS 15 Ua90
04650 Zurgena AL 171 Xf124
31699 Zuriáin NC 33 Yc91
39479 Zurita CB 17 Wa88
22569 Zurita HS 55 Ac97
22728 Zuriza HS 34 Zb91
31292 Zurucuáin NC 32 Xf92
09491 Zuzones BU 49 Wd99

AC	Açores	E	Évora	PT	Portalegre
AV	Aveiro	FA	Faro	SA	Santarém
BE	Beja	GD	Guarda	SE	Setúbal
BN	Bragança	L	Lisboa	VC	Viana de Castelo
BR	Braga	LE	Leiria	VR	Vila Real
C	Coimbra	MA	Madeira	VS	Viseu
CB	Castelo Branco	P	Porto		

A

5000-014 Abaças VR 61 Sb101
4750-009 Abade de Neiva BR 60 Rc99
4860-011 Abadim BR 61 Sa99
5370-010 Abambres BN 62 Se99
4950 Abedim VC 41 Rc97
7000 Abegoaria E 130 Sa116
7240-201 Abegoaria E 131 Se118
2985 Abegoaria SE 129 Rc116
7540-011 Abela SE 144 Rc120
7540 Abela, Estação Ferroviária de SE 144 Rc121
8100 Abelheira FA 159 Re125
2530-059 Abelheira L 112 Qe113
6320-591 Abitureira GD 80 Sf106
2005-129 Abitureiras SA 113 Rb113
3100-012 Abiúl LE 95 Rc109
4600-500 Aboadela P 61 Sa101
5400 Abobeleira VR 43 Sd98
2785 Abóboda L 128 Qe116
6120-111 Aboboreira SA 95 Rf111
4820-001 Aboim BR 61 Rf99
4600-510 Aboim P 61 Rf101
4730-010 Aboim da Nóbrega BR 41 Rd98
4970 Aboim das Chocas VC 41 Rd97
4750-020 Aborim BR 41 Rc99
2025-011 Abrã SA 113 Rb112
4560-015 Abragão P 60 Re102
2200 Abrantes SA 114 Re112
2200 Abrantes, Estação Ferroviária de SA 114 Re112
3515 Abravesses VS 79 Sa104
5370-021 Abreiro BN 62 Se100
2580-001 Abrigada L 112 Qf114
6005-250 Abrunhal CB 96 Sd109
3140-011 Abrunheira C 94 Rd108
3530-011 Abrunhosa-a-Velha VS 79 Sc105
3530-050 Abrunhosa do Mato VS 79 Sb105
8550 Abutareira FA 158 Rb125
9630 Achada AC 177 Ze121
9240 Achada da Madeira MA 178 If152
9230 Achada do Cedro Gordo MA 178 Ka152
7750-401 Achada do Gamo BE 146 Sc123
9630 Achadinha AC 177 Ze121
9225 Achadinha MA 178 Kb152
2000-321 Achete SA 113 Rb113
5160-011 Açoreira BN 62 Sf102
6360 Açores GD 80 Se105
2605 A-da-Beja L 112 Qe116
4755 Adães BR 60 Rc99
2510-011 A-da-Gorda LE 112 Qf112
6300 Adão GD 80 Sf106
2550 Adão L 112 Qf113
4710 Adaúfe BR 41 Rd99
6355-010 Ade GD 81 Ta105
3640-160 A-de-Barros VS 62 Sc103
5160-002 Adeganha BN 62 Sf101
7750 A-de-Lede BE 145 Sb123
2135-001 Adema SA 129 Ra115
3025 Adémia de Cima C 78 Rd107
6185-402 Adgiraldo CB 96 Sd108
2590 A-do-Baço L 112 Qe115
6420-501 A-do-Cavaio GD 80 Se103

7830-011 A-do-Pinto BE 146 Sd121
5120-011 Adorigo VS 61 Sc102
2405 A-dos-Barbas LE 94 Ra110
3630 A-dos-Bispo VS 62 Sd103
7670 A-dos-Calças BE 145 Re122
2560-005 A-dos-Cunhados L 112 Qe114
3750-801 A-dos-Ferreiros AV 78 Rd105
6420-351 A-dos-Ferreiros GD 80 Se104
2500-001 A-dos-Francos LE 112 Qf113
7700 A-dos-Grandes BE 159 Sa124
2510-321 A-dos-Negros LE 112 Qf112
5000 Adoufe VR 61 Sb100
2680 Adrião L 112 Qf116
2000-322 Advagar SA 113 Rb112
4900-011 Afife VC 41 Ra98
2525 Afonguia da Baleia LE 112 Qe112
5450-100 Afonsim VR 61 Sb99
8970-011 Afonso Vicente FA 146 Sc124
3750 Agadão AV 78 Re105
4615 Agilde BR 61 Rf100
2420-169 Agodim LE 94 Rb110
2100-011 Agolada SA 129 Rc114
8100 Agostas FA 159 Re126
4850 Agra BR 42 Rf99
5400 Agreia VR 43 Sd98
4820 Agrela BR 61 Re99
4825 Agrela P 60 Rd101
3360-051 Agrelo C 78 Rd107
5460 Agrelos VR 42 Sb99
5070 Agrelos VR 62 Sc101
5350 Agrobom BN 63 Ta100
5335-011 Agrochão BN 44 Sf98
2305 Água Boa SA 113 Rc115
7630 Água Branca BE 144 Rd122
3750-031 Aguada de Baixo AV 78 Rd105
3750-041 Aguada de Cima AV 78 Rd105
4840 Água da Pala BR 42 Rf98
3600 Água de Alte VS 79 Sa104
2445-011 Água de Madeiros LE 94 Qf110
9560 Água de Pau AC 177 Zc122
7920 Água de Peixe BE 145 Sa119
9200 Água de Pena MA 178 Kb152
7570 Água de Porco SE 144 Rb119
7570-101 Água Derramada SE 144 Rd119
9680 Água do Alto AC 177 Zd122
7090 Água Doce E 130 Re118
8800 Água dos Fusos FA 160 Sb125
4825-063 Água Longa P 60 Rd101
4940-011 Agualonga VC 41 Rc97
9760 Agualva AC 176 Xe116
9650 Água Retorta AC 177 Zf122
5430 Água Revés VR 62 Sd99
6090-011 Águas CB 97 Sd108
7750-011 Água Salgada BE 145 Sb122
6320-011 Águas Belas GD 80 Sf106
2240 Águas Belas SA 95 Re110

2100-301 Águas Belinhas SA 113 Rd115
3560-010 Águas Boas VS 80 Sc103
2965-520 Águas de Moura SE 129 Rb117
2965 Águas de Moura, Estação Ferroviária de SE 129 Rb117
8800 Águas de Tábuas FA 159 Sb125
5400-601 Águas Frias VR 43 Sd98
9100 Águas Mansas MA 178 Kb152
4830 Aguas Santas BR 42 Rd99
4425 Águas Santas P 60 Rc101
5000-732 Águas Santas VR 61 Sc100
5225 Aguas Vivas BN 63 Td100
2205-161 Água Travessa SA 114 Re113
4490 Aguçadoura P 60 Rb100
3260-021 Aguda LE 95 Re109
3750-101 Águeda AV 78 Rd105
4970-051 Aguiã VC 41 Rd97
4750 Aguiar BR 41 Rc99
7090 Aguiar E 130 Sa118
3570-010 Aguiar da Beira GD 80 Sc104
4585-009 Aguiar de Sousa P 60 Rd102
3750 Aguieira AV 78 Rd105
3525-501 Aguieira VS 79 Sa105
3780-621 Aguim AV 78 Rd106
4870 Aguinchos VR 61 Sa100
2970 Aiana de Baixo SE 128 Qf117
4650-011 Aião P 61 Re101
4650 Airães P 61 Re101
4805 Airão (Santa Maria) BR 60 Rd100
4805 Airão (São João Batista) BR 60 Rd100
7780-010 Aivados BE 145 Re122
8365 Aivados e Fontes FA 159 Rd125
7080 Ajuda Velha E 129 Rd117
4830 Ajude BR 42 Re99
5340-011 Ala BN 44 Sf99
6320-051 Alagoas GD 80 Sf107
7300 Alagoinha PT 115 Sd113
7600 Alamo BE 145 Re121
7750 Álamo BE 146 Se120
7750 Alamo BE 146 Sb123
7000 Álamo E 130 Rf118
7250-101 Alandroal E 131 Sd116
5400-646 Alanhosa VR 43 Sd98
4810 Albaçao (São Tomé) BR 60 Re100
6300-015 Albardo GD 80 Sf105
2635 Albarraque L 128 Qd116
2005-113 Albergaria SA 113 Ra113
3850-501 Albergaria-a-Nova AV 78 Rd104
3850-001 Albergaria-a-Velha AV 78 Rd104
3850-001 Albergaria-a-Velha e Valmaior AV 78 Rd104
4540 Albergaria das Cabras AV 79 Re103
3100-081 Albergaria dos Doze LE 94 Rc110
7940 Albergaria dos Fusos BE 130 Sa119
7580-302 Alberge SE 129 Rc118
7800-601 Albernoa BE 145 Sa121

6110 Albrunheiro Grande CB 95 Re110
8200 Albufeira FA 159 Re126
2490-001 Alburitel SA 95 Rc111
2645 Alcabideche L 128 Qd116
7580 Alcácer do Sal SE 129 Rc118
7090-010 Alcáçovas E 130 Rf118
3530 Alcafache VS 79 Sa105
6060-011 Alcafozes CB 97 Sf109
6230 Alcaide CB 96 Sd108
2640 Alcainão Grande L 128 Qe115
6005-001 Alcains CB 96 Sd109
8500 Alcalá FA 158 Rc125
7050 Alcalva E 130 Rf117
2025-030 Alcanede SA 113 Rb112
2380-011 Alcanena SA 113 Rb112
2000 Alcanhões SA 113 Rc113
8365-009 Alcantarilha FA 159 Rd126
2230 Alcaravela SA 95 Rf111
7700 Alcaria BE 159 Re124
6230-022 Alcaria CB 80 Sc107
8100 Alcaria FA 159 Rf125
8800 Alcaria FA 160 Sb125
8970 Alcaria FA 160 Sc124
8950 Alcaria FA 160 Sd125
2480-011 Alcaria LE 94 Rb111
8970 Alcaria Alta FA 146 Sd124
8800 Alcaria Alta FA 159 Sd125
7960-111 Alcaria da Serra BE 145 Sb119
7780-501 Alcaria do Coelho BE 145 Sa123
7750 Alcaria Longa BE 160 Sa123
8970-322 Alcaria Queimada FA 160 Sc124
7750-013 Alcaria Ruiva BE 145 Sb122
7670-011 Alcarias BE 145 Re122
8950 Alcarias FA 160 Sc125
8970 Alcarias FA 160 Sd125
7750 Alcarias de Javazes BE 160 Sc123
6430 Alcarva GD 62 Sd102
2460-001 Alcobaça LE 94 Ra111
2040-011 Alcobertas SA 113 Ra112
2890-001 Alcochete SE 128 Ra116
7300 Alcofra VS 79 Re105
2645 Alcoitão L 128 Qd116
6230-040 Alcongosta CB 96 Sd108
3450-012 Alcordal VS 79 Re106
8800 Alcornicosa FA 159 Sb125
7480 Alcorrego PT 114 Sa114
8800 Alcorvel FA 160 Sb125
8970-051 Alcoutim FA 146 Sd124
6300 Aldaia Viçosa GD 80 Se105
4755 Aldeia BR 60 Rc100
4640 Aldeia P 61 Sa101
4950 Aldeia VC 41 Rc96
3660 Aldeia VS 79 Rf103
3320-152 Aldeia Cimeira C 95 Sa108
7200 Aldeia da Barrada E 131 Sd118
7630 Aldeia da Bemposta BE 158 Rc123
6320-211 Aldeia da Dona GD 81 Ta106
2025 Aldeia d' Além SA 113 Rb112
Aldeia da Mata PT 114 Sb113
6230 Aldeia da Mata da Rainha CB 96 Se108

7150 Aldeia da Nora E 115 Sc116
6320-031 Aldeia da Ponte GD 81 Ta106
6100-602 Aldeia da Ribeira CB 95 Rf110
6320-041 Aldeia da Ribeira GD 81 Ta106
7630-513 Aldeia das Amoreiras BE 144 Rd122
3400-201 Aldeia das Dez C 79 Sa107
7040 Aldeia da Serra E 114 Sa116
7200-012 Aldeia das Pias E 131 Sd117
7200-011 Aldeia da Venda E 131 Sd117
Aldeia de Ana de Avis LE 95 Re109
6120-151 Aldeia de Eiras SA 95 Rf111
7250 Aldeia de Faleiros E 131 Sd117
7250 Aldeia de Ferreira E 131 Sd117
6230-045 Aldeia de Joanes CB 96 Sc108
6090-151 Aldeia de João Pires CB 97 Sf108
7100-041 Aldeia de Mourinhos E 115 Sc116
3620-010 Aldeia de Nacomba VS 61 Sc103
2840 Aldeia de Paio Pires SE 128 Qf117
7900-113 Aldeia de Ruins BE 145 Re120
6300-255 Aldeia de Santa Madalena GD 80 Se106
6060-021 Aldeia de Santa Margarida CB 97 Se108
6320-050 Aldeia de Santo António GD 80 Sf106
6355 Aldeia de São Sebastião GD 81 Ta105
8100-381 Aldeia de Tor FA 159 Rf125
7460 Aldeia de Vale de Maceiras PT 115 Sc114
6090-071 Aldeia do Bispo CB 97 Sf108
6300 Aldeia do Bispo GD 80 Se106
6320 Aldeia do Bispo GD 81 Ta107
7555-012 Aldeia do Cano BE 144 Rc122
6200 Aldeia do Carvalho CB 80 Sd107
7570 Aldeia do Futuro SE 144 Rc119
2200-601 Aldeia do Mato SA 95 Re111
2970-051 Aldeia do Meco SE 128 Qe118
7200 Aldeia do Outeiro E 131 Sd118
3100-013 Aldeia do Rio LE 95 Rc109
7600-301 Aldeia dos Elvas BE 145 Re122
7700-301 Aldeia dos Fernandes BE 159 Re123
7670 Aldeia dos Grandaços BE 145 Re123
8200 Aldeia dos Matos FA 159 Re125

A
B
C
D
E
F
G
H
I
J
K
L
M
N
O
P
Q
R
S
T
U
V
W
X
Y
Z

P

5470 Borralha VR 42 Sa99
3465-013 Borralhal VS 79 Rf106
4640-381 Boscras P 61 Rf101
5460-492 Bostofrio VR 42 Sb99
3850 Bostorenga AV 78 Rd104
7350 Botafogo PT 115 Sf115
3020 Botao C 78 Rd107
8950 Botelhas FA 160 Sc125
4850 Botica BR 42 Rf98
5460 Boticas VR 43 Sb98
2670 Botica Sete L 128 Qe115
7570 Botinas SE 144 Rb120
3460-208 Botulho VS 79 Rf105
5385 Bouça BN 43 Se99
6215 Bouça CB 80 Sc107
6400-171 Bouça Cova GD 80 Se104
4970 Bouças Donas VC 41 Re97
2480-021 Bouceiros LE 94 Rb111
8550-223 Boucinhos FA 158 Rc124
5430-042 Bouçoães VR 43 Se98
3740 Bouçós AV 60 Rc102
4785 Bougado (Santiago) P 60 Rc100
4785 Bougado (São Martinho) P 60 Rc101
4720 Bouro BR 42 Re99
Bouro, Estação Ferroviária de LE 94 Qe112
6230-140 Boxinos CB 96 Sb108
3260 Braçais LE 95 Re110
7330 Braçais PT 115 Se112
8005-424 Braciais FA 159 Sa126
4710 Braga BR 60 Rd99
5300-782 Bragada BN 44 Ta99
4870 Bragada VR 42 Sb99
4870-251 Bragadas VR 61 Sb99
5450-180 Bragado VR 43 Sc99
5300 Bragança BN 44 Tb98
3850-511 Branca AV 78 Rd104
7700 Brancanes BE 159 Rf123
8700 Brancanes FA 159 Sb126
2580 Brancos L 112 Qf114
4970 Branda de São Bento do Cande VC 42 Re97
4990 Brandara VC 41 Rc98
5470-522 Brandim VR 42 Sa98
8200 Branqueira FA 159 Re126
4515 Branzelo P 60 Rd102
3020-532 Brasfemes C 78 Rd107
4980 Bravaes VC 41 Rd98
8150 Bravas FA 160 Sa125
7630-569 Brejão BE 158 Rb124
2950 Brejo SE 129 Ra117
2910 Brejo de Canes SE 129 Rb117
3320-103 Brejo de Cima C 96 Sa108
2950 Brejos Correteiros SE 128 Ra117
2925 Brejos de Azeitão SE 128 Qf117
7570 Brejos do Fetal SE 144 Rc119
3080 Brenha C 78 Rb107
7500-014 Brescos SE 144 Rb120
2230 Brescovo SA 95 Rf111
9545 Bretanha AC 176 Zb121
7830-111 Brinches BE 146 Sc120
5340 Brinço BN 44 Sf99
4850 Brinhós BR 42 Rf99
4805 Briteiros BR 60 Rd99
4805 Briteiros BR 60 Re99
4980 Britel VC 42 Re97
4890 Britelo BR 61 Sa100
7750-303 Brites Gomes BE 146 Sb123
5100 Britiande VS 61 Sb102
5320 Brito BN 43 Se97
5320 Brito BN 44 Sf98
4805-019 Brito BR 60 Rd100
2350-052 Brogueira SA 113 Rc112
5370-551 Bronceda BN 62 Se100
7490 Brotas E 114 Rf115
5200-090 Bruçó BN 63 Tb101
4840 Brufe BR 42 Re98
4880 Brumela VR 61 Sa100
4830 Brunhais BR 61 Re99
5140-203 Brunheda BN 62 Sd101
Brunheira BE 159 Rf124
7645-023 Brunheiras BE 144 Rb122
2205-201 Brunheirinho SA 114 Rf113
3870 Brunheiro AV 78 Rc104
3130 Brunhos C 94 Rb108
5200-110 Brunhosinho BN 63 Tc100
5200-100 Brunhoso BN 63 Tb100
3080-214 Buarcos C 94 Ra108
2670-628 Bucelas L 112 Qf115
4860-122 Bucos BR 42 Rf99
8650-050 Budens FA 158 Rb126
2525-089 Bufarda LE 112 Qe113
5470 Bugalhão VR 42 Sa99
2380-220 Bugalhos SA 113 Rc112
6000-642 Bugios CB 96 Sb110
7350 Buinhas PT 115 Se115
5000 Bujões VR 61 Sb101
8670 Bunheira FA 158 Ra124
2140 Bunheira SA 113 Rd114
3140-028 Bunhosa C 78 Rb107
5340-060 Burga BN 62 Sf100
4780 Burgães P 60 Rd100
8650-100 Burgau FA 158 Rb126
4540 Burgo AV 60 Re103
2445-015 Burinhosa LE 94 Ra110
4540 Bustelo AV 61 Rf103
3750 Bustelo AV 78 Rd105
4560 Bustelo P 60 Re101
4585 Bustelo P 60 Rd102
4600 Bustelo P 61 Sa101
5470 Bustelo VR 42 Sa98
5400 Bustelo VR 43 Sd98
4690 Bustelo VS 61 Rf102
3600 Bustelo VS 61 Sb103
3720-173 Bustelo do Caima AV 78 Rd104
3770-018 Bustos AV 78 Rc106

C

8100 Cabaça FA 159 Rf125
8970 Cabaços FA 160 Sc125
3250-254 Cabaços LE 95 Rd110
4990 Cabaços VC 41 Rc98
3620-090 Cabaços VS 62 Sc102
4970 Cabana Maior VC 42 Rd97
8150 Cabanas FA 159 Sb125
4825 Cabanas P 60 Rd101
2950-531 Cabanas SE 128 Ra117
5160-031 Cabanas de Baixo BN 62 Sf101
5160-032 Cabanas de Cima BN 62 Sf101
2580-121 Cabanas de Torres L 112 Qf114
3430-600 Cabanas de Viriato VS 79 Sa106
5370 Cabanelas BN 43 Se99
4730 Cabanelas BR 41 Rd99
4455 Cabanelas P 60 Rb101
5450 Cabanes VR 61 Sc99
Cabano da Quinta MA 178 Ka151
2580 Cabans do Chão L 112 Qf114
6270 Cabeça GD 79 Sb107
5160-033 Cabeça Boa BN 62 Sf101
8300 Cabeça Branca FA 158 Rd125
5320-191 Cabeça da Igreja BN 43 Sf97
7670-205 Cabeça da Serra BE 145 Rf123
2230-102 Cabeça das Mós SA 95 Rf111
2480 Cabeça das Pombas LE 94 Rb112
7200-014 Cabeça de Carneiro E 131 Sd117
8100 Cabeça de Veca FA 159 Sa125
7800 Cabeça Gorda BE 145 Sb121
8800 Cabeça Gorda FA 160 Sb125
2565 Cabeça Gorda L 112 Qe113
7490-051 Cabeção E 114 Rf115
7780 Cabeças BE 145 Rf123
6230 Cabeças CB 96 Sd108
3260-890 Cabeças LE 95 Re109
4575 Cabeça Santa P 60 Re102
2480-203 Cabeça Veada LE 94 Ra112
4860-355 Cabeceiras de Basto BR 61 Sa99
3840 Cabecinhas AV 78 Rb106
3070 Cabeço C 78 Rb106
8950 Cabeço FA 160 Sd125
7500 Cabeço SE 144 Rb120
9950 Cabeço Chão AC 176 Wd117
7630 Cabeço de Arvéloa BE 158 Rb124
2665-302 Cabeço de Montachique L 112 Qe115
7460-001 Cabeço de Vide PT 115 Sc114
6000-683 Cabeço do Infante CB 96 Sc109
Cabeço Monteiro CB 97 Se109
6100-015 Cabeçudo CB 95 Rf110
7170 Cabida E 131 Sc117
7040 Cabido Grande E 130 Sa116
3220 Cabo C 95 Re108
9385 Cabo MA 178 Ie151
4950 Cabo VC 41 Rd96
9760 Cabo da Praia AC 176 Xf116
3080 Cabo Mondego C 94 Ra107
2040 Cabos SA 113 Ra112
9560 Cabouco AC 177 Zc122
Cabouco C 95 Rd107
4990 Cabracão VC 41 Rc97
3330 Cabreira C 95 Rf108
6355 Cabreira GD 81 Sf105
4970 Cabreiro VC 41 Rd97
4540 Cabreiros AV 79 Re103
4705 Cabreiros BR 60 Rd99
7050 Cabrela E 129 Rd117
7050 Cabrela, Estação Ferroviária de E 129 Rd117
3320 Cabril C 96 Sa108
5470 Cabril VR 42 Rf98
3600 Cabril VS 61 Rf103
Cabril, Rio VR 42 Rf98
4870 Cabriz VR 61 Sb100
4575-200 Cabroelo P 60 Rd102
3730-002 Cabrum AV 79 Re104
7900 Caçapeira BE 130 Rf120
5230-090 Caçarelhos BN 63 Td99
4890 Caçarilhe BR 61 Rf100
8900 Cacela Velha FA 160 Sc126
2635 Cacém L 112 Qe116
3360-282 Cácemes C 78 Rd106
2600-581 Cachoeiras L 128 Qf115
2910 Cachofarra SE 129 Ra117
8800 Cachopo FA 159 Sb124
7750 Cachopos BE 146 Sb122
Cachorro AC 176 Wd117
3800-533 Cacia AV 78 Rc104
2580-019 Cadafais L 128 Qf114
6040 Cadafás PT 95 Sa112
3330 Cadafaz C 95 Rf108
6360 Cadafaz GD 80 Sd105
2550-005 Cadaval L 112 Qf113
3060-094 Cadima C 78 Rc107
4630-630 Cadimes P 61 Rf101
7040 Caeira E 114 Sa115
7580 Caeirinha SE 129 Rd118
7630 Caeiros BE 144 Rc122
7630 Caeiros BE 144 Rc122
4930 Cães VC 41 Rc96
6000-030 Cafede CB 96 Sc109
3440-005 Cagido VS 79 Rf106
7700 Caiada BE 159 Sa123
7350 Caia e São Pedro PT 115 Sf115
7300 Caia Santiago PT 115 Sd113
4620 Caíde de Rei P 60 Re101
4720 Caires BR 42 Rd99
Cais do Pico AC 177 We117
2970-005 Caixas SE 128 Qf118
7350 Calçdinha PT 115 Se115
3570-110 Caldas da Cavaca GD 80 Sc104
3525 Caldas da Felqueira VS 79 Sa106
2500-067 Caldas da Rainha LE 112 Qf112
8550-232 Caldas de Monchique FA 158 Rc125
4815 Caldas de Vizela BR 60 Re100
4845-067 Caldas do Gerês BR 42 Rf98
3515-725 Calde VS 79 Sa104
5070-311 Cal de Bois VR 62 Sd100
7630 Caldeira BE 144 Rb122
7490 Caldeira E 114 Re115
7090 Caldeira E 130 Re118
9600 Caldeiras AC 177 Zd122
6000 Caldeirinhas CB 97 Se110
4720 Caldelas BR 42 Rd98
2420-051 Caldelas LE 94 Rb110
4760-174 Calendário BR 60 Rc100
2615-623 Calhandriz L 112 Qf115
2970 Calhariz SE 128 Qf118
9930 Calhau AC 177 Wf118
4990 Calheiros VC 41 Rc98
9850 Calheta AC 177 Wf117
9370 Calheta MA 178 Ie152
9930 Calheta de Nesquim AC 177 Wf118
9600 Calhetas AC 177 Zc122
3850-362 Calvães AV 78 Rc105
3840 Calvão AV 78 Rb106
5400-608 Calvão VR 43 Sc98
2480-055 Calvaria de Cima LE 94 Ra111
5300 Calvelhe BN 44 Tb99
4485 Calvelhe P 60 Rb101
4990 Calvelo VC 41 Rc98
2305-308 Calvinos SA 95 Rd110
4830 Calvos BR 42 Re99
6000 Calvos CB 96 Sc110
8375 Calvos FA 159 Re125
9135 Camacha MA 178 Ka152
9400 Camacha MA 179 Kd150
7630-572 Camachos BE 158 Rc123
9300 Câmara de Lobos MA 178 Ka153
2670 Camarate L 112 Qf116
3080 Camarção C 78 Rb107
2580 Camarnal L 112 Ra114
3060 Camarneira C 78 Rc106
2715 Camarões L 112 Qe116
3320-072 Camba C 96 Sa107
3670-055 Cambarinho VS 79 Re104
6185 Cambas CB 96 Sa108
5400-811 Cambedo VR 43 Sd97
2560-192 Cambelas L 112 Qd114
4860 Cambeses BR 60 Rc100
4950 Cambeses VC 41 Rd96
5470-041 Cambeses do Rio VR 42 Sa98
3670-037 Cambra VS 79 Rf104
5100-387 Cambres VS 61 Sb102
3280-200 Camelo LE 95 Rf108
2630 Camondos L 112 Qf115
3730 Campa de Arca AV 78 Re104
8800 Campana FA 160 Sc125
9350 Campanário MA 178 If152
4300 Campanhã P 60 Rc102
3860 Camp de Santiães AV 78 Rc104
5000 Campeã VR 61 Sa101
8950 Campeiros FA 160 Sc125
3260 Campelo LE 95 Re109
5140 Campelos BN 62 Sd101
2565-007 Campelos L 112 Qe113
3670-056 Campia VS 79 Re104
8800 Campina FA 160 Sb126
7200 Campinho E 131 Sd118
3150-253 Campizes C 95 Rc108
4750 Campo BR 41 Rc99
7200 Campo E 131 Sc118
2500-303 Campo LE 112 Qf112
4440 Campo P 60 Rd101
4795 Campo P 60 Rd100
5450 Campo VR 61 Sc100
3660 Campo VS 79 Sa104
3600-371 Campo Benfeito VS 61 Sa103
3465-023 Campo de Besteiros VS 79 Rf105
5230-100 Campo de Víboras BN 63 Tc99
4840 Campo do Gerês BR 42 Re98
1050 Campo Grande L 128 Qf116
7370 Campo Maior PT 116 Sf114
9950 Campo Raso AC 176 Wd118
7630-282 Campo Redondo BE 144 Rc122
4850 Campos BR 42 Rf98
4920 Campos VC 41 Rb97
5460 Campos VR 42 Sb99
Campo-Serra, Estação Ferroviária de LE 112 Qf112
6430 Canada GD 62 Se103
2580 Canãdas L 112 Qf114
4600 Canadelo P 61 Sa101
3600-422 Canado VS 79 Sa103
7080 Canafecheira E 129 Rd116
7780 Canal BE 145 Rf122
7100 Canal E 131 Sc116
8670 Canal FA 158 Ra125
2025-013 Canal SA 113 Rb112
Canal Caveira SE 144 Rd120
Canal Caveira, Estação Ferroviária de SE 144 Rd120
3460-012 Canas de Santa Maria VS 79 Rf105
3525-001 Canas de Senhorim VS 79 Sa105
5430 Canaveses VR 62 Sd99
3440-452 Cancela VS 79 Rf106
6430 Cancelos GD 62 Se103
7240 Cancere E 131 Se119
4870-040 Canda VR 61 Sa100
3200-067 Candal C 95 Re108
3250 Candal LE 95 Rd110
3660-042 Candal VS 79 Re103
5335-032 Candedo BN 43 Sf97
3780-403 Candeeira AV 78 Rd106
2475-015 Candeeiros LE 112 Ra112
9555 Candelária AC 176 Zb122
9950 Candelária AC 176 Wc118
5090 Candelo VR 62 Sd100
4600 Candemil P 61 Sa101
4920 Candemil VC 41 Rb97
5400-010 Cando VR 43 Sc98
Candós P 61 Rf102
3420 Candosa C 79 Sa106
3330 Candosa C 95 Rf108
5360-031 Candoso BN 62 Se101
1685-001 Caneças L 112 Qe116
4525 Canedo AV 60 Rd102
4870-022 Canedo VR 42 Sb99
2100 Caneira SA 113 Rc114
2140 Caneira SA 113 Re113
7900-342 Caneiras Grandes BE 130 Re120
2490 Caneiro SA 95 Rc111
4540 Canelas AV 61 Re103
3865 Canelas AV 78 Rc104
7090 Canelas E 129 Re118
4410 Canelas P 60 Rc102
4575 Canelas P 60 Re102
5050 Canelas VR 61 Sb102
2985-001 Canha SE 129 Rc116
2985 Canha, Estação Ferroviária de SE 129 Rc116
9360 Canhas MA 178 If152
7900-491 Canhestros BE 145 Re120
9200 Caniçal MA 178 Kb152
2040 Caniceira SA 113 Rc113
9125 Caniço MA 178 Ka153
4485 Canidelo P 60 Rc101
4400 Canidelo P 60 Rc102
7470 Cano PT 114 Sb115
7400 Cansado PT 114 Rf113
7700-260 Cansados BE 159 Rf124
3060-121 Cantanhede C 78 Rc106
Cantarinhas SA 113 Rd114
2140 Cântaro SA 113 Rd113
4850 Cantelães BR 42 Rf99
9940 Canto AC 176 Wd117
9900 Canto AC 176 Wb117
2415 Canto LE 94 Rb109
2825-026 Caparica SE 128 Qe117
3465 Caparrosa VS 79 Rf105
7050 Capela E 130 Re117
4575 Capela P 60 Rd102
6120 Capela SA 95 Sa111
9400 Capela da Graca MA 179 Ke150
9545 Capelas AC 177 Zb122
7250 Capelins E 131 Sd117
9900 Capelo AC 176 Wb117
3730 Capelos AV 78 Rd103
5450 Capeludos VR 43 Sc99
6230-145 Capinha CB 80 Sd107
7830 Capitão BE 146 Sd120
2825-005 Capuchos SE 128 Qe117
4615-380 Caramos P 61 Re100
Caramulo VS 79 Re105
2420 Caranguejeira LE 94 Rb110
Carapacho AC 176 Xa114
4750 Carapeços BR 41 Rc99
7540 Carapeleiro SE 144 Rc120
7480 Carapeta PT 114 Sa114
7565 Carapetal SE 144 Rd121
7630 Carapetos BE 144 Rb122
3420 Carapinha C 79 Rf107
3140 Carapinheira C 78 Rc107
3570 Carapito GD 80 Sd104
3620-431 Carapito VS 61 Sc103
3300-202 Caratão C 95 Rf107
6120-702 Caratão SA 95 Sa111
5370-075 Caravelas BN 62 Sf100
4820 Carbonegas BR 61 Rf100
5470 Carcalhais VR 42 Sb98
5230-121 Carção BN 44 Tc99
2775 Carcavelos L 128 Qe116
3670 Carcosa VS 79 Re104
5160-041 Cardanha BN 62 Sf101
6320 Cardeal GD 81 Sf106
6120-214 Cardigos SA 95 Rf110
2630 Cardosas L 128 Qf115
6030-011 Carepa CB 96 Sb111
6250-111 Caria CB 80 Sd107
3620-100 Caria VS 61 Sc103
7040 Carias E 130 Rf116
7200 Caridade E 131 Sc118
5070-201 Carlão VR 62 Sd101
2565 Carmões L 112 Qf114

2415 Marrazes LE 94 Rb110
8950 Marroquil FA 160 Sc125
3885 Marteira AV 60 Rc103
2530-338 Marteleira L 112 Qe113
6230-511 Martianas CB 96 Se108
2100 Martianes SA 114 Re116
4755 Martim BR 60 Rc99
3240 Martim C 95 Rc109
5090 Martim VR 62 Sd100
7570 Martim Afonso SE 144 Rb119
6000-003 Martim Branco CB 96 Sc109
6320-521 Martim da Pega GD 80 Sf106
8970 Martim Longo FA 160 Sb124
7340 Martim Tavares PT 115 Se114
2200-638 Martinchel SA 95 Re111
2420 Martinela LE 94 Rb110
2445-701 Martingança LE 94 Ra110
7750-506 Martinhanes BE 145 Sa123
3060 Marvão C 78 Rc106
7330 Marvão PT 115 Sd112
7330 Marvao-Beira, Estação Ferroviária de PT 115 Sd112
3260 Marvila LE 95 Re109
2140 Marvila SA 113 Re113
5140 Marzagão BN 62 Se101
5370-173 Mascarenhas BN 62 Sf99
7555 Mascarenhas SE 144 Rd120
4835 Mascotelos BR 60 Re100
3240 Mata C 95 Rc109
6005 Mata CB 96 Sd109
7040 Mata E 114 Rf116
2580 Mata L 128 Qf115
7300 Mata PT 115 Sd112
2350 Mata SA 95 Rc111
2435 Mata SA 95 Rc110
Mata, Estação Ferroviária de PT 114 Sb113
2565-352 Matacães L 112 Qe114
3320 Mata Cartomil C 95 Sa107
6440-211 Mata de Lobos GD 63 Ta103
2025-157 Mata do Rei SA 113 Ra112
3800 Mataduços AV 78 Rc105
2140 Mata Forme SA 113 Rd113
3105 Mata Mourisca LE 94 Rb108
3105 Mata Mourisca LE 94 Rb109
6370-353 Matança GD 80 Sc104
2530 Matas L 112 Qe113
2490 Matas SA 94 Rc111
5230-153 Matela BN 63 Tc99
3550 Matela VS 80 Sc104
5000-268 Mateus VR 61 Sb101
4990 Mato VC 41 Rc99
2150-062 Mato de Miranda SA 113 Rc112
8800 Mato do Santo Espírito FA 160 Sc126
3090 Matos C 94 Ra108
2260 Matos SA 95 Rd111
2240 Matos SA 95 Rd110
4454-510 Matosinhos P 60 Rb101
2500 Matueira LE 112 Qf112
3850 Mauquim AV 78 Rd104
4630 Maureles P 61 Re101
6215 Ma Velha CB 80 Sb107
6150 Maxiais CB 96 Sb110
6000 Maxiais CB 96 Sc110
6100 Maxial CB 95 Rf109
6185 Maxial CB 96 Sb108
6000 Maxial CB 96 Sc109
2565 Maxial L 112 Qe114
2230-837 Maxial SA 95 Re111
3320-106 Maxialinho C 96 Sb108
6120 Maxieira SA 95 Sa111
4935 Mazarefes VC 41 Rb98
4950-275 Mazedo VC 41 Rd96
5100-583 Mazes VS 61 Sa102
5180-320 Mazouco BN 63 Tb102
3600 Meã VS 61 Rf103
7240 Meada E 131 Se119
7320 Meada PT 96 Sd111
4900 Meadela VC 41 Rb98
8800 Mealha FA 160 Sa124
3050-382 Mealhada AV 78 Rd106
3320 Meãs C 96 Sb108
3140 Meãs do Campo C 78 Rc107
2580 Meca L 112 Qf114
7750 Meceares BE 145 Sb122
7800 Mechão BE 146 Sb121

3140-037 Meco C 78 Rc107
6430 Meda GD 62 Se103
3420-121 Meda de Mouros C 79 Rf107
4515-344 Medas P 60 Rd102
7830 Medeiros BE 146 Sc121
8300 Medeiros FA 159 Rd125
5470 Medeiros VR 42 Sb98
6060 Medelim CB 97 Se108
4820 Medelo BR 61 Rf100
3465 Medorno VS 79 Rf105
2200-601 Medroa SA 95 Re111
5030 Medrões VR 61 Sb101
6060 Medronheira CB 97 Sf110
8800 Medronheira FA 159 Sa124
3330-141 Mega Cimeira C 95 Rf108
3330 Mega Fundeira C 95 Rf109
4970 Mei VC 41 Rd97
8600 Meia Praia FA 158 Rb126
2350-625 Meia Via SA 95 Rd112
8550-307 Meia Viana FA 158 Rc125
5100-630 Meijinhos VS 61 Sa102
6090-381 Meimoa CB 80 Se107
4620 Meinedo P 60 Re101
6300-135 Meios GD 80 Sd106
3105 Meirinhas LE 94 Rb109
5200-160 Meirinhos BN 63 Tb101
5300-673 Meixedo BN 44 Tb97
4925 Meixedo VC 41 Rb98
5470 Meixedo VR 42 Sb97
3610-071 Meixedo VS 61 Sb102
5470-180 Meixide VR 43 Sc98
4595 Meixomil P 60 Rd101
5100 Melcões VS 61 Sb102
2605 Meleças L 112 Qe116
5340-014 Meles BN 44 Sf99
4960-578 Melgaço VC 42 Re96
4870-214 Melhe VR 61 Sb99
5320 Mêlhe AM 44 Ta98
7570-600 Melides SE 144 Rb120
6290-121 Melo GD 80 Sc105
4515-461 Melres P 60 Rd102
3240-689 Melrica C 95 Rc109
6110 Melrica CB 95 Rf110
6160 Melrico CB 96 Sa109
2725-001 Mem Martins L 112 Qd116
2420-227 Memória LE 94 Rc110
7200-053 Mencoca E 131 Sc117
6000-696 Mendares CB 96 Sc109
3100-563 Mendes LE 94 Rb109
2480-215 Mendiga LE 94 Ra112
6420-641 Mendo Gordo GD 80 Sd103
6300-160 Menoita GD 80 Se105
4920 Mentrestido VC 41 Rb97
8800 Mercador FA 160 Sb125
2580-087 Merceana L 112 Qf114
2635 Merces L 112 Qe116
7230 Mercês BE 132 Sf120
4700 Merelim BR 41 Rd99
7750 Mértola BE 146 Sc123
4950 Merufe VC 42 Rd96
3405-350 Meruge C 79 Sb106
4810 Mesão Frio BR 60 Re100
5040 Mesão Frio VR 61 Sa102
4640-360 Mesquinhata P 61 Rf102
7750 Mesquita BE 160 Sc123
8970 Mesquita FA 146 Sb124
8365 Mesquita FA 158 Sa124
6360 Mesquitela GD 80 Sd105
6355 Mesquitela GD 81 Ta105
3530 Mesquitela VS 79 Sb105
7830 Messangil BE 146 Sd121
4950 Messegães VC 42 Rd96
7600-310 Messejana BE 145 Re122
8375-046 Messines de Baixo FA 159 Re125
3330 Mestras C 95 Rf108
8970 Mestras FA 160 Sa124
2525 Mestre Mendo LE 112 Qe112
8500-132 Mexilhoeira Grande FA 158 Rc126
3600 Mezio VS 61 Sa103
6355-100 Mido GD 81 Ta105
4755 Midões BR 60 Rc99
3360 Midões C 78 Rd107
3420 Midões C 79 Sa106
5445 Midões VR 62 Sd99
2415-020 Milagres LE 94 Rb110
4950-104 Milagres VC 41 Rd96
5370-023 Milhais BN 62 Se100
5300-682 Milhão BN 44 Tc98
8670 Milharada FA 158 Ra125
2665-307 Milharado L 128 Qe115
4755 Milhazes BR 60 Rc100
6440-062 Milheiro GD 81 Sf104
2240 Milheiros SA 95 Rd110

3700 Milheirós de Poiares AV 60 Rd103
7750 Milhoro BE 145 Sb123
Milhundos P 60 Re101
6110 Milreu CB 95 Rf111
7570 Mina da Caveira SE 144 Rc120
7800-731 Mina da Juliana BE 145 Rf121
7230 Mina de Apariz BE 131 Sf120
7780 Mina de Ferragudo BE 145 Rf123
7580 Mina de Jungeis SE 129 Rd118
7750-120 Mina de São Domingos BE 146 Sd122
7250-053 Mina do Bugalho E 131 Se116
7570 Mina do Lousal SE 144 Rd120
5300-494 Minas da Ribeira BN 44 Tc98
4870 Minas de Adoria VR 61 Sa100
4870-031 Minas de São João VR 61 Sa100
5070 Minas de Vinheiros VR 62 Sc101
7670 Minas do Montinho BE 144 Re122
5470 Minas dos Carris VR 42 Rf98
2395 Minde SA 94 Rb111
4485-469 Mindelo P 60 Rb101
6360-110 Minhocal GD 80 Sd104
4775 Minhotães BR 60 Rc100
3560-085 Mioma VS 80 Sd104
3070-301 Mira C 78 Rb106
Mira, Rio BE 144 Rb123
2485 Mira d'Aire LE 94 Rb111
5370-660 Miradeses BN 62 Se99
6400 Miragaia GD 80 Sf105
2530-403 Miragaia L 112 Qe113
4970 Miranda VC 41 Rc97
3220-116 Miranda do Corvo C 95 Re108
5210-190 Miranda do Douro BN 63 Te99
5370 Mirandela BN 62 Se100
3360-073 Miro C 79 Re107
6355-110 Miuzela GD 81 Sf105
6300 Mizarela GD 80 Sd105
2005-095 Moçarria SA 113 Rb113
2910 Mocho SE 129 Ra117
7250 Mocissos E 131 Se117
4590 Modelas P 60 Rd101
4485-572 Modivas P 60 Rb101
3600 Mões VS 79 Sa103
5320-060 Mofreita BN 44 Ta97
5200 Mogadouro BN 63 Tb100
5140-171 Mogo de Malta BN 62 Se101
3780-453 Mogofores AV 78 Rd106
5340 Mogrão BN 44 Sf99
5320 Moimenta BN 44 Ta97
3600 Moimenta VS 61 Rf103
4690 Moimenta VS 61 Re102
3620-300 Moimenta da Beira VS 61 Sc103
6290-141 Moimenta da Serra GD 80 Sc106
3530-310 Moimenta de Maceira Dão VS 79 Sb105
6420-491 Moimentinha GD 80 Se104
7700-260 Moimentos BE 159 Rf124
8500-140 Moinho da Rocha FA 158 Rc125
3140 Moinho de Almoxarife C 94 Rb108
7750 Moinho de Vento BE 146 Sb123
7700 Moinho de Vento BE 159 Rf123
8670 Moinho do Sogro FA 158 Rb124
2965 Moinhola E 129 Rc117
2425 Moinhos LE 94 Ra109
3090 Moinhos da Gândara C 78 Rb107
3780 Moita AV 78 Rd106
6320 Moita GD 80 Se107
2445 Moita LE 94 Ra110
3280 Moita LE 95 Re109
2495 Moita SA 94 Rb111
2860 Moita SE 128 Ra117
3600 Moita VS 79 Sa103
2425-508 Moita da Roda LE 94 Rb110

3420-034 Moita da Serra C 79 Rf107
2495-028 Moita do Martinho LE 94 Rb111
2530 Moita dos Ferreiros L 112 Qe113
6150 Moitas CB 96 Sa110
2380-563 Moitas Venda SA 94 Rc112
7580-709 Moitinha SE 129 Rb118
7665-803 Moitinhas BE 158 Rc124
4890 Molares BR 61 Sa100
4540 Moldes AV 60 Re103
2530-514 Moledo L 112 Qe113
4910 Moledo VC 41 Ra97
3600-460 Moledo VS 79 Sa104
3460-009 Molelos VS 79 Rf105
7800-641 Mombeja BE 145 Rf120
4950 Monção VC 41 Rd96
8700-081 Moncarapacho FA 160 Sb126
8550 Monchique FA 158 Rc125
8970 Monchique FA 160 Sb124
3610-049 Mondim da Beira VS 61 Sb102
4880-231 Mondim de Basto VR 61 Sa100
5000 Mondrões VR 61 Sb101
5090-013 Monfebres VR 62 Sd100
7450 Monforte PT 115 Sd114
Monforte VR 43 Sd98
6000-580 Monforte da Beira CB 97 Se110
6060-071 Monfortinho CB 97 Ta108
3320-170 Moninho C 95 Sa108
3260-042 Moninhos Fundeiros LE 95 Re109
6060-085 Monsanto CB 97 Sf108
2380-575 Monsanto SA 113 Rb112
7200-175 Monsaraz E 131 Sd118
3780-563 Monsarros AV 78 Rd106
7090 Monsarves E 130 Re118
4830 Monsul BR 42 Re99
7040 Monta dos Abelhões E 114 Sb115
5470 Montalegre VR 42 Sb98
6050-431 Montalvão PT 96 Sc111
7860 Montalvo BE 131 Sd120
7750 Montalvo BE 146 Sc122
2250-220 Montalvo SA 95 Re112
7425 Montargil PT 114 Re114
4925 Montaria VC 41 Rb98
6005 Mont de São Luís CB 96 Sd109
9950 Monte AC 176 Wc118
Monte AV 78 Rc104
4840 Monte BR 42 Re98
4820 Monte BR 61 Rf99
9050 Monte MA 178 Ka152
8800 Monte Agudo FA 160 Sb126
7670 Monte Alto BE 145 Re122
7750 Monte Alto BE 146 Sc123
7750 Monte Alto BE 146 Sc123
8375 Monte Alto BE 159 Re125
7670 Monte Arriba BE 159 Re123
2640-066 Monte Bom L 128 Qd115
7830 Monte Branco BE 146 Sd120
Monte Branco BE 160 Sa124
7040 Monte Branco E 114 Sb116
7250 Monte Branco E 131 Se116
8375 Monte Branco FA 159 Rd125
7670 Monte Branco da Serra BE 146 Se120
6000 Monte Brito CB 96 Sd109
8100 Monte Brito FA 159 Re125
6050-474 Monte Claro PT 96 Sb111
4825 Monte Córdova P 60 Rd101
7630-355 Montecos BE 144 Rc122
7200 Monte da Azinheira E 131 Sc118
7170 Monte da Capitoa E 131 Sc117
8100 Monte da Charneca FA 159 Re125
7630 Monte da Estrada BE 144 Rc122
7050 Monte da Estrada E 114 Sb115
7750-039 Monte da Légua BE 145 Sa122
7320 Monte da Meada PT 96 Sd112
7480 Monte da Ordem PT 114 Rf115
7900 Monte da Panasqueira BE 130 Sa120

7430 Monte da Pedra PT 114 Sb112
7580 Monte da Pedra SE 129 Rc118
7780 Monte da Perdigova BE 145 Rf122
2100-500 Monte das Figueiras SA 113 Rc116
Monte das Flores E 130 Sa117
6000 Monte das Lameiras CB 96 Sd109
6040 Monte das Lameiras PT 114 Sb112
7700-205 Monte das Mestras BE 159 Rf124
7800 Monte das Pereiras BE 145 Rf121
7080 Monte das Piçarras E 129 Rc117
7780 Monte das Sorraias BE 145 Sa123
6060 Monte da Toula CB 97 Sf109
6355-020 Monte da Velha GD 81 Ta105
7430 Monte da Velha PT 115 Sc113
7700 Monte da Vinha BE 159 Sa123
7480 Monte da Vinha PT 114 Rf114
7580 Monte da Volta SE 129 Rc118
7320 Monte de Adelina PT 96 Sc111
7595-022 Monte de Algalé SE 144 Re119
8970 Monte de Argil FA 160 Sb124
8950 Monte de Baixo Grande FA 160 Sc125
6000 Monte de Goula CB 96 Sd109
7600 Monte de São João BE 145 Re121
7220-201 Monte de Trigo E 130 Sb118
7750 Monte de Viegas BE 145 Sa122
6000 Monte do Barata CB 96 Se110
6250 Monte do Bispo CB 80 Se107
7005 Monte do Bussalfão E 130 Sb117
7900 Monte do Corvo BE 159 Sa123
7430 Monte do Gamito PT 115 Sc113
6040 Monte do Pereiros PT 114 Sa112
6050 Monte do Pombo PT 96 Sc111
4900-279 Montedor VC 41 Ra98
2130 Monte dos Condes SA 113 Rb115
7700 Monte dos Corvos BE 146 Sc123
7050-640 Monte dos Frades E 113 Rc116
7450-100 Monte dos Francos PT 115 Sd114
7220 Monte dos Hospitais E 130 Sb118
7425 Monte dos Leões PT 114 Re114
6050-475 Monte dos Matos PT 96 Sb111
7700 Monte dos Mestres BE 159 Sa123
7220 Monte dos Pernes E 131 Sc119
7600-171 Monte dos Poços BE 145 Rf122
6030-052 Monte Fidalgo CB 96 Sc110
6005 Monte Fidalgo CB 96 Sd109
8950-201 Monte Francisco FA 160 Sd125
6000 Monte Gordo CB 96 Sb110
8900 Monte Gordo FA 160 Sd125
6000 Monte Grande CB 96 Sd110
8300 Monte Grandes FA 159 Rd126
3600-474 Monteiras VS 61 Sa103
6300 Monteiros GD 80 Sf105
5450-183 Monteiros VR 43 Sb99

4760-692 Outiz BR 60 Rc100
7580 Ouvidor SE 129 Rc118
4660 Ovadas VS 61 Sa102
3880-001 Ovar AV 78 Rc103
2100-407 Ovelhas SA 113 Rc114
3440 Óvoa VS 79 Rf106

P

8550-150 Pacil FA 158 Rb125
3720 Paço AV 78 Rc103
7900 Paço BE 145 Rf120
5320 Paço BN 44 Ta97
5300 Paço BN 44 Tc98
5200 Paçô BN 63 Tc101
8100 Paço FA 159 Rf125
2530 Paço L 112 Qe113
2350 Paço SA 95 Rc111
4900 Paço VC 41 Ra98
4970 Paçô VC 41 Rd98
5120 Paço VS 62 Sc102
Paço VS 79 Sa104
8100 Paço da Amoreira FA 159 Rf126
2770 Paço de Arcos L 128 Qe116
5300 Paço de Sórtes BN 44 Tb98
4560-378 Paço de Sousa P 60 Rd102
3730 Paço do Mato AV 78 Re103
4930 Paços VC 41 Rc97
4960 Paços VC 42 Re96
3670 Paços VS 79 Rf104
7005 Paço Saraiva, Estação Ferroviária de E 130 Sa117
6290-241 Paços da Serra GD 79 Sc106
4535-264 Paços de Brandão AV 60 Rc103
4590-165 Paços de Ferreira P 60 Rd101
4625 Paços de Gaiolo P 61 Rf102
3670 Paços de Vilharigues VS 79 Rf104
Paços Novos SA 113 Rc114
2080 Paços Velhos SA 113 Rc114
4980 Paço Vedro de Magalhães VC 41 Rd98
8200-466 Paderne FA 159 Re125
4960 Paderne VC 42 Re96
4700-011 Padim da Graça BR 60 Rd99
4940 Padornelo VC 41 Rc97
5470-341 Padornelos VR 42 Sb97
6000 Padrão CB 96 Sc109
6150 Padrão CB 96 Sb111
7170 Padrão E 131 Sc117
7400 Padrão PT 114 Rf113
4970 Padreiro VC 41 Rd98
4970 Padreiro (Santa Cristina) VC 41 Rd98
5445 Padrela e Tazem VR 62 Sd99
5470 Padrões VR 42 Sa98
7665-891 Padrona BE 158 Rd123
4970 Padroso VC 41 Rd97
5470-350 Padroso VR 42 Sb97
5385-017 Pádua Freixo BN 43 Se98
6000-005 Paiágua CB 96 Sb109
2305-515 Paialvo SA 95 Rd111
Paialvo, Estação Ferroviária de SA 95 Rd111
3090-495 Paião C 94 Rb108
7050 Paião E 130 Re117
2550 Painho L 112 Qf113
4860-245 Painzela BR 61 Rf99
7520-071 Paiol SE 144 Rb121
2240-514 Paio Mendes SA 95 Re110
6400 Pala GD 80 Sf104
3450-309 Pala VS 79 Re106
5300-873 Palácios BN 44 Tc98
5225-032 Palaçoulo BN 63 Td100
3130-539 Paleão C 94 Rc108
3810 Palhaça AV 78 Rc105
6100 Palhais CB 95 Re110
6420 Palhais GD 80 Sd104
2820 Palhais SE 128 Qe117
2830 Palhais SE 128 Qf117
2140 Palhas SA 113 Rd113
8800-210 Palheirinhos FA 160 Sb125
5090 Palheiros VR 62 Sd100
3060 Palheiros da Tocha C 78 Ra107
3080 Palheiros de Quiaios C 78 Ra107
2955 Palhota SE 129 Ra117
7570-685 Palhotas SE 144 Rb119
7580 Palma SE 129 Rc118
4700 Palmaira BR 41 Rd99

3720-423 Palmaz AV 78 Rd104
4905 Palme BR 41 Rb99
8970 Palmeira FA 160 Sc124
4750 Palmeira de Faro BR 60 Rb99
2420-085 Palmeiria LE 94 Rb110
8670 Palmeirinha FA 158 Ra125
8100 Palmeiros FA 159 Rf125
2950 Palmela SE 129 Ra117
6430 Pal Panela GD 62 Se103
6000 Palvarino CB 96 Sc109
6000 Pamar CB 96 Sb109
7700 Pampilhais de Baixo BE 159 Rf124
6100-297 Pampilhal CB 95 Re110
3050 Pampilhosa AV 78 Rd106
3320-200 Pampilhosa da Serra C 95 Sa108
7900 Panasqueira BE 130 Re120
7940 Panasqueira BE 145 Sa119
6160 Panasqueira CB 96 Sb107
2135-012 Pancas SA 112 Ra116
Panchorra VS 61 Sa102
7670 Panoias BE 145 Re122
4700-760 Panoias BR 41 Rd99
7670 Panoias, Estação Ferroviária de BE 144 Re122
6300 Panóis de Cima GD 80 Se106
4750 Panque BR 41 Rc99
8970-342 Pão Duro FA 160 Sb124
3430-701 Papízios VS 79 Rf106
3740 Parada AV 79 Re104
5300 Parada BN 44 Tb98
5350 Parada BN 63 Ta101
6355 Parada GD 81 Sf105
4480-250 Parada P 60 Rc100
4950 Parada VC 41 Rd96
4970 Parada VC 41 Rd97
4940 Parada VC 41 Rc97
4980 Parada VC 42 Re97
5400 Parada VR 43 Se98
4880 Parada VR 61 Sa100
3430-721 Parada VS 79 Rf106
4850 Parada de Bouro BR 42 Re99
5000-471 Parada de Cunhos VR 61 Sb101
3600-508 Parada de Ester VS 61 Rf103
4730 Parada de Gatim BR 41 Rc99
3460-373 Parada de Gonta VS 79 Sa105
5450-220 Parada de Monteiros VR 61 Sb99
5060-101 Parada de Pinhão VR 61 Sc100
4585 Parada de Todeia P 60 Rd101
5100-650 Parada do Bispo VS 61 Sb102
5450 Parada do Corgo VR 61 Sc100
4960 Parada do Monte VC 42 Re96
4980 Paradamente VC 42 Re97
6005-263 Paradanta CB 96 Sc108
3740 Paradela AV 78 Rd104
5210 Paradela BN 45 Te99
5370 Paradela BN 62 Sf99
5200 Paradela BN 63 Tb100
4755 Paradela BR 60 Rb100
3360-107 Paradela C 79 Re107
4970 Paradela VC 42 Re97
5470 Paradela VR 42 Sa98
5445 Paradela VR 43 Sd99
5400 Paradela VR 43 Sd98
4690 Paradela VS 61 Rf103
5120 Paradela VS 62 Sc102
5060-161 Paradela de Guiães VR 61 Sc101
5030-261 Paradela do Monte VR 61 Sa101
3620-410 Paradinha VS 61 Sc102
5340 Paradinha de Besteiros BN 63 Ta100
5300-731 Paradinha Nova BN 44 Tc99
5300-732 Paradinha Velha BN 44 Tb99
3620 Paraduça VS 61 Sb103
3515-744 Paraduça VS 79 Sa104
5470 Parafita BN 44 Sa98
5070 Parafita VR 62 Sc100
7350 Paragem, Estação Ferroviária de PT 115 Se114
6355-052 Paraisal GD 81 Ta105
4550 Paraíso AV 60 Re102

8700 Paraíso FA 160 Sa126
5140-182 Parambos BN 62 Sd101
5300 Parâmio BN 44 Ta97
4500 Paramos AV 60 Rc103
5300 Parandina BN 44 Tc98
4720 Paranhos BR 42 Rd98
6270 Paranhos GD 79 Sb106
5430 Paranhos VR 43 Sd98
2400 Parceiros LE 94 Ra110
2350 Parceiros da Igreja SA 113 Rc112
7160-363 Pardais E 131 Sd116
3780 Pardeeiro AV 78 Rd105
Pardelhas AV 78 Rc104
4880 Pardelhas VR 61 Sa100
3430-561 Pardieiros VS 79 Sa105
3860-421 Pardilhó AV 78 Rc104
2460 Pardo LE 94 Qf111
6050 Pardo PT 96 Sb111
2775-003 Parede L 128 Qd116
3740 Paredes AV 78 Re104
5300 Paredes BN 44 Tb98
4740 Paredes BR 60 Rb100
4580 Paredes P 60 Rd101
5470 Paredes VR 42 Sa98
5000 Paredes VR 61 Sb100
5060 Paredes VR 61 Sc101
3450 Paredes VS 79 Re106
5130-272 Paredes da Beira VS 62 Sd102
4940-520 Paredes de Coura VC 41 Rc97
4575 Paredes de Viadores P 60 Re102
4630 Paredes de Viadores P 61 Rf102
3680 Paredes do Gravo VS 79 Re104
4720 Paredes Secas BR 42 Re99
8150-051 Parises FA 160 Sa125
7340-117 Parra PT 115 Se113
7040 Parracha E 130 Sa116
6005-264 Partida CB 96 Sc108
3515 Pascoal VS 79 Sa104
8800-024 Passa Frio FA 160 Sb124
2430-607 Passagem LE 94 Ra109
4730 Passó BR 42 Rd98
3620 Passó VS 61 Sb102
5320 Passos BN 43 Sf97
5370 Passos BN 62 Se100
4700 Passos BR 60 Rd99
4820 Passos BR 61 Re100
4860 Passos BR 61 Rf100
5060 Passos VR 61 Sc101
3505 Passos VS 79 Sa105
9900 Pasteleiro AC 176 Wc117
5400-728 Pastoria VR 43 Sc98
8100 Patã FA 159 Re126
8005-511 Patacão FA 159 Sa126
2445-121 Pataias LE 94 Ra110
2445 Pataias-Gare LE 94 Ra111
7005 Pau E 130 Sd117
6215 Paul CB 80 Sc107
2560 Paúl L 112 Qe114
2200 Paul SA 95 Re112
Paul, Estação Ferroviária de LE 112 Qe113
9370 Paul do Mar MA 178 Ie152
4660 Paus VS 61 Sa102
6300 Pausade GD 80 Sf105
3045 Paveiro C 78 Rc107
7490-420 Pavia E 114 Rf115
8700-171 Pechão FA 160 Sa126
3750 Pedações AV 78 Rc105
Pé da Ladeira BE 159 Rf124
6000 Pé da Serra CB 96 Sb109
8100 Pé da Serra FA 159 Rf125
2040-141 Pé da Serra SA 112 Ra112
2350-177 Pé de Cão SA 95 Rd111
2435 Pedernaira SA 94 Rc110
7630-587 Pederneiras SE 158 Rb124
6160 Pedintal CB 96 Sa110
8550 Pé do Frio FA 158 Rc125
6000 Pedome BR 60 Rd100
4550-501 Pedorido AV 60 Rd102
4935 Pedra Alta VC 41 Rb99
4860 Pedraça BR 61 Sa100
4755 Pedra Furada BR 60 Rc100
4820-555 Pedraído BR 61 Rf99
3440 Pedraizes VS 79 Rf106
4715 Pedralva BR 60 Re99
8650 Pedralva FA 158 Ra126
5470 Pedrario VR 43 Sc98
7600 Pedras Brancas BE 145 Rf121
8800-536 Pedras d'El Rei FA 160 Sb126

8550-330 Pedras Juntas FA 158 Rc124
9400 Pedras Pretas MA 179 Kd150
4730 Pedregais BR 41 Rd98
3220 Pedreia C 95 Re108
4495 Pedreia P 60 Rb100
2970 Pedreias SE 128 Qf118
3770 Pedreira AV 78 Rc105
4650 Pedreira P 61 Re101
2305-554 Pedreira SA 95 Rd111
8375 Pedreiras FA 159 Re125
2480-109 Pedreiras LE 94 Ra111
7960 Pedrogão BE 131 Sc120
3130 Pedrógão C 94 Rb108
6090 Pedrógão CB 97 Se108
7050 Pedrógão E 129 Rd116
2425 Pedrógão LE 94 Ra109
2350-225 Pedrógão SA 94 Rc111
3270-067 Pedrógão Grande LE 95 Rf109
6100-550 Pedrogão Pequeno CB 95 Rf109
9900 Pedro Miguel AC 176 Wc117
3080 Pedros do Poço Frio C 78 Rb107
4415-088 Pedroso P 60 Rc102
3050 Pedrulha AV 78 Rd106
4925 Pedrulhos VC 41 Rb98
6300 Pega GD 80 Sf106
2415 Pêga LE 94 Rb109
5070-303 Pegarinhos VR 62 Sd100
3050 Pego AV 78 Rd106
2205-308 Pego SA 114 Rf112
7580-712 Pego do Altar SE 129 Rd118
7630 Pego do Seixo BE 144 Rd122
Pegões, Estação Ferroviária de SE 129 Rc116
6060 Peireial BE 131 Se113
5470 Peireses VR 42 Sb98
3105-291 Pelariga LE 94 Rc109
5320-194 Peleias BN 44 Sf97
3250-330 Pêlmã LE 95 Rc110
5210 Pena BN 64 Te99
4860 Pena BR 61 Sa99
3060-521 Pena C 78 Rc107
8100 Pena FA 159 Rf125
5000 Pena VR 61 Sb101
5090-079 Penabeice VR 62 Sd100
5210-172 Pena Branca BN 64 Te99
3360-191 Penacova C 79 Re107
6150 Pena Falcão CB 96 Sb110
4560 Penafiel P 60 Re101
5100 Penajóia VS 61 Sa102
6320-221 Pena Lobo GD 80 Se106
4870-023 Penalonga AV 42 Sb99
2835 Penalva SE 128 Qf117
3400-544 Penalva de Alva C 79 Sb106
3550-101 Penalva do Castelo VS 80 Sb104
6090 Penamacor CB 97 Se107
4595-283 Penamaior P 60 Rd101
5200 Pena Róia BN 63 Tc100
4730 Penascais BR 41 Rd98
3570-170 Pena Verde GD 80 Sd104
4800 Pencelo BR 60 Re100
3650-032 Pendilhe VS 61 Sa103
4990 Pendufe VC 41 Rc97
6300-130 Penedo da Sé GD 80 Sf106
7800 Penedo Gordo BE 145 Sa121
5470-069 Penedones VR 42 Sb98
3630-225 Penedono VS 62 Sd103
7750 Penedos BE 159 Sb124
5470 Penedos VR 42 Sa99
2580-408 Penedos de Alenquer L 112 Qf114
3230-249 Penela C 95 Rd108
3630-260 Penela da Beira VS 62 Sd102
6440-221 Penha de Águia GD 81 Sf103
6400-233 Penhaforte GD 80 Sf105
6060-301 Penha Garcia CB 97 Sf108
4625 Penha Longa P 61 Rf102
6120-621 Penhascoso VS 95 Rf111
6215 Penhas da Saúde CB 80 Sc107
5320-113 Penhas Juntas BN 44 Sf98
2520 Peniche LE 112 Qd112
7750-510 Penhascos SE 158 Sa123
4940-234 Penim VC 41 Rc97
8100 Penina FA 159 Rf125
5450 Pensalvos VR 61 Sc99
5320 Penso BN 43 Sf97

4705-628 Penso BR 60 Rd100
4960 Penso VC 42 Re96
3640 Penso VS 62 Sc103
2860-295 Penteado SE 128 Ra117
8970 Penteareiros FA 146 Sb124
5100-718 Penso VS 61 Sa102
5000 Pepe VR 61 Sa101
3600 Pepim VS 61 Sa103
2500 Pequena LE 112 Qf112
8365 Pera FA 159 Rd126
6200-590 Peraboa GD 80 Sd107
6300 Pêra do Moço GD 80 Se105
4455-263 Perafita P 60 Rb101
6030-053 Perais CB 96 Sc110
6150 Peral CB 96 Sb110
8150 Peral FA 160 Sa126
2550-450 Peral L 112 Qf113
7040 Peral do Meio E 114 Rf116
3280 Peras LE 95 Re108
3620-432 Pêra Velha VS 61 Sc103
6030 Perdigão CB 96 Sb110
5340-380 Peredo BN 63 Ta100
5200-352 Peredo da Bemposta BN 63 Tc101
5160-161 Peredo dos Castelhanos BN 62 Sf102
5370 Pereira BN 62 Se100
4755 Pereira BR 60 Rc100
3420 Pereira C 79 Rf107
3140 Pereira C 94 Rc107
8500 Pereira FA 158 Rc125
5470 Pereira VR 42 Sa98
5000 Pereira VR 61 Sa101
3560 Pereira VS 79 Sc104
7665 Pereiras BE 158 Rd124
7750 Pereiras BE 159 Sb123
8135 Pereiras FA 159 Rf126
3780 Pereiro AV 78 Rd106
7900 Pereiro BE 145 Rf120
8970 Pereiro FA 146 Sc124
8700 Pereiro FA 159 Sb126
6270 Pereiro GD 79 Sb106
6400 Pereiro GD 81 Sf104
3250 Pereiro LE 95 Rd109
7330 Pereiro PT 96 Sd112
2240 Pereiro SA 95 Rd110
6120 Pereiro SA 95 Rf111
6120 Pereiro SA 95 Rf111
5445 Pereiro VR 43 Sd99
5120 Pereiro VS 62 Sd102
6000 Pereiro de Baixo CB 96 Sb110
2580 Pereiro de Palhacana L 112 Qf114
5140 Pereiros BN 62 Se101
6005 Pereiros CB 96 Sc108
5120 Pereiros VS 61 Sc102
5130 Pereirosl VS 62 Sd102
4750 Perelhal BR 60 Rb99
6150 Pergulho Cimeiro CB 96 Sa110
7340-116 Perna Chã PT 115 Se113
2140 Pernancha SA 113 Rd113
8375 Perna Seca FA 159 Re124
2000-493 Pernes SA 113 Rc112
8970-216 Pêro Dias FA 160 Sb124
6320 Pêro Ficós GD 81 Sf106
2005 Pêro Filho SA 113 Rb113
7900-018 Peroguarda BE 145 Rf119
7200-450 Perolivas E 131 Sc118
2550 Pero Moniz L 112 Qf113
8670 Pêro Negro FA 158 Rb124
2430 Pêro Neto LE 94 Ra110
2715 Pero Pinheiro L 128 Qe115
8100 Pêro Ponto FA 159 Sa125
8650 Pêro Queimado FA 158 Ra126
6300-165 Pero Soares GD 80 Se105
7480 Pero Viegas PT 114 Sa114
6230-521 Pêro Viseu CB 80 Sd107
4560 Perozelo P 60 Re102
4415 Perozinho P 60 Rc102
3770 Perrães AV 78 Rc105
4925-580 Perre VC 41 Rb98
4890 Perreira BR 61 Rf100
2435-310 Perscada SA 95 Rd110
3320 Pescanseco C 96 Sa108
6230-026 Pesinho CB 96 Sc107
7960 Peso BE 131 Sb120
5200 Peso BN 63 Tc100
6200 Peso CB 80 Sc107
2500-767 Peso LE 94 Qf112
4600 Peso P 61 Sa101
2100-300 Peso SA 114 Re115
5050-208 Peso da Régua VR 61 Sb102
3660-643 Pesos VS 79 Rf103
3740 Pessegueiro AV 78 Rd104

3320 Pessegueiro C 95 Rf108
8970 Pessegueiro FA 160 Sa124
2240 Pessegueiro SA 114 Rf112
6300-070 Pessolta GD 80 Se105
4860-024 Petimão BR 61 Rf100
5300-502 Petisqueira BN 44 Tc97
6350-331 Peva GD 81 Ta105
3620-441 Peva VS 80 Sb103
2480-140 Pia Carneira LE 94 Rb112
3330-205 Piães C 95 Rf107
 Pia Furada C 95 Rc109
7750 Pias BE 146 Sc122
7830 Pias BE 146 Sd120
2240-566 Pias SA 95 Re110
4950 Pias VC 41 Rc96
7800 Pica Milho BE 146 Sb121
3600-540 Picão VS 61 Sa103
7780 Piçarras BE 145 Rf123
4730 Pico BR 41 Rd98
8100 Pico Alto FA 159 Re125
9600 Pico da Pedra AC 177 Zc122
4730 Pico de Regalados BR 41 Rd98
5350 Picões BN 62 Ta101
7750-410 Picoitos BE 146 Sc123
5225-072 Picote BN 63 Td100
4505 Picoto AV 60 Rc102
9930 Piedade AC 177 Wf118
3750-406 Piedade AV 78 Rd105
4505 Pigeiros AV 60 Rd103
2430-321 Pilado LE 94 Ra110
4690 Pimeiro VS 61 Rf102
5470 Pinções VR 42 Rf98
2100-300 Pinçais SA 129 Re115
2100-300 Pinçalinhos SA 129 Re115
2640 Pincanceira L 128 Qd114
3090-421 Pincho C 78 Rc107
8600 Pincho FA 158 Rb125
3720 Pindelo AV 78 Rd103
3500-543 Pindelo VS 79 Sa105
3660-170 Pindelo dos Milagres VS 79 Sa104
5300-751 Pinela BN 44 Tb98
5230-181 Pinelo BN 44 Tc99
8100 Pinhal FA 159 Re126
5140-270 Pinhal do Douro BN 62 Se101
5140-205 Pinhal do Norte BN 62 Sd101
2955-001 Pinhal Novo SE 128 Ra117
6270-141 Pinhanços GD 80 Sb106
5085 Pinhão VR 62 Sc101
5060 Pinhão Cel VR 61 Sc100
3850 Pinheiro AV 78 Rc105
7630 Pinheiro BE 144 Rb122
7600 Pinheiro BE 145 Re121
4850 Pinheiro BR 42 Rf99
8800 Pinheiro FA 160 Sb126
3570 Pinheiro GD 80 Sc104
9350 Pinheiro MA 178 If152
4575 Pinheiro P 60 Re102
7580 Pinheiro SE 129 Rb118
3600 Pinheiro VS 61 Sa103
3430 Pinheiro VS 79 Rf106
3680 Pinheiro VS 79 Re104
 Pinheiro, Estação Ferroviária de SE 129 Rb118
3720 Pinheiro da Bemposta AV 78 Rd104
3440 Pinheiro de Ázere VS 79 Rf106
3420-192 Pinheiro de Coja C 79 Sa107
2140-307 Pinheiro Grande SA 113 Rd112
5320-121 Pinheiro Novo BN 43 Sf97
2440 Pinheiros LE 94 Rb110
4950 Pinheiros VC 41 Rc96
5320 Pinheiro Velho BN 43 Sf97
6400 Pinhel GD 81 Sf104
5460 Pinho VR 43 Sc99
3660 Pinho VS 79 Rf104
2530 Pinhôa L 112 Qe113
 Pinhovelo BN 62 Ta99
6400-069 Pínzio GD 81 Sf105
6285 Piódão C 79 Sb107
4880-084 Pioledo VR 61 Sa100
8500 Pirra FA 158 Rc126
3050 Pisão AV 78 Rd107
3305 Pisão C 79 Sa107
7480 Pisão PT 114 Sa114
7430 Pisão PT 115 Sc113
7860 Pisões BE 131 Sd120
7800 Pisões BE 146 Sb121
6100 Pisões CB 95 Rf110
2445 Pisões LE 94 Ra111
5470 Pisões VR 42 Sa98

7050 Pitamariça de Baixo E 129 Rd116
5470 Pitões das Júnias VR 42 Sa97
6185-141 Pizoria CB 96 Sa109
 Pó LE 112 Qe113
3060 Pocariça C 78 Rc106
2200 Pocariça SA 95 Re111
2200-721 Poçarrão SA 95 Rf112
2965-214 Poceirão SE 129 Rb117
7170 Pocinho E 131 Sc117
8900 Pocinho FA 160 Sc125
5150 Pocinho GD 62 Sf102
3070 Poço da Cruz C 78 Rb106
1950 Poço do Bispo L 128 Qf116
6430-335 Poço do Canto GD 62 Se103
3240 Poço dos Cães C 95 Rc109
8300-044 Poço Fundo FA 158 Rd126
2300 Poço Redono SA 95 Re111
7670 Poço Seco BE 159 Rf123
6355-131 Poço Velho GD 81 Tb105
4950-670 Podame VC 42 Rd96
5340-392 Podence BN 44 Ta99
3230-521 Podentes C 95 Rd108
5180-340 Poiares BN 63 Ta102
4990 Poiares VC 41 Rc99
5050 Poiares VR 61 Sb101
8500-149 Poio FA 158 Rc125
4835-445 Polvoeira BR 60 Re100
6040 Polvorão PT 114 Sa112
6040 Polvorosas PT 114 Sa112
8900 Pomar FA 160 Sc125
7750-411 Pomarão BE 160 Sc123
3305 Pomares C 79 Sa107
7540 Pomar Grande SE 144 Rb120
7000 Pomarinho E 130 Sa117
8550-035 Pomba FA 158 Rc124
5350 Pombal BN 62 Sf100
5140 Pombal BN 62 Sd101
3100 Pombal LE 94 Rc109
7340 Pombal PT 115 Se113
3130-096 Pombalinho C 95 Rd108
2150 Pombalinho SA 113 Rc112
5300-761 Pombares BN 44 Ta99
6100-682 Pombas CB 95 Rf110
2140 Pombas SA 114 Re113
2240-372 Pombeira SA 95 Re110
3300-318 Pombeiro da Beira C 79 Rf107
4610 Pombeiro de Riba Vizela P 60 Re100
7800 Pombeiros BE 145 Sa121
5460 Pomer da Rainha VR 42 Sa99
5470-384 Pondras VR 42 Sa98
9970 Ponta AC 176 Te112
9400 Ponta MA 179 Kd150
9970 Ponta Delgada AC 176 Te111
9504 Ponta Delgada AC 177 Zb122
9240 Ponta Delgada MA 178 Ka152
8200 Ponta do Castelo FA 159 Re126
9385 Ponta do Pargo MA 178 Ie152
9360 Ponta do Sol MA 178 If152
9680 Ponta Garça AC 177 Zd122
4730 Ponte BR 41 Rd98
4730 Ponte BR 60 Rd100
4910 Ponte VC 41 Ra98
4980-610 Ponte da Barca VC 41 Rd98
3350 Ponte da Mucela C 79 Re107
 Ponte de Assamassa LE 94 Rc109
4990-011 Ponte de Lima VC 41 Rc98
4880 Ponte de Olo VR 61 Sa100
7400-201 Ponte de Sor PT 114 Sa113
3840 Ponte de Vagos AV 78 Rb106
3640-202 Ponte do Abade VS 80 Sd103
2560-106 Ponte do Rol L 112 Qe114
5470-363 Ponteira VR 42 Sa98
 Pontes VS 79 Re104
 Pontével SA 113 Ra114
3200-037 Ponte Velha C 95 Re107
7330 Ponte Velha PT 115 Sd112
5450 Pontido VR 61 Sb100
 Pontinha L 128 Qe116
5070-313 Pópulo VR 62 Sc100
2420 Porcejal LE 94 Rb110
8400-455 Porches FA 159 Rd126
7580 Porches SE 144 Rd119

5350-202 Porrais BN 63 Tb100
5090-014 Porrais VR 62 Se100
4940 Porreiras VC 41 Rc97
4970 Porta Cova VC 42 Rd97
7300-002 Portalegre PT 115 Sd113
7300 Portalegre, Estação Ferroviária de PT 115 Sd113
2600 Portas do Capitão Mór L 112 Ra115
2600 Portas do Mar de Caes L 112 Qf115
2600 Portas do Mouchão da Cabra L 112 Qf115
7700-212 Porteirinhos BE 159 Rf123
7220 Portel E 145 Sb119
9900 Portela AC 176 Wb117
5300 Portela BN 44 Ta97
4770 Portela BR 60 Rd100
3140 Portela C 78 Rc107
6100 Portela CB 95 Rf110
6110 Portela CB 95 Rf110
8550 Portela FA 158 Rc125
8375 Portela FA 159 Re125
8100 Portela FA 159 Sa124
8800 Portela FA 160 Sb125
4575 Portela P 60 Re102
2250 Portela SA 113 Re112
4970 Portela VC 41 Rd97
4950 Portela VC 41 Rd97
5000 Portela VR 61 Sb101
3510 Portela VS 79 Rf104
4730 Portela das Cabras BR 41 Rc98
4870-129 Portela de Santa Eulália VR 61 Sb99
3320 Portela do Fojo-Machio C 95 Rf109
6120 Portela dos Colos SA 95 Rf110
8600 Portelas FA 158 Rb126
4905 Portela Susã VC 41 Rb98
7555 Portelinha SE 144 Rc122
4960 Portelinha VC 42 Re96
5300 Portêlo BN 44 Tb97
8500 Portimão FA 158 Rc126
 Portinho da Arrábida SE 128 Ra118
4000-008*Porto P 60 Rb101
2135-015 Porto Alto SA 129 Ra115
2825 Porto Brandão SE 128 Qe116
2405 Porto Carro LE 94 Ra111
8800 Porto Carvalhoso FA 159 Sa125
4525 Porto Carvoeiro AV 60 Rd102
7520 Porto Covo da Bandeira SE 144 Rb121
6300-170 Porto da Carne GD 80 Se105
9225 Porto da Cruz MA 178 Kb152
7330 Porto da Espada PT 115 Sd112
7630 Porto das Barcas BE 158 Ra123
6000 Porto da Vila CB 96 Sc109
8500 Porto de Lagos FA 158 Rc125
8600 Porto de Mós FA 158 Rb126
2480-006 Porto de Mós LE 94 Rb111
6355 Porto de Ovelha GD 81 Ta105
7520 Porto de Sines SE 144 Ra121
6230-753 Porto dos Asnos CB 96 Sc108
 Porto dos Boscoitos AC 176 Xe116
9625 Porto Formosa AC 177 Zd122
9700 Porto Judeu AC 176 Xf117
9760 Porto Martins AC 176 Xf116
9270 Porto Moniz MA 178 Ie151
7900 Porto Mouro BE 144 Rd120
3730-301 Porto Novo AV 78 Rd103
2560-100 Porto Novo L 112 Qe113
2740 Porto Salvo L 128 Qe116
9700 Porto Santo AC 176 Xe116
3060 Portunhos C 78 Rc107
4925 Portuzelo VC 41 Rb98
5430-191 Possacos VR 43 Se99
7830 Posto Fiscal de Penalva BE 146 Sd121
7830 Posto Fiscal de Sopos BE 146 Sd121
7830 Posto Fiscal de Val Covo BE 146 Sd122

7350 Posto Fiscal do Caia PT 116 Sf115
7370 Posto Fiscal do Retiro PT 116 Sf115
3130-541 Pouca Pena C 94 Rc108
4755-411 Pousa BR 60 Rc99
4710 Pousada BR 42 Rd99
4640 Pousada P 61 Rf102
5000 Pousada VR 61 Sa101
3405 Pousada de Santa Barbara C 79 Sb106
4770-400 Pousada de Saramagos BR 60 Rd100
3105 Pousadas Vedras LE 95 Rc109
3420-172 Pousadouros C 79 Rf107
3240-610 Pousaflores C 95 Rd109
6320-233 Pousafoles do Bispo GD 80 Se106
4960 Pousios VC 42 Re97
2410 Pousos LE 94 Rb110
3780-594 Poutena AV 78 Rc106
5160 Póvoa BN 62 Sf101
5210 Póvoa BN 63 Te99
3320 Póvoa C 95 Sa108
2565 Póvoa L 112 Qf113
2460 Povoa LE 94 Ra111
4415 Póvoa P 60 Rc102
2000 Póvoa SA 113 Rc112
5470 Póvoa VR 42 Sa99
5070 Póvoa VR 62 Sc101
5430 Póvoa VR 62 Se99
5100 Póvoa VS 61 Sa102
3650 Póvoa VS 61 Sb103
9650 Povoação AC 177 Ze122
2665-300 Póvoa da Galega L 112 Qe115
2005 Povoa da Isenta SA 113 Rb113
3060-213 Póvoa da Lomba C 78 Rc107
3780-525 Póvoa da Palmeira AV 78 Rd106
3430-565 Póvoa da Pegada VS 79 Sa106
6290 Póvoa da Rainha GD 80 Sb105
5425 Póvoa de Agrações VR 43 Sc99
6230-600 Póvoa de Atalaia CB 96 Sd108
3770 Póvoa de Carrerco AV 78 Rc106
3530-320 Póvoa de Cervães VS 80 Sb105
4830-191 Póvoa de Lanhoso BR 42 Re99
6290 Póvoa d'El-Rei GD 80 Se104
3420 Póvoa de Midões C 79 Sa106
3440 Póvoa de Mosqueiros VS 79 Rf106
2560-046 Póvoa de Penafirme L 112 Qd114
3630-350 Póvoa de Penela VS 62 Sd102
3780 Póvoa de Pereira AV 78 Rd106
6000-610 Póvoa de Rio de Moinhos CB 96 Sc109
2625-002 Póvoa de Santa Iria L 128 Qf115
2000-531 Póvoa de Santarém SA 113 Rb113
2620 Povoa de Santo L 112 Qf116
3430-771 Póvoa de Santo Amaro VS 79 Rf106
3405-115 Póvoa de São Cosme C 79 Sa106
7885 Póvoa de São Miguel BE 131 Se119
3060-471 Póvoa do Bispo C 78 Rc106
6420-531 Póvoa do Concelho GD 80 Se104
3800-550 Póvoa do Paço AV 78 Rc104
3810-756 Póvoa do Valado AV 78 Rc105
3750 Póvoa do Vale do Trigo AV 78 Rd105
7320 Póvoa e Meadas PT 96 Sc111
6270-221 Póvoa Nova GD 79 Sc106
2040-154 Póvoas SA 113 Ra112
 Povoinha CB 96 Sb109
3505-247 Povolide VS 79 Sb104

2910 Praça do Quebedo, Estação Ferroviária de SE 129 Ra117
5320-221 Prada BN 44 Ta97
4730 Prado BR 41 Rd99
4730 Prado BR 41 Rd98
3570 Prado GD 80 Se105
4960 Prado VC 42 Re96
3620 Prado de Baixo VS 62 Sc103
5225-041 Prado Gatão BN 63 Td100
6400 Prados GD 80 Se104
6360 Prados GD 80 Sd105
2550-371 Pragança L 112 Qf113
9880 Praia AC 176 Xa114
2430 Praia LE 94 Ra109
4410 Praia da Aguda P 60 Rc102
2530-209 Praia da Areia Branca L 112 Qe113
2705-061 Praia das Maçãs L 112 Qd116
 Praia da Vitoria AC 176 Xf116
4910 Praia de Âncora VC 41 Ra98
3885 Praia de Cortegaça AV 60 Rc103
3885 Praia de Esmoriz AV 60 Rc103
3070 Praia de Mira C 78 Rb106
8670 Praia de Odeceixe FA 158 Rb124
2525 Praia de São Bernardino LE 112 Qd113
3870 Praia de Torreira AV 78 Rb104
 Praia do Almoxarife AC 176 Wc117
9900 Praia do Norte AC 176 Wb117
2260 Praia do Ribatejo SA 95 Rd112
2910 Praia do Sado SE 129 Rb117
9580 Praia Formosa AC 177 Zf127
9940 Prainha AC 177 We118
2910 Praixa-Sado, Estação Ferroviária de SE 129 Rb117
9370 Prazeres MA 178 Ie152
4800 Prazins BR 60 Re100
4800 Prazins BR 60 Re100
8970 Preguiça FA 160 Sc125
8970 Preguiças FA 160 Sc124
 Preguinho VS 79 Re104
3070 Presa C 78 Rb106
3150 Presa C 95 Rc108
2230-010 Presa SA 95 Rf111
3750-679 Préstimo AV 78 Rd105
5100-740 Pretarouca VS 61 Sa102
5070 Prezandães VR 62 Sd101
4705-555 Priscos BR 60 Rd100
6150 Proença-a-Nova CB 96 Sa110
6060 Proença-a-Velha CB 97 Se108
6430-341 Prova GD 62 Sd103
7520 Provença SE 144 Rb121
5060 Provensende VR 62 Sc101
4540-486 Provezende AV 60 Re103
 Prozelo BR 42 Rd99
4970 Prozelo VC 41 Rd97
3250-389 Pussos LE 95 Rd110

Q

3840 Qinta AV 78 Rb105
5320-195 Quadra BN 44 Sf97
6320-242 Quadrazais GD 81 Ta107
6320 Quarta-Feira GD 80 Se106
8125 Quarteira FA 159 Rf126
2550 Quartel L 112 Qf113
8700 Quatrim FA 160 Sb126
8700-128 Quatrim do Sul FA 160 Sb126
3130-083 Quatro Lagoas C 95 Rd108
9760 Quatro Ribeiras AC 176 Xe116
2065-110 Quebradas L 112 Ra113
4990-685 Queijada VC 41 Rc98
9800 Queimada AC 177 We116
8950 Queimada FA 160 Sc125
5110 Queimada VS 61 Sb102
4820-560 Queimadela BR 61 Rf99
5110 Queimadela VS 61 Sb102
7665 Queimado BE 158 Rc123
3670-174 Queirã VS 79 Rf104
3515-500 Queirela VS 79 Sa104
3650-051 Queiriga VS 79 Sb104

6370 Queiriz GD 80 Sd104
8700 Quelfes FA 159 Sb126
6090 Quelhinhas CB 80 Sf108
2735 Queluz L 128 Qe116
4785-064 Quereledo P 60 Rc101
8100 Querença FA 159 Sa125
3080-516 Quiaios C 78 Ra107
4640 Quinta P 61 Sa102
5450 Quinta VR 61 Sc100
7750 Quintã BE 146 Sc123
7750 Quintã BE 160 Sa124
8100 Quintã FA 159 Sa125
5000 Quintã VR 61 Sa101
5130 Quinta da Cascalheira VS 62 Sc101
7540-021 Quinta da Corona SE 144 Rd121
3560 Quinta da Deguedinha VS 80 Sc104
3570-074 Quinta da Estrada GD 80 Sc103
8100 Quinta da Quarteira FA 159 Rf126
5200 Quinta das Quebradas BN 63 Tb101
5160 Quinta de Martin Tirado BN 63 Tb102
3640 Quinta de Paulo Lopes VS 80 Sd103
6440 Quintã de Pêro Martins GD 80 Sf103
6320-125 Quinta de Santo Amaro GD 80 Se107
2825 Quinta de Santo António SE 128 Qe117
2000 Quinta de São João SA 113 Rc113
5230 Quinta de Vale de Peña BN 44 Tc98
2950-532 Quinta do Anjo SE 128 Ra117
2925 Quinta do Conde SE 128 Qf117
7090 Quinta do Duque E 130 Rf119
7800 Quinta do Estácio BE 145 Sb121
3810 Quinta do Gato AV 78 Rc105
8135 Quinta do Lago FA 159 Rf126
6090 Quinta do Major CB 80 Sf107
6230 Quinta do Monte Leal CB 96 Sd108
6320 Quinta do Passarinho GD 81 Ta107
2350 Quinta do Paul SA 113 Rc112
6270 Quinta do Rio GD 80 Sb106
6400 Quinta dos Bernardos GD 81 Sf104
7000 Quinta do Sousa E 129 Rc117
3870 Quinta dos Ricos AV 78 Rb104
9300 Quinta Grande MA 178 If153
2100-056 Quinta Grande SA 113 Rc115
5180 Quintana da Ribeira BN 63 Ta102
5160 Quintana das Centieras BN 62 Ta102
Quintana de Alva BN 63 Ta102
5300-772 Quintanilha BN 44 Tc98
2140 Quinta Nova SA 113 Rc113
3050 Quintas AV 78 Rd107
6230 Quintas CB 80 Se107
2665 Quintas L 112 Qe115
2040 Quintas SA 113 Ra113
3830 Quintãs AV 78 Rc105
6230 Quintas da Feijoeira CB 96 Se108
6320-251 Quintas de São Bartolomeu GD 80 Sf106
3870 Quintas do Norte AV 78 Rb104
5320 Quintela BN 44 Ta97
5430 Quintela VR 43 Sd98
3670 Quintela VS 79 Rf104
3640 Quintela VS 80 Sc103
3530-334 Quintela de Azurara VS 80 Sb105
5300 Quintela de Lampacas BN 44 Ta99
4750 Quintiães BR 41 Rc99

7800-661 Quintos BE 146 Sb121
5320 Quirás BN 43 Sf97

R

6300-075 Rabaça GD 81 Sf105
7300-467 Rabaça PT 115 Se113
3230-544 Rabaçal C 95 Rd108
7050 Rabaçal E 130 Re116
6430 Rabaçal GD 80 Se103
2500 Rabaceiro LE 112 Qf112
6150-127 Rabacinas CB 96 Sb110
5300-791 Rabal BN 44 Tb97
7040 Rabasqueira E 130 Rf116
7555 Rabo do Lobo SE 144 Rb122
7080 Rádio Marconi E 129 Rd116
4590 Raimonda P 60 Rd101
4550-247 Raiva AV 60 Rd102
3360 Raiva C 79 Re107
5450-344 Raiz do Monte VR 61 Sc100
5040 Ramadas VR 61 Sa101
7960 Ramado BE 131 Sc120
Ramalhais de Cima LE 95 Rc109
2565-646 Ramalhal L 112 Qe114
3250-422 Ramalhal LE 95 Rd110
2305 Ramalheira SA 95 Rd110
2500-377 Ramalhosa LE 112 Qf112
9700 Raminho AC 176 Xe116
4690 Ramires VS 61 Rf102
8375 Ramos FA 159 Rd124
2580 Rancas L 112 Qf114
4650 Rande P 60 Re101
7330 Ranginha PT 115 Sd112
3100-362 Ranha de Baixo LE 94 Rb109
3105 Ranha de São João LE 94 Rb109
6430 Ranhados GD 62 Se103
3660 Ranhados VS 79 Sa105
6360-130 Rapa GD 80 Sd105
2080-701 Raposa SA 113 Rc114
8650 Raposeira FA 158 Ra126
2420-218 Raposeira LE 94 Rb110
2100-650 Raposeira SA 129 Rc115
9370 Raposeiro do Logarinho MA 178 Ie152
6000 Rapoula CB 96 Sb109
6300 Rapoula GD 80 Se105
6320-261 Rapoula do Côa GD 81 Sf106
4560 Rãs P 60 Re101
3560 Rãs VS 79 Sc104
7330 Rasa PT 115 Sd112
4570-410 Rates P 60 Rd100
8900 Rato FA 160 Sc126
6360-140 Ratoeira GD 80 Sd105
2350 Reais SA 113 Rc112
4550-250 Real AV 60 Rd102
4605 Real P 61 Re101
3550 Real VS 80 Sb105
6100 Rebaixia CB 95 Rf110
2460-362 Rebelos LE 94 Qf111
6420-541 Reboleiro GD 80 Sd104
3150-258 Rebolia C 95 Rc108
6320-271 Rebolosa GD 81 Ta106
5300 Rebordainhos BN 44 Ta98
5300-811 Rebordãos BN 44 Tb98
4525 Rebordelo AV 60 Rd103
5335 Rebordelo BN 43 Sf98
4600 Rebordelo P 61 Sa100
5470 Rebordelo VR 43 Sb98
3670 Rebordinho VS 79 Re105
4795 Rebordões P 60 Rd100
4990 Rebordões VC 41 Rc98
3360 Rebordosa C 79 Sa107
4585-305 Rebordosa P 60 Rd101
4920 Reboreda VC 41 Rb97
3750-726 Recardães AV 78 Rd105
4585-594 Recarei P 60 Rd102
4560 Recezinhos P 61 Re101
5400 Redial VR 43 Sc98
3105-321 Redinha LE 94 Rc108
6150 Redonda CB 96 Sa111
Redonda FA 160 Sa124
5400 Redondelo VR 43 Sc98
7170 Redondo E 131 Sc117
3100 Redondos LE 94 Rc109
5425 Redordondo VR 43 Sc98
4825-286 Redundo P 60 Rd101
5300 Refega BN 44 Tc98
4990 Refóios do Lima VC 41 Rc98
4860 Refojos de Basto BR 61 Sa99

4825-292 Refojos de Riba de Ave P 60 Rd101
4610 Refontoura P 61 Re101
4820 Regadas BR 61 Rf100
4815 Regilde P 60 Re100
4820 Rego BR 61 Rf100
3250 Rego da Murta LE 95 Rd110
5385 Regodeiro BN 43 Sf99
5370-110 Rego de Vide BN 62 Se100
2415 Regueira de Pontes LE 94 Rb110
4825-360 Reguenga P 60 Rd101
7780 Reguengo BE 145 Rf122
7600 Reguengo BE 145 Re121
7490 Reguengo E 114 Rf115
7300 Reguengo PT 115 Sd113
7340 Reguengo PT 115 Se114
2070 Reguengo, Estação Ferroviária de SA 113 Rb114
2440-208 Reguengo do Fetal LE 94 Rb111
2530-564 Reguengo Grande L 112 Qe113
7630 Reguengo Pequeno BE 144 Rc123
7200-200 Reguengos de Monsaraz E 131 Sc118
2500 Reguenho LE 112 Qe112
6440 Reigada GD 81 Ta104
6400 Reigadinho GD 80 Se104
5470 Reigoso VR 42 Sa98
3680-192 Reigoso VS 79 Re104
3250 Reivas LE 95 Rd109
8550 Relém FA 158 Rc125
7630-392 Relíquias BE 144 Rd122
9360 Relogio do Poiso MA 178 If152
9500 Relva AC 177 Zb122
6110 Relva CB 95 Rf110
6060 Relva CB 97 Sf108
7330 Relva PT 115 Se112
3600-475 Relva VS 61 Sa103
6150-501 Relva da Louça CB 95 Sa110
3300 Relvas C 95 Sa107
6230 Relvas CB 80 Sb108
2500-796 Relvas LE 112 Qf112
7540-240 Relvas Verdes SE 144 Rb121
3305-227 Relva Velha C 79 Sa107
3020 Relvinha C 78 Rd107
7540 Relvinhas SE 144 Rc120
9545 Remédios AC 177 Zb121
2520 Remédios LE 112 Qd112
4755-010 Remelhe BR 60 Rc100
4960 Remoães VC 42 Re96
5200-370 Remondes BN 63 Tb100
3420-415 Remouco C 79 Rf106
6320 Rendo GD 81 Sf106
4800 Rendufe BR 60 Re100
Rendufe VR 62 Sd99
4830 Rendufinho BR 42 Re99
4720 Rendute BR 41 Rd99
6000-620 Represa CB 96 Sc110
7050 Represa E 130 Rf116
3800-861 Requeixo AV 78 Rc105
4770 Requião BR 60 Rd100
4660-211 Resende VS 61 Sa103
3140 Resgatados C 78 Rb107
6000-621 Retaxo CB 96 Sc110
7830 Retorta BE 146 Sc121
7050 Retorta E 129 Rc117
4480-350 Retorta P 60 Rb100
5450-294 Revel VR 62 Sc100
7330-336 Reveladas PT 115 Sd112
3140 Reveles C 94 Rb108
4820-630 Revelhe BR 61 Rf100
7340 Revelhos PT 115 Se114
8100 Reveses FA 159 Sa124
4650 Revinhade P 60 Re100
2350-290 Riachos SA 113 Rc112
2350 Riachos, Estação Ferroviária de SA 113 Rc112
5100-330 Ribabelide VS 61 Sa102
4910 Riba de Âncora VC 41 Rb98
2425 Riba de Aves LE 94 Rb110
4950 Riba de Mouro VC 41 Re96
4640 Ribadoura P 61 Rf102
3515 Ribafeita VS 79 Sa104
2475 Ribafria LE 112 Ra112
2525 Ribafria LE 112 Qe113
2565-173 Ribaldeira L 112 Qe114
5140-224 Ribalonga BN 62 Sd101
5070-322 Ribalonga VR 62 Sc100
2530 Ribamar L 112 Qe113
2640 Ribamar L 128 Qd114
6290-251 Ribamondego GD 80 Sc105

4890 Ribas BR 61 Rf100
3090 Ribas C 78 Rb107
3220 Ribas C 95 Re107
3880 Ribeira AV 78 Rc103
4840 Ribeira BR 42 Re98
3200 Ribeira C 95 Re108
2240 Ribeira SA 95 Re110
4990 Ribeira VC 41 Rc98
8365 Ribeira Alta FA 159 Re125
2350-396 Ribeira Branca SA 94 Rc112
9350 Ribeira Brava MA 178 If152
9800 Ribeira da Areia AC 177 Wf117
8900-055 Ribeira da Gafa FA 160 Sc125
9270 Ribeira da Janela MA 178 If151
8550-366 Ribeira das Canas FA 158 Rc125
9680 Ribeira dasTainhas AC 177 Zd122
8200-501 Ribeira de Alte FA 159 Re125
3045 Ribeira de Frades C 78 Rd107
3850 Ribeira de Fráguas AV 78 Rd104
7300 Ribeira de Nisa PT 115 Sd113
7700 Ribeira de Odelouca BE 159 Re124
4870-150 Ribeira de Pena VR 61 Sb99
2040-511 Ribeira de São João SA 113 Ra113
3505 Ribeira de Sátão VS 79 Sb104
Ribeira de Seiça, Estação Ferroviária de C 94 Rb108
6230 Ribeira de Ximassa CB 96 Sc108
3680 Ribeiradio VS 79 Re104
9900 Ribeira do Cabo AC 176 Wb117
2205-291 Ribeira do Fernando SA 114 Rf112
9930 Ribeira do Meio AC 177 We118
9800 Ribeira do Nabo AC 177 Wf117
7630-394 Ribeira do Salto BE 144 Rc122
6300-185 Ribeira dos Carinhos GD 80 Sf105
7630-357 Ribeira do Seissal BE 144 Rc122
9700 Ribeira do Testo AC 176 Xf117
9900 Ribeira Funda AC 176 Wb117
9600* Ribeira Grande AC 177 Zc122
4760-266 Ribeirão BR 60 Rc100
9675 Ribeira Quente AC 177 Ze122
9930 Ribeiras AC 177 We118
9700 Ribeira Seca AC 176 Xf116
9600 Ribeira Seca AC 177 Zc122
9850 Ribeira Seca AC 177 Xa117
9700 Ribeirinha AC 176 Xe117
9900 Ribeirinha AC 176 Wc117
9880 Ribeirinha AC 176 Wf114
9600 Ribeirinha AC 177 Zd122
9930 Ribeirinha AC 177 Wf118
8800 Ribeirinha FA 160 Sb125
7330 Ribeirinha PT 115 Sd112
5450 Ribeirinha VR 62 Sc100
4940 Ribeirinho VC 41 Rc97
8950 Ribeiro FA 160 Sc125
8375 Ribeiro de Arade FA 159 Re125
4960 Ribeiro de Cima VC 42 Re97
7430 Ribeiro de Freixo, Estação Ferroviária de PT 115 Sc113
3320 Ribeiro do Soutelinho C 95 Rf109
9230 Ribeiro Frio MA 178 Ka152
4820 Ribeiros BR 61 Rf100
3600 Ribolhinhos VS 79 Sa103
3600-623 Ribolhos VS 79 Sa103
6230 Rio CB 96 Sb108
4950 Rio Bom VC 41 Rd97
5445 Rio Bom VR 43 Sd99
4970 Rio Cabrão VC 41 Rd98
4845 Rio Caldo BR 42 Re98

3050 Rio Coro AV 78 Rd107
4755 Rio Covo BR 60 Rc100
5130-287 Riodades VS 62 Sd102
2435-530 Rio de Couros SA 95 Rd110
5320-279 Rio de Forn BN 44 Sf97
4540-243 Rio de Frades AV 79 Re103
3040-488 Rio de Galinhas C 95 Rd108
4630 Rio de Galinhas P 61 Rf101
6420 Rio de Mel GD 80 Sd104
3660-191 Rio de Mel VS 79 Sa104
7600 Rio de Moinhos BE 145 Re121
7150-361 Rio de Moinhos E 115 Sc116
4575 Rio de Moinhos P 60 Re102
2200 Rio de Moinhos SA 95 Re112
7595 Rio de Moinhos SE 144 Re119
4970 Rio de Moinhos VC 41 Rd97
3560 Rio de Moinhos VS 80 Sb104
2635 Rio de Mouro L 128 Qe116
5300 Rio de Onor BN 44 Tc97
4860 Rio Douro BR 61 Sa99
5300-831 Rio Frio BN 44 Tc98
2955 Rio Frio SE 129 Ra116
4970 Rio Frio VC 41 Rd97
2040-092 Rio Maior SA 112 Ra112
4730 Rio Mau BR 41 Rc98
4575 Rio Mau P 60 Rd102
4520-467 Rio Meão AV 60 Rc103
3450-341 Rio Milheiro VS 79 Rf106
6420 Rio Moinhos GD 80 Sd104
8950 Rio Saco FA 160 Sd125
7920 Rio Seco BE 145 Rf119
8005 Rio Seco FA 160 Sa126
7900 Rio Seco da Estrada BE 145 Re119
3840-303 Rio Tinto AV 78 Rc106
4740 Rio Tinto BR 60 Rb100
4435 Rio Tinto P 60 Rc101
6290 Rio Torto GD 79 Sc105
5430 Rio Torto VR 62 Se99
3220 Rio Vide C 95 Re108
5060-423 Roalde VR 61 Sc101
6120-167 Robalo SA 95 Rf111
6300-190 Rocamondo GD 80 Se105
3740-182 Rocas do Vouga AV 78 Rd104
8100 Rocha FA 159 Rf125
4925 Rocha VC 41 Rb98
8400 Rocha Bravo FA 158 Rd126
2550 Rocha Forte L 112 Qf113
6000-007 Rochas de Baixo CB 96 Sc109
6000-008 Rochas de Cima CB 96 Sc108
6300-195 Rochoso GD 80 Sf105
4850 Roda BR 61 Rf99
6120 Roda SA 95 Rf110
3530 Roda VS 79 Rf104
3330-108 Roda Cimeira C 95 Rf108
3330-109 Roda Fundeira C 95 Rf108
2305-121 Roda Grande SA 95 Rd112
6030-115 Rodeios CB 96 Sc110
4960 Rodeiro VC 42 Rf96
3730 Roge AV 78 Rd103
8670-440 Rogil FA 158 Rb124
5360 Róios BN 62 Sf101
3440 Rojão Grande VS 79 Rf106
6100 Rola CB 95 Rf110
7780-408 Rolão BE 145 Sa122
8500 Rolhão FA 158 Rc125
Roliça LE 112 Qe113
9100 Roma MA 178 Kb152
4940 Romarigães VC 41 Rc97
3700-808 Romariz AV 60 Rd103
3560 Romãs VS 79 Sc104
7700 Romba BE 159 Sa124
2005-076 Romeira SA 113 Rb113
7750 Romeiras BE 159 Sb123
8550 Romeiras FA 158 Rb125
5370 Romeu BN 62 Sf99
7750 Roncão BE 160 Sc123
7750 Roncão BE 159 Sb124
7200 Roncão E 131 Sd119
7540 Roncão SE 144 Rc120
4805-354 Ronfe BR 60 Rd100
6400 Roque GD 80 Sf104
6160 Roqueiro CB 96 Sa109
4750 Roriz BR 41 Rc99
4795 Roriz P 60 Rd100
5400 Roriz VR 43 Se98
3550-252 Roriz VS 79 Sb104
9800 Rosais AC 177 We116
7830 Rosal BE 146 Sc120
7700 Rosário BE 159 Rf123

7250-203 Rosário E 131 Sd117
9240 Rosário MA 78 If152
2860-626 Rosário SE 128 Qf116
4625 Rosem P 61 Re102
6060-185 Rosmaninhal CB 97 Sf110
7400 Rosmaninhal PT 114 Sa113
6120 Rosmaninhal SA 95 Sa111
2140 Rosmaninhal SA 113 Re113
3600-377 Rossão VS 61 Sa103
4540 Rossas AV 60 Re103
4850 Rossas BR 42 Rf99
4660 Rossas VS 61 Sa102
2205-062 Rossio ao Sul do Tejo SA 114 Re112
4970 Roucas VC 42 Re97
4960 Roussas VC 42 Re96
3510-816 Routar VS 79 Rf105
3360-109 Roxo C 78 Rd107
3620 Rua VS 62 Sc103
7600 Ruas BE 145 Rf121
4940 Rubiães VC 41 Rc97
3100 Ruge Água LE 94 Rc110
4705 Ruilhe BR 60 Rd100
7670 Ruínas Romanas BE 159 Re123
4765 Ruivães BR 60 Rd100
4820 Ruivães BR 61 Rf100
6320 Ruivina GD 81 Sf106
8600 Ruivo FA 158 Rb125
6320 Ruivos GD 81 Ta106
4980 Ruivos VC 41 Rd98
2565-710 Runa L 112 Qe114

S

4970 Sá VC 41 Rd97
4990 Sá VC 41 Rc98
4950 Sá VC 42 Rd96
5430 Sá VR 43 Sd98
4690 Sá VC 61 Rf102
3660-074 Sá VS 79 Rf104
2305-622 Sabacheira SA 95 Rd110
4970 Sabadim VC 41 Rd97
4730 Sabariz BR 41 Rd99
7665-819 Sabóia BE 158 Rd124
5060 Sabrados VR 61 Sc101
5060 Sabrosa VR 62 Sc101
5450 Sabroso VR 43 Sc99
5000 Sabroso VR 61 Sb101
6320 Sabugal GD 80 Sf106
2715-006 Sabugosa L 112 Qe116
3460 Sabugosa VS 79 Rf105
3130-098 Sabugueiro C 95 Rc109
7040 Sabugueiro E 130 Rf116
6270 Sabugueiro GD 79 Sc106
5470 Sabuzedo VR 42 Sa97
2685 Sacavém L 112 Qf116
5300-433 Sacoias BN 44 Tb97
5470-125 Sacoselo VR 42 Sa98
7875-051 Safara BE 131 Se120
7050 Safira E 129 Rd117
Safres VR 62 Sd101
6090 Safurdão CB 97 Sf108
6400-621 Safurdão GD 81 Sf105
4950 Sago VC 41 Rd96
8650-317 Sagres FA 158 Ra126
8670 Saiceira FA 158 Rb124
3780 Saide AV 78 Re106
3300-365 Sail C 79 Rf107
5350 Saladonha BN 63 Ta100
4850 Salamonde BR 42 Rf98
9900 Salão AC 176 Wc117
9100 Salão MA 178 Kb152
Salavessa PT 96 Sc111
5200-383 Saldanha BN 63 Tc100
8650 Salema FA 158 Rb126
9630 Salga AC 177 Ze121
7555-260 Salgadinho SE 144 Rc122
6360 Salgueirais GD 80 Sd105
3050-265 Salgueiral AV 78 Rd106
6030 Salgueiral CB 96 Sc111
6400 Salgueiral GD 80 Sf105
3510 Salgueiral VS 79 Rf105
3840 Salgueiro AV 78 Rc105
5200 Salgueiro BN 63 Tb100
6230 Salgueiro CB 80 Se107
2540 Salgueiro LE 112 Qf113
7425 Salgueiro PT 114 Rf114
6000-631 Salgueiro do Campo CB 96 Sc109
7750 Salgueiros BE 146 Sc123
5320 Salgueiros BN 44 Sf97
2100 Salguirinha (Paragem) SA 129 Rc115
8400-422 Salicos FA 158 Rd126
8100-202 Salir FA 159 Rf125
2500-637 Salir de Matos LE 112 Qf112

2500-651 Salir do Porto LE 94 Qf112
3865-176 Salreu AV 78 Rc104
5300-845 Salsas BN 44 Tb99
5340-400 Salselas BN 63 Ta99
7780 Salto BE 145 Sa122
5470-430 Salto VR 42 Sa99
7800 Salvada BE 145 Sb121
6090 Salvador CB 97 Sf108
7450 Salvador PT 115 Sd114
2140 Salvador SA 113 Rd113
4600 Salvador do Monte P 61 Rf101
2205-536 Salvadorinho SA 114 Re112
2120-051 Salvaterra de Magos SA 129 Rb114
6060 Salvaterra do Extremo CB 97 Ta109
3610-073 Salzedas VS 61 Sb102
5200 Samaio BN 63 Tb100
4860-221 Samão BR 61 Sa99
5000 Samardã VR 61 Sb100
5350-312 Sambade BN 62 Ta100
6270 Sameice GD 79 Sd106
6260 Sameiro GD 80 Sd106
3780-596 Samel AV 78 Rc106
5300 Samil BN 44 Tb98
5100-758 Samodães VS 61 Sb102
5360 Samões BN 62 Se101
5400-580 Samoiões VR 43 Sd98
2135 Samora Correira SA 113 Ra115
5140 Samorinha BN 62 Se101
2890-201 Samouco SE 128 Qf116
8670-152 Samouqueira FA 158 Ra124
5360 Sampaio BN 62 Sf101
2970 Sampaio SE 128 Qf118
3130-126 Samuel C 94 Rb108
4600 Sanche P 61 Rf101
2510 Sancheira LE 112 Qf112
2510 Sancheira-Grande-Pequena LE 112 Qf112
4805 Sande BR 60 Rd100
4805 Sande BR 60 Rd99
4805 Sande BR 60 Rd99
5100 Sande VS 61 Sb102
4730 Sande Oriz BR 41 Rd98
4990 Sandiães VC 41 Rc99
5320 Sandim BN 43 Se97
4415-405 Sandim P 60 Rc102
2435-531 Sandoeira SA 95 Rd110
6270-174 Sandomil GD 79 Sb106
5430 Sanfins VR 43 Sd99
5400 Sanfins VR 43 Se98
4595 Sanfins de Ferreira P 60 Rd101
5070-351 Sanfins do Douro VR 62 Sc101
4520 Sanfis AV 60 Rc103
3780-111 Sangalhos AV 78 Rd106
4505-578 Sanguedo AV 60 Rc102
3300 Sanguinhedo C 79 Rf107
5000 Sanguinhedo VR 61 Sc100
3505 Sanguinhedo VS 79 Sa104
3060-353 Sanguinheira C 78 Rc106
3060 Sanguinheira VR 78 Rb107
7425 Sanguinheira PT 114 Rf114
6120 Sanguinheira SA 96 Sa111
2100 Sanguinheira Velha SA 113 Re114
5200-384 Sanhoane BN 63 Tc100
5030 Sanhoane VR 61 Sb101
5400-578 Sanjurge VR 43 Sc98
3600 San Martinho das Moitas VS 61 Rf103
9270 Santa MA 178 Ie151
3660-075 Santa VS 79 Rf104
3420 Santa Amara C 79 Sa106
9700 Santa Bárbara AC 176 Xd116
9580 Santa Bárbara AC 177 Zf127
9600 Santa Bárbara AC 177 Zc122
9930 Santa Bárbara AC 177 We118
2530 Santa Bárbara L 112 Qe113
3610 Santa Bárbara VS 79 Sb104
8005 Santa Bárbara de Nexe FA 159 Sa126
7780 Santa Barbara de Padrões BE 145 Sa123
9900 Santa Catarina AC 176 Wb117
3840 Santa Catarina AV 78 Rc106
2500-768 Santa Catarina LE 112 Qf112

2910 Santa Catarina SE 129 Rb118
7580 Santa Catarina SE 129 Rd118
2495-186 Santa Catarina da Serra LE 94 Rb110
2305-123 Santa Cita SA 95 Rd111
Santa Cita, Estação Ferroviária de SA 95 Rd111
3040 Santa Clara C 78 Rd107
2230-011 Santa Clara SA 95 Rf111
7700 Santa Clara-a-Nova BE 159 Rf124
7665-880 Santa Clara-a-Velha BE 158 Rd123
7800 Santa Clara de Louredo BE 145 Sa121
5150 Santa Comba GD 62 Sf103
6270 Santa Comba GD 80 Sb106
4585 Santa Comba P 60 Rd102
4990 Santa Comba VC 41 Rc98
3440 Santa Comba Dão VS 79 Rf106
5360-170 Santa Comba da Vilariça BN 62 Sf100
5300 Santa Comba de Roça BN 44 Tb99
5340-410 Santa Combinha BN 44 Ta99
3450-062 Santa Cristina VS 79 Re106
7700 Santa Cruz BE 159 Sa124
5320 Santa Cruz BN 44 Ta97
2560 Santa Cruz L 112 Qd114
9100 Santa Cruz MA 178 Kb152
7540 Santa Cruz SE 144 Rb120
9880 Santa Cruz da Graciosa AC 176 Wf114
9970 Santa Cruz das Flores AC 176 Tf112
3660-252 Santa Cruz da Trapa VS 79 Rf104
5110 Santa Cruz de Lumiares VS 61 Sb102
4640 Santa Cruz do Douro P 61 Rf102
4990 Santa Cruz do Lima VC 41 Rd98
6400 Santa Eufémia GD 80 Se104
2420-354 Santa Eufémia LE 94 Rb110
5070 Santa Eugénia VR 62 Sd100
4540 Santa Eulália AV 60 Re103
6270 Santa Eulália GD 79 Sb106
2625 Santa Eulália L 128 Qe115
7350 Santa Eulália PT 115 Se114
7830 Santa Íria BE 146 Sc121
2690-143 Santa Iria de Azóia L 112 Qf115
5350-232 Santa Justa BN 62 Sf101
8970 Santa Justa FA 146 Sb124
2100-376 Santa Justa SA 129 Re114
4905 Santa Leocádia VC 41 Rc98
5400 Santa Leocádia VR 43 Sd99
5120 Santa Leocádia VS 61 Sc102
5320-153 Santalha BN 43 Sf97
4710 Santa Lucrécia de Algeriz BR 42 Rd99
9940 Santa Luzia AC 176 Wd117
7670 Santa Luzia BE 144 Rd122
8800 Santa Luzia FA 160 Sc126
4900 Santa Luzia VC 41 Ra98
8100 Santa Margarida FA 159 Re125
8800 Santa Margarida FA 160 Sb126
2305 Santa Margarida SA 113 Re112
2250-350 Santa Margarida da Coutada SA 113 Re112
7570-777 Santa Margarida da Serra SE 144 Rc120
7900 Santa Margarida do Sado BE 144 Rd120
4990 Santa Maria VC 41 Rc98
4940 Santa Maria VC 41 Rb98
4520 Santa Maria da Feira AV 60 Rc103
6440 Santa Maria de Aguiár GD 81 Ta103
4805 Santa Maria de Airão BR 60 Rd100
4720 Santa Maria de Bouro BR 42 Re98
5445-052 Santa Maria de Emeres VR 62 Sd99
4535-340 Santa Maria de Lamas AV 60 Rc103

4550 Santa María de Sardoura AV 60 Re102
Santa Marinha BR 42 Rd98
6270 Santa Marinha GD 79 Sc106
4950 Santa Marinha VC 42 Rd96
Santa Marinha VR 61 Sb99
4640 Santa Marinha do Zêzere P 61 Sa102
8970 Santa Marta FA 146 Sc124
5450-240 Santa Marta da Montanha VR 61 Sb99
4720 Santa Marta de Bouro BR 42 Re99
5030-381 Santa Marta de Penaguiao VR 61 Sb101
9940 Santana AC 176 Wd117
9630 Santana AC 177 Ze121
7830 Santana BE 146 Sc121
3090 Santana C 78 Rb107
7040 Santana E 114 Sa116
7220 Santana E 130 Sb119
9230 Santana MA 178 Ka152
6050 Santana PT 96 Sb111
2970-002 Santana SE 128 Qf118
2070 Santana Cartaxo, Estação Ferroviária de SA 113 Rb114
6300 Santana da Azinha GD 80 Se106
7670-613 Santana da Serra BE 159 Re123
7750-413 Santana de Cambas BE 146 Sc123
7040-130 Santana do Campo E 130 Rf116
3400-591 Santa Ovaia C 79 Sa107
7670 Santa Pequena BE 159 Re124
3520-121 Santar VS 79 Sa105
2005 Santarém SA 113 Rb113
7050-349 Santa Sofia E 130 Rf117
7700 Santa Susana BE 159 Re124
7580-713 Santa Susana SE 129 Rd118
7005 Santa Susana, Estação Ferroviária de E 130 Sb117
5430-232 Santa Valha VR 43 Se98
7100 Santa Victória do Amixial E 115 Sb115
7800 Santa Vitoria BE 145 Rf121
Santa Vitória-Ervidel, Estação Ferroviária de BE 145 Sa121
4515 Sante P 60 Rd102
8800 Sant Estêvão FA 160 Sb126
5200 Santiago BN 63 Tc100
6270 Santiago GD 79 Sb106
5400 Santiago VR 43 Sd98
5110 Santiago VS 61 Sb102
Santiago da Guarda C 95 Rd109
3465-157 Santiago de Besteiros VS 79 Rf105
4785 Santiago de Bougado = Bougado (Santiago) P 60 Rc100
3530 Santiago de Caçurraes VS 80 Sb105
3100-682 Santiago de Litém LE 94 Rc109
2230-062 Santiago de Montalegre SA 95 Rf111
4690-439 Santiago de Piães VS 61 Rf102
3720 Santiago de Riba-Ul AV 78 Rd103
5445 Santiago de Ribeira de Alhariz VR 43 Sd99
7540 Santiago do Cacém SE 144 Rb120
7050 Santiago do Escoural E 130 Rf117
2630-501 Santiago dos Velhos L 112 Qf115
7200 Santiago Maior E 131 Sd117
3100-683 Santiais LE 95 Rc110
6100 Santinha CB 95 Sa110
7450 Santo Aleixo PT 115 Sd115
7875-150 Santo Aleixo da Restauração BE 146 Sf120
4870 Santo Aleixo de Além VR 61 Sb99
7875-250 Santo Amador BE 131 Se120

Santo Amaro AC 177 We118
9800 Santo Amaro AC 177 We116
3770 Santo Amaro AV 78 Rc105
5155 Santo Amaro GD 62 Sf102
7470 Santo Amaro PT 115 Sc115
3090 Santo Amaro de Bouça C 94 Rb107
Santo Amaro-Veiros, Estação Ferroviária de PT 115 Sc114
5200 Santo André BN 63 Ta101
7425 Santo André SE 128 Qf117
2830 Santo André SE 128 Qf117
4950 Santo André VC 41 Rd96
5470 Santo André VR 43 Sc97
6000-656 Santo André das Tojeiras CB 96 Sb110
7500 Santo André SE 144 Rb120
9875 Santo Antão AC 177 Xb117
6355 Santo Antão GD 81 Ta105
2660-099 Santo Antão do Tojal L 112 Qf115
9940 Santo António AC 176 Wd117
9545 Santo António AC 177 Zb121
9800 Santo Antonio AC 177 Wf116
8650 Santo António FA 158 Ra126
9325 Santo António MA 178 Ka152
7330 Santo António das Areias PT 115 Sd112
9100 Santo António da Serra MA 178 Kb152
7450 Santo António das Paredes PT 115 Sc114
2835 Santo António de Charneca SE 128 Qf117
5400 Santo António de Monforte VR 43 Sd98
7200 Santo António do Baldío E 131 Sd118
7830 Santo António Velho BE 146 Sc121
4455 Santo Cruz do Bispo P 60 Rb101
4830 Santo Emílio BR 60 Re99
6320-511 Santo Estêvão GD 80 Sf107
2130 Santo Estêvão SA 129 Rb115
5400 Santo Estêvão VR 43 Sd98
2665 Santo Estêvão das Galés L 128 Qe115
Santo Evos VS 79 Sb105
7350 Santo Ildefonso PT 115 Sf116
2640-039 Santo Isidoro L 128 Qd115
4635-248 Santo Isidoro P 61 Rf101
3130-064 Santo Isidro C 94 Rb108
2985 Santo Isidro de Pegões SE 129 Rc116
2590-265 Santo Quintino L 128 Qf114
9760 Santo Rita AC 176 Xf116
6120 Santos SA 95 Sa111
2025 Santos SA 113 Rb112
4780 Santo Tirso P 60 Rd100
3140-401 Santo Varão C 94 Rc107
5230-200 Santulhão BN 63 Tc99
4905 San Vicente BR 41 Rb99
7700-263 São Barnabé BE 159 Rf124
7340 Sao Bartalomeu PT 115 Se114
8950 São Bartolomeu FA 160 Sd125
São Bartolomeu PT 114 Sa112
7540-321 São Bartolomeu da Serra SE 144 Rc120
9700 São Bartolomeu de Regatos AC 176 Xe116
7750 São Bartolomeu de Vio Glória BE 146 Sb123
7220-521 São Bartolomeu do Outeiro E 130 Sa118
2530 São Bartolomeu dos Galegos L 112 Qe113
7005 São Benta do Mato E 130 Sb116
9700 São Bento AC 176 Xe117
2480 São Bento LE 94 Rb111
7595 São Bento SE 144 Rd119
4940 São Bento da Porta Aberta VC 41 Rc97

A B C D E F G H I J K L M N O P Q R S T U V W X Y Z

5360-220 Vale Frechoso BN 62 Sf100
2445 Vale Furado LE 94 Qf110
8375-082 Vale Fuzeiros FA 159 Rd125
3880-463 Válega AV 78 Rc103
7780 Vale Gonçalo BE 145 Rf122
3750 Vale Grande AV 78 Rd105
3320 Vale Grande C 96 Sa108
8375 Vale Grou FA 159 Rd124
7000 Valeira E 130 Rf117
7100 Valeja E 115 Sc115
7630 Vale Juncalinho BE 158 Rb124
7630 Vale Longo BE 144 Rd122
6320 Vale Longo GD 81 Sf106
7800 Vale Loução de Baixo BE 145 Sb121
7555 Vale Manhãs SE 144 Rb121
7000 Vale Maria E 130 Rf117
7540 Vale Miguel SE 144 Rb121
6320-014 Vale Mourisco GD 80 Sf106
2100 Vale Mouro SA 113 Rd115
4930-587 Valença VC 41 Rc96
5120-500 Valença do Douro VS 62 Sc102
5335 Valepaço BN 43 Sf98
9050 Vale Paraiso MA 178 Ka152
5370 Vale Pereiro BN 62 Sf99
5350 Vale Pereiro BN 63 Ta100
7540 Vale Pereiro SE 144 Rc121
2120 Vale Queimado SA 113 Rd114
7630 Vales BE 144 Rc122
5350 Vales BN 62 Ta100
6200 Vales CB 80 Sc107
8670 Vales FA 158 Ra125
8800 Vales FA 160 Sa125
6440 Vales GD 62 Ta103
5430 Vales VR 62 Sd100
2405-035 Vale Salgueiro LE 94 Ra110
7630 Vale Santiago BE 144 Rd122
7565 Vale Santiago SE 144 Rd121
6120 Vales de Cardigos SA 95 Sa110
6230-584 Vales de Pêro Viseu CB 80 Sd107
7300 Vale Serrão PT 115 Sc112
7830 Vales Mortos BE 146 Sd122
7750 Vale Travessos BE 146 Sc122
5370 Vale Verde BN 62 Se100
5200 Valeverde BN 63 Tb101
6350 Vale Verde GD 81 Ta104
2125-202 Vale Zebro SA 129 Rb114
6270-621 Valezim GD 80 Sb106
2230-180 Valhascos SA 95 Rf111
6300-235 Valhelhas GD 80 Sd106
4920 Valinho VC 41 Rb97
3850-835 Valmaior AV 78 Rd104
4730 Valões BR 41 Rd98
3040 Valongo C 95 Rd107
8800 Valongo FA 160 Sc126
2420 Valongo LE 94 Rb110
4440 Valongo P 60 Rd101
7480 Valongo PT 114 Sa113
5430 Valongo VR 43 Sd99
5370-070 Valongo das Meadas BN 62 Se99
5090-220 Valongo de Milhais VR 62 Sd100
5130 Valongo dos Azeites VS 62 Sd102
3750-836 Valongo do Vouga AV 78 Rd105
5450-300 Valoura VR 62 Sc99
5430-407 Valpaços VR 43 Se99
4575-588 Valpedre P 60 Re102
9950 Valverde AC 176 Wc117
5300 Valverde BN 44 Tb98
5350 Valverde BN 62 Ta101
6230 Valverde CB 96 Sd108
3570 Valverde GD 80 Sc104
2655 Valverde L 112 Qd115
2025 Valverde SA 94 Ra112
5430 Valverde VR 43 Se99
4585-761 Vandoma P 60 Rd101
8970-351 Vaqueiros FA 160 Sb124
2000-791 Vaqueiros SA 113 Rc112
6060 Vaquilha CB 97 Ta108
6100-368 Vaquinhas CB 95 Rf110
Varadoura AC 176 Wb117
7350-422 Varche PT 115 Sc115
5300-412 Varge BN 44 Tb97
5130 Vargelas VS 62 Se102
7750-812 Vargens BE 160 Sb123
5090-210 Varges VR 62 Sd100
5200-312 Variz BN 63 Tc100

4540 Várzea AV 60 Re103
4755 Várzea BR 60 Rc99
3420 Várzea C 79 Sa106
8970 Várzea FA 160 Sc125
4600 Várzea P 61 Sa101
4610 Várzea P 61 Re100
2005-001 Várzea SA 113 Rb113
4970 Várzea VC 42 Re97
3510 Várzea VS 79 Rf105
3660 Várzea VS 79 Rf104
3515 Várzea VS 79 Sa104
4820-820 Várzea Cova BR 61 Rf99
8800-025 Várzea da Azinheira FA 160 Sb125
3610-187 Várzea da Serra VS 61 Sb103
5100-879 Várzea de Abrunhais VS 61 Sb102
6270-631 Várzea de Meruge GD 79 Sb106
6100-327 Várzea de Pedro Mouro CB 95 Re110
3530 Várzea de Tavares VS 80 Sc105
5130 Várzea de Trevões VS 62 Sd102
6100-894 Várzea dos Cavaleiros CB 95 Rf110
2120 Varzea Fresca SA 113 Rb115
7540-025 Várzea Nova SE 144 Rc120
7050 Várzeas E 113 Re116
2425 Várzeas LE 94 Ra109
3060-215 Varziela C 78 Rc106
4650 Varziela P 61 Re100
Varzielas VS 79 Re105
4940 Vascões VC 41 Rc97
6270-015 Vasco Esteves de Baixo GD 80 Sb107
6270-014 Vasco Esteves de Cima GD 80 Sb107
3670 Vasconha VS 79 Rf104
7750-517 Vasco Rodrigues BE 160 Sb123
6400-681 Vascoveiro GD 80 Sf104
5430-603 Vassal VR 43 Sd99
2510-665 Vau LE 112 Qe112
7800 Vau de Cima BE 146 Sb121
5430-620 Veiga da Lila VR 62 Se99
5300 Veigas BN 44 Tc98
3860-274 Veiros AV 78 Rc104
7100 Veiros E 115 Sc115
6300 Vela GD 80 Se106
Velas AC 177 We116
8970-106 Velhas FA 146 Sc124
6360-190 Velosa GD 80 Se105
4940 Venade VC 41 Rc97
4910 Venade VC 41 Rb97
7750 Venda BE 145 Sb122
4850 Venda BR 42 Rf98
6150 Venda CB 96 Sb110
7340 Venda PT 115 Sd113
6400-242 Vendada GD 80 Sf104
2500-386 Venda da Costa LE 112 Ra112
3105-296 Venda da Cruz LE 94 Rc109
3420-069 Venda da Esperança C 79 Sa107
2100-407 Venda da Lamarosa SA 113 Rc114
2475-043 Venda das Raparigas LE 112 Ra112
3400-434 Venda de Galizes C 79 Sa107
6420-579 Venda de Cepo GD 80 Sd104
7040 Venda do Dugue E 114 Sb116
2665-498 Venda do Pinheiro L 128 Qe115
3060 Venda Nova C 78 Rc106
3130 Venda Nova C 95 Rc108
8300 Venda Nova FA 158 Rd125
6120 Venda Nova SA 96 Sa111
5470 Venda Nova VR 42 Sa98
2605 Venda Seca L 112 Qe116
7080-011 Vendas Novas E 129 Rd116
7200 Vendinha E 131 Sc118
4850 Ventosa BR 42 Re99
2550 Ventosa L 112 Qf113
2530 Ventosa L 112 Qe113
2565 Ventosa L 112 Qe114
2580 Ventosa L 112 Qf114
3670-223 Ventosa VS 79 Rf104
3050-554 Ventosa do Bairro AV 78 Rd106
5400 Ventoselos VR 43 Sc98
5200 Ventozelo BN 63 Tc101

7220 Vera Cruz de Marmelar E 131 Sb119
3810-596 Verba AV 78 Rc105
6200 Verdelhos CB 80 Sd106
4930 Verdoejo VC 41 Rc96
2100 Verdugos SA 129 Rd115
6150 Vergão CB 95 Rf110
3840-555 Vergas AV 78 Rb105
8700 Vergílios FA 160 Sa126
Verigo LE 94 Rc109
4830 Verim BR 42 Re99
2550-504 Vermelha L 112 Qf113
8100 Vermelha FA 159 Rf124
4805-546 Vermil BR 60 Rd100
6440 Vermiosa GD 81 Ta104
Vermoil LE 94 Rc109
4770 Vermoim BR 60 Rd100
4470 Vermoin P 60 Rc101
6030-024 Vermum CB 96 Sb111
3140-601 Verride C 94 Rb108
2435-804 Vesparia SA 94 Ra110
2460-743 Vestiaria LE 94 Ra111
Vesúvio, Estação BN 62 Se102
4890 Viade BR 61 Sa100
5470-528 Viade de Baixo VR 42 Sa98
6040 Viale da Vinha PT 114 Sa112
2625 Vialonga L 128 Qf115
2300-108 Vialonga SA 95 Re111
7090 Viana do Alentejo E 145 Rf118
4900 Viana do Castelo VC 41 Rb98
4640 Viariz P 61 Sa101
4775-250 Viatodos BR 60 Rc100
7750 Vicentes BE 160 Sc123
8970 Vicentes FA 146 Sc124
8100 Vicentes FA 159 Rf125
2100-407 Vicentinhos SA 113 Rc114
Viçosa E 130 Sb118
8970 Viçoso FA 146 Sb124
5425-301 Vidago VR 43 Sc99
2500-749 Vidais LE 112 Qf112
6285 Vide GD 79 Sb107
6360-200 Vide entre Vinhas GD 80 Sd105
3070 Videira C 78 Rb106
6300-245 Videmonte GD 80 Sd105
7050 Vidigal E 130 Re116
2410 Vidigal LE 94 Rb110
7960 Vidigueira BE 130 Sb119
3220 Vidual C 95 Re108
3320 Vidual, Fajão- C 96 Sa108
5200-010 Vidueno BN 63 Tb100
2025-251 Viegas SA 113 Ra112
2430-592 Vieira de Leiria LE 94 Ra109
4850-506 Vieira do Minho BR 42 Rf99
3105-069 Vieirinhos LE 94 Rb108
5360 Vieiro BN 62 Se100
6400 Vieiro GD 80 Se104
4860 Viela BR 61 Sa99
5445 Viela VR 43 Sd99
7940 Vila Alva BE 130 Sa119
7800 Vila Azeda BE 145 Sb120
9400 Vila Baleira MA 179 Ke150
5300 Vila Boa BN 44 Tb99
5370 Vila Boa BN 62 Sd100
4860 Vila Boa BR 42 Rf99
4750 Vila Boa BR 60 Rc99
6320 Vila Boa GD 81 Sf106
4970 Vila Boa VC 42 Rd97
3560 Vila Boa VS 79 Sc104
3450 Vila Boa VS 79 Re106
3600 Vila Boa VS 79 Sa103
5320-210 Vila Boa de Ousilhão BN 44 Ta98
4635 Vila Boa de Quires P 61 Re101
4625-640 Vila Boa do Bispo P 61 Re102
6360-210 Vila Boa do Mondego GD 80 Sd105
7350-501 Vila Boim PT 115 Se115
4705-651 Vilaça BR 60 Rd99
5470 Vilaça VR 42 Sa98
3100 Vila Cã LE 95 Rc109
4600 Vila Caiz P 61 Rf101
4540 Vila Chã AV 60 Rd103
3730 Vila Chã AV 78 Rd103
4740 Vila Chã BR 41 Rb99
3350 Vila Chã C 79 Re107
6370 Vila Chã GD 80 Sd105
4485 Vila Chã P 60 Rb101
2835-462 Vila Chã SE 128 Qf117
5070 Vila Chã VR 62 Sd101
4980 Vila Chã (Santiago) VC 42 Re98

4980 Vila Chã (São João Baptista) VC 42 Re98
3610-210 Vila Chã da Beira VS 61 Sb102
5230 Vila Chã da Ribeira BN 63 Tc99
5210-335 Vila Chã de Braciosa BN 63 Td100
2070-611 Vila Chã de Ourique SA 113 Rb113
3510 Vila Chã de Sá VS 79 Sa105
3720 Vila Chã de São Roque AV 78 Rd103
3610 Vila Chã do Monte VS 61 Sb103
3510 Vila Chã do Monte VS 79 Rf105
4990 Vila Chão VC 41 Rd98
4600 Vila Chão do Marão P 61 Rf101
6290 Vila Cortês da Serra GD 80 Sc105
6300-250 Vila Cortês do Mondego GD 80 Se105
Vila Cova BR 60 Rb99
4820 Vila Cova BR 61 Re99
4560 Vila Cova P 60 Re101
5000 Vila Cova VR 61 Sa101
6270 Vila Cova a Coelheira GD 79 Sb106
3650 Vila Cova a Coelheira VS 79 Sb103
3305-285 Vila Cova de Alva C 79 Sa107
3730 Vila Cova de Perinho AV 60 Rd103
3550 Vila Cova do Covelo VS 80 Sc105
3640-307 Vila da Ponte VS 62 Sc103
3130 Vila da Rainha C 94 Rb108
5200-544 Vila de Ala BN 63 Tc101
3440-138 Vila de Barba VS 79 Rf106
3720 Vila de Cucujães AV 78 Rd103
5400 Vila de Frade VR 43 Sd98
7960-421 Vila de Frades BE 130 Sb119
4905-641 Vila de Punhe VC 41 Rb99
6110 Vila de Rei CB 95 Rf110
2140 Vila de Rei SA 113 Rd113
3505-238 Vila de Um Santo VS 79 Sb104
8650-405 Vila do Bispo FA 158 Ra126
4480 Vila do Conde P 60 Rb100
5450 Vila do Conde VR 43 Sc99
3420-149 Vila do Mato C 79 Sa106
9580 Vila do Porto AC 177 Zf127
5200-571 Vila dos Sinos BN 63 Tc101
6320-592 Vila do Touro GD 80 Sf106
2565-642 Vila Facaia L 112 Qe114
3270 Vila Facaia LE 95 Re109
6300 Vila Fernando GD 80 Sf106
7350-511 Vila Fernando PT 115 Se115
5360-301 Vila Flor BN 62 Sf101
4970 Vila Fonche VC 41 Rd97
7440 Vila Formosa PT 114 Sb113
5300 Vila Franca BN 44 Ta99
3405 Vila Franca C 79 Sa106
4905 Vila Franca VC 41 Rb98
3600-435 Vila Franca VS 79 Sa103
6290-622 Vila Franca da Serra GD 80 Sc105
6420-692 Vila Franca das Naves GD 80 Se104
2600-002 Vila Franca de Xira L 128 Ra115
9680 Vila Franca do Campo AC 177 Zd122
6300-260 Vila Franca do Deão GD 80 Se105
2665-418 Vila Franca do Rosário L 128 Qe115
2925 Vila Fresca de Azeitão SE 128 Ra117
4750-833 Vila Frescainha BR 60 Rc99
4610-864 Vila Fria P 60 Re100
4935 Vila Fria VC 41 Rb99
6420 Vila Garcia GD 80 Se104
6300 Vila Garcia GD 80 Se105
4600 Vila Garcia P 61 Rf101
3560-220 Vila Longa VS 80 Sc104
4525-480 Vila Maior AV 60 Rd102
3660 Vila Maior VS 79 Rf104
3060-761 Vilamar C 78 Rc106
5040 Vila Marim VR 61 Sa101
5000 Vila Marim VR 61 Sb101
5300 Vila Meã BN 44 Tc97

4920 Vila Meã VC 41 Rb97
5450 Vila Meã VR 61 Sc99
3450 Vila Meã VS 79 Re106
6300 Vila Mendo GD 80 Se106
3530 Vila Mendo de Tavares VS 80 Sc105
4640 Vila Monim P 61 Rf102
2380-634 Vila Moreira SA 94 Rb112
4925 Vila Mou VC 41 Rb98
8125 Vilamoura FA 159 Rd126
2925-007 Vila Nogueira de Azeitão SE 128 Qf117
9760 Vila Nova AC 176 Xf116
5340 Vila Nova BN 43 Sf98
5300 Vila Nova BN 44 Tb98
5350 Vila Nova BN 62 Ta100
5370 Vila Nova BN 62 Se99
3060 Vila Nova C 78 Rc107
3220 Vila Nova C 95 Re108
5445 Vila Nova VR 43 Sd99
3450 Vila Nova VS 79 Re106
3140-651 Vila Nova da Barca C 94 Rb108
7920 Vila Nova da Baronia BE 145 Rf119
2260-368 Vila Nova da Barquinha SA 95 Rd112
2050-501 Vila Nova da Rainha L 128 Ra114
3460-712 Vila Nova da Rainha VS 79 Rf106
3130-400 Vila Nova de Anços C 94 Rc108
8900-067 Vila Nova de Cacela FA 160 Sc125
4920-201 Vila Nova de Cerveira VC 41 Rb97
9980-024 Vila Nova de Corvo AC 176 Tf110
4760 Vila Nova de Famalicão BR 60 Rc100
4400 Vila Nova de Gaia P 60 Rc102
7645-211 Vila Nova de Milfontes BE 144 Rb122
4980 Vila Nova de Muía VC 42 Rd98
3420 Vila Nova de Oliveirinha C 79 Sa106
2490 Vila Nova de Ourém SA 94 Rc111
3650 Vila Nova de Paiva VS 80 Sb103
3350-151 Vila Nova de Poiares C 79 Re107
7500 Vila Nova de Santo André SE 144 Rb120
6290 Vila Nova de Tazém GD 80 Sb105
3330-407 Vila Nova de Ceira C 95 Rf107
2005 Vila Nova do Couto SA 113 Rb113
2065 Vila Nova do São Pedro L 113 Ra113
4485 Vila Nova Telha P 60 Rb101
6420-553 Vila Novinha GD 80 Sd104
5460-418 Vila Pequena VR 42 Sa99
4820 Vila Pouca BR 61 Rf100
3045 Vila Pouca C 78 Rc107
3610 Vila Pouca VS 61 Sb102
3440 Vila Pouca VS 79 Rf106
3400-755 Vila Pouca da Beira C 79 Sa107
5450-001 Vila Pouca de Aguiar VR 61 Sc99
4910-384 Vila Praia de Âncora VC 41 Ra98
4840 Vilar BR 42 Re98
2550-069 Vilar L 112 Qf113
3280 Vilar LE 95 Re108
5460 Vilar VR 42 Sb98
3600 Vilar VS 61 Sa103
3620 Vilar VS 62 Sc103
5430 Vilaranda Boa VR 43 Sd99
5430-630 Vilarandelo VR 43 Se99
6185-460 Vilar Barroco, Estreito- CB 96 Sb109
5350-402 Vilar Chão BN 63 Ta100
4690 Vilar da Arca VS 61 Re102
6120-036 Vilar da Lapa SA 96 Sa111
5320 Vilar da Lomba BN 43 Se98
4990-790 Vilar das Almas VC 41 Rc99
4845 Vilar da Veiga BR 42 Rf98
6440-271 Vilar de Amargo GD 62 Sf103
4430 Vilar de Andorinho P 60 Rc102

3465	Vilar de Besteiros VS 79 Rf105		
4860-483	Vilar de Cunhas BR 61 Sa99		
4880	Vilar de Ferreiros VR 61 Sa100		
4755	Vilar de Figos BR 60 Rc100		
5370-088	Vilar de Ledra BN 62 Sf99		
4425	Vilar de Luz P 60 Rc101		
5070-576	Vilar de Maçada VR 62 Sc101		
4910	Vilar de Mouros VC 41 Rb97		
4925	Vilar de Murteda VC 41 Rb98		
5400	Vilar de Nantes VR 43 Sd98		
5320-243	Vilar de Ossos BN 44 Sf97		
5385	Vilar de Ouro BN 43 Sf98		
5470-461	Vilar de Perdizes VR 43 Sc97		
5470-480*	Vilar de Perdizes e Meixide VR 43 Sb97		
5320	Vilar de Peregrinos BN 44 Sf98		
4970	Vilar de Suento VC 42 Re97		
6030-025	Vilar do Boi CB 96 Sb111		
4850	Vilar do Chão BR 42 Rf99		
5340-490	Vilar do Monte BN 62 Ta99		
4750	Vilar do Monte BR 60 Rc99		
4990	Vilar do Monte VC 41 Rc97		
3515-771	Vilar do Monte VS 79 Sa104		
4405	Vilar do Paraíso P 60 Rc102		
5200	Vilar do Rei BN 63 Tb101		
6110-023	Vilar do Ruivo CB 95 Re110		
2490	Vilar dos Prazeres SA 95 Rc111		
4620	Vilar do Torno e Alentém P 61 Re101		
5000	Vila Real VR 61 Sb101		
8900-201	Vila Real de Santo António FA 160 Sd125		
5450	Vilarelho VR 62 Sc99		
5400-813	Vilarelho da Raia VR 43 Sd97		
5350-420	Vilarelhos BN 62 Sf100		
5385	Vilares BN 43 Sf99		
6420	Vilares GD 80 Se104		
5090	Vilares VR 62 Sc100		
	Vilares de Baixo CB 96 Sc109		
5350	Vilares de Vilariça BN 62 Sf100		
6355	Vilar Formoso GD 81 Tb105		
5200-313	Vilariça BN 63 Tc100		
8670-238	Vilarinha FA 158 Ra126		
3700	Vilarinho AV 60 Rd103		
3800	Vilarinho AV 78 Rc104		
7800	Vilarinho BE 145 Sa120		
5320	Vilarinho BN 43 Sf97		
5300	Vilarinho BN 44 Ta97		
4730	Vilarinho BR 41 Rd98		
3020	Vilarinho C 95 Re108		
4485	Vilarinho P 60 Rb100		
4795	Vilarinho P 60 Rd100		
4910	Vilarinho VC 41 Ra98		
4920	Vilarinho VC 41 Rb97		
32698	Vilarinho VR 43 Sd98		
4880	Vilarinho VR 61 Sa100		
3610	Vilarinho VS 61 Sb103		
3660	Vilarinho VS 79 Re104		
	Vilarinho VS 79 Re104		
5140-275	Vilarinho da Castanheira BN 62 Se101		
5460-165	Vilarinho da Mó VR 42 Sb98		
5360-470	Vilarinho das Azenhas BN 62 Se100		
4760-739	Vilarinho das Cambas BR 60 Rc100		
5425-401	Vilarinho das Paranheiras VR 43 Sc99		
5340-500	Vilarinho de Agrochão BN 44 Sf98		
5085-120	Vilarinho de Cotas VR 62 Sc101		
5000-781	Vilarinho de Samardã VR 61 Sb100		
5450-204	Vilarinho de São Bento VR 43 Sc99		
3720	Vilarinho de São Luís AV 78 Rd104		
5060-630	Vilarinho de São Romão VR 62 Sc101		
3780-599	Vilarinho do Bairro AV 78 Rc106		
5340-510	Vilarinho do Monte BN 43 Sf99		
5050	Vilarinho dos Freires VR 61 Sb101		
5200	Vilarínho dos Galegos BN 63 Tc101		
4970-140	Vilarinho do Souto VC 42 Re97		
5460-030	Vilarinho Seco VR 42 Sb98		
6320-601	Vilar Maior GD 81 Ta106		
8500	Vila Romana FA 158 Rc126		
8005	Vila Romana FA 160 Sa126		
5130-557	Vilarouco VS 62 Sd102		
5230	Vilar Seco BN 63 Td99		
5350	Vilar Seco BN 63 Ta100		
3520-225	Vilar Seco VS 79 Sa105		
5320-263	Vilar Seco de Lomba BN 43 Se97		
6440	Vilar Torpim GD 81 Ta104		
	Vila Ruiva BE 130 Sa119		
6370-401	Vila Ruiva GD 80 Sc105		
3520-224	Vila Ruiva VS 79 Sb105		
5360-493	Vilas Boas BN 62 Se100		
5425-502	Vilas Boas VR 43 Sc99		
3260-224	Vilas de Pedro LE 95 Re109		
4755	Vila Seca BR 60 Rb99		
3150-318	Vila Seca C 95 Rd108		
5050	Vila Seca VR 61 Sb101		
5110	Vila Seca VS 61 Sc102		
6300-270	Vila Soeiro GD 80 Sd105		
6030	Vilas Ruivas CB 96 Sb111		
6030	Vila Velha de Ródão CB 96 Sb111		
5320	Vila Verde BN 44 Ta97		
5370	Vila Verde BN 62 Sf100		
4730	Vila Verde BR 41 Rd99		
3025	Vila Verde C 78 Rc107		
3090	Vila Verde C 94 Rb108		
6270	Vila Verde GD 79 Sb106		
2715	Vila Verde L 112 Qd115		
2500	Vila Verde LE 112 Qf113		
4650	Vila Verde P 61 Re101		
4910	Vila Verde VC 41 Rb98		
5425	Vila Verde VR 43 Sc99		
5070	Vila Verde VR 62 Sc100		
5400-805	Vila Verde da Raia VR 43 Sd98		
2580-442	Vila Verde dos Francos L 112 Qf114		
7160	Vila Viçosa E 115 Sd116		
3025-622	Vil de Matos C 78 Rd107		
3510	Vil de Souto VS 79 Sa104		
4910	Vile VC 41 Ra98		
4720	Vilela BR 42 Rd98		
4830	Vilela BR 60 Re99		
4820	Vilela BR 61 Rf100		
4580	Vilela P 60 Rd101		
4970	Vilela VC 41 Rd97		
4970	Vilela VC 42 Rd97		
5450	Vilela VR 43 Sc99		
5400	Vilela do Tâmega VR 43 Sc98		
4970	Vilela Seca VC 41 Rd97		
5400	Vilela Seca VR 43 Sd98		
2530	Vimeiro L 112 Qe113		
2460-781	Vimeiro LE 94 Qf112		
3050-187	Vimeira AV 78 Rd106		
7040	Vimieiro E 114 Sa116		
2200-733	Vimieiro SA 95 Rf111		
7040	Vimeiro, Estação Ferroviária de E 114 Sb116		
5230	Vimioso BN 44 Tc99		
5320-326	Vinhais BN 44 Sf97		
3460-161	Vinhal VS 79 Sa105		
5340	Vinhas BN 63 Tb99		
4630-776	Vinheiros P 61 Rf101		
3305	Vinho C 79 Sa107		
6290	Vinhó GD 80 Sc106		
4820	Vinhos BR 61 Re100		
5050	Vinhos VR 61 Sa101		
6005-273	Violeiro CB 96 Sc108		
4960-120	Virtelo VC 42 Re96		
2050-040	Virtudes L 113 Rb114		
3500	Viseu VS 79 Sa105		
7780-491	Viseus BE 145 Sa123		
4910	Viso VC 41 Ra98		
3830-292	Vista Alegre AV 78 Rb105		
9880	Vitória AC 176 Wf114		
4990-800	Vitorino das Donas VC 41 Rc98		
4990-810	Vitorino dos Piães VC 41 Rc98		
7700	Viúvas BE 159 Sa123		
5460-495	Viveiro VR 42 Sb98		
4815	Vizela BR 60 Re100		
3670-231	Vouzela VS 79 Rf104		
5450-345	Vreia de Jales VR 61 Sc100		

X

7595	Xarraminha SE 144 Re119
5470-025	Xertelo VR 42 Rf98
8100-053	Ximeno FA 159 Sa124
4905	Xisto VC 41 Rb99

Z

7750	Zambujal BE 160 Sc123
3060	Zambujal C 78 Rc107
3150	Zambujal C 95 Rd108
8970	Zambujal FA 146 Sb124
8100	Zambujal FA 159 Rf125
2660	Zambujal L 112 Qf115
2710	Zambujal L 128 Qd116
3250	Zambujal LE 95 Rd110
2500	Zambujal LE 112 Qf112
2965	Zambujal SE 129 Rb117
2970-140	Zambujal de Baixo SE 128 Qf118
7005	Zambujal do Conde E 130 Sa118

7630	Zambujeira BE 144 Rb122
7630	Zambujeira BE 144 Rd123
7630-761	Zambujeira do Mar BE 158 Rb123
7630	Zambujeiras BE 144 Rc122
3140	Zambujeiro C 78 Rc107
7170	Zambujeiro E 131 Sc117
7220	Zambujeiro E 145 Sb118
8670	Zambujeiro FA 158 Rb124
5200-286	Zava BN 63 Tb101
8650	Zavial FA 158 Ra126
5470-466	Zebral VR 43 Sb98
6230-513	Zebras CB 96 Sd108
5430-302	Zebras VR 62 Sd100
6060-186	Zebreira CB 97 Sf109
2100-407	Zebrinho SA 113 Rc114
8550	Zebro FA 158 Rb125
5140-300	Zedes BN 62 Se101
5300-742	Zeive BN 44 Ta97
7400	Zêzere PT 114 Rf113
2590	Zibreira L 128 Qe114
2350-826	Zibreira SA 94 Rc112
5320-244	Zido BN 44 Sf97
5450-283	Zimão VR 61 Sc100
8800	Zimbral FA 160 Sb125
6120-037	Zimbreira SA 96 Sb111
5300-911	Zoio BN 44 Ta98
3505-240	Zonho VS 79 Sb104

km

10 km = 6.2 miles

h

	A Coruña (E)	Badajoz (E)	Barcelona (E)	Bilbao (E)	Cádiz (E)	Coimbra (P)	Faro (P)	Granada (E)	Lisboa (P)	Madrid (E)	Murcia (E)	Porto (P)	Sevilla (E)	València (E)	Zaragoza (E)
A Coruña (E)		654 / 6:30	1084 / 9:30	544 / 5:10	1039 / 9:20	417 / 3:50	850 / 7:20	1009 / 8:55	607 / 5:25	591 / 5:20	992 / 8:40	302 / 2:50	920 / 8:15	945 / 8:30	781 / 6:50
Badajoz (E)	654 / 6:30		1017 / 9:10	691 / 6:20	330 / 4:15	259 / 3:20	383 / 3:20	460 / 4:40	226 / 2:10	400 / 3:40	666 / 6:30	357 / 3:55	211 / 2:15	657 / 6:35	714 / 6:25
Barcelona (E)	1084 / 9:30	1017 / 9:10		610 / 5:20	1118 / 10:10	1159 / 10:25	1196 / 10:50	888 / 7:55	1248 / 11:00	624 / 5:40	588 / 5:25	1159 / 10:00	996 / 8:55	351 / 3:15	318 / 2:50
Bilbao (E)	544 / 5:10	691 / 6:20	610 / 5:20		980 / 8:40	711 / 6:35	1049 / 9:15	811 / 7:20	864 / 7:40	398 / 3:40	783 / 6:50	711 / 6:10	861 / 7:35	611 / 5:25	304 / 2:40
Cádiz (E)	1039 / 9:20	330 / 4:15	1118 / 10:10	980 / 8:40		587 / 6:05	320 / 3:10	294 / 3:25	584 / 5:15	651 / 5:50	569 / 5:45	707 / 7:05	125 / 1:20	767 / 7:05	966 / 8:40
Coimbra (P)	417 / 3:50	259 / 3:20	1159 / 10:25	711 / 6:35	587 / 6:05		447 / 3:50	707 / 7:20	206 / 1:55	528 / 5:05	931 / 8:25	120 / 1:10	600 / 4:55	885 / 8:15	856 / 7:45
Faro (P)	850 / 7:20	383 / 3:20	1196 / 10:50	1049 / 9:15	320 / 3:10	447 / 3:50		452 / 4:25	276 / 2:30	719 / 6:25	726 / 6:45	549 / 4:40	199 / 2:00	854 / 7:50	1035 / 9:10
Granada (E)	1009 / 8:55	460 / 4:40	888 / 7:55	811 / 7:20	294 / 3:25	707 / 7:20	452 / 4:25		695 / 6:35	417 / 3:55	276 / 2:40	832 / 8:20	248 / 2:30	498 / 4:45	721 / 6:35
Lisboa (P)	607 / 5:25	226 / 2:10	1248 / 11:00	864 / 7:40	584 / 5:15	206 / 1:55	276 / 2:30	695 / 6:35		625 / 5:30	891 / 8:25	312 / 2:45	447 / 4:05	882 / 8:25	939 / 8:15
Madrid (E)	591 / 5:20	400 / 3:40	624 / 5:40	398 / 3:40	651 / 5:50	528 / 5:05	719 / 6:25	417 / 3:55	625 / 5:30		398 / 3:30	561 / 5:15	535 / 4:45	357 / 3:15	314 / 3:00
Murcia (E)	992 / 8:40	666 / 6:30	588 / 5:25	783 / 6:50	569 / 5:45	931 / 8:25	726 / 6:45	276 / 2:40	891 / 8:25	398 / 3:30		965 / 8:30	523 / 4:50	229 / 2:15	546 / 5:05
Porto (P)	302 / 2:50	357 / 3:55	1159 / 10:00	711 / 6:10	707 / 7:05	120 / 1:10	549 / 4:40	832 / 8:20	312 / 2:45	561 / 5:15	965 / 8:30		581 / 5:55	919 / 8:25	850 / 7:20
Sevilla (E)	920 / 8:15	211 / 2:15	996 / 8:55	861 / 7:35	125 / 1:20	600 / 4:55	199 / 2:00	248 / 2:30	447 / 4:05	535 / 4:45	523 / 4:50	581 / 5:55		656 / 6:00	847 / 7:35
València (E)	945 / 8:30	657 / 6:35	351 / 3:15	611 / 5:25	767 / 7:05	885 / 8:15	854 / 7:50	498 / 4:45	882 / 8:25	357 / 3:15	229 / 2:15	919 / 8:25	656 / 6:00		309 / 2:55
Zaragoza (E)	781 / 6:50	714 / 6:25	318 / 2:50	304 / 2:40	966 / 8:40	856 / 7:45	1035 / 9:10	721 / 6:35	939 / 8:15	314 / 3:00	546 / 5:05	850 / 7:20	847 / 7:35	309 / 2:55	